人民出版社

目　录

前　言

张劲松

由四川师范大学、中华朱子研究会、中国人民大学孔子研究院、张浚张栻思想研究会、中国朱子学会联合主办的“‘朱熹思想的当代价值’国际学术研讨会”暨朱熹诞辰888周年、张栻诞辰885周年纪念会于2018年11月3—4日在四川师范大学召开。我谨代表张浚张栻思想研究会，向大会的召开表示热烈的祝贺，向承办单位表示衷心的感谢！

朱熹思想“致广大，尽精微，综罗百代”，且结合宋代社会进行革新与改造，其思想作为宋以后儒家文化的主流，对整个东亚儒家文化圈产生了深远影响。朱熹面对国家的内忧外困、人心的堕落、天理的遮蔽，强调求实、求理的经世致用思想，重视民生，批评佛、道二教的“空”“无”之说，提出“复井田，行经界”、蠲赈结合、兴办社仓等措施。在心性修养论上则阐发了古代“人心惟危，道心惟微”的思想，提出“心统性情”说，主张要使人心不致危害社会，就应该用“道心”来主宰个人的感性欲望的“人心”。而实现经世致用以及进行道德修养，重要的是“格物致知”，朱熹补充《大学》中“格物致知”一章，认为不仅要“即物穷理”，且要“力行以终之”，要求在读书和践行中观察、思考天地万物的原则道理以及深化其内涵。朱熹后来重建白鹿洞书院、修复岳麓书院，不仅提倡博学、审问、慎思、明辨的穷理要义，且强调修身、处事的践行原则，不仅对于提高人们的道德修养，把外在的道德规范化为仁体的内在自觉具有积极意义，且能为之后的社会实践提供重要指导。

张栻作为与朱熹同时代的理学家，与朱熹、吕祖谦齐名，并列“东南三贤”之中，融张浚家学和胡宏湖湘学为一体，形成南轩学，成为湖湘学派的集大成者，为道学理论的建构和道的传播作出重要贡献，并得到朱熹、杨万里等著名学者的肯定和高度评价，被时人视为“一世道学之宗主”，足见其在中国哲学史上占有重要地位，为道学理论的建构和道的传播作出重要贡献，并得到朱熹、杨万里等著名学者的肯定和高度评价。张栻融理入心，强调“性”为万物之主宰；主张经世致用、躬行践履，而具有自身思想的鲜明特点。张栻思想对湖湘学和蜀学，乃至近代都产生了重要影响。张栻作为右相张浚之子，抗金报国、收复中原正是张栻毕生的追求，正如他遗奏所言：“臣再世蒙恩，一心报国”。而其创办的城南书院、执教的岳麓书院千载文化传承，爱国主义是其主要精神。左宗棠、黄兴、毛泽东、蔡和森、何叔衡、任弼时和王夫之、魏源、谭嗣同、宋教仁、蔡锷等分别出自城南书院和岳麓书院，而从这些杰出人物之后的经历中，我们也能够看出张栻的教育理念具有极强的现实意义，即成就人才与传道济民，经世致用与勤政为民，明人伦与重教化，这对于当今的教育理念和社会治理具有极强的启示。南轩之教，身后不衰。

朱张二人一生交谊，在道学理论的问题上彼此质疑问难，相得益彰，“交须而共济”。如朱熹与张栻的“中和之辩”，不仅使朱熹接受了张栻的“心主性情”的思想，也让张栻提出涵养省察相兼并进的思想，促进了理学心性修养论的完善，更对其后各学派自由讲学与学术辩难之风的形成具有开创作用，推动了之后的朱陆鹅湖之会，朱熹与陈亮的“王霸”义利之辨，是一代学术新风的开端。两位大儒的这种兼容并包、沟通辩难、交流互鉴的态度，完善了理学思想体系，更促进了理学在东亚的传播与发展。

面对今天的社会主义文化建设，探讨思想的价值与文化交流必不可少，而朱张二人的经世致用思想与心性修养论能为我们社会主义核心价值观提供有益借鉴，而其沟通互鉴精神也对当今的多元文化交流具有深远影响，对新时代文化的传播与发展有重要意义。

最后，让我再一次对主办单位四川师范大学，让张浚张栻思想研究会有机会参与本次会议的举办表示感谢。预祝大会圆满成功！谢谢！

（作者单位：张浚张栻思想研究会）

朱熹思想的当代价值探析①

蔡方鹿

朱熹思想中的求实求理精神、重视经世致用的思想，“理一分殊”思想，兼容并包思想，道统思想，“心统性情”说，知行关系的重行说等具有重要的当代价值和现实意义，而值得挖掘和整理，以为建设具有中国特色的社会主义新文化提供借鉴。

朱熹（1130—1200）是中国古代著名哲学家、政治家、教育家。他“致广大，尽精微，综罗百代”，是继孔、老之后中国最著名的思想家。朱熹融合儒、释、道三教，并加以时代的改造和创新，集宋代新儒学之大成，对中国后期封建社会和东亚文明产生了重要影响。他的民族文化主体精神，维护国家统一的爱国精神，勤政爱民、经世致用精神，坚守圣人之道，从道不从君、反对君主“独断”和尊君卑臣、限制君权、崇尚真理的精神，哲学创新精神，中道和谐精神，综罗百代的兼容心态和开放精神，科学求实精神，求知探索精神，从事书院教育的自由讲学和独立议政精神，不计功名利禄、讲求伦理道德修养和道德自律精神，重感物道情、情理结合和文道合一的精神等方面集中体现了朱子学的精华。朱熹思想对中国传统文化的哲学、政治、经济、伦理、教育、科举、文学、史学、宗教、科学技术、文献学、文字学等各个领域产生了广泛而深刻的影响。因而，朱熹在中国文化史上占有举足轻重的重要地位。并流传海外，对东方各国几乎带有普遍性的意义。在东亚、欧美及华人文化圈产生了重要影响。

本文就朱熹思想中的求实求理精神、重视经世致用的思想，“理一分殊”思想，兼容并包思想，道统思想，“心统性情”说，知行关系的重行说作一

---

① 本文系国家社科基金重大项目：“中国道统思想研究”（17ZDA010）的阶段性成果。

阐述，以探讨朱熹思想的当代价值和现实意义。

一、朱熹求实求理精神、重视经世致用思想的当代价值

朱熹求实求理精神，重视经世致用的思想具有重要的当代价值。以朱熹为代表的理学家在对佛老和旧汉学的批判、扬弃中，提出了求实、求理的实学和经世致用思想，以理为实，主张于实处求理，充分体现了当时的时代精神。强调讲实学、求实理、致实用，以回应外来文化、宗教思想及理论形态转型的挑战，针砭社会时弊，为解决社会重大问题，重建社会价值体系作出了自己的努力。从而把儒家思想实理化，把儒家经学实学化，完成了理论形态的转型和理性主义的文化超越。不仅创新发展了儒家学说，而且把儒学治国平天下理论发展到一个新阶段。朱熹等理学家联系社会发展实际提出的经世致用思想即是理学精神的集中体现，值得认真探讨并发掘其现代价值，而不应把理学在后期发展过程中出现的流弊过分夸大，将理学片面地视为脱离实际的空谈心性之学。

朱熹反复强调“释氏虚，吾儒实”①。批评“释氏便只是说‘空’，老氏便只是说‘无’，却不知道莫实于理”②。以理为实，提倡实理，反对佛老的“空”“无”。认为佛教不明理之本体，于大本处未立，故把批佛的重点放在批判佛教的“空”论上。“空”论是佛教哲学的基本理论之一，佛教各派普遍使用“空”这一基本范畴。虽然各派对“空”的解释有所不同，但“空”的涵义基本是指事物的虚幻不实，或指理体之空寂明净，认为世界一切现象皆是因缘和合而生，刹那生灭，没有质的规定性和独立实体，假有而不实，即为“空”。就佛教大多流派把整个世界看成是“空”、虚幻不实而言，可以说属于“空”派，朱熹深知“空”论在佛教理论中的重要性，故通过批“空”来求实、求理。他说：

> 佛以空为见，其见已错，所以都错。③

---

① （宋）黎靖德编：《朱子语类》卷 126，中华书局 1986 年版，第 3015 页。
② （宋）黎靖德编：《朱子语类》卷 95，中华书局 1986 年版，第 2436 页。
③ （宋）黎靖德编：《朱子语类》卷 126，中华书局 1986 年版，第 3040 页。

儒释言性异处，只是释言空，儒言实；释言无，儒言有。……

问：“释氏以空寂为本?”曰：“释氏说空，不是便不是，但空里面须有道理始得。若只说道我见个空，而不知有个实底道理，却做甚用得?”①

指出佛教把一切都归于空寂，所以是以空寂为本，其言性、言理，俱为之“空”，为之“无”，而与儒学的“实”“有”不同。正因为儒学讲“实”，以理为实，以性为实，故与佛教的空寂之说区别开来。

由此，朱熹指出尽管佛教的“空”论把宇宙万有幻化为虚无，抹杀事物存在的客观性，但事实上万物存在的客观实在性是抹杀不了的。他说：

释氏则以天地为幻妄，以四大为假合，则是全无也。

若佛家之说都是无，已前也是无，如今眼下也是无，“色即是空，空即是色”。大而万事万物，细而百骸九窍，一齐都归于无。终日吃饭，却道不曾咬着一粒米；满身着衣，却道不曾挂着一条丝。②

批评佛教以天地为幻妄，以地、水、火、风之“四大”所造成的一切事物为“假合”的理论，而强调万物的实有，吃饭穿衣均是实有而不得归于空无。

以上表明，朱熹在对佛老空、无思想的批判中，提出了求实、求理的思想。并在批判中加以扬弃，吸取佛老精致的思辨哲学形式，如借鉴华严宗的理本论形式和理事说，吸取佛教的“月印万川”说，借此说明“理一分殊”的道理；借鉴佛教的心性论；又吸取道家、道教的道本论和“道法自然”的思想，为建构自己的理学思想体系服务。朱熹在对佛老的批判中又加以吸取，在扬弃中加以创新，从而超越盛行一时的佛老之说，确立了以儒为本，融合三教的新儒学即理学思想体系，以其求实、求理的时代精神开创了中国思想文化发展的历史新阶段，亦是对儒家重社会人事，轻天命鬼神思想的继承和发展。

与求实、求理的思想相联系，朱熹重视民生，提倡经世致用。为了实现社会治理，保障民生，朱熹力陈复井田、行经界的理由和重要性。他说：

本州田税不均，隐漏官物动以万计，公私田土皆为豪宗大姓诡

---

① （宋）黎靖德编：《朱子语类》卷126，中华书局1986年版，第3015页。

② （宋）黎靖德编：《朱子语类》卷126，中华书局1986年版，第3012页。

名冒占，而细民产去税存，或更受俵寄之租，困苦狼狈，无所从出。州县既失经常之入，则遂多方擘画，取其所不应取之财，以足岁计。如诸县之科罚、州郡之卖盐是也。上下不法，莫能相正，穷民受害，有使人不忍闻者。熹自到官，盖尝反复讨论，欲救其弊，而隐实郡计，入不支出，乃知若不经界，实无措手之地。①

指出豪强占田无数，而普通农民则产去税存，又遭受地租的剥削，故生活贫困痛苦，狼狈不堪。如此州县亦收不到应得之入，只好采取多种手法，取其不该取的钱财，以维持日常所需。这样，上下不法，又把负担转嫁给农民，使得穷人益穷，令人不堪忍受。朱熹到官后，亲眼目睹了这一弊端，决心实行经界以救其弊。

朱熹不仅提出复井田，行经界的思想，而且还力图将此加以施行。他上《条奏经界状》，奏请在漳州行经界法。并令邑人清丈土地，核实田亩，积极条划经界。又将实行经界这件事晓谕漳州人户，告知施行经界之法的目的、宗旨和要求及利害关系等，认为“经界一事，最为民间莫大之利”②，通过行经界为百姓谋福利。朱熹并强调农业生产是满足民众吃饭穿衣基本生存需求的首要之举，而衣食足则是实行道德教化的基础，以达到共同富裕。他说：

契勘生民之本，足食为先。是以国家务农重谷，使凡州县守倅皆以劝农为职。每岁二月，载酒出郊，延见父老，喻以课督子弟，竭力耕田之意。盖欲吾民衣食足而知荣辱，仓廪实而知礼节，以共趋于富庶仁寿之域。③

指出“务农重谷”在国家经济生活中占有重要地位，所以州县守皆应以劝农为其基本职责。其宗旨是通过父老劝喻子弟勉力农耕，实现丰衣足食，然后施之以教化，最终达到共同富裕的目的。朱熹在这里提出“以共趋于富庶仁寿之域”，强调的是共富，而不是少数人的为富不仁，这一思想对当代社会

① （宋）朱熹著，郭齐、尹波点校：《与留丞相札子》，《朱熹集》卷28，四川教育出版社1996年版，第1198页。

② （宋）朱熹著，郭齐、尹波点校：《条奏经界状》，《朱熹集》卷19，四川教育出版社1996年版，第780页。

③ （宋）朱熹著，郭齐、尹波点校：《劝农文》，《朱熹集》卷100，四川教育出版社1996年版，第5150页。

仍具有重要的借鉴意义。

朱熹不仅重视农耕，主张通过勉力务农实现共同富裕，而且把食作为民生之本，把农作为足食之本，并将此上升到“理”的高度。他说：“窃惟民生之本在食，足食之本在农，此自然之理也。”①既然是自然之理，就只能重视民生之本和农业生产，而不能违背。凡不肯及时用力以治农事者，将难以满足百姓吃饭穿衣的基本生活需求。可见朱熹对民生和农业生产的重视。朱熹重视民生和农业生产，主张在实践中加以落实施行，这正是理学家经世致用思想的表现。这对当代社会重视民生、经世致用具有重要现实意义而值得借鉴。

二、朱熹“理一分殊”思想的当代价值

朱熹提出“理一分殊”的命题，以此来概括一理与万物、一理与万理的关系。所谓理一分殊，即指天理只有一个，而天理存在于万事万物之中，通过分殊之万物表现出来。可见“万物皆有此理，理皆同出一原。……物物各具此理，而物物各异其用，然莫非一理之流行也”②。指出理是原、是本、是体，万物是末、是用、是发见。理既是宇宙的本体而主宰万物，又是宇宙的本原而派生万物。所谓理是本体，“见天下事无大无小，无一名一件不是此理之发见”③，天下万物都是理的显现和作用。所谓理是本原，即理派生物。“此理处处皆浑沦，如一粒粟生为苗，苗便生花，花便结实，又成粟，还复本形。一穗有百粒，每粒个个完全；又将这百粒去种，又各成百粒。生生只管不已，初间只是这一粒分去。物物各有理，总只是一个理。”④理产生物是一个生生不已的过程，每件物都由理派生，但物物之理不是分割的、欠缺的理，而是完整的、浑沦的理。朱熹天理论的理是本体论与生成论统一的范畴。

朱熹的“理一分殊”说具有重要的当代价值，正如韩国建国大学哲学系郑相峰教授所指出：“至今数码技术改变了全球的信息结构，以便于磨掉全

① （宋）朱熹著，郭齐、尹波点校：《劝农文二》，《朱熹集》卷 99，四川教育出版社 1996 年版，第 5062 页。

② （宋）黎靖德编：《朱子语类》卷 18，中华书局 1986 年版，第 398 页。

③ （宋）黎靖德编：《朱子语类》卷 121，中华书局 1986 年版，第 2938 页。

④ （宋）黎靖德编：《朱子语类》卷 94，中华书局 1986 年版，第 2374 页。

世界人之间的时空的距离。因此我们容易接触到世界各地的文化习俗、伦理规范、宗教信仰等等。于是自然会发现到了全球世界各地彼此之间有文化上的差异、规范上的差异、宗教上的差异。所谓‘差异’，是指两者之间有所不同，然不加任何主观性的评价给它。同时我们意识到人人皆有所以为人的存在价值。身为存在者的每一个人存在于天地之间，生来具有天赋的权利。在各种人际关系上须是要互相同等对待，不应该受到任何上下优劣的等级区别。不管肤色不同、国家民族不同、语言文化不同、教育背景不同、经济状况不同，‘差等’或‘差别’则在此世界上应当消失掉。同等对待涵盖互相尊重。人与人之间的相爱亦是从此开始的。每一个人都有自己的才质与个性。虽才质与个性不同，但人人有权利受到同等对待。在此我认为我们应该给‘理一分殊’的伦理学层次上的涵义予以现代性价值意义。”① 对朱熹的“理一分殊”说，可作这样的理解，全体人类是由各个不同肤色，不同国家民族，不同语言文化、教育背景，不同经济状况的个人组成的，虽然每个人都有自己的个性和才质，但人人（每个个人）都有受到同等对待的权利，得到同等的对待，这就是“理一”；“分殊”就是具有不同文化、文明背景的在各方面存在着差异的不同的个人。“理一”存在于“分殊”之中，世界的进步与发展，不能离开不同文明的各个国家民族、每一个个人的发展与进步。将每个个人的发展与整个人类的发展结合起来，以构建人类命运共同体，这体现了朱熹“理一分殊”思想的当代价值。

三、朱熹兼容并包思想的当代价值

朱熹具有兼容并包的精神，主张容纳各家各派的思想，这主要指吸取外来佛教文化及本土宗教道教以及先前思想之长。在批评与出世思想紧密联系的佛教哲学的“空”论、心本论、只内不外等思想的过程中，朱熹又一定程度地吸取借鉴了佛教的理事说、心性论、“宾主颂”、修养论等思想。朱熹对道教包括道家的批评主要表现在，批评道教及道家厌世避祸，崇尚空寂以保

① 郑相峰：《朱子“理一分殊”与现代意义》，《纪念朱子诞辰 888 周年暨朱子学与全球化国际学术研讨会论文集》，厦门大学，2018 年 10 月。

全其身的思想，并批评其神仙思想和长生不死说。朱熹对道教的吸取主要表现在，借鉴道教之图，以阐发自己的易学及太极说；又考释道书，探讨道教修炼之术，以修养身心；并吸取道教的宇宙生成论等。此外，朱熹作为经学中宋学的代表人物和集大成者，他遍注群经，既以阐发义理为治经之目的，这是他超出汉唐经学之处；又重训诂考据，对诸经详加训释，这是他对汉学的吸取，亦是他对宋学流弊的修正。由此朱熹对传统经学作了全面总结，一方面通过总结二程的“四书”学，以“四书”义理之学取代“六经”训诂之学在经学发展史上的主体地位；另一方面也不废弃训诂考据之学，强调“本之注疏以通其训诂”①。从而对汉、宋学都加以总结吸取，既以宋学为主，又超越汉、宋学之对立，由此发展了传统经学，并对后世的新汉学产生重要影响。不仅如此，朱熹易学既重本义，重象数，又以义理为指导，把义理、卜筮、象数、图书相结合，从而总结发展了传统易学，体现了他融贯象数与义理的思想。

朱熹兼容并包、容纳各家的思想对于当代社会以包容的眼光看待各种文明，构建和谐世界具有重要意义。应挖掘包括朱子学在内的中华文明与中国价值的世界意义，将其作为人类共同价值体系的重要组成部分，为世界文明的发展作出新贡献。

世界文化由多元构成，这是历史形成又延续至今的客观现实。每一种文明、文化都是在本民族、本国生存和发展的历史中产生，并为本国、本民族乃至世界文明的发展作出过各自的贡献，都有它存在的理由和价值。在世界文明发展史上，各文明、文化既有相互差异的一面，又有相互融合、相互沟通的一面，同时又都保持着自身的特色，这推动了世界文明的不断发展。世界文明之间的差异是客观存在的，应相互尊重，扩大文明的共识，而不应以自己的文明和价值观强加于人。借鉴朱熹兼容并包、容纳各家的思想，有助于化解世界文明之间的差异和矛盾，妥善解决文明之间的冲突矛盾，尊重多样文明、谋求共同发展，从而维护世界和平。朱熹兼容并包、多元开放的思想体现了中国哲学所具有的包容性、开放性的特征，发挥其当代价值，吸取

① （宋）朱熹著，郭齐、尹波点校：《论语训蒙口义序》，《朱熹集》卷75，四川教育出版社1996年版，第3925页。

诸家学术之长而发展中国学术文化，与其他地域文明、文化交相辉映、交流互鉴，对发展包括中华文明在内的世界文明具有重要意义。

四、朱熹道统思想的当代价值

朱熹是中国道统思想的集大成者，朱熹的道统思想是其整个学术思想十分重要的组成部分。他继承二程，推崇周敦颐，梳理确立道学的传授系统；提出“十六字心传”，以心法的传授体现道统观；甚重“道统”二字，推广道的传授统绪，从而完善了道统思想体系。朱熹建构了精致的道的哲学，以道为形上之天理，提出道兼体用的思想，提高了道统之道的哲学思辨水平，这也是对道统论的发展。朱熹在二程思想的基础上，集注“四书”，以“四书”学发明道统，认为“四书”重于“六经”，并排列“四书”之次第，从而集道统论之大成。朱熹与陈亮之间展开的关于道统的争论，既集中反映了理学道统论的特点和主旨所在，同时也表明在朱熹集道统思想之大成的同时，已有与之对应的思想存在，并对其提出批评。中华道统思想正是在这种相反相成的批评辩难中，不断发展和演变的。深入探讨朱熹的道统思想及其道统与道学的相互关系，对于认识理学道统论的形成和确立及其时代特征，以及在中华道统思想发展史上的地位，具有重要的意义。

朱熹的道统思想以仁义之道作为其理论的根基，这体现了中国文化的人文主义精神；道统思想以中道为重要内涵，这体现了中国文化不偏颇的中道和谐精神，以及持中通变精神；道统思想重内圣心性之学，讲超越时代的心传说，这有利于挺立民族文化的主体性；道统讲修齐治平之道，重视由内圣而达于外王，体现了注重实践和社会治理的道在日用中的经世精神；道统以道为核心、为最高价值和权威，坚持从道不从君的原则，有利于激励今天的人们坚持道义，为真理而奋斗和献身；道统思想所具有的开放性和包容性，体现了包融涵盖的海纳百川精神，有助于吸收外来文化的先进成分以发展中国文化，而故步自封，自限于中土，则不利于中国社会与中国文化的发展；道统随时代发展而不断创新，以解决社会与文化发展的重大问题，体现了其崇尚文明进步的日新精神，推动了中国社会与中国文化的持续发展，至现代又与现代文化接轨，体现了道统思想的时代意义，这有助于人们在批判地继承文化传统的基础上吸取其有价值的思想，为建构新时代的中国文化服务；道统思想中尊王黜霸的王道精神对于推行仁义王道，反对霸道政治和霸权主义具有重要现实意义，也应在新时代得到传承和创新发展。

朱熹集大成的道统思想为历代先贤志士所重视，能够在中国历史的发展进程中生生不息，成为中华文化的重要组成部分，并流传海外，它的形成、发展演变与传承对中国文化产生了深远影响，对中华民族精神的形成塑造作出了重要贡献。

孙中山先生对中国道统思想十分重视，民国十一年（1922）他在广西桂林回答“第三国际”代表马林提问“先生革命之基础为何”时指出：“中国有一个道统，尧、舜、禹、汤、文、武、周公、孔子相继不绝。我的思想基础，就是这个道统，我的革命就是继承这个正统思想来发扬光大。”①表明孙中山受到了道统思想的影响，以继承发扬中华道统为己任。

中国大陆改革开放四十年来，发展经济，建设伟大国家，取得举世瞩目的成就。中国目前已发展成为全球第二大经济体，世界第一贸易大国。现在，我们比历史上任何时期都更接近中华民族伟大复兴的目标。我们有信心、有能力用中华优秀文化和精神力量去影响和改变世界，构建美好家园，实现中华民族伟大复兴的中国梦。

中国的崛起，不仅是经济的崛起，而且包括文化的崛起，加强与中国大国地位相应的文化建设是十分必要的。当今时代，深入挖掘和阐发道统思想中所包含的仁义之道、中庸和谐思想，发扬讲仁爱、重民本、尚和合、求大同之优秀文化传统中的时代价值，发扬中华道统思想中有益于社会文化建设的成分，具有重要的时代意义。道统中影响深远的儒家传统价值如中道和谐精神，重视人的价值的仁爱民本之道、“和而不同”的共生共处之道、“己所不欲，勿施于人”的恕道、提倡人心向善的“率性之谓道”、仁义礼智信“五常”之道、修齐治平之道、道在日用中的经世致用之道，以及道家崇尚自然、天人合一之道等人文精神亦是文明对话和文化建设不可或缺的基本原则。这些道统思想中的有益成分理应整理发扬，成为重要价值，而对现代化和世界文明的发展作出贡献。值得关注的是，道统思想与现代思想文化的结合，是

① 陈立夫：《中国文化何以能救世界人类？》引，《天府新论》1994年第4期。

在当代文化语境中传承和发展中华优秀传统文化，促使其走进新的社会和文化境界的重要途径。

正如杜维明先生所指出："我们已迈进一个新的轴心时代。西化和现代化理论所预设的以启蒙精神为主的欧美文明被奉为人类进步和发展的典范已受到了置疑。……现代化可以拥有不同的文化形式。"① 与不同的文化形式相关，亦有不同的发展道路，应发扬我中华道统文化几千年来所讲求之"中道"的理念，以区别和超越西方进化论所主张的"物竞天择，适者生存"，弱肉强食之丛林野兽法则和世界霸权，挖掘中华文明与中国价值的世界意义，倡导人类命运共同体，探寻人类共同价值体系，这是一个有意义的课题。

在文化传承与道统研究问题上，应处理好继承和创造性发展之间的关系，客观科学地理解和评价道统思想，探讨其对社会的发展和文明进步所具有的意义，并客观指出其流弊，从而扬弃传统，继承和创新其所体现的中华民族精神，为中华民族的伟大复兴、实现中国梦，提供思想文化的资源和借鉴。

我们探讨朱熹道统思想的当代价值，应在吸取以往国内外包括港台学者研究成果的基础上，结合社会发展的需要，力求理论创新，不负时代赋予的责任，以客观立场研究中国道统思想，钩沉索隐，探索未知，其特点和新意在：深入系统完整地勾勒和再现中国道统思想的历史发展线索，明确界定中国道统的内涵；剖析道统思想的理论构成，并揭示道统思想的基本特征；评价和反思中国道统思想的价值与流弊。为增强文化自信，建设人们的精神家园，弘扬中国精神，传播中国价值，加强中西文明、中外文化的沟通对话、交流互鉴，不断增强中华优秀传统文化的生命力和影响力提供借鉴和思想资源，以培育民族精神和时代精神，由此体现出朱熹道统思想的当代价值和社会意义。

需要指出，朱熹集大成的道统思想中有价值的思想与科学、民主、法制等现代文化的内涵没有根本的矛盾，主要是由于时代的差距，双方所要解决的问题不同。应使二者有机结合，而不应互相排斥和互相脱节。通过中西文

① ［美］杜维明：《文明对话的人文信息》，《中华文化论坛》2002 年第 1 期。

化的交流，使中国文化在扬弃传统的过程中走向现代并不断发展。同时克服其流弊，加强中外文化的交流与沟通。包括朱熹道统思想在内的任何思想文化既然是时代的产物，就必须适应社会历史不断发展的客观需要，并从中华道统思想中发掘具有普遍意义的价值，为世界文明的进步和发展增添新的内涵。

五、朱熹“心统性情”说的当代价值

朱熹理学心性论研究的对象和回答的问题主要是人的主体思维与道德理性的关系问题，其中涉及由性而发的情感和情欲问题，以及心、性、情三者的关系问题，由此形成了独具特色的理论，确立了宋代新儒学道德理性的主导地位，使儒家伦理有了本体论的哲学依据，发展了中国哲学的主体思维，使主体意识进一步强化。由此，心性论作为朱熹理学的重要组成部分，与天理论、道统论、格物致知论等共同构成其理学的基本理论体系，历经演变和发展，在思想史上占有重要地位，产生了深远影响。

“心统性情”思想是朱熹心性之学的纲领和核心。朱熹以其心论、性论及性情关系说为基础，总结和吸取前人的思维成果，与同时代的著名学者张栻等相互交流，创造性地提出了著名的“心统性情”说，对心性理论和心与性情的关系作了深入论述，提出了精辟而系统的见解。

所谓“心统性情”，要而言之，就是强调以理性控制感性，主张以人的理智之心来控制和把握人的本性和人的情感，以义理之心统率性情和万物，从而实现内在的自我超越，达到修养性情以符合社会规范的目的。这对中华社会伦理产生深远影响，使道德理性最终能够主导感性欲望，超越感性直观，使整个社会在一个有序的、理性世界的指导下正常运转，避免因感性欲望的过度泛滥而造成社会生活失序。这加强了中华民族重理性，重内在自觉，节制感性欲望的自律精神，以此排除宗教的干扰和感性的影响（亦不离感性），形成了与西方民族不同的特点。在现代社会，随着生产力的发展和社会的进步，既要充分、合理地满足人们的物质利益需求和感性欲望，更应把理性置于优先于感性欲望的位置，把理性、理智与人的本能，包括欲望有机地结合起来。要求人们不断地超越自己，做一个道德高尚和人格完善的人。这正是一个民族延续和发展的基本准则。

尽管朱熹与张栻的“中和之辩”亦存在着认识上的分歧，但通过辩论，两人最终认识到应把存养与省察结合起来。所谓存养，指平时的道德修养工夫，朱熹认为这是保持善性的根本。另一方面，当心为已发，性表现为情时，亦要以心来主宰情，使情符合性善的原则。他说：“心宰则情得正，率乎性之常而不可以欲言矣，心不宰则情流而陷溺其性，专为人欲矣。”①此时的心主宰情是指主于省察，即察识其心。他说：“已发之际是敬也，又常行于省察之间。”②所谓省察，指遇事时察识其心以按道德原则办事，使情不离性善的轨道。朱熹主张把未发已发、存养与省察结合起来，即通过心的主宰，把性与情统一起来。他说：“未发已发，只是一件工夫，无时不涵养，无时不省察耳。”③强调心主宰性情两端，把平时的道德修养与遇事按道德原则办事互相沟通，使之均不离心的统御和把握。

张栻在放弃胡宏性体心用之说的基础上，先于朱熹提出了“心主性情”的思想，这对朱熹产生了重要影响。在辩论中，双方都修正了胡宏“未发只可言性，已发乃可言心”，先察识后涵养的思想，最后认识到察识与涵养可以相兼并进，交相互助，强调平时的道德修养与临事按道德原则办事是互相依赖、互相促进的。这对于理学心性修养论的丰富与完善具有重要意义。

此外，张朱“中和之辩”促进了宋代理学思潮中闽学与湖湘学的交流和发展，开创了自由讲学和不同学术观点互相诘难又互相促进的一代新风。在张朱“中和之辩”后，理学大大发展起来并走向成熟。后来朱熹与陆九渊的鹅湖论学方法之争、朱熹与陈亮的“王霸、义利之辨”陆续展开，而张栻与朱熹的“中和之辨”具有开风气之先的意义。这对于推动当时文化、教育以及理学自身的发展都是十分有益的。并对加强当代社会伦理道德建设，把平时的道德修养与遇事按道德原则办事有机结合起来，形成良风美俗，无疑具有启示和重要的当代价值。

---

① （宋）朱熹著，郭齐、尹波点校：《答何倅》，《朱熹集》卷 64，四川教育出版社 1996 年版，第 3362 页。

② （宋）朱熹著，郭齐、尹波点校：《答张钦夫》，《朱熹集》卷 32，四川教育出版社 1996 年版，第 1404 页。

③ （宋）黎靖德编：《朱子语类》卷 62，中华书局 1986 年版，第 1514 页。

六、朱熹知行关系的重行说的当代价值

朱熹格物致知的认识论除重点讲“格物只是穷理”、“致知便在格物中”，以说明格物是为了穷理，通过即物穷理来致吾知外，还强调穷理致知是为了力行，将天理的原则贯彻落实到践行中去。他说：“夫学问岂以他求，不过欲明此理而力行之耳。”①“故圣贤教人必以穷理为先，而力行以终之。”② 所谓即物穷理属于致吾知的工夫，得到了知，还须力行，由此朱熹展开了关于知行问题的论述。朱熹知行关系的重行说在中国哲学史的认识论史尤其是知行观上占有重要地位。是对以往知行学说的发展。

在知行关系上，朱熹既强调知先行后，又强调先知其理的目的在于力行，故以行为重，知为轻，要求“为学之功且要行其所知”③，把知落实到行上。他说：“致知力行，论其先后，固当以致知为先。然论其轻重，则当以力行为重。”④ 虽然知先行后，但行比知更为重要。并说：“知行常相须，如目无足不行，足无目不见。论先后，知为先；论轻重，行为重。”⑤ 朱熹的认识论，重视行，强调把知贯彻于行。其认识过程是由格物穷理到致知，由博而反约，以豁然贯通，认识天理；但掌握了对理的认识，还必须贯彻到躬行践履中去，否则致知的目的就没有达到，故力行的重要性甚于致知。

朱熹的知行关系说作为其格物致知论的一部分，主要强调要把格物致知得到的认识贯彻到力行中去，在力行其知的过程中，知行相互促进，从而得到真知，使认识深化发展。也就是说，仅即物穷理致其知尚不全面，知行的结合，既是以行来检验知的真知与否，又是以行来促进知的不断发展，朱熹重行的知行观是其认识论的特点，亦是对程颐格物致知论的丰富和发展。

---

① （宋）朱熹著，郭齐、尹波点校：《答郭希吕》，《朱熹集》卷 54，四川教育出版社 1996 年版，第 2726 页。

② （宋）朱熹著，郭齐、尹波点校：《答郭希吕》，《朱熹集》卷 54，四川教育出版社 1996 年版，第 2727 页。

③ （宋）朱熹著，郭齐、尹波点校：《答吕道一》，《朱熹集》卷 46，四川教育出版社 1996 年版，第 2213 页。

④ （宋）朱熹著，郭齐、尹波点校：《答程正思》，《朱熹集》卷 50，四川教育出版社 1996 年版，第 2452 页。

⑤ （宋）黎靖德编：《朱子语类》卷 9，中华书局 1986 年版，第 148 页。

朱熹的重行思想体现在各个方面，如重农务谷、赈灾济民，重视道德实践，将所学之忠孝仁义原则贯彻到洒扫应对进退的日常生活中，贯彻爱国主义于治国理政的社会实践中，等等。这种重行的思想在当代尤其具有重要的价值而值得充分肯定和借鉴吸取。

综上所述，朱熹思想中的求实求理精神、重视经世致用的思想，“理一分殊”思想，兼容并包思想，道统思想，“心统性情”说，知行关系的重行说等具有重要的当代价值和现实意义。其中所体现的中华优秀传统文化的重要内涵和本质特征，至今仍然对当代中国社会与文化及其发展产生着重要的影响力和渗透力。

（作者单位：四川师范大学中国哲学与文化研究所）

由环保思潮论朱熹的理欲之辨

曾春海

一、当今的环保思潮

德国哲学家海德格尔在批判当代西方科技文明时，痛切地指出西方以人类学为中心的现代文明中，科技的快速发展，以掠夺经济的方式肆虐大地，造成生态危机，引发大自然反扑。换言之，在高唱知识就是力量，以科技征服自然，对大自然予取予求的市场经济为特征的工业文明，长期发展以来已招致生态趋于灭绝的危机，这是工具理性蓬勃发展，人类自我膨胀，经济发展失控，造成资源日益枯竭，生态环境遭受大规模破坏的文明危机，激发出近百年来环保思潮的兴起。

美国学者杜博斯在其所著《只有一个地球》一书中指出："地球经过几十亿年抵挡太阳辐射的保护屏障和中间介质逐渐形成，使原无生命的地球，出现一生物覆盖层，创造了有助于生命物质诞生的周围环境。"①后人称之为"生物圈"的现况，乃在历经三百年的工业化不停地破坏地球上生物存活的屏障，大气臭氧层不断受破坏，二氧化碳过量排放，已造成温室效应，不但在温室效应上造成夏天越来越热，冬天越来越冷，且气候的冷热失常，造成农牧生产失调，粮食供需失衡，导致天灾人祸此起彼落。联合国在 1972 年 6 月的"人类环境会议"中通过世界上第一个维护和改善人类生存环境的纲领性文件—《人类环境宣言》，谓：

> 在现代，人类改造其环境的能力，如果明智地加以使用的话，

---

① ［美］巴巴拉·沃德·勒内·杜博斯：《只有一个地球》，《国外公害丛书》编委会译校，吉林人民出版社 1997 年版，第 46 页。

> 可以给各国人民带来开发的利益和提高生活质量的机会。如果使用不当，或轻率地使用这种能力，就会给人类和人类环境造成无法估量的损害。在地球上许多地区，我们可以看到周围有越来越多的说明人为的损害的迹象。在水、空气、土壤以及生物中，污染达到危险的程度。生物界的生态平衡受到严重和不适当的扰乱：一些无法取代的资源受到破坏或陷于枯竭。在人为的环境，特别是生活和工作环境里，存在着有害于人类身体、精神和社会健康的严重缺陷。①

在这一工业化文明浪潮侵蚀下，两岸生态问题也引起大众高度关注。习近平主席近年来常说："金山银山不如青山绿水。"台湾地区这几个月来，民进党政府所草拟的"深澳燃煤电厂"计划、"观塘第三天然气接收站"计划也引发环保人士对该地区 6000 年才形成的藻礁生态圈将被破坏的忧患意识。前者所可能引发的空气污染，以及后者可能引发的生态污染已沸沸扬扬地激发公共政策的危机意识。环境保护伦理对大多数有识之士而言，已是肺腑之言，绝非言不由衷的违心之论。

今年适逢朱熹 888 年诞辰，朱熹的哲学不只具有中国哲学与文化上的深刻意义，且已被确认为东亚儒学的典范，相信将来也会提升为世界性的朱熹这一高度。朱子不但遍注群经，且是一位深切关注历史开展和时代课题的人文知识大儒。他很重视儒家经典中不朽的智慧之言。例如：《易・系辞传》曰："天地有好生之德。"、"生生之谓易。"在涉及公共事务的大政方针上，《左传》云："正德、利用、厚生"为治理天下的核心命题。可是当他立基于这些经典的普遍性价值，与陈亮论辩王霸时，却针对实然的中国历史，评曰："以事言之，则正之胜邪，天理之胜人欲，甚难；而邪之胜正，人欲之胜天理，却甚易。"②盖人的生命由理与气结合而成，但是人禀受的四端之性及生生之德的天理，管不住人所禀受的自然情欲生命之血气心知，亦即理弱气强。在理气的矛盾关系中，应然之理管不住实然的气性生命。因此，他就

---

① 万以诚、万山开编：《新文明的路标：人类绿色运动史上的经典文献》，吉林人民出版社 2000 年版，第 2 页。

② （宋）黎靖德编：《朱子语类》卷 59，中华书局 1986 年版，第 1417 页。

实然的历史观之，天地只是架漏过时，人心也不过是牵补度日罢了。他在注《中庸章句·序》中殷切提出其“道统”观的立基点在古文《尚书·大禹谟》所谓：“人心惟危，道心惟微，惟精惟一，允执厥中。”做为他义利之辨、理欲之辨及循理制欲的正心修德的实践工夫。他的人心道心之辨，理欲之辨，对我们当今面临人类情欲生命的泛滥，地球资源渐匮乏，生态危机及环保伦理的议题，具有启迪人心，引导我们走出困境，迈向天人合德、共存共荣的智慧之路。

二、朱子“天理”“人欲”的概念分析

（一）“天理”的概念涵义

就高层次的朱子形上学而言，“天理”系形而上的存有，亦即非形质性的存有。“气”为具形质性的形而下的宇宙元素，构成具体的存有者或存在物。他从宇宙发生论的立基点谓：“人之所以生，理与气合而已。”① 又说：

> 人物之生，必得是理，然后有以为健顺仁义礼智之性：必得是气，然后有以为魂魄五脏百骸之身。②

“理”是人之所以为人的超越根据，其内涵为健顺仁义礼智之本性，朱子所谓“性即理”。人的“百骸之身”为有形质性的实体，系禀于“气”才有形体的肉身，他将《易》干健坤顺，能大生广生的生生之理视为天所禀赋的“天理”内涵。不但如此，他还把孟子论述的人之所以为人本具的仁、义、礼、智等先验的道德本性也纳入其所谓的“天理”内涵。朱子四十三岁时撰成一篇《仁说》，系朱子对儒家核心价值——“仁”的问题，历经长期探索，深思熟虑后的成熟之作。③ 其要旨在申论天人性命相贯通之理，其《仁说》是本天道立人道的道德形上学，也可视为当今生态伦理学及环保哲学的理论基础。兹录其精要的首段如下：

---

① （宋）黎靖德编：《朱子语类》卷4，中华书局1986年版，第65页。

② （宋）朱熹撰，朱杰人等编：《大学或问上》，《四书或问》，《朱子全书》第6册，上海古籍出版社、安徽教育出版社2002年版，第507页。

③ 我们由朱子与张南轩辩仁说的书信中，得知其《仁说》成于《克斋记》后，《克斋记》也以论“仁”为主题，收入《朱子文集》卷77，作于壬辰年，朱子时年43岁。

> 天地以生物为心者也。而人物之生，又各得夫天地之心以为心者也。故语心之德，虽其总摄贯通，无所不备，然一言以蔽之，则曰仁而已矣！请试详之。盖天地之心，其德有四，曰元亨利贞，而元无不统。其运行焉，则为春夏秋冬之序，而春生之气无所不通。故人之为心，其德亦有四，曰仁义礼智，而仁无不包。其发用焉，则为爱恭宜别之情，而恻隐之感无所不贯。故论天地之心者，则曰乾元、坤元，则四德之体用，不待悉数而足。论人心之妙者，则曰：仁，人心也。则四德之体用，亦不遍举而该。①

朱子明确肯定："性者，人生所禀之天理也。"②万物资始的乾及万物资生的坤表征天地生生之仁德，人心禀受天地生物之心而包贯健顺及四端之性，天心人心一本贯通，在天道元、亨、利、贞的四项生生之德的表征，在人心上所透显出来的乃是仁、义、礼、智四种善良的表德。天道的生生本性可以"元"来统摄包括，人心人性则可以"仁"来统摄包括。总而言之，"仁"与"元"异层同德，朱子所谓："仁者，心之德，爱之理。"③与天地生生之理，好生之德一脉贯通，是惜生爱物的环保伦理的形上基础。我们可推衍其心之仁德的当代环保伦理蕴意，可推导出源于《易》的生生之德，亦即端正天地万物生生而有条理的生态伦理。朱子曰："上古之《易》方是利用、厚生，《周易》始有正德意。"④"正德"是人类利用大自然来开发民生经济以厚待生计的前提，亦即人应友爱大自然的生活环境，珍爱大地资源和生态的正确美德。《易·贲卦彖传》有言："观乎天文以察时变，观乎人文以化成天下。"人认识自然，需求大自然的民生资源，开物成务以满足全民生经济的幸福生活，这是无可厚非的。但是应本着中正中和的美德适度取用，勿滥采滥用而破坏生态，危及生存资源的枯竭。因此，人对天

---

① （宋）朱熹撰，朱杰人等编：《仁说》，《晦庵先生朱文公文集》卷 67，《朱子全书》第 23 册，上海古籍出版社、安徽教育出版社 2002 年版，第 3279—3280 页。

② （宋）朱熹撰，朱杰人等编：《告子章句上》，《孟子集注》卷 11，《四书章句集注》，《朱子全书》第 6 册，第 395 页。

③ （宋）朱熹撰，朱杰人等编：《梁惠王章句上》，《孟子集注》卷 1，《四书章句集注》，《朱子全书》第 6 册，第 246 页

④ （宋）黎靖德编：《朱子语类》卷 67，中华书局 1986 年版，第 1645 页。

地万物应秉持永续经营管理的哲学，务求人与大自然和谐共生，万物得以生生不息，人类生命亦得以繁衍而绵延不绝。因此，朱子强调人对天地万物的生态应有永续经营的责任与使命。他说："人者，天地之心。没这人时，天地便没人管。"[①] 对朱子而言，"理"是天理，天理在人伦道德的领域上是刚健仁义礼智的本性，所谓"性即理"，心为精爽之气有灵觉能格物穷理，也能在正德上，于究明所以然之理和所当然之则后，以敬义夹持的修心养德方式来培养善良本性，端正德性，这是人善尽管理自己与天地万物的准则。

（二）"人欲"的概念涵义

就朱子"理""气"分别为形而上属性与形而下属性而言，"理"是人纯然至善的先验道德本性，则"气"构成人形质性的肉身，具有七情六欲的感官欲望或自然情欲生命的感性欲求。换言之，朱子将人欲划分至"气禀"或"气质之性"，他不自觉地混杂使用过这两个概念。他说：

> 孟子未尝说气质之性，程子论性所以有功于名教者，以其发明气质之性也。[②]

又曰：

> 又举明道云"论性不论气，不备，论气不论性，不明，二之则不是"。且如只说个仁义礼智是性，世间却有生出来无状底，是如何？只是气禀如此。[③]

在朱子的哲学语言上，"气质"意指"气积为质"[④]，人所禀的形气称为"气禀"（或"禀气"），在语意上是通释，只是前者指资质意，后者指个体性，资以解释个别差异上，人与人之间有殊别性的缘由。朱子且以禀气之差异化解释每个人的不同命运，所谓："人之禀气：富贵、贫贱、长短，皆有定数寓其中。"[⑤] 这也借以说明每个人欲望偏好的类别及强弱度不同。从犯罪生理与心

---

① （宋）黎靖德编：《朱子语类》卷 45，中华书局 1986 年版，第 1165 页。
② （宋）黎靖德编：《朱子语类》卷 4，中华书局 1986 年版，第 70 页。
③ （宋）黎靖德编：《朱子语类》卷 4，中华书局 1986 年版，第 70 页。
④ （宋）黎靖德编：《朱子语类》卷 1，中华书局 1986 年版，第 2 页。
⑤ （宋）黎靖德编：《朱子语类》卷 4，中华书局 1986 年版，第 81 页。

理学的角度而言，朱子也以人与人气禀的差异性来解释实然面的善恶倾向，他说："人之所以有善与不善，只缘气质之禀各有清浊。"①

"天理"是人皆可以为尧舜之先天的同一性，但是人与人在气禀上有个别差异性。因此，在天理与人欲的互动关系上人个别性的私欲有千差万别的表现。他说：

> 性只是理，然无那天气地质，则此理没安顿处。但得气之清明，则不蔽锢，此理顺发出来，蔽锢少者，发出来天理胜；蔽锢多者，则私欲胜，便见得本原无有不善。②

就《中庸》首章"天命之谓性，率性之谓道"而言，天命之健顺仁义礼智的先验道德本性，是人之所以为人的第一义谛，与宇宙发生论中的个人因气禀而有的七情六欲之人欲非属同一存有的层级。从人的超越性本质和人与人的同一性而言，人所与生俱有的"天理"，对个别禀气的殊别化"人欲"，享有存在价值的优位性。朱子说：

> 性主于理而无形，气主于形而有质。以其主理而无形，故公而无不善；以其主形而有质，故私而或不善，……故其发皆人欲之所作。③

就道德善恶判断而言，天理是公正而无私的公理公义，人欲是自私自利而有不公不义的言行。因此，循天理而行是"善"，循人欲之私而行，有所偏私而不公正，自然就是恶了。当代新儒家唐君毅诠释说："(朱子所谓）人欲乃起于人心之知觉运动之只顺形气之欲……此乃第二义以下之事。"④"人欲"是第二义，那么什么是第一义呢？理所当然的，优位于气禀的道德性之形上存有，亦即"天理"才是第一义。

值得注意者，朱子在语意使用上，"人欲"与"欲"仍有概念涵义上的分辨。盖人的形躯生命之维持，仍有饥食渴饮之类的生理需求及社会荣显的心理需求。这些生存欲望的满足有其正当性、合理性，也是基本人权所在，朱子也予以肯认。他说："若是饥而欲食，渴而欲饮，则此欲亦岂能

---

① （宋）黎靖德编：《朱子语类》卷4，中华书局1986年版，第68页。

② （宋）黎靖德编：《朱子语类》卷4，中华书局1986年版，第66页。

③ （宋）朱熹撰，朱杰人等编：《答蔡季通》，《晦庵先生朱文公文集》卷44，《朱子全书》第22册，上海古籍出版社、安徽教育出版社2002年版，第1989页。

④ 唐君毅：《中国哲学原论·原性篇》，香港新亚书院研究所1968年版，第408页。

无?”[①]“如夏葛冬裘，渴饮饥食，此理所当然。”[②] 这是不涉及善恶行为的非道德判断命题。但是在认知和行为抉择上有失中正原则，呈现出“过”或“不及”的状态时，则有道德上善恶价值之判断。朱子将违失中正或中和的欲望追求和消费行为称为“人欲”，亦即不具道德性质的“恶”行。他有句令人深思的话：“饮食者，天理也；要求美味，人欲也。”[③]“要求美味”，是人在物质生活上有提高消费水平的要求，这也是人之常情，问题的关键，在追求更高物质生活的享受上，我们的动机、目的、手段及后果有无违反道德原理，造成损人利己，或损人也不利己，甚且浪费资源，伤害了我们共同享有的生活环境？朱子深入分析，辨析入微地指出：“人欲不必声色货利之娱，宫室观游之侈也。但存诸心者小失其正，便是人欲。”[④] 朱子在消费伦理上，特别注重节制的美德。例如他说：“欲，如口鼻耳目四支之欲，虽人之所不能无，然多而不节，未有不失其本心者，学者所当深戒也。”[⑤] 对民生物质的消费上，若我们贪图口腹之欲，或在其他物质享受上铺张浪费，奢侈虚荣，失去节度，特别是过度奢华浪费，或导致地球资源枯竭，环境污染，不宜居适活，则判为“人欲”，亦即违反中正或中和原理的伦理“恶”了。

三、对应于理欲之辨的道心人心之辨及其在环保伦理之意义

朱子将理、欲之觉发，在作用归属上分别源于“道心”与“人心”，他汲取《大乘起信论》“一心开二门”的架构，将发于天理的道心，与发自人欲的人心，其间的一开一合皆诉诸于一心的同体异用。他在所著《中庸序》中，明确地表述：

> 心之虚灵知觉，一而已矣。而以为有人心、道心之异者，则以

① （宋）黎靖德编：《朱子语类》卷 94，中华书局 1986 年版，第 2414 页。

② （宋）黎靖德编：《朱子语类》卷 61，中华书局 1986 年版，第 1476 页。

③ （宋）黎靖德编：《朱子语类》卷 13，中华书局 1986 年版，第 224 页。

④ （宋）朱熹撰，朱杰人等编：《与刘共父》，《晦庵先生朱文公文集》卷 37，《朱子全书》第 21 册，上海古籍出版社、安徽教育出版社 2002 年版，第 1619—1620 页。

⑤ （宋）朱熹撰，朱杰人等编：《尽心章句下》，《孟子集注》卷 14，《四书章句集注》，《朱子全书》第 6 册，第 455 页。

其或生于形气之私，或原于性命之正，而所以为知觉者不同，是以或危殆而不安，或微妙而难见耳。然人莫不有是形，故虽上智不能无人心，亦莫不有是性，故虽下愚不能无道心。①

"人心"系发自形气之心，这是"私欲"（或"人欲"）。相对的，"道心"虽深微玄妙，乃出于"性命之正"的"天理"。朱子在《答张敬夫书》中曾指认："人心为私欲，道心为天理。""道心"所以为天理的流行，因其具有公义善良的属性。"人心"所以为"私欲"，乃因出于自私或有偏邪不善良的特征。朱子在《与蔡季通书》中说："以其公而善，故其发皆天理之所行，以其私而或不善也，故其发皆人欲之所作。……然但谓一心。"发于天理所呈现的"道心"，与发于人的私欲所流露出的"人心"，皆出于一心之所发，其间的不同，端视此一心系觉于理而发，或觉于七情六欲而发。扼要言之，发心于"理"或"欲"，其间的一开一阖，一行一止，关键在人对于天理能否有省思自觉的主动能力。朱子在《答许顺之书》中明白宣示："操而存者为道心，舍而亡者为人心。"

如何活化朱子哲学的智慧而创造时代新的意义，我们必须对当下的时代处境和问题有人文生命的关怀。人文生命对时代困境的关怀，我们得以时代的新眼光，重新审视朱子的哲学智慧如何与我们时代的问题联结，双向解读朱子哲学与时代问题，面对问题关键，汲取且转化朱子哲学智慧来启迪我们解决时代问题的理论和实践路径。本文以环保伦理为一范例，试图由朱子的理欲之辨，人心与道心之别，来挖掘朱子哲学在针对环保伦理议题上所可能的启发性思想资源。

就朱子道德形上学观之，天地交感，品物咸亨，展现无限的生机，呈现出天地有生生不息的仁德，人心本天地生物之心而生，人心当然禀得爱物惜生的仁心仁性。就环境伦理而言，人应深刻认识发于物欲横流的人心私欲对大地资源枯竭，生态环境受摧残之害，这是"人心之危"。另一方面，如何以忧患意识呼唤大众同心协力于珍惜资源，爱护地球，使生态和人类生命家园永续，理当回归人心中所含具的乾坤健顺之德的生生原理，以道心统率人

---

① （宋）朱熹撰，朱杰人等编：《中庸章句序》，《四书章句集注》，《朱子全书》第6册，上海古籍出版社、安徽教育出版社2002年版，第29页。

心，以天理来主导人欲，克己复礼，敬天爱物，才是朱子哲学在当今世界的一条突破性出路。朱子的言语中，处处显露出人与天地的生生之德合拍，这是天人合一的立基点。例如他说："天便脱模是一个大底人，人便是一个小底天。吾之仁义礼智，即天之元亨利贞。凡吾之所有者，皆自彼而来。"①但是，当今时代，人类对生态的破坏，造成大自然种种的反扑，也是不争的事实。追究祸根，莫过于人欲的过度膨胀而失去节制。朱子曾语重心长地说过："人之本心无有不仁，但既汩于物欲而失之，便须用功亲切，方可复得本心之仁。"②

我们要弘扬朱子理欲之辨的时代环保伦理之意义，则必须对当前环保问题要有较全面而深刻的认识，觉醒忧患意识和危机意识，激化出我们对环保伦理的责任感。试问当前生态情况的问题究竟有多严重呢？试观东非洲埃塞俄比亚气候异常所导致的干旱，造成饥民与动物大量死亡。自 20 世纪以来中国大陆的干旱、洪涝、沙尘暴、尘霾、泥石流、地震、区域性寒暑异常等灾害，此起彼落，接连不断；江、河、湖、海水污染，大批森林、草地、耕地在沙漠化中被破坏了生态。台湾地区每逢大雨则水患频传，中南部空气质量时时不佳。北美、澳洲野火燎原时有所闻。大陆每年浪费的食物惊人，2017 年台湾年度回收的垃圾达七百多万吨（其中废纸就有 40 多万吨）。人类的肉食习惯，经营大规模牧场，草地根浅不易水土保持，牲畜排放的气体升空，破坏了臭氧层。由于工业及汽机车、空调机排出大量的碳，在温室效应下，地球表层温度提升，威胁生态，气候变迁异常，也造成粮产失序，人的体感温度太热、太湿、太冷而不舒适。这类各式各样的生态失衡问题丛生，人类生存资源变调，不但危及我们这一代，更累及我们的子孙。因此，环境保护的伦理问题已刻不容缓。就朱子而言，这一些祸害的根源在人欲的自私贪婪，人与自然失去平衡的生态关系。庄子说得好："嗜欲深者天机浅。"我们可借朱子"人心惟危"一语来说，上述一切皆人类咎由自取。

① （宋）黎靖德编：《朱子语类》卷 60，中华书局 1986 年版，第 1426 页。

② （宋）朱熹撰，朱杰人等编：《答何叔京》，《晦庵先生朱文公文集》卷 40，《朱子全书》第二十二册，上海古籍出版社、安徽教育出版社 2002 年版，第 1841 页。

四、朱子强调的"惟精惟一，允执厥中"理论以及可推广的环保范例是未来的出路

在朱子《仁说》一文中，天人一本同心，皆有尊生贵生的价值意识。换言之，天地有好生之德，本于天心的人心，也有爱物惜生的本心。人应保持敬天爱物的初衷，所谓：

> 盖天地之心，其德有四，曰：元亨利贞，而元无不统。其运行焉，则为春夏秋冬之序，而春生之气无所不通。故人之为人，其德亦有四，曰：仁义礼智，而仁无不包。其发用焉，则为爱恭宜别之情，而恻隐之心无所不贯。……在天地则块然生物之心，在人则温然爱人利物之心，包四德而贯四端者也。①

天地交感生物成物不已，自有其温暖和煦之体性，亦即生物不测的仁德。人独得天地"块然生物之心"，也潜存温然爱人利物之仁心。因此，人本着仁心，对生态的平衡性与循环不息性，亦有慈爱恻怛的初心。但是人心之危，在其为无反思自制能力的七情六欲之盲动，道心有居敬穷理的惟精惟一之修心养德工夫，及其深明中正中和之理和允执厥中的道德意志。朱子说："有道心，则人心为所节制，人心皆道心也。"②居敬穷理、心静理明的道心，能在道德判断和抉择时"惟精惟一，允执厥中"，才能避免导致人陷溺于七情六欲中不知检点节制，过度而失中，所导致的伦理之恶。当今推行的环保伦理亦然，应切乎大中至正的中和之理才是正途。

儒家经典中，《古文尚书》的"人心惟危，道心惟微，惟精惟一，允执厥中"、《易·乾卦·彖》："乾道变化，各正性命，保合太和，乃利贞。"《中庸》："致中和，天地位焉，万物育焉。"的伦理思想，深刻形塑了朱子哲学的核心价值思想，也使朱子理欲之辨足以为当今环保伦理的范式。《易·颐卦·彖》曰："颐，贞吉，养正则吉也。……天地养万物，圣人养贤以及万民。颐之时义大矣哉。"朱子在《易本义》注曰："极言养道而赞

---

① （宋）朱熹撰，朱杰人等编：《仁说》，《晦庵先生朱文公文集》卷 67，《朱子全书》第二十三册，上海古籍出版社、安徽教育出版社 2002 年版，第 3279—3280 页。

② （宋）黎靖德编：《朱子语类》卷 78，中华书局 1986 年版，第 2011 页。

之。”①《易·损卦·象》曰:“损益盈虚,与时偕行。”象曰:“君子以惩忿窒欲。”朱子注曰:“君子修身,所当损者,莫切于此。”② 依他以无过、无不及诠释“善”及“中”而言,朱子在理欲之辨上针对人欲泛滥不知节制,特别强调以“理”制“欲”的中正之道来养生。朱子的“允执厥中”,不但彰显了《易》的生态形上学,也充分揭示了宇宙万物并育而不相害,相辅相成,和谐共生的至理,这是朱子所能留给我们深具启示性的环保伦理之核心理论。

当然,朱子的时代尚未有我们今日所遭逢生态不断恶化的危机,自然也无对当今有针对性的环保实践性伦理。不过朱子不但提出居敬穷理的治学处世态度,在公共领域上,他在福建五夫里创办的“社仓”,足以启发我们公共问题的解决有赖于建构一套可操作、能收实效的机制来做公共平台。朱子《仁说》谓:“天地生物之心”、“仁者,心之德,爱之理”,当今的环保工作应推本于心源,将敬畏天地生物之心及爱物惜生的行动,根植于人人内在的“心之德,爱之理”,才足以永续环保志业,永续天地生生不息的生命气象。

朱熹创立“道统”一词,将其哲学涵义推本于《古文尚书》:“人心惟危,道心惟微,惟精惟一,允执厥中。”将道心人心同体异用。他认为心觉于形上之天理者为道心,觉发于形下的气性生命之情欲者为人心。然而,道心与人心非二心,而系一心发用之两端,若能两端而一致地以道心之天理导化人心之私欲,且能合乎不过与不及的中正中和之理者为善。朱子在《仁说》中主张天人同心合生生之仁德,人的惜生爱物之心,贯通于天地好生之仁德。朱熹对人情欲心之不理性的陷溺在贪婪的习气中有很实际的体认和深刻的理解。他认为在一般情况下,气强理弱,理管不住气,这也是资本主义的市场经济在消费市场主导下,经济的发展释放了人的七情六欲,不但要满足物质欲望的需要,还要满足人贪婪虚浮之心的“想要”。这种以人欲为诱因,消费为主导的经济模式,在生产科技化,商业管理工具理性化的推动下,以掠夺地球资源的经济活动模式,不但造成能源与资源短缺的危机,也造成温室

① (宋)朱熹撰,朱杰人等编:《周易象上传第一》,《周易本义》,《朱子全书》第一册,上海古籍出版社、安徽教育出版社 2002 年版,第 96 页。

② (宋)朱熹撰,朱杰人等编:《周易象下传第四》,《周易本义》,《朱子全书》第一册,上海古籍出版社、安徽教育出版社 2002 年版,第 116 页。

效应，导致气候变迁。市场经济导致大规模生产、消费和抛弃的模式，已造成各种环境污染和垃圾处理难题。

朱子“惟精惟一”的居敬穷理之修心养德功夫，与当今环保哲学中强调环保知识及集体实践环保伦理，有可以密切接轨的契机。盖朱子的格物穷理以致知，包括经验世界客观化的实然之理以及伦理世界的应然之理。环保的推行此两种理，或“闻见之知”与“德性之知”皆有必要性，尤其不可或缺的是朱子主张敬贯动静的修养功夫，心静理明，涵养须主敬，遇事须察识的敬义夹持的实践工夫。朱子的理欲之辨有助于我们警觉到当前生态破坏，资源短缺，环境污染的问题，归根究底在于人在七情六欲的无节制之消费行为。朱子以道心统御人心(欲心）之盲动，以超越的天理来克制贪婪的人欲，是将心灵环保和地球环保两者合内外之道，对当今的环保问题可说是治标治本双摄并行。朱子知行相需相成的思想，不但有助于改变我们的惰性思考，陈旧知识，且为革除消费的恶习，厉行俭朴生活注入动力，在市场经济挂帅的时代，人的不幸福感多来自物质的欲求永不知足。世俗之人见他人锦衣名车豪宅，一家烤肉千家怨，心生委屈不满。如何培养理性消费来节制人欲膨胀，而达到“允执厥中”的理想状况，这不仅是环保伦理问题解决之途径，也是引导人回归到生活简朴，提升心灵价值生命，走向健康、开朗的人生幸福之正道。

（作者单位：台湾中国文化大学）

从“文”与“质”探讨《论语集注》中的文化传承

[德] 施维礼（Wolfgang Schwabe）

在当代的中国，传统文化的传承最近几年成为一个大家关注的议题，而且在思想上面，儒家文化如何被传承特别受到瞩目。然而文化的传承在中国历史中并非是一个新议题，《论语》中已经对此问题有所反省。本论文透过朱熹的《论语集注》探讨文化传承的问题。探讨文化的传承时，讨论的层次有好几个。首先要问的是，是否要传承传统文化。就算肯定了这一点，还要进一步问，该传承的是文化的哪一部分？只要传承它的形式吗？还是只要传承它的内涵？形式与内涵又如何区分？为了回答这个问题，本篇论文从“文”、“质”一组概念切入文化传承的探讨。论文分析了“文”、“质”之间的关系之后，进一步探讨文化传承的“损”、“益”问题。如此，论文借着《论语集注》中的论述从儒家内部对文化传统的反省探讨当代中国所面对的文化传承问题。

一、《论语》原文中谈“文”、“质”的三种说法

《论语集注》中，原文在两个地方讨论“文”与“质”的关系。一次是孔子在《雍也》篇谈“君子”的时候，说“质胜文则野，文胜质则史。文质彬彬，然后君子”①，第二次是子贡在《颜渊》篇批评棘子成对“文”与“质”之间关系的说法：“棘子成曰：‘君子质而已矣，何以文为？’子贡曰：‘惜乎，夫子之

① （宋）朱熹：《雍也第六》，《论语集注》卷 3，《四书章句集注》，中华书局 2012 年版，第 89 页。

说，君子也。驷不及舌。文犹质也，质犹文也。虎豹之鞟，犹犬羊之鞟。”①

从这两章节来看，在《论语》的原文中对“文”与“质”的关系有三种不同说法：孔子所提倡的“文质彬彬”、棘子成所提倡的“君子质而已”以及子贡所提出的“文犹质也，质犹文也”此三个说法。三种说法有一个共同点：三者都以“君子”当作叙述对象。在这三种说法中，文化意涵最丰富的是孔子所提的“文质彬彬”一说。因此把它放在后面来探讨。

棘子成与子贡的短短对话中，有三个地方值得注意。第一，两者对“文”、“质”的意涵本身不做说明，他们直接从两者之间的关系谈“文”与“质”的关联；第二，两者谈“文”与“质”的关系时，不谈空泛的概念而谈在“君子”这个个体的身上“文”与“质”的关系该如何；第三，虽然“文”、“质”主要在谈人的表现与内涵，子贡以犬羊与虎豹之间的差异加以说明“文”的重要性时，把“文”、“质”原先牵涉的范围扩大到所有的个体。从第一点来看，“文”与“质”是当时普遍被运用的一组概念，因此不用说明。从第二点来看，“文”与“质”这一组概念主要谈人的正面表现，不谈“恶质”。第三，显示“文”与“质”的讨论可以引申到其他的范围，不仅限制在“君子”之德的面向上。为了进一步了解此段的意义，我们先参考《论语集注》中对这一段的注释：

> 棘子成曰：“君子质而已矣，何以文为？”棘子成，卫大夫。疾时人文胜，故为此言。子贡曰：“惜乎！夫子之说，君子也。驷不及舌。言子成之言，乃君子之意。然言出于舌，则驷马不能追之，又惜其失言也。文犹质也，质犹文也。虎豹之椁犹犬羊之椁。”椁，其郭反。椁，皮去毛者也。言文质等耳，不可相无。若必尽去其文而独存其质，则君子小人无以辨矣。夫棘子成矫当时之弊，固失之过；而子贡矫子成之弊，又无本末轻重之差，胥失之矣。②

朱熹的注释把棘子成与子贡的对话放在当时的时代背景来理解。依照朱熹，棘子成强调“质”是因为当时大家太注重“文”。因此，棘子成的话有“君子之意”，也等于有某一种程度的道理，只是不应该把它“言”出来。至于子贡

---

① （宋）朱熹：《颜渊第十二》，《论语集注》卷6，《四书章句集注》，中华书局2012年版，第136页。

② （宋）朱熹：《颜渊第十二》，《论语集注》卷6，《四书章句集注》，中华书局2012年版，第136页。

的说法，朱熹也不完全认同。朱熹以“等”来解原文的“犹”。依照这样的解读，朱熹认为，如果“文”、“质”等同的话，就少了两者之间“轻重”的可能性。总而言之，朱熹认为，无论棘子成或子贡，两者的说法都不够全面。

后世注释家对朱熹有所反驳。至于他对棘子成的评论，后人认为朱熹断错句了，话中并没有赞成棘子成的意思。至于朱熹对子贡的解释，后人认为“犹”字应解为“不能分别”。笔者认为两则对朱熹的批评有道理。依据后人的解释，这段棘子成与子贡的对话中，棘子成认为，君子该有的“质”不需要“文”。棘子成所指的“质”可能是类似于《论语》中“君子义以为质，礼以行之，孙以出之，信以成之；君子哉！”① 的“质”。以此段为例，棘子成认为，“君子”只要“义以为质”，而不用“礼”的“文”“以行之”。

针对这个说法，子贡作反驳。他强调，“文”与“质”“不能分别”。后人对“不能分别”有些说明：不能分别之意，谓既去文存质，则质外无文，即质即文，是文与质无所分别。这个说法仍然不是很清楚。质外无文似乎意味着“质”本身蕴含着或期待着与他搭配的“文”。但是这个说明似乎只能解释子贡的第二句话“质犹文”，而不能说明他先说的“文犹质”。如果用与第二句的同样逻辑在子贡的第一句“文犹质”上，他的意思应当为，“文”本身蕴含着或期待着某一种“质”当它的内涵。说穿了，子贡认为，“文”与“质”有内部的连贯性，两者不能单独存在。遗憾的是子贡没有进一步说明“文”与“质”内部的连贯性该如何理解。

以上的讨论可以归纳为，《论语》中，除了“文质彬彬”之外，还有两种对于“文”与“质”关联的主张。以棘子成为代表的说法认为，“质”根本不需要任何的“文”，以子贡为代表的说法认为，“文”与“质”互相有内部关联。

二、对“文质彬彬”的解读

与上面两个说法来比，孔子提倡“文质彬彬”的主张有比较多上下文可以探究他的意涵。我们先从《论语》的原文开始探讨之：“子曰：‘质胜文则野，

① （宋）朱熹：《卫灵公第十五》，《论语集注》卷8，《四书章句集注》，中华书局2012年版，第166页。

文胜质则史。文质彬彬，然后君子。'”

孔子在此谈“文”与“质”的关系时，分辨三种不同的状态：“质胜文则野”、“文胜质则史”以及“文质彬彬”，并且认为“文质彬彬”才是“君子”该有的表现。这一章跟上一章一样，把“文”与“质”之间的关系落实在“君子”的身上讨论。再者，“质胜文则野”、“文胜质则史”、“文质彬彬”，三个状态中，“文”与“质”两者都并存，但是只有“文质彬彬”才展现“文”与“质”的理想调配。因为三个状态都落实在个人的身上，孔子似乎认为，“文”与“质”如何协调，个人自己可以决定，否则认同其中一个状态根本没意义。至于这一章的具体内容，我们先参考朱熹的注释：

> 子曰：“质胜文则野，文胜质则史。文质彬彬，然后君子。”野，野人，言鄙略也。史，掌文书，多闻习事，而诚或不足也。彬彬，犹班班，物相杂而适均之貌。言学者当损有余，补不足，至于成德，则不期然而然矣。杨氏曰：“文质不可以相胜。然质之胜文，犹之甘可以受和，白可以受采也。文胜而至于灭质，则其本亡矣。虽有文，将安施乎？然则与其史也，宁野。”①

朱熹先从字义简单地说明“野”与“史”的意义。被号称“野”的“质胜文”表现就是粗俗的行为。被号称“史”的“文胜质”表现是，只关心形式而没诚意的行为。朱熹对“文质彬彬”的说明相对比较丰富。按照朱熹，“彬彬”在叙述的是“物相杂而适均之貌”的一种情形。比较遗憾的是，朱熹在此并没有说明，“物相杂而适均之貌”与“文质”的具体关联。因为“物相杂而适均之貌”谈的是“貌”，朱熹谈“物相杂”似乎是在谈外显的“文”而已。另一种可能性是，外显的“貌”是“君子”之“貌”，“君子”本身显示一种“文”与“质”两物“相杂而适均之貌”。

再者，朱熹以“言学者当损有余，补不足，至于成德，则不期然而然矣。”进一步说明“文质彬彬”如何能形成。在这个补充说明中，关键是“损”与“补”。但是所“损”与“补”的又是何物？所谈的似乎又是“文”的表现。但是“损”与“补”跟“质”的关联又如何？朱熹似乎没交代清楚。

透过朱熹的注释可以发现，“文质彬彬”一句有歧义。我们分开讨论两

① （宋）朱熹：《雍也第六》，《论语集注》卷3，《四书章句集注》，中华书局2012年版，第89页。

种可能的解释。第一个可能是，“文质彬彬”在谈的是“文”如何表现现有的“质”而并没有讨论到“文”与“质”本身的关系。如果关键在“文”如何表现现有的“质”，那么只要“文”的表现是“彬彬”的，它就可以表现某一种现有的“质”。如此的话，那么某一种“质”应该可以用各种各样的“文”来展现。只要此“文”符合孔子“彬彬”的要求即可。而按照朱熹，达到“彬彬”的效果，主要看你“损”与“补”是否恰当。但是恰不恰当的标准又在哪里？朱熹在此似乎已经假设一个定型的礼乐制度当作在各种各样不同情境“损”与“补”的前提或依据。

第二种可能为“物相杂而适均之貌”里面所谈的“物”就是“文”与“质”二物。“貌”所谈的是君子之貌。这样的话，君子有德性的表现随时要注意“文”与“质”是“相杂而适均”的；在这个诠释脉络之下，“损”与“补”所谈的是对于“文”与“质”两方的修正。“损”与“补”的方式、程度都不一定，整个“文”与“质”之间的关联相当地灵活。因为“文”与“质”是两个相当抽象的概念，“文质彬彬”的情形也允许不同的“文”来搭配同一种“质”。只要能达到“彬彬”的搭配都是被孔子认可的。

如果再对照三种对“文”与“质”的说法时，可以获得几个简单的结论：棘子成所提倡“质”可以独立成立的说法被否定了。另外两个说法应该都被收集《论语》的人认可的，但是两者之间的关系并不清楚。如果我们对于“文质彬彬”采取第一个诠释，那么强调“文”与“质”内部连贯性以及强调文的表现方式，两种论述几乎没关联。一个谈“文”与“质”的内部关联，一个谈“文”如何表现现有的“质”比较恰当。而恰当的标准并不落在“文”与“质”之间，而表现在“文”的“损”与“补”上。如果对“文质彬彬”采取第二种诠释，子贡与孔子对于“文”与“质”的关系所关心地方也有落差。子贡强调“文”与“质”的内部连贯性，孔子强调“文”与“质”搭配的方式。按照孔子的说法，多种“文”可能恰当地搭配一种“质”，也等于说“文”与“质”内部没有必然的关联。

三、“文”、“质”与“损”、“益”

如果把“文”与“质”一组概念的范围从个人在德性上的表现扩大到整

个社会，就可以用这一组概念探讨文化传承。文化的传承是否只要传承形式的“文”？还是文化传承的重点在一些核心价值（“质”）的传承？这些价值是否必须依托在一些固定的形式（“文”）上面？还是这些核心的价值的传承靠着对操作“文”之原理的掌握而可以依据这些原理灵活运用？在《论语》中的“十世可知”一章中对此问题有所探讨。

孔子在《论语》中如此回答子张关于文化传承的问题：“子张问：‘十世可知也？’子曰：‘殷因于夏礼，所损益，可知也；周因于殷礼，所损益，可知也。其或继周者，虽百世可知也。’”① 孔子回答子张的问题时，用“因”、“继”以及“损”、“益”两组概念。我们先看朱熹怎么解释这一章：

> 子张问：“十世可知也？”陆氏曰：“也，一作乎。”王者易姓受命为一世。子张问自此以后，十世之事，可前知乎？子曰：“殷因于夏礼，所损益，可知也；周因于殷礼，所损益，可知也；其或继周者，虽百世可知也。”马氏曰：“所因，谓三纲五常。所损益，谓文质三统。”愚按：三纲，谓：君为臣纲，父为子纲，夫为妻纲。五常，谓：仁、义、礼、智、信。文质，谓：夏尚忠，商尚质，周尚文。三统，谓：夏正建寅为人统，商正建丑为地统，周正建子为天统。三纲五常，礼之大体，三代相继，皆因之而不能变。其所损益，不过文章制度小过不及之间，而其已然之迹，今皆可见。则自今以往，或有继周而王者，虽百世之远，所因所革，亦不过此，岂但十世而已乎！圣人所以知来者盖如此，非若后世谶纬术数之学也。胡氏曰：“子张之问，盖欲知来，而圣人言其既往者以明之也。夫自修身以至于为天下，不可一日而无礼。天叙天秩，人所共由，礼之本也。商不能改乎夏，周不能改乎商，所谓天地之常经也。若乃制度文为，或太过则当损，或不足则当益，益之损之。与时宜之，而所因者不坏，是古今之通义也。因往推来，虽百世之远，不过如此而已矣。”②

① （宋）朱熹：《为政第二》，《论语集注》卷 1，《四书章句集注》，中华书局 2012 年版，第 59 页。

② （宋）朱熹：《为政第二》，《论语集注》卷 1，《四书章句集注》，中华书局 2012 年版，第 59—60 页。

朱熹在此依循着马融的注释说明“因”、“继”以及“损”、“益”的含意。按照马融，应该“因”的是“三纲五常”，可“损”、“益”的是“文质三统”。朱熹以“三纲，谓：君为臣纲，父为子纲，夫为妻纲。五常，谓：仁、义、礼、智、信”解释“三纲五常”，以“文质，谓：夏尚忠，商尚质，周尚文。三统，谓：夏正建寅为人统，商正建丑为地统，周正建子为天统”解释“文质三统”。

以上面对“文”与“质”的分析来看，朱熹认为“三纲五常”就是属于文化意涵的“质”。这个意涵是后世要传承文化者必须保留的。可以随时代而改变的是有个别性的德性表现以及属于制度面的“文质三统”。朱熹自己总结说：“三纲五常，礼之大体，三代相继，皆因之而不能变。其所损益，不过文章制度小过不及之间，而其已然之迹，今皆可见。”①三代必须传承的是以“三纲五常”为内容的“礼之大体”。以“文”与“质”的概念来说，作为“文”的外在展现的“礼”必须以“三纲五常”为“质”。但是这个“礼”同时可以依循着时代的不同，在具体的落实上有不同的展现。也就是说，不同世代所用的“文章制度”，也就是其具体的“文”，可以有所不同。

如此看来，朱熹依照这段的对文化传承的说法与上面子贡所提倡的“质犹文”有所不同。朱熹只要求“礼”必须依循着“三纲五常”的内涵，他并没有说一定有一个固定的模式才能表现出“三纲五常”的内涵。相反地，他认为三代以不同的制度表现出同一种内涵。至于“三纲五常”如何在不同的礼乐制度被表现出来，“文质彬彬”可以做为所有不同礼制共同追求的落实理想。也就是说，“文质彬彬”是对“礼”的核心价值如何落实的附带原则。无论“文质彬彬”是在指“文”的编排或者在探讨“文质”之间的关系，其可做为落实“三纲五常”在现实中的补充原则。

此问题的反省。用“文”、“质”一组概念来说，当代中国对传统文化所蕴含的“质”必须重新探讨。朱熹以“三纲五常”的认定起码在《论语》的原文中没有直接的证据。因此，当代不能直接接受宋儒的诠释，而必须从整个儒家的文化传统思考此问题；显然也更不能用模糊的民族情感来面对过去

---

① （宋）朱熹：《为政第二》，《论语集注》卷1，《四书章句集注》，中华书局2012年版，第59页。

历史文化的传承。就算确定了某一传种统文化所蕴含的“质”，就必须进一步问，他在当代应该如何被实现。这个问题牵涉到“文”、“质”内部的关联性。所认定的“质”是否要求一个恰当的表现方式（“文”）？在当代的社会中，此就牵涉到传统文化的“质”与商业化以及政治的关系。除了传统文化与特殊领域的关系之外还要更广义地问，当代对传统文化之“质”的表现又应该如何拿捏？什么样的“文”还能表现传统文化的“质”？什么样的“文”已经不能表现传统文化的“质”？朱熹谈到文化传承的“损”、“益”时，相当强调“文”的制度面。那么，当代又应该如何把传统的“质透过以上的分析可以发现，在当代中国探讨自己传统的传承时，可以借镜于过去儒家思想对”制度化？相反地，什么样的制度违反了传统文化的“质”？传统文化与现代社会究竟是什么样的关系？传统文化是不是扮演一个辅助的角色，还是拥着一个主导的角色？传统文化本身对这些问题没有具体的答案，但是过去人对相关问题的反省可以帮助当代寻找一个适合当代的文化传承。

（作者单位：台湾佛光大学）

从陈宏谋《五种遗规》看朱子学的当代东南亚意义

[马来西亚] 郑文泉

本文旨在对20世纪90年代开始在东南亚流通的陈宏谋《五种遗规》一书，阐发其对东南亚朱子学的发展意义。这种阐发，又是置诸东南亚朱子学三阶段史的背景而言，发现陈宏谋《五种遗规》一书深具纠偏功能：首先，它让人们在《四书章句集注》之“理”外，联系起朱子另一《仪礼经传通解》之“事”的著作，从而达到朱子“事理本属相资，体用原归一致”的理、礼双具的思想认识；其次，朱子学不仅有后人批评的“孔子修已之学”的继承，也同时在“已”之外的“家”、“乡”、“学”、“邦国”、“王朝”五个阶层发展了“孔子救世之学”；再次，今日汉学模式的朱子学教育有“书自书而我自我，遂至学自学而仕自仕”之流弊，不合儒门“事理相资，体用一致”的学问宗旨与特征。今日东南亚朱子学在陈宏谋《五种遗规》的启迪基础上，或有需要进一步推衍至“家”、“乡”、“学”、“邦国”、“王朝”与“天下”的六阶层说，才能“合于今之情事”，体现了朱子学全体大用的当世功用。

一、前言：从当年“海外难于购备”到现在东南亚流通的《五种遗规》说起

按朱子学可有广、狭二义，朱子本人的学术是属于狭义的理解，朱子学人对朱子学术的研究与阐释则是广义的认识。由于广义的朱子学是学人对朱子学术的研究与阐发，其中有些已经带着学者个人对朱子学术意义的认知与推演，对这些认知的剖析自是领略朱子学意义的一条便捷之路。举例来说，清代朱子学人陈宏谋（亦作弘谋，1696—1771）辑录《五种遗规》特别是乾

隆34年的版本(时1769年，亦为晚年版本)，是朱子《仪礼经传通解》一书“五礼”说的推进，即《养正遗规》、《教女遗规》对应“家礼”,《训俗遗规》对应“乡礼”,《学仕遗规》对应“学礼”,《从政遗规》则对应“邦国礼、王朝礼”，个中涵义自然有待深究，始能明白。

本文特别提起陈宏谋《五种遗规》一书，自然有其东南亚的历史殊缘。东南亚自中国人移入现代海岛范围的东南亚地区开始，就是以理学面貌出现在当地的教育、学术史的。但是，在晚清废科举、改学堂一直到民初的新式学制，起初还被保留为“读经”与“修身”二科的朱子学传统，到了1912年、1923年正式被民国政府废止后，可说是已从现代基础教育中全面退出了。东南亚最早的新式学堂，就是由清廷（由时任外埠商务大臣兼南洋学务大臣张弼士代表）在1904年于马来亚槟榔屿设置的中华学校。发现“修身”一科无法遵照清廷的学制，按《中华学校改良简章十六条》的第三章“学科”一处，对“修身”一科有如下的变通释说：

> 原定每星期教授一点钟，择讲陈文恭宏谋所辑《五种遗规》。查是书海外难于购备，拟仍授以高等小学修身教科书……①

按中华学校是中学校，原来指定的“修身”教材是陈宏谋的《五种遗规》，但“海外难于购备”，改以小学五、六年级(“高等小学”）的修身教科书替代，《五种遗规》一书初不易流通于此也可以想见。

然而，一百年后的《五种遗规》在东南亚有不同的局面，它既不难找寻也无须“购备”，而是民间流通的免费典籍之一。这点可能要从净空法师（1927年生）的净宗学会自1995年起在新加坡的东南亚传播说起。净宗学会属佛教净土宗团体，在世间法上延续传统三教合一的融通手法，推广、流通包括儒家在内的各种典籍，如《了凡四训》、《弟子规》、《三字经》、《孝经》、《五种遗规》等。② 此一《五种遗规》属乾隆十一年（1746）版本，即通行本，和前一晚年版本的不同是没有《学仕遗规》，而以《在官法戒录》为替代。东南亚目前流通的《五种遗规》，有些是直接从净宗学会在台湾的华藏净宗

---

① 《中华学校改良简章十六条》，辑入陈育崧：《椰阴馆文存》第2卷，新加坡南洋学会1983年版，第264页。

② 净宗学会流通典籍，例见马来西亚净宗学会流通处目录：http://gifts.amtb-m.org.my/，2018年10月6日阅。

学会引进（此华藏本），也有据华藏本加以重印的，如马来西亚古晋报恩念佛堂（报恩本①），在各地的佛经流通处都还能见到。尽管如此，目前社会上对《了凡四训》、《弟子规》等蒙书的讲习比较普遍，《五种遗规》一书似乎还停留在单纯的流通层面，对朱子学的发展意义也还未被正视过，故有在本文此处为之一析的必要。

二、背景：东南亚朱子学史的三个历史形态

承上所述，朱子学在东南亚的传播并不是最近这一百年内的事，但是它的上限可以追溯到什么时候，受限于史料不足征的原因，一般都只是推前到17世纪为止。从朱子《仪礼经传通解》或陈宏谋《五种遗规》的标准来看，朱子学是包括"五礼"即家、乡、学、邦国、王朝等五个层面的学术文化，或涵盖"养正"、"教女"、"训俗"、"学仕"和"从政"的社会文化课题，和一般学者仅限于"学"或"学仕"层面来界定、阐发朱子学的内涵，毋宁还是有一大落差的。②如果单从"学"或"学仕"一层的角度来梳理1600年以来东南亚的朱子学史，我们大致还是可以看出在过去四百年的教育—学术史上，主要传承的还是朱子的"四书"学，或朱子"四书"理学，而有三个不同时期之分：

第一，1600—1876年为"理学"时期，既是中国朱子"四书"理学的移植，也是本地理学内部论争的时期，因为继承或反对的意见（如基督教民办书院所见）莫不以此一文本范围之朱子学为内涵、为对象。

第二，1877—1955年的"孔教"时期，是对朱子"四书"理学在此一时期之时代功用的否定或反对时期，以前者仅为一"孔子修己之学"，既非当世所需之"孔子救世之学"，亦非孔子之学的本来面目。

第三，1956—2018年的"汉学"（"孔教"在印尼继续发扬光大）时期，是朱子《四书》理学进一步退隐成为"孔教"与"汉学"传统的一部分内容，

---

①（清）陈宏谋编：《五种遗规》（全五册），古晋马来西亚古晋报恩念佛堂2007年版。

② 这个不足，就是本人先前的《东南亚朱子学史五论》一书（吉隆坡马来西亚朱熹学术研讨会2014年版）也不能免。

且也未获得特别重视与讲习。

朱子学在上述三个时期的差别，可以进一步从各时期的课程结构、著作版本和学术论争来了解。具体地说，1600—1876 年之所以被认为是中国朱子"理学"的移植与讲习时期，是源于以下事实（下限至 1876 年是因为 1877 年清廷开始派领护侨，同时也介入、改变了本时期的理学特征为下一孔教时期）：

第一，从课程结构的角度来说，这个时期的私塾或书院无不共同以蒙书为起始、以"四书"为最终企向。1818 年成立的马六甲英华书院（Anglo-Chinese College at Malacca）以"三、百、千"与《幼学诗》为初级课本，《孝经》、"四书"为进阶教材①，1819 年槟城书院（院名不详）也是"学生也阅读《三字经》，并开始阅读《大学》。我们计划让他们熟悉'四书'最有用之部分，以便随时可以引用"②，新加坡的坚夏书院（或成立于 1823 年）的中国课程也被考释出是"中国传统蒙学与部分'四书'读本"③，此一以"四书"为高级教材的学制与朱子学已经有了理论联系的可能。

第二，从著作版本的角度来说，不论是马礼逊（Morrison, R. 1782—1834）、高戴维（David Collie, 1828 年卒）还是理雅各（James Legge, 1815—1897）等人的"四书"节译本或全译本，都可以看出他们是共同以朱子的《四书章句集注》为依据的，仔细说来就是《大学》根据朱子"改本"（即分《大学》为经一章、传十章之文本）、《中庸》依朱子分为三十三章句等，甚至把朱子的"集注"当成是文本的一部分来看待和译出，与朱子学的学术渊源已不言而喻。

第三，从学术论争的角度来说，上述基督教传教士兼学人既然把朱子的"四书"看成是中国学问的根本，也透过朱子的《四书章句集注》来了解"四书"的学问，则他们对这些"集注"的同意与否其实也同时是对朱子理学的臧否——"四书"全译本的两大译者高戴维、理雅各对《四书章句集注》的最大反对意见，就是"中国权威体系关于知识与德行的联系（the connexion

---

① Cf.Robert Morrison, *Horæ Sinicæ: Translation from the Popular Literature of the Chinese*, London: Black and Parry, 1812, pp. 1–2.

② Cf.Travelli, S.,"S, Travell to Thos. Beigton (Penang)", 29 September, Singapore: AMCFM, 1838.

③ 庄钦永：《1819—1844 年新加坡的华文学堂》，《新甲华人史史料考释》，新加坡青年书局 2007 年版，第 195 页。

between intelligence and virtue）之说极其错谬的”[①]，也就是朱子意义的“知”绝不足以（still insufficient for）产生道德意义的“行”[②]，和中国陆王心学对朱子学的反对意见是一致的，可见仍是一理学意义的论争与模式。

但是，上述时期的理学论争进入1877—1955年的“孔教”时期，转为宋明理学与先秦孔学之间的论争模式所取代，其原因可于以下教育——学术史的几个层面来阐释（下限至1955年是因为1956年印尼孔教总会与新、马南洋大学的同时成立，将本时期学术推进至下一“汉学”时期）：

第一，从学校课程结构的变迁来说，在当时清廷派和维新派所办的新式学堂，如上述1904年槟城中华学校是还保有朱子学传统的“修身”和“读经、讲经”二门科目的[③]，但在革命派成立中华民国1912年“读经科一律废止”、1923年“修身”科目取消的变革后，朱子学在正规学校的没落已是一无可挽回的事实，而原本为蒙学、小学的“四书”教材也移作大学文学系或哲学系才能一读的课程。

第二，从儒学著作内涵的变迁来说，这一时期的学人不论在中国或东南亚发表的中文或非中文（主要是英文）论著，已经从前期的“从此成人小子，读孔孟之书，究洛闽之奥”的程朱理学转向并将研究目标限制在“孔学”及孔学的作用“孔教”身上。如中文论著几无一例外标明是“孔子之道”、“孔门”、“孔教”、“孔子”、“尊孔”（如有“儒教”、“圣道”、“圣学”之词，指的也是“孔子之教”）[④]，英文论著之“Confucianism”、“Confucianist”也是指“the school of Confucius”、“Confucius”的孔学、孔教而非儒学、儒教之意[⑤]，辜鸿铭甚至把朱注《大学》经一章、传十章拆成经二章、传九章而译出，本时期的朱子学让路给孔学（乃至学人有“孔教复兴”之说）的时代特点，可说

---

① Legge, J., *The Chinese Classics*, Taipei: SMC Publishing Inc., 1861/1991, vol I, p. 33.

② Collie, D., *The Chinese Classical Work Commonly Called the Four Books*, Malacca: The Mission Press, 1828, p. 1.

③ 参见郑文泉：《东南亚朱子学史五论》第三章“辛亥革命与近代马、新朱子学的没落”一文。

④ 梁元生：《宣尼浮海到南洲：儒家思想与早期新加坡华人社会史料汇编》，香港中文大学出版社1995年版。

⑤ 例见 Lim Boon Keng,“Our Enemies”, *The Straits Chinese Magazine*, Vol. 1, No. 2（June 1899）, pp. 52–58, and Lim Boon Keng,“Straits Chinese Reform V: Filial Piety”, *The Straits Chinese Magazine*, Vol. 4, No. 13, June 1900, pp. 25–30。

是到了毋庸置疑的地步了。

第三，从时代学术论争的变迁来说，这一时期辩论的也不是理学内部的“知识与德行的联系之说”，而是儒学内部的先秦孔学和宋明理学的时代功能之诘辩，如辜鸿铭《中国人的精神》一书所言“毋庸讳言，中国自宋朝以来，那些可称作孔教禁欲主义者的宋代理学家们把孔教弄窄了，使其变得狭隘和僵化了，而在这一思维途径下，孔教精神，中国文明的精神被庸俗化了”①，林文庆《民国必要孔教大纲》一书的序言也明言“孔子之教，明若日月……尝谓儒道之衰，不在于不尊崇之，而在于尊崇之失当……其弊皆自宋儒之讲学而适以晦之也”②。可见包括朱子在内的整个“宋代理学家”或“宋儒”是被当作“孔子之教”的负面教材而存在的。

此一时期的孔教在后来的印度尼西亚开花结果，如今已有一完整的自小学而大学的国民孔教教育，但是在华语教育发达的新加坡、马来西亚则延续将孔学“国（故）学化”的趋势（此“国学”后调成“汉学”说法），朱子学在1956—2018年的境遇，成为孔教或汉学的“被定义项”，而非“定义项”：

第一，从大学课程结构的角度来说，朱子学在今天东南亚三国都是作为高等教育的一环（而与小中学教育无涉）而存在，且仅存于“孔教”与“汉学”两种专业课程之中，前者如印度尼西亚孔教师范学院（Sekolah Tinggi Agama Khonghucu，简称SETAKHONG）的“孔教神学”与“孔教哲学”二种学士课程（均有“四书”导读等课，后者尚有“宋明理学”），后者如新加坡国立大学、马来西亚拉曼大学中文系之学士课程（均有“四书”一课，前者尚有“宋明理学”），可见朱子学的教育—学术史地位是由“孔教”和“汉学”来定义的。

第二，从儒学著作内涵的角度来说，东南亚当世两大朱子学者无非就是来自孔教界的黄立志（Oei Lee Tjiek，1934—2008，前美国Fordham University东方哲学与文化教授）和汉学界的龚道运（1937—2007，前新加坡国立大学中文系副教授）分别属于宗教学意义与哲学意义的儒学研究，对朱子学的研究也就不免是宗教学（即朱子学作为“孔教”的一个构成）和哲学（朱

① 辜鸿铭著，黄兴涛编：《辜鸿铭文集·中国人的精神》，海南出版社1996年版，第127页。

② 苏易：《孔教大纲·序》，林文庆：《民国必要孔教大纲》，上海中华书局1912年版，第1—2页。

子学作为当代新儒学的一个内部传统）的取向[①]，不可完全以原来的理学容貌来衡量这些朱子学的东南亚研究与著作。

第三，从学术内部论争的角度来说，黄立志和龚道运二人的宗教学（“孔教”）和哲学（“当代新儒学”）立场都分别对朱子的理学做了相应的批评与调适。前者认为“天”而不是“理”才是宗教学意义下的孔教之“至上唯一之神”（Tuhan Yang Maha Esa）[②]，后者则以“理”之确义不当以朱子（旧）“四书”来见得，而当从乃师牟宗三所说之（新）“四书”即《论语》、《孟子》、《中庸》与《易传》四部来求取，可说是当世东南亚朱子学内部论争的核心内容。

以上四百年东南亚朱子学史的整体趋势，就是朱子学作为儒学的“定义项”的时期已经逝去，如今是作为孔教的内部传统之一，或汉学的学问构成之一来认识的，也就是为后者所定义的对象，这是今人谈论朱子学的东南亚意义的先决条件与基础。

三、意义：从陈宏谋《五种遗规》看东南亚三个时期朱子学的合理性

综上东南亚朱子学背景所见，朱子学在当代是被当作孔教或汉学的一部分来看待的，所以陈宏谋的《五种遗规》一书也是这样。与此同时，由于孔教或汉学是定义项，包括朱子学在内的其他儒学传统都是被定义项，人们的关注多在前者，对后者不是注意不够就是忽而不视，所以社会上讲习的焦点多半在《弟子规》、《论语》而非《五种遗规》，即是此故。然而，一如本文起首所释广、狭朱子学二义之分，人们对广义朱子学著作如陈宏谋《五种遗规》一书的忽视，也可能包括了对朱子学意义失估的重大缺失与风险。

如果陈宏谋的《五种遗规》是对朱子《仪礼经传通解》的承袭与发展，那

---

① 黄、龚二人的著作与思想，参见郑文泉《东南亚朱子学史五论》一书第五章《论闽南朱子学在东南亚朱子学史的作用》及附录三《印度尼西亚黄立志（Oei Lee Tjiek）朱子学研究一览》。

② 印度尼西亚自 1965 年起即明定“宗教”必备至少四大要件：须有圣典、须有先知、须信仰一“至上唯一之神”及“须有宗教仪式及礼拜仪式供信徒遵行”，孔教即是此一规范下之产物。[cf. *Sekilas Riwayat Haksu Tjhie Tjay Ing*（Jakarta: Majelis Tinggi Agama Khonghucu Indonesia, 2012），p. 36.]

么朱子的《仪礼经传通解》既是对个人《大学章句集注》的礼学补充，也是对《大学》此一先秦文本的八条目之调整。三者之间的上述学术联系，可被佐证如下：

第一，陈宏谋是清代重要朱子学人，他的《五种遗规》是对朱子《仪礼经传通解》的“家、乡、学、邦国、王朝”五礼说的继承，于家为养正、教女二种，于乡为训俗，于学为学仕，于邦国、王朝则统说为从政；在内容上，朱子《仪礼经传通解》体例有“礼仪、礼义”二种，如家礼之“士冠礼”配以“冠义”、乡礼之“乡饮酒礼”配以“乡饮酒义”、学礼之“学制”配以“学义”等，陈宏谋的《五种遗规》基本上偏重“礼义”面（故谓“遗规”）的发挥，所辑与朱子为古来经传复有异，大致为宋以下之学人言论。陈宏谋《五种遗规》是朱子《仪礼经传通解》礼学传统的继承与发展，应该是可以被确定的。

第二，朱子《仪礼经传通解》对先秦《大学》思想的发展，大致可从两方面来理解：一方面是《大学》的“身、家、国、天下”阶层是封建制的说法，与后来郡县制的社会阶层有异，故朱子改以家、乡、学、邦国、王朝五分说；另一方面，朱子的《大学章句集注》属于理学论著，工夫或实践方面则由《仪礼经传通解》的“礼仪、礼义”来匹配与完善之。

由上可见，如果我们一味从孔教（先秦儒学）或汉学（四部学）的原始角度出发，一来可能会面对《大学》“身、家、国、天下”与自己当前社会阶层结构不符的问题，二来是面对《大学》“三纲领、八条目”的原则缺乏具体可行的实践工夫，三来是面对《大学》的实践工夫缺乏晚近学人的证词与说法，从而将自己置于不利的认识与发展局面。

由是之故，陈宏谋《五种遗规》与《论语》（如）同时在当代东南亚流通，二者的意义是有分别的。《论语》可说是个原型，其意义还有待挖掘与发展，《五种遗规》则是一部已经发展了的系统性论著，是作者“平时偶有得于圣贤之绪论，合之今时情事，多所切中……因于簿书余闲，时一展卷，借此陈编，以祛固陋”[①]之编，省却了人们梳理与阐发的工作。陈宏谋《五种遗规》作为一部18世纪的朱子学著作，对今日东南亚朱子学的启发意义，可从过去三个时期的朱子学形态的对话中，照察而出：

---

① （清）陈宏谋：《五种遗规·从政遗规序》卷下，台湾德志出版社1961年版，第1页。本文以下所引《五种遗规》均此版本，不再另标。

第一，从理学时期的朱子学来说，陈宏谋的《五种遗规》提供了理学的礼学实践之道，此中复有家、乡、学、邦国、王朝等五个社会阶层之分。联系朱子本人的学术来说，陈宏谋《五种遗规》的出现，一方面既提醒了我们朱子另一《仪礼经传通解》的存在，且进而让我们认识到朱子学问的完整性：既有《四书章句集注》的理论性著作，同时也有与之匹配的《仪礼经传通解》的工夫性作品，也就是"理"、"礼"双具、相资的思想构造。换句话说，陈宏谋的《五种遗规》对传统朱子理学的认识具有纠偏的功能，从而让人们认识到朱子学乃至整体儒学实还有礼学构成的一面。

第二，从孔教时期对包括朱子学在内的宋明理学批评来说，也就是认为后者"尊崇之失当……讲学而适以晦之"，另一方面则是将"孔子救世之学"萎缩成"孔子修己之学"，陈宏谋的《五种遗规》也同样具有纠偏之效。上述批评对理学如果有道理（此尚可争论），对礼学就不是这么一回事了：陈宏谋在通行本的《四种遗规总跋》上有一总则性的撰述说明："数年以来，每录一则，与诸君挑灯商榷，以定去取。与其高远而难学，不如平易而可行也"①，如果"养正"、"教女"二规还算是一己"修己"之事，那么"训俗"所涉"乡约"、"宗约"、"社约"等，和"学仕"、"从政"的"仕"、"政"二事，就不能说是与世无涉，而有悖"孔子救世之学"了。由此可见，本时期对宋明理学的批评对其礼学构成来说是不能成立的，甚至儒家如果确是一宗教，那么陈宏谋现在所辑出的"养正"、"教女"、"训俗"、"学仕"、"从政"五种遗规恰是任一宗教所不能不具全的生活范围与指引，"礼"之为"教"于此亦可以想见。

第三，从当前特别是新、马地区的汉学时期来说，陈宏谋对本时期将包括朱子学在内的儒家传统"国（故）学化"，不能不说是有深度不满的。我们知道，民国以来处理传统学术的主流办法，就是以其与现代化时代之声气不能相应，故将之"国（故）学化"存于大学讲堂，学、用分家。新、马地区的中文系，沿袭的就是民国时期按经、史、子、集四部设置的课程结构，可说是纯粹的文献学入路。关于这点，陈宏谋之最后辑出《学仕遗规》一种，就是有感当时"事理本属相资，体用原归一致，世之学者，每歧而二之。于古人嘉言善行，不能切己体验，书自书而我自我，遂至学自学而仕自仕"、

① （清）陈宏谋：《五种遗规·从政遗规》卷下，台湾德志出版社 1961 年版，第 39 页。

"公余偶阅故籍，于仕学相资之论，有会于心。因辑为《学仕遗规》，专为后世空谈以为学、苟禄以言仕者"，"此编所录，兼以发明此义"。换句话说，针对当前的汉学或文献学的经、史、子、集四部说法，陈宏谋深感有"书自书而我自我，遂至学自学而仕自仕"的重大流弊之嫌，与朱子学乃至整体儒学的"事理本属相资，体用原归一致"的学问宗旨是严格相悖的。

总结地说，陈宏谋《五种遗规》在当代东南亚的流通，对过去任一时期的朱子学史都有纠偏的认识意义，很是重大：首先，它让人们在《四书章句集注》之外，联系起朱子的另一《仪礼经传通解》著作，从而达到朱子理、礼双具的学术思想；其次，朱子学不仅是"孔子修己之学"的继承，也同时是"孔子救世之学"的发展；再次，朱子学的汉学教育与模式有"书自书而我自我，遂至学自学而仕自仕"之弊，不合儒门"事理本属相资，体用原归一致"之学问宗旨，殆可论定。

四、结语：陈宏谋《五种遗规》对现代东南亚朱子学的发展意义

综上所述，陈宏谋《五种遗规》在当世东南亚的流通，对东南亚朱子学既起了纠偏的历史作用，也同时开启了未来朱子学发展的现实契机。陈宏谋《五种遗规》的纠偏作用，也使人们重新认识朱子学乃至整体儒学成为可能：陈宏谋亦是清代一重要朱子学人，他对朱子学的"事理本属相资，体用原归一致"的内涵概括，很能说明朱子《四书章句集注》属"理"，《仪礼经传通解》是"事"，在朱子是"事理本属相资"的。后世如有朱子学为"孔子修己之学"一偏之弊，与朱子本人无涉。换句话说，陈宏谋《五种遗规》的起始意义，就在特别从"事"、"用"的一面补齐了朱子学"事理相资，体用一致"的内涵和体例，从而为朱子学的重新发展提供了稳实的认识基础。

不唯如此，陈宏谋《五种遗规》一书的体例，同时还证成了朱子学作为"孔子救世之学"的全体大用之恢宏架势。我们知道，朱子局于《大学》自身的文脉，可能还遵循"身、家、国、天下"的社会阶层分层，但是在《仪礼经传通解》提出的是则是"家礼"、"乡礼"、"学礼"、"邦国礼"和"王朝礼"五层说法，毋宁更贴切宋、清之世的社会现实。在这方面，陈宏谋分论"家礼"为"养正"、"教女"二事，"乡礼"、"学礼"各为"训俗"、"学仕"一事，

“邦国礼”、“王朝礼”则统说成“从政”一事（附“在官法戒录”一种）或有不周之嫌。在这方面，陈宏谋实际上还辑有真德秀《大学衍义》四十三卷为《大学衍义辑要》六卷、邱濬《大学衍义补》一百六十卷为《大学衍义补辑要》十二卷，前者发挥格物、致知、诚意、正心、修身、齐家诸义，后者补上治国、平天下二义，可见是未反映入《从政遗规》之中，并非不知“邦国礼”、“王朝礼”二事之有分殊。具体地说，从至少陈宏谋《五种遗规》晚年版一书的体例来看，朱子学的“救世之学”是不能被简单化或窄化成任一阶层之礼的，它满足了社会各阶层发展朱子学的需要与凭借。

话说回来，陈宏谋《五种遗规》一书毕竟是距今两百五十年的朱子学体例，对东南亚朱子学史虽有纠偏的认识作用，但也不全然“合于今之情事”。姑仍以《大学》“在亲民”此一纲领的“为学次第”来说，朱子当时已在“家”与“国”之间嵌入了“乡”、“学”二层，并将“国”、“天下”重新命名为“邦国”与“王朝”，原“家”、“国”、“天下”三阶层说遂衍生并发展为“家”、“乡”、“学”、“邦国”与“王朝”的五阶层说。陈宏谋《五种遗规》之为“五种”而不是四种或六种，正是据此而来。从今天全球化的角度来看，中国亦仅是众国之一，既非“王朝”更不是今日的“天下”所在，所以朱子的“邦国”、“王朝”也应加以调整为一“国”之内的“地方政府”与“中央政府”之二级机关之不同，“天下”则另有其所。今天的“天下”，大致应指地球上的人类总体社会，从组织来说或可有联合国与强权国等数指，此尚未成定局。言下之意，现时代的《大学》“在亲民”的“为学次第”一义，或是“家”、“乡”、“学”、“邦国”、“王朝”与“天下”六阶层说，才能“合于今之情事”。如果这种说法有道理，那么陈宏谋的《五种遗规》显然还不能满足这个时代朱子学的全体大用之发展的需要，而有待今人重新加以衡定了。

（作者单位：马来西亚拉曼大学中文系）

朱子学与中华优秀传统文化的关系

——兼论优秀传统文化在人的道德建构中的基础作用

钟邦定

一、优秀传统文化的根脉决定其承载历史的必然性

今年是我国古代著名思想家、哲学家、教育家朱熹诞辰888周年，朱熹是继老子、孔子、孟子等先贤之后又一位中国古代杰出的集思想文化大成者，纪念这位在中国思想史、文化史、哲学史、教育史上有着极为重要地位的大师，对于进一步弘扬我国优秀传统文化，进一步传承好发展好祖先留给我们的这一笔极其珍贵的文化思想遗产，用它的丰富内涵陶冶人们心灵，必将为构建和谐社会提供强大的文化力量，同时对提升人们的道德素养具有重要意义。

朱熹在我国优秀传统文化体系中具有很重要的地位，堪称重量级人物，他的思想值得我们很好研究。朱熹思想既有光辉的一面，也受当时政治文化影响有其历史的局限。但我们看待这一历史人物，就是要以历史唯物主义观点来评价他，主要看他在历史上的地位、思想影响、文化建树及其历史贡献，这是唯物史观对以往历史上任何一位重要人物作出客观公正评价的内在要求。我们研究朱熹思想和他的文化建树，可以从他的思想体系中加以提炼。第一，爱国思想。朱熹对儒家思想高度认同，比如“天下为公”情怀、“修身齐家治国平天下”的理论、“舍生取义”的忠烈观等，都在他的主张中得以体现，对这些思想传承发扬有着重大历史贡献，这本身体现了朱熹爱国思想与中国先贤一贯的爱国思想是一个统一的整体。第二，仁爱思想。朱熹对孔孟提出的“仁、义、礼、智”的伦理道德是高度赞同并积极传播的，他还借鉴了西汉董仲舒提出的“仁、义、礼、智、信”五常之道，对上述先贤

的理论思想进行他的个人观点表达。比如，朱熹解说，“仁者，爱之理，心之德也”。他对五常更有深意的阐释是，“仁则为慈善之类，义则为刚断之类，礼则为谦让，智则为明辨，信便是真正的有仁、义、礼、智，不是假，谓之信”。以上观点体现了“仁”的第一重要性，也是朱熹学说中仁爱思想的集中体现。第三，教育理念。朱熹在融入孔孟儒学思想的同时，保持了自己独到的观念，他认为“人皆应学”、“自天子至庶人，无一人不学”、“各因其所长而教之者也”、“博学之，审问之，慎思之，明辨之，笃行之”，这些思想充分反映出朱熹把教育、学习和育人当做一个整体来看待，这在当时的历史环境下是非常有远见卓识的，这就是朱熹之所以能够成为彪炳中国优秀传统文化史册并产生深远影响的杰出人物的真谛之所在。

习近平总书记在十九大报告第七部分，对文化领域工作特别强调：“文化是一个国家、一个民族的灵魂”。“中国特色社会主义文化，源自于中华民族五千多年文明历史所孕育的中华优秀传统文化，熔铸于党领导人民在革命、建设、改革中创造的革命文化和社会主义先进文化，植根于中国特色社会主义伟大实践”。“坚持全民行动、干部带头，从家庭做起，从娃娃抓起。深入挖掘中华优秀传统文化蕴含的思想观念、人文精神、道德规范，结合时代要求继承创新，让中华文化展现出永久魅力和时代风采。”① 近平总书记对优秀传统文化作出高屋建瓴的战略性引领，对于我们从事传统文化研究的人来讲，深受鼓舞，不仅有重大的现实意义，也有极其深远的影响，为我们传统文化工作者指明了前进方向。

还有一件专门涉及传统文化的重大信息的是，在2017年春节前夕，中共中央办公厅、国务院办公厅印发了《关于实施中华优秀传统文化传承发展工程的意见》（以下简称“实施意见”），这个以中央办公厅、国务院办公厅全文公开向全国印发的“实施意见”，充分说明“实施意见”的权威性不同凡响，学界普遍认为“实施意见”的重要性、紧迫性、指导性都具有里程碑意义，“实施意见”的发表对进一步弘扬传承发展中华优秀传统文化具有重大的现实意义和深远的历史意义。对从事包括朱子学在内的优秀传统文化研究者来讲，是极大的鼓舞，对推动优秀传统文化普及事业有着极其重大的促

---

① 《习近平谈治国理政》第三卷，外文出版社2020年版，第32—33页。

进作用。“实施意见”在其重要意义上强调指出：“党的十八大以来，在以习近平同志为核心的党中央领导下，各级党委和政府更加自觉、更加主动推动中华优秀传统文化的传承与发展，开展了一系列富有创新、富有成效的工作，有利增强了中华优秀传统文化的凝聚力、影响力、创造力。同时要看到，随着我国经济社会深刻变革、对外开放日益扩大、互联网技术和新媒体快速发展，各种思想文化交流交融交锋更加频繁，迫切需要深化对中华优秀传统文化重要性的认识，进一步增强文化自觉和文化自信；迫切需要深入挖掘中华优秀传统文化价值内涵，进一步激发中华优秀传统文化的生机与活力；迫切需要加强政策支持，着力构建中华优秀传统文化传承发展体系。实施中华优秀传统文化传承发展工程，是建设社会主义文化强国的重大战略任务，对于传承中华文脉、全面提升人民群众文化素养、维护国家文化安全、增强国家文化软实力、推进国家治理体系和治理能力现代化，具有重要意义”。逐字逐条学习“实施意见”，给我们每一位文化工作者以极大鼓舞与激励，我们深深体会到包括朱子学在内的优秀传统文化普及事业和我们每一个人休戚相关。一个人的能力是有限的，当每一个人发挥出来的能量汇聚到一起的时候，就会形成势不可挡的力量，这样强大的正能量对社会风气的导向作用就是巨大的。

二、文化对人的心灵滋养和道德建构具有基础性引领

2014 年的 9 月 24 日上午，中国国家主席习近平亲自出席纪念孔子诞辰 2565 周年国际学术研讨会暨国际儒学联合会第五届会员大会开幕式并发表重要讲话，产生的深远影响是如此的巨大，如此的具有超越时空的感召力，也就更加能理解四年前国际儒学联合会成立 20 周年纪念大会是具有里程碑意义重大事件的真谛之所在。四年来儒学这一优秀传统文化的研究、传承和发展在中国乃至世界都继续产生着积极影响，普及工作有了新气象。但是我们必须看到，在对待儒家思想、朱子学、老子道家学、董子学等最具代表性的中国优秀传统文化体系中，被历史反复检验并成为国之文化经典的观点上，在认识上是存在差异的，这就说明了传承发展工程任重而道远的实质，需要全社会进一步凝聚共识，形成合力，共同为推动传承发展工程不懈努力

并贡献力量。

学习习近平总书记对中华优秀传统文化的一系列重要论述，我们就能够对祖国优秀传统文化之所以具有旺盛生命力有了更加深刻的认识和思悟。四年前，习近平总书记掷地有声地指出，中国优秀传统思想文化体现着中华民族世世代代在生产生活中形成和传承的世界观、人生观、价值观、审美观等，其中最核心的内容已经成为中华民族最基本的文化基因。这些最基本的文化基因，是中华民族和中国人民在修齐治平、尊时守位、知常达变、开物成务、建功立业过程中逐渐形成的有别于其他民族的独特标识。在论及中国优秀传统文化的内化作用时强调，中国优秀传统文化的丰富哲学思想、人文精神、教化思想、道德理念等，可以为人们认识和改造世界提供有益启迪，可以为治国理政提供有益启示，也可以为道德建设提供有益启发。

习近平主席在谈到当今世界人类文明在物质还是精神方面都取得了巨大进步的同时，以实事求是的态度对当今世界和每一个人都息息相关的道德方面存在的问题予以了鞭辟入里地痛斥，习近平主席指出，当代人类也面临着许多突出的难题，比如，贫富差距持续扩大，物欲追求奢华无度，个人主义恶性膨胀，社会诚信不断消减，伦理道德每况愈下，人与自然关系日趋紧张，等等。笔者以为，习近平主席的话语掷地有声，振聋发聩，给我们的警示作用和影响是巨大而深远的。我们对当下国家层面、社会层面、个人层面存在的问题要切实按照习近平主席的透彻分析和开出解决问题的良方去解决、去落实，认认真真地从我做起，从现在做起，从微小处做起，从尽力影响周边人做起。在这里，我们必须承认的是，文化的力量对社会公德、人们私德及其行为规范的潜入引领作用是巨大的、长远的，同时是很细微、很具体的，它具有基础性和原始性作用，这是我们要高度并时刻关注文化普及工作中的重大问题。正如习近平主席指出的，要解决这些难题，不仅需要运用人类今天发现和发展的智慧和力量，而且需要运用人类历史上积累和储存的智慧和力量。

笔者认为，包括儒家思想、朱子理学、董子学说等中国古代博大精深的文化思想体系是我们取之不尽、用之不竭的宝库，从这一宝库中，我们祖祖辈辈遵循这些思想文化先贤的教诲，始终在以德立人、仁者爱人、以民为本、安民富民、以诚待人、讲信修睦、经世致用、知行合一、自强不息、厚德载物、求同存异、和而不同、和谐相处、清廉从政、勤勉奉公、力戒奢华、居安思危等中国优秀传统文化丰富的哲学思想、人文精神、伦理道德中汲取营养，获得启迪。笔者在这里引用朱子思想的经典理念，如胸怀坦荡、正大光明；日省其身、有则改之、无则加勉；问渠那得清如许，为有源头活水来；读书之法，在循序而渐进，熟读而精思；读书有三到，谓心到、眼到、口到；百学须先立志；礼即理也；自敬，则人敬之，自慢，则人慢之；大凡敦厚忠信，能攻吾过者，益友也，其谄媚轻薄，傲慢亵狎，导人为恶者，损友也等。我们从中可以学习领悟到朱子学与儒家思想有高度的契合之处，各路先贤大师的思想有异曲同工之妙，他们对中国思想文化的引领和作出的伟大贡献，已经镌刻在中华优秀传统文化史册上，过去是、现在是、将来也必将是我们永远学习的经典。从文化所具有的潜移默化、春风化雨、细雨润无声般的强大力量入手，把优秀传统文化普及工作做细、做深、做实、做好。

习近平主席近年出访联合国教科文组织、法国、德国等国并在一系列重要场合发表的重要演讲中，在北京师范大学和在国际儒联开幕大会上的重要讲话中，都精辟地论述了中国优秀传统思想文化不朽的历史价值和当代现实意义及深远影响，其精神实质是极其宏大而深远的。习主席就是要把依法治国和以德治国统一起来，两把剑都要用好、用到位，真正内化于心，外化于行。

作为结语，我想引用朱熹的家训，作为对一代思想文化大师和先贤的崇敬之意以资铭记之，他的家训全文是："君之所贵者，仁也。臣之所贵者，忠也。父之所贵者，慈也。子之所贵者，孝也。兄之所贵者，友也。弟之所贵者，恭也。夫之所贵者，和也。妇之所贵者，柔也。事师长贵乎礼也，交朋友贵乎信也。见老者，敬之；见幼者，爱之。有德者，年虽下于我，我必尊之；不肖者，年虽高于我，我必远之。慎勿谈人之短，切莫矜己之长。仇者以义解之，怨者以直报之，随所遇而安之。人有小过，含容而忍之；人有大过，以理而谕之。勿以善小而不为，勿以恶小而为之。人有恶，则掩之；人有善，则扬之。处世无私仇，治家无私法。勿损人而利己，勿妒贤而嫉能。勿称忿而报横逆，勿非礼而害物命。见不义之财勿取，遇合理之事则从。诗书不可不读，礼义不可不知。子孙不可不教，童仆不可不恤。斯文不可不敬，患难不可不扶。守我之分者，礼也；听我之命者，天也。人能如是，天必相之。此乃日用常行之道，若衣服之于身体，饮食之于口腹，不可一日无也，可不慎哉！”

这一传世不朽的家训是中国优秀传统文化的经典，其价值对我们更好践行社会主义核心价值观，对我们个人、家庭、学校乃至于社会各行各业人们伦理道德的滋养和提升都有重要的教育和启示意义。

（作者单位：中国统一战线理论研究会民族宗教理论甘肃研究基地）

朱熹与闽南多元宗教及当代意义

林振礼

闽南素称“佛国”，为多元宗教聚集之地。朱熹初仕任泉州同安县主簿，晚年出知漳州，与闽南多元宗教有着千丝万缕的关系。仕泉之前，朱熹所学杂驳，既受孔孟学说和二程理学的熏陶，又曾问禅学佛，访道焚修。同安任初，朱熹也曾沉浸于佛道。然而，从同安一县及泉州一郡透视整个南宋社会政治、经济、文化现实，使其接受李侗之教而“逃禅归儒”。泉州之“胡贾建层楼”（伊斯兰教寺）事件为朱熹应对禅佛教、摩尼教的挑战提供了借鉴。朱熹对于摩尼教（明教），仕泉偶涉，知漳则禁。总之，朱熹之于闽南多元宗教，兼融而不宽容。朱熹应对闽南多元宗教的历史经验，对于解决当今世界的宗教文化碰撞及对话，仍然有现实意义。

朱熹初仕任闽南泉州府同安县主簿（1153—1157），晚年出知漳州（1190—1191），1183年因吊傅自得重来泉州。是故，其政治学术生涯与教学实践，乃至整个思想体系都与闽南有着千丝万缕的联系。“濒海通商，民物繁夥，风俗错杂”[①]的泉州，既是朱熹初仕，又是其一生中任地方官时间最长的地方。宋元时期，泉州一度跃居为“梯航万国”的东方第一大港。繁荣发达的海外交通，招徕数以万计的外国人到这里侨居或定居。他们带来了伊斯兰教、佛教、基督教（含天主教）、婆罗门教（印度教）、摩尼教（明教）等多元宗教。然而，本土文化与多元外来宗教文化是怎样碰撞交触互为渗透的，必须加以重视和认真探讨。著名人类学家费孝通考察泉州

① （宋）朱熹著，郭齐、尹波点校：《直秘阁赠朝议大夫范公神道碑》，《朱熹集》卷89，四川教育出版社1996年版，第4560页。

时曾指出，泉州历史上宋元时期有个中外“文化接触”的问题。[①] 朱熹是经历这种多元“文化接触”最重要的思想家，其在闽南仕泉知漳，与诸多宗教人士交游，谒奠过摩尼教（明教）呼禄法师墓，晚年则禁止“传习魔教”。考察朱熹与闽南多元宗教的关系，也是对朱熹理学文化发生学的一种观照。

一、与佛道教：高士焚修、凤山题偈、与苏绍成、交游拾零

朱熹自谓“出入释老十余年”，即从绍兴十四年（1144）初见道谦（1152年卒）至绍兴二十七年冬离开泉州。仕泉（1153）之前，既受孔孟学说和二程理学的熏陶，又有一个浸透佛老的灵魂。自幼读“四书”，后又曾频频向道谦、宗元问禅学佛；所学之杂，如建斋室名“牧斋”，日读“六经”百氏之书；铨试得官待次期间，既有谦谦自牧、究味禅悦之工夫，又往武夷山访道，耽读道经，作室仿道士步虚焚修。其诗《宿武夷妙观堂二首》有“稽首仰高灵，尘缘誓当屏”[②] 之咏；《月夜述怀》作“抗志绝尘氛，何不栖空山”之吟；《读道书作六首》道是：“岩居秉贞操，所慕在玄虚。”足见其陷坠佛老之深。仕泉途中，经南剑（今南平）往见李延平（1093—1163），其学禅有得的“无限道理”并不为李延平所肯。

1153 年秋七月，任泉州府同安县主簿之初，朱熹将县署西北隅一轩名为“高士轩”，虽有“待于后之君子”[③] 之谦辞，但实为于吏事之暇，斋居读道书佛经，步虚焚修，以发高士之趣。如《同安官舍夜作二首》云：“聊从西轩卧，尘虑一萧疏”；《将理西斋》则慨叹“偶此惬高情，公门何日了”？《步虚词二首》道是“扉景廓天津，空同无员方……千载何足道，太空自然畴”。由此来看，所谓高士轩者，乃其焚香修道之斋室。是年九月，因其母

① 王连茂：《“泉州学”与海外交通史研究刍议》，《泉州学研究》，福建教育出版社 2002 年版，第 332 页。

② （宋）朱熹著，郭齐、尹波点校：《宿武夷观妙堂二首》，《朱熹集》卷 1，四川教育出版社 1996 年版，第 16 页。

③ （宋）朱熹著，郭齐、尹波点校：《高士轩记》，《朱熹集》卷 77，四川教育出版社 1996 年版，第 4013 页。

耳背重听，经服上人（佛教高僧）所开药方，“遂良已”。朱熹以诗《与一维那》，称上人医术高超：“探囊出刀圭，生死毫厘间。”有感于“相逢瘴海秋，遗我黄金丹。高堂得听莹，斑衣有余欢”。青年朱熹直抒胸臆：“谢师无言说，舌井生波澜。”日后他回忆说：“泉州医僧妙智大师后来都不切脉，只见其人，便知他有甚病。又后来，虽不见其人，只教人来说，因其说，便自知得。此如他心通相似。盖其精诚笃至，所以能知。”①这位妙智大师，有可能是当年为其母治过病之上人。由此可以窥见仕泉之初，潜心禅道的朱熹对于李延平之教，还没有深切体会，“心疑而不服”②。1153年冬，朱熹往泉属安溪县按事，曾登临县治北之凤山，于山顶通元（玄）观留下题偈：“心外无法，满目青山。通玄峰顶，不是人间。”③有感于先人旧事，将天台德韶国师所作偈颂加以颠倒变化而题壁。《五灯会元》：“师有偈曰：‘通玄峰顶，不是人间。心外无法，满目青山。’”④朱熹将该偈前后两句变化颠倒，突出“三界唯心”、“心外无法”之宗旨，改制不露痕迹。由此可见，朱熹此时仍然承袭大慧、道谦一脉否定外在权威，突出本心地位，以顿悟自性为标志的“看话禅”。宋代禅师们这种将“旧话翻新”、“死蛇弄活”、“点铁成金”以标立异说，表现个性的特有方式，也影响了朱熹的诗歌，其所作的回文诗，与禅宗“翻案法”有异曲同工之妙。朱熹早年略通琴技，同安任上，曾有“援琴不能操”之叹。1156年季秋秩满候批之暇，他曾访道士苏绍成（委业于天庆观，后隐清源山），与之讨论乐律，书赠“廉静”二字并铭其琴：“养君中和之正性，禁尔忿欲之邪心。乾坤无言物有则，我独与子钩其深。”⑤物有则同物有理。道教音乐在其历史演变过程中，曾探讨“静”的演奏心态，提倡“淡泊宁静，心无尘翳”，以达到“调气则神自静，练指则音自静”⑥的境界。这就需要摒弃“忿欲之邪心”的涵养工夫。这是借琴铭以辨“理欲”而对羽

① （宋）黎靖德编：《朱子语类》卷44，中华书局1986年版，第1144页。

② （清）李清馥：《备考·赵师夏》，《闽中理学渊源考》卷5，文渊阁《四库全书》，第460册，台湾商务印书馆1986年版，第88页。

③ 《山川》，《安溪县志》卷2，清乾隆本。

④ （宋）普济：《天台德韶国师》，《五灯会元》卷10，文渊阁《四库全书》第1053册，台湾商务印书馆1986年版，第381页。

⑤ 《人物志·仙释》，《晋江县志》卷60，清道光本。

⑥ 卿希泰：《道教与中国文化》，福建人民出版社1992年版，第261页。

客方士投以心性理论。

方外之交游题词，尚有可作拾零补遗者，略举数端：其一，题焚天寺。焚天寺在同安县北大轮山，创于隋唐间，名兴国寺，有庵七十二所。宋熙宁中合为一区，改名焚天禅寺。1156年秋秩满，朱熹暂寓焚天寺，题其法堂门曰："神光不昧，万古徽钦（猷）。入此门来，莫存知解。"[①] 此乃唐平田长老偈颂，朱熹早年读《大慧语录》已谙此偈。其二，题开元寺。开元寺建于唐代，为泉州城内最著名之丛林。朱熹所撰："此地古称佛国，满街都是圣人。"已佚，近代高僧弘一法师重书，其木匾题刻今存开元寺藏经阁。其三，题雪峰寺。雪峰寺位于今南安市康美镇杨梅山麓，始建于唐代。相传朱熹与陈知柔偕游雪峰寺，依景作联云："地位清高，日月每从肩上过；门庭开豁，江山常在掌中看。"该联现镌刻于雪峰寺门楹柱。其四，吊杨樵联。杨樵又名杨肃，唐末南安县水头人。原为樵夫，得异人指点，精医术，后为道士。因"为国母医疾愈，国王为遣御林军开为万人川，以为一方水利"。后来，杨樵被敕封为"杨府太乙真人"，进而演变为道教之神，俗称"杨仙公"。朱熹景仰杨樵心系民瘼，为民请命，书吊杨樵联云："仙子友英贤，一局曾消千日瞬；天王旌国手，三军为导万人川。"[②] 其五，正气匾。"正气"方正斗楷二字，黑匾金字，题款为"朱晦翁"，且有印章。陈允敦《泉州名匾录》记，朱熹闻悉抗金前线获得大捷，遂书此二字彰扬岳飞(时距风波亭冤案20年)，赠予泉人，以张正气。[③] 明清时代，泉州七城门附近关帝庙皆长期悬挂"正气匾"。清末缙绅杨家栋将舍人宫边竖式"正气匾"改为横式匾，悬挂于通淮关帝庙中殿。明代张瑞图"充塞天地"匾同悬于中殿，两匾合璧为"正气充塞天地"，民间视为镇邪防火之物。此为民间信仰吸取朱子文化之范例。

二、"逃禅归儒"："格物"、"分殊"滥觞，"理欲"、"忠恕"初辨

朱熹仕泉之际，正值高宗统治后期，秦桧窃国、胁主擅政的最后阶段。

---

① 《名胜 · 寺观》，《同安县志》卷8，民国版本。

② 《舆地志 · 万人川》，《南安县志》卷3，民国版本。

③ 参见陈允敦：《泉州名匾录》，紫禁城出版社1995年版，第35页。

仕泉之前，朱熹对于南宋的政治生活，还缺乏亲身感受。前辈们恐其“迷昧没溺，丧失所守”，故“亲为讲画，反复辨告”。仕泉四年，朱熹对秦桧误国，摈逐诸贤，致使主战派“湮厄沦谢”的恶果，产生刻骨铭心的认识：“十余年来，用人出宰相私意，尽取当世顽钝嗜利无耻之徒，以充入之，合党缔交，共为奸慝。”经济上，赵宋王朝自元祐二年（1087）在泉州设立市舶司，管理海交贸易税收，原来是“量是以为出，不闻其不足”，而经济历来优于其他地方的泉州“比年以来，困竭殊甚，帑藏萧然，无旬月之积”。由于朱熹亲身感受到上司“文益繁”，地方上陷入“县益急，民益贫，财赋益屈”[①]的困境。由于掌管簿书赋税及其交游使朱熹从同安一县及泉州一郡透视整个南宋社会的腐败糜烂和财政弊端。统治者竭泽而渔，百姓走投无路，势必犯上作乱。在经界不行、经总制无名赋税蠲减不果之际，殷忧启圣：从文化思想深层结构改变人心道德，才是救治社会积弊的良方。这就需要青年朱熹作出抉择。南宋偏安，主战派受贬谪。正当深陷失国之痛的士大夫们苦闷彷徨之际，大慧之看话禅乃爱国之佛教（宗杲与张九成因“神臂弓”事件被流放），所以能“吸尽西江更无双”[②]（社会精英亦多从之游），成为忧患中士大夫的精神药剂。但是，在主簿任上历练有年的朱熹看来，大慧以禅释儒，只能治心，难以治国。1140年，宗杲与张九成（1092—1159）谈“格物之旨”时谓：“公只知有格物，而不知有物格”。何谓“物格”？杲谕以小说家言：“唐有与禄山谋叛者，其人先为阆守，有画像存焉。明皇幸蜀见之，怒令侍臣以剑击像首，其人在陕西忽头落。”这种“以剑击像，人头落地”之虚幻，突出人的主体之“心”，“明心见性”以求“解脱”而已。

同安官余，朱熹遂将禅权倚搁起，意中道禅亦自在，且将圣人书来读。他尊李延平从儒经中“推见实理”，把读书的主要精力放在“义理”的融会贯通上，而“始知前日诸人（好佛老）之误”，李先生之言“其不我欺”。于是，治学开始注重从“面前事”、“日用间”下功夫，渐渐转向李侗。1155年十月，秦桧死。大慧终于结束流放生涯，于1156年正月二十一日离

① （宋）朱熹著，郭齐、尹波点校：《策问》，《朱熹集》卷74，四川教育出版社1996年版，第3878页。

② 束景南：《朱熹年谱长编》，华东师范大学出版社2001年版，第190页。

开梅阳，朱熹在得到大慧“而今妙喜朱居士，觌面分明不覆藏（不必规避秦桧党羽的政治罗网）”① 的信息后，于1156年仲春，毅然作800里之远行，与大慧相会于潮州。这次相见，让大慧始料不及的是，此时的朱熹不仅不接受禅佛之“观心”说，并以儒学之“克己”与大慧理论。后来朱子回忆说：“如杲老说‘不可说，不可思’之类。他说到那险处时，又却不说破，却又将那虚处说起来。如某所说克己，便是说外障；如他说，是说里障。他所以嫌某时，只缘是某捉著他紧处。别人不晓禅，便被他谩；某却晓得禅，所以被某看破了。”② 由此可见，对于明德归仁的路径，其时朱熹已承继程颐重视“外障”，即以“道问学”、“格物穷理”为指向，“开一新传统”（牟宗三语）于此初露端倪。

绍兴二十六年季春，朱熹因公寓德化剧头铺，寒夜苦读《论语》，忽然从程颢（1032—1085）的解说中弄通了“子夏之门人小子”章。后来他曾回忆：“某少时都看不出，将谓无本末，无大小。虽如此看，又自疑文义不是如此。后来在同安作簿时，因睡不着，忽然思得，及知却是有本末大小。然不得明道说‘君子教人有序’四五句，也无缘看得出。圣人‘有始有卒’者，不是自始做到终，乃是合下便始终皆备。”“少年只管不理会得‘理无大小’是如何。……因在同安时，一日差入山中检视，夜间忽思量得不如此。其曰‘理无小大’。无乎不在，本末精粗，皆要从头做去，不可拣择，此所以为教人有序也。”③ 朱熹领悟到明道理学的“真谛”就是“事有大小，理却无小大”。宇宙间事物千差万别，贯穿着共同的一理：从“洒扫应对”到“精义入神”，从事上说有精粗之别，而从理上说却无大小之分，万物都俱一理之全。这就是李侗对他说的“理一分殊”。他开始践行李侗就“分殊”上体认“理一”，即事穷理循序渐进的思想。

《尧山外纪》有一则逸事，亦是对“理一分殊”的滥觞：“文公为同安主簿日，民以有力强得人善地者，索笔题曰：“此地不灵，是无地理；此地若灵，是无天理。”④ 对于恃强凌弱，朱熹讽以天理论。他将事物的规

① 《大慧普觉禅师年谱》，绍兴十年五十二岁条，嘉兴藏本。

② （宋）黎靖德编：《朱子语类》卷41，中华书局1986年版，第1057页。

③ （宋）黎靖德编：《朱子语类》卷49，中华书局1986年版，第1207页。

④ 《杂录》，《同安县志》卷41，民国版本。

律与伦理的法则合而论之，而这种物理与伦理的糅合是从匡救时弊出发的。由于“人欲”作怪，事物的规律与道德的法则相对立而不得统一，朱熹求助于前辈理学家的内省工夫，首先针对“人欲”（后又提出“气禀”），展开“克己”之论，进行“理欲初辨”。同安任上，在革除弊政的努力均告失败之际，“民本”与“理本”的思想驱使他转向道德内求，在米仓壁上题了一首诗作为官吏的“座右铭”：“度量无私本至公，寸心贪得意何穷？若教老子庄周见，剖斗除衡付一空。”①“公则一，私则万殊。”②用老庄“剖斗除衡”的超世理想，要求做到“度量无私”。这在“理一分殊”的道德意蕴中，“理欲之辨”已见端倪。这其中融会了儒家的民本与道家的脱俗。绍兴二十七年（1157）冬，朱熹即将结束泉州同安县主簿的仕宦生涯之际，为陈养正读书堂作《恕斋记》，谓其“少从先生长者游，尝窃闻夫恕之说，以为不过推己之心以及人而已。勉而行之，又以为无难也。然克己之功未加，而蔽于有我之私胜，是非此未尝不病焉”③。他后来在《论语集注·里仁》解释“夫子之道，忠恕而已矣”时注云：“尽己之谓忠，推己之谓恕。”而他早期“忠恕观”未形成时，论“恕”则重克己弃私涵养。

诚然，青年朱熹仕泉四年，尚未完成主悟—主静—主敬的“逃禅归儒”之过程。其政教活动，如其欲行经界，整顿簿税，惩治吏奸；整顿县学，延聘良师，开讲《论语》、《礼记》，建经史阁与教思堂；整顿礼制，请立孔宜为“至圣文宣王”第四十九世孙；立儒臣苏颂、赵鼎祠，请除经总制无名苛赋，秩满候批读《孟子》等。凡此种种，俨然一老成之儒者。朱熹的《一经堂记》作于绍兴二十六年（1156）闰月，首次提出“格物致知”，《恕斋记》则作于绍兴二十七年（1157）十二月五日。“格物”、“分殊”之滥觞，“理欲”、“忠恕”之初辨，皆发生于泉州初仕期间，这意味着朱熹理学之胚胎已经孕育于斯。

---

① （宋）朱熹著，郭齐、尹波点校：《题米仓壁》，《朱熹集》之《别集》卷7，四川教育出版社1996年版，第5503页。

② （宋）朱熹、吕祖谦编：《近思录》卷1，中州古籍出版社2008年版，第40页。

③ （宋）朱熹著，郭齐、尹波点校：《恕斋记》，《朱熹集》之《别集》卷7，四川教育出版社1996年版，第5511页。

三、与摩尼教（明教）：仕泉谒奠呼禄法师墓，知漳则禁“传习魔教”

唐会昌（841—846）灭佛时，有呼禄法师者避祸入闽，先来“福唐”（今福清），后又“授侣三山（福州），游方泉郡（泉州），卒葬郡北山（清源山）下”①。由于唐季摩尼教(明教）已在泉州播下薪传的种子，五代则有明教活动——据南唐徐铉《稽神录》卷三所记“清源”（泉州之别称）“善作魔法者”驱鬼事。南宋绍兴十八（1148）年，宋宗室赵紫阳石刀山（今华表山）麓建龙泉书院，“夜中常见院后石壁五彩光华，于是僧人吉祥募资琢佛容而建之寺，曰摹尼教”②。1979 年，草庵的庵前出土了刻有“明教会”③ 字样的宋代黑釉瓷碗等一批珍贵文物。文献与文物互证，说明朱熹之世，明教就有一定的社会基础。因此，朱熹与同僚们才会一起前往北山（清源山）谒奠呼禄法师墓。其咏《与诸同寮谒奠北山过白岩小憩》④ 开头写来时景物：“联车陟修坂，览物穷山川。”接着叙高僧葬所：“祠殿何沉邃，古木郁苍然。”顿悟人神通感：“明灵自安宅，牲酒告恭虔。”诗的后半部分写白岩小憩时，有“纵谈遗名迹”之句，可见对于呼禄法师之景仰。

朱熹此诗的题目与内容都没有提到“呼禄发师”。然而，学界前辈自陈垣撰《摩尼教入中国考》以来，又逐步“小心求证”，认定朱熹谒奠的是呼禄法师。先是陈垣先生指出：庆元间沈继祖劾朱熹“吃菜事魔”⑤；1926 年，陈万里先生亲访泉州，在其所撰《闽南游记》中，“牵线头以接网络”，把庆元间沈继祖劾朱熹“吃菜事魔”与谒奠呼禄法师相联系，同时“稽诸志书”，排除了北山（清源山）“别有可以谒奠之祠殿及遗留之名迹足供纵谈者”⑥，作出朱熹谒奠的是呼禄法师墓之考证，但语气并不肯定；后来，再经林悟殊

① 何乔远：《方域志》，《闽书》卷 7，福建人民出版社 1994 年版，第 172 页。

② 蔡永蒹：《西山杂记》，晋江市图书馆藏手抄本。

③ 黄世春：《福建晋江草庵发现“明教会”黑釉碗》，《海交史研究》1985 年第 1 期。

④ （宋）朱熹著，郭齐、尹波点校：《与诸同寮谒奠北山过白岩小憩》，《朱熹集》卷 1，四川教育出版社 1996 年版，第 49 页。

⑤ 陈垣：《明季滇黔佛教考》（上），河北教育出版社 2002 年版，第 182 页。

⑥ 林悟殊：《泉州摩尼教渊源考》，《华夏文明与西方世界》，广州博士苑出版社 2003 年版，第 84 页。

先生对“明灵自安宅”的具体语景进一步补证，朱熹所谒奠者为呼禄法师墓则无疑。

此外，朱熹还横书“勇猛精进”榜文，赠晋江（今泉州市下辖的县级市）华表山（俗名石刀山）的草庵明教徒。窃以为书赠时间应与谒奠呼禄法师墓同时，即绍兴二十三年（1153）秋。1933 年冬弘一法师“与传贯法师同住草庵度岁”，在朱熹书匾之左加墨题一段小字“以作遗念”①。可惜该匾于“文革”失落。

其时朱熹莅同安仅数月，何以因好佛老而及于明教呢？近阅《宋僧录》：

> 宗杲（1089—1163），……游方，时宣州（今安徽）有明教绍珵禅师者，师闻其饱参，倾心事之，常请益雪宝拈古颂及古宿因缘。复游郢州（今湖北江陵县），见大阳元首座、洞山微和尚、坚侍者，师参三人甚久，尽得曹洞宗旨。②

又读《续传灯录》：

> 临安府径山妙喜大慧宗杲禅师……父母勉之，令游方。时宣州有明教绍珵禅师者，兴教坦之嗣琅邪觉之孙也。师闻其饱参，倒（倾）心事之。……珵指示惟要直下自见自说，不少假其言语。师洞达先德微旨。珵异之每叹云：“杲再来人也”。③

宗杲不仅师事明教绍珵禅师“甚久”，而且“洞达先德微旨”，得到“杲再来人也”之赏识。由此可见，两宋交替之际的佛教界领袖人物宗杲（大慧）禅师，其学脉流淌着明教（摩尼教）之血液。如陈垣谓：“宋儒理欲二元之说，实与摩尼教旨有关。”④。那么，已在闽北崇安密庵师事过道谦(宗杲之弟子)，并以书信向宗杲问学；举建州乡贡时，“搜其箧，只《大慧语录》一帙”⑤，时年 24 岁的青年朱熹，步先师之后尘而谒奠明教高僧呼禄法师之墓，既有可追溯之学脉渊源，也就不再费解了。

---

① 陈允敦：《泉州名匾录》，紫禁城出版社 1995 年版，第 29 页。

② 李国玲：《宋僧录》（上），线装书局 2001 年版，第 375 页。

③ 《大鉴下第十六世昭觉圆悟克勤禅师法嗣》，《续传灯录》卷 27，《永乐北藏》第 196 册，线装书局 2008 年版，第 663 页。

④ 陈垣：《明季滇黔佛教考》（上），河北教育出版社 2002 年版，第 182 页。

⑤ 《大慧普觉禅师年谱》，嘉兴藏本。

仕泉之后，时隔 30 多年，朱熹于 1190 年知闽南漳州，四月到任，翌年四月去郡。临漳一年之政，除了整饬经界、盐法等时弊及蠲减经总制钱以外，地方风俗丕变，与教化厉治及经学理学的传播密切相关。其教化措施之一，即禁止“传习魔教”。这有朱熹对民众发布的公告可资为证。刊于知漳任上的《劝谕榜》以连坐重罚相告诫：

> 禁约保伍互相纠察事件：……不得传习魔教。保内之人互相觉察，知而不纠，并行坐罪。
>
> ……约束寺院，不得以礼佛传经为名，聚集男女，昼夜混杂。①

刊于绍熙元年（1190）八月的《劝女道还俗榜》则由于“魔教”禁而不止而理辨尤详：

> 勘本州日前官司失于觉察，民间多有违法私创庵舍，又多是女道住持。昨来当职，到任之初，为见事有非便，即已坐条出榜，禁止今后不得私创庵舍居住。丁宁告戒，非不严切。近日因引词状，见得尚有女道住庵，又有被人论诉与人奸通者。显是不遵当职约束，违国家条制，诬上行私，败乱风俗，须至再行劝谕者……降及后世，礼教不明，佛法魔宗乘间窃发，唱为邪说，惑乱人心，使人男大不婚，女长不嫁。……其从之者又皆庸下之流，虽惑其言而不能通其意，虽悦其名而不能践其实，血气既盛，情窦日开，中虽悔于出家，外又惭于还俗，于是不昏之男无不盗人之妻，不嫁之女无不肆为淫行。官司纵而不问，则风俗日败。……岂若使年齿尚少、容貌未衰者各归本家，听从尊长之命，公行媒娉，从便昏嫁。……息魔佛之妖言，革淫乱之污俗，岂不美哉！②

如上所引，其“魔教”、“佛法魔宗”、“魔佛”之谓，在于揭示明教之本质。同时，竭力禁止漳州民间明教之流布。“魔教”作为明教之侮称，证之以史，有稍早于朱熹的陆游（1125—1210），在其《老学庵笔记》中，叙述其任福州宁德县主簿（1156—1159）所亲历、亲见、亲闻的明教徒活动情况：“闽

---

① （宋）朱熹著，郭齐、尹波点校：《劝谕榜》，《朱熹集》卷 100，四川教育出版社 1996 年版，第 5100 页。

② （宋）朱熹著，郭齐、尹波点校：《劝女道还俗牓》，《朱熹集》卷 100，四川教育出版社 1996 年版，第 5097—5098 页。

中有习左道者，谓之明教。”陆游尝责问：“此魔也，奈何与之游？”① 还有后于朱熹的理学之传人真德秀（1178—1235），于 1221 年作《再守泉州劝农文》说：“莫习魔教，莫信邪师。”②

综上所述，我的结论是，朱熹之于闽南摩尼教，仕泉偶涉，知漳则禁。

四、朱熹之于闽南多元宗教——兼融而不宽容的当代意义

朱熹后来反思初仕泉州“逃禅归儒”之经历时，曾对赵师夏说：

> 余之始学亦务为儱侗（按：意为笼统）宏阔之言，好同而恶异，喜大而耻于小。……（泉州）同安官余，以延平之言反复思之，始知其不我欺矣！盖延平之言曰，吾儒之学所以异于异端者，理一分殊也。理不患其不一，所难者分殊耳。③

由此可见，“理一分殊说”作为其思想体系的理论基石，而同安官余，泛滥于诸家，出入于佛老的青年朱熹穷究“分殊”，目的在于救以往“笼统”之失，以应对异端之禅佛教。根据蒙培元先生对“朱熹关于世界的统一性与多样性”（“理一分殊说”）之追溯与阐微：程颢发挥《中庸》之“一理”与“万事”关系，程颐（1033—1107）则对张载《西铭》作进一步抉发，正式提出“理一分殊说”。这一哲学命题历经百年薪传，至朱熹始从生命存在的意义上注入新的文化蕴涵。然而，程朱既为重视“分殊”的学说，这就意味着必须承认并尊重不同文化，严肃认真地对待和研究不同文化。④ 这是一个十分复杂的问题。窃以为，朱熹作为“理一分殊说”的光大者，又是经历闽南多元“文化接触”的最重要的思想家，其在构建新儒学的过程中，对于闽南多元宗教，在深入至“骨髓”的理解之同情的基础上，进而加以兼容而非宽容。

---

① （宋）陆游：《老学庵笔记》，中华书局 1979 年版，第 125 页。

② （宋）真德秀：《西山文集》，文渊阁《四库全书》第 1174 册，台湾商务印书馆 1986 年版，第 634 页。

③ （清）李清馥：《备考·赵师夏》，《闽中理学渊源考》卷 5，文渊阁《四库全书》第 460 册，台湾商务印书馆 1986 年版，第 88 页。

④ 参见蒙培元：《朱熹哲学十论》，中国人民大学出版社 2010 年版，第 48—61 页。

朱熹对于大慧之禅有非常复杂的情感：他曾“师其人，尊其道，求之亦切至”[①]；先于自己的王侯将相、父师前辈亦曾竞相从游大慧禅师；而他要抨击禅佛教，以维护“吾儒”道统之地位。这是需要具有挽狂澜于既倒的理论勇气的。由于朱熹长期“驰心空妙之域”，他也公开承认“释老之书极有高妙者”[②]；“老子说他一个道理甚缜密”[③]。然而，令朱熹深感严峻的，是不仅大慧以禅释儒，就连二程的再传弟子张九成（1092—1159）也因追随大慧而“逃儒归禅”。因此，朱熹批评张九成“格物致知之学”乃“释氏看话之法”[④]。其晚年在闽南漳州，当叶适（1150—1223）写信告诉他闲暇读佛书，“乃知世外瑰奇之说”时，朱熹致书告诫叶适，对于佛书“若偶读之，亦须便见得其乱道误人处”。同时，他在《答项平父》中极力抨击释氏“笼罩之说”，为“异端诐、淫、邪、遁之害”。

朱熹之于闽南多元宗教，可谓“兼融而非宽容”。其晚年 61 岁知漳州之际，摩尼教（明教）活动已严重触犯伦理，危及社会安定，当年方腊起义以明教相号召之殷鉴未远，作为成熟的政治家，则毫不姑息手软，竭尽全力禁“传习魔教”。兼融则如其仕泉之谒奠呼禄法师墓，其时摩尼教（明教）水波稍息，青年朱熹以开放心态偶涉。其“理一分殊说”对于禅佛哲理的吸取。当今世界尤其是中东，宗教文化冲突甚至战争频仍。朱熹应对闽南多元宗教的历史经验，对于解决当今世界的宗教文化碰撞及对话，仍然有现实意义与借鉴价值。

（作者单位：泉州师范学院）

---

① （宋）朱熹著，郭齐、尹波点校：《答汪尚书》，《朱熹集》卷 30，四川教育出版社 1996 年版，第 1265 页。

② （宋）黎靖德编：《朱子语类》卷 126，中华书局 1986 年版，第 3018 页。

③ （宋）黎靖德编：《朱子语类》卷 126，中华书局 1986 年版，第 3008 页。

④ （宋）朱熹著，郭齐、尹波点校：《张无垢中庸解》，《朱熹集》卷 72，四川教育出版社 1996 年版，第 3784 页。

朱子、阳明分合论

——论天地生物之德与万物一体之仁

[美] 成中英

在当代王学的研究之中，学者往往强调阳明心学的主体性，甚至于强调他的主观性。当代新儒家熊十力就有偏向阳明心学的意思。其弟子牟宗三根本就直接以阳明为中国儒学的正宗，或者宋明理学的正宗，把朱子看成别子为宗。这个判断是否正确，的确值得重新思考，更有待分析与综合地同时运用。我个人认为朱子之学不但为阳明学所依持，为其攻错的一个目标，事实上，在另一方面，朱子学也并不一定有阳明所批评的哲学错误。相反，朱子不但提供了阳明心学形而上学的基础，更为新时代中国哲学所需要的科学方法与科学认知提供了一个重要的起点。我要强调的是，在科学认知这个要求上，朱子的整体思考也并非必然走向心与理的分离。理由是，朱子哲学作为宋代理学的大成，在根本上就强调一个本体的整体统一性，自发性和自主性。呈现在活生生的人性的发展和体验之中，也并未丧失其自发性和自主性。朱子之所以重视周敦颐的《太极说》，就已表示他接受了一个整体统一的本体宇宙论。在一个本体宇宙中，所有分离都可以说是一阴一阳的分离，因此，也可以说是一阴一阳的结合。因此，心与理的关系，具有一阴一阳的对立统一的性质，既是分，又是合。分是合的条件，合是分的结果。

我提出此一具有革新性的立场，当然是从中国哲学的源始发展的实际而言，更重要的是强调宋明理学与心学的发展到阳明可说是一个新的创新性的整合。而这个创新性的整合，既是一种具有目的指向性的整合，又是既能分又能合的整体哲学。分从逻辑上讲，合从形而上讲，分合双方都需要对方，两者并不互相矛盾。

如何实际理解朱子与阳明的这种分合的关系？我想从两者最重要的著作

来进行探讨，并结合一些其他篇章来加以说明。本文此处不拟详加展开，只集中在朱子《仁说》和阳明的《大学问》两个重要文献来进行论述。首先，朱子在完成《四书章句集注》等重要著述之后，写了《仁说》一篇，论述孔子和儒学所谓“仁”为何物。他明确提出，“天地以生物为心者也，而人物之生，又各得夫天地之心以为心者也。故语心之德，虽其总摄贯通、无所不备，然一言以蔽之，则曰仁而已矣。”这里朱子说的“仁”就是孔子《易传》讲的天地之大德曰生。人生于天地之中，能承继天地之大德，因此，能以天地生物之心为心。所谓心者，是一种主宰、主体、主导的力量，也代表一种自觉、自知、自主。这也说明，要实现仁，必须要面对和掌握一个天人合一的创化宇宙论，能够自觉人在天地之中发挥和显示一个本体存在的作用。人是本体的存在，根源是宇宙。宇宙的发展形成了人的存在。人秉承阴阳五行之秀，是阴阳五行的精华。因此，朱子说人具有天地之德性，天地有元、亨、利、贞四德，一如人有仁、义、礼、智四德。所谓“仁”，就是天地最原初的宇宙性能，涵盖并主导元亨利贞的秩序性发展。当然，这里所谓“仁”，就是一种包含和创生的生命力量，它的重点在创发、创造，创新生命，繁衍生命和持续发展生命。总而言之，朱子的“仁”，是以一种生命的持续发展为其概念的核心。当然，持续发展也包含着人对生命体的亲切关怀和亲切关系，但其重点却在和谐地创造生命。

现在论述阳明的《大学问》。阳明在《大学问》中提到仁者以万物为一体，具有一种包含万物的精神。他说，“大人者，以天地万物为一体者也。其亲天下尤一家，中国犹一人焉。若夫闲形骸而分尔我者，小人矣。大人之能，以天地万物为一体也，非意之也，其心之仁本若是。”显然阳明把“仁”看做一个亲切关怀地对待万物的一个表达，是一种道德情感。最后，他在解说《大学》古本所说的“亲民”，并非程朱所说的“新民”。他引述孟子说的“亲亲、仁民、爱物”来说明亲之为亲，而非程朱说的新民之新。他并指出“在新民”不同于“作新民”，虽然大学后面也谈到“作新民”。以上所说可以说是阳明对朱子的批评。

我们就从哲学分析来说，很显然阳明强调“仁”之为一种情感的行为而非其他。如果我们把朱子理学对人的存在的内在性分析分为性、情、心三方面，情显然是很重要的。但是在《仁说》，朱子强调的是心而非情。再者，程朱也强调理的基础性与根源性。性之所以为性，情之所以为情，心之所以为心，是强调人的存在的根源性，及其根源可以展现的创造性。也就是强调人的存在的内在的生性。其中也包含了生生不息性。此一认识是很深刻的。是对人的本体的灼见。而阳明似乎只强调性之为情的表现，是从情上理解人和万物。不同于阳明，朱子要从心的本源上来理解人和万物，当然是和阳明有差别。朱子讲仁者有生物之心，此即似乎是接着张载以《西铭》中说的“为天地立心、为生民立命”的话来说的。显然，人能为天地立心是因为已经理解了天之生物为生命之本体，而人在天地之中已具有此一本体。然后才能为天地立心并以天地生物之心为心。这在本体上是天人合一的。另一方面，以生物之本源为理，以理为重，说明了理有一个深刻的形而上的创化的意义，而不能只理解为理性之理，而应该理解为性理之理。程颐说性即理，是从理说性，不是从情说性，朱子亦然。这是朱子和阳明的重大不同。反映在朱王对“仁”的不同解释上面，我们要问，朱子和阳明这样的差别，能不能整合为一体呢？我个人认为，他们对“仁”的理解有方向性的差别。朱子强调的不但是礼智信诸德，更强调生生不已之德，从孔子《易传》说仁为何物，并特别强调把人看成万物的主体，也是万物所归的目的。朱子更认为我们要从人生命本体的发展和延续来看“仁”，因此强调了生物之心。而阳明认为人具有能够从情感上包含万物融通万物的能力，他说的“仁”包含的不只人，还有动植物，甚至还有木石水火，他把他们都看成一个动态的统一体，可说是人通过人的包含精神统合了万物为一体。包含显然十分重要，但包含并未突出一个持续发展的意义。朱子强调生命的持续发展，又提出理一分殊的理论，已然有包含的涵义。但朱子与阳明之间的重大差异也显示出来，我们如何放眼观察和细密慎思宇宙的发生发展过程，显然我们可以看到生命同时具有包含性与延续性。也就是看到宇宙万物的生生不息性，也具有万物一体的整合性。从这个角度看，朱子与阳明之分，又能够显示和形成一个朱子和阳明的整体之合。

朱子《仁说》和阳明的《大学问》还有其他细节值得我们探讨，此处暂不展开，有待在另文中讨论。

（作者单位：美国夏威夷大学哲学系）

朱熹“异端”观探微

胡长海

朱熹的“异端”观立足于宋代学术重建的历史境遇，以申韩、杨墨、佛老为儒学“异端”，强调佛老为当时主要异端，批判佛老虚空寂灭，丧失对儒家人伦的躬行践履。同时，朱熹认为要排斥“异端”即要返经，阐发儒家正理则“异端”自灭。朱熹认为危害最大的并非“异端”，而是吸纳“异端”的杂学，以其似是而非的理论与社会地位而诱导世人沦于“异端”，由此批判二苏、张九成、吕本中等。朱熹所谓“异端”以杨墨转为佛老为主，进而又批判杂学，体现儒学“异端”观的流变与转向，以及理学体系建立后，思想领域主要矛盾由儒学与佛老逐步转向儒学内部。批判“异端”对朱熹哲学体系建构也有重要意义。

唐宋变革时期，经学衰落，义理之学兴起，儒学形态发生根本转变。同时，佛老宗教盛行，挑战儒家理论的社会统治地位。面对宗教冲击与儒学的发展，儒学“异端”观也因应时代需要而出现新的变化，凸显儒学的内在转向。朱熹作为理学集大成者，其“异端”具有代表性，反映了宋代思想领域的主要矛盾由儒佛向儒学内部转向。具体而言，朱熹以诸子百家为“异端”，强调杨、墨之害甚于申、韩，佛、老之害甚于杨、墨，凸显朱熹对先秦儒学“异端”观的继承与发展，表明宋代思想领域主要是儒学与佛老的矛盾。朱熹认为“异端”危害主要由于部分儒者倡导甚至吸纳佛老所致，因此大力批判二苏、张九成、吕本中等堕入佛老的学者，这既表明儒学对佛老的批判，也暗含思想领域主要矛盾由儒佛转向儒学内部的倾向。在具体内容上，朱熹认为要辟“异端”关键在于阐明儒学正道，儒学昌明则异端自熄。朱熹认为儒学重视实然伦理的躬行践履是与佛老空寂学说的本质差异，以此强调知行、心迹、上学与下达的一以贯之。在论述

“异端”的发展与危害方面，朱熹认为部分儒者倡导佛老宗教，并吸取建构似是而非的学说，推动了“异端”欺世迷人，危害甚大。需要指出的是朱熹“异端”观内涵以及重视实然伦理的躬行践履方面具有时代的共性。同时，朱熹强调返经阐明儒家正道，其重视经典的学术特征也在其“异端”观中充分体现。

一、异端乃杂诸子百家与佛老而言

“异端”是宋明儒学的核心议题，凸显儒学与其他学说的紧张关系。朱熹尤其重视“异端”问题探讨，在《近思录》中辟专节辨“异端”，摘录周、张、二程关于“异端”论述。概括起来，主要论及佛老、杨墨、申韩等为“异端”，既是对秦汉以来儒学“异端”观的继承，又是对唐宋以来三教交融的集中呈现。朱熹系统分析了儒学“异端”，认为“异端者，杂杨、墨诸子百家而言之”①。而异端的缺陷也是显而易见的，具体而言：“吕氏以申、韩为诐，马迁之类为淫，杨、墨、夷、惠为邪，庄周、浮屠为遁。南轩以告子为诐，杨、墨为邪，庄、列为淫、遁。今集注则以四者为相因而无所分属，是异端必兼此四者而有之。必大谓浮屠之言则诐、淫、邪、遁之尤者。”② 同时，“‘诐、淫、邪、遁’四字有次序，而无彼此之分。如杨、墨、释、老之言，无不具此四者”③。正是基于“异端”的差别，其危害也由浅入深，“盖老氏之学浅于佛，而其失亦浅。正如申、韩之学浅于杨、墨，而其害亦浅”④。虽然，朱熹列举诸多异端，其核心在于批驳异端丧人伦之实，沦于高远之说：“所谓道者，君臣、父子、夫妇、昆弟、朋友之交是也。……后世学者惑于异端，求玄求妙，穷高极远，而不知道果在此而

---

① （宋）朱熹撰，朱杰人等编：《答都昌县学诸生》，《晦庵先生朱文公文集》卷 52，《朱子全书》第二十二册，上海古籍出版社、安徽教育出版社 2002 年版，第 2474 页。

② （宋）朱熹撰，朱杰人等编：《答吴伯丰》，《晦庵先生朱文公文集》卷 52，《朱子全书》第二十二册，上海古籍出版社、安徽教育出版社 2002 年版，第 2446—2447 页。

③ （宋）朱熹撰，朱杰人等编：《答严居厚》，《晦庵先生朱文公文集》卷 45，《朱子全书》第二十二册，上海古籍出版社、安徽教育出版社 2002 年版，第 2065 页。

④ （宋）朱熹撰，朱杰人等编：《答李伯谏》，《晦庵先生朱文公文集》卷 43，《朱子全书》第二十二册，上海古籍出版社、安徽教育出版社 2002 年版，第 1958 页。

不在彼也。"[①] 需要指出的是朱熹认为小道非异端，"小者对大之名。正心修身以治人，道之大者也；专一家之业，以治于人，道之小者也。然是皆用于世而不可无者，其始固皆圣人之作，……盖曰坦途之支别，则非异端之谓"[②]。朱熹的"异端"观是对二程、张载等人观点的继承，其整体内涵上具有一致性，诸如二程所说："杨、墨之害，甚于申、韩；佛、老之害，甚于杨、墨。"[③] 张载也说："自古诐、淫、邪、遁之词，翕然并兴，一出于佛氏之门者千五百年。"[④] 可见，朱熹的异端观在内容上具有鲜明的时代特征。

具体而言，朱熹从丧伦理、空谈、功利三个主要方面批判"异端"。儒家伦理秩序是传统社会的核心，朱熹认为"异端"丧绝君臣、父子、夫妇等人伦之道。朱熹继承先秦以来儒家对杨朱、墨翟的批判，认为其学说丧失人伦："譬如杨墨，但能知其为我、兼爱，而不知其至于无父、无君。虽知其无父、无君，亦不知其便是禽兽也。"[⑤] 朱熹在批判佛教时也强调儒家人伦，"禅学最害道。庄老于义理绝灭犹未尽，佛则人伦已坏。至禅，则又从头将许多义理扫灭无余"[⑥]。同时，批判道家学说丧人伦"老子是出人理之外，不好声，不好色，又不做官，然害伦理"[⑦]。显然，在维护儒家人伦这一根本原则问题上朱熹致力甚深。此外，朱熹认为"异端"沦为空谈，非儒家实然之理。如其批判道家道教："诸郎有志须精学，老子无能但欲眠。多少个中名教乐，莫谈空谛莫求仙。"[⑧] 指出道教学说沦为求仙空谈之论。他指出道家及其影响的学派爱惜生命而逃离社会，走向空寂之道："畏一身之祸害，耽空

① （宋）朱熹撰，朱杰人等编：《答万正淳》，《晦庵先生朱文公文集》卷 51，《朱子全书》第二十二册，上海古籍出版社、安徽教育出版社 2002 年版，第 2396 页。

② （宋）朱熹撰，朱杰人等编：《论语或问》卷 19，《四书或问》，《朱子全书》第六册，上海古籍出版社、安徽教育出版社 2002 年版，第 901 页。

③ （宋）程颢、程颐著：《河南程氏遗书》卷 13，《二程集》，中华书局 2004 年版，第 138 页。

④ （宋）张载著，章锡琛点校：《正蒙・乾称》，《张载集》，中华书局 1978 年版，第 64 页。

⑤ （宋）朱熹撰，朱杰人等编：《答程正思》，《晦庵先生朱文公文集》卷 50，《朱子全书》第二十二册，上海古籍出版社、安徽教育出版社 2002 年版，第 2327 页。

⑥ （宋）黎靖德编：《朱子语类》卷 126，中华书局 1986 年版，第 3014 页。

⑦ （宋）黎靖德编：《朱子语类》卷 125，中华书局 1986 年版，第 2988 页。

⑧ （宋）朱熹撰，朱杰人等编：《次韵四十叔父白鹿之作》，《晦庵先生朱文公文集》卷 7，《朱子全书》第二十册，上海古籍出版社、安徽教育出版社 2002 年版，第 474 页。

寂以求全身于乱世而已。及老子唱其端，而列御寇庄周杨朱之徒和之。”[①]朱熹更明确地指出佛教是虚无寂灭之教，“异端虚无寂灭之教，其高过于大学而无实。……使其君子不幸而不得闻大道之要，其小人不幸而不得蒙至治之泽”[②]。最后，朱熹认为庄子、法家学说沦于功利，指出“庄子之意，则不论义理，专计利害，又非子莫之比矣”[③]。针对先秦法家学派，朱熹认为：“古圣贤之言治，必以仁义为先，而不以功利为急。……申、商、吴、李之徒所以亡人之国而自灭其身，国虽富，其民必贫；兵虽强，其国必病；利虽近，其为害也必远。顾弗察而已矣。”[④]而受到霸道影响的汉唐君主“虽或不能无暗合之时，而其全体却只在利欲上”[⑤]。

二、阐明儒学正道，则异端自灭熄

朱熹认为“异端”不胜批驳，排斥“异端”的根本在于返经，通过阐明儒学正道，则“异端”自熄。他指出“孟子论乡原乱德之害，而卒以君子反经为说，此所谓上策，莫如自治者，……惟吾学既明，则彼自灭熄耳。”[⑥]朱熹认为“异端”虽然危害甚大，也不必公然诋之，明儒学正道则“异端”自消。他说：“经正，斯无邪慝。今恶邪说之害正，而攻之，则适所以自敝而已。此言诚有味者，故熹于释学虽所未安，然未尝敢公言诋之。”[⑦]朱熹认为阐明儒学，排斥“异端”要返回儒家经典，他说：“道在六经，何必他求。……世之君子，既以是中其好径欲速之心而不察乎他求之

---

① （宋）黎靖德编：《朱子语类》卷125，中华书局1986年版，第2993页。

② （宋）朱熹著：《大学章句》，《四书章句集注》，中华书局2012年版，第3页。

③ （宋）朱熹撰，朱杰人等编：《养生主说》，《晦庵先生朱文公文集》卷67，《朱子全书》第二十三册，上海古籍出版社、安徽教育出版社2002年版，第3285页。

④ （宋）朱熹撰，朱杰人等编：《送张仲隆序》，《晦庵先生朱文公文集》卷75，《朱子全书》第二十四册，上海古籍出版社、安徽教育出版社2002年版，第3623页。

⑤ （宋）朱熹撰，朱杰人等编：《答陳同甫》，《晦庵先生朱文公文集》卷36，《朱子全书》第二十一册，上海古籍出版社、安徽教育出版社2002年版，第1588页。

⑥ （宋）朱熹撰，朱杰人等编：《答宋深之》，《晦庵先生朱文公文集》卷58，《朱子全书》第二十三册，上海古籍出版社、安徽教育出版社2002年版，第2774—2775页。

⑦ （宋）朱熹撰，朱杰人等编：《答汪尚书》，《晦庵先生朱文公文集》卷30，《朱子全书》第二十一册，上海古籍出版社、安徽教育出版社2002年版，第1295页。

贼道。贵仕者又往往有王务家私之累、声色势利之娱，日力亦不足矣。”① 朱熹认为返经不局限于六经，他说：“圣人之道，所以异于异端者，以其本末内外一以贯之，而无精粗之辨也。故子思于九经反复，三致意焉。”② 甚至朱熹将理学家的著作摘录提供给后学辨别“异端”。《四库全书〈近思录〉提要》指出：“盖周张二程之书，宏深奥衍，承学之士莫由得其涯涘，朱子虑其不知所择，因与祖谦分类缉纂，以成是书，独取《太极图说》、《易通》、《西铭》、《正蒙》、《经学理窟》、《二程遗书》、《易传》，而于邵子之书则从姑舍，盖其慎也。书以近思名，盖取切问近思之义，俾学者致力于日用之实，而不使骛于高远，论者谓为五经之阶梯。”③ 可见，虽然周张二程之书不足以称为经典，然而却起到了经学入门之阶梯的作用，不可不谓是返经的重要步奏。而阐明《中庸》等经典是为了排斥“异端”：“自是而又再传以得孟氏，为能推明是书，以承先圣之统，及其没而遂失其传焉。则吾道之所寄不越乎言语文字之间，……然而尚幸此书之不泯，故程夫子兄弟者出，得有所考，以续夫千载不传之绪；得有所据，以斥夫二家似是之非。”④ 朱熹主张阐明经典义理，发明圣人之道，夯实儒学根底，排斥佛老“异端”。

具体而言，朱熹在注解经典过程中阐明义理，排斥“异端”。如在诠释经典中指出儒家义理不同于“异端”怪诞之说，“经文自说祯祥、妖孽、蓍龟、四体，解中又引执玉、高卑之事，以明四体之说，则其所谓前知者，乃以朕兆之萌知之。盖事几至此，已自昭晰，但须是诚明照彻，乃能察之。其与异端怪诞之说，自不嫌于同矣”⑤。而其注解《论语》中引用诸家论点阐明儒学正解：“范氏曰：攻，专治也，故治木石金玉之工曰攻。异

---

① （宋）朱熹撰，朱杰人等编：《答汪尚书》，《晦庵先生朱文公文集》卷30，《朱子全书》第二十一册，上海古籍出版社、安徽教育出版社2002年版，第1299—1300页。

② （宋）朱熹撰，朱杰人等编：《张无垢中庸解》，《晦庵先生朱文公文集》卷72，《朱子全书》第二十四册，上海古籍出版社、安徽教育出版社2002年版，第3485页。

③ （宋）朱熹、吕祖谦编：《四库全书〈近思录〉提要》，《近思录》，中州古籍出版社2008年版，第467页。

④ （宋）朱熹：《中庸章句序》，《四书章句集注》，中华书局2012年版，第16页。

⑤ （宋）朱熹撰，朱杰人等编：《答敬夫论中庸说》，《晦庵先生朱文公文集》卷32，《朱子全书》第二十一册，上海古籍出版社、安徽教育出版社2002年版，第1388—1389页。

端非圣人之道，而别为一端，如杨墨是也，其率天下至于无父无君，专治而欲精之，为害甚矣。程子曰：佛氏之言比之杨墨尤为近理，所以其害为尤甚，学者当如淫声美色以远之，不尔，则骎骎然入于其中矣。”① 朱熹通过对经典义理的阐释，探求儒家经典本义，企图通过推明儒家学说来排斥“异端”。其中，朱熹诠释经典中肯定程子、范、尹，认为他们的解释符合儒家本义：“程子、范、尹之言正矣。自张子、吕、谢、杨、周氏，皆误以攻为攻击之攻，而其所以为说者，亦不同也。……然熟视异端之害，而不一言以正之，则亦何以祛习俗之蔽，而反之于经哉。盖正道异端如水火之相胜，彼盛则此衰，此强则彼弱，反经固所当务，而不可以徒反异端，固不必辨，然亦有不可不辨者。”② 他还强调学生应该避免沦为“异端”之学，以二程等学说为标准：“所寄诸说，求之皆似太过，若一向如此，恐骎骎然遂失正途，入于异端之说，为害亦不细，差之毫厘谬以千里。……且以二先生，及范尹二公之说为标准，反复玩味，只于平易、悫实之处，认取至当之理。”③ 朱熹认为排斥“异端”应反本经典，阐发义理，以二程等学者学说为准则，辨别和排斥“异端”邪说。需要指出的是朱熹宗本二程，在“异端”观上也继承二程的学术观点。而其注重经典，强调文字考证的学术特点，也凸显出其论述批驳“异端”中不同于心学流派的学派特征。

三、批判异端空谈，强调人伦操存践履

朱熹在批判“异端”时认为最为核心的问题在于以佛教为代表的学说沦于虚空寂灭之论，要批判“异端”即要强调儒家实然之理，注重知与行、上学与下达的一以贯之。《近思录》“盖取切问近思之义，俾学者致力于日用之

① （宋）朱熹著：《为政第二》，《论语集注》卷 1，《四书章句集注》，中华书局 2012 年版，第 57 页。

② （宋）朱熹撰，朱杰人等编：《论语或问》卷 2，《四书或问》，《朱子全书》第 6 册，上海古籍出版社、安徽教育出版社 2002 年版，第 652 页。

③ （宋）朱熹撰，朱杰人等编：《答许顺之》，《晦庵先生朱文公文集》卷 39，《朱子全书》第 22 册，上海古籍出版社、安徽教育出版社 2002 年版，第 1737 页。

实，而不使骛于高远”[①]，凸显朱熹抓住儒家伦理的实践本质。他认为儒家重视对人伦的躬行践履，而佛老好高骛远，沦为空谈。朱熹认为儒家学说注重躬行践履，强调知行并举。他说：“知之非艰，行之惟艰，孰谓知之而遂无间之可离哉？学者以是为心，吾恐其流于异端，而无复操存践履之功也。”[②]而对儒家学说也可以体现为心之知与身之行，“所谓学问思辨而力行之者，是亦先得其名义，而后求之于心，行之于身也”[③]。而佛教等“异端”的问题在于有心无迹，“释氏之说，若欲穷其说而去取之，则其说未能穷，固已化而为佛矣。只且于迹上考之，其设教如是，则其心果如何，固难为取其心不取其迹，有是心则有是迹”[④]。因此，朱熹强调人伦之实而批判“异端”之虚空，强调躬行践履而反对佛老空言。他说：“为是说者，求之文辞义理，而验以躬行之实，无一可者，若从其说，则是变圣门博文约礼之教，为异端坐禅入定之学也。”[⑤]在解释“曾子有疾”章，朱熹认为实行不过视听言动符合礼而已，强调圣门之学注重实效，非“异端”可比。他说：“谓其动容貌，则能和敬而无暴慢也；其正颜色，则非色庄而能近信也；其出词气，则能当于理而无鄙倍也。……此乃圣门学问成已成物著实效验。故曾子将死，谆谆言之，非如异端扬眉瞬目，妄作空言之比也。”[⑥]朱熹强调践行伦理，认为视听言动皆要合于礼，心中毫无私心杂念以致“视则极明，听则极聪，貌则极恭，言则极从”。他说：“惟圣人能尽其性而无一毫人欲之私杂于其间，是以视则极明，听则极聪，貌则极恭，言则极从。盖凡形色本然之理无一不尽，既有是形，而又可以践其形焉。……异端之学，自以为精微之论，故累千万

---

① （宋）朱熹、吕祖谦编：《四库全书〈近思录〉提要》，《近思录》，中州古籍出版社 2008 年版，第 467 页。

② （宋）朱熹撰，朱杰人等编：《论语或问》卷 4，《四书或问》，《朱子全书》第 6 册，上海古籍出版社、安徽教育出版社 2002 年版，第 680 页。

③ （宋）朱熹撰，朱杰人等编：《孟子或问》卷 3，《四书或问》，《朱子全书》第 6 册，上海古籍出版社、安徽教育出版社 2002 年版，第 933 页。

④ （宋）朱熹、吕祖谦编：《近思录》卷 13，中州古籍出版社 2008 年版，第 421 页。

⑤ （宋）朱熹撰，朱杰人等编：《孟子或问》卷 3，《四书或问》，《朱子全书》第 6 册，上海古籍出版社、安徽教育出版社 2002 年版，第 933 页。

⑥ （宋）朱熹撰，朱杰人等编：《答江德功》，《晦庵先生朱文公文集》卷 44，《朱子全书》第 22 册，上海古籍出版社、安徽教育出版社 2002 年版，第 2032 页。

言而不能竟其义，而学者莫知适从，此儒释之辨也。……然天命之性，无一理之不具，天下之物未有实于此者，而以释氏之所谓空者同之，不亦异乎？"①可见，朱熹主张对天理本体的知与人伦道德的践履的合一，反对空谈而丧实行。

同时，朱熹反对佛教重视"悟"的修养方法，认为儒家学说注重格物，最终豁然贯通。而佛教则注重禅定领悟，朱熹认为"直入之虚谈"非圣门之实务，他说："愚谓致知格物，大学之端，始学之事也。一物格则一知至，其功有渐，积久贯通，然后胸中判然，不疑所行，而意诚心正矣。然则所致之知固有浅深，岂遽以为与尧舜同者，一旦忽然而见之也哉。此殆释氏一闻千悟，一超直入之虚谈，非圣门明善诚身之实务也。"②朱熹还批判当时受到佛教影响而重视"悟"的儒者，认为"以悟为则，乃释氏之法，而吾儒所无有。吕氏顾以为致知格物之事，此其所以误为前说，而不知其非也。若然，则又安得独以不知所先后者，为异端之病哉。"③朱熹强调儒家自有读书之法，强调就文字上体究，注重格物功夫："若由吾儒之说，则读书而原其得失，应事而察其是非，乃所以为致知格物之事，盖无适而非此理者。今乃去文字而专体究，犹患杂事纷扰，不能专一，则是理与事为二，必事尽屏而后理可穷也。终始二道，本末两端，孰甚于此，则未知吕氏所体、所究，果何理哉？"④朱熹强调穷理务必自格物始，最终实现察物理而明人伦。他说："理既未尽，而胸中不能无疑，乃不复反求诸近，顾惑于异端之说，益推而置诸冥漠不可测知之域，兀然终日，味无义之语，以俟其廓然而一悟。殊不知物必格而后明，伦必察而后尽。"⑤基于知先行后，知易行难的观点，朱熹反对

① （宋）朱熹撰，朱杰人等编：《孟子或问》卷13，《四书或问》，《朱子全书》第6册，上海古籍出版社、安徽教育出版社2002年版，第1005页。

② （宋）朱熹撰，朱杰人等编：《吕氏大学解》，《晦庵先生朱文公文集》卷72，《朱子全书》第24册，上海古籍出版社、安徽教育出版社2002年版，第3493页。

③ （宋）朱熹撰，朱杰人等编：《吕氏大学解》，《晦庵先生朱文公文集》卷72，《朱子全书》第24册，上海古籍出版社、安徽教育出版社2002年版，第3494页。

④ （宋）朱熹撰，朱杰人等编：《吕氏大学解》，《晦庵先生朱文公文集》卷72，《朱子全书》第24册，上海古籍出版社、安徽教育出版社2002年版，第3494页。

⑤ （宋）朱熹撰，朱杰人等编：《答汪尚书》，《晦庵先生朱文公文集》卷30，《朱子全书》第21册，上海古籍出版社、安徽教育出版社2002年版，第1297页。

佛教及其影响下的心学重视“悟”的修养方法，强调实然伦理的躬行践履。

四、非异端之能惑人，导之者之罪也

朱熹论述“异端”过程中强调阐明儒学正道，而沦于“异端”主要在于非儒学正道的诱导。朱熹专门编纂杂学，将非儒学正道的学者列入其中，认为这些学说一定程度上诱导学者沦于“异端”邪说。这里主要有两个方面，第一是以倡导佛老之学的儒家学者，扩大了佛老学说的影响。其次，是近似于儒学而实为佛老张目的儒者诱导世人走向歧途。朱熹认为儒学衰落根本在于不能正确倡导儒学，较为典型的则是二苏、张、吕。他说：“晋宋而下，士大夫好奇嗜怪，取其侏离之言而文饰之，而人始大惑矣。非浮屠之能惑人也，导之者之罪也。今有人于此，诡衣冠而谈空无，众必止而诟之。一旦有贵显名誉之士，亦从而效尤，则人皆眙愕改观，未论其事之是非，且以其人而信之矣，几何其不胥而为夷狄哉！此有识之所甚忧而永叹也。二苏、张、吕，岂非近世所谓贵显名誉之士乎？而其学乃不知道德性命之根原，反引老庄浮屠不经之说，而紊乱先王之典，著为成书，以行于世。后生既未有所闻，必以其人而尊信之，渐染既深，将如锢疾，可不哀乎？”① 朱熹认为佛教等异端并非能够迷惑众人，而是因为部分有身份地位的儒者的倡导，推动了佛教等“异端”的传播。诸如二苏、张、吕作为当时显贵名士而倡导佛老，并且著述成书，引用佛老经典，对于大众沦于“异端”邪说有不可推卸的责任。所以，他强调：“非浮屠之能惑人也，导之者之罪也。”

苏轼的学说重视佛老，诚如熊赐履评曰：“聪明才智之士，学焉而不得其正，未有不杂于纵横而流于释老者。”② 朱熹斥责苏轼崇尚佛老：“至于王氏、苏氏则皆以佛老为圣人，既不纯乎儒者之学矣，非恶其如此，特于此可验其于吾儒之学无所得。”③ 他甚至将王安石的学说流弊归结为空谈，并认为

---

① （宋）朱熹撰，朱杰人等编：《吕氏大学解》，《晦庵先生朱文公文集》卷 72，《朱子全书》第 24 册，上海古籍出版社、安徽教育出版社 2002 年版，第 3495—3496 页。

② （清）熊赐履：《学统》，凤凰出版社 2011 年版，第 480 页。

③ （宋）朱熹撰，朱杰人等编：《答汪尚书》，《晦庵先生朱文公文集》卷 30，《朱子全书》第 21 册，上海古籍出版社、安徽教育出版社 2002 年版，第 1300 页。

苏轼的学说负面影响甚至大于王安石，指出："盖王氏之学，虽谈空虚而无精彩，虽急功利而少机变，其极也陋，如薛昂之徒而已。……若苏氏则其律身已不若荆公之严，其为术要未忘功利，而诡秘过之。其徒如秦观、李荐之流，皆浮诞佻轻，士类不齿，相与扇纵横捭阖之辨，以持其说，而漠然不知礼义廉耻之为何物。虽其势利未能有以动人，而世之乐放纵、拘检者，已纷然向之。使其得志，则凡蔡京之所为，未必不身为之也。世徒据其已然者论之，是以苏氏犹得在近世名卿之列，而君子乐成人之美者，亦不欲逆探未形之祸，以加讥贬。至于论道学邪正之际，则其辨有在毫厘之间者，虽欲假借而不能私也。今乃欲专贬王氏而曲贷二苏，道术所以不明，异端所以益炽，实由于此。"① 朱熹认为当时学术贬斥王安石而宽待二苏，实际上是不明二苏学说"未忘功利，而诡秘过之"的本质，是异端流行的根本。所以朱熹批判二苏，指出"予之所病，病其学儒之失而流于异端，不病其学佛未至而溺于文义也"②。朱熹抓住了二苏融合三教，重视佛老的学术特征进行批判。

至于吕氏，据考证为吕本中③，朱熹指出其学说虽然辟"异端"，然而似是而非，终沦于莠乱苗、紫夺朱之患。朱熹说："吕氏终身学焉，不知以谁为异端，而为是说以诋之耶。盖其心未必不以为有先后者，世间之粗学，而无先后者，出世间之妙道，两者初不相为谋，虽并行而不相悖也。方其言此，故不得不是此而非彼。及其为彼，则又安知其不是彼而非此哉？彼其阳离阴合，自以为左右采获，而集儒佛之大成矣。曾不悟夫言行不类，出入支离之为心害，而莠乱苗、紫夺朱之患，又将无所不至也。"④ 朱熹认为吕氏学说看似融合儒佛，其理论似是而非以乱真，其危害则有夺朱之患。至于张氏，即张九成，朱熹认为张氏有上学而无下达，二者不能合一，批判其受佛教影响沦为空寂的学术观点："愚谓张氏于诚明之说，盖未尝深考，而为此

---

① （宋）朱熹撰，朱杰人等编：《答汪尚书》，《晦庵先生朱文公文集》卷 30，《朱子全书》第 21 册，上海古籍出版社、安徽教育出版社 2002 年版，第 1301 页。

② （宋）朱熹撰，朱杰人等编：《苏黄门老子解》，《晦庵先生朱文公文集》卷 72，《朱子全书》第 24 册，上海古籍出版社、安徽教育出版社 2002 年版，第 3469 页。

③ 曹树明：《〈吕氏大学解〉作者考辨》，《宝鸡文理学院学报》2015 年第 3 期，第 5 页。

④ （宋）朱熹撰，朱杰人等编：《吕氏大学解》，《晦庵先生朱文公文集》卷 72，《朱子全书》第 24 册，上海古籍出版社、安徽教育出版社 2002 年版，第 3492 页。

说，以合其素论。观其自处，傲然已在诚明之域矣。然谓上智自得而有不合于圣人之教者，则未知其所得果何事也。且所谓异端者，复谁谓乎？夫岂不自知其已失身于此？而故为是言者，是乃所谓改头换面，阴予而阳挤之，将以自盖其迹，而幸人之不疑已。”① 朱熹指出：“愚谓如张氏之云，则九经皆剩语矣。圣人之道，所以异于异端者，以其本末内外一以贯之，而无精粗之辨也。故子思于九经反复，三致意焉。而张氏忽之如此，盖每事欲高于圣贤一等，而不知凭虚失实，只其所以卑也。”② 这些融合儒佛的学者自托二程正学，实际则是为“异端”张目，“若夫外自托于程氏，而窃其近似之言，以文异端之说者，则诚不可以入于学者之心，然以其荒幻浮夸，足以欺世也，而流俗颇已乡之矣，其为害岂浅浅哉！”③ 可见，朱熹认为“异端”虽然危害甚大，而部分儒者吸纳佛教等“异端”，既能诱导众人迷惑于“异端”，又发展“异端”似是而非之说，其于圣门学问罪莫大焉。而二苏、吕本中、张九成的学术著作都深受佛老影响，有鲜明的佛老倾向，故而朱熹对其的批判在根本上是为了纠正吸纳佛老的学术风气，匡扶儒家正道。这也表明宋代儒学吸纳佛老建构理学体系后儒学内部逐步分殊，是思想领域主要矛盾由儒佛逐步转向儒学内部的前奏。

朱熹“异端”观既是对先秦儒学“异端”观的继承，但更主要的是因应唐宋变革以来的儒家伦理沦丧，以及佛老盛行对儒家形成的理论与现实挑战。“异端”观是朱熹学术思想体系的重要组成部分，朱熹通过对“异端”的批判厘清儒学与“异端”的本质差异，强调返回儒家经典阐明儒学正道以排斥“异端”，强化了儒家伦理本位地位，对朱熹学术思想体系的建构，以及重塑儒家学说的正统地位有重要的意义。明清时期佛老宗教相对衰落，这与以朱熹为代表的理学家批驳“异端”，重建儒学理论的历史影响有着紧密

① （宋）朱熹撰，朱杰人等编：《张无垢中庸解》，《晦庵先生朱文公文集》卷 72，《朱子全书》第 24 册，上海古籍出版社、安徽教育出版社 2002 年版，第 3487 页。

② （宋）朱熹撰，朱杰人等编：《张无垢中庸解》，《晦庵先生朱文公文集》卷 72，《朱子全书》第 24 册，上海古籍出版社、安徽教育出版社 2002 年版，第 3485 页。

③ （宋）朱熹撰，朱杰人等编：《语孟集义序》，《晦庵先生朱文公文集》卷 72，《朱子全书》第 24 册，上海古籍出版社、安徽教育出版社 2002 年版，第 3631 页。

的关系。同时，朱熹所谓“异端”由杨墨、佛老转向批判杂学，预示着随着儒学统治地位的重塑，佛老宗教社会影响相对弱化，社会思想领域的主要矛盾由儒学与其他学说逐步转向儒学内部。这凸显了儒家社会思想领域主要矛盾演变的历史过程，是对儒家社会发展与变迁的客观反映，对当代儒学重构、增强文化自信与应对外来文化挑战也具有现实借鉴价值。

（作者单位：四川师范大学四川文化教育高等研究院）

论郑玄、孔颖达与朱熹对《中庸》诠释的异同

张培高　吴祖刚

虽然朱子对《中庸》的解释受到郑玄（127—200）、孔颖达（574—648）的影响，但与之相比有着明显的不同。这一不同可以概括为四个方面。其一，理论建构模式的不同。郑玄、孔颖达的理论建构模式是宇宙生成论，而朱子的则是本体宇宙论。其二，对“性”的解释不同。既存在性有善有恶论、性三品论与性二元论的差异，又存在对人性与物性看法的不同。其三，对内圣外王的解释不同。虽然郑玄、孔颖达也认为君主和士人必须做到由内圣到外王，但他们不仅侧重强调了外王的一面，而且侧重强调了内圣外王的主体主要为君主。朱子则不同，不仅侧重强调内圣的一面，而且认为内圣外王的主体主要是士人，这是宋代士人“担当”精神的体现。其四，对道统的强调不同。虽说郑玄、孔颖达“以昭明圣祖之德”的解释也有道统的意思在，但这一意识不是很明显。朱子则明确建构了一个由尧舜禹开始直至二程的道统谱序，并认为这一道统能够对抗佛老。总之，朱子与郑玄、孔颖达对《中庸》解释的差异，其实就是汉唐经学背景下与宋学背景下对《中庸》解释的差异。

朱熹的《中庸章句》、《大学章句》、《论语集注》和《孟子集注》，是对“四书”的经典解释，而《中庸章句》是其中理论性最强的著作。朱子此作是以二程的《中庸》诠释为基础，又吸收了郑玄、孔颖达、周敦颐、张载及二程门人对《中庸》的相关研究，并对他们的思想综合创新撰写而成的，故而可说朱子是宋代《中庸》学的集大成者。就以郑玄、孔颖达而言，尽管他们没有对《中庸》进行专门研究，但《礼记注·中庸》和《礼记正义·中庸》是目前所能见到较早的《中庸》诠释文本，而且他们的诠释对宋人产生了重要影响，同时他们是汉唐经学的代表人物，故而把他们的诠释与朱

熹作比较，既能够揭示他们的诠释对理学家所产生的影响，又能够揭示三人解释的异同，还能够揭示汉学背景下的《中庸》学与宋学背景下的《中庸》学之同异。

一、“万物无不以气生”与“天下之物，皆实理之所为”

《中庸》引孔子之言说：“鬼神之为德，其盛矣乎！视之而弗见，听之而弗闻，体物而不可遗”。这里所说的鬼神显然是指宗教意义上的鬼神，因为《中庸》紧接着说：“使天下之人齐明盛服，以承祭祀，洋洋乎如在其上，如在其左右。”这分明讲的是祭礼。而郑玄和孔颖达对此的解释则与《中庸》有较大的不同，他们以《易传》之“知鬼神之情状”解释之。郑玄说：“体，犹生也。可，犹所也。不使有所遗，言万物无不以鬼神之气生也。”又说：“鬼神，从天地者也。《易》曰：‘故知鬼神之情状，与天地相似’。”[①] 孔颖达也说：“此鬼神即与《易·系辞》云：‘是故知鬼神之情状，与天地相似’，以能生万物也。”[②] 在此，鬼神不仅仅具有宗教上的意义，而且具有哲学上的意义，即鬼神为阴阳之气。虽然《中庸》也讲“血气”（“凡有血气者，莫不尊亲”），但这与《论语》的“血气方刚”之“血气”的含义相同，是指人与动物的生命内在基础和本质，并无万物之本原的含义，而从郑玄、孔颖达所说的“鬼神之气”已经是指万物本原的阴阳之气了。郑、孔之所以会以阴阳之气释鬼神，这与他们的宇宙论、易学思想有密切关系。

郑玄的宇宙论主要体现在他的易学思想中，而他的易学思想的一个重要特点就是以五行之数的变化解释生死和鬼神[③]，如他在解释“是故知鬼神之情状”时说：“精气谓七八也，游魂谓九六也。七八木火之数，九六金水之数。木火用事而物生，故曰精气为物。金水用事而物变，故曰游魂为变。精气谓之神，游魂谓之鬼。木火生物，金水终物，二物变化，其情与天地相似，故无所差违之也。”[④] 这里的“七八”指少阳少阴之数，为木火，居东

---

① （唐）孔颖达：《礼记正义·中庸》卷 60，上海古籍出版社 2008 年版，第 2004、2040 页。

② （唐）孔颖达：《礼记正义·中庸》卷 60，上海古籍出版社 2008 年版，第 2005 页。

③ 朱伯昆：《易学哲学史》，昆仑出版社 2005 年版，第 222 页。

④ （清）李道平：《周易集解纂疏》，中华书局 1994 年版，第 555 页。

南，为阳气（精气），主生；“九六”指老阳老阴之数，为金水，居西北，为阴气，主终。在此他将七八九六之数与五行相生的顺序联系起来，认为生命的生息与四季的变化是一致的。这一思想为孔颖达所继承。孔颖达在《礼记正义·中庸》中说：“此鬼神是阴阳七八九六之鬼神，生成万物者。”① 孔颖达赞成郑玄的说法，也认为万物源于阴阳之二气。由此亦可知，孔颖达的宇宙论、易学思想与郑玄有一致之处。实际上，就以孔颖达的易学思想而言，《周易正义》的一个重要特点就是扬弃了王弼派的贵无贱有之思想，将汉易中的元气说、阴阳二气说重新肯定下来②，故而孔颖达在《礼记正义·中庸》中会有“天道阴阳，生成万物”③ 之说。

总之，他们在解释《中庸》时，援用了“阴阳—五行—万物”的宇宙论生化模式，而这一模式《中庸》是没有的。他们的解释对后人产生了重要影响，如尽管张载与二程对理气关系的解释不同，但他们均以阴阳之气解释鬼神。张载说：“鬼神者，二气之良能也。”④ 二程说：“鬼神者，造化之迹也。”⑤ 对此，朱子说：“程子、张子更以阴阳造化为说，则其意又广，而天地万物之屈伸往来，皆在其中矣。”⑥ 张子、二程的解释为朱子吸收。⑦ 不仅如此，在万物的生成上，理学家也以阴阳五行生化模式论之，如朱子说：“天以阴阳五行化生万物。”⑧ 当然，朱子与郑玄、孔颖达的不同是很明显的：在郑玄、孔颖达的体系中，阴阳是最高的概念；而在朱子的体系中，理是形而上者，气是形而下者，“太极，形而上之道也；阴阳，形而下之器也”⑨，“太极理也”⑩，故而朱子在《中庸章句》中说：“天下之物，皆实理之所为，

---

① （唐）孔颖达：《礼记正义·中庸》卷 61，上海古籍出版社 2008 年版，第 2042 页。
② 朱伯崑：《易学哲学史》，昆仑出版社 2005 年版，第 437 页。
③ （唐）孔颖达：《礼记正义·中庸》卷 61，上海古籍出版社 2008 年版，第 2042 页。
④ （宋）张载著，章锡琛点校：《正蒙·太和》，《张载集》，中华书局 1978 年版，第 9 页。
⑤ （宋）卫湜：《礼记集说》卷 128，文渊阁《四库全书》第 119 册，台湾商务印书馆 1986 年版，第 144 页。
⑥ （宋）朱熹撰，朱杰人等编：《中庸或问上》，《四书或问》，《朱子全书》第 6 册，上海古籍出版社、安徽教育出版社 2002 年版，第 578 页。
⑦ 参见（宋）朱熹：《中庸章句》，《四书章句集注》，中华书局 2012 年版，第 25 页。
⑧ 参见（宋）朱熹：《中庸章句》，《四书章句集注》，中华书局 2012 年版，第 17 页。
⑨ （宋）周敦颐：《太极图说》，《周敦颐集》卷 1，中华书局 2009 年版，第 3 页。
⑩ （宋）黎靖德编：《朱子语类》卷 94，中华书局 1986 年版，第 2374 页。

故必得是理，然后有是物。”① 在此，朱子就强调了“理本气末”及“理在事先”的思想。实际上，他们之间的不同是理论架构模式之差异的反映：郑玄、孔颖达的主要是“宇宙生成论”建构模式，而朱子的则是“本体宇宙论”② 建构模式。

二、性有善有恶论、性三品论与性二元论

“性”是《中庸》的重要范畴，《中庸》云：“天命之谓性”，但此性是善是恶，《中庸》未明言，且后人对此的解释不一。郑玄的解释是：“天命，谓天所命生人者也，是谓性命。木神则仁，金神则义，火神则礼，水神则信，土神则知。《孝经说》曰：‘性者，生之质，命，人所禀受度也。’”③ 在此，郑玄认为人生而禀有五常之性。但能否以此说郑玄就是主张“性善论”呢？这得从他的《礼记注·中庸》的全文来看。他在注《中庸》之“变则化”时说：“变，改恶为善也。变之久，则化而性善也。”在此，他认为所谓“变”就是“改恶为善”，经过长久的教化，则能“化而性善”。这也就是说，人虽有善，但亦有恶。综合观之，可以认为郑玄把此“性”作“有善有恶”解，正如张岱年先生所说：“郑玄亦主性有善有恶”④。

与郑玄相比，孔颖达的看法则有不同，他主张性三品说。他说：“案《左传》云‘天有六气，降而生五行’，至于含生之类，皆感五行矣。唯人独禀秀气，故《礼运》云‘人者，五行之秀气’。被色而生，既有五常仁、义、礼、知、信……但感五行，在人为五常，得其清气，备者则为圣人，得其浊气，简者则为愚人。降圣以下，愚人以上，所禀或多或少，不可言一，故分为九等。孔子云‘唯上知与下愚不移’二者之外，逐物移矣。故《论语》云‘性相近，习相远也’，亦据中人七等也。”⑤ 在此，孔颖达认为人因禀气之清浊、多少之不同，人性可分为九等。这是性三品说的发展，与东汉荀悦的“性九

① （宋）朱熹：《中庸章句》，《四书章句集注》，中华书局 2012 年版，第 34 页。

② 李存山：《中国传统哲学纲要》，中国社会科学出版社 2008 年版，第 15 页。

③ （唐）孔颖达：《礼记正义·中庸》卷 60，上海古籍出版社 2008 年版，第 1987 页。

④ 张岱年：《中国哲学大纲》，中国社会科学出版社 1982 年版，第 204 页。

⑤ （唐）孔颖达：《礼记正义·中庸》卷 60，上海古籍出版社 2008 年版，第 1988—1989 页。

品”说有相近之处。他以禀气之清浊、多少论性的思想对宋儒的“气质之性”说产生了影响。

朱子的解释与他们相比异远远大于同。朱子说：“性，即理也。天以阴阳五行化生万物，气以成形，而理亦赋焉，犹命令也。于是人物之生，因各得其所赋之理，以为健顺五常之德，所谓性也。……性道虽同，而气禀或异，故不能无过不及之差。”① 朱子认为五常之性人皆生而禀有，因气之异，故人与人之间有不同。而且认为人性与物性在本质上是一致的（“人物之生，因各得其所赋之理”，“人物之性，亦我之性，但以所赋形气不同而有异耳”②），之所以有不一致亦因气禀之异。在此，虽说朱子对“天命之谓性”解释与郑玄和孔颖达有一致之处，郑玄认为人生而禀有五常之性，孔颖达认为除下愚外人皆禀有五常之性，且人人之间的不同因气禀之异。但不同之处更为明显：

第一，对五常之性的论证模式不同。虽然郑、孔对人性的看法不同，但两人论性的思路是一致的，即他们皆从“阴阳五行”的宇宙生化模式上进行论证的。郑玄、孔颖达认为五常之性源自五行，而五行源自阴阳，这就意味着五常并非阴阳本身或其属性，而是阴阳的产物。朱子的论证则不同。朱子认为有理则有气，而五常之性即是理，这就意味着五常与理是二而一的关系。所以说郑玄、孔颖达的论证虽然也是遵循天人合一的思路，但他们对人性的论证主要从宇宙生成论上进行论证的，而朱熹则上升到了本体宇宙论的高度。

第二，对人性与物性关系的解释不同。先秦儒家如孟子极力反对把人性与物性等同，他说：“生之谓性也，……然则犬之性犹牛之性，牛之性犹人之性与？”③。郑玄、孔颖达虽没有明确强调人性与物性的不同，但他们在解释“天命之谓性”时明确认为此性是指人性。郑玄说：“天命，谓天所命生人者也，是谓性命。”孔颖达说：“天本无体，亦无言语之命，但人感自然而生，有贤愚吉凶，若天之付命遣使之然，故云‘天命’。”④ 而且孔在解释“尽其性”、“尽人之性”和“尽物之性”时把人性与物性分开讲，“既尽其性，

① （宋）朱熹：《中庸章句》，《四书章句集注》，中华书局 2012 年版，第 17 页。

② （宋）朱熹：《中庸章句》，《四书章句集注》，中华书局 2012 年版，第 33 页。

③ （宋）朱熹：《告子章句上》，《孟子集注》卷 11，《四书章句集注》，中华书局 2012 年版，第 332 页。

④ （唐）孔颖达：《礼记正义 · 中庸》卷 60，上海古籍出版社 2008 年版，第 1988 页。

则能尽其人与万物之性……既能尽人性，则能尽万物之性”[1]，故综合观之，可以认为在郑玄、孔颖达看来，人性与物性是不同的。然而朱子则认为人性与物性在本质上是一样的，之所以有不同因禀气之异，正所谓“人物之性，亦我之性，但以所赋形气不同而有异耳”。朱子之所以会如此认为，是因为受到张载与二程的影响。张载说：“性者万物之一源，非有我之得私也。”[2]二程也说：“万物皆有性，此五常性也。”[3]至于张载、二程为什么会如此主张，应是受到佛教的影响。[4]

第三，对善恶来源的看法不同。郑玄认为人性有善有恶。孔颖达则认为下愚全为恶，圣人全为善，其余人因禀气之清浊、多少之不同而有善恶。这就是说，除圣人外，其余的天生皆有恶。朱子与他们皆有不同，认为人性可以分为两种：一是天地之性，一是气质之性。天地之性是人的本然之性，是纯善的，正所谓“性，即理也”；气质之性是指理坠在气质之中，有善有恶的，正所谓“性道虽同，而气禀或异，故不能无过不及之差”。人之本性既然皆善，那这就为“复性”提供了最为基本的保证，而郑玄的性有善有恶论和孔颖达的性三品论则无此功能。

三、“用中为常道”与“中庸者，无过不及而平常之理”

中庸是儒家哲学的基本观念。中庸一词最早见于《论语·雍也》：“中庸之为德也，其至矣乎！民鲜久矣。”《中庸》论述尤详，如引述孔子之言说：“君子中庸，小人反中庸”，又说：“执其两端，用其中于民”。中庸一词由“庸”和“中”两个字构成，虽然我们能够据《中庸》之“执其两端，用其中于民”而认为“中庸”就是“用中”，但毕竟《中庸》没有明确说“庸”

---

① （唐）孔颖达：《礼记正义·中庸》卷 60，上海古籍出版社 2008 年版，第 2024 页。

② （宋）张载著，章锡琛点校：《正蒙·诚明》，《张载集》，中华书局 1978 年版，第 21 页。

③ （宋）程颢、程颐：《河南程氏遗书》卷 9，《二程集》，中华书局 2004 年版，第 105 页。

④ 李存山先生指出：“关于纯善之性泛在于人与万物的思想，本与孟子认为人之性善不同于犬、牛之性的思想相反对，但新儒家普遍持泛性善论的观点，即认为人与万物皆具纯善之性，其区别是由气质的昏明清浊引起的，这可能与唐代高僧湛然以真如缘起论为根据而论证‘无情有性’的思想有较密切的关系。”见氏著：《气论与仁学》，中州古籍出版社 2009 年版，第 522 页。

即为“用”。郑玄、孔颖达则给“中庸”一词做了明确的解释：一、庸为用，故中庸为用中（“名曰《中庸》者，以其记中和之为用也。庸，用也”）；二、庸为常，故中庸即是用中为常道（“庸，常也。用中为常道也”①）。从文献上说，他们的解释都是有依据的。以“用”释“庸”，先秦的文献已有之，如《庄子·齐物论》云：“庸也者，用也”；以“常”释“庸”，《尔雅·释诂》云：“庸，常也。”郑玄的解说是对以前观点的综合，后为孔颖达所继承。那何谓“中”，他们的解释与《中庸》一致，也是从道德论与方法论上加以阐发的。就以方法论而言，郑玄说：“两端，过与不及也。用其中于民，贤与不肖皆行之也”，孔颖达也说：“知者过之，愚者不及。言舜能执持愚知两端，用其中道于民，使愚知俱能行之”②。

郑玄、孔颖达对中庸一词的解释对后人的影响很大，如二程也把“庸”解释为“常”（“庸只是常”③），也把“中”解释“无过与不及”（“盖中之为义，无过不及而立名”④）和“不偏”（“中者只是不偏，偏则不是中”⑤），就这一解释来看，与郑玄、孔颖达基本一致。当然也不同处。二程进一步把“常”解释为“不易”。二程说：“不偏之谓中，不易之谓庸。中者天下之正道，庸者天下之定理。”⑥虽说“常”本就含有“不易”之意，但二程之所以把“常”解释为“不易”，仍然有其特别用意，即在于他们要强调中庸作为自然规律、实践原则和至德的普遍必然性和永恒性。如以自然规律言，大程说：“中之理至矣。独阴不生，独阳不生。偏则为禽兽，为异类，中则为人。中则不偏，常则不易，惟中不足以尽之，故曰中庸。”⑦小程也说：“天地之化，虽廓然无穷，然而阴阳之度，日月寒暑昼夜之变，莫不有常，此道之所以为中庸。”⑧又如以至德言，大程说：“‘极高明而道中庸’，非二事。中庸，天理也。天理

---

① （唐）孔颖达：《礼记正义·中庸》卷 60，上海古籍出版社 2008 年版，第 1987、1990 页。

② （唐）孔颖达：《礼记正义·中庸》卷 60，上海古籍出版社 2008 年版，第 1992 页。

③ （宋）程颢、程颐：《河南程氏遗书》卷 15，《二程集》，中华书局 2004 年版，第 160 页。

④ （宋）程颢、程颐：《与吕大临论中书》，《河南程氏文集》卷 9，《二程集》，中华书局 2004 年版，第 606 页。

⑤ （宋）程颢、程颐：《河南程氏遗书》卷 15，《二程集》，中华书局 2004 年版，第 160 页。

⑥ （宋）程颢、程颐：《河南程氏遗书》卷 7，《二程集》，中华书局 2004 年版，第 100 页。

⑦ （宋）程颢、程颐：《河南程氏遗书》卷 11，《二程集》，中华书局 2004 年版，第 122 页。

⑧ （宋）程颢、程颐：《河南程氏遗书》卷 15，《二程集》，中华书局 2004 年版，第 149 页。

固高明，不极乎高明，不足以道中庸。中庸乃高明之极。”① 虽说朱熹对“中庸”一词的解释与郑玄、孔颖达、二程相比有一致之处，朱子说：“中者，不偏不倚，无过不及之名。”但也有不同处，朱子说：“庸，平常也。”②那“平常”与“常”、“不易”之间有何异同？对此，朱子有解释。

> 曰：“庸字之义，程子以不易言之，而子以为平常，何也？”曰：“唯其平常，故可常而不可易。若惊世骇俗之事，则可暂而不得为常矣。二说虽殊其致一也。但谓之不易，则必至于久而后见，不若谓之平常，则直验于今之无所诡异，而其常久而不可易者可兼举也。”曰：“然则所为平常，将不为浅近苟且之云乎？”曰：“不然也，所谓平常亦曰事理之当然，而无所诡异云尔，是固非有甚高难行之事，而亦岂同流合污之谓哉！既曰当然，则自君臣父子日用之常，推而至于尧舜之禅授，汤武之放伐，其变无穷，亦无适而非平常矣。”③

朱熹认为平常、常与不易从根本上说并没有实质的区别，但若把“庸”解释为平常，不仅能兼顾“常”和“不易”之意，更关键的还能把之所以“常”和“不易”的原因揭示出来。其关键在于平常切实的东西才能在实践中常久和不易，这就是说诡异高难的东西无法长久。要之，朱子所要强调的是从人伦日用处追求高明的境界，正如《中庸》所谓的“行远必自迩，登高必自卑”。虽然郑玄、孔颖达也说：“庸，犹常也。言德常行也，言常谨也”④，但朱子与他们相比，不仅更加明确强调了儒家的道德伦常，而且更加明确强调了平常切实的修养工夫。换言之，郑玄、孔颖达所说的“常行”、“常谨”泛指一切言行，并无特别之处。

四、“慎其独居”与“遏人欲于将萌”

慎独是《中庸》的一个重要修养方法。《中庸》说：“是故君子戒慎乎其

① （宋）程颢、程颐：《程氏外书》卷3，《二程集》，中华书局2004年版，第367页。

② （宋）朱熹：《中庸章句》，《四书章句集注》，中华书局2012年版，第17页。

③ （宋）朱熹撰，朱杰人等编：《中庸或问上》，《四书或问》，《朱子全书》第6册，上海古籍出版社、安徽教育出版社2002年版，第549页。

④ （唐）孔颖达：《礼记正义·中庸》卷60，上海古籍出版社2008年版，第1999页。

所不睹，恐惧乎其所不闻。莫见乎隐，莫显乎微，故君子慎其独也”。此处的慎独是何意呢？是指专注内心，还是指谨慎独处或是指其他，《中庸》没有明确解释①，而郑玄、孔颖达则对慎独做了明确解释。郑玄说：“慎独者，慎其闲居之所为”，孔颖达说：“以其隐微之处，恐其罪恶彰显，故君子之人，恒慎其独居。言虽曰独居，能谨慎守道也。”②郑玄、孔颖达把“独”解释为“闲居”、“独居”，因此慎独是指在“闲居”或“独居”时要谨慎。

郑玄、孔颖达对慎独的解释对宋人产生了影响，如张载说：“人有是心在隐微，必乘间而见，故君子虽处幽独，防亦不懈”③，又如朱熹说：“戒慎恐惧乎其所不睹不闻，是从见闻处戒慎恐惧到那不睹不闻处。这不睹不闻处是工夫尽头。所以慎独，则是专指独处而言。”④这里所说“幽独”、“独处”与郑玄、孔颖达所说的“闲居”、“独居”是一致的。不过，需要指出的是，虽然理学家对慎独之“独”的解释受到郑玄、孔颖达的影响，但对慎独的解释，理学家与他们相比则有较大的不同，即郑玄、孔颖达侧重强调独处时的外在言行，而理学家则着重强调独处时的内心状态，如张载言“人有是心在隐微，必乘间而见，故君子虽处幽独，防亦不懈”，又如朱子说“慎独是已思虑，已有些小事，已接物了”⑤。不仅如此，朱子对慎独之“独”的解释也有不同于郑、孔之处。在《中庸章句》中，朱熹对慎独之“独”的解释是“独者，人所不知而己所独知之地也”，因此所谓慎独是指“言幽暗之中，细微之事，迹虽未形而几则已动，人虽不知而已独知之，则是天下之事无有着见明显而过于此者。是以君子既常戒惧，而于此尤加谨焉，所以遏人欲于将萌，而不使其潜滋暗长于隐微之中，以至离道之远也。”⑥如此，“独”的含义就广泛多了，无论是在独处时，还是在众人之中，皆要治心，而其关键在于“遏人欲于将萌”。朱子还认为慎独虽说是已发的工夫，但这一工夫也“惟

---

① 现代不少学者根据《郭店竹简》和帛书《五行》而认为《中庸》所讲的“慎独”是指“内心的专一”。梁涛：《郭店竹简与思孟学派》，中国人民大学出版社 2008 年版，第 292、299 页。

② （唐）孔颖达：《礼记正义·中庸》卷 60，上海古籍出版社 2008 年版，第 1987、1989 页。

③ （宋）张载著，章锡琛点校：《正蒙·神化》，《张载集》，中华书局 1978 年版，第 16 页。

④ （宋）黎靖德编：《朱子语类》卷 62，中华书局 1986 年版，第 1501 页。

⑤ （宋）黎靖德编：《朱子语类》卷 62，中华书局 1986 年版，第 1503 页。

⑥ （宋）朱熹：《中庸章句》，《四书章句集注》，中华书局 2012 年版，第 18 页。

精底工夫”，他说：“谨独既专就已发上说……莫见乎隐莫显乎微，故君子必谨其独。……此又就中有一念萌动处，虽至隐微，人所不知而已所独知，尤当致谨，如一片止水中间忽有一点动处，此最紧要著工夫处。”“慎独，则于善恶之几，察之愈精愈密，便是惟精底工夫。”① 由上可知，虽然朱子对慎独之“独”的解释受到郑玄、孔颖达的影响，但两相对照不同之处是很明显的：郑玄、孔颖达着重强调一个人独处时的外在言行；而朱子则着重强调无论独处与否都必须“察善恶之几”，指向的是内在的心灵。

五、“诚者，天性也”与“诚者，天理之本然”

虽说“诚”之概念起源甚早，但从哲学史上看，第一次详细而系统地讨论“诚”的，非《中庸》莫属。正如张岱年先生所说：“《中庸》对诚的言论较详。应该肯定，以诚为基本范畴的是《中庸》。”②“诚”，按传统的解释，有“诚实”、“诚信”、“真实”之意，如《说文解字》：“诚，信也。从言，成声。”不过，在《中庸》中，“诚”之含义则要丰富得多，既指客观的真实存在（“诚者，天之道”），又指真诚、诚实（“夫微之显，诚之不可揜，如此夫”），还指修养工夫（“诚者，非自成己而已也”）、人道之根本（“诚之者，人之道”，“君子诚之为贵”）和最高的境界（“诚者，不勉而中，不思而得”）等。郑玄、孔颖达对“诚”的解释与《中庸》基本一致，并无特别之处。如孔颖达解释“诚之不可揜”时说：“言鬼神诚信，不可揜蔽。”③ 在此，孔颖达强调了“诚”之“诚信”的含义。又如在解释“诚者，天之道；诚之者，人之道”时，郑玄说：“诚者，天性也。诚之者，学而诚之者也。因诚身说有大至诚。”孔颖达说：“至诚之道，天之性也，则人当学其至诚之性。是上天之道，不为而诚，不思而得，若天之性有生杀，信著四时，是‘天之道’。”④ 在此，他们不仅强调了天道的真实，而且强调了“诚之”为人道之根本。朱子对“诚”的解释，与他们相比，有相同的一面，但不同之处

① （宋）黎靖德编：《朱子语类》卷 6，中华书局 1986 年版，第 1502 页。
② 张岱年：《张岱年全集》第 4 卷，河北人民出版社 1996 年版，第 555 页。
③ （唐）孔颖达：《礼记正义 · 中庸》卷 60，上海古籍出版社 2008 年版，第 2005 页。
④ （唐）孔颖达：《礼记正义 · 中庸》卷 60，上海古籍出版社 2008 年版，第 2021 页。

也非常明显。

首先，就同而言，可从三个方面说：其一，与郑玄、孔颖达一样，朱子也把“诚”作“诚信”解，朱子说：“诚……亦诚悫也。由汉以来，专以诚悫言诚。……《中庸》……亦有言诚悫为诚处。”① 其二，孔颖达还以“实”解“诚”（“诚者，实也”②），朱子也把“诚”作“实”解（“诚者，实而已矣”③）。其三，郑玄、孔颖达认为诚是天道的特点（“诚者，天性也”），圣人与天道同一（“圣人性合于天道自然”④），其他人要努力地做到诚，朱子也如此认为：“诚者，真实无妄之谓，天理之本然也。诚之者，未能真实无妄，而欲其真实无妄之谓，人事之当然也……圣人之德，浑然天理……则亦天之道也”⑤。

其次，他们的不同是非常明显的：第一，朱子把“诚”作为“天理”的根本特点，正所谓“诚者，真实无妄之谓，天理之本然也”。所谓“天理之本然”就是指天理本有的特点，而天理在朱子的体系中是最高的概念，这就是说朱子已经把“诚”作为最高本体的根本属性了。由此可见，虽然郑玄、孔颖达也强调“诚”是“天性”，但他们所说的“天”是指阴阳，而不是指天理，所以说朱子已经从本体宇宙论的高度对传统意义上的“诚”进行了重新论证。第二，朱子进而把“诚”等同于“理”和“太极”，他说：“诚是实然之理，鬼神亦是实理。若无这理，则便无鬼神，无万物，都无所该载了。”“诚是实理，自然不假修为者也。……诚，只是万物具足，无所亏欠。”⑥ 在朱子的体系中，“理”与“太极”是一个等同的概念（“总天地万物之理，便是太极”⑦），所以“诚”也就是“太极”。他说：“诚者，至实而无妄之谓，天所赋、物所受之正理也。……诚即所谓太极也。”⑧ 朱子的这一解释，在郑玄、孔颖

---

① （宋）黎靖德编：《朱子语类》卷 6，中华书局 1986 年版，第 102 页。
② （唐）孔颖达：《春秋左传正义》卷 21，北京大学出版社 1999 年版，第 578 页。
③ （宋）朱熹撰，朱杰人等编：《中庸或问下》，《四书或问》，《朱子全书》第 6 册，上海古籍出版社、安徽教育出版社 2002 年版，第 594 页。
④ （唐）孔颖达：《礼记正义 · 中庸》卷 60，上海古籍出版社 2008 年版，第 2021 页。
⑤ （宋）朱熹：《中庸章句》，《四书章句集注》，中华书局 2012 年版，第 31 页。
⑥ （宋）黎靖德编：《朱子语类》卷 63、64，中华书局 1986 年版，第 1550、1563 页。
⑦ （宋）黎靖德编：《朱子语类》卷 94，中华书局 1986 年版，第 2375 页。
⑧ （宋）周敦颐：《通书 · 诚上》，《周敦颐集》卷 2，中华书局 2009 年版，第 13 页。

达的体系中是不可能有的。第三，朱子认为圣人之所以是“诚者”乃在于“浑然天理、真实无妄”，“初无人欲之私以病之”①，常人则不然，“以气质之偏、口鼻耳目四支（肢）之好，得以蔽之，而私欲生焉”②，“未能真实无妄”，因而对“诚之者”来说必须“欲其真实无妄之谓，人事之当然也”。由此可见，郑玄、孔颖达在解释圣人与天道同一时并未以“天理人欲”论之，而朱子则认为圣人与天道的同一在于“浑然天理”、“无人欲之私”。这一不同，就决定他们对“诚”之“实”与“诚”之“信”的看法不同。郑玄、孔颖达并未区别这两者的关系，而朱子则认为这两者有很大的不同：“实”为本然状态，“信”是后天工夫。他说：“诚是自然底实，信是人做底实。故曰：‘诚者，天之道。’这是圣人之信。若众人之信，只可唤做信，未可唤做诚。”③朱熹的弟子陈淳也说：“诚于忠信极相近，须有分别，诚是就自然之理上形容此一字，忠信是就人用工夫上说。”④第四，朱熹之所以要以“真实无妄”释“诚”除了照顾训诂的根据及受到周敦颐、张载和二程的影响⑤外，还在于他以“诚”作为反对佛教的关键依据。他认为佛教之所以有出世的主张是由其世界观决定的，故而对佛教的批评必须从其根本处入手。他说：“今之辟佛者，皆以义利辨之，此是第二义。……佛以空为见，其见已错，所以都错，义利又何足以为辨。”⑥又说：“只如‘天命之谓性’，释氏便不识了，便遽说是空觉。吾儒说底是实理，看他便错了。他云：‘不染一尘，不舍一法’，既‘不染一尘’，却如何‘不舍一法’……吾儒只认为得一个诚实道理，诚便是万善骨子。”⑦朱子认为儒释的根本差别在于一虚一实，所以批评佛教的关键在于批其“空观”。两相对照，郑玄、孔颖达对“诚”的论述并未与反对佛教联系起来。

---

① （宋）朱熹撰，朱杰人等编：《中庸或问下》，《四书或问》，《朱子全书》第6册，上海古籍出版社、安徽教育出版社2002年版，第592页。

② （宋）朱熹撰，朱杰人等编：《中庸或问下》，《四书或问》，《朱子全书》第6册，上海古籍出版社、安徽教育出版社2002年版，第592页。

③ （宋）黎靖德编：《朱子语类》卷6，中华书局1986年版，第103页。

④ （宋）陈淳：《北溪字义》，中华书局1983年版，第32页。

⑤ 参见张培高：《论关于宋代理学家对“诚”的不同诠释》，《中州学刊》2013年第6期。

⑥ （宋）黎靖德编：《朱子语类》卷126，中华书局1986年版，第3040页。

⑦ （宋）黎靖德编：《朱子语类》卷126，中华书局1986年版，第3017页。

六、“有忠信者重其禄也”与“待之以诚而养之厚”

《中庸》曰：“忠信重禄，所以劝士也”，此处重禄的实施者显然是指君主，但忠信的主体则不明显，既可以理解为君主，又可以理解臣子。郑玄、孔颖达的解释是后者。郑玄说：“忠信重禄，有忠信者重其禄也。”①孔颖达对此虽没有解释，但他并未反对郑玄的解释，而且他在解释“体群臣则士之报礼重”时说：“群臣虽贱，而君厚接纳之，则臣感君恩，故为君死于患难，是‘报礼重’也。”②故而可说郑玄、孔颖达的观点是一致的，皆强调君主的绝对权力。他们的这一观念还体现在对《中庸》其他方面的解释。如郑玄在解释“唯天下之至诚”段时说：“尽性者，谓顺理之，使不失其所也。赞，助也；育，生也。助天地之化生，谓圣人受命在王位，致太平。”此处，郑玄所强调的“圣人”其实就是居于王位的君主。又如孔颖达在解释“致中和”时说：“致，至也。位，正也。育，生长也。言人君所能，至极中和，使阴阳不错，则天地得其正位焉，生成得理，故万物其养育焉。”③在此，孔颖达强调了君主“至极中和”而“万物得其养育”。据上述可知，他们对“内圣外王”主体的强调明显偏向“君主”，这就把普通士人排除在外了，正如学者所说：“这样的论述（孔对‘致中和’的解释）只对人君等天赋异禀的‘圣人’开放，一般人是没有这样的管道参与其事的”。④

与郑玄、孔颖达相比，朱熹的解释则有很大的不同。朱子对“忠信重禄”的解释是：“忠信重禄，谓待之以诚而养之厚，盖以身体之，而知其所赖乎上者如此也。”⑤在此，“忠信”的主体就变成了君主，即君主对臣子要讲“诚”。君主为何要如此？原因有二：其一、君主若能以诚待臣，必然会给士人丰厚的利禄，如此，士人就不必为生计而忙碌，故而能够尽心尽力为朝廷、国

① （唐）孔颖达：《礼记正义·中庸》卷60，上海古籍出版社2008年版，第2018页。

② （唐）孔颖达：《礼记正义·中庸》卷60，上海古籍出版社2008年版，第2017页。

③ （唐）孔颖达：《礼记正义·中庸》卷60，上海古籍出版社2008年版，第1990页。

④ 杨儒宾：《〈中庸〉怎样变成了圣经》，载吴震主编：《宋代新儒学的精神世界——以朱子学为中心》，华东师范大学出版社2009年版，第496页。

⑤ （宋）朱熹：《中庸章句》，《四书章句集注》，中华书局2012年版，第30页。

家作贡献，朱子说："尽其诚而恤其私，则士无仰事俯育之累，而乐趋事功，故忠信重禄，所以为劝士之道也。"[①] 其二、以诚待臣就是尊贤、求贤之道，如此，君臣之间才能够相互信任，从而成就丰功伟业，朱子说："夫劳于求贤，而逸于得人，任则不疑，而疑则不任，此古之圣君贤相，所以诚意交孚，两尽其道，而有以共成正大光明之业也。"[②] 所谓"两尽其道"不仅指君臣相互信任，而且指君臣各尽其道。就以臣而言，不仅要"趋事功"，而且要"以道事君"[③]。由此可知，虽然朱熹与郑玄、孔颖达一样也强调尊君，但在君臣关系上，朱熹并非一味地强调君主的绝对权力，而是既强调"以道事君"，又强调君臣"诚意交孚、两尽其道"。这里便含有"道统"高于"政统"、君臣共治的观念。以前者言之，这一观念孔子已有之（《论语·先进》有"以道事君，不可则止"之语）。以后者言之，这是宋代朝廷和宋代新儒家独有的观念。到了宋代，士已经成为建设社会秩序极为重要的力量，士与君主共治天下，这是士人与朝廷的共识。在朝廷方面，如宋太宗说："天下广大，卿等与朕共理。"[④] 在士人方面，如范仲淹说："先王建官，共理天下。"[⑤] 胡瑗说："人君所以共位、治天下者，君子也"，"夫臣者，国家之倚毘，君所赖以安者也"[⑥]。正基于此，胡瑗对"忠信重禄"作出了与郑玄、孔颖达大不同的解释，"'忠信重禄者'，既推忠信以待人，又副之以重禄。"[⑦] 胡瑗的解释为吕大临和杨时所吸收，吕大临说："待之以忠信，养之以重禄，此士所以愿立乎其朝矣"，杨时也说："遇之不以忠信，养之不以重禄，则士不得志，

① （宋）朱熹撰，朱杰人等编：《中庸或问下》，《四书或问》，《朱子全书》第六册，上海古籍出版社、安徽教育出版社 2002 年版，第 588 页。

② （宋）朱熹撰，朱杰人等编：《中庸或问下》，《四书或问》，《朱子全书》第六册，上海古籍出版社、安徽教育出版社 2002 年版，第 589 页。

③ （宋）朱熹撰，朱杰人等编：《中庸或问下》，《四书或问》，《朱子全书》第六册，上海古籍出版社、安徽教育出版社 2002 年版，第 587 页。

④ （宋）李焘：《续资治通鉴长编》卷 26，文渊阁《四库全书》第 314 册，台湾商务印书馆 1986 年版，第 383 页。

⑤ （宋）范仲淹：《范仲淹全集》，四川大学出版社 2007 年版，第 202 页。

⑥ （宋）胡瑗：《周易口义》卷 5，文渊阁《四库全书》第 8 册，台湾商务印书馆 1986 年版，第 287 页。

⑦ （宋）卫湜：《礼记集说》卷 131，文渊阁《四库全书》第 120 册，台湾商务印书馆 1986 年版，第 214 页。

有窭贫之忧，尚何劝之有。”① 朱子在综合上述思想的基础上，提出了“待之以诚而养之厚”、“以道事君”及君臣“诚意交孚、两尽其道”的思想。而朱子的这一思想与郑玄、孔颖达侧重强调君主的绝对权力及主要强调君主的责任有很大的不同。

七、“以其记中和之为用也”与“人心惟危，道心惟微”

郑玄、孔颖达认为子思作《中庸》在于“名曰《中庸》者，以其记中和之为用也。庸，用也。孔子之孙子思伋作之，以昭明圣祖之德”②。在此，他们解释了《中庸》的主旨（“以其记中和之为用也”）及子思作《中庸》的原因（“以昭明圣祖之德”）。虽如此，但他们的“道统”意识不是很明显。而且从他们对“致中和”的解释来看，虽然也强调内圣外王，但侧重强调后者（外王），且认为主体主要是君主，正如孔颖达所说：“致，至也。位，正也。育，生长也。言人君所能，至极中和，使阴阳不错，则天地得其正位焉，生成得理，故万物其养育焉。”朱熹的解释则有较大的不同。朱子认为子思作《中庸》原因在于“忧道学之失其传而作”，进而提出了“道统”概念以及建构一个始自尧、舜、禹，然后至文、武、周公，再至孔子、子思、孟子，直至二程的传承谱序。朱熹认为这一道统所传授的内容是“人心惟危，道心惟微，惟精惟一，允执厥中”。实际上，朱子认为“道学”的内容就是以“道心”治“人心”，如此人的行为就随时能达到“中”。朱子还认为《中庸》之书及“道学”的内容具有对抗佛老的作用，他说：“异端之说日新月盛，以至于老佛之徒出，则弥近理而大乱真矣。然而幸尚此书之不泯，故程夫子兄弟者出，得有所考，以续夫千载不传之绪，得有所据，以斥夫二家似是之非。”③ 与此相对应，朱子故而对“致中和”做了这样的解释：“自戒惧而约之，以至于至静之中，无少偏倚，而其守不失，则极其中而天地位矣。自慎独而精之，以至于应物之处，无少差缪，而无适不然，则极其和而万物育矣。盖天

① （宋）卫湜：《礼记集说》卷131，文渊阁《四库全书》第120册，台湾商务印书馆1986年版，第207页。

② （唐）孔颖达：《礼记正义·中庸》卷60，上海古籍出版社2008年版，第1987页。

③ （宋）朱熹：《中庸章句序》，《四书章句集注》，中华书局2012年版，第15页。

地万物本吾一体，吾之心正，则天地之心亦正矣，吾之气顺则天地之气亦顺矣。”① 在朱子看来，“致中和”的实质在于“天地万物本吾一体，吾之心正，则天地之心亦正”，在此不仅强调了“内圣外王”，而且对此的强调是由“吾之心”出发的，同时行为的主体不限于君主，而是扩展到一切士人。这是宋代士人“敢以天下为己任”担当精神的体现。总之，郑玄、孔颖达的解释不仅道统意识不明确，而且对“内圣”的强调也不足，朱子却相反。

综上所述，虽然朱子对《中庸》的解释受到郑玄、孔颖达的影响，但与之相比有着明显的不同，我们从七个方面进行了分析，不过这些方面的不同又可以进一步概括为四个方面。其一、理论建构模式的不同。郑玄、孔颖达的理论建构模式是宇宙生成论，而朱子的则是本体宇宙论。其二、对“性”的解释不同。既存在性有善有恶论、性三品论与性二元论的差异，又存在对人性与物性看法的不同。其三、对内圣外王的解释不同。虽然郑玄、孔颖达也认为君主和士人必须做到由内圣到外王，但他们不仅侧重强调了外王的一面，而且侧重强调了内圣外王的主体主要为君主。朱子则不同，不仅侧重强调内圣的一面，而且认为内圣外王的主体主要是士人，这是宋代士人“担当”精神的体现。其四、对道统的强调不同。虽说郑玄、孔颖达“以昭明圣祖之德”的解释也有道统的意思在，但这一意识不是很明显。朱子则明确建构了一个由尧舜禹开始直至二程的道统谱序，并认为道统的内容是“人心惟危，道心惟微，惟精惟一，允执厥中”。同时，认为这一道统能够对抗佛老。总之，朱子与郑玄、孔颖达对《中庸》解释的差异，其实就是汉唐经学背景下与宋学背景下对《中庸》解释的差异。最后还要指出的是，他们之间的不同并不仅限以上方面，如对“中和”的解释也有差异，但因受时间与篇幅所限，只能待它文加以探讨了。

（作者单位：西南石油大学马克思主义学院）

① （宋）朱熹：《中庸章句》，《四书章句集注》，中华书局 2012 年版，第 18 页。

周敦颐“太极说”及朱陆无极太极之辨

李振纲

一

《周易》“太极”说在周敦颐（1017—1073）《太极图说》中上升为一种系统的宇宙论体系。《宋史·道学传》云：

> 道学之名，古无是也。三代盛时，天子以是道为政教，大臣百官以是道为职业，党、庠、术、序师弟子以是道为讲习，四方百姓日用是道而不知。是故盈覆之间，无一民一物不被是道之泽，以遂其性。于斯时也，道学之名，何自而立哉？文王、周公既没，孔子有德无位，既不能使是道之用渐被斯世，退而与其徒定礼乐，明宪章，删《诗》，修《春秋》，赞《易》、《象》，讨论《坟》、《典》，期使五三圣人之道昭明于无穷。……孔子没，曾子独得其传，传之子思，以及孟子，孟子没而无传。两汉而下，儒者之论大道，察焉而弗精，语焉而弗详，异端邪说起而乘之，几至大坏。
>
> 千有余载，至宋中叶，周敦颐出于舂陵，乃得圣贤不传之学，作《太极图说》、《通书》，推明阴阳五行之理，命于天而性于人者，了若指掌。张载作《西铭》，又极言理一分殊之旨，然后道之大原出于天者，灼然而无疑焉。①

周敦颐被后来的朱熹及其他理学家公推为道学的奠基者，其最主要的理论贡献就在于他在《太极图说》、《通书》中所提出的天地人一体贯通的宇宙创生原理及其天人合德的精神境界与修养方法。学术界一向认为，周敦颐的《太

① （元）脱脱等：《道学一》，《宋史》卷427，中华书局1977年版，第12709—12710页。

极图》出自五代或唐末宋初的道士陈抟的《无极图》，它表达的是道教修炼内丹的功法与程式。周敦颐将其改造为一种宇宙创生图示，并根据儒家经典《易传》撰《太极图说》“明天理之根源，究万物之终始”，又“著《通书》四十篇，发明太极之蕴”①。《太极图说》云：“无极而太极。太极动而生阳，动极而静，静而生阴，静极复动。一动一静，互为其根；分阴分阳，两仪立焉。阳变阴合而生水火木金土，五气顺布，四时行焉。五行一阴阳也，阴阳一太极也，太极本无极也。五行之生也，各一其性。无极之真，二五之精，妙合而凝。‘乾道成男，坤道成女。’二气交感，化生万物，万物生生而无穷焉。唯人也得其秀而最灵。形即生矣，神发知矣，五性感动而善恶分，万事出矣。圣人定之以中正仁义（自注：圣人之道，仁义中正而已矣）而主静（自注：无欲故静），立人极焉。故圣人与天地合其德，与日月合其明，与四时合其序，与鬼神合其吉凶……大哉《易》也，斯其至矣。”②周敦颐的宇宙创生图式为：太极——阴阳——五行——万物——人类。宇宙的元初状态为太极元气，“无极”言太极元气无始无终。太极动静而分化出阴阳二气，阴阳二气变化交合形成“五行”，即金木水火土五种物质元素，“各一其性”的五行又化合凝聚而产生万物，进而出现人类及人道伦理原则。此种宇宙创生原理源于《易传》，成为以后理学家特别是朱熹解释理气、道器及理与万物关系的思想基础；而《太极图说》所提出的“主静”、“无欲”而“立人极”（仁义中正）的人道原则，对以后理学家的修养方法及精神境界发生普遍的影响。

《通书》顾名思义，即通《易》之书，其与《太极图说》一脉相承。《周易·说卦》云：“昔者圣人之作《易》也，将以顺性命之理。”《通书》再三置论的审察动静之“几”，“惩忿窒欲，迁善改过”，“君子乾乾不息于诚”的观念，以“诚”为核心，系统揭示了至诚不息的大易精神。他指出：“诚者，圣人之本。‘大哉乾元，万物资始’，诚之源也。‘乾道变化，各正性命’，诚斯立焉。纯粹至善者也。”（《诚上第一章》）又云：“圣，诚而已矣。诚，五常之本，百行之源也。静无而动有，至正而明达也。五常百行，非诚非也，

---

① （元）脱脱等：《道学一》，《宋史》卷427，中华书局1977年版，第12712页。

② （宋）周敦颐：《太极图说》，《周敦颐集》卷1，中华书局2009年版，第3页。

邪暗塞也。故则无事也矣。”（《诚下第二章》）按周敦颐的理解，“诚”即是“太极”或“乾元”（生生之德）在人的心性中的禀赋，是寂然不动的心性本体，当受到外物感发时，此“诚”的心体就会随感而应，这时就会产生善恶的区分。成圣的根本就在慎察善恶之“几”，保持心体的纯正无邪。周敦颐把《易传》大化流行、生生不息的宇宙论与《大学》、《中庸》“诚”的理念打合为一以建构新儒学道德形上学体系，体现了儒家人文精神与道家自然主义的互补与综合。此后，道家“无极”“太极”“道”“阴阳”“自然”“静”“无欲”诸观念与儒家“天命”“尽性”“中和”“仁义”“诚明”“明德”“至于至善”诸观念所蕴藉的宇宙论、本体论、心性论及伦理学多重含义在宋明时期不同思想家的语境中以不同的逻辑结构相互涵容在一起，实现了中国哲学的又一次理论突破与思维范式创新。如实说，周敦颐的《太极图》尽管脱胎于道士陈抟的《无极图》，但其《太极图说》的理论构架与《易传》天地人和谐共生的大生命哲学一样，是道家宇宙论与儒家人生价值论的综合创新。周敦颐对宋明新儒学的理论贡献在此，而其受到后人微词批评也恰恰在于其援道入儒。

二

哲学史上发生在朱熹与陆象山之间的“无极太极之辨”正是围绕这一问题，亦即周敦颐思想是儒还是道的学术归属问题展开的。周敦颐《太极图说》有“无极而太极”的说法。象山家兄梭山曾致书朱熹，认为《太极图说》与《通书》中的观点不类，他怀疑《太极图说》是周敦颐所作，或者是周氏其学未成时所作。因为《通书》言“中”言“一”，盖指太极，未尝于其上加“无极”二字。陆氏兄弟认为，圣人言“有”，老氏言“无”，周敦颐的观点不符合儒家圣人之义，倒似老子“有生于无”思想的再版。陆象山在《与陶赞仲》书中也提到这件事。他说：“太极图说，乃梭山兄辩其非是，大抵言无极而太极是老氏之学，与周子《通书》不类。《通书》言太极不言无极，《易大传》亦只言太极不言无极。若于太极上加无极二字，乃是蔽于老氏之学。又其图说本见于朱子发附录。朱子发明言，陈希夷太极图传在周茂叔，遂以传二程，则其来历为老氏之学明矣。周子《通书》与二程言论，绝不见无极二字，以此知三公盖以皆知无极之说为非矣。”①

朱熹当然不同意此种理解，因为那无疑等于否定了自己的学术渊源是儒家正传。为回护周敦颐的正统地位，朱熹答书周到地解释说：“不言无极，则太极同于一物，而不足为万化根本；不言太极，则无极沦于空寂，而不能为万化根本。”又云：“无极即是无形，太极即是有理。周先生恐学者错认太极别为一物，故着无极二字以明之。”（象山《与朱元晦》书引）② 在朱熹看来，无极是修饰太极的虚词，太极是实词，周所说的“无极而太极”，实指无形而有理，意思是说太极本体不为具体有形事象所限制。据此，朱熹批评梭山“急迫”，看人文字未能尽彼之情。对此，象山反驳说：“夫太极者，实有是理，圣人从而发明之耳，非以空言立论，使后人簸弄于颊舌纸笔之间也。其为万化根本固自素定，其足不足，能不能，岂以人言不言之故耶？《易》大传曰：‘易有太极。’圣人言有，今乃言无，何也？作《大传》时不言无极，太极何尝同于一物，而不足为万化根本耶？”③ 象山接着追问说，《易》大传曰“形而上者谓之道”，又曰：“一阴一阳之谓道”，一阴一阳，已是形而上者，何况太极呢！自有《大传》至今，多少年来，未闻有错认太极别为一物者。何烦老先生特地于“太极”上加“无极”二字以晓之乎？况且“极”字训“中”而不训形，若言无极，犹言“无中”也，这如何说得通呢？他认为，朱熹的解释不能自圆其说，反使问题转加糊涂。朱熹看了陆九渊的信，心中不能平静。认为象山致辞主观，曲解了自己的意思，把一阴一阳理解为形而上之道，是昧于道器之分，对“形而上”与“形而下”的界分不准确。朱熹致书，仍然坚持自己的立说，认为“无极”是太极的修饰词，用以说明太极真体（理本体）的超越性。象山不服，再致辩云：“来书本是主张‘无极’二字，而以明理为说，其要则曰：‘于此有以卓然实见太极之真体。’某窃以为尊兄未曾实见太极，若实见太极，上面必不更加‘无极’字，下面必不更加‘真体’字。”④ 讥刺朱熹以无极和真体说明太极，是叠床架屋。出现此种迂就牵合，不是朱子才力不及，而是为“无极”所累。象山劝朱熹，百尺竿

① （宋）陆九渊著，钟哲点校：《陆九渊集》卷 15，中华书局 2018 年版，第 192 页。

② （宋）陆九渊著，钟哲点校：《与朱元晦》，《陆九渊集》卷 2，中华书局 2018 年版，第 23 页。

③ （宋）陆九渊著，钟哲点校：《与朱元晦》，《陆九渊集》卷 2，中华书局 2018 年版，第 23 页。

④ （宋）陆九渊著，钟哲点校：《与朱元晦》，《陆九渊集》卷 2，中华书局 2018 年版，第 27 页。

头，更进一步，莫作孟子以下学术，省得气力为“无极”二字分疏。无极太极之辩，朱陆在客套的文辞下各执己见，难能达成共识，朱熹无奈只好以时光紧迫为辞，决定不再讨论下去。

三

如果不囿于朱陆门户之见，平心而论，陆象山质疑周敦颐“无极而太极”是渊源于老子的“有生于无”，仅从形式上外在地看不无道理，因为不仅其《太极图》脱胎于道士陈抟的《无极图》，其中“主静”“无欲”的观念也近于老子，而且“无极”一词则是直出于通行本《老子》第二十八章：“知其白，守其黑，为天下式；为天下式，常德不忒，复归于无极。”但是，内在地看，本质地看，周敦颐《太极图说》的宗旨是循天道之“太极”以“立人极”，援天道以明人事，尽人事以俟天命，体现的是儒家一贯持守的基本立场。何况《太极图说》中能够“动而生阳，静而生阴，一动一静，互为气根”的“太极”更接近于物质实体的“气”，而不是陆象山所执定的“无”。应该说，陆象山所说的“无”（虚渺空无），与老子“有生于无”的本义还是存在距离的，老子“无”作为“道”的“异名”，其本义并非空无，而是形容“道”的视之不见、听之不闻、抟之不得或“夷”“希”“微”的超经验性。它是一种“无状之状”“无象之象”、若有若无或既有且无的存在，此种存在状态老子又形象地叫它做“恍惚”。《老子》二十一章云：“道之为物，惟恍惟惚。惚兮恍兮，其中有象；恍兮惚兮，其中有物。窈兮冥兮，其中有精；其精甚真，其中有信。自古及今，其名不去，以阅众甫。”所以老子的“道”或“无”，至今不好说它究竟是物质还是精神，它的状态虽然“惟恍惟惚”，就其“有象”“有物”“有精”“有信”来推测，很像西哲康德所说的“原始星云”，或现代物理学宇宙假说中的“场”。周敦颐《太极图说》援道入儒，对道家道教思想的吸收统摄，正体现了宋明新儒学的开明包容性。

与陆象山不同，朱熹极力呵护周敦颐《太极图说》的儒家归属，将“无极而太极”解释为“无形而有理”，朱熹《太极图说解》释“太极”云：“上天之载，无声无臭，而实造化之枢纽、品汇之根柢也。故曰‘无极而太极。’非太极之外，复有无极也。……盖太极者，本然之妙也；动静者，所乘之机也。太极，形而上之道也；阴阳，形而下之器也。是以自其著者而观之，则动静不同时，阴阳不同位，而太极无不在也。自其微者而观之，则冲漠无朕，而动静阴阳之理已悉具于其中矣。虽然，推之于前，而不见其始之合；引至于后，而不见其终之离。”①《朱子语类》中更是反复以“理”释太极，如云：“太极只是天地万物之理。在天地言，则天地中有太极；在万物言，则万物中各有太极。未有天地之先，毕竟也先有此理。动而生阳，也只是理，静而生阴，也只是理。”②“太极只是一个‘理’字。”③“无极而太极，只是说无形而有理。”④“周子所谓太极，是天地人物万善至好底表德。”⑤朱熹依照程颐“理一分殊”的逻辑，认为从本体上看，合而言之，万物统体一太极；从现象分殊处看，分而言之，一物各具一太极。本体之太极与万物中分殊的太极犹如“月印万川”的情景，如其言：“本只是一太极，而万物各有禀受，又各自全具一太极耳。如月在天，只一而已，及散在江湖，则随处可见，不可谓月已分也。”⑥可见，在理一分殊问题上，朱熹更为突出强调的是理一。如实说，周敦颐《太极图说》源于道教《无极图》虽是不争的事实，却也进行了理论改造，在道家、道教哲学的“无”或“静”中注入了“中正仁义”“立人极”的儒学精神内核，脱胎于《无极图》之《太极图》因此成为宋明新儒家的宇宙本体论范式。朱熹以“无形而有理”释“无极而太极”，理论上更圆通地助推并完成了此种援道入儒的转化。陆象山执定《太极图说》“无极而太极”是老子“有生于无”的翻版，不无所见；但其对朱熹“无形而有理”的批评并以“一阴一阳”为“形而上”等，与朱熹理本论太极说在逻辑上并

---

① （宋）朱熹撰，朱杰人等编：《太极图说解》，《朱子全书》第13册，上海古籍出版社、安徽教育出版社2002年版，第72—73页。

② （宋）朱熹撰，朱杰人等编：《朱子语类》卷1，《朱子全书》第14册，上海古籍出版社、安徽教育出版社2002年版，第113页。

③ （宋）朱熹撰，朱杰人等编：《朱子语类》卷1，《朱子全书》第14册，上海古籍出版社、安徽教育出版社2002年版，第114页。

④ （宋）朱熹撰，朱杰人等编：《朱子语类》卷94，《朱子全书》第17册，上海古籍出版社、安徽教育出版社2002年版，第3116页。

⑤ （宋）朱熹撰，朱杰人等编：《朱子语类》卷94，《朱子全书》第17册，上海古籍出版社、安徽教育出版社2002年版，第3122页。

⑥ （宋）朱熹撰，朱杰人等编：《朱子语类》卷94，《朱子全书》第17册，上海古籍出版社、安徽教育出版社2002年版，第3167—3168页。

不相应，至少缺乏缜密之分析和同情之了解。从突出“天理”至上性，构建绝对伦理主义的理论诉求上说，朱熹以“理”释“太极”的诠释学逻辑进路并无不妥，其“理”在“气”先，理主宰气的本质主义立场实属必要。但是，从构建易学宇宙生成论大生命哲学的视角看，朱熹逻辑在先的“理本论”对于解释宇宙生成本源及万物生命内在性原理就显得捉襟见肘，苍白无力。

四

在朱熹之前，张载重“气”，二程重“理”。朱熹将横渠、伊川的理论加以综合，认为理气结合构成宇宙万物。他指出：“天地之间，有理有气。理也者，形而上之道也，生物之本也；气也者，形而下之器也，生物之具也。是以人物之生，必禀此理然后有性；必禀此气，然后有形。其性其形虽不外乎一身，然其道器之间分际甚明，不可乱也。”[①] 依朱熹，“理”是宇宙万物存在的根据（本体），“气”是万物构成的质料（实体）。“理”无主意，无造作，只是一个“净洁空阔的世界”，如果只有理而没有气，理便没有“挂搭处”，只能存在于一个可能的世界中，这个可能的世界，冯友兰称之为“真际的存在”。所以，理必须驮于气而行。这样就有一个理气孰先孰后、孰主孰从的问题。朱熹的看法是理在气先，理主于气。在朱熹看来，“理”虽然只存有而不能动，须借助于气的变化流行造作万物，但“气”之所以能够变化运动及如何变化运动，又是由“理”决定的。在这个意义上说，理是本体，气是实体，而本体高于实体；理是目的，气是工具，目的支配工具。所以，理的地位优先于气。正是在这个意义上，朱熹讲理在气先。在《语类》中学生问及理气先后的问题时，朱熹总是回答说：“理未尝离乎气。然理形而上者，气形而下者。自形而上下言，岂无先后？”“此本无先后之可言。然必欲推其所从来，则须说先有是理。”“理气本无先后之可言。但推上去，却如理在先，气在后相似。”[②] 类似的话还有多处。朱熹认为，就理气而言，有理便有

① （宋）朱熹撰，朱杰人等编：《答黄道夫》，《晦庵先生朱文公文集》卷58，《朱子全书》第14册，上海古籍出版社、安徽教育出版社2002年版，第2755页。

② （宋）朱熹撰，朱杰人等编：《朱子语类》卷1，《朱子全书》第14册，上海古籍出版社、安徽教育出版社2002年版，第115—116页。

气，两者在时间关系上本无先后之可言。但一定要追根究底，问理气谁先谁后，则应说形而上的理（一般本质、目的）先于形而下的气（具体存在、工具）。这里的“先后”实是指逻辑上的决定与被决定之义。因此，朱熹所言“理在气先”，讲的是理为气本，或“理”在说明宇宙万物生成问题时，其逻辑地位优先于气。在朱熹的道德形上学体系中，“理”既是万物所以然之故，又是万物所当然之则。通过思维抽象，朱熹确立了“理”相对于气及万物的逻辑先在性，从而论证了普遍理性原则高于现实存在的本质优先性。

理先于气(本质决定存在）表现在动静关系上，朱熹的规定是理无动静，动静是气的功能（阴阳之机）；“动静之理”虽不能动静却能主宰控制气和万物动静。在理气动静问题上，朱熹的一个形象的说法是理搭于气而行，或气发而理乘。周敦颐《太极图说》中有“太极动而生阳，静而生阴”的话，言太极动静而生阴阳，显然有把“太极”实体化的意向。朱熹《太极图说解》以“理”释太极的诠释原则显然消减了“太极”的实体性并弱化了“太极”的宇宙创生功能。因为“理”作为一个“净洁空阔的世界”自身没有能动性，只能“挂搭”在气上，又怎么能够成为宇宙创生的根源和生命世界的存在本体呢？就此而论，他以人马之喻解释“气发理乘”的想法就有些牵强不通。朱熹说：“太极理也，动静气也。气行则理亦行，二者常相依，未尝相离也。太极犹人，动静犹马，马所以载人，人所以乘马。马之一出一入，人亦与之一出一入，盖一动一静，而太极之妙未尝不在焉。”① 朱熹显然是希望让“理”随着气和万物的动静而呈现自身，借助于气的运动变化而实现自己的目的，但是客观世界的问题并不这么简单，把一个自身不能动静的抽象的“理”设定为现实世界运动和静止的前提，无论如何是难以理解的。值得注意的是，朱熹以人马之喻说明理气动静关系逻辑上是说不通的，因为人作为有主意、能造作的实体性和主体性存在，与抽象的“理”属于完全不同的两个世界，人骑在马上可以控制马，并不说明抽象的“理”能够控制具体能动的气。这在逻辑上违背了异类不比的类推原则。朱熹虽然也讲理气相依，但其“理在气先”本质主义所凸显的秩序条理（理）始终高居于生命世界（气）之上，

---

① （宋）朱熹撰，朱杰人等编：《朱子语类》卷 94，《朱子全书》第 17 册，上海古籍出版社、安徽教育出版社 2002 年版，第 3128—3129 页。

宇宙创生的内在根据被“逻辑地”架空在一个“净洁空阔的世界”。然而，宇宙创生和生命世界的矛盾显然不是一个逻辑问题，而是一个自然历史演进中的现实问题。现实问题的解决须依据现实的前提。

五

对于《周易》“太极”本体论，古今治易学者有不少诠释，如汉人以元气释太极，王弼以“无”释太极，程颐、朱熹以“理”释太极，王阳明以“良知”本心释太极，佛家以“真如”释太极，虽不无所见，但均有其偏执处，宇宙生成的内在根据在义理上难以得到周备通洽的解释。对于“太极”（生生之道）的宇宙创生意义，张载、王船山解释最为通脱透彻，堪称正见。张载在《正蒙·太和》中说：“太和所谓道，中涵浮沉、升降、动静、相感之性，是生絪缊、相荡、胜负、屈伸之始。其来也几微易简，其究也广大坚固。起知于易者乾乎！效法于简者坤乎！散殊而可象为气，清通而不可象为神。不如野马絪缊，不足谓之太和。语道者知此，谓之知道；学《易》者见此，谓之见《易》。”① 在宇宙生成论问题上，张载提出“太虚即气”说，其实质是以“太虚”释“太极”。王夫之在《张子正蒙注》的《正蒙·太和篇》题解中说：“此篇首明道之所自出，物之所自生，性之所自受，而作圣之功，下学之事，必达于此而后不为异端所惑，盖即《太极图说》之旨而发其所函之蕴也。”② 说张载《正蒙·太和篇》“即《太极图说》之旨而发其所函之蕴”，王夫之敏锐地看到了张载“太虚即气”说与周敦颐“太极”说的内在关联，委婉表明周敦颐“太极”本体是“气”而不是静态的“理”。船山复注“太和”云：“太和，和之至也。道者，天地人物之通理，即所谓太极也。阴阳异撰，而其絪缊于太虚之中，合同而不相悖害，浑沦无间，和之至矣。未有形器之先，本无不和，既有形器之后，其和不失，故曰太和。”③ 依照王夫之气本气化的大生命

① （宋）张载著，章锡琛点校：《正蒙·太和》，《张载集》，中华书局 1978 年版，第 7 页。

② （明）王夫之：《张子正蒙注》，《船山全书》第 12 册，上海古籍出版社、安徽教育出版社 2002 年版，第 15 页。

③ （明）王夫之：《张子正蒙注》卷 1，《船山全书》第 12 册，上海古籍出版社、安徽教育出版社 2002 年版，第 15 页。

易学观，宇宙创生原理根源于“太极”，“太极”赋予天地万物及人类的“生生日新”之“德”，其内在动能、自然生机是“一阴一阳”刚健与柔顺的最高和谐（太和）。阴阳和合之“太极”构成大生命世界的创生实体、存在本体，也是人安顿生命的价值依托，不如此便不能脱离低级品位而提升存在价值，获得有尊严的生活。他说：“太和本然之体，未有知也，未有能也，易简而已。而其所涵之性，有健有顺，故知于此起，法于此效，而大用行矣。”又说：“太和之中，有气有神。神者非他，二气清通之理也。不可象者，即在象中。阴与阳和，气与神和，是谓太和。”① 人禀赋“太和之本体”而生天地之间，不可“役气遗神”迷失阴阳健顺之德，否则生命就会丧失其本然价值。圣人之所以为圣人，就在气于不为物欲所动，心不为名利所役，神不为生死所挠，做到了心体与“太和絪缊之本体相合无间”，他说：“使与太和絪缊之本体相合无间，则生以尽人道之无歉，死以返太虚而无累，全而生之，全而归之，斯圣人之至德矣。”② 又说：“圣人知气之聚散无恒而神通于一，故存神以尽性，复健顺之本体，同于太虚，知周万物而仁覆天下矣。”③ 这就是太和气化本体论所蕴含的人生哲学启迪。

（作者单位：河北大学政法学院哲学系）

① （明）王夫之：《张子正蒙注》卷1，《船山全书》第12册，上海古籍出版社、安徽教育出版社2002年版，第16页。

② （明）王夫之：《张子正蒙注》卷1，《船山全书》第12册，上海古籍出版社、安徽教育出版社2002年版，第16页。

③ （明）王夫之：《张子正蒙注》卷1，《船山全书》第12册，上海古籍出版社、安徽教育出版社2002年版，第31页。

程明道的道统观与对《孟子》的诠释

——兼论程伊川与朱熹的观点

[韩] 郑宗模

本文的目的在于探讨程明道（1032—1085）早年思想的指向与宗旨。为此，首先从《定性书》入手，分析明道早年的趋向，并参考程伊川与朱熹对程明道造诣的理解。众所周知，《定性书》是明道早年的代表著作。但关于此文章的背后宗旨，历来学者的评论有所分歧。其问题的关键在于明道早年思想与道佛的相关性。通常，我们讨论明道早年思想时，自然遇到两种因素的介入。第一个是周敦颐的启发；另外一个是道佛的影响。我们可以问：两个因素中，哪一个是第一次性的？若以《定性书》所使用的字面为依据，答案应是后者。但如果从《定性书》背后的义理或思想脉络进入的话，可能有重新考虑的余地。

基本上，本文认为，《定性书》仍然处于儒家义理的架构下。笔者从两个方面窥见早年明道对儒家传统的吸收。第一是明道的“道统观”；第二是明道对《孟子》的诠释。就前者而言，值得注意的是，明道所关注的道统传承不是“曾子—孟子”之间的，而是“颜回—孟子”之间的契合。由《二程遗书》的内容可见，在明道的整个学问和精神生活当中，对颜回的推崇就是不可忽视的关键。那么，明道之所以重视颜回的原因何在？笔者认为，这种特质可能来源于周敦颐的启发。就是说，周敦颐对“孔颜乐处”或“曾点气象”的体悟可能会造成明道与颜回之间的亲密性。无论早年或晚年，这就是掌握明道思想的关键。再者，就后者而言，有些学者承认《定性书》中的儒家因素时，注意到孟子“不动心”的影响。但笔者认为，与《识仁篇》一样，孟子的影响不在于“不动心”，而在于“必有事焉”。而且，在这样的脉络下，可以看出，早年和晚年思想之间的一贯性。

总之，着眼于以上的两个因素，即明道的“道统观”与对《孟子》的诠释，可以看出，以《定性书》为代表的明道早年思想，以儒家义理为其归属，而与道佛思想有距离。本文之作，首先简述有关《定性书》的争论。其次，探讨明道“道统观”的来源与形成。最后论述明道如何消化或吸收《孟子》的义理。

一、《定性书》与道佛思想

众所周知，《定性书》与《识仁篇》是明道的代表著作。两篇文章不但是明道思想的关键所在，在整个北宋理学里也占有重要的意义。例如，熊十力先生云：“理学开宗最重要文字无过《识仁》、《定性》、《西铭》三篇。朱子虽力尊《太极图说》，然实际无甚影响。”① 一般认为，此两篇文章分别反映着明道早年以及晚年的造诣。《定性书》是明道早年所撰写的，《识仁篇》是明道晚年所提出的。当然，透过后者，我们看得到更圆熟的造诣。这一点是大多数学者认同的事实。相反地，关于《定性书》的思想来源以及其洞察的水平，以往学者的看法没有取得一致。例如，叶水心早已严厉批评《定性书》混杂了老、佛的语言。② 其实，这样的理解某种程度上是伊川所触发的。他在《明道行状》中指出：“先生为学，自十五六时，闻汝南周茂叔论道，遂厌科举之业，慨然有求道之志。未知其要，泛滥于诸家，出入于老、释者几十年，返求诸六经而后得之。”③ 如此，伊川以区分“入于释老”和“返求六经”的两个阶段来描述明道的思想历程。当然，伊川的意图并不在于揭露明道早年的彷徨或其学问的未熟。可是，今人张永儁以此从早年到晚年的历

---

① 熊十力：《十力语要》，上海世纪出版社 2007 年版，第 307 页。

② 叶水心在《习学记言》中说：“案程氏答张氏论定性，‘动亦定，静亦定，无将迎，无内外’，‘当在外时，何者为内’，天地‘普万物而无心’，圣人‘顺万事而无情’，‘扩然而大公，物来而顺应’，‘有为为应迹，明觉为自然’，‘内外两忘，无事则定，定则明’，‘喜怒不系于心而系于物’，皆老、佛语也。程、张攻斥老、佛至深，然尽用其学而不知者，以《易大传》误之，而又自于《易》误解也。”[(清) 黄宗羲著，全祖望补：《明道学案下》，《宋元学案》卷 14，中华书局 1986 年版，第 578 页]

③ (宋) 程颢、程颐：《明道先生行状》，《河南程氏文集》卷 11，《二程集》，中华书局 2004 年版，第 638 页。

程为线索，主张了《定性书》与《识仁篇》之间的隔绝。他说：“《定性书》为早年之作品，其思想浸透了佛老之学，虽为夙慧捷，圆润高妙，然终非‘返诸六经’之时也。”① 他又指出：

> 明道先生思想发展之程序，约略分为“涵养”与“论道”二期，前期系明道早年“出入于老释者”，以《定性书》为代表；后期则为“返诸六经而后得之”，以“用敬”、“生之谓性”、“天理”、“识仁”，而次第展开，并以《认仁篇》为其一生思想之归结。②

可以看出，基本上，张永儁否认两篇文章的连续性而主张《定性书》就是道佛思想的发挥。可是，历来许多学者不接受这种看法。他们认为，《定性书》即使受到老佛思想的影响，但它亦离不开儒家所说的道德义理。其实，无论朱熹还是阳明，都提出了这样的见解。他们两人都推崇《定性书》。例如，朱熹以“随理顺应”的角度阐释《定性书》所说的“内外两忘”。③ 他又说：

> 定性者，存养之功至而得性之本然也。……故“扩然而大公”者，仁之所以为体也。“物来而顺应”者，义之所以为用也。……“内外两忘”非忘也，一循于理，不是内而非外也。④

可以看出，朱熹并不否认《定性书》的意义。他还明显指出，所谓“廓然大公”和“物来顺应”所表现的价值乃是“仁义”。在他看来，《定性书》的“内外两忘”与道佛的“内而非外”是并不相同的。前者的焦点仍然处于“随理顺应”。虽然措辞相当类似，但其含义有天壤之差。所以，朱熹说：“圣人大公至正处，似无人情，然其隐恶扬善之心，则未尝无也。”⑤ 如此看来，朱熹不从语言来判断《定性书》的宗旨。后来，王阳明亦引用《定性书》而指出：

> 来书云：周子曰“主静”，程子曰“动亦定，静亦定”，先生曰

---

① 张永儁：《二程学管见》，台湾东大图书 1988 年版，第 13 页。

② 张永儁：《二程学管见》，台湾东大图书 1988 年版，第 32 页。

③ 关于《定性书》的“内外两忘”，《朱子语类》记载如下的对话。“曰：‘内外两忘，是内不自私，外应不凿否？’曰：‘是。大抵不可以在内者为是，而在外者为非，只得随理顺应。’”[（宋）黎靖德编：《朱子语类》卷 95，中华书局 1986 年版，第 2444 页]

④ （宋）朱熹著，郭齐、尹波点校：《定性说》，《朱熹集》卷 67，四川教育出版社 1996 年版，第 3539—3540 页。

⑤ （宋）朱熹著，郭齐、尹波点校：《答吕伯恭别纸》，《朱熹集》卷 35，四川教育出版社 1996 年版，第 1528 页。

> “定者心之本体”，是静定也，决非不亲不闻，无燕思无芜为、二谓，必常知常存，常主于理之谓也。失常知常存、常主于理，明是动也，已发也，何以谓之静？何以谓之本体？岂是静定也，又有以贯乎心之动静者邪？（阳明云：）理无动者也。常知常存、常主于理，即不睹不闻，无思无为之谓也。不睹不闻，无思无为，非槁木死灰之谓也；睹闻思为一于理，而未尝有所睹闻思为，即是动而未尝动也；所谓“动亦定静亦定”，体用一原者也。①

可以看出，阳明把“主静”和“定性”看做同样的义理形态。要之，两者所表示的决不是“无思无为”的心态，而是“常主于理”的心态。本文的重点不在于检讨朱熹与阳明对《定性书》的诠释。但我们不得不提问，他们两人为什么判断《定性书》并不违背儒家的根本宗旨呢？上段话多少暗示其原因。就是说，在阳明看来，所谓“定性”完全相应周敦颐的“主静”观念。换言之，明道继承周敦颐的义理传统。这一点，朱熹的观点亦并无二致。他说：“濂溪言‘主静’，‘静’字只好作‘敬’字看，故又言‘无欲故静’。若以为虚静，则恐入释老去。”② 朱熹担心后学把“主静”看成道佛的“虚静”。其实，提及明道早年的学历时，朱熹不像伊川那样把它规定“未知其要”或“入于释老”等的混乱期。他却说：“伊川好学论，十八时作。明道十四五便学圣人，二十及第，出去做官，一向长进。定性书是二十二三时作。是时游山，许多诗甚好。”③ 由这段话可见，朱熹没有从伊川的视觉理解明道早年历程。反之，他的焦点在于“学圣人”三个字。而且，若注意到“一向长进”的语气，在朱熹的眼里，所谓“及第”、“做官”、《定性书》、“诗”都是“学圣人”的发挥和扩张。不难推测，这里所谓“学圣人”暗示着周敦颐的启发和影响。要之，在朱熹看来，在周敦颐的训导下，青年明道开始培养儒家的气象。朱熹根本不接受从“入于释老”转到“返诸六经”的曲折。

那么，朱熹为什么否认伊川所讲的曲折而更强调周敦颐的影响呢？这

① （明）王阳明撰，邓艾民注：《传习录注疏》卷中，第156条目，中华书局2012年版，第131页。

② （宋）黎靖德编：《朱子语类》卷94，中华书局1986年版，第2385页。

③ （宋）黎靖德编：《朱子语类》卷93，中华书局1986年版，第2359页。

确是令人感到意外的事实。在朱熹看来，伊川有可能误解早年明道和道佛之间的关系。[①] 首先，有关道佛的文献，伊川没有主动地接触过。《二程遗书》中云："叔一生不曾看庄列，非礼勿动勿视，出于天与，从幼小有如是才识。"朱熹不赞同伊川的态度。《朱子语类》记载一段对话，说："明道曾看释老书，伊川则庄列亦不曾看。"先生云："后来须着看。不看，无缘知他道理。"[②] 我们可以看到，朱熹明显注意到伊川没有像明道那样把握道佛文献。伊川顽固地坚持"非礼勿视"的态度。在这样的情况下，我们自然疑惑，所谓"未知其要"或"入于释老"是否反映着明道的内心世界？就伊川而言，"入于释老"与"看释老书"具有同样的含义。可是，朱熹认为，明道虽然经过"看释老书"的过程，但并不离开"学圣人"的志向。朱熹说："论释氏之说，如明道数语，辟得极善。"[③] 明代儒者高景逸亦说："先儒唯明道先生看得禅书透，识得禅弊真。"[④] 如此，从另外的角度来看，明道的"辟佛"来自于他对佛教的积极吸收。朱熹认为，明道虽然频繁接触道佛的东西，但并不丧失儒家的抱负。《定性书》显然是在这样的心态下写成的。此时，朱熹明显肯定周敦颐的影响。关于这一点，下一节做进一步的讨论。

二、明道的道统观与颜回的地位

二程兄弟早年时曾受学于周敦颐。这是符合历史事实的。但是，二程思

① 但不少学者肯定伊川话的可靠度。例如，郭晓东整理如下："传统上认为，二程之学渊源于濂溪，朱子作《伊洛渊源录》时，把周濂溪列为首卷，后来《宋史·道学传》亦循此例，从而人们一般把周敦颐视为道学的开山之祖，并有认为周子即是孔孟以后道统的传承之人。但濂洛之间的传承关系到底如何，却是学术界争论不休的一大公案。……据伊川之说，明道问学周子后，'未知其要'，以至于'泛滥诸家，出入释老'（《明道行状》），这就进一步证明了二程并未得统于周敦颐。盖明道之得于周子者，或许只是求道之志而已，并不能说是得道之本统。"（郭晓东：《识仁与定性》，复旦大学出版社 2006 年版，第 27—29 页）

② （宋）黎靖德编：《朱子语类》卷 93，中华书局 1986 年版，第 2359 页。

③ （宋）黎靖德编：《朱子语类》卷 126，中华书局 1986 年版，第 3038 页。

④ （清）黄宗羲著，全祖望补：《明道学案下》，《宋元学案》卷 14，中华书局 1986 年版，第 579 页。

想是否渊源于周敦颐的训导，这是另外的问题。程明道曾经说过："昔受学于周茂叔，每令寻颜子、仲尼乐处，所乐何事。"① 又说："某自再见茂叔后，吟风弄月以归，有'吾与点也'之意。"② 以这些话为根据，朱熹明显肯定所谓"周程授受"的实在性。③ 尽管如此，如全祖望所述，历来不少学者主张，明道所成就的儒家义理颇有自得之味。首先，根据考证，周敦颐和二程兄弟很少见面。钱穆说："二程之于濂溪，亦仅两度见面，既不得谓之师事，亦不得谓之从游。"④ 劳思光亦赞同全祖望的看法而指出："二程早年虽受周氏之影响，二人日后建立之理论系统，却与周氏之系统颇为不同。"⑤ 其实，不少学者以周子的宇宙论和程子的心性论之间的隔绝来强调周程之不同。的确，就哲学架构而言，明道成就了富有原创性的发展。但这并不意味着明道后来脱离了周敦颐的影响。关于此点，笔者十分注意到明道的"道统观"。就是说，无论早年或晚年，尤其明道所坚持的"道统观"乃是从周敦颐所讲的"孔颜乐处"那边过来的。这种"道统观"影响了明道一生的"学问观"及"儒学观"。此点，明道对周敦颐的吸收并不限于早年时期。下面，本文

---

① （宋）程颢、程颐著：《河南程氏遗书》卷2上，《二程集》，中华书局2004年版，第16页。

② 全祖望指出："濂溪之门，二程子少尝游焉。其后伊、洛所得，实不由于濂溪，是在高弟荥阳吕公已明言之，其孙紫微又申言之，汪玉山亦云然。今观二程子终身不甚推濂溪，并未得与马、邵之列，可以见二吕之言不诬也。晦翁、南轩始确然以为二程子所自出，自是后世宗之，而疑者亦踵相接焉。然虽疑之，而皆未尝考及二吕之言以为证，则终无据。予谓濂溪诚入圣人之室，而二程子未尝传其学，则必欲沟而合之，良无庸矣。"[（清）黄宗羲著，全祖望补：《宋元学案》首卷，中华书局1986年版，第3页]

③ 例如，朱熹说："又蒙喻及二程之于濂溪，亦若横渠之于范文正耳。先觉相传之祕，非后学所能窥测，诵其诗，读其书，则周、范之造诣固殊，而程、张之契悟亦异。如曰：'仲尼颜子所乐'、'吟风弄月以归'，皆是当时口传心受的当亲切处，后来二先生举似后学，亦不将作第二义看。然则行状所谓'反求之六经，然后得之'者，特语夫功用之大全耳，至其入处则自濂溪，不可诬也。若横渠之于文正，则异于是，盖当时粗发其端而已，'受学'乃先生自言，此岂自诬者耶？"[《朱子文集》卷30，《答汪尚书六》]在朱熹看来，范仲淹为张载的训诫只是"粗发其端"而已。他们的关系不可说是"受学"，即师弟关系。相反，周敦颐把"圣人气象"放进二程的心里。可见，朱熹虽然十分着眼于《太极图说》所表现的宇宙论，但并不忽视心性论或工夫论上的周敦颐的先驱地位。

④ 钱穆：《中国学术思想史论丛》（五），生活·读书·新知三联书店2009年版，第197页。

⑤ 劳思光：《中国哲学史新篇（三上）》，台湾三民书局2005年版，第147页。

以"颜回气象"为中心探讨明道"道统观"的确立和意义。

一般认为，道统之说虽然可溯源于孟子，但其完整的形态建立于朱熹的《中庸章句序》。所以，可以说朱熹正式构成了尧舜以来的道统系谱。此时，尽管朱熹相当吸收二程的道统观念，但有些部分仍有所出入。例如，朱熹没有那么注意到颜回的地位。在《中庸序》中，他只在"惟颜氏、曾氏之传得其宗"的句子里提到颜回。可是，在明道的眼里，颜回的重要性不次于孟子。关于这一点，陆象山好像更契合明道的看法。象山曾经说："孔门惟颜、曾传道，他未有闻。盖颜曾从里面出来，他人外面入去。今所传者，乃子夏子张之徒，外入之学。曾子所传，至孟子不复传矣。"① 象山又说：

> 颜子问仁之后，夫子许多事业，皆分付颜子了。故曰："用之则行，舍之则藏，惟我与尔有是。"颜子没，夫子哭之曰："天丧予！"盖夫子事业，自是无传矣。曾子虽能传其脉，然参也鲁，岂能望颜子之素蓄？幸曾子传之子思，子思传之孟子，夫子之道，至孟子而一光，然夫子所分付颜子事业，亦竟不复传也。②

值得注意的是，这段话表示"夫子之道"与"孟子所受"之间有距离。尤其，如果接受"夫子所分付颜子事业，亦竟不复传也"这种看法，我们可以推测，虽然象山学的骨干在于孟子学，但象山的另外理想在于重建颜回的内圣学。那么，象山为什么突然言及"颜子事业"呢？在笔者看来，这种问题意识是周敦颐所提出的。探求"周程授受"时，朱熹虽然认识到"孔颜乐处"、"曾点气象"的传授，但只从"儒家气象"的角度接近而已。相反地，象山在"道统观"的脉络下区分颜、孟的不同而积极论述颜回所占有的意义。这无疑是程明道的影响。象山说：

> 二程见周茂叔后，"吟风弄月而归，有吾与点也"之意。后来明道此意却存，伊川已失此意。③

不难推测，象山把"曾点气象"看成明道学问的关键所在。与伊川或朱熹相

---

① （宋）陆九渊：《象山语录下》，《陆九渊集》，中华书局 2008 年版，第 443 页。

② （宋）陆九渊：《象山语录上》，《陆九渊集》，中华书局 2008 年版，第 397 页。

③ （宋）陆九渊：《象山语录上》，《陆九渊集》，中华书局 2008 年版，第 401 页。

比，青年明道和象山十分重视圣人气象的体会。① 周敦颐已在《通书》中说："圣希天，贤希圣，士希贤……志伊尹之所志，学颜子之所学。"② 我们可以说所谓"士希贤"就相当于宋儒的志向。在周敦颐或明道的心目中，象征"贤人"的代表人物就是颜回。明道更进一步发挥了这种倾向。他说："学者要学得不错，须是学颜子。"③ 又说：

> 圣人之德行，固不可得而名状。若颜子底一个气象，吾曹亦心知之，欲学圣人，且须学颜子。后来曾子、子夏，煞学得到上面也。④

有趣的是，与象山一样，明道对颜回的推崇影响到他的"道统观"。具体而言，他所要重建的道统系谱不是"曾子—孟子"之传承，而是"颜回—孟子"之传承。其原因何在？明道有可能认为，"曾子—孟子"的路线未免缺乏"孔颜乐处"的因素。如前面所述，透过"颜回气象"的心态，青年明道发现了儒家人格的理想。所以，明道指出，就学问的次序而言，颜回和孟子之间存在着先后之区别。他说：

> 孟子才高，学之无可依据。学者当学颜子入圣人为近，有用力处。⑤

> 人须学颜子。有颜子之德，则孟子之事功自有。孟子者，禹、稷之事功也。⑥

如众所知，无论颜回或孟子，他们所代表的是儒家传统中的内圣方面。但是，从他们体现的气象来说，颜回和孟子的成就有所区别。明道以"春生"、"和风"等的词汇来描述颜回的风貌。类似地，伊川和明道后学以"春风"、"春阳之温"等的语言来描述明道的风格。周敦颐的风貌亦大同小异。可以说，明道之求道，其关键是从"颜回气象"引申出来的。在这样的意义上，

---

① 可说，这样"曾点气象"支配了青年明道的精神世界。可以参考谢上蔡的追述："学者须是胸怀摆脱得开始得。有见明道先生在鄠县作簿时，有诗云：'云淡风轻近午天，傍花随柳过前川。旁人不识予心乐，将谓偷闲学少年。'看他胸怀直是好，与曾点底事一般。"[（宋）谢上蔡：《上蔡语录》，台湾中文出版社 1972 年版，第 17 页]

② （宋）周敦颐：《通书・志学》，《周敦颐集》卷 2，中华书局 2009 年版，第 22—23 页。

③ （宋）程颢、程颐：《河南程氏遗书》卷 3，《二程集》，中华书局 2004 年版，第 62 页。

④ （宋）程颢、程颐：《河南程氏遗书》卷 2，《二程集》，中华书局 2004 年版，第 34 页。

⑤ （宋）程颢、程颐：《河南程氏遗书》卷 2，《二程集》，中华书局 2004 年版，第 19 页。

⑥ （宋）程颢、程颐：《河南程氏遗书》卷 11，《二程集》，中华书局 2004 年版，第 130 页。

可以推论，明道在消化颜回气象之后才切入了孟子的思想系统。例如，《二程遗书》记载："孟子之于道，若温淳渊懿，未有如颜子者，于圣人几矣，后世谓之亚圣，容有取焉。"① 这句话虽然没有注明是谁的话，但比较接近明道的论点。总之，在某种程度上，周敦颐、程明道、陆象山三个人的工夫进路都立足于"颜回"的心态或境界。可以说，在宋代儒家内圣学的重建过程中，颜回的复活颇有重要意义。结果，颜回离开象征性的地位而得到了活泼泼的人格。《定性书》背后的体系并不违背这种儒家理想。进而，明道，无论早年或晚年，积极肯定颜回在儒家道统传承上的地位。在这样的脉络下，颜回成为连接"孔子之道"和"孟子思想"之桥梁。

四、程明道对"必有事焉"的诠释

在论述《定性书》与儒家传统的相关性时，有的学者注意到孟子的"不动心"对《定性书》的影响。例如，与张永儁的看法不同，冯友兰、陈来等的学者从儒家传统的脉络接近《定性书》的核心。此时，他们两人都注意到《定性书》所提出的境界与孟子"不动心"的相关性。陈来指出：

> 程颢的定性方法，主张"内外两忘"，其核心是超越自我。这个修养方法继承了孟子"不动心"的思想，吸取了道家和佛教的心理修养经验，如道家的"无情以顺有"、禅宗的"无所住而生其心"，强调人虽接触事物，但不执着，不留恋于任何事物，从而使心灵摆脱纷扰而达到自由、平静、安宁的境界，并且始终是动中有定。②

可见，陈来既不忽视《定性书》与道佛思想的联系，又指出其来源是孟子。与张永儁的见解相比，此见解好像具备公平性或正确性。可是，笔者认为，两位学者的分析，还有补充的余地。首先，这种解释足以说明儒家思想对《定性书》（或明道早年的思想）的渗透。可是，这种解释只把"定性"看成"心理安静"。结果，无法说清楚《定性书》何以连接到明道所讲的"天理观"。这一点，值得参考前面所提的朱熹和阳明的疏解。他们两人皆以"随理顺应"

① （宋）程颢、程颐：《河南程氏遗书》卷2，《二程集》，中华书局2004年版，第21页。

② 陈来：《宋明理学》，华东师范大学出版社2005年版，第134页。

或“常主于理”的观点来解释了《定性书》的宗旨。他们都以“天理观”看作《定性书》的骨干。在这样的脉络下，笔者认为，不但在《定性书》，亦在明道的整个思想体系里，“必有事焉”的重要性远超于“不动心”所占有的意义。虽然两个句子都出现于《公孙丑上》第一章，即所谓“知言养气”章，但明道对“必有事焉”的诠释既丰富又深厚。例如，明道说：“勿忘勿助长之间，正当处也。”① 而且，《二程遗书》记载如下的对话。

> 侯世与云：“某年十五六时，明道先生与某讲孟子，至‘勿正心，勿忘勿助长’处，云：‘二哥以必有事焉而勿正为一句，心勿忘勿助长为一句，亦得。’因举禅语为况云：‘事则不无，拟心则差。’某当时言下有省。”②

在此段中，虽然明道借用禅宗的短片，但他所讲的“拟心”的克服方式显然与佛教的“寂灭心”或庄子的“坐忘”有别。明道用孟子的“必有事”提示儒家心法之关键。他说：

> 今语道，则须待要寂灭湛静，形便如槁木，心便如死灰。岂有直做墙壁木石而谓之道？所贵乎“智周天地万物而不遗”，又几时要如死灰？所贵乎“动容周旋中礼”，又几时要如槁木？论心术，无如孟子，也只谓“必有事焉”。今既如槁木死灰，则却于何处有事？③

朱熹曾经指出，明道的“定性”就是“定心”的意思。这段亦与《定性书》一样谈论心性修养的方法。明道以言及“必有事焉”暗示“定心工夫”却不是“槁木死灰”，即意识之消灭状态。可说，明道所谓“有事”指的是“心有主宰”的状态。《上菜语录》有如下的对话。

> 谢子曰：“吾尝习忘以养生。”明道曰：“施之养生则可，于道则有害。习忘可以养生者，以其不留情也。学道则异于是，必有事焉而勿正，何谓乎且出入起居，宁无事者？正心待之，则先事而迎。忘则涉乎去念，助则近于留情，故圣人心如鉴，孟子所以异于释氏，此也。”④

---

① （宋）程颢、程颐著：《河南程氏遗书》卷 3，《二程集》，中华书局 2004 年版，第 62 页。

② （宋）程颢、程颐：《河南程氏遗书》卷 1，《二程集》，中华书局 2004 年版，第 12 页。

③ （宋）程颢、程颐：《河南程氏遗书》卷 2 上，《二程集》，中华书局 2004 年版，第 27 页。

④ （宋）谢上蔡：《上蔡语录》，台北中文出版社 1972 年版，第 36—37 页。

不难看出，此段所讲的“忘”、“无情”等的概念已出现于《定性书》。可是，此段直接运用“必有事焉”更分明处理“定心”问题。由此可见，就“定心”背后的思想资源而言，“必有事焉”优先于“不动心”。尤其，明道以对“必有事焉”的诠释为基础，把“必有事焉”与“和乐气象”结合起来。《二程遗书》云：

> “鸢飞戾天，鱼跃于渊”，言其上下察也。此一段子思吃紧为人处，与“必有事焉而勿正心”之意同，活泼泼地。会得时，活泼泼地。不会得时，只是弄精神。①

由此看出，明道所开创的儒家义理基于《孟子》及“孔颜乐处”的融合。不可忽视的是，这种综合体系的关键在于“天道观”或“天理观”。程门高弟谢上蔡的理解十分准确。他说：

> 诗云：“鸢飞戾天，鱼跃于渊”，犹韩愈谓“鱼川泳而鸟云飞”，上下自然，各得其所也。诗人之意言如此气象，周王作人似之。子思之意言上下察也，犹孟子所谓“必有事焉而勿正”，察见天理不用私意也。②

又说：

> “鸢飞戾天，鱼跃于渊”，无些私意上下察，以明道体无所不在。非指鸢鱼而言也，若指鸢鱼为言，则上面更有天，下面更有地在。知勿忘勿助长则知此，知此则知夫子与点之意。③

如此，“天理观”就是明道哲学的最后根据。在“天理观”的基础上，明道最后成就了孟子的“有事”与颜回的“和乐”之综合。所以，与道佛相比，他所讲的“和乐”具有更丰富的含义。例如，他说：“中心斯须不和不乐，则鄙诈之心入之矣。此与‘敬以直内’同理。谓敬为和乐则不可，然敬须和乐，只是中心没事也。”④ 如此，最后，明道甚至超越了“有事”与“没事”之间的界限。其实，这种融合圆满地表现于《识仁篇》里。但可以说，这种思想架构或规模的出发点就是《定性书》。周敦颐早就让二程兄弟寻求“孔

① （宋）程颢、程颐：《河南程氏遗书》卷 3，《二程集》，中华书局 2004 年版，第 59 页。
② （宋）谢上蔡：《上蔡语录》，台北中文出版社 1972 年版，第 36—37 页。
③ （宋）谢上蔡：《上蔡语录》，台北中文出版社 1972 年版，第 66 页。
④ （宋）程颢、程颐：《河南程氏遗书》卷 2 上，《二程集》，中华书局 2004 年版，第 31 页。

颜乐处”。借此，明道把颜回的心态和《孟子》的义理结合了。这就是明道哲学的特质之一。

历来有人怀疑《定性书》所表现的心态不是儒家的。但朱子等肯定《定性书》所追求的理想还基于儒家义理。本文的主旨在于对此问题提供一个解释。要之，笔者认为，《定性书》背后的体系并不离开儒家义理。本文从道统观与对《孟子》的诠释入手，对程明道所追求的理想与圣人心态进行一些反思。在笔者看来，程明道早年的思想架构就是“颜回之气象”与“孟子思想”的结合。而且，程明道思想基本上基于此两个因素的互相交融。结果，这种情形成为《定性书》的重要背景而鼓励了明道思想的开放性。程明道透过颜回的心目来接近《孟子》的思想体系。值得一提的是，程伊川与朱子未必完全继承程明道的诠释。如果扩张视野的话，在吸纳程明道的思想特质与造诣时，甚至属于“心学传统”中的学者，如象山、甘泉、阳明等，也提出了不同理解和解释。为了更准确理解宋明儒者在道统观与义理方面的分歧，我们需要对以上问题做进一步解释。本文还没有处理具体内容。笔者希望通过以后研究补充和完成本文所提示的初步构想。

（作者单位：韩国西江大学）

朱熹与苏轼“经学”三书

舒大刚

苏轼（1037—1101）所著《易传》、《书传》、《论语说》三部经学著作，是北宋“蜀学”代表成果。他曾视此为“此身不虚过”的重要创获。书成之后，曾经得到学人一定程度的关注。但由于党争的影响，三书并未得到及时流行，其中只有《易传》在宋代有刻本，《书》传直到明代后期才得板行，《论语说》甚至到明代已经失传了。不过，作为理学集大成的朱熹并未因党争而忽略苏轼这三部著作，相反却是时时予以关注和点评。大致而言，朱熹对苏氏《易传》是整体否定的，对于《书传》是大体肯定的，对于《论语说》则是在义理层面否决的。

苏轼撰著《易传》、《书传》、《论语说》三书，几乎经历了其被贬谪的后半生。三部经学著作，既是他后半生的生命和心血的结晶，也是他赋闲居夷、沉潜思考的结果。因此，他对此十分看重，常常在与友人书信中有所提及，如在黄州《与滕达道书》说：“某闲废无所用心，专治经书。一二年间，欲了却《论语》、《书》、《易》……虽拙学，然自谓颇正古今之误，粗有益于世，瞑目无憾也。”① 又元丰五年《上文潞公书》：“到黄州无所用心，辄复覃思于《易》、《论语》……就使无取，亦足见其穷不忘道，老而能学也。”② 贬居惠州时《答李端叔》(三)：“所喜者，海南了得《易》、《书》、《论语》传数十卷。”③ 元符三年《题所作书易传论语说》：“吾作《易》、《书传》、《论语说》，亦粗备矣。”④ 及从海南

① （宋）苏轼著，孔凡礼点校：《与滕达道》(二一)，《苏轼文集》卷51，中华书局1986年版，第1482页。

② （宋）苏轼：《黄州上文潞公书》，《苏轼文集》卷48，中华书局1986年版，第1380页。

③ （宋）苏轼：《答李端叔》（三），《苏轼文集》卷52，中华书局1986年版，第1540页。

④ （宋）苏轼：《题所作书易传论语说》，《苏轼文集》卷66，中华书局1986年版，第2073页。

北归，“自海康适合浦……所撰《易》、《书》、《论语》皆以自随。”① 辗转北归，至常州一病不起，慎重地将三书托付钱济明：“某前在海外，了得《易》、《书》、《论语》三书，今尽以付子。愿勿以示人，三十年后会有知者。”② 其《答苏伯固》说：“抚视《易》、《书》、《论语》三书，即觉此生不虚过。”③ 苏辙《亡兄子瞻端明墓志铭》也说：“先君（苏洵）晚岁读《易》，玩其爻象，得其刚柔、远近、喜怒、逆顺之情，以观其词，皆迎刃而解。作《易传》，未完，疾革，命公述其志。公泣受命，卒以成书，然后千载之微言，焕然可知也。复作《论语说》，时发孔氏之秘。最后居海南，作《书传》，推明上古之绝学，多先儒所未达。既成三书，抚之叹曰：‘今世要未能信，后有君子，当知我矣。’”④ 都将三书视为上继往圣之绝学，下贻君子之知己的名山事业。

可惜的是，这三部经解成书之后，正赶上北宋“党禁”卷土重来，没有得到及时刊布，故其对学术发展的影响有限。不过，真正的学者，特别是欲立说创新的思想家，大都没有忽略苏轼这三部书稿。朱熹作为理学集大成者，对于苏轼的《易传》、《书传》、《论语说》也用过一番功夫，并给予了比较多的评点和讨论。通观其说，可以看出程朱理学与苏氏蜀学的持论异同和好恶殊方，也可以看出朱子学说之建立，曾经对他方优点有所吸取、同时也对他方的根本相异之点采取了贬讥贬绝的做法。

一、朱熹对《苏氏易传》的评价

在苏轼经学三书中，《易传》是最早有刊本流传的，因此其引起人们的关注也最早。陆游《跋苏氏易传》：“此本，先君宣和中入蜀时所得也。方禁苏氏学，故谓之毗陵先生云。”⑤ 可见，至少徽宗宣和年间蜀中有人就偷偷刻过《苏氏易传》，称《毗陵易传》。陆游《老学庵笔记》亦云：“其书初遭元

---

① （宋）苏轼：《书合浦舟行》，《苏轼文集》卷 71，中华书局 1986 年版，第 2277 页。

② （宋）何薳：《春渚纪闻》卷 6，中华书局 1983 年版，第 85 页。

③ （宋）苏轼：《答苏伯固》（三），《苏轼文集》卷 57，中华书局 1986 年版，第 1741 页。

④ （宋）苏辙著，曾枣庄、马德富点校：《亡兄子瞻端明墓志铭》，《栾城后集》卷 22，上海古籍出版社 1987 年版，第 1422 页。

⑤ （宋）陆游：《跋苏氏易传》，《渭南文集》卷 28，《四部丛刊》影印明刊本。

祐党禁，不敢显题轼名，故称毗陵先生。”①

程门四大弟子之一的杨时也曾论及东坡《易传》：“东坡言‘直方大’云：‘既直且方，非大而何？’曰直方，盖所以为大，然其辞却似不达孔子。云‘敬义立而德不孤’，德不孤，乃所谓大，德不孤则四海之内皆兄弟之意。夫能使四海之内皆兄弟，此所以为大也。’又：‘东坡云‘万物睹’乃是万物欲见之，言‘欲见之’便非。‘圣人作而万物睹’，如日在天，万物便见。圣人惟恐不作，作则即时睹矣。作与睹同时事也，啐啄同时。”②杨时与苏轼的分歧主要是着眼点不同，前一条是解《坤·六二》“直方大”一语，苏轼是从自身修养成功角度讲的，《文言》说：“直，其正也，方，其义也。君子敬以直内，义以方外，敬义立而德不孤。‘直方大，不习无不利’，则不疑其所行也。”苏轼说“小人惟多愧也，故居则畏，动则疑。君子必自敬也故内直，推其直于物故外方。直在其内，方在其外，隐然如名师良友之在吾侧也。是以独立而不孤，夫何疑之有？”“直”、“方”是修养方法，“大”是实现修养后的自我行为表现。杨时不同，他的着眼点是修养既成后的客观效果，认为《文言》的“德不孤”就是“大”，就是“直”、“方”的效果。有了直方就不孤，就会“四海之内皆兄弟”，能做到四海之内皆兄弟就是“大”了。后一条是解《乾文言》“圣人作而万物睹”，苏轼的原话是：“圣人非有意于物，而物莫不欲见之。”将圣人作与万物睹说成先后不同的两件事。这不符合程颐《易传序》“体用一源，显微无间”的观点，因此杨时用“作睹同时”批评他。但他对苏氏文章仍极为佩服：“东坡文妙天下，为时儒宗，士有得其一言者皆足以名世。”③

对苏氏《易传》进行全面系统评价的人首推朱熹。《朱子语类》卷六七说：“东坡解《易》，大体最不好。然他却会作文，识句法，解文释义，必有长处。”认为苏轼的《易传》总体是不好的，只是他擅长写文章，长于议论，所以才有可取之处。那么可取在甚么地方呢？卷六九说“东坡会做文字了，都搂着他语脉，如‘涣其群，元吉’，诸家皆云涣散了，却成群，都不成语

---

① （清）永瑢等：《四库全书总目》卷2，中华书局1965年版，第6页。

② （宋）杨时：《龟山先生语录》卷4，《续古逸丛书》影印宋刻本。

③ （宋）杨时：《冰华先生文集序》，《龟山集》卷25，文渊阁《四库全书》第1125册，台湾商务印书馆1986年版，第352页。

句。唯东坡说道：'涣散他小小群，聚合成一大群。如那天下混一之际，破散他小群成一大群。'如此方成文理"。相同的称赞还两见于同书卷七三，反复称扬，不惮其烦。卷七〇："'夬履贞厉'，正东坡所谓'忧治世而危明主也。'"直接用东坡义以解"夬履贞厉"。在朱熹《易》学代表作《周易本义》中也引苏氏之说，《乾文言》"乾道变化，各正性命，保合大和，乃利贞"，苏轼《传》"君子日修其善，以消其不善，不善者日消，有不可得而消者焉；小人日修其不善，以消其善，善者日消，亦有不可得而消者焉。夫不可得而消者，尧舜不能加焉，桀纣不能亡焉，是岂非性也哉！"朱熹在引述了这一段话后，说"苏氏此言之近于理"。《比卦》："比吉原筮元永贞"，《本义》："比，亲辅也……故筮者得之则当为人所亲辅，然必再筮以自审"云云。以"再筮"释"原筮"，未注明出处，其实也是取自苏《传》："原，再也，再筮，慎之至也。"

但是朱熹对苏氏《易传》是批评多于赞扬，他说："老苏说《易》，专得于'爱恶相攻而吉凶生'以下三句，他把这六爻似那累世相仇相杀底人相似看，这一爻攻那一爻，这一画克那一画，全不近人情。"苏洵从中发现"爱恶相攻而吉凶生"等相克相攻的道理也未尝不对，但矛盾对立只是事物的一个方面，如果只有矛盾的对立，没有矛盾的调和与统一，事物就不成其为事物了。事物是既对立又统一，既斗争又合一，斗争是绝对的，统一是相对的，而斗争的绝对性正是有相对的统一性才起作用的。因此，如何弥补老苏易学的矛盾观，使之更加合乎实际，就成了"述其志"的苏轼兄弟治《易》的任务了。朱熹说："东坡见他（指老苏）恁地太粗疏，却添得些佛、老在里面，其书自做两样，亦间有取王辅嗣之说以补老苏之说；亦有不晓他说了，乱填补处。老苏说底，亦有去那物理上看得着处。"又说："东坡《易》说六个物事，若相咬然，此恐是老苏意，其他若佛说者，恐是东坡。""佛、老"以调和矛盾为特色，"王辅嗣之说"即玄学，以虚无为宗，都是主张缩小差别，混淆矛盾的。说老苏易学重视矛盾对立，苏轼易学则补以调和柔顺，兼顾矛盾的对立和统一，也许正是"述其父洵之学"①而成的《东坡易传》的一大特色吧。其实，苏籀《栾城遗言》也说："公（苏辙）言先曾祖晚岁

① （宋）陈振孙：《直斋书录解题》卷1，上海古籍出版社1987年版，第12页。

读《易》，玩其爻象，得其刚柔、远近、喜怒、逆顺之情，以观其词，皆迎刃而解，作《易传》未完，疾革。”“刚柔”指阴阳矛盾，“远近”指爻位关系，“喜怒”指爻位应与不应，“逆顺”指上下爻象关系。是知苏洵未尝不重视爻象、爻位的承乘比应关系，只是苏洵侧重在矛盾对立，亦即刚柔关系，而苏轼循其父爻位学说而理之，又意在强调爻位之和谐与统一而已。

朱熹还批评苏氏《易传》中的人性说杂以佛、老，很有“异端邪说”味道。《杂学辨》批评东坡《易传》说：“乾之彖辞发明性命之理，与《诗》（《烝民》“维天之命”）、《书》（《汤诰》、《泰誓》）、《中庸》、《孟子》相表里，而《大传》之言亦若符契。苏氏不知其说，而欲以其所臆度者言之，又畏人之指其失也，故每为‘不可言’‘不可见’之说以先后之，务为闪倏滉漾不可捕捉之形，使读者茫然，虽欲攻之而无所措其辨。殊不知性命之理甚明，而其为说至简，今将言之，而先曰‘不可言’；既指之，而又曰‘不可见’，足以眩夫未尝学问之庸人矣！……然道衰学绝，世颇惑之，故为之辨以待后之君子。”苏氏吸取老庄、释氏以“虚无、寂灭”为特征的性、道之说，认为性之与道乃是一种理念，一种感觉，一种至虚至幻的不可言状的境界。朱熹则认为，道之与性都是实在的，是可以描绘言说的。苏轼又认为道德性命有体用、本末之分，说：“阴阳交而生物，道与物接而生善。物生而阴阳隐，善立而道不见矣。故曰：‘继之者善也，成之者性也。仁者见道而谓之仁，智者见道而谓之智。’夫仁智，圣人之所谓善也。善者道之继，而指以为道则不可。”并说孟子的“性善”论，只是“道之继”而已，并不是本质的东西。① 道就是体，是本；仁、智是用，是末。仁智是所谓善的东西，但它只是道的再生物，是道的表现形式，本身并不是道。作为本体的道是混沌的，无形的，无所谓善与恶；只是道所生之物才有善恶之分，此即所谓“继”。朱熹认为体用一源，本末无间，仁义礼智诸“善”的东西本身就是道和理的显现，根于一源，植于一理，不可分割。因此，苏轼的道德性命之说，理所当然就成了朱熹的重点抨击对象了。

朱熹对三苏父子的“义利”观也十分不满。在义利观上，苏氏父子提出

---

① 参见（宋）苏轼：《东坡易传》卷 1，文渊阁《四库全书》第 9 册，台湾商务印书馆 1986 年版，第 125 页。

了一些非常深刻和精辟的见解。《周易·乾文言》说："利者义之和。"又说："利物足以和义。"苏洵认为这两句话讲得很全面，他感慨道："呜呼，尽之矣！"君子耻言"利"，也耻言"徒义"，君子欲行义必即于利："即于利则其为力也易，戾（违反）于利则其为力也难。利在则义存，利亡则义丧。"像伯夷、叔齐那样的人，能够"乐以趋徒义"；但一般人却"悦怿以奔利义"，乐于追求既合义又有利的事。只有"天下无小人，而后吾之徒义始行"；但天下不可能无小人，因此就不可能只讲义，不讲利。《周易》所谓"利者义之和"，"利物足以和义"，就是讲的"义必有利而义和"，要治理好国家，就必须懂得义、利不可缺一的道理："义利、利义相为用，天下运诸掌矣。"周武王就懂得这一道理，善于把义和利结合起来："武王以天命诛独夫纣，揭大义而行，夫何恤天下之人？而其发粟散财，何如此之汲汲也？意者，虽武王亦不能以徒义加天下也。"① 因此得到人民拥护。《苏氏易传》对"利者义之和"的解释就是本于苏洵的观点："义非利，则惨洌而不和。"② 与苏轼对立的道学家程颐对这句的解释却是："和于义乃能利物，岂有不得其宜而能利物者乎？"③ 表面看似乎只是讲的顺序不同，实际上是两种根本对立的观点。苏轼是把利作为行义的前提条件，比较符合《周易》原意。程颐则强调只要是"义"，"利"就自然而然地出现了。这显与《周易》原意不合，却符合历代正统儒家的义利观，因为他们都只要人民对他尽忠的"义"，而不注重人民的物质之"利"。正因为苏轼是结合利来讲义的，因此他就与讲"饿死事极小，失节事极大"的程颐不同，他比较强调关心人民的物质利益。他在解释"圣人之大宝曰位"时说："位之存亡寄乎民，民之死生寄乎财。故夺民财者，害其生者也；害其生者，贼其位者也。甚矣，斯言之可畏也，以是亡国者多矣！夫理财者，疏理其出入之道，使不壅尔，非取之也。"④ 朱熹推崇程颐而贬低《苏氏易传》，

---

① （宋）苏洵：《利者义之和论》，《嘉祐集》卷 9，文渊阁《四库全书》第 1104 册，台湾商务印书馆 1986 年版，第 277—278 页。

② （宋）苏轼：《东坡易传》卷 1，文渊阁《四库全书》第 9 册，台湾商务印书馆 1986 年版，第 6 页。

③ （宋）程颐：《伊川易传》卷 1，文渊阁《四库全书》第 9 册，台湾商务印书馆 1986 年版，第 160 页。

④ （宋）苏轼：《东坡易传》卷 8，文渊阁《四库全书》第 9 册，台湾商务印书馆 1986 年版，第 136 页。

这是重要原因之一。《朱子语类》卷一三九：“苏文害正道甚于老、佛，且如《易》所谓‘利者义之和’，却解为‘义无利则不和’，故必以利济义，然后合于人情。若如此，非惟失圣言之本指，又且陷溺其心。”又在卷三六、卷六八三次重申这一议题，以见其对苏氏义利之说的反感。但是，程、朱与三苏关于义利观的分歧并不很大，三苏认为不可空谈“义”而忽略百姓之“利”，如果没有百姓看得见摸得着的实利，纵然是圣如周文武也行不通；程、朱认为只要是“义”必然有“利”，他们也并不放弃利。因此，朱熹在反复地批评了三苏义利观后，又不得不说：“‘和’字，也有那老苏所谓‘无利则义有惨杀而不和’之意。盖于物不利，则义未和。”到头来又承认了义需利来“和”的必要了。从整体看，朱熹对苏氏《易传》并未全盘否定，《四库全书总目》有云：“朱子作《杂学辨》，以轼是书为首。然朱子所驳不过一十九条，其中辨文义者四条，又一条谓苏说无病，然有未尽其说者。则朱子所不取者仅十四条，未足以为是书病。”① 所说极是。

二、朱熹对《东坡书传》的评价

《东坡书传》在宋代一直以钞本行世。明嘉靖年间胡直（1517—1585）《书苏子瞻书传后》言：“昔唐荆川先生（顺之）语予曰：‘曾见苏子瞻《书传》乎？’曰：‘未也。’‘盍求之？’岁之甲子，予行部至眉，求诸乡大夫张中丞，得其写本读之。……乃归其本张公，而寓书其末云。”“甲子”即嘉靖四十三年（1564），此前唐顺之要胡直求苏子瞻《书传》而未得，至此时胡按部眉州才在“乡大夫张中丞”家寻到《书传》“写本”。万历丁酉（1596）毕侍郎刻《两苏经解》，焦竑《刻两苏经解序》说是从“荆溪唐中丞（亦即唐顺之）得子瞻《易》、《书》二解”，汇而刻之，是为《两苏经解》。

但对《东坡书传》的关注和评价却自宋时始。南宋晁公武《郡斋读书志》首先称赞《东坡书传》驳斥王安石《新经义》有功，具体列举了其独特见解：“以《胤征》为羿篡位时、《康王之诰》为失礼，引《左氏》为证，与诸儒之说不同。”稍后，陈振孙《直斋书录解题》补充说“又言昭王南征不复，穆

① （清）永瑢等：《四库全书总目》卷 2，中华书局 1965 年版，第 6 页。

王初无愤耻之意”云云，为千古未发之“伟论”。南宋《书》学之家，对《东坡书传》垂青有加。当时流传的胡安定《尚书解》，其中就“间引东坡说”①。

不过，对苏氏《书传》进行较为全面评价的也是朱熹，东坡《书传》是他平生推重的宋代四家优秀《尚书》学著作之一，他在《答蔡仲默》中说：“诸说此间亦有之，但苏氏伤于简，林氏伤于繁，王氏伤于凿，吕氏伤于巧。然其间尽有好处。”② 吕祖谦（字伯恭，号东莱）师事林之奇，林氏著《尚书全解》，吕氏著《东莱书说》。吕氏“伤于巧”，即在不可通处强求其通，也是穿凿的代名词。主观臆断，缺乏客观性，都是王、吕二氏的解经的通病。至于东坡所失的“简”、林氏所失的“繁”，都是解经文字繁简，在内容上没有问题。

朱熹总体上评价苏轼时说：“（东坡）如说《易》，说甚性命，全然恶模样。如说《书》，却有好处。”③ 好处在什么地方呢？朱熹一则说：“东坡《书》解却好，他看得文势好。”一则说：“东坡《书》解文义得处较多。”④ 一则说：“东坡（《书》）解，大纲也好。”⑤ 一则说：“《尚书》句读，王介甫、苏子瞻整顿得数处甚是。见得古注全然错。”⑥ 一则说《书传》文字简洁：“或问：‘《书》解谁者最好？莫是东坡《书》为上否？’曰：‘然。’又问：‘但若失之简。’曰：‘亦有只消如此解者。’”（可见他并不以“简”为东坡病）他认为《东坡书传》在行文语势、义理考察、大纲大节、句读审读和语言文字等方面，都堪称上乘之作。因此将苏氏《书传》定为可以重点参考的宋人注本：“《尚书》顷尝读之，苦其难而不能竟也。注疏程（程颐，有《书说》）、张（张九成，有《详说》）之外，苏氏说亦有可观。”⑦ 朱熹又具体地称扬其书的许多观点，如《朱熹集·杂著·尚书·舜典》“夔曰：

---

① （宋）黎靖德编：《朱子语类》卷78，中华书局1986年版，第1988页。

② （宋）朱熹著，郭齐、尹波点校：《答蔡仲默》，《朱熹集》之《续集》卷3，四川教育出版社1996年版，第5206页。

③ （宋）黎靖德编：《朱子语类》卷120，中华书局1986年版，第2898—2899页。

④ （宋）黎靖德编：《朱子语类》卷78，中华书局1986年版，第1986页。

⑤ （宋）黎靖德编：《朱子语类》卷80，中华书局1986年版，第2090页。

⑥ （宋）黎靖德编：《朱子语类》卷78，中华书局1986年版，第1986页。

⑦ （宋）朱熹著，郭齐、尹波点校：《答或人》，《朱熹集》卷64，四川教育出版社1996年版，第3387页。

于，予击石拊石”云云，引苏说“此《益稷》之文也。简编脱误，复见于此”。《大禹谟》“大禹曰文命”，引苏说“文命”非禹名。又于《召诰》“则达观于新邑营”、“有王虽小，元子哉”“其惟王勿用以小民淫用非彝”、“上下勤恤”云云，“予小臣敢以王之”云云，《洛诰》“我卜河朔黎水”、“汝其敬识百辟享”“惇宗将礼”、“予冲子夙夜毖祀”等，直引苏说。[①]《语类》卷七九赞其解《洪范》“皇极”：“东坡《书传》中说得‘极’字亦好。”又说：“苏氏以皇极之建，为雨、旸、寒、燠、风之时，皇极不建则反此。”则是赞扬东坡解释概念明确贴切。又说：“《康诰》、《酒诰》是武王命康叔之词，非成王也。……至若所谓‘惟三月哉生魄，周公初基，作新大邑于东国洛’，至‘乃洪《大诰》治’，自东坡看出，以为非《康诰》之词。”则是赞成东坡定正错简。又说：“东坡解《吕刑》王享国百年耄’作一句，‘荒度作刑’作一句，甚有理。”传统句读将“耄荒”作一句，以为“耄乱荒忽”，皆贬义。东坡说“荒”应与“度作刑”连读，是赞扬老年人（即“耄”）以大度（即“荒”）的气概制作刑法（在宽）。

当然，对待苏轼《书传》，朱熹也多批评之语，如说：“东坡《书》……尚有粘滞，是未尽透彻。”[②] 指出：“‘非汝封刑人杀人’，则无或刑人杀人矣。‘非汝封又曰劓刵人’，则无或劓刵人矣，言其责之在己也。先儒作四句读‘曰’，故不得其说。而苏氏破句读之，陈、林宗之，误矣。’又，‘元恶大憝’，详文意当从王氏。……苏、陈等说惩王氏之弊，一概以宽为说，恐非圣人刑人正法之意也。”[③] 朱熹特别指出东坡《书传》在讲论义理方面具有庞杂性，说其书“终是不纯粹”[④]。特别是不同意《书传》中关于道德性命的解释：“东坡解……只有失，如说‘人心惟危’这般处，便说得差了。”[⑤] 又，或问《禹贡》“三江”之说多不同，东坡之解如何？朱答：“东坡不曾亲见东南

① （宋）朱熹著，郭齐、尹波点校：《召诰》、《洛诰》，《朱熹集》卷 65，四川教育出版社 1996 年版，第 3441—3445、3448—3451 页。

② （宋）黎靖德编：《朱子语类》卷 78，中华书局 1986 年版，第 1986 页。

③ （宋）朱熹著，郭齐、尹波点校：《洛诰》，《朱熹集》卷 65，四川教育出版社 1996 年版，第 3451—3452 页。

④ （宋）朱熹著，郭齐、尹波点校：《答或人》，《朱熹集》卷 64，四川教育出版社 1996 年版，第 3387 页。

⑤ （宋）黎靖德编：《朱子语类》卷 80，中华书局 1986 年版，第 2090 页。

水势，只是意想硬说。”① 老苏著有《洪范论》，不取《五行传》，而东坡以为汉儒《五行传》不可废，朱熹同意老苏之意，不赞成东坡，谓“汉儒也穿凿”。又，“东坡疑《胤征》”：“疑羲和是个历官，旷职，废之诛之可也，何至誓师如此？大抵古书之不可考，皆此类也。”对苏轼所疑又提出质疑。

三、朱熹对苏轼《论语说》的评价

《论语说》后来竟失传了，今人始有辑本。但从文献记载看，其行世之后，曾得到许多学者的关注。《朱熹集》载程门弟子尹焞与徐度讨论读书之法，“徐丈（度）语及苏氏‘使民战栗’义，问曰：‘如何？’先生（尹焞）艴然曰：‘训经而欲新奇，无所不至矣！’”② 据朱熹《论语集注》引尹氏语，知道他批评的对象就是苏轼，可能就出自《论语说》。

同时的杨时也批评《论语说》：“或问：苏子瞻曰：‘有思皆邪也，无思则土木也。思无邪者，惟有思而无所思乎？’如何？（杨）曰：《书》‘曰思曰睿，睿作圣’，孔子曰：‘君子有九思。’思可以作圣，而君子于貌言视听，必有思焉，而谓有思皆邪，可乎？《系辞》曰《易》无思、无为也，寂然不动，感而遂通天下之故。非天下之至神，其孰能与于此夫？自至神而下，盖未能无思也。惟无思为足以感通天下之故，而谓‘无思土木’，可乎？此非穷神知化，未足与议也。”③ 其实东坡之意并不是不要思，思只是求知的阶段行为，对于得道的人来说是用不着劳心焦思的，那就是《易·系辞》“无思也，无为也，感而遂通天下之故”的命意所在。

比尹焞、杨时晚一辈的洛学人物胡宪、李侗诸人却开始重视苏轼经解著作。胡宪《论语会义》即采录了《论语说》的不少观点。朱熹《答魏元履一》：“有胡丈（宪）《会义》初本否？二先生（程颢、程颐）说《论语》处皆在其中矣。大抵只看二先生及其门人数家之说足矣。《会义》中如王元泽（雱）、

---

① （宋）黎靖德编：《朱子语类》卷 79，中华书局 1986 年版，第 2025 页。

② （宋）朱熹著，郭齐、尹波点校：《记和静先生五事》，《朱熹集》卷 71，四川教育出版社 1996 年版，第 3689—3690 页。

③ （宋）杨时：《答胡德辉问》，《龟山集》卷 14，文渊阁《四库全书》第 1125 册，台湾商务印书馆 1986 年版，第 250 页。

二苏、宋咸杂说甚多，皆未须看，徒乱人耳。”① 朱熹要人不看王雱、宋咸及二苏解，但胡宪未必如此。李侗也推重苏轼《论语说》和苏辙的《孟子说》：“二苏《语》、《孟》说，尽有好处。”② 朱熹也称：“尝闻之师曰：‘二苏聪明过人，所说《语》、《孟》尽有好处。盖天地间道理不过如此，有时便见得到，皆聪明之发也。但见到处却有病。’”③ 朱熹所记与《李延平集》多末后一语“但见到处却有病”，朱熹要人们注意这句话，说明苏氏之说不可全信。李侗还对苏轼解《学而》篇“三年无改于父之道”、《里仁》篇“吾道一以贯之”、《微子》篇“殷有三仁”诸章，进行了辨驳。同时代的胡寅也不同意苏轼关于“殷有三仁”的解释，成了洛学诸人批评苏轼的议题之一。胡宪和李侗都是朱熹的老师，胡寅也是朱熹师执一辈人物，他们对苏轼经解的重视，也许成了朱熹早期能够用心二苏之学的师训。

有趣的是，朱熹在《答魏元履》书中要他不必看二苏的《论语说》，但在其自己的著作中却广征博引。《朱子语类·论语》类有十四条论及《论语说》④，如果加上其《论语》专著《论语集注》和《论语或问》，其引证苏氏之说更多，达五十二处，粟品孝说：“朱熹之于苏轼《论语说》，在总共20 篇中，只有《先进》和《微子》两篇未见有论及。在总共 499 章（节）中，共有 62 章（节）论及，占总数的 12%。其中绝大多数都是肯定、借鉴和吸取的内容，并有 12 章（节）所解为朱熹《集注》直接征引。”⑤ 在《集注》一书中，朱熹直接引用苏轼之说的地方就有十二处，分别见于《八佾》“管仲之器小哉”，《公冶长》“子谓子贱”、“子贡问曰孔文子”，《述而》“富而可求也”，《泰伯》“狂而不直”，《乡党》“君子不以绀　饰”，《子路》“子路问政”，《宪问》“爱之能勿劳乎”，《卫灵公》“人无远虑”，《季氏》“禄之去公室”，《阳货》“年四十而见恶”，《子张》“博学而笃志”诸章之下。

---

① （宋）朱熹著，郭齐、尹波点校：《答魏元履》，《朱熹集》卷 39，四川教育出版社 1996 年版，第 1803 页。

② （宋）李侗：《问答上》，《李延平集》卷 2，清同治五年刻本。

③ （宋）朱熹著，郭齐、尹波点校：《答李伯谏》，《朱熹集》卷 43，四川教育出版社 1996 年版，第 2021 页。

④ 参见粟品孝：《朱熹评议苏氏蜀学——立足于〈朱子语类〉的考察》，《宋代文化研究》第六辑，四川大学出版社 1996 年版，第 131 页。

⑤ 粟品孝：《朱熹与宋代蜀学》，高等教育出版社 1998 年版，第 81 页。

引用频率之高，在《集注》中是不多见的。至于暗用苏氏之说，或释义与苏轼相近之处也不在少数，如《学而》“贫而无谄”,《八佾》“仪封人请见”,《公冶长》“伯夷叔齐不念旧恶”,《雍也》“子谓仲弓”，“质胜文则野”,《述而》“述而不作”,《子罕》“大宰问于子贡”训“将”为“殆”、分“棠棣之华”章为二,《子路》“仲弓为季氏宰”,《卫灵公》“不曰如之何”,《季氏》“季氏将伐颛臾”,《子张》“子夏之门人小子”等章，皆是。分别在裂章辨句、声音训诂、考证订讹、章句大意诸方面，继承和发挥了苏轼学说。由于《论语集注》是朱熹理学著作的代表作，是元、明、清科举考试的标准文献，因此尽管苏轼《论语说》自明以后即已失传，但明、清学者对苏轼《论语》学成就并不陌生。

朱熹引苏轼之说多数是肯定，他总体评价苏轼《论语说》:“东坡天资高明，其议论文词自有人不到处。如《论语说》，亦煞有好处，但中间须有些漏绽出来。”① 又引用苏氏不少说法，如《论语·雍也》有“子谓仲弓曰:‘犁牛之子骍且角。’”程颐认为多一“曰”字，意谓仲弓为犁牛子；苏氏却说“此乃论仲弓之德，非是与仲弓言也”。《语类》卷三一认为“苏氏得之”。《述而》“志于道”章，包显道认为“东坡数条，却尚得”；朱熹也赞成，“先生然之”②。《子路》“先之，劳之”，苏轼:“凡民之行，以身先之，则不令而行；凡民之事，以身劳之，则虽勤不怨。”③《语类》卷四三评云:“东坡下‘行’字与‘事’字，最好。”同篇还有“先有司，赦小过，举贤才”语，有人问此“各是一事，苏氏、杨氏乃相须而言之”。朱熹表示赞同苏、杨之说:“《论语》中有一二处，如‘道千乘之国，敬事而信，节用而爱人，使民以时’，虽各是一事，然有相须之理。”

朱熹也有不完全赞成苏轼之说的，或虽赞成，却有所保留。如《论语·公冶长下》“伯夷、叔齐不念旧恶，怨是用希”，苏轼认为:“二子（伯夷、叔齐）之出，意其父子之间有违言焉。”或问:“苏氏‘父子违言’之说，恐未稳否?”朱熹答道:“苏氏之说，以为己怨，而‘希’字犹有些怨在。然

① （宋）黎靖德编:《朱子语类》卷 130，中华书局 1986 年版，第 3113 页。

② （宋）黎靖德编:《朱子语类》卷 34，中华书局 1986 年版，第 867 页。

③ （宋）朱熹:《子路第十三》，《论语》卷 7，《四书章句集注》，中华书局 2012 年版，第 142 页。

所谓‘又何怨’，则绝无怨矣，又不相合。恐只得从伊川说，怨是人怨。”① 《述而》有“发愤忘食，乐以忘忧”语，苏轼：“实言则不让，贬言则非实，故常略言之，而天下之美莫能加焉。”朱熹评论道：“此说非不好，但如此，则是圣人已先计较，方为此说，似非圣人之意。”②《泰伯》论太王灭商，泰伯不从，苏轼：“‘三分天下有其二’。文王只是不管他。”朱熹云：“此说也好。但文王不是无思量，观他戡黎、伐崇之类时，也显然是在经营。”③ 又云：“因说文王事商曰：‘文王但是做得从容不迫，不便去伐商太猛耳。东坡说，文王只是依本分做，诸侯自归之。’”又：“东坡骂武王不是圣人，又也无礼。只是孔子便说得来平，如‘武未尽善’。”④ 可见朱熹实质上是同意苏轼之说的，只是嫌他太直太露，不如孔子说得平和婉转。所以他告诫曰：“此等处未消理会，且存放那里。”⑤《论语·子罕》有“可与立，未可与权。唐棣之华，偏其反而，岂不尔思，室是远而”语，《集义》中诸儒之说莫不连下文解，“独是范纯夫不如此说，苏氏亦不如此说，自以‘唐棣之华’为下截”。

朱熹虽不赞成范、苏之说，但认为：“细与推考，其言亦无害。”⑥

朱熹明确反对苏氏《论语说》主要集中在关于义利、性命等问题上。如解《里仁》第十一章：批评苏氏“然必以利害为言，则终不近圣贤气象也”⑦。解《泰伯》第一章：亦批评苏氏“此以利害言之，固不足以论圣贤之心”⑧ 特别对苏氏引佛老解《论语》深恶痛绝。指责苏轼不认真研究圣贤著作，“见佛家之说直截简易，惊动人耳目，所以都被引去”，到了道德性命问题的“紧要处”，便“添入佛老，相和倾瞒人，如装鬼戏、放烟火

---

① （宋）黎靖德编：《朱子语类》卷 29，中华书局 1986 年版，第 745 页。
② （宋）黎靖德编：《朱子语类》卷 34，中华书局 1986 年版，第 890 页。
③ （宋）黎靖德编：《朱子语类》卷 35，中华书局 1986 年版，第 908 页。
④ （宋）黎靖德编：《朱子语类》卷 35，中华书局 1986 年版，第 946 页。
⑤ （宋）黎靖德编：《朱子语类》卷 35，中华书局 1986 年版，第 946 页。
⑥ （宋）黎靖德编：《朱子语类》卷 37，中华书局 1986 年版，第 994—995 页。
⑦ （宋）朱熹撰，朱杰人等编：《论语或问》卷 4，《四书或问》，《朱子全书》第 6 册，上海古籍出版社、安徽教育出版社 2002 年版，第 686 页。
⑧ （宋）朱熹撰，朱杰人等编：《论语或问》卷 8，《四书或问》，《朱子全书》第 6 册，上海古籍出版社、安徽教育出版社 2002 年版，第 758 页。

相似，且遮人眼”[①]。批评苏轼解《论语·学而》第十五章的话是“老、佛之余，而非孔子之意”[②]。解《子罕》第十六章“逝者如斯”的话，是“老子‘独立而不改，周行而不殆’之意”，是佛家“肇法师‘四不迁’之说”[③]，等等。

综上所见，朱熹对苏轼“经学”三书的态度微有不同：“如（东坡）说《易》，说甚性命，全然恶模样；如说《书》，却有好处。”其对《易传》和《书传》的看法截然不同。他对《苏氏易传》虽然只举了十四条批评意见，但是就其治易的根本方法，是持否定态度的，说它：“大体最不好。”对于《东坡书传》，虽然对其调整文字错简、解释疑滞文句，多有赞赏，但是就《书传》中的思想，特别是批评王安石变法的说法，朱子是持保留态度的。一则说：“他看得文势好。”“解文义得处较多。”[④]“大纲也好。”[⑤]但又说他解说人心性理：“终是不纯粹。”对于《论语说》，虽然也在局部也有所采录，但是对于其中论性命之理、道德之义等处，则是根本否定的。如说：“二苏聪明过人，所说《语》、《孟》尽有好处。”“东坡天资高明……如《论语说》，亦煞有好处，但中间须有些漏绽出来。”[⑥]特别反对苏氏关于义利、性命等解说：“然必以利害为言，则终不近圣贤气象也。”“此以利害言之，固不足以论圣贤之心。”特别反对在讲性命义理等“紧要处”，“添入佛老”，“且遮人眼”[⑦]；直斥其为“老、佛之余，而非孔子之意”，直接将其排除在儒家之外。也就是说，朱子对于苏轼三经解，采取了局部肯定而整体否定、枝节采纳而根本否定、名物相从而义理否定等做法，总体是苛刻的、挑剔的，最终效果是否定的，贬绝的。故在朱学盛行的时代，苏轼经学三书一直没有可能大行于世；直到

① （宋）黎靖德编：《朱子语类》卷 137，中华书局 1986 年版，第 3276 页。

② （宋）朱熹撰，朱杰人等编：《论语或问》卷 1，《四书或问》，《朱子全书》第 6 册，上海古籍出版社、安徽教育出版社 2002 年版，第 634 页。

③ （宋）黎靖德编：《朱子语类》卷 130，中华书局 1986 年版，第 3115 页。

④ （宋）黎靖德编：《朱子语类》卷 78，中华书局 1986 年版，第 1986 页。

⑤ （宋）黎靖德编：《朱子语类》卷 80，中华书局 1986 年版，第 2090 页。

⑥ （宋）黎靖德编：《朱子语类》卷 130，中华书局 1986 年版，第 3113 页。

⑦ （宋）黎靖德编：《朱子语类》卷 137，中华书局 1986 年版，第 3276 页。

明代后期，程朱理学一统天下有所松动，才与苏辙《诗集传》、《春秋集解》、《孟子解》、《论语拾遗》、《老子解》一道，被焦竑等校刻成《两苏经解》行世。

（作者单位：四川大学国际儒学研究院、
中华文化研究院、古籍整理研究所）

“心以成性”辨

——以胡宏、朱熹和牟宗三为中心

马　俊

“心以成性”是宋明理学中一个重要而特殊的命题，它讨论的是心性哲学中最为核心的问题，同时又是湖湘学派的一个重要思想。“心以成性”义理思想的源头可以追溯到孟子，本质上它是诠释孟子“尽心知性知天”的理学产物。胡宏是第一个阐发“心以成性”的学者，认为性动而为心，心反过来著成性。此说遭到了朱子的激烈批判，但却被现代学者牟宗三推许为阐发儒家性命天道最正宗的义理路径。可以说，“心以成性”以及由“心以成性”所引发的争论（如心属已发还是未发、心性体用关系等）贯穿了从南宋到现代以来的儒家哲学史，如何恰当地理解和评价“心以成性”仍然是当代哲学史所需要正视的问题。

“心以成性”是宋明理学中一个重要而特殊的命题。言其重要，是因为它讨论的是心性哲学中的最为核心的问题，在两宋之际乃至当代中国哲学中，都引起过深入的探讨；言其特殊，是因为这个命题曾与胡宏及湖湘学派紧密联系在一起，一度成为该学派的核心理论之一，而为其他学派所较少谈及。“心以成性”所涉及的问题非常关键而复杂，既包括性与天道的道德形而上学的问题，又包括修身养性立人之极的工夫论问题；既是朱子与湖湘学派论辩分合的枢纽，又是现代哲人牟宗三诠解宋明理学的一把钥匙。在儒家心性哲学之中，是否存在“心以成性”这一义理路径？如果存在，那么这一义理路径的真实内涵是什么？它涉及哪些相关问题？又经历了哪些演变？弄清楚这些问题，对于准确理解“心以成性”并把握其义理价值是相当必要的。

一、“心以成性”溯源及其诠释史

“心以成性”四字连用并不见载古籍。先秦两汉之人多谈“乐以成性”“习以成性”或教化以成性，如《论语·泰伯》说：“乐所以成性”，《春秋繁露·深察名号》曰：“民受未能善之性于天，而退受成性之教于王”等。先秦之人已经较常使用“成性”的说法，只是他们说的“性”主要还是指现实的人性，较少有形而上的含义。先秦儒家说到“成性”已经具有了相对固定的说法，基本上与道德修养有关，如《系辞》曰：“继之者善也，成之者性也”。“继善成性”说将“性”与“善”联系在了一起，“性”虽然是后天的但却是继承“善”而来的，“成性”显然已经被视作道德修养的重要途径，故《系辞》说“成性存存，道义之门”，只是这种“成性”说还没有明确地与心的活动联系起来。

“心以成性”说的义理源头是孟子。孟子曰：“尽其心者，知其性也。知其性，则知天矣。存其心，养其性，所以事天也。夭寿不贰，修身以俟之，所以立命也。”（《尽心上》）“尽心知性知天”一语透露了圣学修养的门径，引来无数儒者为其注解发微。这句话背后实则蕴含着一条由内在主体（心）度越至外在客体（天）的超越路径，遂成为儒家修养工夫之总纲。但是孟子并没有对这条总纲进行详细说明，具体如何实践仍不清楚，因此千载之下对于这句话的理解总是莫衷一是、难得确解，由此发展出了众多的理论路径，例如“知言养气”“先察识后涵养”“涵养须用敬，进学在致知”“静中养出端倪”“致良知”等，其中“心以成性”亦是这诸多义理路径中的一种。

“尽心知性知天”中最难以理解而又最关键的问题是如何处理心、性、天三者之间的关系。自先秦以下，儒家已经基本确立了“天人合一”的超越径向，魏晋以下又从佛学中获得营养，加深了关于心性问题的理解。到了宋代，内圣之学的问题就变成了如何处理心性关系和天人关系并使之融合成为一个完整自洽的理论。这其中一个难点就在于如何处理主体的心与客体的天和性之间的相互关系，因此心性论的问题不可避免地成为了宋明理学的核心问题。

胡宏是第一个揭出“心以成性”这一命题的儒家学者。他用“心以成性”这一命题明确解决了上述主客关系问题，使得儒家的下学上达的内在超越之路进一步获得明确回答。自胡宏之后，“心以成性”及由此衍生的问题已经成为理学中一个不得不被正视的问题。朱子虽然彻底地批判了胡宏的“心以成性”思想，但是其中一些合理的因素仍然被他加以消化吸收。胡宏之后，也有理学家继续发挥这一思路，最著名的要数刘宗周，但是刘宗周所言并不一定来自胡宏，很可能是他自己体悟所得。现代以来，对“心以成性”问题特别加以关注的是牟宗三先生。牟先生详尽地阐发了“心以成性”的哲学意蕴与义理特色，他对“心以成性”说十分推崇，认为这是继承先秦儒家、消化北宋三大家(濂溪、明道、横渠）最为正宗的一条路径。除了牟先生之外，当代一些胡宏哲学及湖湘学的研究者也大多重视“心以成性”的问题，如向世陵、朱汉民、王立新、曾亦等学者，他们对“心以成性”的理解和诠释也是值得重视的。

二、心以成性：胡宏理学的纲要

“心以成性”这一命题最重要的阐发者便是胡宏。胡宏作为湖湘学派的创始人，又是两宋之际的理学宗师，在宋代理学史上实则起到了一个承上启下的作用。在心性论上，胡宏的一个重要作用便是在继承二程洛学的基础上进一步深入阐发了儒家的心性哲学，南宋之初的几个重要流派（湖湘学、闽学、婺学）都或多或少受其影响。在胡宏的心性理论中，“心以成性”是一个极重要的命题，是其整个理论体系的枢纽所在。胡宏说：

> 天命之谓性。性，天下之大本也。尧、舜、禹、汤、文王、仲尼六君子先后相诏，必曰心而不曰性，何也？曰：心也者，知天地，宰万物，以成性者也。六君子，尽心者也，故能立天下之大本。人至于今赖焉。不然，异端并作，物从其类而瓜分，孰能一之？①

这段话中，最要紧的一句是“心也者，知天地，宰万物，以成性者也”。这句话又可以简化为“心以成性”。在胡宏的理学体系中，性是客体，心是主体，性在逻辑上是第一位的，性体的作用即表现为心的活动，因而二者的关

① 参见［德］黑格尔：《精神现象学》上册，贺麟译，商务印书馆 1997 年版，第 10 页。

系是"性体心用"。所谓"性立天下之有"，无性则无心、无物，性实则就是天理，亦即形上之体。此体在天为道，在物为理，在人为性。因此性是天道性命下贯而为人的内在本质。心为主体，性动而为心，心即性之活动，无心亦无性。性虽为本体，但性不能自己表现自己，须由心来彰显自己，此即"心以成性"。而这一彰显活动表现出来就是即凡而圣的修养过程。"心以成性"最终指向心与性的合一，亦即主体的自我与客体的道的合一，而这种心性合一的背后也就是"天人合一"。

按照胡宏的思路，唯有心与性的合一，才是内圣修养之极则。胡宏所理解的主客关系是体用相即的，颇有些类似黑格尔所讲的"实体即主体"的思想。[①] 人之所以能够超凡入圣、体物不遗，是因为主体自身蕴涵着天道性命的本质规定性；而道之所以能够得名，则是主观的心体与客观的性体的合二为一。在这个意义上，心和性的统一才是道的现实[②]，圣人即是道的显现。

"心以成性"涉及到如何看待心与性的关系问题。在胡宏的理学体系中，大体是以心性对扬为基本格局，以性体心用为基本主轴，以心以成性为工夫路径，这种主体与客体的合一，以追求天人合一为旨归的内在超越之路，显然与孟子"尽心知性知天"的思路是一致的。要之，"心以成性"是胡宏心性论的根本特色所在，也是胡宏理学思想的核心命题。胡宏的"心以成性"说的确相当有理论特色，但是在朱子那里则又引出了许多新的问题。

三、心以用尽：朱子对"心以成性"说的批判

朱子对胡宏的性说总体不甚满意，以批评居多，其云："五峰《知言》大抵说性未是"[③]。在《知言疑义》中，朱子第一条辩难就指向"心以成性"说。朱子云："以成性者也，此句可疑，欲作'而统性情者也'，如何？"可见，朱子不仅不赞成"心以成性"，甚至根本上怀疑"成性"之说。朱子批评"心以成性"说的理由，事实上也是根据他对孟子的理解：

① 参见向世陵：《善恶之上——胡宏·性学·理学》，中国广播电视出版社2000年版，第129页。

② （宋）黎靖德编：《朱子语类》卷101，中华书局1986年版，第2589页。

③ （宋）胡宏：《胡宏集》，中华书局1987年版，第328页。

> 孟子尽心之意，正谓私意脱落，众理贯通，尽得此心无尽之体，而自其扩充，则可以即事即物，而无不尽其全体之用焉尔。但人虽能尽得此体，然存养不熟，而于事物之间一有所蔽，则或有不得尽其用者。故孟子既言尽心知性，又言存心养性，盖欲此体常存，而即事即物，各用其极，无有不尽。夫以大学之序言之，则尽心知性者，致知格物之事；存心养性者，诚意正心之事，而夭寿不贰、修身以俟之者，修身以下之事也。此其次序甚明，皆学者之事也。然程子尽心知性，不假存养，其唯圣人乎者？盖惟圣人则合下尽得此体，而用处自然无所不尽，中间更不须下存养充扩节次功夫。然程子之意，亦指夫始条理者而为言，非便以“尽心”二字就功用上说也。今观此书之言尽心，大抵皆就功用上说，又便以为圣人之事，窃疑未安。①

在这段话中，朱子主要从三个方面对“心以成性”说提出了责难：一、五峰对于孟子的“尽心知性”有所误解。孟子言“尽心知性”与“存心养性”，只是教人克除私意，达到众理贯通，从而获得此心之全体大用，因此“尽心”并不是为了“成性”。朱子认为“成性”之说只是讲性体无有欠缺的意思，成与亏相对而言，所谓“‘成性存存，道义之门’，只是此性万善毕具，无有欠阙，故曰‘成性’”②。在这里，“成性”只是指完整无缺的性，可见朱子对于“成性”之说是基本否定的。二、五峰对心的理解有所偏颇。五峰认为性为未发，心为已发，仅仅将心理解为性的发用是不对的，朱子批评这是“心以用尽”。朱子则认为心贯动静，既属于已发也属于未发，不能只从性的发用来理解心。三、情字无下落。朱子云：“旧看五峰说，只将心对性说，一个情字都无下落。后来看横渠‘心统性情’之说，乃知此话有大功，始寻得个情字下落，与孟子说一般。”③朱子认为五峰只是心性对言，缺少一个情的范畴。在朱子的理学体系中，若缺少情这一范畴，则很多地方不能自圆其说。因此朱子解构了胡宏的“性体心用”的心性结构，而采用张载的“心统

---

① （宋）黎靖德编：《朱子语类》卷 74，中华书局 1986 年版，第 1909 页。

② （宋）黎靖德编：《朱子语类》卷 5，中华书局 1986 年版，第 91 页。

③ （宋）黎靖德编：《朱子语类》卷 5，中华书局 1986 年版，第 89 页。

性情"说来代替胡宏的"性体心用"说。如果说五峰是心性对言，那么朱子则是"性对情言，心对性情言"[①]，用牟宗三的话来说就是"心性情三分，理气二分"的格局。事实上，胡宏并非不言情，他也说"心妙性情之德"，"识心之道，必识心之性情"，"情犹水之澜，欲犹水之波浪"，只是在胡宏那里，情与欲常常是连在一起的，二者同属于形而下的范畴，圣学之功就在于克制滥情恶欲，并非"无下落"。

张栻作为胡宏的大弟子，也认为"心以成性"存在问题。他所不能折中于朱子的只是认为"统"字不妥当，而主张用"主"字。张栻入五峰之门甚短，对于师说或许还未能深切而著名，因而没有在这一关键问题上坚守师说。事实上，如果改变"心以成性"这一基本命题，则五峰之学的面貌势必改头换面，这也是后来湖湘学逐渐走向没落的一个原因。当然，朱子并未全然否定五峰对于性的理解和阐释，他在一定程度上仍吸收了胡宏性论的某些思想要素，例如其"性为万物之源"、性一理殊以及万物皆有性等观点就受到了胡宏的影响。[②] 从这个意义上来看，朱子虽然反对"心以成性"说，但是在他的理学体系中，仍然有这一思想的影子。

四、以心著性：牟宗三对"心以成性"的诠解

如果说朱子主要是负面消极地评判"心以成性"，那么牟宗三则是正面积极地诠释"心以成性"。"心以成性"四字常为牟宗三转写为"以心著性"，其特意标出"以心著性"四字，无非是为了突出主观的心体著成客观的性体这一义理路数。牟宗三对"心以成性"的诠释十分精彩，此四字实则是其理解胡宏哲学的一把钥匙，他抬胡批朱乃至揭橥五峰蕺山系均与此有莫大关联。

牟宗三正面解释了"心以成性"的内在理路。牟宗三认为，所谓"心以成性"实际上是因心之形著而使性成为真实而具体之性，性体唯赖"尽心"以彰显而形著之，这就是"心以成性"的原意。不同于朱子对"成性"说的

---

① 陈代湘：《朱子学与湖湘学的融合》，《朱子学刊》2016 年第 1 期。

② 牟宗三：《心体与性体》（中），吉林出版集团责任有限公司 2013 年版，第 366 页。

否定，牟宗三高度肯定了这一理路。他说："成性是形著之成，非'本无今有'之成。即因心之形著而使性成其为真实而具体之性也。"① 也就是说，心的活动步步将性体彰显出来，此即所谓"成性"。胡宏拈出"心以成性"这一理路，将语焉不详的成圣之学明确地落实到了心性关系的相互转化上来，从而使整个内圣之学有了纲领。牟宗三认为这是胡宏继承濂溪、明道、横渠的内在理路，又由《中庸》、《易传》之言天道性命而复归孔孟，以会通孔子之仁与孟子之心性者所必有之义②，因此"心以成性"是继承先秦儒家与北宋理学的正宗路径。牟宗三诠释"心以成性"的重要特色是将其放在主客关系上来理解，即将心体与性体的关系理解为作为主体的自身与客体的天道之间的关系，心体与性体是即体即用的关系，主体与实体（天道）亦是即体即用的关系。牟宗三对此有十分精详的论述。此外，针对朱子对"心以成性"说的批判，牟宗三也逐条进行了反驳：

首先，朱子以尽心知性为格物穷理，混淆了道德实践与认知活动。牟宗三认为，孟子所言"尽心知性"只是就道德修养之事而言，而非认知之事。所谓"尽心知性"就是充分实现或扩充吾人之本心，如此便能明白人之性，能明白人之性则能洞晓天道。这说的都是圣学修养之事，并不涉及认知的问题。朱子拘泥于"性即理"一语，将"尽心"理解为格物穷理，此非孟子本义。孟子本只是就道德修养一事上来谈"尽心知性知天"，朱子却将之引入认知的领域，这就混淆了道德实践与认知活动的区别。相似的，在工夫论上，胡宏主张"察识仁体""以放心求放心"，此明显是继承了谢良佐"知此心，则知仁"的路数而来。朱子担心学者"以心观心"容易流于释氏之说，因而主张"以心观物"，认为只有向外的"即事即物穷究其理"，才能"全其本心廓然之体"，其云："大抵圣人之学，本心以穷理，顺理以应物……释氏之学，以心求心，以心使心。"（《观心说》）牟宗三则认为"察识仁体"属于"逆觉体证"的工夫，而"逆觉体证"是他衡准宋明理学诸家的一个重要原则，其云："内圣之学之本质的工夫，唯在逆觉体证。"③ 总之，牟宗三重新肯定了

---

① 牟宗三：《心体与性体》（中），吉林出版集团责任有限公司 2013 年版，第 366 页。

② 牟宗三：《心体与性体》（中），吉林出版集团责任有限公司 2013 年版，第 351 页。

③ （宋）黎靖德编：《朱子语类》卷 104，中华书局 1986 年版，第 2620 页。

五峰“心以成性”的思路，认为这正是继承和发挥了孟子“尽心知性”的思路，而朱子本人的解释才是歧解。有趣的是，无论是朱子批评五峰还是牟宗三批评朱子，二者都是基于对《孟子·尽心》章的理解。

其次，“性体心用”之用是形著之用，并非朱子所说的“心以用尽”的情变之用。朱子将胡宏的“圣人指明其体曰性，指明其用曰心”一语中的“用”理解为一般的体用之用。牟宗三则反对这种理解，认为胡宏所讲的“性体心用”的“用”是形著之用，也就是“寂然不动感而遂通”意义上的“神感神用”。换句话说，性与心的关系并不是一种固定的体用关系，而是即体即用的关系，性体有活动之用，心体亦有形著之用。

正是这种即体即用的关系，心体与性体的关系就变得十分微妙而复杂。牟宗三认为朱子欲改“以成性者也”为“而统性情也”，南轩则欲改为“而主性情”，吕东莱则认为“成性固可疑”，足见三人都不能了解心所含的“形著”之义，亦未能真正理解胡宏所阐发的“心以成性”。

再次，朱子以心属形而下，致使不能理解胡宏理学的心性结构。牟宗三认为，在胡宏哲学中，心、性同属形上之体，又兼有形上之用。一方面，心与性虽然相对而言，但都是形而上的本体，因此牟先生常称之为心体与性体。胡宏的心性结构是一个心性对扬的结构，而朱子则是一个“心性情三分”的结构。朱子是以性为形上之体，而心为形下之气，因此朱子只能讲“性即理”，而不能讲“心即理”。朱子将心视为形而下之心，这样一来反倒丢失了胡宏哲学那种主客兼备、即本体即工夫的圆整饱满的理论性格。

“心以成性”四字虽不直接见于古籍，但这一思想并非无本之说，而的确发皇于孟子的心性论说。考诸“心以成性”说本义，“心以成性”亦符合先秦儒家谈论性命天道的一贯之旨，此一义牟先生辨之甚明。胡宏对于阐扬“心以成性”的义理有开辟之功，只可惜他这一思路并未引起后人重视，否则若经过充分开展，其理论气象必相当可观。纵观胡宏、朱子与牟宗三对于“心以成性”的理解，其经典依据都是孟子“尽心知性知天”之宏纲，而决定他们不同理解的更深层次原因，则又在于他们本人的哲学体系的整体取向。

朱子为了排诋佛老，在理论建构上可谓煞费苦心，他批评湖湘学者“说得太高，遗了下面一截”，主张从下学开始，用格物穷理取代静坐澄心和先识仁体。事实上，理学心性论深受佛学的影响是个不争的事实，早期理学的建构者大都有出入佛老的经历，朱子亦自认“理会得昭昭灵灵的禅”①，朱子大约深知禅学浸入程度之深，故在理论建构上采取非常激烈的态度以排除佛学的影响。实际上，儒家某些义理与佛家虽有表面的相似，但内在的精神却是根本不同的，大可不必为了排佛而作出理论上的牺牲。五峰“心以成性”的义理路径自成一格，且迥异于禅学，朱子对此竟然没有理论上的觉察是十分可惜的。朱子对“心以成性”根本上采取了否认的态度，湖湘后学也未能光大此学，遂导致此一义理路径终被埋没。不可否认的是，胡宏的“心以成性”说的确还有不完善的地方，例如朱子批评五峰只是将心视作已发便是极有见地的。因为心若只是已发，那么心便永远只能是后天的心，而不能真正“成性”。心也有作为体的一面，对于这一点，即便是牟宗三也无法否认。事实上，在牟宗三的诠释中，也并没有将心限于已发的范围，可见他本人对于胡宏的理论也是有所修正的。

牟宗三针对朱子的反驳既有高明之处也有值得商榷的地方。首先，他批评朱子“以气言心”，只将心视为形而下，看不到心作为形上之体的一面，这一批评是极有见地的，后来陆王心学的崛起正是从这个方面纠正了朱子的不足。其次，他指责朱子混淆了道德与认知的区别也是一针见血的。但是牟先生的批评显然还有另一层深意，他实则是站在传统儒家哲学缺乏知性环节未能开出民主与科学的层面来说的。在这一点上，牟先生的观点也容有可商议之处。朱子虽然混淆了道德与认知，但与传统儒家未能开出现代民主和科学并没有直接关联，将这一过失归咎于朱子亦不公平。另外，对于“性体心用”中的“用”的理解，究竟是朱子所理解的一般的“心以用尽”之“用”，还是牟宗三所说的“神感神用”？恐怕二者都存在问题。朱子“心以用尽”的批评固然存在误解，但是牟宗三所说的“神感神用”也未必不是强为人说。牟先生常用传统体用相即的思维诠释康德所言“智的直觉”。牟先生对于“神感神用”有着十分独到的理解，但他将这种理解代入胡宏哲学的诠释中，则未必是恰当的，很难说胡宏想到了这一层。因此从这个意义上来说，真正将

---

① 杨国荣：《心学之思：王阳明哲学的阐释》，中国人民大学出版社 2009 年版，第 1 页。

“心以成性”阐发到精微程度的其实是牟宗三。

如何成为圣人？这是儒家的核心问题①，围绕这一问题的讨论即是所谓内圣之学。从先秦儒家到宋明理学，关于成圣之路的讨论一直众说纷纭，无论是哪种义理入路都是先贤用以切己修身、接引学人的成德之教，至于何者正宗何者不正宗，今人完全不必抱门户之见。

（作者单位：湖南师范大学）

① （宋）朱熹：《中庸章句序》，《四书章句集注》，中华书局 2012 年版，第 14 页。

论朱熹的“道心”“人心”与“心之虚灵知觉”说

刘　畅

朱熹道统思想的核心内容是“十六字心法”，其中的“道心”“人心”说历来备受关注。对“道心”“人心”的解说，或者从中国哲学传统的心性论的理解路径，或者从理气论的解读诠释，似乎都有着一定的合理性。本文从朱熹《中庸章句序》与《尚书·大禹谟解》对“十六字心法”的阐释出发，对“道心”“人心”的判别根由进行分析。认为朱熹对“道心”“人心”之别就可以分解为两种叙述次序，即“心”——“知觉”——“形气之私”/“性命之正”——“人心”/“道心”与“心”——“形气之私”/“性命之正”——“知觉”——“人心”/“道心”，判别“道心”“人心”之别的关键问题就在于“知觉”与“形气之私”“性命之正”两者之间。通过对“知觉”发生过程的梳理，提出“道心”“人心”之别的根由乃是基于二者在本源、本质两方面有着基本的辨别，但这个前提又是建立在作为认识论的“知觉”概念之上。在对“知觉”与“心之虚灵知觉”的讨论下，进一步论证了“道心”“人心”之别，与其说是心性论、理气论视野下的必然结果，不如说其是人在面对自身“人之所以为人”与“人之如何为人”的问题下的认知结果。

一、问题的提出

朱熹的“道心”“人心”说是其道统思想的核心内容，长期以来备受关注。历来对“人心、道心之异”以及“人心”之“危殆而不安”与“道心”之“微妙而难见”的问题，无论从中国哲学传统的心性论的理解路径，还是理气论的诠释倾向，尤其是当这些不同的研究角度交织在一起时，使得从不同角度对朱熹“道心”“人心”的论说似乎都有其合理性。对朱熹“道心”“人心”的解释，在其结果上虽然本没有多大的差异，争论之处在于对“道心”“人心”产生的根源的理解路径。根据朱熹的说法，我们先把涉及“心”在“道心”“人心”的最为主要的两条材料还原语境：其一是朱熹在《中庸章句序》所言，其曰：

> 心之虚灵知觉，一而已矣，而以为有人心、道心之异者，则以其或生于形气之私，或原于性命之正，而所以为知觉者不同，是以或危殆而不安，或微妙而难见耳。然人莫不有是形，故虽上智不能无人心，亦莫不有是性，故虽下愚不能无道心。二者杂于方寸之间，而不知所以治之，则危者愈危，微者愈微，而天理之公卒无以胜夫人欲之私矣。精则察夫二者之间而不杂也，一则守其本心之正而不离也。从事于斯，无少间断，必使道心常为一身之主，而人心每听命焉，则危者安、微者著，而动静云为自无过不及之差矣。①

其二是朱熹解《尚书·大禹谟解》之文：

> 心者，人之知觉，主于身而应事物者也。指其生于形气之私者而言，则谓之人心。指其发于义理之公者而言，则谓之道心。人心易动而难反，故危而不安。义理难明而易昧，故微而不显。惟能省察于二者公私之间以致其精，而不使其有毫厘之杂，持守于道心微妙之本以致其一，而不使其有顷刻之离，则其日用之间，思虑动作，自无过不及之差，而信能执其中矣。②

从两文所做的时间来看，《中庸章句序》作于其淳熙十六年（1189），《大禹谟解》作于庆元四年（1198），均被视为朱熹最为重要的文献资料，甚至并列为“晚年成熟思想”的表述。③ 这两则材料无疑成为我们理解朱熹“道心”、“人心”问题的直接依据。不过，本文无意于对“道心”“人心”进行辨别，而是根据上述两则材料，辅以朱熹在《朱子语类》中与弟子对答的说法，从

---

① （宋）朱熹著，郭齐、尹波点校：《尚书·大禹谟》，《朱熹集》卷 65，四川教育出版社 1996 年版，第 3436 页。

② 参见谢晓东：《寻求真理：朱子对“道心”“人心”问题的探索》，《河北大学学报（哲学社会科学版）》2005 年第 3 期。

③ （宋）黎靖德编：《朱子语类》卷 78，中华书局 1986 年版，第 2009 页。

认识论的角度重新对“道心”、“人心”的分合问题作一梳理。

二、判别“道心”、“人心”的根由

朱熹关于“道心”、“人心”的问题，强调的一点就是“道心”“人心”不相离。《朱子语类》记载朱熹与弟子讨论“道心”、“人心”问题时随处可见，如：“或问‘人心、道心’之别。曰：‘只是这一个心’”①，“人只有一个心”、“道心、人心，本只是一个物事”②，“人心与道心为一”③，“心，只是一个心（卓录云：“人心、道心，元来只是一个。”）只是分别两边说，人心便成一边，道心便成一边”④。此是学者们历来关注和证成的话题，这是不成问题的。问题的关键在于“一心”如何判别为“道心”与“人心”的⑤。

根据朱熹在《中庸章句序》所说：“心之虚灵知觉，一而已矣，而以为有人心、道心之异者，则以其或生于形气之私，或原于性命之正，而所以为知觉者不同，是以或危殆而不安，或微妙而难见耳。”仔细体会朱熹“而以为”、“则以其”、“而所以为”、“是以”的表述，且在此基础上揣摩朱熹这些表述之间逻辑关联的语意，成为探究“道心”、“人心”问题的关键之所在，即“而所以为……是以”与“则以其……”是承接“而以为……”而言，还是与“而以为……则以其”并列而对“心之虚灵知觉，一而已矣”的不同分疏。如果依照前者理解，“而所以为……是以”与“则以其……”又有两种理解，

---

① （宋）黎靖德编：《朱子语类》卷 78，中华书局 1986 年版，第 2010 页。

② （宋）黎靖德编：《朱子语类》卷 78，中华书局 1986 年版，第 2011—2012 页。

③ （宋）黎靖德编：《朱子语类》卷 78，中华书局 1986 年版，第 2012 页。

④ 这里尤其涉及“心”与“气”的关系问题。[参见陈来：《朱子哲学中“心”的概念》，《中国近世思想史研究》（增订版），生活·读书·新知三联书店 2010 年版，第 117—129 页；陈荣开：《朱子的〈中庸〉说：〈中庸章句·序〉中有关道心、人心问题的看法》，见朱杰人主编：《迈入 21 世纪的朱子学：纪念朱熹诞辰 870 周年、逝世 800 周年论文集》，华东师范大学出版社 2001 年版，第 57—77 页；李明辉：《朱子论恶之根源》，见钟彩钧主编：《国际朱子学会议论文集》（上册），台湾“中央研究院”中国文哲研究所筹备处 1993 年版，第 553—580 页；《朱子对“人心”、“道心”的诠释》，见黄俊杰主编：《东亚朱子学的诠释与发展》，华东师范大学出版社 2011 年版，第 62—87 页，亦见《湖南大学学报（社会科学版）》2008 年第 1 期]

⑤ （宋）黎靖德编：《朱子语类》卷 78，中华书局 1986 年版，第 2009 页。

即：一方面，“而所以为……是以”与“则以其……”并列承接“而以为……”的解释，“人心、道心之异”在于“或生”、“或原”之不同，“人心”、“道心”之间的“或危”、“或微”则在于“所以为知觉者不同”，“或生”、“或原”与“或危”、“或微”并列地陈述“道心”、“人心”之异；另一方面，“而所以为……是以”承接“而以为……则以其”，“道心”、“人心”、之异在于“或生”、“或原”之别，对“或生”、“或原”的“所以为知觉者不同”构成其“或危”、“或微”，“或生”、“或原”在知觉不同的条件下与“或危”、“或微”成为一种因果关系。如果依照后者的理解，“而以为……则以其”与“而所以为……是以”的潜在阐述对象为共同的“一而已”之“心”，这也就是说，“一”“心”因为“或生”“或原”之别而有“道心”、“人心”之异，且因为知觉不同而产生“或危”、“或微”，“之异”与“不同”分别在“而以为……则以其”、“而所以为……是以”的语意中构成对“一”“心”的分解。而依据朱熹在《大禹谟》中所解释“人心”、“道心”：“心者，人之知觉，主于身而应事物者也。指其生于形气之私者而言，则谓之人心。指其发于义理之公者而言，则谓之道心。人心易动而难反，故危而不安。义理难明而易昧，故微而不显。”这里两处“指其”之“其”字，到底在“心者，人之知觉，主于身而应事物者也”这句前提性话语中指向的是“心者”还是“人之知觉”。如果指代的是“心者”，“道心”、“人心”之别直接在于“心”本身在构成方面的“形气”与“义理”之别；如果说是“人之知觉”，则“道心”“人心”之别的根基则在于“知觉”之异，“知觉”从“形气之私”为“人心”，从“义理之公”为“道心”。那么，这里涉及的问题就是“知觉”在“心”与“心”之“形气之私”和“义理之公”之间是什么样的关系。综合《中庸章句序》与《大禹谟解》来看，朱熹对“道心”、“人心”之别就可以分解为两种叙述次序：其一，“心”——“知觉”——“形气之私”/“性命之正（义理之公）”——“人心”/“道心”，如“知觉从耳目之欲上去，便是人心；知觉从义理上去，便是道心”①、“知觉从饥食渴饮，便是人心；知觉从君臣父子处，便是道心”②；其二，“心”——“形气之私”/“性命之正（义理之公）”——“知觉”——“人心”/“道心”，如“道

① （宋）黎靖德编：《朱子语类》卷 78，中华书局 1986 年版，第 2010 页。
② （宋）黎靖德编：《朱子语类》卷 78，中华书局 1986 年版，第 2010 页。

心是知觉得道理底，人心是知觉得声色臭味底”①、“形骸上起底见识(或作‘从形体上生出来底见识’)，便是人心；义理上起底见识（或作‘就道理上生出来底见识’)，便是道心”②。由此，“心”无疑是此两种叙述次序的基础，无论是“知觉”概念还是“道心”“人心”之异抑或“形气之私”/“性命之正(义理之公)”之别，都是建立在“心”的意义上的，而判别“道心”、“人心”的路径就在于“知觉”与“形气之私”、“性命之正（义理之公)”两者之间。③

朱熹在解释《孟子·离娄下》“人之所以异于禽兽几希，庶民去之，君子存之”中说道：人物之生，同得天地之理以为性，同得天地之气以为形；其不同者，独人于其间得形气之正，而能有以全其性，为少异耳。虽曰少异，然人物之所以分，实在于此。众人不知此而去之，则名虽为人，而实无以异于禽兽。君子知此而存之，是以战兢惕厉，而卒能有以全其所受之理也。④朱熹认为，人与动物作为生命体来说，都共同获得天地之理而成其各自的本性，都是禀受天地之气为各自的形体，它们之间几微的区别在于人禀受到天地之正气，而且有成就天地所赋予的天地大全之理的能力，如果对这一点不知道且不能守存，实与动物无异，如果知道这一点并能守存，则又是圣人君子区别于一般大众的根本之处。朱熹在这段解释中，不仅提出了“人之所以异于禽兽”的问题，而且透露出“君子”之所以区别于“众人”的根由。这个根由就是在于能否“知”到并守存住人之所以区别于物的那点几微之处。这也就是说，天以天地之理与天地之气赋予人与物，人与物禀受天地

---

① （宋）黎靖德编：《朱子语类》卷 78，中华书局 1986 年版，第 2010 页。

② 陈荣开先生在《朱子的〈中庸〉说：〈中庸章句·序〉中有关道心、人心问题的看法》一文中，根据朱熹《答郑子上》书有“昨答季通书，语却未莹，不足据以为说”一语（《答郑子上》，《朱熹集》卷 56，四川教育出版社 1996 年版，第 2865 页）进行了详细的解析，把“道心”“人心”之别置于“本源”还是“本质”的差异之处。这一点对笔者启发很大（陈荣开：《朱子的〈中庸〉说：〈中庸章句·序〉中有关道心、人心问题的看法》，见朱杰人主编：《迈入 21 世纪的朱子学：纪念朱熹诞辰 870 周年、逝世 800 周年论文集》，华东师范大学出版社 2001 年版，第 65—70 页）。

③ （宋）朱熹：《离娄章句上》，《孟子集注》卷 7，《四书章句集注》，中华书局 2012 年版，第 293—294 页。

④ 不过，需要提醒的是，这里所谓的“知”，也就是“知”得人之为人之“所当然之则”，与朱熹连用“知觉”时的意义不太一样。

之理、天地之气以为各自的本性与形体，人与物在根源上是没有差别的，但人之所以为人则在于人禀受到的是天地之气为正，且能成就其性理之大全，而人的凡圣之别又在于能否对此有“知”。人、物之别的关键之处就在于人本身能否“自知”其与物所异之处何在①。

朱熹在解释《孟子·告子上》孟子与告子辨析“生之为性”又说，“性者，人之所得于天之理也；生者，人之所得于天之气也。性，形而上者也；气，形而下者也。人物之生，莫不有是性，亦莫不有是气。然以气言之，则知觉运动，人与物若不异也；以理言之，则仁义礼智之禀，岂物之所得而全哉？”②朱熹在这里明确提出“以气言之，则知觉运动，人与物若不异也”，而朱熹又把此“知觉运动”纳入到解释“生”的定义之中，即“生，指人物之所以知觉运动者而言”③。这里所言“知觉”是作为生命体的人、物与生俱有的，而作为生命体意义上与生俱来的“知觉”，其实质是赋予人、物“饥欲食，渴欲饮”的生理性需求，在“饥渴”这些直接的感受性中“欲食”、“欲饮”而“知食”“知饮”，此即朱熹所谓“如人知饥之可食”、“知寒之欲衣”④。人、物在自然生命意义上的“知觉”并不相异，其别在于能否成全所禀受于天地之理的仁义礼智。如朱熹《答余方叔》说：“天之生物，有有血气知觉者，人兽是也；有无血气知觉而但有生气者，草木是也；有生气已绝而但有形质臭味者，枯槁是也。是虽其分之殊，而其理则未尝不同。但以其分之殊，则其理之在是者不能不异。故人为最灵而备有五常之性，禽兽则昏而不能备，草木枯槁，则又并与其知觉者而亡焉。但其所以为是物之理，则未尝不具耳。”⑤所以在朱熹看来，“知觉”产生根源是人禀受天地之气而成的，是人与生俱来的，在这点上与其他生命体在本质上并不相异，其相异之处也就在于“知觉”的程度而已，如其所谓“鸟兽底知觉不如人底，草木的知觉又不

① （宋）朱熹：《万章章句下》，《孟子集注》卷10，《四书章句集注》，中华书局2012年版，第326页。

② （宋）朱熹：《万章章句下》，《孟子集注》卷10，《四书章句集注》，中华书局2012年版，第326页。

③ （宋）黎靖德编：《朱子语类》卷78，中华书局1986年版，第2010页。

④ （宋）朱熹著，郭齐、尹波点校：《答余方叔》，《朱熹集》卷59，四川教育出版社1996年版，第3067页。

⑤ （宋）黎靖德编：《朱子语类》卷60，中华书局1986年版，第1430页。

如鸟兽底"①。朱熹又说："盖知觉运动者，形气之所为，仁义礼智者，天命之所赋。学者于此正当审其偏正全阙而求知所以自贵于物，不可以有生之同反自陷于禽兽而不自知己性之大全也。"②朱熹在此处进一步申说人、物之别在于人能否"求知所以自贵于物"与"自知己性之大全"，人之所以为人就在于对人之有别于物之几微之处有所"知"。可见，这种几微之别既是本源上的又是本质上的：从其本源上来说，可以说就是"正当审其偏正全阙而求知所以自贵于物"；在本质上而言，则是"不可以有生之同反自陷于禽兽而不自知己性之大全"。

朱熹在《朱子语类》中对学生问及"人之所以异于禽兽者几希"的问题时，认为："人与万物都一般者，理也；所以不同者，心也。人心虚灵，包得许多道理过，无有不通。虽间有气禀昏底，亦可克治使之明。万物之心，便包许多道理不过，虽其间有禀得气稍正者，亦止有一两路明。如禽兽中有父子相爱，雌雄有别之类，只有一两路明，其他道理便都不通，便推不去。人之心便虚明，便推得去。就大本论之，其理则一；才禀于气，便有不同。"③朱熹在这里提出人之区别于禽兽的原因是"所以不同者，心也"，即：人与物都是禀受天地之理气而各自具有其本性与形体，人能够顺通其性理，气禀之偏昏能够得到修治，使其复正复明，但动物则不能顺通其性理，也不能全部修治其气禀的偏昏之弊，而在这个意义上使得人之所以异于禽兽则在于"心"。根据上文，人与禽兽"不同"在于"独人于其间得形气之正，而能有以全其性"，这里在"不同"之前以"所以"二字凸显"心"在人之区别于禽兽方面的因素。《朱子语类》关于"道心""人心"与"人之所以异于禽兽者几希"记曰："问'道心惟微'。曰：'义理精微难见。且如利害最易见，是粗底，然鸟兽已有不知之者。'又曰：'人心、道心，只是争些子。孟子曰：'人之所以

---

① （宋）朱熹著，郭齐、尹波点校：《答程正思》，《朱熹集》卷 50，四川教育出版社 1996 年版，第 2457 页。

② （宋）黎靖德编：《朱子语类》卷 57，中华书局 1986 年版，第 1347 页。对于这条语录，又有另录云："人物之所同者，理也；所不同者，心也。人心虚灵，无所不明；禽兽便昏了，只有一两路子明。人之虚灵皆推得去，禽兽便推不去。人若以私欲蔽了这个虚灵，便是禽兽。人与禽兽只争这些子，所以谓之'几希'。"

③ （宋）黎靖德编：《朱子语类》卷 78，中华书局 1986 年版，第 2011 页。

异于禽兽者几希！'”[1]“林武子问：‘道心是先得，人心是形气所有，但地步较阔。道心却在形气中，所以人心易得陷了道心也。是如此否？’曰：‘天下之物，精细底便难见，粗底便易见。饥渴寒暖是至粗底，虽至愚之人亦知得。若以较细者言之，如利害，则禽兽已有不能知者。若是义理，则愈是难知。这只有些子，不多。所以说‘人之所以异于禽兽者几希’！言所争也不多’。”[2] 朱熹在这里把判别“道心”“人心”都落脚在“人之所以异于禽兽者几希”，这种解释仍然把“道心”“人心”在根源上归结于人、物之别与人的最初生命状态。

可见，“人之所以异于禽兽者几希”确实提供了一个在本源与本质上界定“人之所以为人”的理解基点。从其本源上来讲，人作为一个生命体，在其生命来源上本身是与其他生命体没有区别，都禀受天地之理气，而成就其自身的本性与形体，人、物之别的几微之处则在于禀受天地之理气时的“偏正全阙”。从本质上来讲，人、物之别在于认知并存守“己性之大全”。不过，虽然“人之所以异于禽兽者几希”为我们提供了“道心”、“人心”说在本源与本质之间的根源，但这个根源只是一种认知结果，是在“偏正全阙”与“己性之大全”之间的一种“求知”与“自知”，这种认知本身只是建立在现实经验性观察的基础上的，以及一种在此基础上的逻辑论证。

三、“心之虚灵知觉”释义

比对两则材料，不难发现，《中庸章句序》之“心之虚灵知觉，一而已矣”与《尚书·大禹谟解》之“心者，人之知觉，主于身而应事物者也”各自作为两则文字的开端，都提到“知觉”这一共同话语。这也就是说，产生“道心”“人心”问题的不管从“或生”“或原”之别还是“或微”“或危”之辨，其根由在于“心”之“知觉”，故而如何理解“心”之“知觉”以及在此基础上如何看待判别“道心”“人心”之可能，成为一个重要的问题。

---

① （宋）黎靖德编：《朱子语类》卷 78，中华书局 1986 年版，第 2013 页。

② （宋）朱熹撰，朱杰人等编：《大学或问下》，《四书或问》，《朱子全书》第 6 册，上海古籍出版社、安徽教育出版社 2002 年版，第 534 页。

首先从“心之虚灵知觉，一而已矣”这句话的字面意思来看：“心之虚灵知觉”是说“心”的“虚灵知觉”，“虚灵知觉”似乎只是言说“心”的某一部分或者某种特质；“一而已矣”，是对“虚灵知觉”的进一步说明，其言外之意是指“虚”、“灵”、“知”、“觉”分别蕴含着者各自独立的意义，但这种分别的意义又能统摄于“心”在“虚灵知觉”这一方面的整体之内。这也就是说，“虚灵知觉”从“虚”、“灵”、“知”、“觉”相对独立的角度本身构成了“心”的不同意义，但这四者之间又具有内在的逻辑统一性。对于“虚”，朱熹说：“人之一心湛然虚明，如鉴之空，如衡之平，以为一身之主者，固其真体之本然，而喜怒忧惧，随感而应，妍媸俯仰，因物赋形者，亦其用之所不能无者也。故其未感之时，至虚至静，所谓鉴空衡平之体，虽鬼神有不得窥其际者，固无得失之可议。”①“人之心湛然虚明，以为一身之主者，固其本体。而喜怒忧惧随感而应，亦其用之所不能无者也。然必知至意诚，无所私系，然后物之未感则此心之体寂然不动，如鉴之空，如衡之平；物之既感则其妍媸高下随物以应，皆因彼之自尔而我无所与。”② 朱熹把“心”之“虚”比喻为没有照物的镜子与没有称物的称，这就是“鉴之空”、“衡之平”，但当镜子照物、称称物时，物的形象、重量自然就表现出本来的“妍媸”、“俯仰(高下)”，这就是“明”。“心”之“虚”指向的是“心”“虽是一物，却虚”③，“似乎有景象，然其体却虚”④。可见，“心”之“虚”表征的是“心”在物来之前的无感无应的本然存在状态⑤，“明”是说明本然之“虚”的“心”在感应外物时能够显现该物是其所是而没有矫揉造作的客观样态。“心”在物来

---

① （宋）朱熹著，郭齐、尹波点校：《答黄子耕》，《朱熹集》卷 51，四川教育出版社 1996 年版，第 2512 页。

② （宋）黎靖德编：《朱子语类》卷 5，中华书局 1986 年版，第 88 页。

③ （宋）黎靖德编：《朱子语类》卷 5，中华书局 1986 年版，第 88 页。

④ 向世陵先生解释“真体之本然”为，“‘真体’就是心体，其所谓’本然’，突出了湛然虚明而鉴空衡平的特性为心范畴本来所具，心也正是凭此而成为一身之主宰”（向世陵：《论朱熹的“心之本体”与未发已发说》，收入陈来主编：《哲学与时代：朱子学国际学术研讨会论文集》，华东师范大学出版社 2012 年版，第 144 页；又见于《湖南大学学报（社会科学版）》2012 年第 1 期。

⑤ （宋）朱熹著，郭齐、尹波点校：《答王子合》，《朱熹集》卷 49，四川教育出版社 1996 年版，第 2369 页。

之前表现出“虚”，在物来之时因其本然之“虚”而能“明”物之为该物，此即朱熹所谓“心犹镜也，但无尘垢之蔽，本体自明，物来能照”[①]。朱熹说：“人心如一个镜，先未有一个影象，有事物来，方始照见妍丑。若先有一个影象在里，如何照得！人心本是湛然虚明，事物之来，随感而应，自然见得高下轻重。事过便当依前恁地虚，方得。若事未来，先有一个忿懥、好乐、恐惧、忧患之心在这里，及忿懥、好乐、恐惧、忧患之事到来，又以这心相与滚合，便失其正。事了，又只苦留在这里，如何得正?”[②] 此处“人心”是上两条材料所谓“人之心”、“人之一心”，不是与“道心”相对言的“人心”。朱熹在这则材料强调的是，“心”在物往之后不留“影象”，否则就会导致“心”有偏弊、成见而不能“明”物之为该物，使物有偏差，即“失其正”[③]，故而“心不可有一物”[④]。根据朱熹关于“心”之“虚”的说法，不仅表明“心”在本然的存在状态为“虚”，同时强调在“心”与外物的接触后自身还有一种继续保持“虚”的能力。

关于朱熹所谓“心”之“灵”，根据陈来先生的界定，所谓“灵”是指“心的运用的神妙不测而言，即意识活动及其变化的速度、范围不受限制的特点”[⑤]。延在钦先生进一步认为，“灵”是指“能基于已经知晓的道理而推知还没有接触过的另外事物的道理，或者在一定范围和程度内预测将来遇到的事物的道理”，具有“超越时空制约而无所不至的特性”[⑥]。这些论述诚然有其合理性，因为朱熹本来就有“人心至灵，虽千万里之远，千百世之上，一念才发，便到那里。神妙如此”[⑦]、“此心至灵，细入毫芒纤芥之间，便知便觉，六合之大，莫不在此。又如古初去今是几千万年，若此念才发，便到那里；下面方来，又不知是几千万年，若此念才发，便也到那里”[⑧] 等言说。

---

① （宋）黎靖德编：《朱子语类》卷16，中华书局1986年版，第347页。
② 陈来：《朱子哲学研究》，生活·读书·新知三联书店2010年版，第254页。
③ （宋）黎靖德编：《朱子语类》卷16，中华书局1986年版，第344页。
④ 陈来：《朱子哲学研究》，生活·读书·新知三联书店2010年版，第255页。
⑤ 延在钦：《朱熹论心之本体与功能》，陈来主编：《早期道学话语的形成与演变》，安徽教育出版社2007年版，第358、361页。
⑥ （宋）黎靖德编：《朱子语类》卷18，中华书局1986年版，第404页。
⑦ （宋）黎靖德编：《朱子语类》卷18，中华书局1986年版，第404页。
⑧ 参见（宋）朱熹：《大学章句》，《四书章句集注》，中华书局2012年版，第6—7页。

对“心”之“灵”，朱熹确实将其与“知”关联起来，这本来在其“格物补传”就有“人心之灵莫不有知”一说。[①] 朱熹说：“心官至灵，藏往知来。”[②]“心官”来自孟子“心之官则思”，朱熹解为：“心则能思，而以思为职。凡事物之来，心得其职，则得其理，而物不能蔽；失其职，则不得其理，而物来蔽之。”[③] 而“藏往知来”是化用《系辞传》“神以知来，知以藏往”，朱熹释为：“‘神以知来’，如明镜然，物事来都看见；‘知以藏往’，只是见在有底事，他都识得。”[④]“心官”是指“能思”之“心”“以思为职”，而“心”之“思”则是“心”对外物的体知。[⑤]“知来”是指对事物之“来”而能“知”，也就是能“知”所“来”之物，而“藏往”是指对所“往”之物的“知”已有“藏”，即对将要所“来”之物已有潜藏之“知”。朱熹又说，“人心至灵，均具万理，是以无所往而不知”[⑥]，“人心至灵，主宰万变，而非物所能宰”[⑦]。所谓“主宰”，“主便是宰，宰便是制”[⑧]。“心”之“灵”虽然使“心”能够“无所往而不知”，但其前提在于“心”备具万事万物之理。备具万事万物之理的“心”，在“藏往知来”的“思”或“知”的具体活动中能够裁制万事万物。不过，需得注意的是，这种裁制万事万物的“主宰”并不是说作为“至灵”的“心”是世间万物之所以存在的根源[⑨]，而是指此“心”对其所“思”“知”的“往来”之物能够进行判别，这种判别的能力保证此物之为此物，也就是上文所谓“明”的意思。正是因为如此，朱熹认为：“人心至灵，其所不当为、不当欲之事，何尝不知。但初间自知了，到计较利害，却自以为不妨，便自冒昧为之、欲之耳。今既知其所不当为、不当欲者，便要来这里截断，断然不为、

---

① （宋）黎靖德编：《朱子语类》卷 5，中华书局 1986 年版，第 85 页。

② （宋）朱熹：《告子章句上》，《孟子集注》卷 11，《四书章句集注》，中华书局 2012 年版，第 335 页。

③ （宋）黎靖德编：《朱子语类》卷 75，中华书局 1986 年版，第 1927 页。

④ 参见张立文：《朱熹思想研究》，中国社会科学出版社 2001 年版，第 319 页。

⑤ （宋）黎靖德编：《朱子语类》卷 24，中华书局 1986 年版，第 578 页。

⑥ （宋）朱熹著，郭齐、尹波点校：《答潘叔度》，《朱熹集》卷 46，四川教育出版社 1996 年版，第 2233 页。

⑦ （宋）黎靖德编：《朱子语类》卷 17，中华书局 1986 年版，第 382 页。

⑧ 参见蔡方鹿：《宋明理学心性论》（修订版），巴蜀书社 2009 年版，第 128 页。

⑨ （宋）黎靖德编：《朱子语类》卷 60，中华书局 1986 年版，第 1442 页。

不欲。”[①]“人心至灵”又能够成为判别所“思”、所“知”之物正当与否的内在尺度，而这个潜存的内在尺度也就是“心”所备具的万事万物之理，此即朱熹所谓“心固是主宰底意，然所谓主宰者，即是理也”[②]。可见，所谓“心”之“灵”是指此“心”在“思”或“知”的方面使“思”或“知”之所可能的一种能动性，这种能动性虽有说明“心”在“思”或“知”方面具有超越时空而无所不在、无所不至的特征[③]，但更多在于突出“心”在“思”或“知”活动方面所自有的内在动力和所蕴含的潜存功用[④]。

不过，朱熹亦把“虚”“灵”放在一起来讲。朱熹说：“虚灵自是心之本体，非我所能虚。耳目之视听，所以视听者即其心也，岂有形象？然有耳目以视听之，则犹有形象也。若心之虚灵，何尝有物。”[⑤]对朱熹这句话的解释，尤其是“心之本体”，张立文先生认为，“心”虽然作为一种体知的思维器官，但更重要的是强调“心体”的“虚灵不测”，“虚灵”是指“心体，亦指心（思维）的功能”，从“虚”来说，“‘心无形影’，没有形象，不是实有之物”，从“灵”来讲，是指“神明不测”[⑥]。陈来先生认为，“心之本体”是指“心的本然状态”，并将“心之本体”区分为广义的与狭义的：广义层面上是说，“一般所讲的心之本体，心是作为一般意识活动主体的知觉思虑之心，如所谓心之本体虚明”；狭义层面上的“心之本体”是指“把心仅仅作为道德意识的主体，相当于所谓实践理性”[⑦]。蒙培元先生说，“心之本体”是“从心上说而不是从性上说。心是无形之体，耳目能视听，是有形之体，但耳目之所以能视听，则由于心。可见，心与耳目视听是联系在一起的，耳目之所以能视听，是心

① （宋）黎靖德编：《朱子语类》卷1，中华书局1986年版，第4页。

② 参见蔡方鹿：《宋明理学心性论》（修订版），巴蜀书社2009年版，第126页。

③ 张立文：《朱熹思想研究》，中国社会科学出版社2001年版，第321页。

④ （宋）黎靖德编：《朱子语类》卷5，中华书局1986年版，第87页。

⑤ 张立文：《朱熹思想研究》，中国社会科学出版社2001年版，第321页。张立文先生在《中国哲学范畴发展史（天道篇）》解释“虚一而静”之“虚”为，“所谓虚，是相对于藏而言，即构成心主体意识的藏与虚的对待统一关系”，“人获得认识就记忆下来，这就是藏，没有一个心是无藏的。虚就是不要以已有的认识（藏）去妨碍、贼害接受心的知识、认识，而要在心的基础上统一起来”（张立文：《中国哲学范畴发展史（天道篇）》，中国人民大学出版社1988年版，第592页）。

⑥ 陈来：《朱子哲学研究》，生活·读书·新知三联书店2010年版，第255页。

⑦ 蒙培元：《朱熹哲学十论》，中国人民大学出版社2010年版，第84页。

的作用，心有虚灵之体，才能发出这样的作用”①。吴震先生认为，此处“本体”之义是指“某种存在的本来状态、本来面貌、本来特质”，意谓“意识处于未发之前而寂然不动的本来状态，而不同于陆王心学所说的超越义的道德本心”，基于此，“‘虚灵’乃是指心体本来所具有的状态，故云‘非我所能虚’。就其实质而言，心之本体不是一件物事，不能等同于一物，亦即不是‘实有一物’，因此‘岂有形象’、‘何尝有物’之可言”②。向世陵先生解释为，“‘本体’在这里是指本质属性，心之为心，本质如此，而不是我的主观故意造就的。尽管虚灵的本体离不开耳目视听的感官活动——这是有形象的，但’所以视听’的心自身却是无形象的，是形而上的”③。根据朱熹的说法，“心”之“虚灵”是“心”本来的存有状态，这种本然的存有状态并不以其是否接触外物而成就其为本然之“虚”与自有之“灵”。尽管耳目对外物固然有作为视听功能之用，可作为这种视听功用的耳目能够获得形象声音之可能则在于此“心”，虽然耳目只有在视听的功用下才能获得外物的声音形象，但此“心”自身并不是有形象声音的。朱熹又说：“心之为物，至虚至灵，神妙不测，常为一身之主，以提万事之纲，而不可有顷刻之不存者。”④“心”的“至虚至灵”，一方面表明此“心”在其本然存在状态为“虚”，另一方面说明在这本然存在状态的“虚”中自有其“藏往知来”的“灵”。

对于“心”之“知觉”，根据上文，“知觉”首先是作为生命体的人、物与生俱有的，而作为生命体意义上与生俱来的“知觉”，其实质是赋予人、物“饥欲食，渴欲饮”的生理性需求，在“饥渴”这些直接的感受性中“欲食”“欲饮”而“知食”“知饮”，其产生根源是人禀受天地之气而成的，是人与生俱来的。但在朱熹那里，“知觉”又是认知概念，他说：“人之一身，

---

① 吴震：《“心是做工夫处”——关于朱子“心论”的几个问题》，吴震主编：《宋代新儒学的精神世界：以朱子为中心》华东师范大学出版社 2009 年版，第 116 页。

② 向世陵：《论朱熹的“心之本体”与未发已发说》，见陈来主编：《哲学与时代：朱子学国际学术研讨会论文集》，第 144 页；又见于《湖南大学学报（社会科学版）》2012 年第 1 期。

③（宋）朱熹著，郭齐、尹波点校：《行宫便殿奏札二》，《朱熹集》卷 14，四川教育出版社 1996 年版，第 548 页。

④（宋）朱熹著，郭齐、尹波点校：《答张钦夫》，《朱熹集》卷 32，四川教育出版社 1996 年版，第 1043—1044 页。

知觉运用莫非心之所为，则心者，固所以主于身而无动静语默之间者也。”①对于人来说，这种“知觉”是“心之所为”，即“有心则自有知觉”②、“有知觉谓之心”③、“聪明视听，作为运用，皆是有这知觉”④。这一点已成为大家的一个共识。如张立文先生认为，“知是与事物相接触，而获得对此一事的了解；觉是在知的基础上，心中有所觉悟，即对此一事不仅有所了解，而且有一定的见解，形成了关于此一事物的整个形象，这就是知觉”⑤。因“知觉”引起的具体指向的不同又分为广狭二义，如陈来先生认为，“狭义的知觉指人的知觉能力，即精神，也就是能只能觉”，“广义的知觉则不仅指人的知觉能力，而且包括人的具体知觉，即知觉能力的具体运用”⑥。蔡方鹿先生亦认为，“朱熹所说的知，有广、狭两种意义”，狭义的知“是对一事一物的了解”，广义的知“是指人的整个认识能力”⑦。不过，亦有学者不同意这样的界定和划分，如蒙培元先生认为：“朱熹心说的一个重要特点是，从知觉上论心，认为心是知觉。这意思是说，知觉是心的主要功能。因此有人认为，朱子所说的心，是认知心。人们喜欢从现代心理学的观点出发，理解朱子所说的知觉，认为知觉心是主体认识能力，外物是客体即认识对象，由此构成主客体的认识关系，即心物关系。这样说有一定的道理，因为朱子很重视对客观事物及事物之理的认识。但这并不是这觉的全部功能，更不是以知觉论心的根本目的。其根本目的是‘尽心知性’，而心的知觉功能，主要在于实现‘尽心知性’，进而实现天人合一的心灵境界。”

然而，在朱熹那里，因其对“知觉”的运用在不同语境中赋予其不同的指向，故而对“知觉”的理解需要明晰其确切的指向和可诠释的意义边界，尤其是在把“知觉”分开来看的时候，朱熹对“知觉”界定似乎变得更不一样。朱熹认为：“知者，因事因物皆可以知。觉，则是自心中有所觉悟。”⑧“知是

---

① （宋）黎靖德编：《朱子语类》卷 60，中华书局 1986 年版，第 1432 页。
② （宋）黎靖德编：《朱子语类》卷 140，中华书局 1986 年版，第 3340 页。
③ （宋）黎靖德编：《朱子语类》卷 60，中华书局 1986 年版，第 1430 页。
④ 张立文：《朱熹思想研究》，中国社会科学出版社 2001 年版，第 317 页。
⑤ 陈来：《朱子哲学研究》，生活・读书・新知三联书店 2010 年版，第 248—249 页。
⑥ 蔡方鹿：《宋明理学心性论》（修订版），巴蜀书社 2009 年版，第 125 页。
⑦ 蒙培元：《朱熹哲学十论》，中国人民大学出版社 2010 年版，第 84 页。
⑧ （宋）黎靖德编：《朱子语类》卷 58，中华书局 1986 年版，第 1363 页。

知此一事，觉是忽然自理会得。”① 这里虽然并列“知”“觉”来讲，似乎只是一般意义上认知层次。② 朱熹又说：“知，谓识其事之所当然。觉，谓悟其理之所以然”③，所谓“识其事之所当然”，是指识别此一事物之应当为此事物，而“悟其理之所以然”是说所识别的事物之为此事物的因由之所在，正如朱熹与弟子讲解“物有当然之则，亦必有所以然之故”时说，“如事亲当孝，事兄当弟之类，便是当然之则。然事亲如何却须要孝，从兄如何却须要弟，此即所以然之故”④，“又如人见赤子入井，皆有怵惕、恻隐之心，此其事‘所当然而不容已’者也。然其所以如此者何故，必有个道理之不可易者”⑤，“所当然”是指我们知道“事亲”“事兄”应当要“孝”“悌”、“见赤子入井”应当有“怵惕、恻隐之心”，而“所以然”是指在知道“事亲”“事兄”“孝”“悌”、“见赤子入井”应当有“怵惕、恻隐之心”之后要知道究竟为何如此，即“知”是“知此事当如此”，“觉”为“知此事之所以当如此之理”⑥。在这种意义上，“知”表征的是，在构成面对万事万物的认知中，每一事物都是各自具有其

---

① （宋）黎靖德编：《朱子语类》卷 58，中华书局 1986 年版，第 1363 页。

② 张立文先生认为：“知与觉的差分是：其一，在认知过程中的作用不同。知是指人们的感觉器官与外在对象的接触，而知道此一事物。譬如，这是猫，此是狗、彼是马等，因而，朱熹称其为‘知则主于别识’。识别其是什么东西。觉则综合知所得到的感觉，而认识到猫狗马之所以为猫狗马的道理。其二，认知的深浅不同，知是对于事的表面现象的体认，觉是有所觉悟，是对事物整体的体认。”（张立文：《朱熹思想研究》，中国社会科学出版社 2001 年版，第 317 页）蔡方鹿先生认为：“知是与事物接触，而获得对此一事物的了解；觉是在知的基础上，心中有所觉悟，对事物进一步理会，并形成一定的见解。可知知、觉虽同是人的感官与外物接触产生的认识，但二者有层次的深浅。”［蔡方鹿：《宋明理学心性论》（修订版），巴蜀书社 2009 年版，第 125 页］延在钦先生则进一步认为：“所谓‘知’是指通过与事物接触而知晓该事物的所当然。而且，所谓‘觉’是指通过一种觉悟而领会其所以然。依朱熹之说法，在‘知’和‘觉’之关系中，‘知’与人类的经验有密切关系而主要把握个别事物之所当然。与此不同，‘觉’在‘知’的基础上，通过心的思维作用而全面地领悟所以然之故。”（延在钦：《朱熹论心之本体与功能》，陈来主编：《早期道学话语的形成与演变》，第 371 页）

③ （宋）朱熹：《万章章句上》，《孟子集注》卷 9，《四书章句集注》，中华书局 2012 年版，第 310 页。

④ （宋）黎靖德编：《朱子语类》卷 18，中华书局 1986 年版，第 414 页。

⑤ （宋）黎靖德编：《朱子语类》卷 18，中华书局 1986 年版，第 414 页。

⑥ （宋）朱熹著，郭齐、尹波点校：《又论仁说》，《朱熹集》卷 32，四川教育出版社 1996 年版，第 1396 页。

“所当然”的限定性规则，使得每一事物在是其应然所是的基础上而区别于他物，“觉”则是在判别此事物“所当然”的这种限定性规则后，继而能够对这种限定性规则进行为何如此的根究。

朱熹对“知”“觉”也有分别开来进行单独的说法。朱熹说，“物至而知，知之者，心之感也”①，“若夫知，则心之神明，妙众理而宰万物者也”②，“知者，吾自有知。此心虚明广大，无所不知，要当极其至耳”③。这里的“知”也就是“知觉”之义，是作为“心”的一种认知能力来讲的。对于“觉”，一方面，与上文把“知觉”对待来说“觉”的意义一样，就是对事物的“所以然”之“理”的认知，如朱熹所谓“觉，则是心中自有所觉悟，晓得道理是如此”④，另一方面，“觉”有忽然觉悟的意思，如朱熹认为，“然而本明之体，得之于天，终有不可得而昧者，是以虽其昏蔽之极，而介然之顷，一有觉焉，则即此空隙之中，而其体已洞然矣”⑤、“忽然闪出这光明来，不待磨而后现”⑥、“介然之觉，一日之间，其发时也无时无数”。不过，需要指出的是，这种觉悟之“觉”是建立在“知”的基础上的，是觉悟到作为“知觉”之“心”本有之“理”，即“觉者是要觉得这个道理，须是分毫不差，方能全得此心之德，这便是仁。若但知得个痛痒，则凡人皆觉得，岂尽是仁者也”⑦，因为在朱熹看来，“道理本固有，用知，方发得出来。若无知，道理何从而见”⑧。

综上，“心之虚灵知觉”与“心者，人之知觉”是作为人的认识发生过程的体现。“虚灵”是认识开始之前的一种本然状态，指向的是人在认识活

---

① （宋）朱熹著，郭齐、尹波点校：《乐记动静说》，《朱熹集》卷 67，四川教育出版社 1996 年版，第 3523 页。

② （宋）朱熹著，郭齐、尹波点校：《经筵讲义》，《朱熹集》卷 15，四川教育出版社 1996 年版，第 578 页。

③ （宋）黎靖德编：《朱子语类》卷 15，中华书局 1986 年版，第 293 页。

④ （宋）黎靖德编：《朱子语类》卷 17，中华书局 1986 年版，第 376 页。

⑤ （宋）朱熹撰，朱杰人等编：《大学或问上》，《四书或问》，《朱子全书》第 6 册，上海古籍出版社、安徽教育出版社 2002 年版，第 508 页。

⑥ （宋）黎靖德编：《朱子语类》卷 17，中华书局 1986 年版，第 377 页。

⑦ （宋）黎靖德编：《朱子语类》卷 101，中华书局 1986 年版，第 2562 页。

⑧ （宋）黎靖德编：《朱子语类》卷 17，中华书局 1986 年版，第 382 页。

动中的能力与应该如何进行认知，而“知觉”是人正在认识以及在此认识上的判断与反思，“虚”、“灵”、“知”、“觉”由此构成认识发生过程的层级次序。“道心”、“人心”的判别，旨在说明“人之所以为人”与“人之如何为人”，而“人之如何为人”的根本之处在于认知到“人之所以为人”。可见，“道心”、“人心”之说，首先是建立在这种认知层级次序之上的，但这也并不妨碍我们已经赋予“道心”、“人心”所展现出的价值导向。

（作者单位：中国人民大学哲学院）

论朱熹“中和”之道的本体依据

刘原池

朱熹在阐述中和之道时指出天地万物吾本一体，天人合一就是中和之道的本体依据。正是天地物我皆为一，天地之理乃物我之理，所以才能时刻保持在中状态，这是天道流行；正是此一理之流行发用，才能在物我不同之殊理中达到时中，这是人道工夫。在《中庸》“天命之谓性”观念的指引下，朱熹对天道与人道进行探讨，揭示了儒家“天人合一”的理论内涵，并以“诚”贯通天人，以阐发其理学的哲学世界观以及心性学说，构建了以天理论为最高概念的理学思想体系。《中庸》所阐发的天人关系其实是一种以道德价值为根源而形成的既超越而内在，又内在而超越的关系。

朱子在阐释《大学》“诚意”章指出“诚”是“明善之要”，进而在《中庸》注解中从不同角度与层次环绕着“诚”为中心展开阐释，“所谓诚者，实此篇之枢纽也”①。以“诚”为“枢纽”，把“性”、“道”、“教”贯穿为一体。又把“诚”作为贯通“天道”与“人道”的桥梁，达到“天人合一”——止于至善之圣境。《中庸》说：

> 诚者，天之道也；诚之者，人之道也。诚者不勉而中，不思而得，从容中道，圣人也。②

朱子把“诚”释为真实无妄，把“天之道”释为天理，把“诚者”解释为天理之本然。真实无妄就是天理之本然，而非至圣之人因人欲之私，其德性未能全其本然之理，所以人道不是真实无妄的，而要努力做到诚之，即人仿效天理本然的真实无妄，努力达到真实无妄的状态。圣人真实无妄，不勉而

---

① （宋）朱熹：《中庸章句》，《四书章句集注》，中华书局 2012 年版，第 32 页。

② （宋）朱熹：《中庸章句》，《四书章句集注》，中华书局 2012 年版，第 31 页。

中，与天道本然之诚相同，所以圣人之境即天之道。对于一般的人要做到像圣人一样自然真实无妄，就要择善，而后明善，以达到诚身之道。经过自身修养去达到真实无妄，这就是人道，即“诚之者”。概括来说，朱熹这段话中有三种义涵：一是天人之道以“诚”贯之，二是天道就是圣人之道，三是人择善明善以诚之。

一、论诚

朱熹在《中庸》二十章注曰：“章内语诚始详，而所谓诚者，实此篇之枢纽也。”《中庸章句》明确把“诚”看作《中庸》之枢纽，以“诚”通贯全篇。虽说从第二十章才开始大篇幅地论“诚”，但在朱熹看来，此前各章却都蕴含着“诚”。朱熹在《中庸或问》中针对为何说“诚”是贯穿《中庸》一书的核心主线做了进一步诠释，他说：

诚者，实而已矣。天命云者，实理之原也。性其在物之实体，道其当然之实用，而教也者，又因其体用之实而品节之也。不可离者，此理之实也。隐之见，微之显，实之存亡而不可掩者也。戒谨恐惧而谨其独焉，所以实乎此理之实也。中和云者，所以状此实理之体用也。天地位，万物育，则所以极此实理之功效也。中庸云者，实理之适可而平常者也。过与不及，不见实理而妄行者也。费而隐者，言实理之用广而体微也。鸢飞鱼跃，流动充满，夫岂无实而有是哉！道不远人以下，至于大舜、文、武、周公之事，孔子之言，皆实理应用之当然。而鬼神之不可掩，则又其发见之所以然也。圣人于此，固以其无一毫之不实，而至于如此之盛，其示人也，亦欲其必以其实而无一毫之伪也。盖自然而实者，天也，必期于实者，人而天也。诚明以下累章之意，皆所以反复乎此，而语其所以。至于正大经而立大本，参天地而赞化育，则亦真实无妄之极功也。卒章尚絅之云，又本其务实之初心而言也。内省者，谨独克己之功；不愧屋漏者，戒谨恐惧而无已；可克之事，皆所以实乎此之序也。时靡有争，变也；百辟刑之，化也：无声无臭，又极乎天命之性、实理之原而言也。盖此篇大指，专以发明实理之本然，欲人之实此理而无妄，故其言虽多，而其枢纽不越乎诚之一言也，呜呼深哉！①

在这段论述中，朱熹首先阐释了《中庸》前二十章有关概念和论述中“诚”的内涵；其次认为二十一章直至末后一章反复讲“诚”；最后提出《中庸》的枢纽在于“诚”。什么是诚？按朱熹的解释为“诚者，真实无妄之谓，天理之本然也”②，其实所谓没有任何虚伪和矫揉造作的“不假修为”的真实无妄的“实然”状态，就是诚。用现代语句解释，诚就是真诚。诚之就是无论是先天禀赋，还是后天修养都要真心实意、心诚意恳的为之。在此基础上，朱熹认为《中庸》所讲“天”、“性”、“道”、“教”都体现了“诚”的真实无妄。由于至诚，天理化散为万物之理，万物禀理以成真实无妄之性，性即天理，天理真实无妄之流行则显现为道，人循此道而为之则合于天理，圣人循此道而教之则可使人真实无妄而品节之。所以，后来的王夫之所说的“天命”、“率性”、“修道”、“教化”等等，说穿了其实都统受于“诚”。而对于《中庸》所提倡的道不可离以及戒惧、慎独工夫，朱熹认为也可以一“诚”概括。

至于《中庸》所讲中和之道也都是建立在真实无妄的基础上，中是天理之体现，诚则是天理之内涵，中与诚统一为天理，所以中和事实就是诚。“中是道理之模样，诚是道理之实处，中即诚矣。”③在朱熹看来，天地之间，之所以能够万物和谐化生，各安其位，彼我共生，实则天理之诚而为之。朱熹以诚贯之，除首章之外，其他篇章皆以诚为基础，虽然这只是朱熹的见解，但对于研究朱熹思想却是不可轻忽。只有天下真诚之人真诚地发挥其本然天性，从而作用于天下众物之真诚本性，使得万物也能遵其真诚之本然，就能赞天地之化育，帮助天地宇宙生化万物，源源不断地延续生命，立天下之本，育天地之物，达到天、地、人并列为三的最高境界。从“自诚明，谓之性；自明诚，谓之教”④始至“唯天下至诚，为能经纶天下之大经，立天下之

① （宋）朱熹撰，朱杰人等编：《中庸或问下》，《四书或问》，《朱子全书》第6册，上海古籍出版社、安徽教育出版社2002年版，第594—595页。

② （宋）朱熹：《中庸章句》，《四书章句集注》，中华书局2012年版，第31页。

③ （宋）黎靖德编：《朱子语类》卷62，中华书局1986年版，第1483页。

④ （宋）朱熹：《中庸章句》，《四书章句集注》，中华书局2012年版，第32页。

大本，知天地之化育”[①]，朱熹在《中庸章句》或注以天道言诚，或注以人道言诚，总之皆以“诚”为核心展开。所以，朱熹曾感慨地说：“盖此篇大指，专以发明实理之本然，……而其枢纽不越乎‘诚’之一言也。”[②]

二、天道与人道

朱熹在《中庸章句》以“诚”作为沟通天人的桥梁。若从天道来说，诚是真实无妄的本然之性；就人道来说，诚是彰显本性合于天理之本然。而人之所以能诚之，能够行已发未发的中和之道，使己之行为合于天理流行，其实都源于天地物我一体的理论。

（一）天道之诚

“诚”的真实无妄状态就是天道本然之状态，也就是所谓“诚者，天之道”。天道至诚，能够把事物隐没不见的一面呈显出来，成为显性的存在。朱熹说：

> 几者，动之微，善恶之所由分也。盖动于人心之微，则天理故当发见，而人欲亦已萌乎其间矣。此阴阳之象也。[③]

人心只要一有念想，就会显现几作，表露于外。因为这是天道的必然规律，天道至诚无私，所以对任何事情都不会有所隐藏，会毫不保留地以某种方式向外显现出来。《中庸》曰：

> 至诚之道，可以前知。国家将兴，必有祯祥；国家将亡，必有妖孽；见乎蓍龟，动乎四体。祸福将至：善，必先知之；不善，必先知之。故至诚如神。[④]

朱熹对于这段引文诠释如下：

---

① （宋）朱熹：《中庸章句》，《四书章句集注》，中华书局 2012 年版，第 38 页。

② （宋）朱熹撰，朱杰人等编：《中庸或问下》，《四书或问》，《朱子全书》第 6 册，上海古籍出版社、安徽教育出版社 2002 年版，第 595 页。

③ （宋）朱熹撰，朱杰人等编：《诚几德第三》，《通书注》，《朱子全书》第 13 册，上海古籍出版社、安徽教育出版社 2002 年版，第 100 页。

④ （宋）朱熹：《中庸章句》，《四书章句集注》，中华书局 2012 年版，第 33 页。

凡此皆理之先见者也。然惟诚之至极，而无一毫私伪留于心目之间者，乃能有以察其几焉。①

朱熹认为，无论国家兴旺衰败，还是百姓福兮祸兮，天理皆可先见。因为天道至诚，事物内在发展的“意念”已经有了表象，天道把内在的隐性“意念”经由外在的表象动静展示出来，不会有任何的隐瞒。可以前知，是理之先见，可以观察外相，“察其几”，“自能见得”，可先知事情的进展动向，洞悉未来的吉凶祸福。这种显现实际上就是天道的必然规律，就是“诚”的状态。本质通过现象表现出来，现象又反映着本质，所以对现象的察识就能把握事物发展变化的本质。

《中庸章句》又曰：“故至诚无息。既无虚假，自无间断。”② 这是说天道真实无妄，至诚无息，无息则恒久，恒久则自然显现于外，天道至诚无息以真实无妄存在于内，显现于外在客观世界即化生万物，天理之诚无间断地运行着，所以万物生生不息永久恒存。朱熹说：

此皆以其验于外者言之。郑氏所谓“至诚之德，着于四方”者是也。存诸中者既久，则验于外者益悠远而无穷矣。悠远，故其积也广博而深厚；博厚，故其发也高大而光明。③

正是天道之诚的本然状态，诚一不贰，才有天道之博、厚、高、明、悠、久，所以天道才得以载物、成物、覆物，使得能够各极所盛，化生万物。这也就是《中庸》所说的“博厚，所以载物也；高明，所以覆物也；悠久，所以成物也。”④ 所以，“诚”为天道之本然，而天下万物又是由天理（天道）禀赋成性，所以“诚者”也随理之禀赋为生物之本，且贯穿事物之始终，对事物的存在有着本质的影响。天地之道，诚一不贰，万物禀理而为，诚者贯以物之始终。任何事物都是一个由始至终的不断发展变化的过程，在此过程中，保持事物不息，恒久延续事物以成物的就是贯彻事物始终的“生生之德”的天道之诚，不然，所得之理殆尽事物就会半途夭折而不成为该物，就是“不诚无物”。

---

① （宋）朱熹：《中庸章句》，《四书章句集注》，中华书局 2012 年版，第 33 页。

② （宋）朱熹：《中庸章句》，《四书章句集注》，中华书局 2012 年版，第 34 页。

③ （宋）朱熹：《中庸章句》，《四书章句集注》，中华书局 2012 年版，第 34 页。

④ （宋）朱熹：《中庸章句》，《四书章句集注》，中华书局 2012 年版，第 34 页。

所谓诚一不贰，就是天道真实无妄且纯而不杂。朱熹注《中庸》：

> 天地之道，可一言而尽，不过曰诚而已。不贰，所以诚也。诚故不息，而生物之多，有莫知其所以然者。①

在朱熹看来，天地之道“为物不贰”，“诚”就是“不贰”。天道之本然状态，浑然一体，乃真实无妄之诚。浑然一体则纯一无杂，这就是所谓“不贰”。朱熹说：

> 一则纯，二则杂，纯则诚，杂则妄。此常物之大情也。夫天之所以为天也，冲漠无朕，而万物兼该，无所不具，然其为体则一而已矣，未始有物以杂之也。是以无声无臭，无思无为，而一元之气，春秋夏冬，昼夜昏明，百千万年，未尝有一息之缪；天下之物，洪纤巨细，飞潜动植，亦莫不各得其性命之正以生，而未尝有一毫之差，此天理之所以为实而不妄者也。②

天道的纯而不杂，就是“诚”。天道至诚无息，真实无妄，纯而不杂，故能化生万物，以阴阳五行之气以成形，以随气禀赋予万物之理以成性，于是物我之生，各得其理，各安其位。《中庸》举例说：

> 今夫天，斯昭昭之多，及其无穷也，日月星辰系焉，万物覆焉。今夫地，一撮土之多，及其广厚，载华岳而不重，振河海而不泄，万物载焉。今夫山，一卷石之多，及其广大，草木生之，禽兽居之，宝藏兴焉。今夫水，一勺之多，及其不测，鼋鼍、蛟龙、鱼鳖生焉，货财殖焉。③

天因其精纯守一、恒久不息，故可运行日月星辰，赋予万物；大地仅一撮土而已，就能承载三山五岳、五湖四海，乃是其精纯守一；同理，山因精纯不息以致广大，则生长草木、禽兽、宝藏；水也因精纯不息以致不测之境，故可养育鼋鼍、蛟龙、鱼鳖。朱熹认为，此天之万物覆焉、地之万物载焉、山之宝藏兴焉、水之货财殖焉皆发明了天道之诚不贰不息，盛兴恒常的生发之意。可见，正是不贰不息、精纯守一的天道之“诚”精神，才使得万物运行

---

① （宋）朱熹：《中庸章句》，《四书章句集注》，中华书局 2012 年版，第 34 页。

② （宋）朱熹撰，朱杰人等编：《中庸或问下》，《四书或问》，《朱子全书》第 6 册，上海古籍出版社、安徽教育出版社 2002 年版，第 592 页。

③ （宋）朱熹：《中庸章句》，《四书章句集注》，中华书局 2012 年版，第 35 页。

恒久，生生不息。

（二）人道之诚

朱熹一方面指出诚是“天理之本然”，一方面又确立了诚在伦理价值中的核心地位。这就是诚在天道和人道之中的体现。

诚者乃天之道，思诚者为人之道。天道之诚实则内在于人心，但因气禀所限，人欲所蔽，人未能做到真实无妄，所谓诚之就是欲求之为真实无妄。这就是修养工夫的作用和价值。作为天理之本然状态的“诚”映对到伦理价值上的真实无妄，即人道之诚就是仁、义、礼、智、信。在诠释《中庸》“天下之达道五，所以行之者三：曰君臣也，父子也，夫妇也，昆弟也，朋友之交也，五者天下之达道也。知、仁、勇三者，天下之达德也。所以行之者一也”[①]时，朱熹这样说：

> 达道者，天下古今所共由之路，即《书》所谓五典，《孟子》所谓“父子有亲，君臣有义、夫妇有别、长幼有序、朋友有信”是也。知，所以知此也；仁，所以体此也；勇，所以强此也。谓之达德者，天下古今所同得之理也。一则诚而已矣。达道虽人所共由，然无是三德，则无以行之；达德虽人所同得，然一有不诚，则人欲间之，而德非其德矣。[②]

在朱熹看来，古今人之行事无不外乎父子、君臣、夫妇、长幼、朋友五种人伦关系，而要恰当处理这些关系，就必须具备知、仁、勇三德，否则，无德无以行之。而要达德，所行者只能是诚。所以，在朱熹看来，修身的直接目标或最终目的就是诚身。所以，言诚尤为详述天道之城，实为强调人道要效天道而达至诚之境界，突出圣人之德也就是天之道，其实意在指出人达到天道之诚之可能，同时，也给明善、择善的达诚工夫找到理论依据。

朱熹为了更确切地使人诚之，以圣人之德也是天之道，指出人道之诚何以可能，为人们树立了道德目标。在朱熹看来，世间万物是禀赋“气”和“理”产生的，人也是如此。万物所禀赋的理都是同一的天理，不同之处则在于气

---

① （宋）朱熹：《中庸章句》，《四书章句集注》，中华书局 2012 年版，第 28—29 页。

② （宋）朱熹：《中庸章句》，《四书章句集注》，中华书局 2012 年版，第 29 页。

禀的清浊或昏明或贤鄙抑或寿夭。正所谓人物之生，皆禀所赋之理以为性，然性道虽同，气禀各异，皆有过及不及之差别。所以，气禀的差异极大地导致了现实存在的人之间的差异性。圣人与人之何以不同显然可见。普通人的气禀或浊或昏，不纯善，虽天理赋予人本性之自足，但也难以发挥其本然之天性。朱熹说："如元有十斗，再量过却只有七八斗，少了二三斗，便是不能尽其性。"① 但圣人就不同了，圣人禀赋至"诚"的天道，气禀也是纯善的，无所缺失或隐没，皆自具足。朱熹说：

> 盖圣人通身都是这个真实道理了，拈出来便是道理。东边拈出东边也是道理；西边拈出西边也是道理。如一斛米，初间量有十斗，再量过也有十斗，更无些子少欠。②

由于禀赋完全的"气"和"性"，圣人生而知之，不思而得，故与天道至诚同一。圣人禀赋了天道至诚至纯的本性，并能完全地发显出来，与天道同一，因此，天道之诚完全显现为圣人之道。

在实践中圣人之道与天道也是同一的。天道真实无妄，生生不息，化育万物，恰当地安排和推动着万事万物向着更和谐长久的方向发展。圣人效法天道，尽已之性，由己推人，于己于人于物都至诚相待，参赞天地化育，自然而然地突显天道。尽己之性就是把天赋之理，不留余地、恰到好处地发挥出来，知之无不明，而处之无不当。因为，万物之理相同无异，人、物、圣人之性皆同一，所以尽人性和尽物性皆为可能。朱熹说：

> 万物皆只同这一个原头。圣人所以尽己之性，则能尽人之性、尽物之性，由其同一原故也。若非同此一原，则人自人之性，物自物之性，如何尽得？③

圣人尽性是由体道至尽道的过程，也是参赞天地化育的过程，在现实实践中统一了天道与圣人之道。而所谓尽人之性和尽物之性，就是因人之本性和物之本性发挥其功用，做到得当，恰到好处。对人而言，不论人之形体德性如何，都能根据每个人的特点做到人尽其才，使之各得其所；而"养人教人之

① （宋）黎靖德编：《朱子语类》卷 64，中华书局 1986 年版，第 1568 页。
② （宋）黎靖德编：《朱子语类》卷 64，中华书局 1986 年版，第 1568 页。
③ （宋）黎靖德编：《朱子语类》卷 62，中华书局 1986 年版，第 1490 页。

政”，即通过教化去除私欲之弊，复归至善的本性。对物而言，就是使其各顺其内在的自然规律生长，合理利用自然万物，使人与自然和谐相处，永久共生。

由圣人之道与天道的同一，即看到了实现诚之者人之道的可能。圣人只是思想家们勾画出的理想模型，在现实世界中少之又少，为了能达到理想的道德境界，必须要做教化和修养工夫，朱熹所要解决的就是如何把天道之诚贯通于人道。他说：

> 未至于圣，则不能无人欲之私，而其为德不能皆实。故未能不思而得，则必择善，然后可以明善；未能不勉而中，则必固执，然后可以诚身，此则所谓人之道也。不思而得，生知也。不勉而中，安行也。择善，学知以下之事。①

在朱熹看来，人只要努力效法天道，复归天性之本然，凡人经过后天修养也能成圣，从而达到人道与天道的合一。这个后天修养而效法天道而复归本性的过程就是“诚之”。诚是人道通向天道，与天道合一的唯一途径。朱熹说：

> 道之本原出于天而不可易，其实体备于己而不可离，……盖欲学者于此反求诸身而自得之，以去夫外诱之私，而充其本然之善。②

人禀受天理以成性，人之理与天之理乃同一天理，如月印万川，所以天理自然体备于“我”，完整自足，并未缺少“二三两”，正如孟子之言：“万物皆备于我”③，便是诚。而现实人性所体现出来的不完善，并非缘于理赋之本性，而是气禀之偏失所致，所以“反求诸身而自得之”，故而天道必然内在地规定了人道。

那么天道是如何规定人道的呢？换言之，如何做到使身诚？人都有人欲之私，不能自然真实无妄，在现实中要想不受欲望之私的左右，做到“去夫外诱之私”、“充其本然之善”，通达天道，这是很艰辛的过程。所以要“择善”、“固执”、“明诚”，全力以赴摆脱气禀所拘，努力彰显至诚之性以回归

---

① （宋）朱熹：《中庸章句》，《四书章句集注》，中华书局 2012 年版，第 31 页。

② （宋）朱熹：《中庸章句》，《四书章句集注》，中华书局 2012 年版，第 18 页。

③ （宋）朱熹：《尽心章句上》，《孟子集注》卷 13，《四书章句集注》，中华书局 2012 年版，第 350 页。

本然。朱熹所说的人道之诚乃未能真实无妄而欲达之，之所以如此是因为在人而言，当有真实无妄之知与行，此乃天道之诚的流行发用，所以虽未能真实无妄却欲达之亦可行之，但是人欲达此真实无妄须真实之功。朱熹指出这个真实之功，实则学以致诚、明善行善以致诚。

先就由“学”致诚来说，人道之诚贵在效法天道，而天道本身又不被所见所感，不是具体实在，所以朱熹主张格万物以致真知，即广泛仔细地学习研究各种事物，把握事物的本质和规律，通过今日格一物明日格一物，今日得一理明日得一理的积累过程，最后豁然贯通，从而把握天理。这个“学”包括博学、审问、慎思、明辨、笃行。朱熹说：“此诚之之目也。”① 朱熹把学、问、思、辨、行当做诚身的修养工夫，认为人要达道就必须从此入手。学问上反复琢磨，彻底领悟；行动上坚持不懈，恒久不息，在日用间发显天道。他说：

> 若其余，则须是“博学、审问、谨思、明辨、笃行”。如此不已，直待得仁义礼智与夫忠孝之道，日用本分事无非实理，然后为诚。有一毫见得与天理不相合，便于诚有一毫未至。②

由“学”发端，以“行”为归旨，知行合一，这就是诚身工夫的五个阶段。人若能博学、审问、慎思、明辨、笃行，久而久之，自然领悟天道。而且学、问、思、辨、行这五个阶段必须做尽，缺一不可，只要一丝一毫不与天理相吻合，便没有全然达诚。“程子曰：‘五者废其一，非学也。’”③ 且朱熹还强调学、问、思、辨、行每个都有特定的不同要求。他说：

> 思之粗浅不及，固是不慎；到思之过时，亦是不慎。所以他圣人不说深思，不说别样思，却说个“慎思”。④

笃行，是与前四者不同的，“学、问、思、辨，所以择善而为知，学而知也。笃行，所以固执而为仁，利而行也。”⑤“笃行”就是要真真切切，踏踏实实地把“知”落实在日用行动上。学、问、思、辨，可以说是致知工夫，笃行

---

① （宋）朱熹：《中庸章句》，《四书章句集注》，中华书局2012年版，第31页。
② （宋）黎靖德编：《朱子语类》卷62，中华书局1986年版，第1563页。
③ （宋）朱熹：《中庸章句》，《四书章句集注》，中华书局2012年版，第31页。
④ （宋）黎靖德编：《朱子语类》卷62，中华书局1986年版，第1565页。
⑤ （宋）朱熹：《中庸章句》，《四书章句集注》，中华书局2012年版，第31页。

就是行的工夫了。朱熹认为只要学得明白，通达天理，“行”就是自然而然的了。假如在“学”上未能通达，没有致知，“行”也只能是枉然。诚如朱熹说：

> 君子之学，不为则已，为则必要其成，故常百倍其功。此困而知，勉而行者也，勇之事也。①

可见，人要想复归天道之诚，达到成圣之境界，就必须有恒心、决心和耐心去变化气质，“存天理，灭人欲”始可。

再就明善以诚身来说，《中庸》说：“诚身有道：不明乎善，不诚乎身矣。”②。因此，朱熹主张明善行善以致诚。他说：

> 天下至诚，谓圣人之德之实，天下莫能加也。尽其性者德无不实，故无人欲之私，而天命之在我者，察之由之，巨细精粗，无毫发之不尽也。人物之性，亦我之性，但以所赋形气不同而有异耳。能尽之者，谓知之无不明而处之无不当也。赞，犹助也。与天地参，谓与天地并立为三也。此自诚而明者之事也。③

尽人性、尽物性、赞天地化育，都是为了使天下万物和谐共存，生生不息。但这仅仅是“自诚而明者之事”，也就是圣人之事。因为诚以明善乃本性使然，是“不勉而中，不思而得”④就能达到“知无不明，处无不当”的境界，而这只能是圣人。只有圣人能尽己尽物之性，并能与“天地参”。而一般人因为气禀所限是不能也不可能“自诚明”的，必须要“自明诚”。非圣之人要想达至天道之诚，只有先学知明善，然后真实无妄地践行善，去除一切私心杂念，复归本然之性，达到人道之诚，进而达到天道之诚，而后再教而善，这就是人之道。根据朱熹的阐释，可以说“自明诚”其实是一种先知后行、知行合一的知行观。

此处“自明诚”，其实是一种理性的能力或手段，人要靠它来至诚。除了学、问、思、辨、行，朱熹还提出了“致曲”。《中庸》说：

> 其次致曲，曲能有诚，诚则形，形则著，著则明，明则动，动

---

① （宋）朱熹：《中庸章句》，《四书章句集注》，中华书局 2012 年版，第 31 页。

② （宋）朱熹：《中庸章句》，《四书章句集注》，中华书局 2012 年版，第 31 页。

③ （宋）朱熹：《中庸章句》，《四书章句集注》，中华书局 2012 年版，第 32—33 页。

④ （宋）朱熹：《中庸章句》，《四书章句集注》，中华书局 2012 年版，第 31 页。

则变，变则化，唯天下至诚为能化。①

朱熹注曰：

盖人之性无不同，而气则有异，故惟圣人能举其性之全体而尽之。其次则必自其善端发见之偏，而悉推致之，以各造其极也。②

在朱熹看来，只有圣人能尽其性之全体，一般人只能从其善端之一偏“悉推致之”。这个善端之一偏就是“曲”，就是天道赋予人的“仁、义、礼、智、信”的某一个善端。致曲，就是从一种天赋善端出发，以求得全善至善的意思。朱熹说：

曲是逐事上着力，事事上推致其极。如事君则推致其忠，事亲则推致其孝，与人交则推致其信，皆事事上推致其极。③

这就如同今日格一物明日格一物，格的多了自然就致知了，亦即朱熹所说：

须件件致去。如孝悌，须件件致得到诚孝诚弟处。如仁义，须件件致到仁之诚、义之诚处。④

直至把善端一一推至极致，则人就能贯通之全体。当人到达这一地步时，就达到了成圣，这就是所谓“曲无不致，则德无不实，而形、着、动、变之功自不能已。积而至于能化，则其至诚之妙，亦不异于圣人矣”⑤。

在《中庸章句》里，朱熹以对“诚”的特殊界定做起了沟通天人的桥梁。就天道而言，诚是真实无妄的本然之性；就人道而言，诚是彰显本性合于天理之本然。而人之所以能诚之，能够行已发未发的中和之道，使己之行为合于天理流行，其实都源于天地物我本一的天人合一理论。

三、天人合一

天人关系的问题是中国古代哲学讨论的重要内容，也可说就是整个中国哲学的基本理论基础。在中国哲学领域里，道家尊天，以自然主义为原则，

① （宋）朱熹：《中庸章句》，《四书章句集注》，中华书局 2012 年版，第 33 页。

② （宋）朱熹：《中庸章句》，《四书章句集注》，中华书局 2012 年版，第 33 页。

③ （宋）黎靖德编：《朱子语类》卷 64，中华书局 1986 年版，第 1572 页。

④ （宋）黎靖德编：《朱子语类》卷 64，中华书局 1986 年版，第 1573 页。

⑤ （宋）朱熹：《中庸章句》，《四书章句集注》，中华书局 2012 年版，第 33 页。

主张以自然天道为价值本源；儒家贵人，以人伦主义为原则，主张以道德天道为价值本源；更有荀子的"明于天人之分"①。尽管不同的学术流派都有不同价值的天人观，但是他们所要解决的问题终归都是天与人的关系。朱熹以理为本，以理一分殊为原则，建构出以天理为价值本源的天人关系论。

朱熹以理为万物之根本，认为天地间乃一理行之，理是形而上之道，是阴阳动静之理。它先于天地万物而本然的存在着，是一种超时空的永恒的存在。此形上之理无形无象，捉摸不定，须借助天地之间的气化流行显现出来。天地之间有理有气，理为阴阳动静之本，气为阴阳动静之体。气聚气散以成物，理藉于气而行。理发用流行为物之本，成为万物得以存在的根本，就是物之理。气聚散流行为物之具，成为万物得以显现的形器。所以，在朱熹看来，万物乃理气结合而生。仅从质料构成上来看，万物乃同一。但是物物又皆有不同。朱熹说这是分殊之理所致。天理（理）为一理行于天地间，虽藉于气而落入万物之中也是本然自足的。朱熹用月印万川来说明同一的形上之理与"一物各具一太极"的万物之理的关系，表明天理与物理乃一理，这是天人合一关系的理论基础。但物物又不同殊理，这是人的差异性之所在。理一分殊的理本论适切地说明了形色各异的现实的人何以能通过后天修养达到同一之天道的原因所在。万物皆为一理，人也禀赋自足之天理以成性，天理是至善、至诚的，根据朱熹"理一分殊"的观点，人性也是至善、至诚的。这是根本上或理论上的天人合一。在现实中只有人性达到了至善至诚，才是真正意义上的天人合一。朱熹认为，"诚"就是贯通"天人合一"的必备气质。"诚"之天道与人道的合一将人性合于天理，为"性即理"的本体建构提供"超越"性依据，贯通了"天命"、"性"、"道"的关系，使"修道"、"立教"成为可能，最终实现为日常实践中的道德规范。正如《中庸》所说："自诚明，谓之性；自明诚，谓之教。"②"自诚明"是就圣人而言，"自明诚"是就想要具有高尚性情的一般人而言。但无论圣人和一般人，修养的最高境界都需要具备"诚"这一气质。朱熹将天理赋予道德价值，认为天理是道德之本源，自然也是天赋予人的道德准则，修养工夫就是去除气禀所致

① 北大哲学系注释：《荀子·天论》，《荀子新注》，台湾里仁书局1983年版，第323页。

② （宋）朱熹：《中庸章句》，《四书章句集注》，中华书局2012年版，第32页。

的人心欲望的蒙蔽，回归性理之本然，而此正是要在人真实无妄的基础上始可。只有达到天下至诚，才能做到不掺杂丝毫的人欲之私，德行真实无妄的尽人性，也才能完全遵从事物之本性去妥当的尽物性。所以“诚”架起了沟通天人、连接物我的桥梁，诚的意义已不仅仅是成圣，还在于最终实现天人合一的理想境界。站在现实角度解说“诚”，其实就是正确的认知事物本性，对自己做到合理约束，尊重并爱护世间万物。所以说与天合一，并非意味着人可以成仙，而是要人努力追求至善的品德。

这种既内在又超越的天人关系，对解决当今人与自然的和谐问题同样有着巨大的理论指导作用和深刻的现实意义。众所周知，科技快速发展所带来的日新月异，使人们越来越依赖甚至过于相信知识，认为人的工具理性可以主宰一切。在这种认知的驱使下，人们开始肆无忌惮地宰制自然，人为地左右自然万物，破坏万物的固有规律，最终打破了宇宙万物的和谐与稳定。譬如，随着工业社会和知识时代的到来，人对大自然的过度索取掠夺造成了生态环境的严重恶化。如何协调人与自然的关系，使之在利用、改造生态的同时又能保护生态环境成为当今社会的普遍核心问题。在对这些问题进行反思并谋求解决之道时，有识之士逐渐认识到人类若想生存，必须采纳中国哲学天人合一的理论思想。但是究竟如何通过天人合一思想来缓解人与自然之间这种不和谐呢？简单来说，就是克制人的工具理性，做到诚以待物，重新确立天的价值本源地位。唯有如此才能有效地防止人类自我中心主义，唯有诚以待物才能不使森林变成荒川，不使绿洲变为沙漠，不使大气层受到破坏，不使生态灭绝、气候异常等等。朱熹这种以超越而内在的天人合一，正是基于天道之神圣，强调物我本同一的天人观。就超越而言，天道是一种生生不息的精神存在，是人的价值本源，因此是超越人之上的，于是人对于天只能敬畏不能宰制，人生的意义与价值就是效法天道，而非征服自然以求得物欲的满足。就内在而言，人与万物理一分殊，且由于天道内在于万事万物之中，那么万物和人就因天道之内在而有了“血缘关系”，自然万物就是人类的亲属或朋友，所以人类不但不应该破坏自然万物的存在规律，反而更要保护自然，效法天道去参与万物之化生，为人与自然的和谐共生，精进不息。因此可说，朱熹这种天人合一主要在于强调人与自然在价值上的合一。对于当今人与自然的和谐问题，只要对其予以时代性，巧妙地将价值理性与工具理性结合起来，以成物成己为最终旨趣，必能使当前之和谐问题得到合理地处理与指引，从而焕发时代光彩。

总而言之，朱熹在《中庸章句》强调人之性受于天之理，天之理备于人之性。但由于气禀所拘，人性需要通过“诚之”来全其性之本体，从而渐入中和，以达天人合一之圣境。在朱熹这种阐释中，天命之性是本，是起点，但是在工夫与本体的理学问题上，由工夫而本体，本体而工夫，所以最后还是落实到了诚明的修道之工夫上。

在《中庸》“天命之谓性”观念的指引下，朱熹对天道与人道进行探讨，揭示了儒家“天人合一”的理论内涵，并以“诚”贯通天人，以阐发其理学的哲学世界观以及心性学说，构建了以天理论为最高概念的理学思想体系。朱熹把“诚”解释为“真实无妄之谓，天理之本然也”①，也就是毫无任何虚伪和矫揉造作的“不假修为”的真实无妄的“实然”状态。而诚之就是无论是先天禀赋，还是后天修养都要真心实意、心诚意悬的为之。在此基础上，朱熹认为，《中庸》所讲“天”、“性”、“道”、“教”都体现了“诚”的真实无妄。由于至诚，天理化散为万物之理，万物禀理以成真实无妄之性，性即天理，天理真实无妄之流行则显现为道，人循此道而为之则合于天理，圣人循此道而教之则可使人真实无妄而品节之。至于《中庸》所讲中和之道也都是建立在真实无妄的基础上，中是天理之体现，诚则是天理之内涵，中与诚统一为天理，所以中和事实就是诚。

天道真实无妄，至诚无息，无息则恒久，恒久则自然显现于外，天道至诚无息以真实无妄存在于内，显现于外在客观世界即化生万物，天理之诚无间断地运行着，所以万物生生不息永久恒存。正是天道之诚的本然状态，诚一不贰，才有天道之博、厚、高、明、悠、久，所以天道才得以载物、成物、覆物，使得能够各极所盛，化生万物。天道之诚实则内在于人心，但因气禀所限，人欲所蔽，人未能做到真实无妄，所谓诚之就是欲求之为真实无妄。作为天理之本然状态的“诚”映对到伦理价值上的真实无妄，即人道之诚就是仁、义、礼、智、信。圣人效法天道，尽己之性，由己推人，于己于

① （宋）朱熹：《中庸章句》，《四书章句集注》，中华书局 2012 年版，第 31 页。

人于物都至诚相待，参赞天地化育，自然而然地凸显天道。而人只要努力效法天道，复归天性之本然，经过后天修养也能成圣，从而达到人道与天道的合一。这个后天修养而效法天道而复归本性的过程就是“诚之”。诚是人道通向天道，与天道合一的唯一途径。

总之，朱熹以“诚”作为沟通天人的桥梁。就天道而言，诚是真实无妄的本然之性；就人道而言，诚是彰显本性合于天理之本然。而人之所以能诚之，能够行已发未发的中和之道，使己之行为合于天理流行，其实都源于天地物我本一的天人合一理论。朱熹强调人之性受于天之理，天之理备于人之性。但由于气禀所拘，人性需要通过“诚之”来全其性之本体，从而渐入中和，以达天人合一之圣境。

（作者单位：台湾屏东科技大学）

朱子对《论语》“子夏门人之小子”章“洒扫应对”教人有序的经典诠释

刘　刚

朱子对《论语·子张》篇“子夏门人小子章”的经典诠释，进行了多重视角的解读：一是从历史诠释思想资源入手，主要通过整合程颢程颐此章的不同义理阐释，以集注的方式疏释了本章在理事、本末、精粗、形上形下、教人之序诸关系范畴下产生的义理冲突；二是从自身理本论、心性论与工夫论三者有机统一与结合的理学思想体系，对本章义理诠释进行了新的理论转化，以“须贯动静做工夫始得”的工夫论视阈，对本章“洒扫应对进退”、小学与大学、本末内外进行了新的义理诠释；三是从当时的治学之方的现状流弊出发，结合当时学者“躐等”、浮躁、自大的轻浮学风，发挥本章“洒扫应对”的工夫义理价值，做了具有现实针对性的经典诠释与时代性转化。

绍兴二十六年春，朱子（1130—1200）在一个寒夜中，听着杜鹃啼叫，终于领会程颢程颐（以下简称“二程”）解《论语·子张》篇“子夏之门人”章的义理内涵与关系，束景南将此称之为朱子“杜鹃夜悟”。认为朱熹所悟到是儒家“真谛”是“事有大小，理却无大小”，意味着“他召回到李侗的理学之路上”[①]。束先生所言，朱子之所以后来反复提到这次“杜鹃夜啼”，自然与此“逃禅归儒”的思想转折有关，即与朱子苦究此章义理，廓清前人对此章的分歧，从而由此开始确立与深化自身对此章的义理建构，有甚为直接与紧要的关键联系。

① 束景南：《朱熹研究》，人民出版社 2008 年版，第 59—60 页。

一、"'洒扫应对'章程子四条"，此最难看

朱子"杜鹃夜悟"，在其"逃禅归儒"的学术历程中，无疑是一件具有标志性意义的事件。如说朱子由理解二程对于"子夏之门人"章的解读而通晓了本章义理，倒不如说朱子在更高的理论层次与更为丰富与系统的理论意义上，通过调和二程对于本章不同的义理理解，对本章以来众说纷纭的不同理解，进行新的义理阐释与意蕴建构。随着朱子自身理学思想的发展，逐渐将此章的义理，从主要以为教之序的论域，由本末精粗、理事关系，推扩至形上形下、工夫与本体、知与行的诸多范畴，从而赋予了本章新的内涵与意义。

《论语·子张》篇：

> 子游曰："子夏之门人小子，当洒扫、应对、进退，则可矣。抑末也，本之则无。如之何？"子夏闻之曰："噫！言游过矣！君子之道，孰先传焉？孰后倦焉？譬诸草木，区以别矣。君子之道，焉可诬也？有始有卒者，其惟圣人乎！"①

较之本章的文字与朱子对于此章所做的义理集注文字看，可以直观地看出，朱子对于本章的义理诠释，称得上是"浓墨重彩"式的解读，《论语集注》曰：

> 子游讥子夏弟子，于威仪容节之间则可矣。然此小学之末耳，推其本，如大学正心诚意之事，则无有。
>
> 言君子之道，非以其末为先而传之，非以其本为后而倦教。但学者所至，自有浅深，如草木之有大小，其类固有别矣。若不量其浅深，不问其生熟，而概以高且远者强而语之，则是诬之而已。君子之道，岂可如此？若夫始终本末一以贯之，则惟圣人为然，岂可责之门人小子乎？程子曰："君子教人有序，先传以小者近者，而后教以大者远者。非先传以近小，而后不教以远大也。"又曰："洒扫应对，便是形而上者，理无大小故也。故君子只在慎独。"又曰："圣人之道，更无精粗。从洒扫应对，与精义入神贯通只一理。虽

① （宋）朱熹：《子张第十九》，《论语集注》卷10，《四书章句集注》，中华书局2012年版，第191页。

洒扫应对，只看所以然如何。”又曰：“凡物有本末，不可分本末为两段事。洒扫应对是其然，必有所以然。”又曰：“自洒扫应对上，便可到圣人事。”愚按：程子第一条，说此章文意，最为详尽。其后四条，皆以明精粗本末。其分虽殊，而理则一。学者当循序而渐进，不可厌末而求本。盖与第一条之意，实相表里。非谓末即是本，但学其末而本便在此也。①

朱子此处分别就本章关于本末、精粗、始终、一以贯之、理一分殊从进学之序的角度做了相应的义理疏释。以程颢之解为正解，“程子第一条，说此章文意，最为详尽。”第二条也是大程（程颢）所解，后三条皆为小程（程颐）所言，朱子将小程三条义理诠释与大程所言的第二条，一同看作对于大程第一条的诠释补充，以“按语”的形式明确加以说明。“其后四条，皆以明精粗本末。其分虽殊，而理则一。”

对于本章义理的理解，本身就存在着主子游说与主子夏说两者不同的理解倾向。如孙钦善就站在肯认子游的立场上理解本章，“小道：指各种具体的知识技能。子夏实际上是最擅长小道的，因此孔子告诫他‘女为君子儒，无为小人儒’”，并下按语说，“子夏重知识，喜务小道，往往忽视道德修养，故孔子有此告诫。”孔子对子夏不乏这样的频繁告诫，那么子游基于同样的认识，对子夏提出这样的批评，自然不是无端提醒。②同样，站在子夏的立场，认为子游曲解子夏教学之序，来把握本章义理这一立场的学者更多。钱穆认为子夏“谓君子之道，传于人，宜有先后之次第，宜先则先，宜后则后，非专传其宜先者，而倦传其宜后者。故非末则先传，而本则倦教也。”③同时，钱穆也下按语指出，“游夏同列文学之科，子游非不知洒扫应对进退为初学所有事，特恐子夏之泥于器艺而忽于大道，故以为说也。子夏亦非不知洒扫应对进退之上尚有礼乐大道，不可忽而不传。是两人言教学之法实无大异，读者若据言游过矣四字，便谓子游之言全非，则失本章之旨矣。”④钱穆

① （宋）朱熹：《子张第十九》，《论语集注》卷10，《四书章句集注》，中华书局2012年版，第191页。

② 参见孙钦善：《论语本解》，生活·读书·新知三联书店2009年版，第242—243页。

③ 钱穆：《论语新解》，巴蜀书社1985年版，第460页。

④ 钱穆：《论语新解》，巴蜀书社1985年版，第460页。

先生的这一说明，有兼取子游与子夏为学之教，而复孔子之说的意味，这里不做更多探究。仅说明，此章关于子游与子夏的为学之序的争论，到朱子这里，成为了理学思潮下的一个重要的学理辨明的问题。其意义不仅是义理层面，同样在于理学本身的为学实践性，成德何以可能作为理学的题中之义，从根本上必然会围绕此章展开义理的论争。正如张栻所言，“此篇所载子夏之言，无非切要，而此章尤为能发明圣门之阃奥。”① 圣门之阃奥，这里即指圣门之学的为教之序与进德之方。

因此，对于本末、精粗、理事、形上形下、知行关系的不同理解，实际上必然构成对于不同为学之序与进德之方的不同理解。随着朱熹对于前人主要包括二程及其门人为主要思想资源理解的基础上，经历了一个对本章义理由困惑、到领悟，最终成为带有集成色彩的义理创新过程。

朱子对于本章义理把握的困惑，主要集中在“理无大小”与“教人有序”之间，存在的一种认识逻辑上的冲突方面，对这一义理关系的穷究与会通的理论努力，可见于《朱子语类》第四十九卷“子夏之门人小子章”，具体为：首先：“理无大小”与教人有序，逻辑上“都相反了”。其次：“相反”的内容又包含着两个方面，一是就“理无大小”与教人有序的逻辑关系，如果承认“理无大小”，在很大程度上也就意味着，通过从“事”获“理”的理事关系看，就不必在事上有拣择，这样子夏的有序之教便失去了合理性与正当性，因为“有序”恰恰在表明理又有着差异的一面，尽管这差异是通过事来呈现的。与这一理解相关，朱子当时检阅程子与门人对此的解说，看到的是“解来解去，只见与子夏之说相反，常以为疑。子夏正说有本有末，如何诸公都说成末即是本?”。最后：本末精粗与下学上达，以及道之全体，在众说纷纭的解释下，显得更加矛盾与对立，而不是相互贯通与融洽。朱子对于此章义理三个方面的困难把握，又以如何贯通“事有本末”与“理无大小”的义理间架为中心问题。联系当时的分歧背景看，既有理学内部的争论与分歧，也有当时张无垢、苏轼等人在朱子看来从理学外部，即从佛老解释本章的义理交锋，这是从当时的学术思潮角度看。子游与子夏关于教人之序的分歧与理解上的不尽一致，客观上也促使理学家能够从更高的理论层次从而对理学内

① 杨世文、王蓉贵校点：《论语解》卷 10，《张栻全集》，长春出版社 1999 年版，第 231 页。

部长期以来的分歧，以及援佛老释本章义理的“乱象”——至少在朱子看来是如此，对此做一较为系统、确定与彻底的诠释。

围绕着“理无大小”与“事有本末”之间理事、本末、精粗与大小之间的范畴关系，朱子首先界定了精粗、大小的涵义所指，他说：“洒扫应对，所以习夫形下之事；精义入神，所以究夫形而上之理也。其事之大小，固不同矣，然以理言，则未尝有大小之间而无不在也。程子之言，意盖如此。”①“洒扫应对”与“精义入神”，在朱子这里，均是从“事”的形下层面进行规定，从事有大小的原则出发，“洒扫应对”是小，“精义入神”为大；两者的统一性又在于，从理的方面看，又是同一的，“则未尝有大小之间而无不在也”。朱熹认为，小程“自洒扫应对上，便可到圣人事”语义不周，“但方举洒扫应对之一端，未及乎精义入神之云者，而通以理无大小结之，故其辞若有所不足，而其意亦难明耳。”②洒扫应对，自有形上之理，这是本末范畴，朱子对此并无异议；“自洒扫应对，便可定到圣人之事”，朱子认为，这对学者而言，尤其对其主张“渐进”的为学工夫，尤为不能接受。因此认为小程此解“通以理无大小结之，故其辞若有所不足，而其意亦难明耳”。一言以蔽之，朱子认为小程的为教之序，有“躐等”的可能。而“躐等”在朱子看来，是佛老才有的弊端，圣门之学的“实学”之“实”，在工夫论方面，是下学上达、循序渐进的为学进路。朱子对程子辩解说：“其曰便是云者，亦曰不离乎是耳，非即此以为形而上者也。”③“不离乎是”，是以事言理，此事是言洒扫应对之事；“非即此以为形而上者”，这里不是从形上形下的体用言，而是从本体与工夫言，“非即此”即非洒扫应对之事能直接臻于形上道体之域。这是因为，如此便意味取消了“精义入神”的为学环节与意义。朱子说：“无大小者，理也；有序者，事也。正以理无大小，而无不在，是以教人者，不可不由其序，而有所遗也。盖由其序，则事之本末巨细，无不各得

① （宋）朱熹撰，朱杰人等编：《论语或问》卷19，《四书或问》，《朱子全书》第6册，上海古籍出版社、安徽教育出版社2002年版，第905页。

② （宋）朱熹撰，朱杰人等编：《论语或问》卷19，《四书或问》，《朱子全书》第6册，上海古籍出版社、安徽教育出版社2002年版，第905页。

③ （宋）朱熹撰，朱杰人等编：《论语或问》卷19，《四书或问》，《朱子全书》第6册，上海古籍出版社、安徽教育出版社2002年版，第905页。

其理，而理之无大小者，莫不随其所在而无所遗。不由其序，而舍近求远，处下窥高，则不惟其所妄意者不可得，而理之全体，固已亏于切近细微之中矣。此所以理无大小，而教人者犹欲必由其序也。”①“舍近求远”、“处下窥高”，在朱子看来，这里包含了“为学次第”与“理之全体”两个方面的问题：一是“舍近求远、处下窥高”的不由之序的不当为学工夫次第，犹如水中捞月“妄意”而“不可得”的结局，这是基于学者的为学之序与效用言；从理上看，所谓的理之全体，也因“亏于切近细微”之中，而不可真正的成就德性。“故不知理之无大小，则以洒扫应对为末而无本；不知教人之有序，故于门人小子，而欲直教之精义入神之事，以尽夫形而上者之全体也。”②前者不识理无大小，会带来对于洒扫应对的轻视与忽略而无有学之始与基；后者不识教人有序，而陷处下窥高，终不免入于虚谈空说之宿命。朱子通过对理事、大小、本末之间范畴关系的重新规定，实际上完善了二程那里继承而来的为学工夫论，确立了下学上达的本体论依据与工夫进路的理性基石。如果将“洒扫应对”看作是小学之事，“精义入神”与《大学》联系起来，朱子通过对本章义理的整合诠释，实际上为学者构筑的是从小学到大学，从洒扫应对到精义入神，圣门下学上达的具体为学之序。

值得指出的是，朱子并没有将本末的范畴停留在思辨的认识论层面，仅仅赋予洒扫应对同样具有形上之理而草草了之，而是通过将本末关系范畴纳入教学次第，朱子对此做了工夫论的理论转化。即是说，从天理本体的层面看，洒扫应对之事与其所以然之理，构成了形上与形下，也即本末的关系；不过朱子更为重视的是，从为学之序看对初学者与经过大学而成为君子，分别所具有的道德实践的真实意义。朱子前面引述大程的“慎独”之说，明道曰：“洒扫、应对、进退，便是形而上者，理无大小故也。故君子只在慎独。”“洒扫、应对、进退”对初学者而言，从工夫节目上看，是入德之门；对君子而言，“洒扫、应对、进退”由于“理无大小”，故君子“只在”慎独。由此，朱子通过对此章义理疏解，确立的是其“循序渐进”的为学工夫论，

---

① （宋）朱熹撰，朱杰人等编：《论语或问》卷 19，《四书或问》，《朱子全书》第 6 册，上海古籍出版社、安徽教育出版社 2002 年版，第 906 页。

② （宋）朱熹撰，朱杰人等编：《论语或问》卷 19，《四书或问》，《朱子全书》第 6 册，上海古籍出版社、安徽教育出版社 2002 年版，第 906 页。

批判了当时“厌末而求本”的浮躁失当的学风，厘清了本末、精粗、大小之间的有机联系与辩证关系。一方面，“非谓末即是本，但学其末而本便在此也”。即本末有别，这是从理上看；同时，从工夫论上，“但学其末而本便在此也”。另一方面，对“但学其末而本便在此也”，又不能做绝对直接的理解，朱子借此区分了圣人之学与学者之学的区别，圣人“若夫始终本末一以贯之，则惟圣人为然”，在此意义上，小程的“自洒扫应对上，便可到圣人事”，实际上说的是圣人之事；学者的为学次第，则又须盈科而进，“须是就事上理会道理，非事何以识理？‘洒扫应对’，末也；‘精义入神’，本也。不可说这个是末，不足理会，只理会那本，这便不得。又不可说这末便是本，但学其末，则本便在此也。僩”①

站在理本论的立场，朱子对于本章给予了本体工夫论的义理诠释，分疏了圣人之学与学者为学的不同进路，答程允夫②（1172）书中，重申了上述立场：

> 子夏言我非以洒扫应对为先而传之，非以性命天道为后而倦教，但道理自有大小之殊，不可诬人以其所未至。惟圣人然后有始有卒，一以贯之，无次序之可言耳。二先生之说亦是如此。但学者不察。一例大言，无本末精粗之辨，反使此段意指都无归宿。须知理则一致，而其教不可阙，其序不可紊耳。盖惟其理之一致，是以其教不可阙，其序不可紊也，更细思之。③

朱熹强调，洒扫应对与性命天道，“道理自有大小之殊”，但两者的先传后教的区别规定，并不在于外在的看到两者的不同，同时还有从受教者，即学者之质的角度规定教人之序，从这一关系出发，便有了圣人与学者的区分。朱子坚决反对的是，不能仅仅从理的层面说“理则一致”，从而遮蔽了工夫论——事实上也是理学的实践品质最为根本的一面，“一例大言，无本末精粗之辨，反使此段意指都无归宿”。因此，朱子通过对此章义理的重新诠释，

---

① （宋）黎靖德编：《朱子语类》卷49，中华书局1986年版，第1209页。

② （宋）朱熹撰，朱杰人等编：《答程允夫》，《晦庵先生朱文公文集》卷41，《朱子全书》第22册，上海古籍出版社、安徽教育出版社2002年版，第1884页。

③ （宋）朱熹撰，朱杰人等编：《答石子重》，《晦庵先生朱文公文集》卷42，《朱子全书》第22册，上海古籍出版社、安徽教育出版社2002年版，第1930页。

体现出其作为一个理学家，从本体到工夫论域的理论转化，这一转换的意义，在于教学之序的受教者，即学者，当以道德个体也即主体的方式践行为学工夫时，洒扫应对在原有的理本论本末、理事关系范畴下，便于知行范畴、心性范畴产生了相应的理论关联。

二、且如洒扫应对进退，此存养之事也

朱子将洒扫应对与知行、内外联系以来，实际上是与其心性论相贯通的。如果说基于《论语》的文本的限制，朱子尚不能完全将洒扫应对与工夫论更为深入地融合在一起，那么，当朱子通过中和新说，确立起自己的心、性、情三分的心性论时，事实上，对于“子夏门人小子章”的义理架构，朱子便从开始基于理气、理一分殊的理本论，逐步转化为心性工夫论的义理诠释，这集中体现在以“敬”范畴来说明洒扫应对的为学工夫具有的道德实践意义。

在答石子重（1172）一书中，朱子更加明确地提出了从理事关系范畴，转换到“慎独贯动静”作为学工夫看待洒扫应对：

> 伊川云：洒扫应对便是形而上者，理无大小故也。故君子只在谨独。洒扫应对是事，所以洒扫应对是理。事即理，理即事。道散在万事，那个不是？若事上有毫发蹉过，则理上便有间断欠阙，故君子直是不放过，只在慎独。
>
> 朱子答曰：此意甚好，但不知无事时当如何耳。慎独须贯动静做工夫始得。①

石子重对于洒扫应对的义理把握，还停留于理事、理一分殊的理本论的思维框架来把握，由此从理本论到工夫论的转化，只能在“道散在万事”的理事结构关系下，于事上求理，进行道德认识与栽培德性修养，从道德知识论的意义上，“若事上有毫发蹉过，则理上便有间断欠阙”。朱子认为，如此为学工夫，只是说明了于“有事时”——动时——的道德个体的为学之方，在这

---

① （宋）朱熹撰，朱杰人等编：《答张钦夫》，《晦庵先生朱文公文集》卷 32，《朱子全书》第 21 册，上海古籍出版社、安徽教育出版社 2002 年版，第 1419 页。

一意义上，朱子说“此意甚好”。不过，在朱子看来，动的另一面，当“无事时”——静时——的道德个体是否存在道德修养的可能？也即道德个体“无事时当如何耳”？从这一维度出发，朱子对于“慎独”的义理内涵，赋予了“贯动静”两个方面的道德工夫内容，认为如此这般才能确立了道德个体内外、动静即整体的意义上道德修养方法。

“慎独须贯动静做功夫始得”的义理思想的提出，实际上是朱子在此之前产生“中和新说”，集理事本体论、心性论与工夫认识论于一体新的理学思想体系确立后，“敬”字工夫贯动静，敬义夹持这一全新的道德修养工夫思想的创立，并在对本章进行义理诠释时的理论应用。朱子答张钦夫（1169）书说：

> 且如“洒扫应对进退”，此存养之事也，不知学者将先于此而后察之耶，抑将先察识而后存养也？以此观之，则用力之先后判然可观矣。
>
> ……然“敬”字工夫通贯动静，而必以静为本，故熹向来辄有是语。今者遂易为“敬”，虽若完全，然却不见敬之所施有先有后，则亦未得为谛当也。至如来教所谓“要须察夫动以见静之所存，静以涵动之所本，动静相须，体用不离，而后为无渗漏也”，此数句卓然，意语俱到，谨以书之座右，出入观省。然上两句次序似未甚安，意谓易而置之，乃有可行之实，不审尊意以为如何？①

“动静相须，体用不离”，既可做本体论意义上“体用一源，显微无间”的义理诠释，也涵摄“敬贯动静”，“存养有察”工夫论意义的转化与理解，即本体即工夫。朱子经过“中和新说”，由此架构了内外夹持、动静相须、体用不离的本体工夫论。其对洒扫应对的义理诠释，在继续保持原有理事关系范畴下的本末、大小、精粗之多重规定之义时，实现了从心性工夫论对洒扫应对所做的理论视角的义理诠释转换。“且如洒扫应对进退，此存养之事也”，按照理事范畴的义理诠释，洒扫应对进退，应是“有事时”，属“事”上的道德修养工夫。而这里朱子却将“洒扫应对进退”看作是做道德个体的存养

① （宋）朱熹撰，朱杰人等编：《答张钦夫》，《晦庵先生朱文公文集》卷32，《朱子全书》第21册，上海古籍出版社、安徽教育出版社2002年版，第1419页。

工夫。所谓存养，即收敛此心，即同时具有“动中之静”道德工夫的一面，以“贯动静”诠释洒扫应对，实际上是从心性—工夫，而不再是理事—工夫的关系来对洒扫应对进退的义理诠释。

敬贯动静工夫论的确立，朱子对“洒扫应对进退”便直言是做涵养底工夫了。在其答林择之（1169）书说：

> 古人只从幼子常视无诳以上、洒扫应对进退之间，便是做涵养底工夫了。此岂待先识端倪而后加涵养哉？但从此涵养中渐渐体出这端倪来，则一一便为己物。又只如平常地涵养将去，自然纯熟。今曰“即日所学，便当察此端倪而加涵养之功”，似非古人为学之序也。又云“涵养则其本益明，进学则其智益，固表里互相发也”，此语甚佳。……盖义理，人心之固有，苟得其养而无物欲之昏，则自然发见明著。不待别求。格物致知，亦因其明而明之尔。今乃谓“不先察识端倪，则涵养个甚底”，不亦太急迫乎？
>
> “敬”字通贯动静，但未发时则浑然是敬之体，非是知其未发，方下敬底工夫也。既发则随事省察，而敬之用行焉，然非其体素立，则省察之功亦无自而施也，故敬义非两截事。
>
> 前此所论敬义，即此理也。①

答胡广仲（1170）一书亦说：

> 钦夫未发之论，诚若分别太深，然其所谓无者，非谓本无此理，但谓物欲交引，无复澄静之时耳。……故程子曰：“敬而无失，乃所以中。”此语至约，是真实下工夫处。愿于日用语默动静之间，试加意焉，当知其不妄矣。近来觉得“敬”之一字，真圣学始终之要，向来之论，谓必先致其知，然后有以用力于此，疑若未安。盖古人由小学而进于大学，其于洒扫应对进退之间，持守坚定，涵养纯熟，固已久矣。是以大学之序，特因小学已成之功，而以格物致知为始。今人未尝一日从事于小学，而曰必先致其知，然后敬有所施，则未知其以何为主而格物以致其知也。故程子曰：“入道莫如

① （宋）朱熹撰，朱杰人等编：《答林择之》，《晦庵先生朱文公文集》卷43，《朱子全书》第22册，上海古籍出版社、安徽教育出版社2002年版，第1980—1981页。

敬，未有能致知而不在敬者。”又论敬云：“但存此久之，则天理自明。”推而上之，凡古昔圣贤之，言亦莫不如此者。试考其言而以身验之，则彼此之得失见矣。①

敬义夹持，敬知双行的为学工夫论，朱子反复说明的是“敬义非两截事”。“洒扫应对进退之间”的小学工夫，在性与天道的理本论前提下，道德个体获有先天的性本体这一天命德性，这为“静”时的涵养提供了本体论说明；“洒扫应对进退”的为学工夫，在于以“动”的随事省察获得了对“静”时涵养的自觉体认，从而也构成了下一个更高环节“致其知”的道德修养认识的基础，这是从后天工夫修养的意义上说的。因此，小学“其于洒扫应对进退之间，持守坚定，涵养纯熟，固已久矣”，又“是以大学之序，特因小学已成之功，而以格物致知为始。”朱子又将其纳入小学而进大学的教人之序中。

三、洒扫应对至于穷理尽性，循循有序

对“子夏门人小子章”的义理诠释，由于限于文本义理的内在规定，朱子以集注的方式，创造性的诠释了洒扫应对与精义入神的义理关系，借此确立了自己对本章教人之序的义理理解。朱子所做的这一经典诠释，既反映了他对前人诠释思想的理论总结，又深深植入了他当时所处社会文化思想的时代烙印，只是后者是以较为隐含的方式潜入本章的义理阐释之中的。因此，朱子基于《论语》“子夏门人小子章”的义理阐发，有着原则意义的理论规定价值，而其与当时学人围绕此章展开的辩论，在坚持“洒扫应对”教人之序意义基础上，进行了更为丰富的义理创新。

朱子将洒扫应对与动静范畴联系起来，说明了洒扫应对日用工夫与居敬穷理的持养工夫的内在联系。他在答吕子约书（1173）中说：

所喻日用功夫，甚善。然必谓博学详说非初学事，则大不然。古人之学，固以致知格物为先，然其始也，必养之于小学，则亦洒扫、应对、进退之节，礼、乐、射、御、书、数之习而已。是皆酬

① （宋）朱熹撰，朱杰人等编：《答胡广仲》，《晦庵先生朱文公文集》卷42，《朱子全书》第22册，上海古籍出版社、安徽教育出版社2002年版，第1894—1895页。

酢讲量之事也，岂以此而害夫持养之功哉？必曰有害，则是判然以动静为两物，而居敬穷理无相发之功矣。大抵圣贤开示后学进学门庭、先后次序极为明备，今皆舍之，而自立一说以为至当。殊非浅陋之所闻也。①

洒扫、应对、进退，礼、乐、射、御、书、数，朱子认为都应归于小学，虽博详但为初学事，而不是像吕子约所认为属于大学的格物致知之事。朱子这里区分了大学与初学各自为学的起点，及两者之间的递进联系。从教学之序，学者“必养之于小学”，尽管大学是以致知格物为先，但开始的起点，仍然是先养之于小学，小学对于大学具有基础的不可或缺的奠基意义，这是从两者的时间先后顺序方面看；另一方面，即是到了大学阶段，“然其始也，必养之于小学”，即小学阶段的“酬酢讲量之事”，实际上同时也是大学格物致知的内容，这与前面所谓的君子“慎独”并无二致。朱子认为吕子约的工夫论的不当之处，则在于以小学的节目为动，大学的持养为静，从而割裂了小学与大学在动静、居敬穷理的发明之功。吕子约的这一不当认识，实际上是割裂内外本末的德性与德行的转化与养成，在给吕子约的另一书（1186年）中，朱子说：

示谕授学之意，甚善。但更须小作课程，责其精熟，乃为有益。若只似日前大餐长啜，贪多务速，即不济事耳。洒扫应对，乃小子之学，今既失之于前矣，然既壮长，而专使用力于此，则恐亦无味而难入。要须有以使之内外本末两进而不偏，乃为佳耳。向见说书，旁推曲说，蔓衍太多，此是大病。若是初学，便遭如此缠绕，即展转迷闇，无复超脱之期矣。②

小学与大学的进学之序，从理想的为学次第看，无疑是先小学而后大学。只是从实然的层面看，大学作为大人之学，当从事大学的学者并没有在小学阶段奠定相应的基础时，朱子认为，大人已经无法再去回到小学课程中去，“恐亦无味而难入”。如此“更须小作课程，责其精熟”，“须要有以使之内外

① （宋）朱熹撰，朱杰人等编：《答吕子约》，《晦庵先生朱文公文集》卷47，《朱子全书》第22册，上海古籍出版社、安徽教育出版社2002年版，第2190页。

② （宋）朱熹撰，朱杰人等编：《答吕子约》，《晦庵先生朱文公文集》卷48，《朱子全书》第22册，上海古籍出版社、安徽教育出版社2002年版，第2210页。

本末两进而不偏”，而不当贪多不烂，适得其反。

他在答吴晦叔书（1172）中，从知行范畴，说明了下学与大学之间的工夫联系与进展：

> 夫泛论知行之理而就一事之中以观之，则知之为先，行之为后，无可疑者。如孟子所谓“知皆扩而充之”，程子所谓“譬如行路，须得光照”，及《易文言》所谓“知至至之”、“知终终之”之类是也。然合夫知之浅深，行之大小而言，则非有以先成乎其小，亦将何以驯致乎其大者哉？如子夏教人以洒扫、应对、进退为先，程子谓“未有致知而不在敬者，”及《易文言》所言“知至”、“知终”，皆在“忠信”、“修辞”之后之类是也。盖古人之教，自其孩幼而教之以孝悌诚敬之实，及其少长而博之以《诗》、《书》、《礼》、《乐》之文，皆所以使之即夫一事一物之间，各有以知其义礼之所在，而致涵养践履之功也。此小学之事知之浅而行之小者也。及其十五成童，学于大学，则其洒扫应对之间、礼乐射御之际，所以涵养践履之者略已小成矣。于是不离乎此而教之以格物以致其知焉。致知云者，因其所已知者推而致之，以及其所未知者而极其至也。是必至于举天地万物之理而一以贯之，然后为知之至。而所谓诚意、正心、修身、齐家、治国、平天下者，至是而无所不尽其道焉。此大学之道，知之深而行之大者也。今就其一事之中而论之，则先知后行，固各有其序矣，诚欲因夫小学之成以进乎大学之始，则非涵养履践之有素，亦岂能居然以其杂乱纷纠之心而格物以致其知哉？①

知之深浅，行之大小，都不是一蹴而就，而是循循有序。初学者应“即夫一事一物之间，各有以知其义礼之所在”，由小学“而致涵养践履之功也”；“及其十五成童，学于大学”，此时“涵养践履之者略已小成矣”。这一小成的“结果”，也是大学致知之“始”。朱子对“致知”进行了明确的义理规定，即不同于我们今天反映论意义上的主客体认识结构，而是“因其所已知者推而致之，以及其所未知者而极其至也”。朱子强调的是“诚欲因夫小学之成以进

① （宋）朱熹撰，朱杰人等编：《答吴晦叔》，《晦庵先生朱文公文集》卷 42，《朱子全书》第 22 册，上海古籍出版社、安徽教育出版社 2002 年版，第 1914—1915 页。

乎大学之始"，实际上所欲说明的是少时德行养成，对于此后德性与道德人格的陶铸意义。尽管朱子的为学工夫论，不乏有知识论的色彩，不过更应该看到，朱子对于成德工夫的独特思考及其合理价值。

朱子将缺乏涵养履践的小学工夫，与由此导致的杂乱纠纷之心联系起来，体现了朱子对洒扫应对的德行对于陶铸初学者心理品质的理论关注，这一思考体现在他答孙仁甫（1195）一书中：

> 奉告反复其词，……所以古人设教，自洒扫、应对、进退之节，礼、乐、射、御、书、数之文，必皆使之抑心下首以从事于其间而不敢忽，然后可以消磨其飞扬倔强之气，而为入德之阶。今既皆无此矣，则唯有读书一事，尚可以为摄伏身心之助。然不循序而致谨焉，则亦未有益也。故今为贤者计，且当就日用间致其下学之功。读书穷理，则细立课程，奈烦著实，而勿求速解；操存持守，则随时随处，省觉收敛，而毋计近功。如此积累，做得三五年工夫，庶几心意渐驯，根本粗立，而有可据之地。不然，终恐徒为此气所使，而不得有所就也。①

联系此答书的时间，朱子已进入自己的晚年生涯，就此对比朱子在早期从本末、大小的义理框架规定洒扫应对看，起初朱子主要是从"事"的层面来说明小学之内容的。随着朱子将心性范畴与小学的工夫节目联系起来，其凸显的是小学在成就德性意义上的重要地位——入德之阶。并且，朱子在这里，再一次从实然的现实层面，为小学与大学之间的工夫缺失，通过读书这一工夫环节，在小学入德之阶与大学根本粗立之间，找到了一条可以衔接的工夫通道。之所以能够打通这一通道的，在于朱子从"心"的层面，将小学与大学的为学进路联系起来，从而一改以往认为小学与大学一旦出现断裂，便无可奈何的消极态度，有着鲜明的区别。朱子认为，小学工夫旨在是初学者"必皆使之抑心下首以从事于其间而不敢忽，然后可以消磨其飞扬倔强之气"；至大学时，"读书一事，尚可以为摄伏身心之助"。此外，朱子再次强调"细立课程，耐烦著实"，这与前面吕子约所言"更须小作课程，责其精熟"

---

① （宋）朱熹撰，朱杰人等编：《答孙仁甫》，《晦庵先生朱文公文集》卷 63，《朱子全书》第 23 册，上海古籍出版社、安徽教育出版社 2002 年版，第 3069 页。

的工夫进路，一脉相承，体现了朱子扎实、严谨的进德工夫品质。

读书之要，在于“学以躬行心得为贵，而不专于简编”，这是从内外、下学上达的为学角度言，朱子在答颜子坚（1183）一书说：

> 然所谓古人学问不在简编，必有所谓统之宗、会之元者，则仆之愚于此有未谕也。圣人教人博文约礼、学问思辨而力行之，自洒扫应对、章句诵说，以至于精义入神、酬酢万变，其序不可诬也。若曰学以躬行心得为贵，而不专于简编则可，若曰不在简编而惟统宗会元之求，则是妄意躐等，以陷于邪说诐行之流，而非圣贤所传之正矣。……，不意吾子知尊敬夫而所趋者若是，岂亦所谓统宗会元者之为祟，而使吾子至于此耶？①

朱子之所以强调步步为营，深耕细作的为学进路，防范“躐等妄意”，实乃认为由此会陷于“邪说诐行之流”，这绝不是圣门之教，而学者也终究无所真得，其在答江彦谋（1191）书时说：

> 今学之未博，说之未详，而遽欲一言探其极致，则是铢两未分而臆料钧石，分寸不辨而目计丈引，不惟精粗二致，大小殊观，非所谓一以贯之者，愚恐小差积而大缪生，所谓钧石丈引者，亦不得其真矣。此躐等妄意之蔽，世之有志于为己之学而未知其方者，其病每如此也。《明道先生行状》云：“先生教人，自致知至于知止，诚意至于平天下，洒扫应对至于穷理尽性，循循有序。病世之学者舍近而趋远，处下而窥高，所以轻自大而卒无得也。”此言至矣。彦谋以为如何？②

“恐小差积而大缪生”，是朱子对当时学者没有找到为学之方时，颇为忧心与高度担心的一种不良为学后果。“先博而后约”，是朱子教人之序的基本指向，由于理本论的形上保证，“理无大小”是学理上的义理承当，但当其转向工夫论域时，“遽欲一言探其极致”，无疑为这样的好高骛远、凌虚蹈空的不良为学之方，充当着某种暗示与诱导的成分与影响。应是基于这样的一种学理

① （宋）朱熹撰，朱杰人等编：《答颜子坚》，《晦庵先生朱文公文集》卷55，《朱子全书》第23册，上海古籍出版社、安徽教育出版社2002年版，第2622页。

② （宋）朱熹撰，朱杰人等编：《答江彦谋》，《晦庵先生朱文公文集》卷64，《朱子全书》第23册，上海古籍出版社、安徽教育出版社2002年版，第3116页。

与工夫上的关系，加之当时舍近求远、浮躁冒进的不良学风与佛老的影响，朱子才反复告诫有志于为己之学而未知其方者，切切要循循有序。

梳理和认识朱子对于《论语·子张》篇“子夏门人小子章”的义理诠释过程与经典诠释价值，可以作为一个侧面补充朱子自身理学思想变化的历程与特点，从而获得对朱子理学思想体系更为清晰的演化脉络，与在这一变化过程中所彰显出的朱子理学思想的品质特征，乃至作为理学家的朱子所体现出的精神品格与文化气质。不过，就认识本章义理诠释的任务而言，这里只是关注了从工夫论、教人之序的方面来把握朱子的诠释思想，而没有与《论语》里的其他范畴相联系。事实上，朱子对“子夏门人小子”章的经典诠释，与对《论语》的“吾道一以贯之”章的义理诠释，有着互相呼应意义的工夫论义理发挥，这启发我们，还要从更为全面、立体的一方面来把握朱子关于“子夏门人小子”章的义理诠释之必要，以便在此基础上，为更好地理解朱子经典诠释理论所具有的“经典”理论意义与现实价值，做更为扎实、深入的研究与转化。

（作者单位：河南理工大学）

朱熹《小学》书的编订与女性教育

杨　燕

朱熹作为儒家新理学的总结式人物，他以“四书”为核心，构建了新儒学的经学体系，在这个体系中有一个很重要的环节，就是《小学》一书的编订刊行。该书最初在淳熙十一年（1184），由朱熹与门人刘清之共同编订。凡例出于朱熹，编订则主要由刘清之主持，同年书成，刻于鄂州。但朱熹对这个版本很不满意，后来又亲自修改补订，并多次与蔡元定等人商讨，于淳熙十四年（1187）再次刊刻该书。①

在该书序言中，朱熹点明了《小学》之书，实为《大学》之本的地位。他说：“古者小学，教人以洒扫应对进退之节、爱亲敬长隆师亲友之道，皆所以为修身、齐家、治国、平天下之本。”②《小学》虽为童蒙之书，但实兼大人之学，在小学的平常事中饱含着对大学工夫的潜移默化之力。

“小学”本是指儿童读书的地方，主要是识字和学习一些生活常识。从大量的文献记载来看，伦理教育虽然也是“小学”的教授内容，但仅仅是“知室家长幼之节”这样的一些浅显知识，小学教育的主要目的还是传授基本的生活技能，如识字和计算等。然而，在朱熹看来，小学是大学的铺垫，对大学教育起着至关重要的基础性作用。他说：“小学者，学其事；大学者，学其小学所学之事之所以。”③小学大学之分，是因为学习特点不同而已，至于其所学的内容，从“道”这一根本来讲，却是完全统一的。小学是存养工夫，正所谓“养正之功，立教之本”，养的是圣贤坯模。而大学的教育，则是在

① 参见束景南：《朱熹年谱长编》卷下，华东师范大学出版社 2001 年版，第 860—861 页。

② （宋）朱熹撰，朱杰人等编：《小学原序》，《小学》，《朱子全书》第 13 册，上海古籍出版社、安徽教育出版社 2002 年版，第 393 页。

③ （宋）黎靖德编：《朱子语类》卷 7，中华书局 1986 年版，第 124 页。

小学存养基础之上，进一步使其明白其中的道理，则彻上彻下，贯通一体，如此，就可以达到理想中的圣贤境界。小学所学在朱熹看来不仅仅是识文断字这些知识性、工具性的东西，更重要的是收敛涵养身心，学习做人。小学所学的一切行为规范，都暗藏着以后所应明白的“理”。小学对大学的重要性，全集中在为体悟“大道”做准备上。

朱熹对小学教育的这种理解，提升了小学教育的重要性，强化了小学与大学之间的内在联系，也悄然扭转了小学的学习中心。朱熹的这些主张，通过《小学》一书的编订推广，通过把童蒙教育纳入修身、齐家、治国、平天下的经学大框架内得到彰显和实现。《小学》成书后，不仅对宋以后一般的儒家教育起到了更加强调道德教育的作用，同时，对宋以后的女性教育，特别是女性的贞洁教育也起到了不可忽视的影响。

简单来说，宋以后女性教育受《小学》书的影响主要表现为两个方面：一是在编写形式上对《小学》书的模仿；二是在编写内容上将《小学》书对女性形象的价值选择发挥到了极致。

一、宋以后女教书籍在编写形式上对《小学》书的模仿

《小学》一书作为修行大纲虽包括了女子教育的重要思想，但从大的方面来说，它提出的主要还是男子行为基本规范，这一状况导致了以羽翼《小学》为目的的女子教育书籍不断出现，这些女子教育书籍的编辑者，都曾仔细研读过《小学》，并有意进行模仿。

如元许献臣作《女教》一书，吴澄为其作序，云该书可与朱熹《小学》书并行于世。后明王直作《女教续编》，在序中自云：“晦庵先生《小学》之书，取古昔圣贤嘉言善行以为立教之本，其训女子亦备矣。有元之时，相台许献臣又搜猎经史，取其可以示法者作《女教》之书……吴文正公谓可与《小学》之书并传，其用心亦至矣……公务之暇稍览载籍，录前二书之所未录者，得若干条，荟萃成篇……”① 追溯其书源头，正为补充许献臣《女教》、朱熹《小学》而为。这一时期女教书籍对《小学》的模仿，主要是在思想内容取舍上。

---

① （明）王直：《抑庵文集》卷 6，上海古籍出版社 1991 年版，第 126—127 页。

有清一代，女教书籍对朱熹《小学》一书的模仿表现得更为直接，从内容到形式几乎全依《小学》而作。如蓝鼎元编《女学》一书，广采经传格言，参摭史传，分为德、言、容、工四篇，章区类别，间缀论断，全部按朱熹《小学》体例写作。① 又有任启运作《女教经传通纂》，采诸经传及《女诫》、《女训》、《女史箴》等书而成，全书分 13 类，体例同样也全仿朱熹《小学》。同时此书最后有其门人傅洛所作的跋，称任启运还有《女教史传通纂》一书，仿《小学》外篇之意。② 此书虽已不传，但更证明任启运《女教经传通纂》的写作是对朱熹《小学》的模仿。

二、《小学》在价值取向上对后世女教的影响

后世女教书籍在编写形式上对《小学》的模仿，不过是皮毛而已，《小学》书对女教最重要的影响在于对整个女教价值取向的根本性引导。

我国很早就有了专门的女性教育，女性教育的价值取向也在很早的时候就有了比较一定的基调。如《礼记》、《诗经》等典籍，都不乏女性教育内容。而系统性地把关于女性教育的内容集解起来，则始于汉代，一为刘向的《列女传》，一为曹大家班昭的《女诫》。这两本最早的女性教育专门书籍，从儒家传统伦理道德规范出发，对女性的性别定位，行为规范等作出了一系列的规定。

此后，这类专门针对女子的教育书籍历代皆有。比较典型的如唐代女学士宋若莘的《女论语》，明吕坤的《闺范》、清王相辑录的《女四书》：包括曹大家的《女诫》、宋若莘的《女论语》、明仁孝文皇后《内训》、清蓝鼎元编的《女学》等。有趣的是，宋代关于女性教育的专门性书籍并不多，当时关于女子教育的内容大都混于《家训》等其他书籍之中。

如果比较历史上这些女性教育书籍或女性教育思想，会发现最早在《列女传》、《女诫》二书中确定的一些基本法则，如男尊女卑，女主内，女子要孝敬、柔顺、贞洁等观念，贯穿于历代女学书籍之中。但以宋为分水岭，在关于女性的贞洁和智能教育方面，其内容的选择，教育的导向却发生了极

① 参见（清）永瑢等:《四库全书总目》（上）卷 98，中华书局 1965 年版，第 832 页中。

② 参见（清）永瑢等:《四库全书总目》（上）卷 98，中华书局 1965 年版，第 832 页中、下。

为明显的改变。比如曹大家班昭的《女诫》，其文共七篇：一卑弱，二夫妇，三敬顺，四妇行，五专心，六曲从，七和叔妹。书中虽引用了《礼》中所说的“夫有再娶之义，妇无二适之文”，强调女性在夫妻关系中所处的不对等地位，但全书也仅此一句劝告性的话语而已，其书同时强调了女性教育的重要性，并提出了“夫不贤则无以御妇”的说法，隐隐保留了部分男女平等的意味。刘向《列女传》一书共有八大部分，所描述的女性形态更是丰富多彩，极具个性，或智慧聪明，有胆有识；或贤良淑慧，气节过人。对女性三从四德和贞洁观念宣扬虽也是基调，但仍然保留着女性追求智慧和知识的权利以及对女性生命权的尊重。包括唐朝的《女论语》一书，也与此相类。

然而经过宋，在明代以后出现的女性教育书籍中，则明显增加了对女性贞洁行为的要求，甚至出现了越来越多的极端行为，比如自杀、断臂、割鼻等等，将女性贞洁提高到超越女性生命以至一切的地步。如清代王相辑录的《女四书》，从形式来看，显然是对“四书”的模仿，虽与《小学》看来无关，但亦是朱熹新经典体系之流风所及。书中辑录了王相母亲所写的《女范捷录》，与前代女教书籍相比唯一的特点就是，增加了大量忽视生命以卫贞操的妇女形象，自始至终都在论证“饿死事小，失节事大”一语。而女性对知识和智慧追求的权利也一再被忽视，“妇人无才便是德”的论调得到了和贞洁观念一样的普及程度。为什么经过一个宋代，女性教育的内容和导向会出现如此大的变化呢？这不得不追究到以朱熹为代表的“理学”家头上，而《语类》新经学体系中所编订的《小学》一书，也不可否认地起了相当重要的作用。

《小学》并非女性教育的专门性书籍，然而书中辑录了不少前代关于女性教育的内容。这部分内容主要有三个来源：一为汉刘向的《列女传》，二为《礼记》中的《内则》、《曲礼》，三为前人语录故事。虽全是辑录，但其选择的标准鲜明地展示了朱熹对女性的角色定位和教育理念。

在《小学》书中，朱熹一方面继承了前代女性教育的基调，用不少所谓的古圣先贤之语来阐释女性卑顺于男子的合理性。如引“孔子曰：妇人，伏于人也，是故无专制之义，有三从之道”[①]。又引“《颜氏家训》曰：妇主中馈，

---

① （宋）朱熹撰，朱杰人等编：《内篇·明伦第二下》，《小学》卷3，《朱子全书》第13册，上海古籍出版社、安徽教育出版社2002年版，第408页。

唯事酒食衣服之礼耳。国不可使预政，家不可使干蛊”① 云云。将女性定位于“伏”、“从”的地位，排斥于国事家事之外。同时，把女性对男子在性方面的忠诚推崇到了极端的地步，女性只要贞洁，其他一切都是次要的，甚至生命。否则，一个女性的价值将化为乌有。无视《列女传》中数量众多，可爱聪慧的女性形象，朱熹《小学》书中选择的这些女子，其所有的能耐几乎全部集中在守贞一事而已。如汉陈孝妇，三国时曹爽从弟之妻令女，唐奉天窦氏二女等等，这些女子为了保守贞洁，或者自杀，或者截耳、断鼻，跳涯。女性的形象经过这种过滤，完全失去了人性而成了单一呆板的贞洁保守器。

不仅如此，朱熹在《小学》一书中还辑录了关于贞洁论证的言论，对失节妇女甚至寡妇采取极其歧视的态度。如书中载到：

> 王蠋曰：“忠臣不事二君，烈女不更二夫。”②
>
> 或问：“孀妇于理似不可取，如何？”伊川先生曰：“然。凡取以配身也，若取失节者以配身，是己失节也。”又问：“或有孤孀贫穷无托者，可再嫁否？”曰：“只是后世怕寒饿死，故有是说。然饿死事极小，失节事极大。”③

第二段程颐所说的话后来被朱熹节略成“饿死事小，失节事大”一语，与“忠臣不事二君，烈女不更二夫”一起被广泛流传，不知有多少人因此失去人生的幸福，这也许是王蠋和伊川先生所未料及的。这些话虽非朱熹所说，但辑录于《小学》一书之中，将其作为学人修身的基本要求，却是朱熹所为。而随着《小学》书的广泛传播，此语普及于全国各地各个阶层，也与《小学》一书关系紧密。

对此，我甚想为朱熹辩解，然而，白纸黑字，又如何辩得？可是，朱熹他真的是要把这一道德规范作为女性行为的基本规则吗？朱熹到底何意？

---

① （宋）朱熹撰，朱杰人等编：《外篇 · 嘉言第五中》，《小学》卷 7，《朱子全书》第 13 册，上海古籍出版社、安徽教育出版社 2002 年版，第 446 页。

② （宋）朱熹撰，朱杰人等编：《内篇 · 明伦第二下》，《小学》卷 3，《朱子全书》第 13 册，上海古籍出版社、安徽教育出版社 2002 年版，第 407 页。

③ （宋）朱熹撰，朱杰人等编：《外篇 · 嘉言第五中》，《小学》卷 7，《朱子全书》第 13 册，上海古籍出版社、安徽教育出版社 2002 年版，第 445 页。

在《朱子语类》中，记有朱熹和学生对这一问题的一段议论："问：'取甥女归嫁一段，与前孤孀不可再嫁相反，何也？'曰：'大纲恁地，但人亦有不能尽者。'"[①]此处所问"取甥女归嫁"者，乃程颐为其父程珦所写行状中事。程颐一本家甥女守寡，其父将其接回家中，另嫁他人。程颐书此事于其父行状之中，是赞扬其父的行为。后朱熹又将此事收入《近思录》中，对程父的做法同样持赞许态度。这显然与程颐同书中所说的孤孀不可再嫁的主旨相矛盾，因此学生才有发问。而朱熹的回答则显示了他在这一问题上并非完全刻板守一的态度，虽然从道德的提倡来说，大纲是那样，但人生于世，则有不能做到者，也是常情。

程氏父子所为所言与朱熹此处的回答，都表现了对这一问题一定的矛盾心理。一方面，从人伦纲要来说，他们认为孀妇绝无再嫁之理；而另一方面，从世俗人情来看，显然许多人并不能做到这一道德要求，甚至他们自己都表现出言行的不一，何况他人！不过朱熹对程家事持的宽容态度，内心大概有为前人讳的心理在作怪，他对女性贞洁观念的态度应该比之程氏更加肯定。这一点可以从他写给朋友陈师中的书信中看出。陈妹婿死，朱熹写信给陈，引"饿死事小，失节事大"一语，劝陈开导其妹守节，不要再嫁："使自明没为忠臣，而其室家生为节妇，斯亦人伦之美事"[②]云云，实在是开后世愈演愈烈的节妇烈女道德观之先河。可见，也许在某个时刻，朱熹对这个问题是有过犹疑的，然而，他最终的态度是坚定的，比程颐有过之而无不及，如果是朱熹之父取其甥女再嫁，想来他不仅不会书之于行状，怕当时就要竭力地反对了。虽然宋初诸多先贤的妇女贞洁观念相当淡漠。如范仲淹自幼随其母再嫁，富贵后依然迎母奉养，其儿媳寡居，范仲淹亲择门生娶之。王安石子有心疾，与儿媳两情不合，安石另择婿而嫁之……但是到了宋末，对于女性教育的很多理念已经是大不相同了。

总之，前人女性教育思想中某些特定的内容，经过朱熹的有意择录和强调之后，影响越来越广，宋末及此后的元明清三代，都广受波及，节女烈妇

---

① （宋）黎靖德编：《朱子语类》卷 96，中华书局 1986 年版，第 2473 页。

② （宋）朱熹撰，朱杰人等编：《与陈师中书》，《晦庵先生朱文公文集》卷 26，《朱子全书》第 21 册，上海古籍出版社、安徽教育出版社 2002 年版，第 1173 页。

成为对女性评价的最重要标准，其他一切的个性全都泯灭了，在女性教育书籍的编写上，一方面大量引用朱熹在《小学》书中辑录的相关言论。另一方面，越来越倾向于节烈妇女的行为辑录。而从历史事实来看，则是数不清的女性走上了节妇烈女之路。修于宋代的新旧《唐书·列女传》中虽已有了大量为保贞节而不惜自残的妇女形象，但仍保存了对更多智慧聪明，胆识过人、不亚须眉、女性的讴歌。而《宋史·列女传》就几乎全部是为保贞节而投海、跳江、自杀的妇女了，以后明清两代，就更是如此。至此，女性的一切价值均消解为虚无，唯一留下的除了贞洁还是贞洁，什么知识智慧，什么胆识勇为，不仅不再是美德，反而成为极大的缺陷，而这不得不说是女性教育之一大悲哀，也不得不说是人类历史之一大悲哀。而追其源，《朱子语类》重构新经学体系中《小学》一书对女性形象和教育标的之定位，虽不能说是万恶之所尽出，但实难逃毒瘤之微启，不幸之推澜。

（作者单位：四川师范大学中国哲学与文化研究所）

理学与功利学的会通

邓　洁

理学是宋代新儒学、佛学、道教相融合的思想结晶。理学的一大特点便是以儒家思想为本位，同时选择性地吸收佛学与道教的思想，构建儒家伦理学与宇宙本体论相结合的理学思想体系。“宋明理学是指在外来印度文化哲学与本土道教文化哲学挑战下，将元典儒学作为滞留于伦理道德层次的心性之学，从形上学本体论层次给以关照，使传统儒学以心性为核心的伦理道德和价值理想（社会理想和人格理想）建构在具有理性力度的形上学本体论思维之上，通过诠释心性与本体、伦理与天道的连接以及人与生存世界、意义世界和可能世界的关系，使儒家道德学说获得了形上性和整体性的论述，传统儒学内部的逻辑结构、价值结构、道德结构等经过此调整，获得了新的生命。”①

理学强调道德自律，比较重视内心自我的道德完善，重视人性修养。理学家大都较为细致地研究过理与气、心与性、道与器、知与行、义与利、理与欲等关系问题，提出了一系列的思想理论和方法。但理学相对忽视对自然的客观规律的认识，相对忽视对自然的改造与社会实践以及对物质欲望和利益的追求，这就形成了内强外弱的格局。台湾学者韦政通在《中国思想史》指出：“不论是南宋或清初，重视事功的思想家，在一定程度上都与理学家对立……这种现象实反映着儒学传统中的一个大问题。这个问题的核心，是要求如何解决‘外王’的问题。理学家们不管对心对性的了解有何不同，他们对‘外王’问题比较忽视，是一无可争辩的事实。先秦儒家当然是重视‘外王’的，孔、孟、荀都是行动思想相兼型的人物，对社会政治问题都是高度

---

① 张立文：《宋明理学研究》，人民出版社 2002 年版，第 17 页。

热情，在理论上表现出来的，则是内圣与外王一贯的思想。”① 就“物格而后知至，知至而后意诚，意诚而后心正，心正而后身修，身修而后家齐，家齐而后国治，国治而后天下平”② 而言，理学并没有完全实现将治国平天下与修身养性相平衡。

在理学迅速发展的时期，兴起了与理学相对立的功利学。萧公权在《中国政治思想史》中说：“（宋）三百余年中之政治思想，可分为理学与‘功利’之二大派。”③ 功利学派主要由永康学派陈亮、永嘉学派薛季宣、陈傅良及叶适等为代表。在思想上功利学派代表人物之间也存有一些分歧，只不过他们都继承了北宋李觏、王安石的务实效、讲实用、重实际的功利思想观点，所以又被称为浙东事功派。功利学派同南宋的朱熹、陆九渊等为代表的理学在思想上和价值观上存在着严重的分歧，它主要表现在宇宙观、义利观、道统论等方面，从而产生两派的区分和对立。但因理学与功利学又都同属于宋学的范畴，而批评汉学。又都以儒为主，受到儒学价值观的影响，功利学家亦有重义理而与理学相近的倾向；同时儒家经世致用的传统也影响到理学，理学家亦有重功利而与功利学相近的一面。所以在一定程度上，理学和功利学就不可避免会有一些相同之处。

南宋时期，由于北方人口大量迁移南下，给南宋的经济发展带来了充足的劳动力资源、先进的生产技术及较为丰富的生产经验，统治者也借此优势相应地提出和实行了一些促进经济发展的政策。在商业方面，由于确立了“农商并重”的国策，使社会各阶层纷纷置身于商业经营行业之中，商品经济步入一个全新的历史发展阶段，随着商品贸易的发展出现了一些比较商业化的城市。无论是农业、手工业、商业甚至是科学技术方面，南宋都达到了一个前所未及的阶段，在当时世界上处于遥遥领先的地位。

随着南宋经济的发展，农民得到了更多的人身自由，商人的地位同样也相应地得到了提高，市民阶级登上了历史舞台。南宋统治集团优待知识分子，崇尚文治，可以说是思想文化环境最为宽松的时期，因此文化发展有了

① 韦政通：《中国思想史》下册，台湾水牛出版社 1980 年版，第 1210 页。

② （宋）朱熹：《大学章句》，《四书章句集注》，中华书局 2012 年版，第 4 页。

③ 萧公权：《中国政治思想史》，辽宁教育出版社 1998 年版，第 413—420 页。

新的突破，这就为新思想、新文化的形成提供了良好的经济基础，并促进了文化的蓬勃发展。正是在各方面经济的影响下，也为理学与功利学思想产生与发展提供了较为优越的经济基础。

所以，功利学是在南宋时期特殊的历史条件下形成的，反映了当时一部分中下层地主与手工业者和商业者的根本利益，其思想渊源可以追溯到北宋李觏和王安石。他们在政治上主张改革内政，反对妥协求和，坚持抗金；在经济上，反对重农抑商，主张“农商一事”，“扶持商贾”；在哲学上主张“实事实功”，同“皆谈性命而辟功利”的理学进行了理论争辩，成为宋代哲学发展的一个重要阶段。作为理学批判者的先驱，他们皆对后世产生了深刻的影响。

一、理学对功利学的批评

在价值观上，南宋理学诸派以道义、义理为重，而功利学者则以功利、事功为重。故理学与功利学之间存在着客观的思想差异。当时与南宋功利学者同时的理学大家主要有朱熹、陆九渊、张栻、吕祖谦等人，稍后的有魏了翁等。就同属理学而言，朱学与当时的陆氏心学、张栻之湖湘学、吕祖谦之婺学等因在本体论、方法论、心性论等方面有所不同，因而分为不同的理学流派，但理学各派却具有相同的价值观。朱熹请陆九渊登白鹿洞书院讲席，盛赞其“以义利判君子小人”之训，并充分肯定张栻严于义利之辨，无一毫功利之杂的思想。然而他对理学之外的功利之学却提出了较为严厉的批评，认为“今永嘉又自说一种学问，更没头没尾，又不及金溪”①。尽管对陆氏心学朱熹持严厉的批评态度，但却肯定陆学是教人去做个人，比起功利之学来，明显高出一筹。

张栻针对当时的社会风气，指出：“今日大患是不悦儒学，争驰乎功利之末，而以先王严恭寅畏、事天保民之心为迂阔迟钝之说。向来对时亦尝论及此。上聪明，所恨无人朝夕讲道至理，以开广圣心，此实今日兴衰之本也。”②批评当时争驰于功利的风气，主张讲道明理，将其视为治理社会之

① （宋）黎靖德编：《朱子语类》卷123，中华书局1986年版，第2961页。

② 杨世文、王蓉贵校点：《答朱元晦》，《南轩集》卷22，《张栻全集》，长春出版社1999年版，第859页。

本。虽然张栻并不完全否定功利，但也批评了当时流行的功利之说。这反映了理学家的价值取向。

吕祖谦对功利学亦提出批评。他说："功利之说兴，变诈之风起，弃本徇末，忘内事外，竞欲收富强之效于立谈之余，反顾王道岂不甚迟而可厌哉！"[①]指出功利之说、变诈之风的兴起，使得人们弃本逐末，追求外在的功效，而忽视了王道义理。吕祖谦并把子路之学与管仲的功利学作了比较："子路所学乃圣门根本之学，若使其成就，岂管仲之所能及？管仲之功虽成，不过是功利之学。盖管仲如已熟之荑稗，子路如未熟之五谷。五谷未熟时固不如荑稗，然或至于熟，岂荑稗之比哉！"[②]认为子路的圣门之学如五谷，而管仲的功利学如野草，其褒贬扬弃，一目了然。

魏了翁批评当时的功利之习盛行，使得社会治理无所依靠。他说："惟功利可以奔走斯世，而义理所不计也；智术可以排难解纷，而诚信非所先也。呜呼！今无一可恃矣。"[③]魏了翁批判以功利欺世，以智术解难，而不计义理、不讲诚信的社会习尚，如此导致俗流世坏，人们莫适其归，而人心涣散。

从理学家对功利学的批评可以看出，理学家从重义轻利的价值观出发，强调以仁义、道义的原则治天下，充分看到单纯讲求功利给社会治理带来的弊端。

二、功利学对理学批评

陈亮从自然人性论出发，认为自然之性是人身本能，主张加以调节，并批评了理学的理本论思想和空谈心性的流弊。陈亮强调人身和人性不得离开客观事物而存在，衣食住行等物质生活之事是为了满足人身及人性的客观需要。他说："天下岂有身外之事，而性外之物哉！百骸九窍具而为人，然而不可以赤立也。必有衣焉以衣之，则衣非外物也；必有食焉以食之，则食

① （宋）吕祖谦：《子鱼宋公围曹》，《左氏博议》卷12，文渊阁《四库全书》第152册，台湾商务印书馆1986年版，第422—423页。

② （宋）吕祖谦：《门人集录孟子说》，《丽泽论说集录》卷7，文渊阁《四库全书》第703册，台湾商务印书馆1986年版，第391页。

③ （宋）魏了翁：《简州见思堂记》，《鹤山集》卷42，文渊阁《四库全书》第1172册，台湾商务印书馆1986年版，第479页。

非外物也；衣食足矣，然而不可以露处也，必有室庐以居之，则室庐非外物也。”① 这表明陈亮对人性的论述，着眼于与人性相关的日常生活之事，是从人身的自然本能和物质需求出发，具有实事实功的客观态度。这与朱熹追求形上的宇宙本体，忽视具体的人生日用对人性影响的思想旨趣各异。

他对当时“低头拱手以谈性命”的理学弊端提出批评。他说：

> 始悟今世之儒士自以为得正心诚意之学者，皆风痹不知痛痒之人也。举一世安于君父之仇，而方低头拱手以谈性命，不知何者谓之性命乎，陛下接之而不任以事，臣于是服陛下之仁。又悟今世之才臣自以为得富国强兵之术者，皆狂惑以肆叫呼之人也。不以暇时讲究立国之本末，方扬眉伸气以论富强，不知何者谓之富强乎！②

批评当时的儒士脱离社会实际，只知空谈性命，而不知何者谓之性命；只是口头上论富强，而不知如何去做才能致富强。陈亮极力反对空谈性命之说，力主务实。他说：“言必责其实，实必要其成。”③ 这就是说，言论与学说及意见等要与实际相符合，不能脱离实际；要解决实际问题，就不能高谈阔论。这种言实相符与办事必成的思想，对当代仍有积极意义。

叶适对理学家推崇的《礼记·乐记》篇的观点提出批评。他说：“‘人生而静，天之性也，感于物而动，性之欲也。’但不生耳，生即动，何有于静？以性为静，以物为欲，尊性而贱欲，相去几何？”④ 认为人生即为动，而非静。以主动哲学代替主静哲学。指出《乐记》以性为静，以物为欲的观点是片面的，其要旨是“尊性而贱欲”。这在叶适看来，其理论从根本上是站不住脚的。叶适主张把性命道德与客观事物结合起来，所谓道德性命之道义不能脱离客观事物之功利而存在。他说：“后世儒者行仲舒之论，既无功利，则道义者乃无用之虚语尔。”⑤ 指出理学家继承董仲舒的思想，讲道义而脱离功利，其道义便是无用的“虚语”。

陈亮、叶适对理学的批评，表现出功利学派与理学思想的差异。

---

① （宋）陈亮：《问答下》，《陈亮集增订本》卷 4，中华书局 1987 年版，第 44 页。
② （宋）陈亮：《上孝宗皇帝第一书》，《陈亮集增订本》卷 1，中华书局 1987 年版，第 9 页。
③ （宋）陈亮：《论开诚之道》，《陈亮集增订本》卷 2，中华书局 1987 年版，第 26 页。
④ （宋）叶适：《乐记》，《习学记言序目》卷 8，中华书局 2009 年版，第 103 页。
⑤ （宋）叶适：《汉书三》，《习学记言序目》卷 23，中华书局 1977 年版，第 324 页。

叶适提出“务实而不务虚”的思想，以批评理学高谈性命之流弊。他说：“善为国者，务实而不务虚，择福而不择祸，条目先定，而始末不差，斯所谓公心矣。措己于安，而制敌之危，斯所谓定论矣。”①认为治理国家必须务实，而不是空谈虚言所能解决的。只有做到“务实而不务虚”，才能有“公心”，才能有“定论”。这正体现了叶适将“功利”与“义理”相统一的思想。黄宗羲评论说：“永嘉之学，教人就事上理会，步步着实，言之必使可行，足以开物成务。”②充分肯定叶适言之必行的思想特点。

三、理学与功利学的会通

因理学与功利学同属于宋学，都以儒家某些原始思想为其思想的支撑点，以研究儒家经典为根本出发点与落脚点，所以说两大派别在一定程度之上一定会有相互会通的表现。例如在理欲观上，朱熹与其他理学家一样大力宣扬“存天理，去人欲”的教条主义。但他也明白人的欲望是不可能完全彻底地被泯灭，所以不得不在一定程度之上承认欲望与道德意识有一定的内在联系，他亦说：“人欲中自有天理。”③认为人只要在世上生活一天，就要满足这一天当中所需要的最根本的物质需求，因为它不是“人欲”而是“天理”。但如果所追求的高于最根本的物质需求，那就是在追求应该被根除的“人欲”了。可见，朱熹在这里给“人欲”留了一席之地。

魏了翁在批判空谈道德性命之说的基础上，提出了“趋事赴功”的思想，把义理与事功结合起来，通过讲求事功来达到社会治理和抵御外敌的目标。他在政治治理中注重功利，讲求实效，为民办实事的思想并不矛盾。正因为他把事功与功利纳入义理的指导之下，才在实践中产生了较大的影响。同时也证明，魏了翁主张的功利与他所提倡的义理并不是对立的，它们是融为一体的，是相互联系的。为了改变纪纲不定，国无善政的局面，魏了翁提出了

① （宋）叶适：《水心文集补遗·历代名臣奏议·九十七》，《叶适集》补遗，中华书局1961年版，第617页。

② （清）黄宗羲著，全祖望补：《艮斋学案》，《宋元学案》卷52，中华书局1986年版，第1696页。

③ （宋）黎靖德编：《朱子语类》卷13，中华书局1986年版，第224页。

以法治天下的主张。他把纪纲看得十分的重要，认为只要纪纲得以确定就可以统一政事，防止出现败乱法纪，致使军队堕落的局面，把国家治理纳入有法可依的轨道，防止出现政治混乱、无章可循的局面。魏了翁认为，法贯穿于纪纲，是制度的准则，没有法就没有制度与纪纲。他说："法字是有准则的道理，……若是无法，则纪纲、制度都无。"① 也就是说法是治理国家的根本准则，它是通过制度与纪纲来体现，是一种法律制度，不是道德规范。魏了翁又将法与刑法相区别，法的内涵要比刑法大，与道不可分离，道通过法来体现和贯彻，是以道为根据的法。尧舜之道之所以能够流传后世，是因为他们以法治天下，道通过施之于法，才能体现和流传。而刑法的法就脱离了道。法与道不相联系，就单纯的成为严刑峻法，这是魏了翁所反对的。他论述了法与道的关系，及立制度以行道的重要性。他说：

> 舜为法于天下后世，何尝不好，后世却用鞅、斯之法看。向在试院，见诸公称古者之治天下者，纯任法以为治，不知道、法两字符不可离。有不可易之道，方是法；法不出于道，成甚法？道何如行？有法以行之。三百六十官邦国都鄙祭祀宾客，截然有条，未尝无道在其中。若是无法，则纪纲、制度都无。故有法即有道，道寓于法也。古今治天下，皆无唐虞三代之法，周官许多法，所以教忠、教孝、仁义礼乐便行乎其间。后世谓出于礼则入法，浑错看法字作刑法之法，法字无一不是法。②

这段话中，说明了立法、立制度的重要性，如果不立制度。不定纪纲，治理国家就会无法可依，会陷入天下混乱的局面，所以就必须要恢复尧舜依法治国的传统。为了防止出现秦王朝单纯严峻刑法的出现，所以道与法不能够分离。法与道的不相离，其实就是法家的法治思想与儒家的伦理纲常的相结合，与正统儒家不同的是，魏了翁更强调法治的重要性，主张通过立经制以治国，这也是他经制思想的重要内容。

---

① （宋）魏了翁：《师友雅言下》，《鹤山集》卷109，文渊阁《四库全书》第1173册，台湾商务印书馆1986年版，第600页。

② （宋）魏了翁：《师友雅言下》，《鹤山集》卷109，文渊阁《四库全书》第1173册，台湾商务印书馆1986年版，第600页。

四、朱熹对功利学的批评

朱熹（1130—1200），字元晦，又改为仲晦，号晦庵，60 岁后又称晦翁，南宋时期著名的思想家、教育家、哲学家。其思想被尊称为“朱子学”，是继孔子之后的大儒之一。“他的学说不仅使儒学理学在宋以后成为官方意识形态并处独尊地位，而且影响朝鲜、日本和越南等国，曾一度成为这些国家的官方哲学或占主流地位的意识形态，并得到他们的推崇和信奉。朱子学超越国家而走向世界。”① 朱熹哲学反映了宋代哲学的曲折发展水平，他所建立的庞大的理学体系，把宋代理学推到一个全新的高峰。在其哲学体系里，以理本论为统率，展开了对社会、自然、人性等方面的整体论述，使之比以往的哲学更加完善、严密；以理借助于气而展开的多层次的认识辩证运动，使其哲学体系充满了活力。朱熹继承并发展了张载、二程的人性二元论，构建出了较为完整的“天命之性”与“气质之性”相连的人性论体系。“理欲”、“义利”之辨与“居敬”、“穷理”的道德修养功夫是朱熹道德伦理观的主要内容。朱熹的天理史观是他的理本论和理欲论思想在社会历史领域的具体运用，从而对历史的决定因素是什么、历史是如何发展的诸问题作出了回答。朱熹的哲学思维方法，继承和发展了先秦儒家“慎思明辨”兼重直觉与思辨的传统，强调了分析与综合的统一，使中华民族思维能力向前推进了一大步。

朱熹对功利之学的批评，集中在其重功利的价值观上。他说：“今浙中人却是计利害太甚，做成回互耳，其弊至于可以得利者无不为。”② 指出功利之学过分计较利害得失，其流弊在于为了得利，而无所不为。并指出：“江西之学只是禅，浙学却专是功利。……若功利，则学者习之，便可见效，此意甚可忧！”③ 朱熹对功利之学的流行深感担忧，反映了理学与浙东功利学在价值取向上的差异。

淳熙九年（1182），朱熹以浙东提举的身份巡行视察浙东灾情，在这半

① 张立文：《朱熹评传》，长春出版社 2008 年版，第 1 页。

② （宋）黎靖德编：《朱子语类》卷 122，中华书局 1986 年版，第 2958 页。

③ （宋）黎靖德编：《朱子语类》卷 123，中华书局 1986 年版，第 2967 页。

年多的时间里，其借此机会与浙东学子进行了广泛深入的接触，浙学的功利倾向，使朱熹颇为震惊。朱熹很快便意识到功利之学对儒家思想的损害要比陆九渊心学更为严重，于是，朱熹在反省自己学术不足的同时，集中精力对功利学提出了批评。

朱熹对于功利学的兴起曾云："海内学术之弊，不过两说：江西顿悟，永康事功。若不极力争辩，此道无由得明。"① 朱熹在此的言语态度足以证明其将功利学与理学置于相互对立的局面，认为很有必要理论一下。而当时的情景让朱熹不得不感到忧虑与愤怒，"近日一派，流入江西，蹴踏董仲舒，而推尊管仲、王猛。又闻有非陆贽而是德宗者，尤可骇异！"② 与"倾岁入浙，从士大夫游，数月之间，凡有闻者，无非枉尺直寻，苟容偷合之论，心窃骇之"③。又云："婺州近日一种议论愈可恶，大抵名宗吕氏，而实主同父，深可忧叹！"④"陈同父学已行道江西，浙人信向已多，家家谈王霸，不说萧何、张良，只说王猛；不说孔孟，只说文中子。可畏！可畏！"⑤ 由朱熹的担忧可以看出陈亮学说传播的速度之快，朱熹也对于浙学的传播速度表现出忧虑，认为这要比陆象山的"顿悟"学说对学者心术之害更为严重。在朱熹看来，陆九渊心学是以儒学的外表出现的禅学，功利学则是以儒学的外表出现的管商之学。禅学诚然有害于正道，它是可能把人引向一个人为本位的错误的归属之地，虽然宋明理学各流派的学术思想多多少少存在一些差异，但其核心皆以弘扬圣人之道，坚守儒家伦理纲常及以政治治理为核心的价值观，因此能够超越现实中的利害之上。"陆氏之学虽是偏，尚是要去做个人。若永嘉、永康之说，大不成学问，不知何故如此。"⑥ 侯外庐在《中国思想通史》中评

① （宋）真德秀：《邵子之学》，《西山读书记》卷 31，文渊阁《四库全书》第 706 册，台湾商务印书馆 1986 年版，第 123 页。

② （宋）朱熹著，郭齐、尹波点校：《答沈叔晦》，《朱熹集》卷 53，四川教育出版社 1996 年版，第 2684 页。

③ （宋）朱熹著，郭齐、尹波点校：《答耿直之》，《朱熹集》卷 38，四川教育出版社 1996 年版，第 1720 页。

④ （宋）朱熹著，郭齐、尹波点校：《答黄直卿》，《朱熹集》，《续集》卷 1，四川教育出版社 1996 年版，第 5136 页。

⑤ （宋）黎靖德编：《朱子语类》卷 123，中华书局 1986 年版，第 2966 页。

⑥ （宋）黎靖德编：《朱子语类》卷 122，中华书局 1986 年版，第 2957 页。

析朱熹时说："他对陆象山的心学一派还是有所肯定，而对于永嘉、永康之说，则是全盘抹杀。所谓'大不成学问，不知何故如此'云云，已经把道学家的偏见和对唯物主义的敌视态度，活跃在纸上。"① 朱熹对功利学的批评，表现出其对社会风气的关心，从中显示出其所坚守的理学价值观。

朱熹认为，为了博取功名事业而放弃儒家的价值理想，这对现实社会而言无异于助纣为虐。如果所趋不正，即使能够得到当权者的重视，成就一番事业，也不足立于圣贤之门墙；反之，虽然得不到当权者的重视，却并不影响他所追求的（人类生存之道）道变为现实。君子是吾心之自然与天理之当然完全一致，以此而行，不为利害的成败毁誉而动，此乃君子之本色。然而功利之学竟然在儒家视为比生命还要重要的价值理想上讨价还价，以求与现实的腐朽势力相妥协，不得不使朱熹在震惊之余，又深深地陷入痛苦之中。

朱熹认为，功利学者在治学的过程中，过多地由史出发，只是读史传、解释社会历史的风云变化，没有将经放在首位，治经也只不过是记诵编节，没有真正地体会到义理的精微之处，没有反躬内省的过程。如果人人都陷入历史运动之中，去追寻与研究历史古今兴亡的事变因果，此道怎能明白？所以朱熹极力反对浙东学术，并对陈亮、叶适、陈傅良也多有指责。

对永嘉学批评道：

> 今永嘉又自说一种学问，更没头没尾，又不及金溪。大抵只说一截话，终不说破是个甚么，然皆以道义先觉自处，以此传授。君举到湘中一收，收尽南轩门人，胡季随亦从之问学。②
>
> 永嘉学问，专去利害上计较。③
>
> 永嘉看文字，大字平白处不看，便要去注疏小字中寻节目以为博。④

对叶适批评道：

> 士子传诵所著书及答问书尺，类多笼罩包藏之语……又皆草率

① 侯外庐：《中国思想通史》第四卷，人民出版社1960年版，第749页。
② （宋）黎靖德编：《朱子语类》卷123，中华书局1986年版，第2961页。
③ （宋）黎靖德编：《朱子语类》卷37，中华书局1986年版，第317页。
④ （宋）黎靖德编：《朱子语类》卷123，中华书局1986年版，第2964页。

> 苟简，未曾略识道理规模、功夫次第，便以己见抟量凑合，撰出一般说话，高自标置，下视古人，及考其实，则全是含胡影响之言，不敢分明道着实处。①
>
> 如叶正则说，则只是要教人都晓不得。尝得一书来，言时间有一般魁伟的道理，自不乱于三纲五常……却是个甚么物事，也是乱道。他不说破，只是笼统恁地说以谩人……他之说最误人，世间呆人都被他瞒，不自知。②

对陈傅良批评道：

> 君举春间得书，殊不可晓，似都不曾见得实理，只是要得杂博。又不肯分明如此说破，却欲包罗和会众说不令相伤，其实都晓不得众说之是非得失。③
>
> 君举先未相识，析其言论，多未所安，最是不切务己，恶行直道，尤为大害。④
>
> 中间得君举书，亦深以讲究辨切为不然，此盖无他，只是自家不曾见得亲切端的，不容有毫厘之差处，故作此见耳……庶几彼此尽情吐露，寻一个是处……不须得如此遮前掩后，似说不说，做三日新妇子模样。⑤

认为陈傅良未见得实理，其说杂博，大害于道。朱熹对功利学的批评主要集中在其重视功利的价值观上。他说："今浙中人只学一般回互底心意，不是浑厚。浑厚是可做便做，不计利害之谓。今浙中人却是计利害太甚，做成回互耳，其弊至于可以得利者无不为。"⑥指责浙东功利学者未能坚守原则性的

---

① （宋）朱熹撰，朱杰人等编：《答叶正则》，《晦庵先生朱文公文集》卷 56，《朱子全书》第 23 册，上海古籍出版社、安徽教育出版社 2002 年版，第 2651 页。

② （宋）黎靖德编：《朱子语类》卷 123，中华书局 1986 年版，第 2966 页。

③ （宋）朱熹撰，朱杰人等编：《答刘公度》，《晦庵先生朱文公文集》卷 53，《朱子全书》第 22 册，上海古籍出版社、安徽教育出版社 2002 年版，第 2487 页。

④ （宋）朱熹撰，朱杰人等编：《答胡季随》，《晦庵先生朱文公文集》卷 53，《朱子全书》第 22 册，上海古籍出版社、安徽教育出版社 2002 年版，第 2516 页。

⑤ （宋）朱熹撰，朱杰人等编：《答叶正则》，《晦庵先生朱文公文集》卷 56，《朱子全书》第 23 册，上海古籍出版社、安徽教育出版社 2002 年版，第 2651 页。

⑥ （宋）黎靖德编：《朱子语类》卷 122，中华书局 1986 年版，第 2958 页。

问题，只是一味地教人妥协让步，以期达到在社会中相互适应。在《答郑子上》中指出："此却有数士友相聚，然极难得可共学者，浙人为功利浸渍坏了腹心，尤难说话，甚可叹，又可惧也。"①认为在浙人中很难找到有共同价值观可以与之共学者，对浙人陷于功利而感到担忧。表现出对浙人的感叹和无可奈何。并指出："今时学者，心量窄狭不耐持久，故其为学略有些少影响见闻，便自主张，以为至是，不能遍观博考，反复参验。其务为简约者，既荡而为异学之空虚，其急于功利者，又溺而为流俗之卑近，此为今日之大弊，学者尤不可以不戒。"②认为急于功利的人，陷溺于日常流俗之中。而务为简约之人，则流于佛老之空虚，这在朱熹看来，均为今日之大弊。告诫学者加以戒备。

五、朱熹思想中的功利学思想的体现

尽管南宋理学家与功利学家相互批评，以此反映出各自不同的价值观和宇宙观，但二者并非绝对对立而不相容。他们之间除存有对立和思想差异的一面外，亦有相互影响、相互融通而相同相近的一面。这也是思想史上客观存在的事实。认识这一点，对于了解南宋思想史上理学与功利学思想的实质、相互关系、发展演变及对后世的影响，是十分重要的。

过去认为理学比较重视道德自律、伦理约束，对道德理性比较强调，而忽视功利，或者说与功利学派有比较大的分歧；而功利学派则重功利和事功，轻视道义，与理学形成对立。一般来说，这种认识大体是有道理的，但还需补充和进一步说明。

受功利学和社会物质生活现实的影响，朱熹等理学家也并非不讲功利，在强调以道义为重的前提下，给功利也留下一定的位置。朱熹不仅强调义利的分辨，主张循天理之宜，去人之私利，而且提出"义未尝不利"的义利统一观。他说："义未尝不利，但不可先说道利，不可先有求利之心。……才说义，

① （宋）朱熹著，郭齐、尹波点校：《答郑子上》，《朱熹集》卷56，四川教育出版社1996年版，第2860页。

② （宋）朱熹著，郭齐、尹波点校：《玉山讲义》，《朱熹集》卷74，四川教育出版社1996年版，第3900页。

乃所以为利，固是义有大利存焉。”[①] 认为义中包含了利，“义有大利存焉”，在行义之时，便有利在其中，甚至认为义所以为利，义最终是为了利，义不是孤立的存在，而是有大利存于其中。可见义利不离，二者不可分割地联系在一起。并指出：“程子曰：‘君子未尝不欲利。’但专以利为心则有害，惟仁义则不求利而未尝不利也。”[②] 指出一事当前，唯利是求而不知有仁义，只会有害；只有以仁义为心，不去求利，反而会客观地带来利益。可见理学家并不排斥功利，在批判人之私利的同时，主张义利双方在以义为先的基础上相互统一，相互结合。尤其在政治治理的实践中，朱熹、张栻等理学家重视客观物质利益，考虑民众生活和疾苦，把德治体现在重视民生和体恤民情上。

因理学与功利学同属于宋学，都以儒家某些原始思想为其思想的支撑点，以研究儒家经典为根本出发点与落脚点，所以说两大派别在一定程度之上一定会有相互会通的表现。例如在理欲观上，朱熹与其他理学家一样大力宣扬“存天理，去人欲”的教条主义。但他也明白人的欲望是不可能完全彻底地被泯灭，所以不得不在一定程度之上承认欲望与道德意识有一定的内在联系，他亦说：“人欲中自有天理。”[③] 认为人只要在世上生活一天，就要满足这一天当中所需要的最根本的物质需求，因为它不是“人欲”而是“天理”。但如果所追求的高于最根本的物质需求，那就是在追求应该被根除的“人欲”了。可见，朱熹在这里给“人欲”留了一席之地。

（作者单位：邯郸学院）

---

① （宋）黎靖德编：《朱子语类》卷 51，中华书局 1986 年版，第 1218 页。

② （宋）朱熹著：《梁惠王章句上》，《孟子集注》卷 1，《四书章句集注》，中华书局 2012 年版，第 202 页。

③ （宋）黎靖德编：《朱子语类》卷 13，中华书局 1986 年版，第 224 页。

《朱熹文集编年评注》简介

郭齐　尹波

一、整理意义

国际朱子学已有近千年的历史，今天仍方兴未艾，蓬勃发展。其中，朱子文献的整理研究，自然是处于支撑地位的基础建设，理当先行。在朱子的三部代表作中，文集在可靠性方面优于《朱子语类》，在内容的包罗万象方面优于《四书章句集注》，因而具有特殊的重要性。对该书文献的现代整理始于1996年四川教育出版社的校点本《朱熹集》。其后台湾德富文教基金会于2000年出版了标点本《朱子文集》，上海古籍出版社、安徽教育出版社于2002年出版了标点本《朱子全书》。由于既往的整理仅限于校点，使用者普遍反映大量的朱熹诗文撰作年代不明；其诗词创作背景、本事、人事、典故不易弄清，加上语言障碍，导致理解困难；历代对朱熹诗文的研究评论散见于南宋以来群籍之中，难于检寻；近几十年朱子诗文辑佚又有新的积累，有待梳理；朱子集外作品鱼龙混杂，其真伪亟须甄别，这些都对研究和阅读造成了很大不便，妨碍了朱子学的深入发展。因此，无论对于推进朱子学研究还是传播传统文化，对这部重要典籍进行深度整理均具有重要意义。

相对于已有研究成果，此次整理重点突出诗文系年、注释、汇评、辑佚、辨伪等几方面内容，以下分别说明。

二、校勘

朱熹文集编刻源流复杂，版本众多。此次整理，在厘清源流基础上，现存所有文集版本基本上已经寓目。其中，最重要的台湾故宫博物院藏宋淳熙、绍熙年间所刊《晦庵先生文集》前、后集本，宋刊闽、浙两大系统二十余种文集残本及宋刊明印《晦庵先生朱文公别集》、元刻本《朱文公大同集》等均进行了通校、参校。宋闽、浙二本卷末所附考异及底本之校勘记，清人贺瑞麟所作《朱子文集正讹》、《记疑》，也择其重要者移入各篇校记。尤其值得一提的是，台湾藏本为海内孤本，据其增补文四篇，增补内容数千字，纠正今本文集若干错误，提供《明筮占》、《皇极辨》、《云谷记》、《少傅刘公神道碑》等众多异文，极大提升了整理本质量。近年新见的不少日本、韩国所藏版本也新增了不少珍贵资料。

三、辑佚

近千年来，对朱熹集外佚文的搜集一直受到历代学者的重视，其主要成果有明朱培《文公大全集补遗》8卷、清朱玉《朱子文集大全类编》补遗、清朱启昆《朱子大全集补遗》2卷、清陈敬璋《朱子文集补遗》5卷等。当代学者束景南作《朱熹佚文辑考》一书，所辑佚诗文甚富。近年出版《朱子全书》，其中佚文部分仍由束景南负责，又有所增补。作者《朱熹新考》一书中之《朱熹佚文录考》、《朱熹佚文疑伪考》部分也有新的收获。四川大学古籍所所编《全宋文》、北京大学古文献所所编《全宋诗》在朱熹佚诗文搜集方面也功不可没。然而即使在这样的基础上，也还有漏网遗珠陆续被发现，主要是散见的法帖碑刻及收藏于民间不见于著录的文献等。此次整理，对近年来新发现的佚诗文予以特别关注，力争做到无使遗漏。我们新发现的十余篇佚文，已经初步研究，作为阶段性成果发表于《文学遗产》、《光明日报》、《历史文献研究》等报刊杂志。

四、辨伪

历代辑佚者辑出的朱熹诗文鱼龙混杂，真假难辨，需要逐一鉴定甄别。二十年前，我们在校点《朱熹集》的时候，对辑佚成果分别情况，编为遗集三卷，外集两卷。凡出处有征、可以据信者入遗集，疑信参半、弃之可惜者入外集。这一做法曾遭到一些学者质疑，也为《朱子全书》所不取。但我们仍然认为保留存疑部分是合理的，因此这次整理仍分遗、外两集。不过我们加大了考辨力度，对全部辑佚诗文重新进行了逐篇梳理，根据新的研究成果，剔除了数篇原入遗集的作品，外集删除的更多。对于近年新发现的朱熹诗文，我们基本上全部做了甄别，从而保证了本书辑佚的质量。

五、注释

文集共收朱熹诗词 762 篇，1218 首，其创作背景、本事、人事、典故不易弄清，加上语言障碍，给使用者造成了不小的理解困难。此次整理，对全部诗词逐篇作了解题和注释。解题主要提供有关背景材料，从总体上提纲挈领地概括某些篇目的全篇意旨及疏释篇题中有碍理解的个别词语。注释则旨在疏通文义，帮助读者达到对作品的正确理解。主要注释疑难词句、典故、某些特殊的背景、思想内容及人、事，一般词语不注、少注或略注。一般不作烦琐考证，不作串讲，更不作赏析，留待读者咀嚼体味。

六、编年

文集中，有相当数量的诗文写作年代不明，给使用者造成了很大困难。此次整理，对全部诗文逐篇考定撰作年月时日，注于题下。这方面的已有研究成果，主要有陈来《朱子书信编年考证》、束景南《朱熹年谱长编》、顾宏义《朱熹师友门人往还书札汇编》及作者《朱熹新考》一书中之《朱熹诗词编年考》。本书以以上四书为基础，凡已有定论者扼要采其结论，不再作详细考辨。其有四书漏考、失考、所考不当及错误者，则予详细考辨，以期拾遗、补缺、纠谬。然以上四书主要涉及诗词、书信及重要篇章，尚有部分诗文缺乏线索，难于定夺，姑系于相近之年，以待进一步深考。

七、评论

历代学者对朱熹诗文进行研究赏析，留下了大量的评论资料。但这些资料未经系统搜集整理，散见于南宋以来群籍之中，难于检寻，无法为使用者利用。此次整理，参考了曾枣庄主编的《中华大典·宋元文学分典》的朱熹部分，同时我们也进行了相关的搜寻，将历代学者关于朱熹诗文的研究评论资料附于集中。其有关某篇诗文的评论附于该篇之后，关于诗文的总体评论则附于全书之后。资料中有些条目史实舛误，议论浅薄，评论者显非知朱熹之深者。但考虑到朱熹诗词专评不多，故仍予保留，留待读者自行取舍。

八、附录

为最大限度地方便读者，此次整理以下内容作为附录：1. 传记资料；2. 文集序跋；3. 版本考略；4. 历代评论；5. 朱熹年表；6. 伪作误题朱熹，诗文目录；7. 主要参考文献。案头备此一编，关于朱熹及其文集的基本资料将探手可得。

成果的主要特色和建树在于：具体成果上，完成了历史上首次对朱熹文集的深度整理，诗文系年、注释、汇评均为新创整理内容，佚文的搜罗也为迄今为止最为完备。经重新整理的《朱熹文集编年评注》是第一个朱熹文集深度整理本，代表着该书文献整理研究的最新水平，可望取代此前的整理本，成为研究者的案头必备书，并以其方便可靠、系统全面而受到广大读者欢迎。

研究方法上，突出了传统学术的开新。作者认为，本课题属基础文献整理，别无新奇，而能否达到上乘质量、前沿水平，才是衡量其是否已避免简单重复和一般化的标准。为弘扬民族优秀文化，传统学术不可丢、不可少，但不引入现代技术方法，不体现时代精神，则只能滞于旧学术之陈腐而终将被社会淘汰。因此本项目除采用传统文献学方法、体现传统学术功力外，特别注重现代视野、全球视野。前一方面，充分利用电子检索技术，全面掌握相关信息和资料。后一方面，除多渠道交流外，辅以必要的实地考察。申请人先后赴英、法、日、韩等国和港、台收集材料，存世的重要资料已大致网罗。概言之，本项目突出了满足社会急需的深度整理，注重现代技术和时代精神，以研究的姿态作考据，对传统古籍整理的新范式与未来共循之新路作了有益的探索。

（作者单位：四川大学古籍所）

新见朱熹佚作四篇疑伪考

尹波　郭齐

20 世纪末以来，陆续又有不少“朱熹佚作”见于各种刊物和媒体报道，其中有的还产生了广泛的影响。毫无疑问，对这些新发现的诗文首先必须逐篇甄别，确定其真伪。本文对《延陵吴氏世谱序》、《曹氏族谱序》、《余道潜画像题赞》、《龟山公手卷跋》等四篇未经鉴定的佚文作了考辨，指出其均系后人伪作，以期避免其以讹传讹，贻误学界。

延陵吴氏世谱序

盱江吴氏伸、伦伯仲作社仓于绍熙甲寅，请予记于庆元丙辰。明年丁巳，伸复遣子振偕弟伦赍礼币来征过其家，命诸子弟侄进学于予，且出其家谱，索为校正而序之。予辞至再，不获已。按旧谱，吴氏之先始于后稷，肇于泰伯，传于季札，历唐史臣兢。余闻有叶必有枝，有枝必有根。吴氏天下著姓也，递递相承，久而弗替。伸、伦由百世之下知百世之上，历叙而谱之，诚知本已。传曰：“亲亲而仁民。”伸、伦闻予常平之议，卓然出粟肆仟石，建仓庾，岁赈发，乡民赖之，仁民之念何悫！重谱牒，明世系，叙疏戚，定尊卑，收涣散，敦亲睦，亲亲之推何笃！惟其知本，是尚义而广惠，伸、伦固可嘉也哉。后世有贤子孙切重本敬宗之心者，慎毋忘伸、伦之意云。旹圣宋庆元三年丁巳仲秋月，新安朱熹序。

此序始见于 2010 年 10 月 25 日《四川日报·四川在线》记者曹磊的报道。该报道称：“在普查、征集非物质文化遗产资料时，安县意外在县档案馆发现石板刻印的《吴氏族谱》。安县文化旅游局介绍，该族谱共分五卷，是宋代、清代、民国三个时期编修的，是迄今发现的安县乃至全省年代最久远、记载最完整的家族史族谱。……这部族谱印有宋徽宗宣和六年（1124 年）为吴氏族谱御制族谱序，还有南宋理学家、教育家朱熹，民族英雄、爱国诗人文天祥，南宋著名政治家、诗人、状元王十朋，端明殿学士、刑部尚书包恢为族谱作的序。”然而遗憾的是，此序是一篇靠不住的伪作，试考论如下：

首先，内容空洞，议论浅薄，毫无新意。开场白之后，简单追溯吴氏起源，然后反复咏叹吴氏兄弟如何知本，如何亲亲仁民，全无深入的说理发明和充实的论证资料，均为尽人皆知的老生常谈。如“有叶必有枝，有枝必有根”之类，是何言语，不禁令人失笑。将其与现存朱熹诸文相较，高下立判，实在有失水准，很难相信出自一代理学大师晚年之笔。

其次，序称作者应吴氏之聘至其家授学于诸子弟侄，也与朱熹行履不合。朱熹于庆元三年（1197）正月二十七日方收到落职罢祠省札并上谢表，接着是友人蔡元定遭贬，储用被罢，卲褒然请自今伪学之党勿除在内差遣，杨寅奏廷省魁、两优释褐皆伪徒，不可轻召，刘三杰奏伪党变而为逆党，朝臣再奏伪学之祸，请罢调停之议，王沇乞置伪学之籍，密锣紧鼓，甚嚣尘上。作为党魁，身处禁风正烈之时，深居简出，齰舌远祸之不暇，辞作文，罢刊书，拒生徒，断交往，斑斑见于文集记载，怎么可能顶风破例为吴氏一出呢？再说，上门执教，有类塾师，朱熹平生未尝为之，怎么可能晚节不保，又有谁敢以塾师处之？作伪者的用心不外是拉大旗作虎皮，为吴氏张目，全然不顾及起码的逻辑漏洞。再看朱熹八月行踪：据束景南《朱熹年谱长编》考证，是年七月黄榦自庐陵护丧归，朱熹南下顺昌吊唁。八月上旬至延平，寓水南天庆观，至顺昌，宿篔筜舖，至泰宁小均，皆有诗文，何暇至南城？可见其伪。

行文上，也不乏可疑之处。如“盱江吴氏伸、伦伯仲作社仓于绍熙甲寅，请予记于庆元丙辰”，“卓然出粟肆仟石”，坐实具体年月和数量，就很不自然。这全是从朱熹文集卷八十《建昌军南城县吴氏社仓记》抄来的，作伪者本来是想借记文来证此序不假，哪知反露痕迹：既有记文在前，又何必再如此具体，叠床架屋呢？文末署衔称“圣宋”，也为仅见。遍检现存朱熹诗文，未有此称谓者。除了说明此序不符合朱熹行文习惯，还能有什么别的解释呢？

综上所述，我们认为这篇序文应为后人伪作。

曹氏族谱序

族谱之设，纪源流、序昭穆而明宗道之法也。谱牒不修，源流不纪，则人心无管摄，必至法失纲沦，亲疏莫辨，尊祖敬宗之道不明，此谱之所由作也。予归展墓，道历开阳，涉鳙岭，过晓川，宿于门士曹子晋书舍，讲论之余，晋以曹氏族谱请予为言。阅其始末，知为孔门上蔡侯卹公之裔，併益知晋之学业渊源有所本矣。吁！夫谱之作岂易为哉，非公无以绝私，非正无以止邪。然谱岂惟示法于一时而已哉，今日祖父，前时之子孙，率是道，则为孝子慈孙；今日之子孙，后时之祖父，率是道，则为显祖令宗，古今不能异矣，又岂惟推行一时而已哉。明此以齐家，而一家兴仁兴让；明此以治国，而一国兴仁兴让，国家不能外之矣。故曰道统人性之同，又曰道者万世无弊，平平而至正，荡荡而大公。同人之道，尽于斯矣。况曹氏世崇儒教而业诗书，隐林泉而亲有道，缕缕不乏。谱牒既成，乃宗盟之盛事，启后人隆礼义，敦孝悌，知爱敬，正风俗，是可以观世教，则谱之道明矣。抑稽其祖忠节如全㝡者，暨其二子忠武如翔者，皆讨贼死忠，竭力王室。忠烈如翊者，追贼死忠，有功于徽。其孙如遇者，庐墓守孝，始居新安，厥后数世再迁婺东。今晋又幸居仁里，读书乐道，潜思力行，皆上蔡之遗风，忠孝之余庆也。予观天下世家，求其簪缨赫奕，盖有之矣。求其忠孝两全，立身行己追隆上蔡如曹氏者，我未之见也。予乐之道之，因为题其家庙曰"上蔡世家"，为祝于曹氏者，守忠孝之泽，以谨先传，承诗礼之训，以开后裔，以居则善俗，以出则善世，其于谱牒有光而起仁人孝子观法也。书于谱端，以彰规勉曹氏后世之意云尔。留于淳熙丙申年三月，邑人朱熹。

此序首先由毕新丁《新发现的两篇朱熹佚文》(发表于《朱子学刊》总第十三辑，2003 年）一文发布，作者云："笔者在从事相关工作中，发现了朱熹的两篇佚文：婺源晓鳙村《曹氏族谱序》、朱熹为婺源沱川余家始祖余道潜所作《余道潜画像题赞》。现予披露，以供专家、同好考辨、研究。"其后《人民日报》、《光明网》等多家媒体作了报导，产生了较大影响。如《光明网》2004 年 6

月 10 日报道说："江西省婺源县于 2004 年在该县江湾镇晓鳙村发现我国宋代著名理学家、思想家和教育家朱熹的一篇佚文。朱熹祖籍江西婺源，他曾两次回婺源省亲祭祖，讲学授道。这次发现的朱熹文章是其为晓鳙村曹氏族谱作的序文。该序作于南宋淳熙丙申年（1176）三月，朱熹序中提到，回故里婺源途中，宿于门士曹子晋书舍，应其门生曹子晋之邀，特作《曹氏族谱序》。此文的发现，考证了朱熹回故里婺源省亲的史实，也进一步丰富了朱熹传世的文字史料，对于研究朱熹理学思想的形成和发展，具有较高的价值。"然仔细推敲，该文存有不少疑点，曰议论不正，文理不密，人事不明也，覼缕述之。

序云"道统人性之同"，这不符合朱熹的思想。在朱熹那里，"道"指一理，"人性之同"应指天命之性，二者是一即万、万即一的理一分殊关系，而绝非统和属的关系。此种表述，从未见于朱熹的著述中，堪称怪论。又云"道者万世无弊，平平而至正，荡荡而大公"，显然袭自《尚书·洪范》："无偏无党，王道荡荡。无党无偏，王道平平。"除了咏叹道的尽善尽美，别无深意，不知与上下文何涉，况且也未见朱熹有类似表达。又云："同人之道，尽于斯矣"，又蔓衍及《易·同人》，足见其拼凑。是为议论不正。

序文开篇即言作谱之必要，"夫谱之作"以下又转而谈作谱之难，而"然谱岂惟"以下又突然转回族谱之重要性，"谱牒既成"以下谈的也是族谱的意义，既重复，又突兀，显非里手之笔。表述上，也有指代不明之弊。如两个"率是道"之"是"，两个"明此"之"此"，"尽于斯矣"之"斯"，所指皆费猜详，让人不得要领。"我未之见也"意即曹氏家族为绝无仅有，下语武断，非行文所宜。作为南宋文章大家，朱熹会犯以上这些错误吗？是为文理不密。

淳熙三年（1176）的婺源之行，是徽州历史上里程碑似的事件。在短短的两个多月时间里，朱熹广泛交接亲友，接纳士子，宣扬自己的理学思想，开创了徽州学术的崭新局面。众多士人学者正是在此时拜入朱门，成为朱熹的弟子。国内外学者已对朱熹门人包括婺源从学者作过专门考证，但无论是田中谦二的《朱门弟子师事年考》，市来津由彦的《朱熹门人集团形成研究》，还是陈荣捷的《朱子门人》，束景南的《朱熹年谱长编》，方彦寿的《朱熹书院与门人考》，都没有提到序文中所言的曹子晋其人。除了这篇序，也没有包括方志、谱牒在内的任何文献记载过此人为朱熹门人。因此，这位所谓的朱熹门人实在是令人生疑。再者，稍检现存文献即可知，朱熹从未直称弟子为门生，也罕有直称弟子为门人者。更值得注意的是，此处的称谓还不是“门生”“门人”而是“门士”。门士者，守门之士卒也，何来书舍，何来讲论，何来学业，又何来“读书乐道，潜思力行”？足见抵牾。是为人事不明。

综上所考，此序应非朱熹所作。

余道潜画像题赞

> 精神秋水也，莹澈清滟。心胸开豁也，江淮济渎。忠以事君也，诚一不二。谨以抚下也，事毫不苟。噫，宜其德兴于前，至今后裔能不固守？宁徽郎、直徽猷、主管台州崇道观、年家弟朱熹拜题。

此赞也见于毕新丁《新发现的两篇朱熹佚文》，作者注云：“标题为笔者根据来源资料添加。摘自由余金元先生提供的江西人民广播电台主任记者余魁宝《致〈江西日报〉社的一封信》。现在首次公开披露其中的题赞全文。”

该篇正文没有据以判断真伪的线索，但署衔却马脚毕露，毋烦深考。“宁徽郎”之官职，不但朱熹生平从未担任过，就连中国历史上也闻所未闻，不知作者如何杜撰出来。带徽猷阁职主管台州崇道观朱熹倒是担任过，仅淳熙十至十一年（1183—1184）一任，署衔见朱熹文集卷七十六《丞相李公奏议后序》。不过此时的阶官为宣教郎，而不是“宁徽郎”。

龟山公手卷跋

> 龟山杨公亲承二程先生道脉，自出身以来，历任中外，高名伟节，嶒然清白，无愧厥传。徽祖大观间，蔡氏柄国，起公于经筵，随擢谏垣。公谠言正论，侃侃不阿，未几遂丐外祠。光尧登极，擢公少司空。旋请致政，优游林泉，著书讲学，濂洛之旨得以阐明，东南学者从以千计，多所成就，公之有功于圣教不浅。余以宝庆二年为浙漕，见公之孙晟于毗陵，因出公手书见示，乃赠其甥蒋硕卿提举者。书法遒劲古雅，深得二王遗意。且所书濂洛诸公格言为

道学全筌，后学之士须当省览。因跋而归之。宝庆二年四月中浣 ，新安朱熹拜跋。

该文 2013 年 5 月 14 日由“北风吹万里”于新浪博客以“新发现宋代朱熹文章龟山公手卷跋”为题首次披露，称“本人在查阅《锡山杨氏宗谱》时，阅读到宋代朱熹所写文章，特摘录如下”。注云：“杨时公无锡三十二代孙摘自《锡山杨氏宗谱》十修版（1928 年道南祠出版）第三卷。”近年该谱之第十一次续修本第二篇《传记》中仍予收录。

此跋对杨时之评价无甚问题，因其盖棺之论已斑斑见于史册。唯其史实叙述出现了明显漏洞。其一，言“徽祖大观间，蔡氏柄国，起公于经筵，随擢谏垣”，显误。杨时除迩英殿说书在徽宗宣和六年（1124），除右谏议大夫在钦宗靖康元年（1126），史载甚明。其二，言“余以宝庆二年（1226）为浙漕，见公之孙晟于毗陵”，“宝庆二年四月中浣 ，新安朱熹拜跋”，尤为可笑。朱熹固曾任浙东提举，但是在淳熙八年至九年（1181—1182）。更为荒谬的是，朱熹已卒于庆元六年（1199），怎么可能在二十六年之后的宝庆二年出来为官作跋？因此，这篇跋文也只能是伪作。

（作者单位：四川大学古籍所）

“《诗》言志”观点的演变

——从先秦至朱子

陈建美

朱子对《诗经》本质的理解是“《诗》本人情”，这脱胎于诗经学中“《诗》言志”的传统。本文以朱子为基准，追溯“《诗》言志”观点的演变，试图寻找其中的内在逻辑，并从一种历史性比较的视角考察朱子“《诗》本人情”说的特点。

朱子认为，《诗》的本质是人情。他在其最富代表性的作品《四书章句集注》中反复表达过这个意思：

> 诗本人情，该物理，可以验风俗之盛衰，见政治之得失。①
>
> 诗本性情，有邪有正，其为言既易知，而吟咏之间，抑扬反复，其感人又易入。②
>
> 诗以理情性，书以道政事，礼以谨节文，皆切于日用之实，故常言之。③

《诗》本于人情而作，理解《诗》须先理解《诗》中的人情。一方面，“诗本人情”的观点可归入《诗经》学史“《诗》言志”的大传统中；另一方面，这一观点有其与前说不同的特色，是朱子从自己的哲学体系出发对传统进行创造性诠释的成果。本文简要追溯《诗》经学史的“《诗》言志”传统，探寻朱子《诗》

---

① （宋）朱熹：《子路第十三》，《论语集注》卷7，《四书章句集注》，中华书局2012年版，第144页。

② （宋）朱熹：《泰伯第八》，《论语集注》卷4，《四书章句集注》，中华书局2012年版，第105页。

③ （宋）朱熹：《述而第七》，《论语集注》卷4，《四书章句集注》，中华书局2012年版，第97页。

本人情的观点在《诗》学史中的特点。

一、先秦的"《诗》言志"

"《诗》言志"的观念始于先秦。学界对先秦的"《诗》言志"多有研究。朱自清先生《诗言志辨》第一篇"诗言志"从《诗经》产生的阶段讲起，经春秋赋诗、先秦儒家之诗教论说，至六朝之后诗歌创作中"《诗》言志"观念之影响，勾勒了整个历史时期政教性"言志"和抒情性"缘情"在用《诗》、解《诗》和作诗方面的影响之起伏。① 朱先生的论述不限于先秦，但其文关于先秦部分的论述最为详尽，富有启发作用。孟庆楠老师《早期儒家〈诗〉学思想研究》第三章"《诗》的儒学化"中"《诗》言志"一节批评了朱自清先生一些观点，他经过全面而细致的材料分析得出了这样的结论："在儒家《诗》学发生以前，诗篇的采献创作者、赋《诗》者虽然都通过诗文表达着各自的意志，但是时人对《诗》的'言志'本质并没有清晰的自觉。只有当《诗》进入儒家的视野之后，才由儒者从有关《诗》的事实情形中提截出'《诗》言志'之说，并在一种普遍的意义上将其作为对《诗》的特质的表述。"② 本节在前人研究的基础上阐释"《诗》言志"的含义及其在先秦思想中的体现形态。

可以确定成书年代的史料中，最早谈到诗与志关系的是《左传》。其中，襄公二十七年载：

> 郑伯享赵孟于垂陇，子展、伯有、子西、子产、子大叔、二子石从。赵孟曰："七子从君，以宠武也。请皆赋，以卒君贶，武亦以观七子之志。"③

这是春秋时代外交中赋诗以观志，不是普遍意义上对《诗》的本质的理解。不过，可以借以理解"《诗》言志"所指的"志"的意思。《左传》原文中七子各有所赋，取断章以表达己志，有的表达对君子的思慕，有的借诗句

---

① 参见朱自清：《诗言志辨》，上海开明书店 1947 年版。

② 孟庆楠：《早期儒家〈诗〉学思想研究》，北京大学博士学位论文，2011 年。

③ （清）洪亮吉：《春秋左传诂》，中华书局 1987 年版，第 595 页。

表达对赵孟的赞美，有的表达能与赵孟交往的喜悦，也有的借机表达对国君的怨怼①。看来“志”不仅是志向，也包括情感。另，《左传》昭公二十五年郑国子太叔引子产之言，把好、恶、喜、怒、哀、乐六种情感称为“六志”，亦表明春秋之人所言之“志”包括情感②。由此可知，确如朱自清先生所言，“《诗》言志”的“志”是包含志向、意念、情感等在内的心灵活动或状态③。

《左传》中的“《诗》言志”是就赋诗这一外交用《诗》的活动而言的，根据孟庆楠老师的研究，到了先秦儒家才有意识地用“《诗》言志”陈说《诗》的本质，其典型的方式是在一个经典系列的对比中说明《诗》的思想特征。其中《荀子》的表达比较明确：

> 圣人也者，道之管也，天下之道管是矣。百王之道一是矣，故诗、书、礼、乐之道归是矣。《诗》言是，其志也；《书》言是，其事也；《礼》言是，其行也；《乐》言是，其和也；《春秋》言是，其微也。④

根据语境，“其”指的是圣人。志与事、行、和、微相并列，荀子认为，《诗》、《书》、《礼》、《乐》、《春秋》分别说出了圣人的不同层面，圣人则是通往大

---

① 《左传》原文及其注释详见杜预《春秋左传注》。洪湛侯先生《诗经学史》引用并简要分析其含义，详见洪湛侯：《诗经学史》，第 57—58 页。孟庆楠老师详细分析了伯有赋诗的例子，详见孟庆楠：《早期儒家〈诗〉学思想研究》。

② “子太叔见赵简子。……简子曰：‘敢问何谓礼？’对曰：‘吉也闻诸先大夫子产曰：“……民有好、恶、喜、怒、哀、乐，生于六气。是故审则宜类，以制六志。……”’”孔颖达《正义》说：“此六志《礼记》谓之‘六情’。在己为情，情动为志，情、志一也。”朱自清先生亦引到了这段话。

③ 但是，朱自清先生又通过总结《春秋》、《论语》等文本关于“志”的具体讨论，把“志”理解为与政教之礼有关的怀抱，并把《诗经》中的“言志”诗与“缘情”诗看作两种诗。对此，朱光潜先生《朱佩弦先生的〈诗言志辨〉》已经提出质疑，认为“古代所谓的‘志’与‘情’根本是一件事”。（朱光潜：《朱佩弦先生的〈诗言志辨〉》，《朱光潜全集》第 9 卷，安徽教育出版社 1993 年版，第 497 页）孟庆楠老师在朱光潜先生议论的基础上，进一步辨析这一问题，并认为“两类诗篇所抒发或表达的包含着情感、政教等因素的意愿与单纯的情感都可以称作‘志’。在这个意义上，《诗》在产生之初即是‘言志’的。”（孟庆楠：《早期儒家〈诗〉学思想研究》）

④ （清）王先谦撰，沈啸寰、王星贤整理：《儒效篇第八》，《荀子集解》卷 4，中华书局 2012 年版，第 133 页。

道的管道。与其他经典相比，《诗经》重在展现圣人的内在心灵活动。

郭店竹简和上博楚简中也有类似文字：

> 《易》所以会天道人道也。《诗》所以会古今之恃(志）也者。《春秋》所以会古今之事也。①
>
> 诗无吝志，乐无吝情，文无吝意。②

孟庆楠老师认为，与传世文献相比，这两个表达更细腻。《语丛一》指出“创作于数百年间的‘诗’三百融汇了古今诗作者的志意”③，《诗论》强调《诗》在表达情志方面毫无隐藏。出土文献中的这两条材料证明“《诗》言志”的表达在战国有一定的公认度。

不过，对后世影响更大的是《尚书》和《礼记》中的文字：

> 诗言志，歌永言，声依永，律和声。④
>
> 诗，言其志也。歌，咏其声也。舞，动其容也。⑤

《尧典》和《乐记》的成书时间尚有争议，但是《尚书》、《礼记》在汉代以后被官方认定为经，地位高于诸子学，故而在现实的历史进程中发挥了更大的影响。与《荀子》、郭店楚简在经典系统中论《诗》不同，这两条材料与上博楚简《诗论》都是在诗与乐的系列中论《诗》。《乐记》从构成上解释诗、歌、舞，诗是内心的志意发而为言形成的，歌曲是由音调不同的声音咏叹而成的，舞蹈是由形体舞动而成的。《尧典》则揭示出了在创作上的志—诗—歌—声—律的系列，以便将诗歌的本质归源至志。由此可见，先秦儒家对《诗》的本质确实有了比较系统而深刻的理解。

此外，孟子还以《诗经》为例，从正确理解经典原义的角度提出了“以意逆志”的观点。《孟子》有言：

> 故说诗者，不以文害辞，不以辞害志。以意逆志，是为得之。⑥

---

① 李零：《郭店楚简校读记》，中国人民大学出版社 2007 年版，第 209 页。

② 李零：《上博楚简三篇校读记》，中国人民大学出版社 2007 年版，第 11 页。

③ 孟庆楠：《早期儒家〈诗〉学思想研究》，北京大学博士论文，2011 年。

④ （清）孙星衍撰：《尚书今古文注疏》，中华书局 2004 年版，第 70 页。

⑤ （清）孙希旦撰：《礼记集解》，中华书局 1989 年版，第 1006 页。

⑥ （宋）朱熹：《万章章句上》，《孟子集注》卷 9，《四书章句集注》，中华书局 2012 年版，第 311 页。

孟子的意思是要从文辞中读出诗人真正的志意，然后以己意迎取作者之意，以达成对经典的理解。这虽然主要是方法论上的提示，但是已经把诗人之志放在比较重要的位置了。

通过以上材料的分析，我们可以大致了解“《诗》言志”的意涵。首先，“志”不仅仅指志向，而是指包括志向、情感、意念等在内的心灵活动或状态。其次，关于《诗》所说的是谁的志，荀子认为是圣人之志，《语丛一》认为是古今诗人之志，孟子则认为是诗人之志。再次，关于《诗》的言志方式的特点，上博楚简《诗论》认为“《诗》无吝志”，诗对志的表现方式是显豁的。最后，从《诗》的创作过程而言，志发为诗是人类心灵情态的自然表达，志、诗、歌、舞处于一个流畅的表达系列，而志又是其根本起点。

以上是借助先秦文献中关于《诗》的一些命题诠释“《诗》言志”的意涵，先秦文献中不乏解释具体诗篇所言之志的内容。例如，《左传》讲了《硕人》、《载驰》、《清人》等篇的创作原因，记载了外交场合按照礼的规定奏诗的情况，亦记录了一些政治交接过程中个人的赋诗断章言志的情况；《诗论》亦简要评价了一些诗篇；《论语》、《孟子》、《荀子》、《礼记》中还有大量论说和引用《诗经》的内容。这些成果都被集中统合到了后代的系统性解《诗》的过程中。①

二、《诗序》所言之志

先秦解说具体诗篇之志的思想成果都被集中统合到了汉代的系统性解《诗》之中，汉代出现了《诗经》的专门注解，其中《诗序》专门解说《诗经》大义及三百篇的写作目的，是贯彻“《诗》言志”最好的解释性文字。据研究，汉代齐鲁韩三家都有诗序，由于三家诗已经亡佚了，现存的《诗序》仅《毛诗序》。历代把《毛诗序》分为大小序，大序总论《诗经》大义，《小序》分述各篇主旨、时代和作者。本部分探讨《诗序》对“《诗》言志”的理解。

---

① 先秦说《诗》的具体案例可以参考洪湛侯先生《诗经学史》（中华书局 2002 年版）先秦部分。

《诗大序》重新诠释了“《诗》言志”：

诗者，志之所之也，在心为志，发言为诗。情动于中，而形于言。言之不足，故嗟叹之。嗟叹之不足，故永歌之。永歌之不足，不知手之舞之，足之蹈之也。①

这句话基本沿袭上引《尚书·尧典》、《礼记·乐记》的两段话，只是说得更加清楚了。“在心为志，发言为诗”，诗是内心之志的表达。心被触动而产生情感，情感表达为言语，言语还不足表达，则加入嗟叹，嗟叹还不足表达，则将之长歌，长歌还不足表达，则加入舞蹈。这一系列的表现都是真情之流露，其根本是内在的志意。

《毛诗序》真正对“《诗》言志”作出突破性贡献的地方是它具体说出了《诗》三百每一篇所言之“志”，即《小序》的内容。《小序》是传世文献中最早完整地探求《诗》三百篇所言诗人之志的文字。②《小序》每篇形式类似，主要阐述诗的主旨、时代和作者。试举几例：

《卷耳》，后妃之志也。又当辅佐君子求贤审官，知臣下之勤劳，内有进贤之志，而无险诐私谒之心，朝夕思念，至于忧勤也。③

《硕人》，闵庄姜也。庄公惑于嬖妾，使骄上僭。庄姜贤而不答，终以无子，国人闵而忧之。④

《车邻》，美秦仲也。秦仲始大，有车马礼乐侍御之好焉。⑤

《鹿鸣》，燕群臣嘉宾也。既饮食之，又实辟帛筐篚，以将其厚意，然后忠臣嘉宾得尽其心矣。⑥

---

① （汉）毛亨传，（汉）郑玄笺，（唐）孔颖达疏：《毛诗正义》，北京大学出版社 1999 年版，第 6 页。

② 新出土上博简《诗论》亦简要论到《诗经》各篇主旨，可知汉代《诗序》并非一蹴而就，是儒家学者代代相传逐渐积累而成的。

③ （汉）毛亨传，（汉）郑玄笺，（唐）孔颖达疏：《毛诗正义》，北京大学出版社 1999 年版，第 36 页。

④ （汉）毛亨传，（汉）郑玄笺，（唐）孔颖达疏：《毛诗正义》，北京大学出版社 1999 年版，第 221 页。

⑤ （汉）毛亨传，（汉）郑玄笺，（唐）孔颖达疏：《毛诗正义》，北京大学出版社 1999 年版，第 408 页。

⑥ （汉）毛亨传，（汉）郑玄笺，（唐）孔颖达疏：《毛诗正义》，北京大学出版社 1999 年版，第 555 页。

《十月之交》，大夫刺幽王也。①

《文王》，文王受命作周也。②

《烝民》，尹吉甫美宣王也。任贤使能，周室中兴焉。③

《清庙》，祀文王也。周公既成洛邑，朝诸侯，率以祀文王焉。④

《閟宫》，颂僖公能复周公之宇也。⑤

以上从国风、小雅、大雅、颂分别挑选具有代表性的《小序》文略加呈现。《大序》言，"颂者，美盛德之形容，以其成功告于神明者也。"颂以赞美先王之圣德，告慰神明为"志"。例如，《清庙》一诗的志意是祭祀文王，《小序》又进一步解说此诗的写作背景。《閟宫》是为了赞美僖公能恢复周公时候的宫宇而作的。《閟宫》属于鲁颂，比较特殊，所赞美的对象不是先王，而是鲁国的时君，不过大体亦为颂美之辞。

《大序》还说，"是以一国之事，系一人之本，谓之风。言天下之事，形四方之风，谓之雅。"风说的是一国之内的事，所系之本为国君一人。雅主要围绕天子之事展开。风和雅所言之志大略而言都是针对具体的政治活动和生活而发的志意。例如，《卷耳》表现的是文王之后妃太姒的志意。《硕人》表现的是卫国人对国君夫人庄姜的哀闵。《车邻》是秦国人对早期首领秦仲的赞美。《鹿鸣》写的是宴请群嘉宾的事；《十月之交》是为了讽谏周幽王而作；《文王》描写文王受命作周的事；《烝民》则是赞美周宣王的诗。总之，《小序》对诗人之志的阐述是比较具体的，其志意随事不同。这里必须注意一点：很多诗仅凭诗文是看不出作者和具体写作背景的。《小序》去古未远，说不定包含了很多先秦旧说，不可皆疑为有意为之。不过，从它补充的信息可以看

① (汉) 毛亨传，(汉) 郑玄笺，(唐) 孔颖达疏：《毛诗正义》，北京大学出版社 1999 年版，第 718 页。

② (汉) 毛亨传，(汉) 郑玄笺，(唐) 孔颖达疏：《毛诗正义》，北京大学出版社 1999 年版，第 951 页。

③ (汉) 毛亨传，(汉) 郑玄笺，(唐) 孔颖达疏：《毛诗正义》，北京大学出版社 1999 年版，第 1218 页。

④ (汉) 毛亨传，(汉) 郑玄笺，(唐) 孔颖达疏：《毛诗正义》，北京大学出版社 1999 年版，第 1279 页。

⑤ (汉) 毛亨传，(汉) 郑玄笺，(唐) 孔颖达疏：《毛诗正义》，北京大学出版社 1999 年版，第 1407 页。

出其诠释的倾向性:《小序》说诗，每诗都系于天子、国君、大夫及与之相关的人伦群体，所言之事多为政治、礼仪生活的内容，所言之志亦多为与政治相关的怀抱，其传达政治借鉴意义的意图比较明显。

《小序》所言之志多为政治怀抱，要保持这种一致性并不容易。国风也有讲百姓之事的诗篇，描写百姓行军、服役等政治生活的诗可以引出政治意义。还有一些诗表现的是百姓日常生活与情感的诗篇，即朱自清先生所言“缘情诗”。“《诗》言志”的“志”可以包括“情”，不一定要在“言志”之外单独设立“缘情诗”。然而这些诗与《小序》的整体倾向有出入，故而《小序》使用了特别手法以挖掘其政治意义。如：

> 《桃夭》，后妃之所致也。不妒忌，则男女以正，婚姻以时，国无鳏民也。①
>
> 《考槃》，刺庄公也。不能继先公之业，使贤者退而穷处。②
>
> 《东门之墠》，刺乱也。男女有不待礼而相奔者也。③
>
> 《蓼莪》，刺幽王也。民人劳苦，孝子不得终养尔。④

《小序》句尾所讲的内容才与诗的内容相关。《桃夭》讲“男女以正，婚姻以时”,《考槃》讲“贤者退而穷处”,《东门之墠》讲“男女有不待礼而相奔者也”,《蓼莪》讲“民人劳苦，孝子不得终养”。这些皆为百姓个人的际遇，而《小序》把造成这些情况的原因都归于统治者的政治教化。这些例子正是《大序》及《乐记》“治世之音安以乐，其政和;乱世之音怨以怒，其政乖;亡国之音哀以思，其民困”的具体体现。

总而言之,《毛诗序》继承并深化了先秦“《诗》言志”说的思想结晶，并将之全面落实到每一首诗的解读。综观《小序》全文，可以说它对《诗》所言之志的理解主要是政教之志。

---

① (汉)毛亨传,(汉)郑玄笺,(唐)孔颖达疏:《毛诗正义》，北京大学出版社 1999 年版，第 45 页。

② (汉)毛亨传,(汉)郑玄笺,(唐)孔颖达疏:《毛诗正义》，北京大学出版社 1999 年版，第 220 页。

③ (汉)毛亨传,(汉)郑玄笺,(唐)孔颖达疏:《毛诗正义》，北京大学出版社 1999 年版，第 310 页。

④ (汉)毛亨传,(汉)郑玄笺,(唐)孔颖达疏:《毛诗正义》，北京大学出版社 1999 年版，第 776 页。

三、《诗本义》之“诗人之意”

《诗序》对《诗经》之志的阐发影响深远，从魏晋至隋唐一直到宋初，解《诗》者无不经由《诗序》理解诗人之志。到了宋代古文运动带动新经学的兴起，疑经风潮亦风起云涌，《诗》学解释的革新之一便是疑《序》，欧阳修是其中的先驱者。欧阳修《诗本义》虽然也大量参考了毛《序》，但是他已经不再先天地认为《诗序》所言即为诗人之志。他对《诗经》和与《诗经》相关的诠释性材料进行了甄别，并提出解《诗》要以寻求《诗》之本义为核心。

《诗本义·本末论》对《诗经》和与《诗经》相关的诠释性材料进行了甄别，详细区分了诗人之意、太师之职、圣人之志和经师之业：

> 吾之于《诗》，有幸有不幸也。不幸者，远出圣人之后，不得质吾疑也。幸者，《诗》之本义在尔。《诗》之作也，触事感物，文之以言，善者美之，恶者刺之，以发其揄扬怨愤于口，道其哀乐喜怒于心，此诗人之意也。古者，国有采诗之官，得而录之，以属太师，播之于乐，于是考其义类而别之，以为风、雅、颂，而次比之以藏于有司，而用之宗庙、朝廷，下至乡人聚会，此太师之职也。世久而失其传，乱其雅、颂，亡其次序，又采者积多而无所择。孔子生于周末，方修礼乐之坏，于是正其雅、颂，删其烦重，列于六经，著其善恶，以为劝戒，此圣人之志也。周道既衰，学校废而异端起。及汉承秦焚书之后，诸儒讲说者整齐残缺以为之训，耻于不知，而人人各自为说，至或迁就其事，以曲成其己学，其于圣人，有得有失，此经师之业也。①

诗人之意、太师之职、圣人之志和经师之业四者是按照诗的创作、编排、运用、诠释的时间顺序排列的。首先，诗人之意。欧阳修对诗的创作的理解与《大序》一致，他说，“《诗》之作也，触事感物，文之以言”，人受到事物的触动而有所感，于是用语言表达感情。这是《大序》“在心为志，发言为诗”的另一种表达。不过《大序》使用的是宽泛意义上的“志”，从内容上看侧

① （宋）欧阳修撰：《诗本义》，《儒藏》（精华编）第24册，北京大学出版社2008年版，第145页。

重政治意义，而欧阳修直接言“情”，他举出的美刺、揄扬怨愤、哀乐喜怒都是《诗》中多次出现的情感主题。其次，太师之职。欧阳修有意识地区分了《诗》的创作和运用，并认为《诗》的运用是太师之职。诗的分类、编排，在宗庙、朝廷、乡人聚会中的使用，皆太师所职。换言之，风、雅、颂及诗篇的次序等属于太师之职层面的问题，已经不是“诗人之意”了。接着，圣人之志。所谓圣人之志指的是孔子之志。孔子的时代面临的问题是太师之职失其传，一方面固有的篇章已经混乱了，另一方面新采的诗越积越多①，未加编排。根据《论语》、《史记》等的记载，孔子整理过雅、颂的篇目②，也删过《诗》。欧阳修还说，孔子把《诗》列于六经用以教习，对学习目标的设定是“著其善恶，以为劝戒”。这样看来孔子对太师之职和诗人之意皆用过力。从后文可知，欧阳修认为“著其善恶，以为劝戒”更加重要。最后是经师之业。所谓经师即汉代及以后的解经之人。经师面临的问题比孔子还大，春秋礼坏乐崩，废的不仅是王官之职，而秦焚书坑儒，文献和传经者都被毁灭了。经师的任务是要补齐这一残缺。但是，这个残缺太大，想要完全补齐是不可能的，欧阳修认为这其中就混入了曲成之说，需要甄别。

欧阳修进一步说，诗人之意、太师之职、圣人之志、经师之业四者有本末之分：

> 作此诗，述此事，善则美，恶则刺，所谓诗人之意者，本也。正其名，别其类，或系于彼，或系于此，所谓太师之职者，末也。察其美刺，知其善恶，以为劝戒，所谓圣人之志者，本也。求诗人之意，达圣人之志者，经师之本也。讲太师之职，因失传而妄自为之说者，经师之末也。今夫学者，得其本而通其末，斯尽善矣。③

---

① 这里有一个逻辑漏洞。欧阳修假设《诗》的编排是采诗之官采集上来后，由太师编排的。那么，在礼坏乐崩的状况中，太师之职已经荒废了，采诗之官为什么还能尽忠职守呢？欧阳修这样说的目的是为了解释孔子删诗说。根据洪湛侯先生的研究，首先提出孔子删诗说的是司马迁《史记·孔子世家》，班固《汉书·艺文志》补充了这一说法，郑玄《诗谱》、陆机《毛诗草木鸟兽虫鱼疏》采信其说，直至孔颖达《毛诗正义》为郑玄《诗谱》作疏，才提出不同看法。后来的学者对这一问题多有争论，其中欧阳修赞同删诗说。（参见洪湛侯：《诗经学史》，第7—15页）

② 《论语·子罕》：“子曰：‘吾自卫反鲁，然后乐正，雅颂各得其所。’”

③ （宋）欧阳修撰：《诗本义》，北京大学出版社1999年版，第145—146页。

欧阳修认为，诗人之意和圣人之志是本，太师之职是末，经师应当务本，但是现实中的经师很多时候逐末而勉强为说。需要注意的是，与本相关的字眼用的是“意”和“志”，与末相关的字眼是“职”和“业”。欧阳修在此说明了“现在”学者的任务：得其本而通其末。他自己就是这样做的。《本末论》是为了解决《诗经》某篇为何系于某风、某雅的问题而作的，欧阳修认为这是太师之官的安排，属于“末”，某些地方说不清楚，可以阙疑。前面提到过，义疏体花费大量笔墨在有疑的问题上，欧阳修提出解《诗》之本末，得其本而通其末，大胆阙疑，实开宋儒解《诗》之新风气。朱子曾盛赞《本末论》①，他的解《诗》亦受此影响。

欧阳修虽然在原则上动摇了《诗序》的真理性，但是他通过思考，还是接受了《诗序》对诗人之志的大部分解释，他经常据序批评毛郑尤其是郑笺的解说。正如儒藏版《诗本义》整理者刘心明、杨纪荣二先生所言，他“本着实事求是的态度，比较重视诗《序》的说法，于毛、郑异于《序》说之处，尤其是郑氏谶纬符命之说笺释诗义的地方，往往斥为衍说、臆说。”② 不过，欧阳修也有少数几处批评《诗序》不合诗人之意，主要是二《南》，尤其《麟趾》、《驺虞》两首，《小雅·皇皇者华》和《小雅·鸳鸯》几首。可见他确实是经过诗文的审查和独立的思考而从《序》的。

总结而言，欧阳修提出以探求“诗人之意”为本，区分《诗》学材料中的诗人之意、太师之职、圣人之志、经师之业，在理论上动摇了《诗序》对于诗人之志的解释权威。虽然欧阳修自己整体上赞同《诗序》对诗人之志的解说，但是他为重新理解《诗》所言之志打开了思维空间，并从方法论上提

---

① 《朱子语类》卷第八十《诗一·解诗》载：“欧阳公有诗本义二十余篇，煞说得有好处。有诗本末篇。又有论云：‘何者为诗之本？何者为诗之末？诗之本，不可不理会；诗之末，不理会得也无妨。’其论甚好。近世自集注文字出，此等文字都不见了，也害事。如吕伯恭读诗记，人只是看这个。它上面有底便看，无底更不知看了。僩。”（《朱子语类》，中华书局 1986 年版，第 2089 页），《答范伯崇》载：“欧阳公《本末论》甚佳，熹亦收在后语中矣。似此等且当阙之，而先其所急乃为得耳。”这里的“此等”指十五国风次序的问题。（《晦庵先生朱文公文集》卷 39，《朱子全书》第 22 册，上海古籍出版社、安徽教育出版社 2002 年版，第 1768—1769 页）

② 刘心明、杨纪荣：《校点说明》，见（宋）欧阳修撰：《诗本义》，北京大学出版社 1999 年版，第 1 页。

示出一条可能的路径——诗文优先于《诗序》。

总结而言，欧阳修提出以探求“诗人之意”为本，区分《诗》学材料中的诗人之意、太师之职、圣人之志、经师之业，在理论上动摇了《诗序》对于诗人之志的解释权威。虽然欧阳修自己整体上赞同《诗序》对诗人之志的解说，但是他为重新理解《诗》所言之志打开了思维空间，并从方法论上提示出一条可能的路径——诗文优先于《诗序》。

四、朱子的“诗本性情”

《小序》理解“诗人之志”的内容为政教之志，并用美刺之说容纳了表达百姓生活及情感的诗篇，其重点在借由诗人之志而揭示政治礼教之大经大法。欧阳修《本末论》动摇了《诗序》对于诗人之志的解释权威，但他本人大体赞同《诗序》。欧阳修之后，苏辙《诗集传》在更大范围内质疑过《诗序》，认为《诗序》仅首句可信，且判定后半句为卫宏所作，这些观点对朱子都有影响。不过，苏辙对这部分主要考察的“《诗》言志”并无新诠，故不再展开。对于欧阳修的《本末论》，朱子多有赞赏，并且比欧阳修更全面地实践了[①]以诗人之意为本的解《诗》纲领。朱子对“诗人之志”的新诠是“诗本人情”。

《诗集传序》借助《乐记》这一思想资源，在一个普遍性的理论平台重新检讨了《诗》的本质：

> 或有闻于余曰：“诗何为而作也？”余应之曰：“人生而静，天之性也；感于物而动，性之欲也。夫既有欲矣，则不能无思；既有思矣，则不能无言；既有言矣，则言之所不能尽，而发于咨嗟詠叹之余者，必有自然之音响节族而不能已焉。此诗之所以作也。”[②]

“或问”一般是朱子按照逻辑顺序引出问题的自问，《四书或问》即采用这种形式。有人问诗是怎么创作的，这是在问作诗的内在机制。朱子的回答分两

---

① 欧阳修《诗本义》只重新诠释了部分他认为有问题的诗篇。

② （宋）朱熹撰，朱杰人等编：《诗集传序》，《朱子全书》第1册，上海古籍出版社、安徽教育出版社2002年版，第350页。

个部分，“人生而静，天之性也；感于物而动，性之欲也”是一部分，后面的话是另一部分。两部分均化用自《礼记·乐记》，不过它们分别出自《乐本》和《师乙》，二者分居《乐记》的开头和结尾，相隔甚远，联结二者是朱子的创造性发明。《乐记·乐本》言：

> 人生而静，天之性也；感于物而动，性之欲也。①

按照朱子《乐记动静说》的解说，“性之欲即所谓情也”②。这段话的意思是，性是人天生就有的，是静的③，人受到外物之感而内心有所动，心动而发出情。情为性之欲，是性在具体感动之下由心发出的外在表现，性是情的依据。这两句话在朱子哲学中对应的是“心统性情”的心性结构。

又《乐记·师乙》言：

> 故歌之为言也，长言之也。说之，故言之；言之不足，故长言之；长言之不足，故嗟叹之；嗟叹之不足，故不知手之舞之，足之蹈之也。④

比较《乐记》和《诗集传序》可以发现，《乐记》的一连串话是从“言”开始说的，而朱子补充了“夫既有欲矣，则不能无思；既有思矣，则不能无言”两句。这两句话阐释的是情与诗的关系，认为诗是情的抒发，这与《毛诗大序》“诗者，志之所之也。在心为志，发言为诗”相一致，而朱子用这一环节连接诗与性理，形成性→欲（情）→思→言→嗟叹→音乐（舞蹈）的完整链条。通过对普遍性的心灵活动及其表达过程的描述，《诗》创作的理论依据被追溯到性情关系。无怪乎《四书章句集注》在阐述《诗》的本质时总是性情并言。从这个角度来讲，朱子把“《诗》言志”理解为“诗本人情”。

从“诗本人情”的原则出发，朱子整体上批评了《小序》对诗人之志的解读。朱子言：

> 大率古人作诗，与今人作诗一般，其间亦自有感物道情，吟咏

---

① （汉）郑玄注，（唐）孔颖达疏：《礼记正义》，北京大学出版社1999年版，第1083页。

② （宋）朱熹撰，朱杰人等编：《乐记动静说》，《晦庵先生朱文公文集》卷67，《朱子全书》第23册，上海古籍出版社、安徽教育出版社2002年版，第3263页。

③ “人生而静”的静不能理解成现代物理学中静止的静，而是针对“性之欲”的动而言的，静在这里是无欲，没有具体的欲求方向的意思。

④ （汉）郑玄注，（唐）孔颖达疏：《礼记正义》，北京大学出版社1999年版，第1148页。

> 情性，几时尽是讥刺他人？只缘序者立例，篇篇要作美刺说，将诗人意思尽穿凿坏了！①

朱子认为，从诗人作诗的自然过程而言，其动机是“感物道情，吟咏情性”，诗所表达的是内心的情感，人的情感是很丰富的，不仅仅只想表达赞美和讽刺，而《小序》解诗却每每作美刺说，不符合诗人之意。

不过，朱子也没有如今人所说走向文学解诗的道路，他依然认为言情之诗有政治教化的意义。例如《诗集传》解释国风之“风”言：

> 风者，民俗歌渶之诗也。谓之风者，以其被上之化以有言，而其言又足以感人，如物因风之动以有声，而其声又足以动物也。②

朱子认为，从体裁上而言，风是民俗歌谣之诗。这种观点可能受到了郑樵“风土之音曰风”③的影响。不过，在解释为何以风命名民俗歌谣的时候，朱子又引入了诗的政治教化意义。“谓之风者，以其被上之化以有言，而其言又足以感人”，这句话包含了两个过程。首先，国风的是百姓在统治者的教化之中抒发情感而作，其中包含了政治信息。其次，风被创作出来以后，又反过来感动人心。这两个过程是相因的，如同风吹物发出声音，而声音反过来又能感动动物。

总而言之，朱子在心性论的基础上重新诠释了“《诗》言志”。诗是人情的抒发，而人情是内心受到外物的感动后发出的，其发出的内在根源是性，因此可以说“诗本性情”。朱子由此出发批评了毛序对诗人之志的解读，并在此基础上展开对诗教的阐释。

“《诗》言志”的观点发源并确定于先秦，《诗序》继承了这一观点及先秦的诸多诗说，将之普遍运用到每一首诗的解题之中。《诗序》所言之“志”多为政治教化的内容。这与汉儒对经典的理解有关，汉儒认为经典中蕴藏了先王之治的大经大法，到后来郑笺又在解说《诗》的文句时全面落实《诗序》

---

① （宋）黎靖德编：《朱子语类》卷 80，中华书局 1986 年版，第 2076 页。

② （宋）朱熹撰，朱杰人等编：《诗集传》卷 1，《朱子全书》第 1 册，上海古籍出版社、安徽教育出版社 2002 年版，第 401 页。

③ （宋）郑樵：《昆虫草木略第一》，《通志》卷 75，文渊阁《四库全书》第 374 册，台湾商务印书馆 1986 年版，第 559 页。

内容，并试图通过细节的解说由“志”而“礼”，也是这一思路的延续。汉唐诗学基本以毛诗为核心，至有宋一代，欧阳修以“求诗本义”为口号，分析出与《诗》学材料的文本层，区分了诗人之意、太师之职、圣人之志、经师之业，事实上把《诗序》的解说归于“经师之业”，在理论上动摇了《诗序》对于诗人之志的解释权威。《诗序》和《诗本义》都是朱子的思想资源。《诗序》是朱子解释所面临的固有模式，他接过欧阳修“求诗本义”的大旗，并进一步从哲学角度重新考察《诗》的本质，提出“《诗》本性情”，批评了毛序对诗人之志的解读，并在此基础上展开对诗教的阐释。

（作者单位：四川大学哲学系）

格物致知与朱熹读《诗》法

赵　聃

朱熹的读《诗》法是其阅读《诗经》的方法，对此学界虽多有讨论，但始终未能形成统一的说法。钱穆认为："读《诗》与读《论》、《孟》又不同，读熟了再加以涵泳，读取百来遍，此乃读文学法也。"① 王倩认为，朱熹的读《诗》方法以"涵泳"为中心，包括"讽诵"、"玩味"、"通悟"、"自解"。② 另外，对于朱熹是否用文学的方法读《诗》，也有学者有不同的见解。如陈才认为："朱子所说的'涵泳'，不仅可用于《诗经》，抑或'六经'，甚至可用于学者所读的任何书籍，……其最终旨归则是领悟文本中所体现的圣贤之意，再进而体会万物之理。"③ 学界对于朱熹的读《诗》法和朱熹是否以文学的方法读《诗》的争论是因为没有将读《诗》方法与目的区别开。其实朱熹是在其格物致知的认识论指导下来读《诗》的，朱熹的读《诗》法只是格物之一端。朱熹在读《诗》时亦注意到了《诗经》所具有的文学性特点，这有利于《诗经》的文学研究。

一、《诗》是格物的对象

朱熹系统的提出格物致知的理论是在《大学章句》中对"致知在格物"一句的解释时，其原文是：

所谓致知在格物者，言欲致吾之知，在即物而穷其理也。盖人心之灵莫不有知，而天下之物莫不有理，惟于理有未穷，故其知有

① 钱穆：《朱子新学案》，巴蜀书社 1986 年版，第 1272 页。

② 王倩：《朱熹诗教思想研究》，北京大学出版社 2009 年版，第 269—273 页。

③ 陈才：《朱子于〈诗经〉之涵泳、玩味析论》，《中国古代文学理论研究（第三十九辑）——中国文化的价值论与文体论》，华东师范大学出版社 2014 年版，第 180—181 页。

不尽也。是以《大学》始教，必使学者即凡天下之物，莫不因其已知之理而益穷之，以求至乎其极。至于用力之久，而一旦豁然贯通焉，则众物之表里精粗无不到，而吾心之全体大用无不明矣。此谓物格，此谓知之至也。①

这里朱熹论述到了格物致知认识论的两个阶段，第一个阶段是“即物而穷其理”，而“致吾之知”。第二个阶段则是“知之至也”。作为朱熹格物致知论所要格的对象“物”，朱熹认为：“凡天地之间，眼前所接之事，皆是物。”可见，朱熹是要即天下之物而格。那么作为书的《诗》肯定亦是其格的对象之一。朱熹说：“上而无极、太极，下而至于一草、一木、一昆虫之微，亦各有理。一书不读，则缺了一书道理；一事不穷，则缺了一事道理；一物不格，则缺了一物道理。须着逐一件与他理会过。”② 可知，书是朱熹格物的对象之一，否则就不明书中之理。朱熹就曾经明确的说过：“读书是格物一事。”③ 另外，他在《行宫便殿奏札》中进一步说明了，读书是“格物致知”的重要内容。他说：

盖为学之道，莫先于穷理，穷理之要必在读书。读书之法，莫贵于循序而致精，而致精之本则又在于居敬而持志，此不易之理也。……此为学所以莫先于穷理也。④

这里朱熹不仅认为读书是格物之一端，更谈到了读书之法乃“循序致精”。正如钱穆所说：“朱子教人为学，必教人读书。朱子教人格物穷理，读书亦是格物穷理中一重要项目。”⑤ 因此，作为书籍之一的《诗》肯定也是格物的对象。朱熹在《答江德功》一文中就说：“若要读书，即且读《语》、《孟》、《诗》、《书》之属，就平易明白、有事迹可按据处，看取道理体面，涵养德

① （宋）朱熹：《大学章句》，《四书章句集注》，《朱子全书》第 6 册，上海古籍出版社、安徽教育出版社 2002 年版，第 20 页。

② （宋）朱熹撰，朱杰人等编：《朱子语类》卷 15，《朱子全书》第 14 册，上海古籍出版社、安徽教育出版社 2002 年版，第 477 页。

③ （宋）朱熹撰，朱杰人等编：《朱子语类》卷 10，《朱子全书》第 14 册，上海古籍出版社、安徽教育出版社 2002 年版，第 319 页。

④ （宋）朱熹撰，朱杰人等编：《行宫便殿奏札二》，《晦庵先生朱文公文集》卷 14，《朱子全书》第 20 册，上海古籍出版社、安徽教育出版社 2002 年版，第 668—669 页。

⑤ 钱穆：《朱子新学案》，巴蜀书社 1986 年版，第 1160 页。

性本原，久之渐次踏着实地。”① 可见，朱熹的读书范围是包括了《诗经》的。因此，读《诗》乃格物之一端。

二、格物与读《诗》法及其文学特点

朱熹认为万物皆有理，“所谓穷理者，事事物物，各自有个事物底道理，穷之须要周尽”②。因此“即物而穷其理”指的是从事事物物之中穷得事物之理。然而“格物穷理，有一物便有一理”③，即每一事物都有各自之理，因此，朱熹说：“格物只是就一物上穷尽一物之理。”④ 这样在对每一事物之理清楚的前提下，才能“一一须要穷过，自然浃洽贯通”⑤，也就是“至于用力之久，而一旦豁然贯通焉，则众物之表里精粗无不到，而吾心之全体大用无不明矣。此谓物格，此谓知之至也”⑥。因此，格物首先是穷得各个事物各自之理。

既然读书是格物之一端，那么要格书籍之一的《诗》中之理的话，肯定要有与之相对应的方法。据《朱子语类》载：

> 器远问：“格物当穷究万物之理令归一，如何？”曰：“事事物物各自有理，如何硬要捏合得。只是才遇一事，即就一事究竟其理，少间多了，自然会贯通。如一案有许多器用，逐一理会得，少间便自见得都是案上合有底物事。若是要看一件晓未得，又去看一样，看那个未了，又看一样，到后一齐都晓不得。如人读书，

---

① （宋）朱熹撰，朱杰人等编：《答江德功》，《晦庵先生朱文公文集》卷 44，《朱子全书》第 22 册，上海古籍出版社、安徽教育出版社 2002 年版，第 2050 页。

② （宋）朱熹撰，朱杰人等编：《朱子语类》卷 15，《朱子全书》第 14 册，上海古籍出版社、安徽教育出版社 2002 年版，第 469 页。

③ （宋）朱熹撰，朱杰人等编：《朱子语类》卷 15，《朱子全书》第 14 册，上海古籍出版社、安徽教育出版社 2002 年版，第 470 页。

④ （宋）朱熹撰，朱杰人等编：《答黄子耕》，《晦庵先生朱文公文集》卷 51，《朱子全书》第 22 册，上海古籍出版社、安徽教育出版社 2002 年版，第 2377 页。

⑤ （宋）朱熹撰，朱杰人等编：《朱子语类》卷 15，《朱子全书》第 14 册，上海古籍出版社、安徽教育出版社 2002 年版，第 467 页。

⑥ （宋）朱熹撰，朱杰人等编：《大学章句》，《四书章句集注》，《朱子全书》第 6 册，上海古籍出版社、安徽教育出版社 2002 年版，第 20 页。

初未理会得，却不去究心理会。问他《易》如何，便说中间说话与《书》甚处相类。问他《书》如何，便云与《诗》甚处相类。一齐都没理会。所以程子说：'所谓穷理者，非欲尽穷天下之理，又非是止穷得一理便到。但积累多后，自当脱然有悟处。'此语最亲切。"①

此处，朱熹批评了读书人将《易》、《书》、《诗》三种不同的书籍混合起来理会，而不注意去理会每一本书所独特的道理。在这里朱熹不仅仅主张要一件一件的穷理，其实朱熹也看到了同样作为书的《诗》与《易》、《书》等书不同的特点。因此，朱熹在读《诗》时根据《诗》所具有的特点确定了一套系统的读《诗》方法。据《诗集传序》载：

曰："然则其学之也当奈何?"曰："本之《二南》以求其端，参之列国以尽其变，正之于《雅》以大其规，和之于《颂》以要其止，此学《诗》之大旨也。于是乎章句以纲之，训诂以纪之，讽咏以昌之，涵濡以体之，察之情性隐微之间，审之言行枢机之始，则修身及家，平均天下之道，其亦不待他求而得之于此矣。"②

这里的"章句以纲之，训诂以纪之，讽咏以昌之，涵濡以体之"就是朱熹系统的读《诗》方法。概括起来主要包括：句读训诂文义、讽诵吟咏《诗》文、涵泳体味文意、体察《诗》中所含情性之理几个方面。因为朱熹的读《诗》是格物之一端，所以训诂、讽诵吟咏、涵泳都是朱熹格《诗》的方法，而体察《诗》中所含情性之理则属于致知，是读《诗》的目的。

（一）训诂文义

训诂文义的方法是朱熹读《诗》方法的第一步。当有人问朱熹如何读《诗》时，朱熹回答道：

曰："方看得《关雎》一篇，未有疑处。"曰："未要去讨疑处，只熟看。某注得训诂字字分明，便去玩索涵泳，方有所得。若便要

---

① （宋）朱熹撰，朱杰人等编：《朱子语类》卷 18，《朱子全书》第 14 册，上海古籍出版社、安徽教育出版社 2002 年版，第 603 页。

② （宋）朱熹撰，朱杰人等编：《诗集传序》，《朱子全书》第 1 册，上海古籍出版社、安徽教育出版社 2002 年版，第 351 页。

立议论，往往里面曲折，其实未晓，只仿佛见得，便自虚说耳，恐不济事。此是《三百篇》之首，可更熟看。”①

可见，朱熹强调读《诗》时要熟悉训诂将字义了解得分明，这是之后涵泳诗义的基础。当然重句读训诂并不是读《诗》所独有的。在读其他书籍时，朱熹也有同样的要求。他在《答谢与权》一文中就说：

熹学晚无似，徒以少日习闻父兄师友之训，稍知用力于句读文义之间。区区自守，欲寡其过而未能，固不敢坐谈玄奥，惊世骇俗，以负所闻也。②

在这里朱熹不敢坐谈玄奥，而用力于句读与文义，正是朱熹注重句读训诂与文本意思的表现。在《答吴伯丰》一文中亦说：“所论看《大学》曲折则未然，若看《大学》，则当且专看《大学》，如都不知有它书相似。逐字逐句，一一推穷。”③ 可见，朱熹不仅在读《诗》时强调通过句读训诂了解《诗》的基本字句，读其他书籍时也是一样的。所以说重句读训诂是朱熹读书的一般方法，即是朱子格书之一般方法。

（二）吟咏讽诵及其文学特点

“吟咏讽诵”是朱熹读《诗》的第二步。朱熹认为：“读《诗》正在于吟咏讽诵，观其委曲折旋之意，如吾自作此诗，自然足以感发善心。”④“读《诗》全在讽咏得熟，则六义将自分明。”⑤ 可见，“吟咏讽诵”在朱熹的读《诗》法中占有重要的地位。不仅如此，朱熹亦结合自己读《诗》时的经历，说明讽诵吟咏的重要性：

因说：“读《诗》惟是讽诵之功，上蔡亦云：‘《诗》须是讴吟讽

---

① （宋）朱熹撰，朱杰人等编：《朱子语类》卷 80，《朱子全书》第 17 册，上海古籍出版社、安徽教育出版社 2002 年版，第 2762 页。

② （宋）朱熹撰，朱杰人等编：《答谢与权》，《晦庵先生朱文公文集》卷 64，《朱子全书》第 23 册，上海古籍出版社、安徽教育出版社 2002 年版，第 3124 页。

③ （宋）朱熹撰，朱杰人等编：《答吴伯丰》，《晦庵先生朱文公文集》卷 52，《朱子全书》第 22 册，上海古籍出版社、安徽教育出版社 2002 年版，第 2421 页。

④ （宋）朱熹撰，朱杰人等编：《朱子语类》卷 80，《朱子全书》第 17 册，上海古籍出版社、安徽教育出版社 2002 年版，第 2759 页。

⑤ （宋）朱熹撰，朱杰人等编：《朱子语类》卷 80，《朱子全书》第 17 册，上海古籍出版社、安徽教育出版社 2002 年版，第 2761 页。

诵以得之'。某旧时读《诗》，也只先去看许多注解，少间却被惑乱。后来读至半了，却只将《诗》来讽诵至四五十过，已渐渐得《诗》之意，却去看注解，便觉减了五分以上工夫。更从而讽诵四五十过，则胸中判然矣。"①

然而，在《朱文公文集》、《朱子语类》中我们可以看到，"吟咏讽诵"经常会出现在其他经典的阅读中。如在《四书或问》中，朱熹就用"讽诵"的方法来读《孟子》：

然其语意，亦颇深约，予初读之，亦未觉其然也，后因讽诵《孟子》本文，忽悟其意，然后求于程子之说，乃若有契于予心者耳。②

另外，朱熹在《答韩尚书书》中也说：

以故二十年来自甘退藏，以求己志。所愿欲者，不过修身守道，以终余年，因其暇日，讽诵遗经，参考旧闻，以求圣贤立言本意之所在。③

又如《答包定之》：

近闻永嘉有回禄之灾，高居不至惊恐否？讲习家庭，得以从事于孝恭友弟之实，非行思坐诵空言之比也。然探索涵泳，又不可废。不审所读何书？更能温习《论语》，并观《孟子》、《尚书》之属，反复讽诵，于明白易晓处直截理会为佳，切忌穿凿，屈曲缠绕也。④

通过以上材料，我们可以发现朱熹亦特别强调"讽诵"在读其他经典中的重要性。由此，有学者将"讽诵"看成为"熟读"，并认为"熟读涵咏是朱熹倡导的读书之法。这种读书方法要求抛开一切旧注解，反复诵读诗篇本文，多则几十遍"⑤。确实，"吟咏讽诵"有作为一般的读书方法熟读的含义，但"吟

---

① （宋）朱熹撰，朱杰人等编：《朱子语类》卷104，《朱子全书》第17册，上海古籍出版社、安徽教育出版社2002年版，第3430页。

② （宋）朱熹撰，朱杰人等编：《孟子或问》卷11，《四书或问》，《朱子全书》第6册，上海古籍出版社、安徽教育出版社2002年版，第986页。

③ （宋）朱熹撰，朱杰人等编：《答韩尚书书》，《晦庵先生朱文公文集》卷25，《朱子全书》第21册，上海古籍出版社、安徽教育出版社2002年版，第1128页。

④ （宋）朱熹撰，朱杰人等编：《答包定之》，《晦庵先生朱文公文集》卷54，《朱子全书》第23册，上海古籍出版社、安徽教育出版社2002年版，第2586页。

⑤ 谭德兴：《宋代诗经学研究》，贵州人民出版社2005年版，第216页。

咏讽诵”的读《诗》方法，并不局限于此，它还有着更深层次的意思。据《朱子语类》载：

器之问《野有死麕》。曰：“读书之法，须识得大义，得他滋味。没要紧处，纵理会得也无益。大凡读书，多在讽诵中见义理。况《诗》又全在讽诵之功，所谓‘清庙之瑟，一唱而三叹’，一人唱之，三人和之，方有意思。又如今诗曲，若只读过，也无意思，须是歌起来方见好处。”①

这里朱熹肯定讽诵在读书中的意义时，也特别强调了讽诵在读《诗》之中有着至关重要的功用。接着朱熹又举了“清庙之瑟，一唱而三叹”的例子做了说明，显然朱熹所说的读《诗》时的讽诵方法与阅读普通书籍时所用的讽诵的方法是有不同的，也就是读《诗》须“歌起来方见好处”。读《诗》时的讽诵是与音乐、诗的押韵相关的。“讽诵”一词不仅仅具有熟读的意思，更具有与《诗经》所具有的独特的文体特点相一致的意思。也就是读《诗》时所用的讽诵应该与《诗经》的文体特点相切合。朱熹说：

《诗》中头项多，一项是音韵，一项是训诂名件，一项是文体。若逐一根究，然后讨得些道理，则殊不济事，须是通悟者方看得。②

另外，朱熹也说过：“读诗，且只将做今人做的诗看。或每日令人诵读，却从旁听之。”③可见，朱熹是在注意到了《诗经》所具有的文体特点的基础上才特别强调“吟咏讽诵”在读《诗》中的应用。据《说文解字》载：“讽，诵也。”可知讽、诵同义。段玉裁注：“倍文曰讽。以声节之曰诵。倍同背。谓不开读也。诵则非直背文。又为吟咏以声节之。”④由此可知，“讽诵”指的是将记忆下来的文章，以有节奏的声音诵读出来。《说文解字》：“呻，吟也。从

① （宋）朱熹撰，朱杰人等编：《朱子语类》卷104，《朱子全书》第17册，上海古籍出版社、安徽教育出版社2002年版，第3429页。

② （宋）朱熹撰，朱杰人等编：《朱子语类》卷80，《朱子全书》第17册，上海古籍出版社、安徽教育出版社2002年版，第2754页。

③ （宋）朱熹撰，朱杰人等编：《朱子语类》卷80，《朱子全书》第17册，上海古籍出版社、安徽教育出版社2002年版，第2756页。

④ （清）段玉裁注：《说文解字注》，上海古籍出版社1998年版，第90页。

口。”① 据此陆德明在《经典释文》中对《诗·周南·关雎》下的“吟咏性情”一词解释为“动声曰吟”②。《说文解字》:“咏，歌也。从言永声。”段玉裁注:“《尧典》曰:歌永言。《乐记》曰:歌之为言也。长言之也。说之，故言之。言之不足，故长言之。”③ 可见“吟咏”指的是用声歌咏。因此，可知“讽诵”与“吟咏”本义相近，都指用有节奏的声音诵读。另据《周礼·春官》载:“以乐语教国子，兴、道、讽、诵、言、语。”④ 可知，在周代《诗经》很有可能是可歌的。因此，我们可以说:“‘讽诵’与声律节奏的‘音乐’有着极为内在的联系，从而突出了《诗》的音乐性质。”⑤ 这也是朱熹之所以在读《诗》时特别强调“吟咏讽诵”的原因。

另外，朱熹也看到了《诗经》作为诗这种与其他经典不同的文学体裁，所具有的协韵的文学特点，从而特别强调以“吟咏讽诵”的方法读《诗》。据《朱子语类》载:

> 器之问《诗》叶韵之义。曰:“只要音韵相叶，好吟哦讽诵，易见道理，亦无甚要紧。今且要将七分工夫理会义理，三二分工夫理会这般去处。若只管留心此处，而于《诗》之义却见不得，亦何益也?”⑥

这里朱熹看到了《诗经》作为诗歌有“音韵相叶”的文学特点，这一特点又决定了《诗经》特别符合用“吟哦讽诵”的方法来读。当器之问《诗》时，朱熹说:“古人情意温厚宽和，道得言语自恁地好。当时叶韵，只是要便于讽咏而已。到得后来，一向于字韵上严切，却无意思。”⑦ 可见，朱熹认为“吟咏讽诵”的读《诗》方法与诗经的“音韵相叶”是相辅相成的。在诗歌的这一文学性特点的基础上，朱熹从而特别强调“吟咏讽诵”读《诗》法中

---

① (清)段玉裁注:《说文解字注》，上海古籍出版社 1998 年版，第 60 页。

② (唐)陆德明:《经典释文》卷 5，中华书局 1983 年版，第 53 页。

③ (清)段玉裁注:《说文解字注》，上海古籍出版社 1998 年版，第 95 页。

④ (清)阮元校刻:《周礼注疏》,《十三经注疏》，中华书局 1980 年版，第 787 页。

⑤ 邹其昌:《朱熹诗经诠释学美学研究》，商务印书馆 2004 年版，第 119 页。

⑥ (宋)朱熹撰，朱杰人等编:《朱子语类》卷 80,《朱子全书》第 17 册，上海古籍出版社、安徽教育出版社 2002 年版，第 2751 页。

⑦ (宋)朱熹撰，朱杰人等编:《朱子语类》卷 80,《朱子全书》第 17 册，上海古籍出版社、安徽教育出版社 2002 年版，第 2754 页。

用有节奏的声音诵读的方法。不仅如此，朱熹也从文学表现手法的角度解释了为什么读《诗》特别强调“吟咏讽诵”的方法。如朱熹就特别强调“兴”在读诗中的作用。他说：

> 《关雎》一诗，文理深奥，如《乾》、《坤》卦一般，只可熟读详味，不可说。至如《葛覃》、《卷耳》，其言迫切，主于一事，便不如此了。又曰：“读《诗》须得他六义之体，如《风》、《雅》、《颂》则是诗人之格。后人说《诗》以为杂《雅》、《颂》者，缘释《七月》之诗者，以为备《风》、《雅》、《颂》三体，所以启后人之说如此。”①

这里朱熹认为“读《诗》须得他六义之体”，是因为《诗》中好用“兴”。而“兴”的这一艺术手法，又特别需要运用“吟咏讽诵”的读《诗》方法来体味。他说：

> 学者当‘兴于《诗》’。须先去了《小序》，只将本文熟读玩味，仍不可先看诸家注解。看得久之，自然认得此诗是说个甚事。谓如拾得个无题目诗，说此花既白又香，是盛寒开，必是梅花诗也。……②

朱熹甚至特别强调“兴”在读《诗》中的作用。另据《朱子语类》载：

> 《诗》，如今恁的注解了，自是分晓，易理会。但须是沉潜讽诵，玩味义理，咀嚼滋味，方有所益。若只草草看过，一部《诗》只三两日可了。但不得滋味，也记不得，全不济事。古人说‘《诗》可以兴’，须是读了有兴起处，方是读《诗》。若不能兴起，便不是读《诗》。③

因此，我们可以说朱熹特别强调“吟咏讽诵”的方法在读《诗》中的运用，不仅仅是因为这一方法具有熟读的含义，更深层次的原因是在于朱熹认识到了《诗经》所具有的“合乐”、“叶韵”、“六义”等文学特点。《诗》的这些文学特点决定了需要用“吟咏讽诵”中所具有的有节奏的诵读才能更好体味

---

① （宋）朱熹撰，朱杰人等编：《朱子语类》卷 81，《朱子全书》第 17 册，上海古籍出版社、安徽教育出版社 2002 年版，第 2771 页。

② （宋）朱熹撰，朱杰人等编：《朱子语类》卷 80，《朱子全书》第 17 册，上海古籍出版社、安徽教育出版社 2002 年版，第 2759 页。

③ （宋）朱熹撰，朱杰人等编：《朱子语类》卷 80，《朱子全书》第 17 册，上海古籍出版社、安徽教育出版社 2002 年版，第 2759—2760 页。

它的含义。这也是朱熹认识到了《诗》作为格物的对象具有了与其他经典所不具有的文学特点的体现。因此“吟咏讽诵”的读《诗》方法不仅仅是熟读，更多指的是“吟咏讽诵”中所包含的在尊重《诗经》作为文学作品所独有的特点的基础上，以有节奏的诵读来读《诗》的文学的方法。

（三）涵泳

“涵泳”的方法是朱熹的读《诗》方法的第三步。据《朱子语类》载：

> 问学者：“诵《诗》，每篇诵得几遍？”曰：“也不曾记。只觉得熟便止。”曰：“便是不得。须是读熟了，文义都晓得了，涵泳读取百来遍，方见得那好处，那好处方出，方见得精怪。见公每日说得来干燥，元来不曾熟读。若读到精熟处，意思自说不得。……这个贪多不得。读得这一篇，恨不得常熟读此篇，如无那第二篇方好。而今只是贪多，读第一篇了，便要读第二篇；读第二篇了，便要读第三篇。恁地不成读书，此便是大不敬！（此句厉声说）须是杀了那走作底心，方可读书。①

可见，在通过“吟咏讽诵”的方法将《诗》读熟“文义都晓得了”的基础上，朱熹主张反复“涵泳”。只有“涵泳读取百来遍”才“方见得那好处”。钱穆认为这种“读《诗》与读《论》、《孟》又不同，须读熟了再加以涵泳，读取百来遍”的方法，是“读文学法也”。② 陈才认为钱穆的“这一观点也被诗经学界广泛认同并接受，几有欲成定谳之势。”但“‘涵泳’并无其他深意，只是‘仔细读书’的异名而也。”③ 确实“涵泳”这一方法不仅仅只是运用在读《诗》上，在读其他经书上也有使用，甚至朱熹自己也说过，“所谓涵泳者，只是仔细读书之异名也”④。并且“涵泳”一词多与“义理”连用。如朱熹说：

---

① （宋）朱熹撰，朱杰人等编：《朱子语类》卷 80，《朱子全书》第 17 册，上海古籍出版社、安徽教育出版社 2002 年版，第 2760—2761 页。

② 钱穆：《朱子新学案》，巴蜀书社 1986 年版，第 1272 页。

③ 陈才：《朱子于〈诗经〉之涵泳、玩味析论》，《中国古代文学理论研究（第三十九辑）——中国文化的价值论与文体论》，华东师范大学出版社 2014 年版，第 174、179 页。

④ （宋）朱熹撰，朱杰人等编：《朱子语类》卷 116，《朱子全书》第 18 册，上海古籍出版社、安徽教育出版社 2002 年版，第 3655 页。

盖某僻性，读书须先理会得这样分晓了，方去涵泳它义理。后来读得熟后，方见得是子思参取夫子之说，著为此书。自是沉潜反复，遂渐得其旨趣，定得今《章句》一篇。其摆布得来，直恁么细密。①

盖横渠却只是一向苦思求将向前去，却欠涵泳以待其义理自形见处。②

学者读书，须要敛身正坐，缓视微吟，虚心涵泳，切己省（一作“体”）察。③

确实朱熹在很多时候都将涵泳与义理连用，然而我们要清楚的是，朱熹的读《诗》方法是由弄清文义、“讽诵吟咏”、“涵泳”三个层次组成并综合运用的方法。即朱熹在训诂文字弄清文义的前提下“吟咏讽诵”，之后再进行更深一个层次的“涵泳”。据《朱子语类》载：

问学者：“诵《诗》，每篇诵得几遍。”曰：“也不曾记。只觉得熟便止。”曰：“便是不得。须是读熟了，文义都晓得了，涵泳读取百来遍，方见得那好处。”④

可见，在这里朱熹所说的读《诗》方法是有一个先后次序的，正如邹其昌所说“吟咏讽诵”是读《诗》的前提，而“涵泳”则是对“吟咏讽诵”进一步深化的过程。⑤ 由此，我们可以知道“涵泳”的目的是为了更好地体味文本中所含的“义理”。朱熹在《诗集传序》中也说：“涵濡以体之，察之情性隐微之间”⑥，即通过“涵泳”的方法以体察《诗经》中所包含的义理。这也是朱熹格物致知的目的，即达到“物格”。

---

① （宋）朱熹撰，朱杰人等编：《朱子语类》卷 64，《朱子全书》第 18 册，上海古籍出版社、安徽教育出版社 2002 年版，第 2140 页。

② （宋）朱熹撰，朱杰人等编：《朱子语类》卷 99，《朱子全书》第 17 册，上海古籍出版社、安徽教育出版社 2002 年版，第 3328 页。

③ （宋）朱熹撰，朱杰人等编：《朱子语类》卷 11，《朱子全书》第 14 册，上海古籍出版社、安徽教育出版社 2002 年版，第 334 页。

④ （宋）朱熹撰，朱杰人等编：《朱子语类》卷 80，《朱子全书》第 17 册，上海古籍出版社、安徽教育出版社 2002 年版，第 2760 页。

⑤ 邹其昌：《朱熹诗经诠释学美学研究》，商务印书馆 2004 年版，第 120 页。

⑥ （宋）朱熹撰，朱杰人等编：《诗集传序》，《朱子全书》第 1 册，上海古籍出版社、安徽教育出版社 2002 年版，第 351 页。

三、读《诗》之目的在致知

朱熹通过训诂文字、"吟咏讽诵"、"涵泳"的方法来读《诗》，其目的在于穷得《诗》之理，而最终达到"知之至也"。正如朱熹所说："格物者，穷事事物物之理；致知者，知事事物物之理。"①《朱子语类》中亦载：

> 问："致知莫只是致察否。"曰："如读书而求其义，处事而求其当，接物存心察其是非、邪正，皆是也。"②

可知，读书的目的在于"求其义"，那么读《诗》所求之义是什么呢？根据朱熹所说："《诗》，如今恁地注解了，自是分晓，易理会。但须是沉潜讽诵，玩味义理，咀嚼滋味，方有所益。"③可知，读《诗》所求之义指的就是《诗》中所蕴涵的义理。朱熹在《诗集传序》中对此也有过相近的说明。他说：

> 于是乎章句以纲之，训诂以纪之，讽咏以昌之，涵濡以体之，察之情性隐微之间，审之言行枢机之始，则修身及家，平均天下之道，其亦不待他求而得之于此矣。④

可见，读《诗》的目的在于"察之情性隐微之间，审之言行枢机之始，则修身及家平均天下之道"。正如张海晏所说："对于包括《诗经》在内的中国古代经典的诠释，朱熹所关注的不是言与意之间的关系，而是圣贤经典与读者体验的关系。""在朱熹看来，没有个人的切身体验是悟不出圣言的本旨本义的。应该说，强调体验在理解中的意义，是宋明理学的共同特征。"⑤这里所说的体验"意义"也就是在阅读诗歌中体味经典中所蕴含的义理思想。这也是朱熹特别强调"吟咏讽诵"不仅是熟读，而且包括以文学的方法读《诗》的原因与目的。因为这样能更好地体味《诗》这一独特文体中所蕴含的义理

---

① （宋）朱熹撰，朱杰人等编：《朱子语类》卷15，《朱子全书》第14册，上海古籍出版社、安徽教育出版社2002年版，第488页。

② （宋）朱熹撰，朱杰人等编：《朱子语类》卷15，《朱子全书》第14册，上海古籍出版社、安徽教育出版社2002年版，第462页。

③ （宋）朱熹撰，朱杰人等编：《朱子语类》卷80，《朱子全书》第17册，上海古籍出版社、安徽教育出版社2002年版，第2759页。

④ （宋）朱熹撰，朱杰人等编：《诗集传序》，《朱子全书》第1册，上海古籍出版社、安徽教育出版社2002年版，第351页。

⑤ 姜广辉：《中国经学思想史》第3卷下，中国社会科学出版社2010年版，第800页。

思想。

综上可知，重训诂文字、“吟咏讽诵”、“涵泳”的方法不仅是朱熹的读《诗》方法，也是朱熹的读书方法。朱熹在其格物致知思想的指导下的读《诗》，不仅注意到了重句读训诂、吟咏讽诵、涵泳义理在读《诗》中的作用，而且注意到了“吟咏讽诵”这一方法中所具有的文学性读《诗》的特点。“吟咏讽诵”实际上也说明朱熹认识到了《诗经》所具有的文学性特点，是其“以《诗》说《诗》”，“直求经文本义”的诠释原则在《诗经》解读中的体现。不仅如此，作为格物之一端的读《诗》，朱熹亦在其中寄予了致知的目的，也就是在解读《诗经》之词的过程中达到求理的目的。

（作者单位：西南石油大学马克思主义学院）

道南学派辟释氏对于朱子的影响

郑 超　崔发展

辨别异端是儒门的一大传统。唐宋之际，释氏之学风行，对知识分子有很大的影响。指出释氏之谬误，讲明儒学道理，这是儒者的责任。朱子是理学之集大成者，又是在批评释氏方面最用心的理学家，这方面的见解来源于道南学派，尤其是李延平。思想成熟之后的朱子，在反观道南批评释氏的思想中，指出杨龟山有得有失，未能明辨儒释；赞赏罗豫章著实理会儒释之异；尤其强调了李延平理会分殊的教诲对于自己摆脱释氏，归于纯正之儒学的作用。

《论语·为政》："攻乎异端，斯害也矣。"用心于研究异端思想，此是有害身心之事。但是若异端思想也有成为当世显学的可能，世人用心研究异端的情况就很常见，盖不知异端之为异端。那么对于异端思想的批判就是重要的事情，批判偏离道理的异端思想，让人明白其错误，异端之危害也就可以消失了。辨明异端之过失，维护孔门学问之纯正，这是儒学的一个传统。孟子辟杨墨就是儒者辨明异端的一个典范。唐宋之际，释氏异端之学风行，学者们往往入于其中，有所沾染。指出释氏之谬误，讲明儒学道理，这是儒者的责任。朱子是理学之集大成者，也是在辨别异端、批判释氏方面最用心的理学家。朱子这方面的见解来源于道南一脉，但是又超越道南。

一、朱子对杨龟山未能明判儒释的批评

杨龟山有明确的辨别儒释的意识，在整体上也能做到辨别儒释，不至流为异端。伊川对此有所赞扬："学者皆流于夷狄矣，唯有杨、谢二君长进。"①

① （宋）程颢、程颐：《河南程氏外书》卷12，《二程集》，中华书局2004年版，第429页。

如果没有圣贤去批评异端之学，异端思想的危害将会扩大，伊川被流放期间，中原就是如此景象，“学者凋落，多从佛学”。谢上蔡和杨龟山是程门中有所自得的高弟，故能自立于儒学而不从佛学。

杨龟山跟释氏之徒有过交往，但并非将他们视为同道中人。龟山对于视为友人的陆思仲将要出家为僧感到痛心疾首，并加以劝阻：

> 某自抵京师，与定夫从河南二程先生游，朝夕粗闻其绪言，虽未能窥圣学门墙，然亦不为异端迁惑矣。今夫所谓道者，无适而非也，况君臣父子夫妇乎？故即君臣而有君臣之义，即父子而有父子之仁，即夫妇而有夫妇之别，此吾圣人所以无适而非道也。离此而即彼，则取舍之心多矣，以取舍之心求道，则其分于道也，不亦远乎？彼其君臣、父子、夫妇且不能容之，则其为道也不亦隘乎？且佛之言曰：吾之道足以断轮回，出死生。故溺其说者争趋之，彼以死生为足厌苦而求免之，果足为道耶？其信然耶？夫古之大学之道，必先明天德，知天德则死生之说，鬼神之情状当自见矣。是道也，圣人详言于《易》，不必徇邪说而外求也。孟子曰：尽其心者，知其性，知其性，则知天矣。子姑尽心，然后儒佛之是非较然，而信吾言之不惑也。世之为佛之徒者，将以为道耶？则废人伦、逆天理，非所以为道也。①

龟山自道因学于程门，故能“不为异端迁惑”，然后从“废人伦、逆天理”两方面对释氏展开批评。龟山认为道理无所不在，君臣、父子、夫妇这些人伦中都蕴含着道理，学者并不必离开人伦而别求所谓道理。释氏要求出家为僧，即是离开人伦而别求道理，并非能真知道理者；又以取舍之心求道，取舍之心即是私心，以私心求道，只能离道更远。释氏又以死生为苦，欲求超脱，不同于儒者之道。儒者之道要明天德，能明天德，此心自然能安定，死生也就不是可厌可苦之事。圣人于《易》中详言阴阳鬼神变化之理，比释氏之说高明，学者应当详读圣人之书，而非从释氏邪说中学习死生之理。死生之理跟天所赋予人的本性只是同一道理，所以龟山又引孟子语，希望陆思仲能尽心，从心上来理会性命之理。

---

① （宋）杨时：《与陆思仲》，《杨时集》卷 18，中华书局 2018 年版，第 487 页。

龟山本人也注重从心上理会道理："孟子曰：'仁，人心也；义，人路也。'言仁之尽，最亲，无如此者。"① 龟山认为孟子从人心上求仁，此是最为亲切之语，从心上可以见仁之发用，尽心就能知仁。对心的不同理解也是儒释的一个重要区别，龟山说："六经不言无心，惟佛氏言之；亦不言修性，惟扬雄言之。心不可无，性不假修。故《易》止言洗心尽性，《记》言正心尊德性，《孟子》言存心养性。佛氏和顺于道德之意盖有之，理于义则未也。"② 释氏有"无心"的说法，儒家不同于释氏，比较重视心上的工夫。《易·系辞》曰："圣人以此洗心，退藏于密"，《礼记·大学》曰："所谓修身在正其心者"，《孟子》曰："存其心，养其性"，儒家的修身工夫和心紧密相关，六经中有诸多类似的说法。洗心和正心所谈到的心是气质意义上的人心，人心可善可恶，要通过"洗"、"正"的工夫，克去恶的部分。《孟子》的"存心养性"的说法是在本然意义上谈论心性，所存之心即是至善之本心。龟山所举出的经典中的话语，虽然是在不同的角度上谈论心，但是都和修身工夫相关，说明了儒家重视心上的工夫。能尽心，也就能知性，儒释之区别也就黑白分明，异端不足以乱吾心。龟山认为无心之说表明释氏没有"理于义"的思想，不能在心之发用上去认识道理。

儒释对于心的不同理解表明了孔子之道是极高明而道中庸，释氏于高明之处则有之，于道中庸则无。龟山说：

> 问："操则存，如何？"曰："古之学者，视听言动无非礼，所以操心也。至于无故不彻琴瑟，行则闻佩玉，登车则闻和鸾，盖皆欲收其放心，不使惰慢邪僻之气得而入焉。故曰：'不有博弈者乎？为之犹贤乎已！'夫博弈，非君子所为，而云尔者，以是可以收其放心尔。说经义至不可践履处，便非经义，若圣人之言，岂有人做不得处？学者所以不免求之释老，为其有高明处。如六经中自有妙理，却不深思，只于平易中认了，曾不知圣人将妙理只于寻常事说了。③

人问如何是操存本心？龟山以为日用之间的视听言动皆有礼，依礼而行就是

① （宋）杨时：《寄伊川先生》，《杨时集》卷 16，中华书局 2018 年版，第 450 页。

② （宋）杨时：《荆州所闻》，《杨时集》卷 10，中华书局 2018 年版，第 228 页。

③ （清）黄宗羲著，全祖望补：《龟山学案》，《宋元学案》卷 25，中华书局 1986 年版，第 949 页。

以天理为准则，此即是操存之道。古人弹琴、佩玉都是意在存心，一言一动都不敢惰慢，心有惰慢之气也就意味着本心的放失。孔子博弈之语并非意味着君子一定要为此事，只是担忧无所用心之时，本心会放失惰慢，博弈可以收心。操存之道就在日用之间，经义所指示的道理也都是日用间可加以践履者。作为圣人之道的六经之言，是无不可行于日用之间的，否则就不是圣人之道。释老之学有高明之处，可以迷惑学者，但是不可安然实行于日用之间，这实际上是批评释氏有体无用。操存之道即是六经中之妙理，是圣人极高明之处。圣人极高明而道中庸，高明之理不离日用常行。儒释对于心的不同理解，也意味着对道理的不同理解，此是儒家高于释氏之处。龟山又以对《孟子·尽心上》“形色，天性也”的理解说明此理：

> 形色即天性也，则践形斯尽性矣，故惟圣人为能，与释氏色空之论一也。吾圣人以为天下自然之理，而以常事言之，故言近而闻者无惧焉。异端之学，自以为精微之论，其徒累千百言不能竟其义，故学者莫知适从而去道益远矣。此儒佛之辨也。①

形色和天性本不相离，是可以浑然为一的，所以践形也是尽性。践就是实现的意思，践形即尽性，就是在人的自然生命中完全实现人的德性存在。李景林教授说：“道德之完成亦正是在德性于个体自然生命之通体显现中实现了其本有的意义和价值。”②儒家的道德的完成正是在自然生命中实现德性，这就是身心为一、形色天性为一的意思。龟山认为释氏色空之论也能对浑然为一之理有所认识，但是这种认识又似是而非。释氏之修行要人绝人伦、离世俗，色空之论虽高明却不能道中庸，反而去道益远，并非真高明。儒家的圣人践形即尽性之论，就是在日用常事之中指明自然之理，龟山认为此点是一重要的儒佛之辨。

虽然杨龟山辨别儒释的意识非常明确，但是也时常借用释氏语说明儒家义理，有些地方就会难以辨别得界限分明。清朝的黄宗羲总结龟山这方面的言论并加以评论：

> 慈溪黄氏曰：“龟山气象和平，议论醇正，说经旨极切，论人

---

① （宋）杨时：《形色天性》，《杨时集》卷8，中华书局2018年版，第193页。

② 李景林：《教养的本原》，北京师范大学出版社2009年版，第15页。

物极严，可以垂训万世，使不间于异端，岂不诚醇儒哉！乃不料其晚年竟溺于佛氏。如云：‘总老言经中说十识，第八庵摩罗识，唐言白净无垢；第九阿赖邪识，唐言善恶种子。白净无垢，即孟子之言性善。’又云：‘庞居士谓神通并妙用，运水与搬柴，此即尧、舜之道在行止疾徐间。’又云：‘《圆觉经》言作止任灭是四病，作即所谓助长，止即所谓不耘苗，任、灭即是无事。’又云：‘谓形色为天性，亦犹所谓色即是空。’又云：‘《维摩经》云直心是道场’，儒佛至此，实无二理。’”①

黄宗羲提到了龟山的四句话，认为龟山“晚年溺于佛氏”，这种批评还是挺严重的。此四句话如果都是在以释氏之理混同儒家义理，那么黄氏的批评当然没问题，但是如上所论，龟山以色即是空说明形色为天性，并没有问题。朱子也说：“形色即是天性，非离形色别有天性，故以色即是空明之。……然恐此类皆是借彼以明此，非实以为此之理即彼之说也。”②明道、龟山、上蔡都阅读过释氏之书，也都有以借用释氏语说明儒家之理的情况，对这些言论要仔细考察。借彼明此之所可以可能，是因为释氏对道理亦有所见，程子说：“佛庄之说，大抵略见道体，乍见不似圣人惯见，故其说走作。”③圣人见道理之全，释氏只见道体的一部分，在这些方面有借彼明此的空间，但是于相似之处见释氏“不似圣人”的地方，这是必需的，也是有难度的。以白净无垢说明性善，以色空说明形色天性，儒释都认同，这并非以为儒释是一理。但是龟山所说“庞居士谓神通并妙用，运水与搬柴”却是有问题的，朱子说：“龟山举庞居士云‘神道妙用，运水搬柴’，以比‘徐行后长’，亦坐此病。不知‘徐行后长’乃谓之弟，‘疾行先长’则为不弟。如曰运水搬柴即是妙用，则徐行疾行皆可谓之弟耶！”④以儒家义理审视，“神道妙用，运水搬柴”是理气混杂没能辨别分明的说法，“行止疾徐”亦是此种情况，只

---

① （清）黄宗羲著，全祖望补：《龟山学案》，《宋元学案》卷25，中华书局1986年版，第951页。

② （宋）朱熹撰，朱杰人等编：《答汪尚书》，《晦庵先生朱文公文集》卷30，《朱子全书》第二十一册，上海古籍出版社、安徽教育出版社2002年版，第1294页。

③ （宋）程颢、程颐：《河南程氏遗书》卷15，《二程集》，中华书局2004年版，第156页。

④ （宋）黎靖德编：《朱子语类》卷126，中华书局1986年版，第3022页。

有说出“徐行后长”与“疾行先长”之区别，才意味着理气分明、物和则分明。朱子指出龟山此处的借彼明此，有陷入认欲为理的可能。

正是因为认识到儒释在一些精微、精深之处要区别分明，不是易事，龟山才认为儒释之差只在秒忽。龟山说：“儒佛之论，造其极致，则所差眇忽耳，其义难知而又其辞善遁，非操戈入室，未易攻也。虽横渠之博辨精深，犹未能屈之为城下之盟，况余人乎？置而勿论可也，要当深造而自得之，则其辨自见矣。”[①]龟山认为释氏义理难知，又多遁辞，辨别得儒释分明并非易事。龟山认为对待释氏思想的最好的办法就是悬置不论，于儒家义理深造自得，自然能分别异端之非。龟山认为张横渠对释氏的批评，并未能在极致之处辨别秒忽之差。朱子不满龟山此说：“龟山张皇佛氏之势，亦如李邺张皇金人也。”[②]对于所差秒忽之论，朱子也认为是有问题的：“如龟山云：‘吾儒与释氏，其差只在秒忽之间。’某谓何止秒忽，直是从源头便不同!”[③]从迹上看，释氏绝人伦，儒释差别甚大；从源头上看，虽然释氏略见道体，但也是似是而非、差别巨大。虽然所差秒忽的表述在某种程度上可以如此说，但是总体上的表述并不稳妥。正是因为做不到完全分明地区别儒释，所以龟山对儒家义理的解释，有时亦不免带出一些释氏意思：

> 问：“龟山言‘道非礼，则荡而无止；礼非道，则梏于器数仪章之末’，则道乃是一虚无恍惚、无所准则之物，何故如此说道字?”曰：“不可晓，此类甚多。”因问：“如此说则似禅矣。”曰：“固是。”[④]

龟山此段话是在解释《中庸》之“苟不至德，至道不凝”。龟山以礼对应德，且对道与礼的关系的解释削弱了道的本原意味，把道理解成要依赖形而下之礼才能凝聚，否则就会荡而无止，这里对道的理解就是有问题的。道若虚无恍惚、无所准则，便类似于释氏对本体的理解。龟山思想中近禅的地方还是有一定数量的，尤其是对于《中庸》的解释，田智忠说：“朱子对龟山的中庸说之批评要大于肯定，并多次明确指其为‘禅说’。”[⑤]

---

① （宋）杨时：《与杨仲远》，《杨时集》卷16，中华书局2018年版，第460页。

② （宋）黎靖德编：《朱子语类》卷101，中华书局1986年版，第2574页。

③ （宋）黎靖德编：《朱子语类》卷101，中华书局1986年版，第2558页。

④ （宋）黎靖德编：《朱子语类》卷101，中华书局1986年版，第2568页。

⑤ 田智忠：《〈诸儒鸣道集〉研究》，中国社会科学出版社2012年版，第315页。

龟山有明确的辨别儒释的意识，并且指出儒释对于心的不同理解，也就意味着释氏之学有体无用。这方面奠定了道南对于释氏的基本的批判态度。然而，龟山本人还做不到完全辨明儒释，其思想中往往夹杂着些许禅的意思。

二、罗豫章批评释氏无用对朱子的影响

龟山在辨别儒释方面的不足之处，到了罗豫章、李延平这里已经看不到。罗豫章和李延平对释氏的批评，发挥龟山认为释氏有体无用的思想，着重从用的方面批评释氏，对儒释之别的辨明更为深入。龟山思想中会夹杂着禅的意味，这对龟山门下是有影响的，朱子对此有所总结：

> 其徒如萧子庄、李西山、陈默堂皆说禅。龟山没，西山尝有佛经疏追荐之。唯罗先生却是著实子细去理会。某旧见李先生时，说得无限道理，也曾去学禅。李先生云："汝恁地悬空理会得许多，而面前事却又理会不得！道亦无玄妙，只在日用间著实做工夫处理会，便自见得。"后来方晓得他说，故今日不至无理会耳。①

萧子庄、李西山、陈默堂皆是龟山之高弟，又都说禅，这正说明龟山之教还是有问题的。虽然宋朝读书人学习释氏思想是很常见的事情，但是三人学于龟山门下却不能分明儒释，如李西山还以佛经疏为龟山祈求冥福，西山所为真是过分之事。龟山本人明确要辨别儒释，但是思想中夹杂禅的风气应该是影响到了门下弟子。罗豫章则能卓然自立，因为能著实仔细去理会，工夫踏实而所见也就亲切而牢靠，这也是罗豫章能传龟山之学的原因。悬空理会抑或著实做工夫是辨别儒释的一大关键，豫章能著实理会，故能不染释氏。李延平亦以"日用间著实做工夫"教导朱子，这是朱子日后能脱禅入儒的关键所在。

罗豫章在《遵尧录》中有辨别儒释的一段话：

> 太宗尝谓宰相曰："朕于浮屠氏之教，微语宗旨。凡为君治人，却是修行之地，行一好事，天下获利，所谓利他者是也。若梁武帝

① （宋）黎靖德编：《朱子语类》卷 101，中华书局 1986 年版，第 2568 页。

之所为，真大惑尔，书之史为后代笑。”赵普曰：“陛下以尧舜之道治世，以浮屠之教修心，圣智高远，洞悟真理，非臣下所及。”臣从彦辨微曰：“佛氏之学，端有悟入处，其言近理，其道宏博，世儒所不能窥，太宗之言是已。然绝乎人伦，外乎世务，非尧、舜、孔子之道也。夫治已、治人其究一也，尧曰：咨尔舜，天之历数在尔躬，允执其中，四海困穷，天禄永终。舜亦以命禹。所谓中者，果何物也耶？故尧舜之世，垂拱无为而天下大治，若赵普者，乃析而二之，盖不知言者也。”①

宋太宗委婉地批评释氏，认为为君治人不当以释氏为依据。梁武帝即是这方面的反面例子，武帝身为君王却信奉佛教，并把佛教的风气引入朝廷治人的领域，真不知为君之道。赵普认为为君治人只能以尧舜之道，修心可以依据释氏。豫章认为释氏不能治人，这是没问题的，但是认为尧舜之道不能修心，这就大有问题。豫章批评释氏“绝乎人伦，外乎世务”，不是普遍性的道理，所以释氏不能治人。

尧舜之道作为真正的普遍性的道理，在治人和修心两方面都能发挥作用，治人和修心只是一理，不可分割为二。尧舜禹授受天下之际，只是以执中相告诫。中者即是天下之大本，既能修心治已，亦能治人治世。豫章批评释氏绝人伦，这亦是龟山对释氏的直接批评。豫章批评释氏“外乎世务”，可跟龟山“佛氏和顺于道德之意盖有之，理于义则未也”的批评相照应。豫章著《遵尧录》就是对世务的穷究理会，是儒家理于义的要求，也是豫章本人著实理会事情的表现。豫章有勉励李延平的诗：

圣道由来自坦夷，休迷佛学惑他岐。死灰槁木浑无用，缘置心官不肯思。学道以思为上。《孟子》曰：“心之官则思”；《书》曰：“思曰睿，睿作圣”，“惟狂克念作圣”。佛法一切反是。②

豫章批评释氏舍弃心官之思的能力，所以有体无用，不能理会世务，这是对龟山批评释氏无心思想的阐扬。豫章以心官之思来统摄儒家洗心、正心、存心等思想。心官之思以本然之善为对象，是性理之思，表现于日用之中就是

① （宋）罗从彦：《遵尧录二·太宗》，《罗豫章集》卷2，中华书局1985年版，第26页。

② （宋）罗从彦：《勉李愿中五首》，《罗豫章集》卷10，中华局1985年版，第112页。

思事物之理，操存吾之本心。“思曰睿，睿作圣”之所以可能，就是因为思是性理之思，不是邪思、妄思。思则得性理，所明性理既多，人自然会变得睿智；思的工夫到达极致，人则可以为圣。克念即是性理之思在其作用，妄念克尽，此心全体至善，这就是圣人。释氏则“一切反是”，不重视心上的工夫，舍弃心官之思的重要能力，跟圣人之道完全相悖。

三、李延平理一分殊对朱子的影响

对于朱子批判释氏影响最大的还是李延平。最初接触之时，李延平以理一分殊教诲朱子：

> 文公先生尝谓师夏曰：“余之始学，亦务为儱侗宏阔之言，好同而恶异，喜大而耻于小。于延平之言，则以为何为多事若是，天下之理一而已，心疑而不服。同安官余，以延平之言，反复思之，始知其不我欺矣。盖延平之言曰：‘吾儒之学所以异于异端者，理一分殊也。理不患其不一，所难者分殊耳。’此其要也。”①

朱子自述始学之时的弊端是好为“儱侗宏阔之言”，轻言理一之体，不喜欢去日用事物上下工夫。朱子始学之时对禅学有所研究，好言一个笼统宏阔的理一，也正是学习禅学的表现。李延平很敏锐地觉察到了朱子修习禅学而有的这些毛病，指出儒家不同于释氏者就在于理一分殊，“理不患其不一，所难者分殊”。李延平意在使朱子于日用处理会事情，工夫要踏实、不要悬空。朱子回忆李延平以理一分殊教人：

> 尝语问者曰：“讲学切在深潜缜密，然后气味深长，蹊径不差。若概以理一而不察乎其分之殊，此学者所以流于疑似乱真之说而不自知也。”②
>
> 讲学要气味深长，就要踏实理会分殊，实有诸己。好言理一，却不去察识分殊，这就无法分辨异端之学。儒释在理一方面有相似

---

① （宋）朱熹撰，朱杰人等编：《延平答问跋》，《朱子全书》第13册，上海古籍出版社、安徽教育出版社2002年版，第354页。

② （宋）李侗：《李先生行状》，《李延平集》卷4，中华书局1985年版，第58页。

之处而不容易区分，释氏正是不察乎分殊又要言理一，儒者则是要贯通分殊和理一。从分殊处做工夫，去见到理一，就会发现儒释之理一也不同，异端之学也就无法扰乱自己。

所云见《语录》中有“仁者浑然与物同体”一句，即认得《西铭》意旨，所见路脉甚正，宜以是推广求之。然要见一视同仁气象，却不难，须是理会分殊，虽毫发不可失，方是儒者气象。①

对于学者而言，未经理会分殊而见到的一视同仁气象是笼统而不真切的。唯有经过理会分殊的踏实积累的过程，才能见到真切的一视同仁气象。前一种一视同仁气象不必是儒者专有，悬空去理会道理的其他思想派别也可以有，只有后一种一视同仁气象是儒者专有。一旦走上通过理会分殊而获得的与物同体的气象的道路，就是走在儒家的道路之上。李延平对理会分殊的重视，可谓承接龟山晚年所说“知其理一，所以为仁；知其分殊，所以为义”。延平于理会分殊以见理一的思想，又符合伊川强调分立而推理一是为仁之方的思想。这些思想就是要避免悬空理会，要求工夫著实。

朱子接受了李延平理会分殊的思想，清理了心中的禅学思想，完全走向了儒家。朱子亦终身强调踏实地理会分殊之理的重要和优先：“圣人未尝言理一，多只言分殊。盖能于分殊中事事物物，头头项项，理会得其当然，然后方知理本一贯。不知万殊各有一理，而徒言一理，不知理一在何处。”② 理会分殊反映在工夫论上就是重视格物。朱子对格物思想的阐扬和重视都在道南学派之上，理会分殊之教亦发其端绪。不要悬空理会，要踏实地在分殊中理会天理当然，这是朱子工夫论中特别强调的地方，故朱子也反对空谈本体和圣贤气象，却无著实工夫的思想。

理会分殊就是要依赖心官之思的能力去理会，理会分殊的表达则把儒释之辨渊源追溯至伊川和龟山。当然，穷究具体事物之理是一个要体用兼举做工夫的事情，李延平说：

来谕云：“悔吝已显然，如何便销陨得？”胸中若如此，即于道理极有碍。有此气象，即道理进步不得矣。正不可不就此理会也。

① （宋）李侗：《答问上》，《李延平集》卷 2，中华书局 1985 年版，第 20 页。
② （宋）黎靖德编：《朱子语类》卷 27，中华书局 1986 年版，第 677—678 页。

> 某窃以谓有失处，罪已责躬固不可无，然过此以往，又将奈何？常留在胸中，却是积下一团私意也。到此境界，须推求其所以愧悔不去为何而来。……于静默时及日用处下工夫看如何。吾辈今日所以差池、道理不进者，只为多有坐此境界中尔。禅学者则不然，渠亦有此病，却只要绝念不采，以是为息灭，殊非吾儒就事上各有条理也。①

朱子谈到跟表弟相处有不愉快之处，并对自己的所作所为愧疚悔恨，就此请教李延平。李延平说愧疚和自责是必要的，但是不应长久地停留在心中，否则心中只是一团私意，这会妨碍领会道理。道理总是须要我们用光明坦荡的心境去应接的。最好的做法，不是一直自责，而是就此愧疚之处加以反思，省察我之所作所为有何不足，如何做到不再犯错。静默时和日用处都要下工夫，静默之时的工夫就是观未发气象，日用处的工夫就是融释道理，这就是体用兼举下工夫。道南指诀指示的涵养工夫有助于融释道理，日用处下工夫理会是最为直接地穷究道理。李延平指出禅学者不会这样做，他们是“绝念不采”，关于愧疚的思虑、反省的思虑都不要，只是要一个断绝思虑的枯槁的状态。儒者正是要事事物物都加以穷究，处置得事事物物都有条理秩序，这是儒释的一个重大差别。

李延平批评释氏“一超直入如来地”② 的说法，主张经过著实的工夫积累，通过对道理的融释，才能有所自得。李延平本人不认同所谓由顿悟见道体的思想，谈顿悟则不免陷入释氏。朱子追忆延平之教，说道：“后赴同安任，时年二十四五矣，始见李先生。与他说，李先生只说不是。某却倒疑李先生理会此未得，再三质问。李先生为人简重，却是不甚会说，只教看圣贤言语。某遂将那禅来权倚阁起。意中道禅亦自在，且将圣人书来读。读来读去，一日复一日，觉得圣贤言语渐渐有味，却回头看释氏之说，渐渐破绽罅漏百出。”③ 朱子始见延平时，即是以对禅的领悟请教延平，延平看出朱子的说法是悬空思考所得，故教朱子读圣贤书。圣贤言语即是圣贤实造、实见道

---

① （宋）李侗：《答问上》，《李延平集》卷 2，中华书局 1985 年版，第 33 页。

② （宋）李侗：《答问上》，《李延平集》卷 2，中华书局 1985 年版，第 26 页。

③ （宋）黎靖德编：《朱子语类》卷 104，中华书局 1986 年版，第 2620 页。

理之言说，理会圣贤言语就属于著实工夫。朱子浸润到圣贤书中，体会到实理的亲切滋味，反身再看禅语，也就看出了其中的破绽。对于儒家义理的深造自得，可谓是辨别异端的最好方法。

反思杨龟山思想中夹杂禅说的原因，朱子说道："看道理不可不仔细，程门高弟如谢上蔡、游定夫、杨龟山辈，下梢皆入禅学去，必是程先生当初说得高了，他们只睥见上一截，少下面著实工夫，故流弊至此。"[①]杨龟山等人最初是学于明道，待明道去世之后，又学于伊川，所以明道的思想性格和特征对龟山等人还是有深入影响的。明道本人天资高，见道理比较容易，更为重视涵养本原，而不是穷究事物之理。明道的学问没有问题，但是教导弟子之际，是有"说得高了"的倾向，弟子也就缺少下面著实工夫，不免流于释氏。罗豫章重视心官之思，著实理会道理；李延平说出理会分殊，扬弃龟山反身格物的思想，主张在日用间理会进而融释道理，罗、李二人的思想中是纯粹的儒家气息。

总而言之，自觉地辩驳异端是道南学派的一个共通点。龟山指出释氏不能道中庸的一面，儒家重视心上工夫；罗豫章批评释氏外乎世务，重视心官之思的作用；李延平批评释氏是悬空理会，儒家则要理会分殊。三人的表述不同，但是内在的理路是一以贯之的，都是从理于义方面辨明儒释。在龟山的基础上，罗、李二人在理于义的方面又更为著实，完全没有释氏气味。依靠道南学派的渊源，尤其是李延平的教诲，朱子接受了理会分殊的思想，彻底清除了自己早年思想中释氏的影响。朱子后来的思想进展，始终保持着对释氏思想批评和明辨，这方面的成就始于道南，又超越道南。

（作者单位：西南石油大学马克思主义学院）

① （宋）黎靖德编：《朱子语类》卷101，中华书局1986年版，第2556页。

明初朱子学发展的特点

高　明

明初朱学者继承朱子理本体论，又从生成论的方面，强调理气一体、理气不可分先后、理气无须臾离；心性论方面，明初朱学者加深对内在主体心性的探讨，不仅强调“心”的主体作用，还十分重视“性”的主体作用，强调气禀之性、识性、知性、复性，从理气到心性，明初朱子学一步步向主体实践的方向逼近。从工夫论来看，明初朱学者皆是实践之儒，极为迫切地躬行践履。主敬是工夫论的主流，格物穷理被逐渐淡化。

以往学界对明初朱子学此亦述朱、彼亦述朱的印象极易让人忽视对明初朱学发展的进一步认识，幸而近年渐有学者加大对明初理学的关注，从明初诸儒的个体研究出发，取得了不少重要的成果。但笔者认为，如果将明初朱学的发展以几个集中的问题贯穿起来，从问题本身发展的脉络来考察，或许能简明地揭示明初朱学发展演变的特点。本文通过讨论明初具代表性的朱学儒者们所关注的问题，来探讨明初朱子学发展的特点和学术重心的转变。涉及到的学者有曹端（1376—1434）、薛瑄（1389—1464）、吴与弼（1391—1469）、胡居仁（1434—1484）等，论及的问题包含理气、心性、工夫诸方面。

一、理气

朱熹理气论的理论意图从根本上说是为了对抗释氏之空与老氏之无。“朱子在继承北宋的价值存有论后，提出自己的理气论，以‘理’的实存和万物皆具理的关系，对抗佛家缘起性空的说法；再以理气关系说明气的变化虽使万物有流变生灭的现象，但不影响到万物的实存性。”① 理是朱子整个思想体系的中心。相对来说，朱子不十分强调气的重要性。然而，朱子“理”的概念是伴随着“气”的概念构设而成的。关于理气问题，明初朱学儒者关心的问题主要是理气为一还是为二，以及理气孰先孰后等。

曹端的理气论是基于朱子的太极动静、理气关系的基础上提出的。对太极理气，朱熹的看法是理或太极是形而上的，超乎动静，气则是形而下的，有动静。因此所谓理能动静是指理包含有动静之理，但它自己却不能动静。那么，如果说太极有动静，是太极乘着气的动静而动静。朱熹把理乘气比喻为人乘马，人未动，只是随着马动而动。朱熹讲太极不离动静，理不离乎气，是为了不使人离物“悬揣”太极和理，而把两者分开则是为了强调太极与理相对于气的绝对性。曹端不同意朱子的说法，他认为太极是自能动静的。他在《辨戾》中阐述了“太极自会动静”的观点，讲到理不是乘气的动静而动静，强调理与气是“一体”，不是“二物”。进而又在《太极图说述解》中说理与气“无彼此之间”、“浑融而无间”、“无间断”。在《通书述解》中更是直接说“理气未尝有异”。

被黄宗羲称其为“闻先生（曹端）之风而起者”② 的薛瑄用大量细致的分析来说明“理气无缝隙”的观点。具体如下：他批判地继承朱熹“理先气后”的理气观。但他与曹端不同，曹端力辨理气不是二物，而薛瑄讨论的重点是理是否在气之先。首先他用“实理”、“实气”来阐释宇宙的构成。他说：“举目间皆实理实气，此外无一物。”③ 然后他从“实理”、“实气”来反驳朱子“理在气先”的说法：

> 或言：“未有天地之先，毕竟先有此理。有此理便有此气。”窃谓理气不可分先后。盖未有天地之先，天地之形虽未成，而所以谓天地之气，则浑浑乎未尝间断止息，而理涵乎气之中也。……分天分地，而理无不在，一动一静，而理无不存。以致“化生万物，万物生生而变化无穷”，理气二者盖无须臾之相离也，又安可分孰先孰

---

① 祝平次：《朱子学与明初理学的发展》，台湾学生书局 1995 年版，第 12 页。

② （清）黄宗羲：《师说》，《明儒学案》，中华书局 2008 年版，第 2 页。

③ （明）薛瑄：《读书续录》卷 1，《薛瑄全集》，三晋出版社、山西出版传媒集团 2015 年版，第 897 页。

后哉？①

气没有聚合成形之时理已涵在气中。到万物成形，在这“生生而变化无穷”的过程中，理与气是“无须臾之相离”的。从万物“无形”之时到“具体有形”之后，气始终不曾间断，理与气是混合为一没有缝隙的，怎能说理气有先后呢？在薛瑄的理论中，他反复地阐述：“理气混合为一，元无间隔。”②“理只在气中，决不可分先后。”③“理气无缝隙，故曰器亦道也，道亦器也。”④“理气间不容发，如何分孰为先，孰为后？”⑤等。就是为了反对“理在气先”说明理气之间是无间结合的。薛瑄关于理气关系的论述丰富而细致，但没有跳出程朱的框架，其关注点多是落在时空中的理气关系，更突出实然世界中气的地位。薛瑄甚至直接说出“实气”，为之后的罗钦顺、王廷相等人指出了关注实然之气的讨论方向。

另一位明初朱学儒者胡居仁对理气关系的问题也有关注。胡居仁基本继承了程朱的理气思想，他说：“有理必有气，理所以为气，气乃理之所为，生万物者气，理在气中。”⑥同时，与曹端相似，他也认为不能将理气分为两物来看待，但原因有所不同。曹的理由是理不是凭借着气才能够动静，理气本来就是“无彼此之间”的“一体”。胡的缘由是“理乃气之理，气乃理之气，混之则无别，二之则不是。理是气之主，气是理之具，二者原不相离，故曰二之则不是。”⑦显然胡居仁更多地看到了生成世界中气对于理的作用。理虽

---

① （明）薛瑄：《读书录》卷3，《薛瑄全集》，三晋出版社、山西出版传媒集团2015年版，第730页。

② （明）薛瑄：《读书续录》卷2，《薛瑄全集》，三晋出版社、山西出版传媒集团2015年版，第918页。

③ （明）薛瑄：《读书录》卷4，《薛瑄全集》，三晋出版社、山西出版传媒集团2015年版，第762页。

④ （明）薛瑄：《读书录》卷6，《薛瑄全集》，三晋出版社、山西出版传媒集团2015年版，第797页。

⑤ （明）薛瑄：《读书录》卷3，《薛瑄全集》，三晋出版社、山西出版传媒集团2015年版，第746页。

⑥ （明）胡居仁撰，冯会明点校：《居业录》卷8，《胡居仁文集》，江西人民出版社2013年版，第112页。

⑦ （明）胡居仁撰，冯会明点校：《居业录》卷8，《胡居仁文集》，江西人民出版社2013年版，第120页。

然是起决定作用的，但如果理离开了气也就不能体现它的决定性了。理气两者不能分开讨论，否则任何一方都会失去意义。所以胡居仁认为理气相依，不能分而论之。至此，我们可发现这些理学家都在程朱理气思想的基础上，一定程度客观上提高了“气”的地位，尽管论证的细节有所不同。

明初诸儒重在强调理气一体与理气不分先后，这与朱子的本意并不相同，我们应该如何看待这个现象？在朱子的思想体系中，理气其关系是“不离”“不杂”。讲“理气不杂”是说理气是两物，“所谓理与气，此决是二物。但在物上看，则二物浑沦不可分开各在一处，然不害二物之各为一物也。”①朱子还有对于理、气的性质描述，使我们更为清楚地理解朱子的“理气不杂”，即：“盖气则能凝结造作，理却无情意，无计度，无造作。只此气凝聚处，理便在其中。且如天地间人物草木禽兽，其生也，莫不有种，定不会无种子白地生出一个物事，这个都是气。若理，则只是个净洁空阔底世界，无形迹，他却不会造作；气则能酝酿凝聚生物也。但有此气，则理便在其中。”②《朱子语类》讲“理气不离”有如上文提到的“但在物上看，则二物浑沦不可分开各在一处，然不害二物之各为一物也。”在空间中的物中看理气，即便不能同一，也是无法分离的。为了更好地说明理气两物的关系，朱子还针对理气先后关系有一定的论说。“若论本原，即有理然后有气，故理不可以偏全论；若论禀赋，则有是气而后理随以具，故有是气则有是理。”③陈来将朱子对于理气先后的讨论分为论本源和论构成的两个问题，认为从不同的角度导致朱熹在理气关系上有一些不同的说法。从本源上说是理先而气后，从构成上说是理随气而具。并指出朱子在描述理气关系时常并不具体地说明所指的是本源还是构成的问题。这样分而视之似乎能也更好地说明明初朱学者对理气先后问题的看法。从本源上看他们似乎都接受了理对于气的本源地位，认为这几乎是不言自明的问题，因而把重心放在了从构成论的角度

① （宋）朱熹撰，朱杰人等编：《答刘叔文》，《晦庵先生朱文公文集》卷 46，《朱子全书》第 22 册，上海古籍出版社、安徽教育出版社 2002 年版，第 2146 页。

② （宋）朱熹撰，朱杰人等编：《朱子语类》卷 1，《朱子全书》第 14 册，上海古籍出版社、安徽教育出版社 2002 年版，第 116 页。

③ （宋）朱熹撰，朱杰人等编：《答赵致道》，《晦庵先生朱文公文集》卷 59，《朱子全书》第 23 册，上海古籍出版社，安徽教育出版社 2002 年版，第 2863 页。

来看理气关系，但是他们也没有将本源与构成的区别指出来，而是直接基于构成论大量地讨论理气是一还是二，以及理气的先后关系。明初，对抗佛老已经不是朱学者的主要任务，因为他们已经接受了基于理气论所建构起来的世界（形上学和宇宙论），所以他们对于理气论的关注点也与以往不同，往往是实然的、生成世界的、在时空之中的理气关系。

另外，有的朱学儒者不在意理气关系对于朱学体系整全性的重要作用，他们并不关心对理气关系的讨论，甚至将其视为“玄远之言”。其中比较突出的是吴与弼。吴与弼认为理气关系都是玄远之言，很少谈及。唯他的“元气”观可以看出他承认“理”的根本性，这是对朱子理气关系的继承。除此之外，他更多的是把“元气”放在养生的层面，说“伤元气”、“耗丧元气”等等。这可能与其早年时常生病却因贫困无法治疗，唯有在精神上保养“元气”以克病的经历有关。

二、心性

从心性的范畴来看，曹端主张“性即理”“理之别名为太极”，看似与朱子“性即理”相同，实则又有不同。曹端说：“天下无性外之物，而性无不在焉，性即理也。”他又说：“气禀之性，只是那四端底性，非别有一种性也。”① 可见，曹端所谓性只有“气质之性”而没有“天命之性”，这显然与程朱将“性”二分为“天命之性”和“气质之性”有所不同。此种把气禀之性与天地之性杂糅认识，其实也是曹端理气一体的关系的进一步延伸。可见他更多地注意到了实然的气性。曹端把心的地位抬得很高，对心的论述不少，他说的心有三层含义。其一是知觉之心，认识事物的能力。其有言：“人心本自虚灵知觉，但实物才触即动而应物，无踪迹可寻捉处。”② 其二是主宰之心。他说：“学圣之事，主于一心。”③ 其三是太极之心。他说：“虽曰人物之生莫不有太极之道焉，然阴阳五行气质交运，而人之所禀独得其秀，

① （明）曹端：《通书述解》，《曹端集》卷 2，中华书局 2003 年版，第 43 页。
② （明）曹端：《曹月川先生语录》，《曹端集》卷 6，中华书局 2003 年版，第 235 页。
③ （明）曹端：《曹月川先生录粹》，《曹端集》卷 7，中华书局 2003 年版，第 239 页。

故其心为最灵，而有以不失其性之全，所谓天地之心而人之极也。”① 这里并非指心就是太极的心本论，而是朱子所说的“心包万理”的意思。他在《太极图说述解》中说“人心即太极”。物物有一太极，太极无不各具于一物之中，人得灵秀之气而生，其心能禀太极之全，故“人人有一太极”“人心即太极”。虽然曹氏说“人心即太极”，将人心与最高本体太极直接关联，但是此处的人心不具有本体的意义，实际上是说心蕴含太极或者理，仍没有出朱子“心者，气之精爽”的范围。

薛瑄亦赞成二程的“性即理”，所谓性有不同层次，最高层次的性即是太极或理，但他说得最多的还是具体事物的性质。他说：“性非特具于心者为是，凡耳目口鼻手足动静之理皆是也。非特耳目口鼻手足动静为是，凡天地万物之理皆是也。故曰‘天下无性外之物，而性无不在。’”②“在中国古代哲学中，性和理既是一个知识论范畴，也是一个道德修养的范畴。性理在前一义主要说具体事物的性质、规律，这个意思的性理可以用知识去把握。而后一义的性理代表天地万物的必然性和合目的性，这个意思的性理须用体认，它代表一种与天道的法则合一的境界和胸怀。后一义是前一义的引申、转换或者映射。薛瑄发挥张程‘性者万物之一源’‘天下无性外之物’‘性即理’等命题，主要在表达他在道德修养、境界体认方面的心得。”③ 特点在于突出性的本体地位。薛瑄还对天命之性和气质之性做了发挥，他说：“人心，即食色之性，道心，即天命之性。”④

薛瑄还把性与理、诚、道、德、命、忠、恕等范畴和道德修养终极目标贯通起来。他说：

> 仁义礼智即是性，非四者之外别有一理为性也。道只是循此理而行，非性之外别有一理为道也。德即是行此道而有得于心，非性之外别有一理为道也。德即是行此道而有得于心，非性之外别有一

---

① （明）曹端：《太极图说述解》，《曹端集》卷 1，中华书局 2003 年版，第 16 页。

② （明）薛瑄：《读书录》卷 1，《薛瑄全集》，三晋出版社、山西出版传媒集团 2015 年版，第 691—692 页。

③ 张学智：《明代哲学史》，中国人民大学出版社 2012 年版，第 16 页。

④ （明）薛瑄：《读书续录》卷 9，《薛瑄全集》，三晋出版社、山西出版传媒集团 2015 年版，第 1018 页。

理为德也。诚只是性之真实无妄，非性之外别有一理为诚也。命即是性之所以出，非性之外别有一理为命也。忠即尽是性于心，非性之外别有一理为忠也。恕即推是性于人，非性之外别有一理为恕也。然则性者万理之统宗欤！理之名虽有万殊，其实不过一性。①

可见薛瑄把道德的普遍性与实践的多样性相贯通，即将天道与人事贯通。因而要“识性、知性”。再者，又提出“复性”，就是要变化气质之性，恢复本然之性。他说：“千古圣贤教人之法，只欲人复其性而已。圣人千言万语，虽有精粗本末不同，皆说从性上来，学者当默识而旁通之。”② 薛瑄提出“知性”和“复性”还强调要“立心为本”，并要不间断地做功夫。他有言：“为学第一工夫，立心为本，心存则读书穷理，朝行实践皆自此进。”③“性非特具于心者为是，凡耳目口鼻手足动静之理皆是也。”④ 可知薛瑄论性的特点是在继承朱子的基础上把性与理、诚、道、德、命等和仁、义、礼、智等道德修养的范畴贯通，在“耳目口鼻手足动静”这样的人事伦常中“复性”，这在程朱理学中属于“下学”的范畴。他把遥远的天道的性和平常人事的性连通起来，重天人观照的意识较朱子更为鲜明。

胡居仁对“性”的论述不多，也主要沿袭了程朱的思想“性即理”，以及“性”有“天命之性”和“气质之性”二分。但不同的是程朱不仅讲人性还讲物性，而纵观胡居仁的理论体系，每每论性多把性与命、理并提，极少谈到物性，使我们看出他关注的重心在于向内对人性的关怀。胡居仁也有对“心”的阐发。他说：“心虽主乎一身，体之虚灵足以管乎天下之理。理虽散在万事，用之微妙实不外乎一心，知此则内外体用，一而二，二而一也。”⑤

① （明）薛瑄：《读书录》卷5，《薛瑄全集》，三晋出版社、山西出版传媒集团2015年版，第786页。

② （明）薛瑄：《读书续录》卷5，《薛瑄全集》，三晋出版社、山西出版传媒集团2015年版，第987页。

③ （明）薛瑄：《读书录》卷10，《薛瑄全集》，三晋出版社、山西出版传媒集团2015年版，第874页。

④ （明）薛瑄：《读书录》卷1，《薛瑄全集》，三晋出版社、山西出版传媒集团2015年版，第691—692页。

⑤ （明）胡居仁撰，冯会明点校：《居业录》卷1，《胡居仁文集》，江西人民出版社2013年版，第15页。

心虽然主管一身，但却含有天下之理。理虽作用在万事万物，但它最微妙之处在于可以让心洞悉天下万物之理。由此，心虽然居内，但也可以了解所有外物之理，种种外物之理虽分散在万事万物，但都可以完整的安置于心中。可见这里的“心与理一也”并不是指心理为一物，心即理；而是指一心具众理，万里具于一心，心与理一贯相通。胡居仁对心的讨论都是在程朱的范围内展开的，提高了心的地位。虽然曹端与胡居仁等人以理为本不可能提出类似阳明心学那样的心本论主张，但我们还是可以把它看作是明中期学术转向的前奏。

在对“心”的理解上，吴与弼已经超出了朱子论心的学说。朱子哲学中的“心”主要属于认识论的范畴，“心”作为认识的主体，有认识万物及万物之理的功能和属性。但是并未把“心”上升为本体，心不具有主宰天地之理。而吴与弼已把“心”抬升至本体的地位，他说，“寸心含宇宙，不乐复如何”①。这和陆九渊的“吾心便是宇宙，宇宙便是吾心”颇为相似。他又说：“无极之妙，充盈宇宙而该贯吾心，何可须臾离哉!”②他这里所说的“太极之妙”就是理，理就在吾心。进而他又说：“心也，其天地生物之心乎？验诸曰月之间，凡非有所以油然以生者皆是心也。”③这已明显把“心”作为本体，视其为万事万物的主宰。至此他已经突破了朱子对于心的论断。

倘若人的主体性不能被阐明，则儒学中所强调的道德价值的意义将完全落空。“心”是人作为一行为主体最主要的概念。朱子择取“心”作为阐明其主体概念的语词。明初朱子学者不仅重视“心”的主体作用，还十分重视“性”的主体作用，强调气禀之性、识性、知性、复性，就是很好的证明。从理气到心性，明初朱子学一步步向主体实践的方向逼近。

---

① （明）吴与弼：《道中作九首》，《康斋集》卷2，文渊阁《四库全书》第1251册，台湾商务印书馆1986年版，第368页。

② （明）吴与弼：《省庵记》，《康斋集》卷10，文渊阁《四库全书》第1251册，台湾商务印书馆1986年版，第564页。

③ （明）吴与弼：《天恩堂记》，《康斋集》卷10，文渊阁《四库全书》第1251册，台湾商务印书馆1986年版，第560页。

三、工夫

工夫确保了体与用的关联性和必然性。格物致知是朱子最为看重的工夫之一。但是，明初诸儒很多已不再重视格物致知，而在意直接的心性体验，如曹端、吴与弼等。薛瑄和胡居仁则有所偏好地继承了朱子的格物工夫。薛瑄将其作为修养的第一步，他所谓的格物包含范围极广，甚而至于超过朱子，他说：

> 格物所包者广，自一身言之，耳目口鼻身心皆物也。如耳则当格其聪之理，目则当格其明之理，口鼻四肢则当格其止肃恭重之理，身心则当格其动静性情之理。推而至于天地万物皆然也。天地则当格其健顺之理，人伦则当格其忠孝仁敬智信之理，鬼神则当格其屈伸变化之理。以至草木鸟兽昆虫，则当格其各具之理。又推而至于圣贤之书，六艺之文，历代之政治，皆所谓物也，又当各求其义理，精粗本末，是非得失，皆所谓格物也。然天下之物众矣，岂能遍格而尽识哉？惟因其所接者量力循序以格之，不疏以略，不密以穷，澄心精意，以徐察其极。①

薛瑄所谓的格物无所不包，最初见一物有一物之理，终究见万物总为一根本之理，“物格知至则识太极矣”。这与朱子格物致知的基本观点并无二致，因此我们可以说薛瑄的格物之说承自朱子，但是薛瑄在很多时候更为强调对宇宙根本之理的体认。尽管朱子也主张格物最终的目的是明天理，但是他更多提及的是格一物明一物之理的认知过程，他自身也说过自己“道问学上多了些子”。薛瑄承曹端实践之儒的风范，对心性修养有更浓的兴趣，主张用心体认宇宙根本之理。朱子的格物穷理不仅主张明宇宙终极之理，还有看重具体实证的认知过程的一面，然而，在明初注重心性修养的大潮流下，薛瑄对朱子格物的继承不那么顾忌格物穷理本身的完整性，而是更为直接地从心性的角度出发，体认宇宙本源之理，由此，他主张的格物穷理也更切近心性修养的方向。

---

① （明）薛瑄:《读书录》卷 2,《薛瑄全集》，三晋出版社、山西出版传媒集团 2015 年版，第 723 页。

薛瑄还十分强调“主敬”，认为“主敬”就掌握了人生修养的至高要领。他说：“一刻之谨，心在理存。一刻之怠，心放理昏。是知‘敬’之一字，乃直内之枢机，养性之本根。昔在伊洛，道继孔学。开示群迷，敬为要约。”① 他主张“居敬”“穷理”要交相并进。有言：“居敬有力，则穷理愈精，穷理有得，则居敬愈固”②。

在工夫论上与薛瑄颇为相似的是胡居仁。胡居仁非常赞赏主敬穷理，认为这是程朱之学的基本点和入门工夫，具有典型的程朱学特征。胡居仁的主敬穷理不仅重视贯穿已发和未发的涵养也注重对义理的把握，诚明两进，敬义夹持。他说“程朱开圣学门庭，只主敬穷理，便教学者有主处。”③ 在主敬穷理二者中，胡居仁更重主敬，“致知之功有时，存养之功不息”④ 他认为“敬”字可以概括孔门全部工夫的要领。“孔子只教人去忠信笃敬，博文约礼，便有依据持循，而心性工夫亦无不尽也。”⑤ 胡居仁继承朱子“静时涵养，动时省察”的修养工夫，并将其涵盖在主敬的工夫之中，认为敬包动静、养性修心。在主敬与穷理的关系上，胡居仁主张的敬义夹持，主敬与致知交养并进，这是对程朱“涵养需用敬，进学在致知”的继承。他说：“人虽持敬，亦要义理来浸灌，方得此心悦泽，不然，只是硬持守。”⑥ 致知未达之前先须主敬存养，存养也能使人更好地认识万事万物之理。即便认识了事物之理，仍要以理润心。胡居仁一生虽也严毅清苦，但是他的工夫与其师吴与弼的不讲穷理的克己持守相比，更为接近程朱的修养方法，以敬为主导，以义理为培壅，两者并进，表现出了更多的宽大从容、渐进于道的气象。胡居仁主敬

① （明）薛瑄：《持敬箴》，《敬轩文集》卷 24，《薛瑄全集》，三晋出版社、山西出版传媒集团 2015 年版，第 625 页。

② （明）薛瑄：《读书录》卷 3，《薛瑄全集》，三晋出版社、山西出版传媒集团 2015 年版，第 736 页。

③ （明）胡居仁撰，冯会明点校：《居业录》卷 2，《胡居仁文集》，江西人民出版社 2013 年版，第 23 页。

④ （明）胡居仁撰，冯会明点校：《居业录》卷 2，《胡居仁文集》，江西人民出版社 2013 年版，第 23 页。

⑤ （明）胡居仁撰，冯会明点校：《居业录》卷 2，《胡居仁文集》，江西人民出版社 2013 年版，第 39 页。

⑥ （明）胡居仁撰，冯会明点校：《居业录》卷 2，《胡居仁文集》，江西人民出版社 2013 年版，第 24 页。

的内涵是“主于一”与“直内方外”。前者是指敬的作用就是使内心精明专主于一，避免纷杂涣散，有言：“心精明是敬之效，才主一则精明，二三则昏乱矣。”① 后者是在内涵养性情，在外整饬体貌。他说：“容貌辞气上做功夫，便是实学。”②“端庄整肃，严威俨恪，是敬之入头处。”③ 这同样也是继承了朱子“正衣冠，尊瞻视为先”“头容直，目容端，足容重，手容恭……”的规矩。

与朱子从格物致知入手的修养途径不同，曹端不讲格物穷理，主张直接“在心上做工夫”，他把主敬存诚放在第一位，曹端言：“学圣希贤，惟是存诚，则五常百行，自然无不备也，无与便觉自在。”④ 他认为存诚的入路在敬，他说：“吾辈做事，件件不离一敬字，自无大差失。”“一诚足以消万伪，一敬足以敌千邪，所谓先立乎其大者，莫切于此。”⑤ 至于怎样才能将主敬进一步落到人生和学问的实处，曹端提出一个“勤”字，将其视为圣人工夫的根本特点。他说：“圣人之所以为圣人，只是这忧勤惕励之心，须臾毫忽，不敢自逸。理无定在，惟勤长存。心本活物，惟勤则不死。常人不能忧勤惕励，故人欲肆而天理亡，身虽存而心已死，岂不大可哀哉！”⑥

曹端又提出要求仁、守仁，对仁做了一些发挥，用以充实主敬的内涵。他认为：“天地间至富至贵可爱可求者，仁而已。仁者天地生物之心，而人所受以生者。为一心之全德，万善之总名。”⑦ 将生生之理、全德之仁存养于心就能达到周程所说的孔颜之乐。所以守仁、求仁既是主敬的入手处，又是主敬工夫获得的全部精神满足。曹端存诚、主敬、守仁的工夫延续了程朱的基本修养方向，但他基本上抛弃了朱子的格物穷理说，直接从心上体认。

---

① （明）胡居仁撰，冯会明点校：《居业录》卷 1，《胡居仁文集》，江西人民出版社 2013 年版，第 17 页。

② （明）胡居仁撰，冯会明点校：《居业录》卷 8，《胡居仁文集》，江西人民出版社 2013 年版，第 104 页。

③ （明）胡居仁撰，冯会明点校：《居业录》卷 2，《胡居仁文集》，江西人民出版社 2013 年版，第 24 页。

④ （清）黄宗羲：《曹端学案》，《明儒学案》卷 44，中华书局 2008 年版，第 1063 页。

⑤ （清）黄宗羲：《曹端学案》，《明儒学案》卷 44，中华书局 2008 年版，第 1065 页。

⑥ （清）黄宗羲：《曹端学案》，《明儒学案》卷 44，中华书局 2008 年版，第 1066 页。

⑦ （明）曹端：《通书述解》，《曹端集》卷 2，中华书局 2003 年版，第 78 页。

放弃朱子格物穷理修养工夫的还有吴与弼。其学在哲学形上学方面所创造不深，不似宋代学者周张程朱重视本体论的建构和论述，他注重修养工夫论，主要是于已发上省察克治，《四库全书总目提要 · 康斋提要》言其一生“于作止语默间，孜孜求其合于道。”《明儒学案 · 师说》亦描述其“刻苦奋励，多从五更枕上、汗流泪下得来”，足见他求道的急迫心情。在主敬工夫的另一面，吴与弼的学问方向是克己，自律甚严，在省察中克治自己逐渐变化气质。他的克己工夫有一些值得注意的方面。首先，认识到自己气质的弱点，有针对性的克治。他认为自己气质刚忿，要以此警诫自己，多锻炼含容之法。“一事少含容，盖一事差。则当痛加克己复礼之功，务使此心湛然虚明，则应事可以无失。静时涵养，动时省察，不可须臾忽也。”[①]他着意克治自己的刚忿之病，严毅操持用功数十年，卓见成效。其次，以读书来克治自己气质中的弱点。朱子以读书为格物穷理的方式，吴与弼读书多是用以对治自己其中的弱点。他不像朱子读书明义理去除遮蔽，而是依靠读书来维持内心的静定，约束自己的外向驰求。他说：“心是活物，涵养不熟，不免动摇。只常常安顿在书上，庶不为外物所胜。”“应事后即须读书，不使此心顷刻走作。”[②]再次，克己要安贫乐道。吴与弼一生清贫劲节，常以孟子的“动心忍性，增益其所不能”与横渠的“富贵贫贱，庸玉汝成”勉励自己。在其文字中总可以看到类似的话语：“昨晚以贫病交攻，不得专一于书，未免心中不宁。熟思之，须于此处做功夫，教心中泰然，一味随分进学方是。不然，则有打不过处也。”“贫困中事缠人，虽则如此，然不可不勉，一边处困，一边进学。”[③]总的来说，吴与弼的学问不以“上达”为重点，注重直接在心上做工夫的“下学”，不假格物穷理，以读书为变化气质之方，静时涵养，动时省察，近朱子为学之方，却又有自己的主张与特点。

为何有部分明初儒者放弃了格物穷理？朱子认为格物是闲时工夫，他

① （明）吴与弼：《康斋集》卷 11，文渊阁《四库全书》，第 1251 册，台湾商务印书馆 1986 年版，第 569 页。

② （明）吴与弼：《康斋集》卷 11，文渊阁《四库全书》，第 1251 册，台湾商务印书馆 1986 年版，第 575 页。

③ （明）吴与弼：《康斋集》卷 11，文渊阁《四库全书》，第 1251 册，台湾商务印书馆 1986 年版，第 577 页。

说："格物便要闲时理会，不是要临时理会。闲时看得道理分晓，则事来时断置自易。"① 稍作分辨可知朱子的格物致知工夫实践并不是直接的道德实践。明初朱学儒者的主要兴趣并不在理论创建而是迫切地在当下就开展道德实践。当然格物致知的工夫是有利于道德实践的，但不是最直接的方式。加之明初朱学被定位一尊之后，成为谋求功名的工具，学风日渐空疏，这一现实也激起这些朱学大儒迫切地躬行践履的愿望。就连最多提及格物穷理的薛瑄，其实倡导的仍是以心性直接体认天理，少有人像朱子那样做闲时的"格物"工夫了。

综上所述，以理气、心性、工夫等基本论题为线索，考察明初朱学儒者对这类问题的取舍、解读与阐发，勾勒出明初朱子学发展的特点。文化环境的变化加之学术发展的自身规律，明初朱子学者不必着重建构儒学形上本体论，因而他们在接受朱学的理或太极本体的前提下对本体论几乎没有推进，却突出生成论中实然状态下的理气一体等问题。这些朱学儒者都主张必须回到自身的"一以贯之"的关注视角，向个体的道德践履和个体生命的境界修养方面予以提升和发展。于是在心性论上，他们加深对内在主体心性的深入探讨，凸显"心"或"性"的主体地位。在工夫论中尤为突出躬行践履。总的来说，他们已经不太在意对朱子学的完整继承，诸如吴与弼等人并不在意理气论之于朱子学的重要地位，认为理气论是玄远之言；格物穷理也受到冷淡的待遇，取而代之的是以主敬为代表的更为直接的修身工夫，足见明初儒者躬行践履的迫切要求，要在当下的实际生活中践行朱子学。

（作者单位：四川师范大学）

① （宋）朱熹撰，朱杰人等编：《朱子语类》卷 18，《朱子全书》第 14 册，上海古籍出版社、安徽教育出版社 2002 年版，第 599—600 页。

“孔孟正传”

——从《朱子晚年定论》之辩看朱熹在明代的地位与影响

胡发贵

依《明史·儒林传》的说法，明初还是程朱理学的一统天下，但到嘉靖以后，随着王阳明心学的勃兴与流行，思想的版图迅速改变，士人纷纷投奔于心学旗下，“宋学”阵营门可罗雀，心学速成为“显学”：“原夫明初诸儒皆朱子门人之支流余裔，师承有自，……学术之分则自陈献章、王守仁始。……嘉、隆而后，笃信程朱不迁异说者，无复几人矣。”①但究明代尤其是明中叶的学术史实际，程朱理学还是统治的思想，罗钦顺和王阳明之间就《朱子晚年定论》的辩论，就充分显示了这一点。

一、关于《大学古本》和《朱子晚年定论》之争议

王阳明和罗钦顺虽然思想观点不一，但两人是好友。阳明在完成《大学古本》和《朱子晚年定论》两书后，曾送给罗钦顺，由此也就引发了两人“朱熹”观的分歧和争论。

对于《大学古本》，罗不满王为证成自己的“心学”而擅自节删朱子整理的《大学》版本：“切详《大学古本》之复，盖以人之为学，但当求之于内，而程朱格物之说，不免求之于外，圣人之意殆不其然。于是遂去朱子之分章，而削其所补之传，直以支离目之，曾无所用。”②文章显然是批评阳明从其“致良知”的理念出发，排斥朱熹“求之于外”的格物说，并判定朱论枝

① 《明史·儒林传》卷282，中华书局2013年版，第7222页。

② （明）罗钦顺：《与王阳明书》，《困知记》附录，中华书局1990年版，第108页。

蔓琐碎不合经典原意，因而舍弃了朱子整理的文本，还删去了朱子的传注。这在罗钦顺看来，不仅是主观臆断，也是对朱子的不尊重。

王阳明拒绝接受罗钦顺的指责。他说：“《大学古本》乃孔门相传旧本耳。朱子疑其有所脱误，而改正补辑之。在某则谓其本无脱误，悉从其旧而已矣。失在于过信孔子则有之，非故去朱子之分章而削其传也。夫学贵得之心，求之于心而非也，虽其言之出于孔子，不必以为是也，而况其未及孔子者乎；求之于心而是也，虽其言之出于庸常，不必以为非也，而况其出于孔子者乎。且旧本之传数千载矣，今读其文词，既明白而可通，论其工夫，又易简而可入，亦何所按据而断其此段之必在彼，彼段之必在于此，与此之如何而缺、彼之如何而补？而遂改正补辑之，无乃重于背朱而轻于叛孔已乎？”①

从引文可见，王阳明首先是不满朱熹节外生枝，怀疑《大学》文本有脱误，擅自补辑之，而在阳明看来根本就无此必要。其次，阳明带有挑衅性地回击罗钦顺：《大学古本》是孔门相传的文本，是应相信孔门的正传，还是相信朱熹的改编？在朱熹与孔子之间，难道能“重于背朱而轻于叛孔”吗？言下之意，违朱熹是可以的，但逆孔子则决不能。其三也是极具挑战性的，即阳明断定“学贵得之心”而拒绝一切圣贤崇拜，自家认为确实有理的，就接受；自家认为不合理的，哪怕是孔子说的，也“不必以为是”。这一说法的潜台词就是：我认为《大学古本》好，干吗要认可朱子整理的版本！从此也可看出，阳明对罗的批评，不仅不接受，而且也是大不以为然的。这里也就预示了两人对朱子以及在对待圣贤问题上的严重分歧。

较之于《大学古本》，有关《朱子晚年定论》的争论在中国古代思想史上则更为有名。据阳明弟子的叙述，有关此书产生的背景是这样：“《定论》首刻于南、赣。朱子病目静久，忽悟圣学之渊薮，乃大悔中年注述误己误人，遍告同志。师阅之，喜己学与晦翁同，手录一卷，门人刻行之。自是为朱子论异同者寡矣。师曰：‘无意中得此一助！’”② 从这段话来看，阳明是将《朱子晚年定论》作为证明自己心学合理性的一个强有力的佐证的。当代有

① （明）王守仁：《王阳明全集》，上海古籍出版社 1992 年版，第 75—76 页。

② （明）王守仁：《王阳明全集》，上海古籍出版社 1992 年版，第 127 页。

研究者指出，王阳明是效仿程篁墩《道一篇》中的朱、陆“早异晚同”的说法，进而论定朱熹晚年已转变为“心学”家了。① 阳明刊行此书的时间是正德十年（1515），张立文先生以为当时王守仁正力倡“知行合一”之说，但它不仅未被士人所接受，反而还被目为“异说”，于是阳明迫切需要为自己的理论寻找经典根据，于是遂有《定论》之作。②

其实，与其说阳明是为鼓吹“知行合一”而作《朱子晚年定论》，还不如说是为论证其心学体系的正当合理来得更贴切些。其心态和动机，《朱子晚年定论》的序言中有详明的表述：

> 洙泗之传，至孟子而息。千五百余年，濂溪、明道始复追寻其绪。自后辨析日详，然亦日就支离决裂，旋复湮晦。吾尝深求其故，大抵皆世儒之多言有以乱之。……其后谪官龙场，居夷处困，动心忍性之余，恍若有悟。体验探求，再更寒暑，证诸六经四子，沛然若决江河而放之海也。然后叹圣人之道坦如大路，而世之儒者妄开窦径，蹈荆棘，堕坑堑，究其为说，反出二氏之下。宜乎世之高明之士厌此而趋彼也。此岂二氏之罪哉。间尝以此语同志，而闻者竞相非议，自以为立异好奇，虽每痛反深抑，务自搜剔斑瑕，而愈益精明的确，洞然无复可疑。独于朱子之说有相牴牾，恒疚于心。切疑朱子之贤，而岂其于此尚有未察？及官留都，复取朱子之书而检求之，然后知其晚岁固已大悟旧说之非，痛悔极艾，至以为自诳诳人之罪不可胜赎。世之所传《集注》、《或问》之类，乃其中年未定之说，自咎以为旧本之误，思改正而未及。而其诸《语类》之属，又其门人挟胜心以附己见，固于朱子平日之说犹有大相缪戾者。而世之学者局于见闻，不过持循讲习于此，其于悟后之论，概乎其未有闻。则亦何怪乎予言之不信，而朱子之心无以自暴于后世也乎？予既自幸其说之不缪于朱子，又喜朱子之先得我心之同然，且慨夫世之学者徒守朱子中年未定之说，而不复知求其晚岁既悟之论，竞相呶呶，以乱正学，不自知其已入于异端；辄采录而裒集

① 蒙培元：《理学的演变》，福建人民出版社 1984 年版，第 308 页。

② 参见张立文：《宋明理学研究》，中国人民大学出版社 1985 年版，第 516 页。

之，私以示夫同志，庶几无疑于吾说，而圣学之明可冀矣。”①

这段长长引文的大意是说，孔子的思想至孟子就失传了，后儒的言说，日益陷入“支离决裂”而偏离孔门正传。自己经过出入佛、老的挫折，又历经龙场三年的苦思，终于悟得了“心学”，而且与经典旨意若合符契，他为此深感兴奋。但大家对其“心学”却因其不同寻常而加以猜忌。他虽然因此很懊恼，但经无数次自我反省后，他坚信自己的学说是有理据的，是吻合于经典的。只是唯一令人遗憾的是，其“心学”与朱熹理学有所不合，他为此甚感不安。到南京做官后，他仔细阅读了朱熹的著作，猛然发现朱子自己在晚年曾痛悔早期的言论是错误的，且害人不浅。阳明深为自己的发现而高兴，因为这样他就与朱子是“同志”了，其心学思想就与朱子理学若合符契相一致了。为证明这一点，他就从《朱子文集》中选录了三十五条论说，编成《定论》一书。对于朱子的其他著作，如朱熹的主要哲学著作《四书章句集注》，则被说成是中年“未定之说”，朱子想改而未来得及；《朱子语类》则是其弟子出于一己偏见写成的，其内容本身就有互相冲突、矛盾的地方，故不足为训。有鉴于此，阳明慨叹世人不明就里，固守朱子“未定”之说而弃其成熟之论。

对阳明这一做法，罗钦顺大不以为然。他认为阳明《定论》一书，只是根据一己之见来剪裁，不符合历史实际：“又详朱子定论之编，以其中岁以前所见未真，爰及晚年始克有悟。乃于其论学书尺三数十卷之内，摘此三十余条，其意皆主于向里者，以为得于既悟之余，而断其为定论。斯其所择宜亦精矣，第不知所谓晚年者，断以何年为定？羸躯病暑，未暇详考，偶考得何叔京氏卒于淳熙乙未（1175）时，朱子年方四十有六，尔后二年，丁酉（1177）而《论孟集注》、《或问》始成。今有取于答何书者四通以为晚年定论，至于《集注》、《或问》则以为中年未定之说，窃恐考之欠详而立论之太果也。又所取答黄直卿一书监本，止云此是向来差误，别无定本二字，今所编刻增此二字，当别有所据，而序中又变定字为旧字，却未详本字同所指否。朱子有答吕东莱一书，尝及定本之说，然非指《集注》、《或问》也。凡此愚皆不能无疑。顾犹未足深论，窃以执事天资绝出而日新不

① （明）王守仁：《王阳明全集》，上海古籍出版社1992年版，第128页。

已，向来恍若有悟之后，自以为证诸五经四子，沛然若决江河而放诸海；又以为精明的确洞然无复可疑。某固信其非虚语也，然又以为独于朱子之说有相牴牾，揆之于理，容有是邪。他说姑未敢请，尝读《朱子文集》，其第三十二卷皆与张南轩答问书，内第四书，亦自以为其于实体似益精明，因复取凡圣贤之书以及近世诸老先生之遗语读而验之，则又无一不合。盖平日所疑而未白者，今皆不待安排，往往自见洒落处。与执事之所以自序者，无一语不相似也。书中发其所见不为不明，而卷末一书提纲振领，尤为详尽，窃以为千圣相传之心学无以出此矣。不知何故，独不为执事所取，无亦偶然也邪？若以此二书为然，则《论孟集注》、《学庸章句》、《或问》，不容别有一般道理，虽或其间小有出入，自不妨随处明辨也。如其以为未合，则是执事精明之见，决与朱子异矣。凡此三十馀条者，不过姑取之，以证成高论，而所谓先得我心之所同然者，安知不有毫厘之不同者为祟于其间，以成牴牾之大隙哉。”①

罗这里一是指责阳明“晚年”界限不清，《定论》中竟将朱子中年之说讹误为晚年了；二是《论孟集注》、《或问》实为朱子思想成熟之作，为何不视之为“定论”；其三，《朱子文集》中写给张南轩的信，朱子自己都说是成熟之作，为何阳明又弃而不选。由此，罗论定，要不是阳明之见“决与朱子异”，要不就是“姑取之，以证成高论”，实即是任意剪裁朱子论著以为我服务。罗钦顺这席话可谓是有理有据，准确而深刻地揭露了阳明编《定论》用意之所在。

对于罗的丝丝入扣的反诘，阳明有点文过饰非的来了一番表白：“其为《朱子晚年定论》，盖亦不得已而然。中间年岁早晚有所未考，虽不必尽出于晚年，固多出于晚年者矣，然大意在委曲调停以明此学为重。平生于朱子之说如神明蓍龟，一旦与之背驰，心诚有所未忍，故不得已而为此。‘知我者，谓我心忧，不知我者，谓我何求’。盖不忍牴牾朱子者，其本心也；不得已而与之牴牾者，道固如是，不直则道不见也。执事所谓决与朱子异者，仆敢自欺其心哉？夫道，天下之公道也；学，天下之公学也，非朱子可得而私也，非孔子可得而私也。天下之公也，公言之而已矣。故言之而是，虽异

① （明）罗钦顺：《与王阳明书》，《困知记》附录，中华书局 1990 年版，第 110—111 页。

于己，乃益于己也；言之而非，虽同于己，适损于己也。益于己者，己必喜之，损于己者，己必恶之。然某今日之论，虽或于朱子异，未必非其所喜也。君子之过，如日月之食，其更也，人皆仰之，而小人之过也必文。某虽不肖，固不敢以小人之心事朱子也。”① 阳明承认其对朱子“晚年定论”的把握有些偏差，但他仍然坚持其所著《定论》中，大部分内容都是引自朱熹晚年言论的，然后又以君子之过如日月之食来表白，他不想掩饰《定论》一书不妥的地方。但不论阳明如何辩解，罗的批评确实揭露了阳明治学中不够严谨和不够踏实的欠缺。

不过较之治学作风，阳明对朱熹的态度更令罗钦顺难以接受。不论是《大学古本》，还是《朱子晚年定论》，其间都甚为明显地表露出阳明对朱熹的动辄逾越和臆解的轻慢态度。他自己虽然也承认内心很崇敬朱子，一旦要与之背道而驰，心里不免忐忑，但为了求“道”，最后只能背弃朱子。而关于《大学古本》，阳明则更直截了当地表明了他不满朱子的注释整理，而且言词中还流露出了这一意思，即孔子不能违，朱子违不违问题就不大了。对此罗钦顺甚为不满，他认为这是一种狂妄自大，“自昔有志于道学者，罔不尊信程朱，近时以道学鸣者，则泰然自处于程朱之上矣；然考其所得乃程朱早尝学焉而竟弃之者也；夫勤一生以求道，乃拾先贤所弃以自珍，反从而议其后，不亦误耶。”② 而这种自大只能表明自身的浅陋：“（朱子）诚明两进，著述亦富，当时从游之士，后世私淑之徒累百千人，未必皆在今人之下，然莫不心悦而诚服之，是岂可以声音笑貌为哉。今之学者概未尝深考其本末，但粗读陆象山遗书数过，辄随声逐响，横加诋訾，徒自见其陋也已矣，于朱子乎何伤。”③

文中虽然未点王阳明之名，但显然矛头是指向以他为首的反程朱理学的心学思潮的。事实上，罗之排拒王阳明，之为朱熹辩护，除了考据学上的见解相左外，更重要的是罗钦顺的“宋学立场”，即罗对程朱理学尤其是对朱熹的推崇，促使他奋起而为朱子辩护。

---

① （明）王守仁：《王阳明全集》，上海古籍出版社 1992 年版，第 78 页。

② （明）罗钦顺：《困知记》卷上，中华书局 1990 年版，第 6 页。

③ （明）罗钦顺：《困知记》卷上，中华书局 1990 年版，第 6 页。

二、拒绝对程朱的质疑

揆诸史实，罗钦顺确实是位始终如一的“坚守程朱者”，他处处维护程朱，拒绝对程朱的非议。罗钦顺亲身经历了上述的“学术之分”，面对程朱遭冷落、受讽刺的现象，他甚为忧虑和不满：“直至我朝其说（意指程朱理学——引者注）方盛行于天下。孔孟之道于是复明。虽学者之所得不必皆深，所行不必皆力，然譬诸梓匠轮舆，必以规矩，巧或不足，终不失为方圆，亦足成器而适用矣。近来异说纷起，直欲超然于规矩准绳之外，方圆平直惟其意之所裁。觚哉觚哉，此言殊可念也。有世道之责者，不远为虑之可乎。”① 文中所谓“异说纷起，直欲超然于规矩准绳之外”云云，则谙讽心学对程朱理学的背离和冲击。

对此否定和弃绝程朱理学的思潮，罗钦顺常常是奋起辩护和反击：“余自入官后，曾见近时十数种书，于宋诸大儒言论有明诋者，有暗诋者，直是可怪。既而思之，亦可怜也。坐井观天而曰天小，不自知其身在井中尔；然或往告之：曰天非小也，子盍从井外观之？彼方溺于坐井之安，坚不肯出，亦将如之何哉。呜呼，斯固终归于愚而已矣。”② 文中痛斥非议程朱理学之论为“愚而已矣”的论断，就显然体现出他对“宋诸大儒”的维护，对“明诋”和“暗诋”的谴责。

对于朱熹，罗钦顺尤为着意维护。他认为朱子不论是立德和立言，都堪称楷模，后人理应虚心学习，而不应追随心学，“横加诋訾”，这只是无知的表现。他说：“（朱子）诚明两进，著述亦富，当时从游之士，后世私淑之徒累百千人，未必皆在今人之下，然莫不心悦而诚服之，是岂可以声音笑貌为哉。今之学者，概未尝深考其本末，但粗读陆象山遗书数过，辄随声逐响，横加诋訾，徒自见其陋也已矣，于朱子何伤。”③ 对于当时一些学者非议朱子的《大学格物补传》，罗氏很不以为然，斥之为学风不正：“夫世之妄议朱传者，其始盖出自一二人崇尚陆学之私。为其徒者，往往贪新而厌旧，遂勇于

① （明）罗钦顺：《困知记》续录卷上，中华书局 1990 年版，第 67 页。

② （明）罗钦顺：《困知记》续录卷上，中华书局 1990 年版，第 68 页。

③ （明）罗钦顺：《困知记》卷上，中华书局 1990 年版，第 6 页。

随声逐响，肆为操戈入室之计。姑未论夫至道，就其师说亦何尝有实见也。浮诞之风日长，忠实之意日微，世道所关，有不胜其慨者矣。"① 文中所流露出的背离朱子会导致世风日下的担忧，即所谓"世道所关"，足见罗钦顺是多么推崇朱熹其人其学的。

三、程朱为"孔孟正传"

罗钦顺之所以为程朱辩护，是因为在他看来，程朱就是当代孔孟，是儒学道统的代表和象征。

首先，罗钦顺认为程朱理学是孔孟道统之正绪。下面这段长文，就充分地表明了他的这一看法："学莫先于明道也。……孟子没而圣学不传，千数百年之间，道术四分五裂。上焉者，类以佛老之似乱孔孟真；下焉者，记诵词章而已。惟汉之董子扬子，唐之韩子，宋之欧阳子，颇皆号为知道，然所见者大意，而于精微之际，容亦有未察焉。故其著书立言，所以辟异端、扶世教、淑人心，虽未尝不合于孔孟，而弗精弗详之病均有所不能免也。求其克绍孔孟相传之学，粹然一出于正，其惟濂洛关闽。诸君子之于道也，极无声无臭之妙而不离乎日用之常，穷天地万物之远而皆摄于方寸之地，表里洞彻，左右具宜，凡其形之于言，笔之于书，莫不明白而渊深，缜密而通畅，精粗隐显一以贯之。所谓语大天下莫能载，语小天下莫能破，断非汉唐以来诸儒所可同年而语也。"② 文中所谓"粹然一出于正，其惟濂洛关闽"则揭示，在罗看来，惟有程朱得孔孟正传。

其次，程朱不仅传承了孔孟，更发扬了孔孟之学，使之"复明"于后世。他认为南宋播迁，夷侵华夏，端赖程朱传扬，华夏文明、孔孟儒学赓续相继，"自宋室南迁，朱张二三大儒相与讲明理学，以为天下倡，近本周程之绪论，上以接乎尧舜精一执中之传，四方闻风而兴者，实繁有徒。"③ 也正是

---

① （明）罗钦顺：《答陈侍御国祥》，《困知记》附录，中华书局 1990 年版，第 132 页。

② （明）罗钦顺：《整菴存稿》卷 8，文渊阁《四库全书》第 1261 册，台湾商务印书馆 1986 年版，第 109 页。

③ （明）罗钦顺：《整菴存稿》卷 9，文渊阁《四库全书》第 1261 册，台湾商务印书馆 1986 年版，第 117 页。

凭借程朱诸大儒的努力，孔子之道复兴于大明："程朱数君子相继而出，相与推明孔孟之正学，以救当世之沦胥者，亦既谆谆恳恳而世莫之能用也；直至我朝，其说方盛行于天下，孔孟之道于是复明。"①可见在罗钦顺的道统观念中，程朱居于承前启后的重要地位。

再次，罗钦顺认为程朱理学圆满自洽，是不可置疑，不可超越的。"（程、朱）二先生所见之理，洞彻无间，凡其格物之训，诚有所谓'百世以俟圣人而不惑'者，其孰能易之。世儒妄加诋訾，以自陷于浮薄。若师心自用，有能免于千里之谬者鲜矣。"②前揭引文中的"诸君子之于道也，极无声无臭之妙而不离乎日用之常，穷天地万物之远而皆摄于方寸之地，表里洞彻，左右具宜，凡其形之于言，笔之于书，莫不明白而渊深，缜密而通畅，精粗隐显一以贯之。所谓语大天下莫能载，语小天下莫能破"，与此"二先生所见之理，洞彻无间"表述本质一致，都强调程朱思想的完整与完善性。于此罗钦顺曾有反复的体认和宣示，如"程朱之学可谓至矣"③，"孟氏而后，有如程朱数先生，断乎不可尚已"④。因此，对于不可超越、甚至是绝对正确的程朱理学，就不应置疑，"周子太极图说篇首无极二字，如朱子之所解释，可无疑矣。"⑤就理应坚守，"上下千数百年，其言如出一口，吾辈但当笃信固守之，岂容立异。若前无所受，而欲自我作古，徒滋后学之惑而已，非惟不足以明道，且将获罪于圣门，可不慎乎。"⑥就理应"尊信"："自昔有志于道学者，罔不尊信程朱。近时以道学鸣者，则泰然自处于程朱之上矣。然考其所得，乃程朱早尝学焉而竟弃之者也。夫勤一生以求道，乃拾先贤所弃以自珍，反从而议其后，不亦误耶。"⑦

可见，正是基于对程朱理学这种孔孟之道的"传人"身份和地位的确认，所以罗钦顺认为程朱理学是通向孔孟的必经门户，是不可或缺的桥梁，也是

---

① （明）罗钦顺：《困知记》续录卷上，中华书局1990年版，第67页。

② （明）罗钦顺：《答欧阳少司成崇一》，《困知记》附录，中华书局1990年版，第119页。

③ （明）罗钦顺：《困知记》卷上，中华书局1990年版，第6页。

④ （明）罗钦顺：《整菴存稿》卷1，文渊阁《四库全书》第1261册，台湾商务印书馆1986年版，第9页。

⑤ （明）罗钦顺：《困知记》卷下，中华书局1990年版，第29页。

⑥ （明）罗钦顺：《答欧阳少司成崇一》，《困知记》附录，中华书局1990年版，第119页。

⑦ （明）罗钦顺：《困知记》卷上，中华书局1990年版，第6页。

不应置疑的孔孟真谛的代表：“夫学以知言为至，孟氏而后，有如程朱数先生，断乎不可尚已。其于佛老二氏皆有以深究其蔽陷之失，而显摘其似是之非，自非见道分明，何以及此。舍程朱之说而欲求至于孔孟，与希升堂而闭之门者，有以异乎。”①

至此我们大致可以了解，罗钦顺何以在《大学古本》和《朱子晚年定论》两书问题上，坚决反对王阳明的解读。其间固有牵于史实的判断，但罗钦顺的“宋学立场”起到了关键的作用，真可谓立场决定态度，而态度决定认知。从这场两位大儒的学术之争可以看出，较之王阳明的以心为本，不迷信程朱、甚至孔孟，罗钦顺显然更为保守，但也正是这一保守，显示出程朱理学在明儒中的影响，特别是朱熹在道统和学统上的重要地位。

（作者单位：江苏省社会科学院哲学与文化研究所）

① （明）罗钦顺：《整菴存稿》卷1，文渊阁《四库全书》，第1261册，台湾商务印书馆1986年版，第9页。

刘宗周对朱熹、阳明及其后学《大学》诠释之反思[①]

王涵青

刘宗周思想就经典诠释之层面言，以《大学》、《中庸》、《易》为主轴，此经典之依据与宋明儒一直以来的“对佛教思想之否定以及摆脱汉儒传统，以归向先秦儒学之本来方向”[②]的基源问题有关。然而在回归先秦儒学的本来方向过程中，宋明儒所依循之经典，并非紧抓代表先秦孔孟儒学自身思想的《论语》、《孟子》，而更涵盖秦汉之际的《易传》、《大学》、《中庸》等典籍。至于为何要在《论》、《孟》之外另寻理论建构的养分？其一方面有着经典历史传承上的影响因素，然若回到基源问题上看，可知宋明儒者对《易传》、《大学》、《中庸》此些典籍之使用实有明确意图，在强调不流于佛老且能对抗佛老（尤以佛学为主）完整形上学、心性论、工夫论理论系统之问题意识中，选择了此些典籍与孔孟心性论结合，此成为宋明理学发展的重要特征。再看刘宗周所处的时代，外在环境为明清鼎革之际，就其理论根源之内缘因素上，则处于阳明学发展的困境中，如牟宗三引刘宗周所谓的“情识而肆”与“玄虚而荡”二者。[③]然而，在理解王学流弊问题之过程中，其亦明白王学本身形成过程的内缘因素，又在于对程朱以来性理之学工夫过于支离的补偏救弊企图。如此，面对宋明以来理学与心学发展而导致的尊德性与道问学之争以及之弊，刘宗周如何于两者间重新统整与建构，完成宋明儒学理论体系，则成为其体系建构的基源问题

---

① 本文修改版刊于《揭谛》（台湾）第40期，2021年1月。

② 劳思光:《新编中国哲学史》（三上），生活·读书·新知三联书店2015年版，第36页。

③ 参见牟宗三:《从陆象山到刘蕺山》，台湾学生书局2000年版，第454页。

所在，[1] 亦为其经典诠释的基础。

当我们将此思路放置于刘宗周尤其重视的《大学》上，慎独作为其哲学最高概念范畴，由《大学》与《中庸》而出，其晚年就著《大学》中的诚意发展了慎独思想，又为其理论发展的重要环节。刘宗周就《大学》为题旨而现存之文献，包括思想中期（52岁，崇祯二年）的《大学古纪约义》，中期以后（51岁以后，崇祯年间）为诸生讲《大学》而作的《大学杂言》，以及思想后期两次就《大学》篇章进行的改本与章句诠解，分别为62岁（崇祯十二年）编著的《大学古记》与68岁编著的《大学古文参疑》，另外当然还有更多与《大学》内含之概念有关的各种论述著述。然而，在此诠释过程中，刘宗周到底如何的进行实际的文本诠释操作，回应其基源问题？在此操作过程中，刘宗周首先必须厘清的，即上述所言在理学与心学两端在《大学》文本诠释中的争论与弊端，因此，本文即就着刘宗周对过往宋明儒者《大学》诠释的反思为主轴，对刘宗周的《大学》诠释方法进行第一层次的解析。

一、对宋明儒者《大学》诠释反思之基本思路

以《大学》诠释层面言，刘宗周思想以慎独与诚意为核心范畴，《大学》与《中庸》则为此核心之经典根据，并分别形成由心宗（《大学》）与性宗（《中庸》）说慎独两脉络。就《大学》言，首先可见其对此部典籍的定位：

> 大学教人之法，以尽于《学记》及错简《文王世子》等篇。此篇则直发其道之所在如此，正所为学其理之谓也。又大学对异端曲学而言，异端曲学，语齐、治、均、平而不本于身，语格、致、诚、正而不通于世，故幻之为佛、老，放之为庄、列，卑之为管、商，

① 如杜维明所论，刘宗周思想发展的特点无疑深受阳明与其后学影响，此影响当然比受朱熹的影响大，但刘宗周的理论向度基本上是要回到朱熹，刘宗周的整体思路发展并非顺着阳明的路子发展下来。因此虽然我们今天一致的评价刘宗周思想为心学一脉，且着重其与阳明的联系以及其对心学的改造，但实际上就其问题处理与理论建构的整体性而言，是包含着理学与心学发展，或更精准地说是朱熹与阳明学发展的总体回应。（参见杜维明、东方朔：《杜维明学术专题访谈录——宗周哲学之精神与儒家文化之未来》，复旦大学出版社2001年版，第95页）

> 偏之为杨、墨，执之为子莫，而百家小说又纷然杂出乎其间，皆所谓截流断港，支离窒碍之已甚，其病至于惑世诬民，率天下而为禽兽异类者此也。惟《大学》直提人道全局，了无欠缺，理一而分殊，守约而施博，其阶级次第实出于天道之自然而不假造作，盖自继天立极之圣，尧、舜以来，相传至于今日，皆此学、此道，而惟孔子集其成，其门弟子遂谱之以教万世。后之入道，舍是篇无由入。①

《大学》是一部“入道之书”，刘宗周并不关注《大学》作者与成书时间等问题，在《大学古记约义·章句》中顺着宋明儒常见的思路以孔曾之言、子思述之为说，但也并非对《大学》成书的问题没有意识，只是在其思维脉络中，《大学》在学理上的重要地位是决不可忽视的。《大学》提供了一以天道自然为基础的清晰入道次序，相对于当时的“异端曲学”，以人之主体（身）为主的格致诚正层层扩展（世），齐治均平之发展基础又本于人之主体，而所谓的异端曲学或如道、法、墨各家，又或如刘宗周当世所对峙的佛老等，若以《大学》之严谨序列对照之，则均显得“截流断港，支离窒碍”。

到了思想后期，随着对《大学》之重视与对阳明之学说理解更加深刻，可见其云：

> 良知之教，如日中天。……学则所以去蔽而已矣，故大学首揭“明明德”为复性之本，而其功要之知止。又曰“致知在格物”，致知之知不离本明，格物之至祇是知止，即本体、即工夫，故孟子遂言良知云。孔、孟既殁，心学不传，浸淫而为佛、老、荀、杨之说，虽经程、朱诸大儒讲明救正，不遗余力，而其后复束于训诂，转入支离，往往析心与理而二之。②

在此一贯的入道序列上，刘宗周明确的以“即本体，即工夫”的方法论意识收摄，“本”与“止”看似两端，但此知之致不离本明，如何致此知的格物即在知止，因此，复性之本在于知止工夫，不是本体与工夫的二端割离。对刘宗周而言，《大学》文本自身所言即是在此即本体即工夫的脉络下的设计，

① 吴光主编:《大学古记约义 · 大学》,《刘宗周全集》第 2 册，浙江古籍出版社 2012 年版，第 603—604 页。

② 吴光主编:《重刻王阳明先生传习录序》,《刘宗周全集》第 5 册，浙江古籍出版社 2012 年版，第 520—521 页。

而后学工夫与本体二分，人之主体（身 / 心）与天理的二分，虽然透过宋明以来程、朱的救正，但仍转入支离，而阳明之学又在救正此支离。由此可见，“支离”是刘宗周观察《大学》诠释问题的核心观点，在立场上，基本上其对有宋以来大儒有一定肯定，但再深入理论细节，则将各有针对性的批判。[①] 不过其最主要的是针对朱熹与王阳明二者的诠释问题而思考。

因此，就其对宋明儒者《大学》诠释之反思而言：

首先，在《与王佑仲问答》中，刘宗周回到宋明儒基源问题的儒佛之辨论述中，看刘宗周就着朱子、象山、阳明的陈述，其言：

> 虞廷之训曰：“道心惟微。”佛氏者，微吾儒之微而离道者也。又必先之曰：“人心惟危。”禅宗者，危吾儒之危而远人者也。此儒、释异同之大较也。宋儒自程门而后，杨、游之徒浸深禅趣，朱子岂能不惑其说？故其言曰：“佛法煞有高妙处。”而第谓“可以治心不可以治天下国家”，遂辞而辟之。将吾道中静定虚无之说，一并归之禅门，惟恐一托足焉。因读大学而有得，谓：“必于天下事物之理，件件格过，以几一旦豁然贯通之地，而后求之于诚正。”故一面有存心之说，一面有致知之说。……既已失之支离矣。至于存心之中，又复分为两便，曰：“静而存养，动而省察。”致知之中，又复岐为两途，曰：“生而可知，义理耳。若夫礼乐名物，亦必待学而后有以验其是非之实。”安往而不支离？盖亦禅学有以误之也。象山直信本心，谓“一心可以了当天下国家”，庶几提纲挈领之见，而犹未知心之所以为心也。故其于穷理一路，姑置第二义。虽尝议朱子为支离，而亦不非议朱子格致之说。……窥其意旨，委犯朱子“心行路绝”、“语言道断”之讥。文成笃信象山，又于本心中指出“良知”二字，谓“为千圣滴骨血”，亦既知心之所以为心矣。天下无心外之理，故无心外之知。而其教人，独惓惓于去人欲、存

① 如《学言中》言：程子（叔子）云：“凡言心者，皆指已发而言。”是以念为心也。朱子云：“意者，心之所发。”是以念为意也。又以独知偏属之动，是以念为知也。阳明子以格去物欲为格物，是以念为物也。后世心学不明如此，故佛氏一切埽除，专以死念为工夫，及其有得，又以念起念灭为妙用。总之，未明大道，非认贼作子，则认子作贼。（参见吴光主编：《学言中》，《刘宗周全集》第 3 册，浙江籍出版社 2012 年版，第 379 页）

> 天理，以为致良知之实功，凡以发明象山未尽之意。特其说得良知高妙，有“心亦照，无照无妄”等语，颇近于不思善恶之说，而毕竟以自私自利为彼家断案，可为卓见。合而观之，朱子惑于禅而辟禅，故其失也支；陆子出入于禅而避禅，故其失也粗；文成似禅非禅，故不妨用禅，其失也玄。①

由“微吾儒之微而离道”与“危吾儒之危而远人”两面向可知，刘宗周清楚佛教义理在本体与工夫论面向之论述与宋明儒的纠葛，因此在形上学与工夫论等理论建构内涵有许多类似之处，但佛教义理基础在于“对世界的否定与舍离”，因此是“离道且远人”的；回到宋明理学发展之初，对峙着佛教的本体、心性、工夫等论域范畴的挑战，在刘宗周之前的宋明儒者就此激发了丰富的义理间架，但在排佛之中又难以避免佛教义理的影响与融入。朱熹为了间隔二者，避免禅宗工夫只求在主体自身顿悟的空泛，而分立“存心”与“致知”内外工夫，又在“存心”中分立“静存与动察”②、“致知”中区分“义理之生知与礼乐名物之学知”，使工夫走向支离；象山为了修正朱熹的支离而直言本心，言格致却将穷理旁置，则又切断了工夫由主体自身往外发展的可能；最后，阳明以致良知之教发展修正象山本心之学未尽之说，但某些论述则又有不思善恶的佛学倾向。如此，刘宗周分别用“惑于禅而辟禅”、“出入于禅而避禅”、“似禅非禅，故不妨用禅”而失之以“支、粗、玄”评论朱子、象山、阳明的论述，朱熹辟之过猛、象山实际上与禅宗有一致思路、阳明游移其中，虽共有辟佛归儒之企图，但各有缺失。

次者，就论述内涵言，《大学》中所提供的概念范畴，确实为宋明儒者建构理论的重要基础。以下再就一则朱熹与王阳明的《大学》诠释言：

> 自格致之旨晦，而圣学沦于多歧：滞耳目而言知者，殉物者

① 吴光主编：《与王佑仲问答》，《刘宗周全集》第3册，浙江古籍出版社2012年版，第300—302页。

② 朱熹工夫论受程伊川“涵养须用敬，进学则在致知”的工夫主张影响，亦可二分为“居敬”与“致知、格物、穷理”两脉络，如《朱子语类》云：问曰：“思得为学之要，只在主敬以存心，格物以观当然之理。”曰：“主敬以存心，却是。下句当云：‘格物所以明此心。’”以主敬存心，以格物明心，而刘宗周此处存心与致知之二分即循此脉络的引用。[参见（宋）朱熹撰，朱杰人等编：《朱子语类》卷118，《朱子全书》第18册，上海古籍出版社，安徽教育出版社2002年版，第3737页]

> 也；离耳目而言知者，遗物者也。徇物者，弊至于一草一木亦用工夫；而遗物求心，又逃之无善无恶；均过也。故阳明以朱子为支离，后人又以阳明之徒为佛、老，两者交讥而相矫之，不相为病。入大学之道者，宜折衷于斯。①

《大学》中分歧最多也最受关注的格致是概念。格致作为一工夫主张，有朱熹脉络的徇物穷理滞于耳目，亦有阳明脉络的致本心良知的遗忘外物，阳明以朱子支离，自己在修正上却又走向佛老，各有不当；不过，刘宗周仍是认为阳明的修正对解决朱熹工夫过于割离的问题有正面意义。

以下，即分别就刘宗周对朱熹与王阳明《大学》诠释上的反思内容，进行疏理，而除了朱熹与阳明外，最后亦就刘宗周对宋明以来其他儒者对《大学》诠释上的各种反思，一并进行整理。

二、对朱熹《大学》诠释之反思

在《大学》诠释的核心问题，即格致工夫的讨论上，对于朱熹与阳明的格致说，刘宗周于《大学杂言》中分辨道："朱子格物之说，虽一草一木，亦须格得十分透彻。……朱子言一草一木亦格其切于身者，如周子庭前草，谓其'与自家生意一般'便是。文成本欲诋其说，故专就一草一木上用工夫，安得不困！"②此处首先为朱熹格物之说的意涵进行辨析，一般认为王阳明学朱子格物工夫以格竹不得其说后，逐渐远离程朱理学，才有更之后开启阳明学的结果，然而阳明之格竹工夫实践行动，应是对朱熹格物工夫的误解，《格致补传》开头言："所谓致知在格物者，言欲致吾之知，在即物而穷其理也。"定调了致知—格物—穷理的工夫序列，朱熹言："格物，是逐物格将去；致知，则是推得渐广。"③由此我们会说所谓格物是就经验世界中的各种事物

---

① 吴光主编：《大学古记约义 · 格致》，《刘宗周全集》第 2 册，浙江古籍出版社 2012 年版，第 610 页。

② 吴光主编：《大学杂言》，《刘宗周全集》第 2 册，浙江古籍出版社 2012 年版，第 617—618 页。

③ （宋）朱熹撰，朱杰人等编：《朱子语类》卷 15，《朱子全书》第 14 册，上海古籍出版社、安徽教育出版社 2002 年版，第 471 页。

之理逐一理解，然后才能致知（推得渐广），但所谓“推得渐广”是推什么而渐广？也就是关于对经验世界中各种事物，我们要“格”(理解）的是什么？阳明之弊即在于忽略了格物穷理的目的，而沦陷于琐碎的物理本身。刘宗周在此似乎是理解朱熹的格物工夫就着外物与主体自身的连贯，甚至以周濂溪庭前草不除的“与自家生意一般”的万物一体说联结，当然此连结是否适当，朱熹的格物穷理工夫是否可从万物一体的视角解释，是有待商榷的。但亦可见出刘宗周对朱熹的格物穷理之说在理解上不致偏颇，我们再进入其学术晚期的论述中为例，其云：

> 格物虽格尽天下之物，然其要只是知本，盖物有万而本则一也。即朱子云“表里精粗，全体大用”，正逗此中消息，可为分明。世以为支离者，误也。若阳明先生言格物去物欲，反有碍。①

将对外的格物工夫往内收摄于“知本”的目标，而知本即知“诚意”之为本，因此要本之诚意，在此种“合一观”② 特征显著的论述模式下，朱熹格物穷理工夫当其“豁然贯通”后的“则众物之表里精粗无不到，而吾心之全体大用无不明矣。”即是工夫与本体之内、外与本、末收摄一体的说明。循此，则后以朱熹致知—格物穷理工夫为支离的批判，可说为一种误解，如王阳明。而在此意义下，对于朱熹的《格致补传》，如前所述，刘宗周虽然认为此文的意涵完全可回归《大学》本文，但其亦有言：“问：朱子补传之说何如？……然则‘格致’传本是完也，以为未完而补之者，赘也。朱子之补传，善会之即古本之意也，以为支离而斥之者，亦过也。”③ 以为《大学》未有格致之说而补传者是一种误解，因此为赘，但就朱熹的补传言，其诠释至

① 吴光主编:《书·复李二河翰编》,《刘宗周全集》第5册，浙江古籍出版社2012年版，第334页。

② “合一观”为劳思光对刘宗周理论体系特色的定调，当代学界对刘宗周思想特色有许多不同定调，劳说或许过于简要，但其他各说如牟宗三“本体论地即体即用之一滚地说”，刘述先“内在一元论”，又各有所重而不见得能整体性的显现刘宗周思想体系之特征与面貌，因此本文在此使用“合一观”为说。[参见劳思光:《新编中国哲学史》(三下)，生活·读书·新知三联书店2015年版，第455—457页。牟宗三:《心体与性体》(一)，台湾正中书局1990年版，第394页。刘述先:《黄宗羲心学的定位》，台湾允晨文化1986年版，第25—29页]

③ 吴光主编:《大学杂言》,《刘宗周全集》第2册，浙江古籍出版社2012年版，第619页。

少是合于《大学》格致之意的，因此批评其支离并不恰当。不过，刘宗周一方面将朱熹的格致工夫放回《大学》文本中，另一方面，相对于此回归《大学》文本脉络的思路，若朱熹的格致工夫脱离了知本，便是有问题的，其云：

> 致知在格物，则物必是物有本末之物，知必是知所先后之知。石本于两节互易先后，尤见分晓。乃后儒解者，在朱子则以物为泛言事物之理，竟失知本之旨。①

在此刘宗周已从石经《大学》进行讨论，应为其后期思想言论，可见在此时，其仍有朱熹格物穷理沦陷于对外在经验世界各种事物的琐碎认知上的担心，而有遗忘知本之旨的批判。因此一方面认同《格致补传》，一方面又有“但朱子泛求物理，不免如游骑之无归，少疏知本之义耳”② 等说法。在《学言下》有另段详细的解析，刘宗周言：

> 朱子之意，盖欲人预先讨论物理，而以读书为大端，反而正之吾心，乃得反约之地。由是进而继之以诚正之功，沛如也。然其如讲明后，临到手一着，全用不着也。曷不将此项工夫一一用在到手时？如读书而求读书之理，则此心明于读书之下矣。读书之知致，而读书之意诚；读书之意诚，读书之心正矣。处事而求处事之理，则此心明于处事之下矣。处事之知致，而处事之意诚；处事之意诚，处事之心正矣。又推之事亲、敬长，随处用力，莫不皆然。如此分疏，更较亲切。但此随事省察之端，毕竟当铺张在诚正以上款项，而于经文所谓“物有本末”，“此谓知本”之说，全无分晓，则推之诚正以往，随处是架屋迭床，而无从见其为一贯之血脉，反不若朱注之有条理矣。③

因为格物穷理之说不能避免地要求主体工夫从外在于主体的经验世界的事物着手，因此必须“先讨论物理”，再从物理上逐层反推于主体自身，致知的“推得渐广”才得以就着主体层面而达到“知既尽，则意可得而实矣，

① 吴光主编：《学言下》，《刘宗周全集》第 3 册，浙江古籍出版社 2012 年版，第 397 页。
② 吴光主编：《学言下》，《刘宗周全集》第 3 册，浙江古籍出版社 2012 年版，第 404 页。
③ 吴光主编：《学言下》，《刘宗周全集》第 3 册，浙江古籍出版社 2012 年版，第 404—405 页。

意既实，则心可得而正矣”①。的效果。如此之操作，刘宗周对此“一旦豁然贯通”的可能性产生怀疑，因为“先讨论物理”成了基本条件，又如朱子言:“格物者，格，尽也，须是穷尽事物之理。若是穷得三两分，便未是格物。须是穷尽到十分，方是格物。”② 在物理上似乎还须要穷尽其理，对其研究透彻。如此，此豁然贯通于物理上的主张，一方面很容易在泛求物理中遗却格物在明心之旨，另一方面便会形成宗周此处推论的，在读书上、处事上、事亲、敬长等各种物理上的各自格物穷理，而各自知致、意诚、心正，此种“随事省察”的工夫操作看似合理，但难以不沦为“架屋迭床”，难以收摄，丧失朱熹格致工夫的本旨，对刘宗周言，就是丧失了“知本”之旨。此观点一方面认为朱熹基本掌握了本体与工夫不应割裂的要旨。另一方面又认为工夫操作设定在即物穷理上出发，对如何拉紧本体与工夫始终有隔阂。

循此可见，刘宗周对朱熹《大学》诠释上格致的说法有一定认同，单就格致工夫言，本不认为其有支离之弊，甚至认为朱熹“以‘至’训格”若“就大学前后文本熟玩之，终以朱子之说为长”③。然此并不表示刘宗周就此准备回到朱熹理学位置上处理其所见的阳明心学问题，因此，宗周言:

> 朱子表章大学，于格致之说最为吃紧，而于诚意反草草，平日不知作何解？至易箦乃定为今章句曰:“实其心之所发。”不过是就事盟心伎俩，于法已疏矣。至“慎独”二字，明是尽性吃紧工夫，与中庸无异旨，而亦以“心之所发”言，不更疏乎？朱子一生学问，半得力于主敬，今不从慎独二字认取，而欲搀敬于格物之前，真所谓握灯而索照也。④

在格致说的论述上朱熹深具建树，然若回归《大学》本身义理，对刘宗周而言，朱熹之《大学》诠释的问题则在于忽视了诚意与慎独二说的重要意义。

---

① （宋）朱熹撰，朱杰人等编:《大学章句》，《四书章句集注》，《朱子全书》第 6 册，上海古籍出版社、安徽教育出版社 2002 年版，第 17 页。

② （宋）朱熹撰，朱杰人等编:《朱子语类》卷 15，《朱子全书》第 14 册，上海古籍出版社、安徽教育出版社 2002 年版，第 463 页。

③ 吴光主编:《学言下》，《刘宗周全集》第 3 册，浙江古籍出版社 2012 年版，第 404 页。

④ 吴光主编:《学言下》，《刘宗周全集》第 3 册，浙江古籍出版社 2012 年版，第 406 页。

就诚意而言，以意为心之所发，刘宗周认为此非《大学》本旨。就慎独而言，刘宗周虽称赞“朱子于独字下补一知字，可谓扩前圣所未发”，但接续则批其“专以属之动念边事，何邪？岂静中无知乎？使知有间于动静，则亦不得为之知矣”①。可见其不赞同将慎独仅视为动察一边的工夫，所以，回归朱熹的工夫主张的整体面貌来看，宗周言：

> 大学言“慎独”，中庸亦言“慎独”，慎独之外，别无学也。……而伊、洛渊源，遂以一敬为入道之门，朱子则析之曰“涵养须用敬，进学则在致知”，故于大学分格致、诚正为两截事，至解慎独，又以为动而省察边事，先此更有一段静存工夫。则愈析而愈支矣。②

朱熹的工夫论如前所述深受程伊川“涵养须用敬，进学则在致知”主张影响，可分为“居敬”与“致知、格物、穷理”两脉络，但在《大学》工夫序列中分格致、诚正为两截，又将居敬工夫二分为动察与静存，言慎独仅归于动察工夫，工夫的整体面貌越拆解越支离，此即为就着理学 / 朱子学而言其“支离”的实际所指。

三、对王阳明《大学》诠释之反思

相较朱熹于《大学》诠释上对格致说的发挥，阳明的《大学》诠释，重点则在于同时借着孟子“良知”概念合并而构筑的致良知之教，以致良知为最高概念范畴揭示格物、致知、诚意、正心等主张。随着刘宗周对阳明思想的逐渐熟悉与肯认，在《圣学宗要》中刘宗周将致良知视为“将上下千古一齐贯穿”③的易简直截之宗，赞其在学理上承继且贯通了二程、朱子、阳明，本体与工夫二端均把握得当。但在为阳明学“辨难不遗余力”而使“新建之

---

① 吴光主编：《学言中》，《刘宗周全集》第 3 册，浙江古籍出版社 2012 年版，第 378 页。

② 吴光主编：《大学古记约义 · 慎独》，《刘宗周全集》第 2 册，浙江古籍出版社 2012 年版，第 611—612 页。

③ “夫诸儒说极，说仁，说静，说敬，本是一条血脉，而学者溺于所闻，犹未免滞于一指而不能相通，或转趋其弊者有之。‘致良知’三字，直将上下千古一齐穿贯。言本体，则只此是极，极不堕于玄虚；只此是仁，仁不驰于博爱。言工夫，则只此是静，静不涉于偏枯；只此是敬，敬不失之把捉。洵乎其为易简直截之宗也。”（吴光主编：《圣学宗要 · 阳明王子》，《刘宗周全集》第 3 册，浙江古籍出版社 2012 年版，第 225 页）

旨复显”的过程中，刘宗周必须面对着当时王学流弊的种种问题，而这种种问题回到根源，亦即阳明思想本身，仍必须细微考察，因此在宗周思想的后期（晚近十年间），可以见到非常多其对阳明思想本身的问题思考，就着《大学》而言，最主要的问题，当然便显现为透过致良知之教所诠释的《大学》意旨，与《大学》本旨的差异问题，我们可以他66岁《良知说》的一段话作为指标，其言：

> 只因阳明将意字认坏，故不得不进而求良于知。仍将知字认粗，又不得不退而求精于心，种种矛盾，固已不待龙溪驳正，而知其非大学之本旨矣。①

“将意字认坏”与“将知字认粗”放置在《大学》脉络中相应于诚意与致知两概念，阳明学的问题在于在理解此两概念上的错误定义，首先因为意字认坏而须另立良知（不在《大学》文本中）以解《大学》，进而又将知字认粗。但如前述所言，良知主张并非无意义的，所以刘宗周的意图，首要在于将良知之学回归孟子，与《大学》分隔，《良知说》开宗明义地说：“阳明子言良知，最有功于后学，然只是传孟子教法，于大学之说，终有分合。”②又如下云：

> 孟子言本心，言良心，言人心，言不忍人之心，言四端之心，言赤子之心，不一而足，最后又言良知、良能，益勘入亲切处。凡以发明性善之说，此阳明先生之教所自来也。其曰“致良知”，亦即是“知皆扩而充之”之意，然以之解大学，殊非本旨。③

孟子的即心言性成为儒学心性论的核心，不学而能、不虑而知的良能、良知亦为对孟子人性论本然之性善的阐释。刘宗周认为阳明良知概念既把握了孟子之说，则其致良知的主张，实则也就可就着孟子充实四端之心的“知皆扩而充之”之脉络解释，拉入《大学》文本脉络是不必要且不合《大学》本旨的。至于如何的不合《大学》本旨，以下便就着“知”与“意”两主要概念解析之。

首先，就“知”而言。回到《大学》文本，刘宗周明确指出“明德”与“知

---

① 吴光主编：《良知说》，《刘宗周全集》第3册，浙江古籍出版社2012年版，第286页。

② 吴光主编：《良知说》，《刘宗周全集》第3册，浙江古籍出版社2012年版，第285页。

③ 吴光主编：《学言中》，《刘宗周全集》第3册，浙江古籍出版社2012年版，第383—384页。

止”的内涵实则即阳明的良知主张，在《学言中》有一颇具代表的说明，其云：

> 大学言明德，即是良知，不必更言良知。明明德，还其本明而止，不必更言致也。止至善者，明明德之极则也。而工夫乃始乎知止，至于定静安虑而得所止矣，则知至矣。知至，则明德之体浑然完复，而意于是乎诚，心于是乎正，推之修齐治平，一以贯之，而明德明于天下矣。故致知只是致其知止之知，格物只是格其有善无恶之物。如曰“致良知”，则“明明德”又顿在何处？而并诚意、正心之说，不皆架屋而迭床乎？①

明德即为良知，明明德即为致良知，《大学》开宗明义透过明明德的主体修养工夫历程进而能亲民、止于至善，此至善一方面就着主体修养工夫而格致诚正以达到主体自身之内圣境界，另一方面则由主体内在之修身转向经验世界而逐渐达致齐家、治国、平安下的外王功业。因此，止于至善是明明德的终极目标，而其工夫之始，即在格致诚正序列上的起始，也就是《大学》标举明明德、亲民、止于至善宗旨后，接续而奠定的“知止”工夫，透过知止而能完成诚正修齐治平一以贯之之道，亦即是知之“至”(至善)。再回到格致概念上，则所谓致知即应该是“致其知止之知”，格物应该是“格其有善无恶之物”。对比阳明言：“身之主宰便是心，心之所发便是意，意之本体便是知，意之所在便是物。”②“格者，正也。正其不正，以归于正也。”③王阳明以格物之物为意之所在，而意为心之所发，因此格物是就着主体意识已于经验世界中而有所发用，对此意念所发之对象回应于主体身上的好恶、正与不正中，使不正归于正的工夫操作，意念发用的对象何在，就是此物何在，而非整体经验世界的各种万事万物，所以阳明说“无心外之理、无心外之物”，“诚意之功，只是个格物”④。而关于致知之知，阳明又言：“知是心之

---

① 吴光主编：《学言中》，《刘宗周全集》第3册，浙江古籍出版社2012年版，第384页。

② 吴光、钱明、董平、姚延福编校：《传习录》第1册，《王阳明全集》，上海古籍出版社2014年版，第6页。

③ 吴光、钱明、董平、姚延福编校：《传习录上》，《王阳明全集》第1册，上海古籍出版社2014年版，第28页。

④ 吴光、钱明、董平、姚延福编校：《传习录上》《王阳明全集》第1册，上海古籍出版社2014年版，第7页。

本体。心自然会知：见父母自然知孝，见兄弟自然知弟，见孺子入井自然知恻隐，此便是良知，不假外求。”①良知为心之本体，为意念之根源，使良知“更无障碍，得以充塞流行，便是致其知，知致则意诚”②，此“知”为良知，是于主体自身本有的本体概念，但必须透过致知的工夫使主体克除私意障碍，彰显良知于主体自身，才得以使已发之意念得以诚，使心得以正。但若如此诠解，刘宗周认为则“致知”与“格物”已不在《大学》本旨上，如前所云，致知应是“致其知止之知”，格物应是“格其有善无恶之物”，如此才得以顺着格致诚正而一以贯知，因此阳明之说是“架屋迭床”之举。至于何以架屋迭床？在 68 岁时书信答史子复中，宗周云：

> 阳明子之言良知，从“明德”二字换出，亦从“知止”二字落根，盖悟后喝语也。而不必以之解大学，以大学原有明德知止字义也。今于一章之中，必分格物之“物”非物有本末之“物”，必分致知之“知”非知本知止之“知”，且以为犹有所不足也，必撰一“良”字以附益之，岂不画蛇而添足乎？若曰：“以良知之知知止，以良知之知知本。”则又架屋迭床之甚矣！大学言致知，原以工夫言。不特致字以工夫言，并“知”字亦以工夫言，乃“明明德”一句中上“明”字脱出，非下明字脱出。今若加一“良”字，则“知”字似以本体言，全是下“明”字脱出矣。所以又有“知良知、悟良知”之说，则又架屋垒床之尤甚矣。③

若以“正其不正以归于正”释格物，此物为意念发用之对象所在，而非《大学》本身言物有本末之物，以良知释致知之知，亦非《大学》本身言知本、知止之知，且再加上“良”字成为良知，只是将相同的解释层次迭加而复杂化。另外，就着《大学》本身言的致知，本不具阳明所谓的良知的本体意涵，而属工夫主张，刘宗周认为《大学》的致知工夫是“学而知之”者，是透过

① 吴光、钱明、董平、姚延福编校：《传习录上》《王阳明全集》第 1 册，上海古籍出版社 2014 年版，第 7 页。

② 吴光、钱明、董平、姚延福编校：《传习录上》《王阳明全集》第 1 册，上海古籍出版社 2014 年版，第 7 页。

③ 吴光主编：《书·答史子复二》，《刘宗周全集》第 5 册，浙江古籍出版社 2012 年版，第 342—343 页。

知止而至者，① 此时“知”为透过知止工夫而展现的能“明”此“明德”的工夫操作，如此当然不用再加上“致”良知，或“知、悟”良知等各种工夫，如此，阳明之说当然又是一“架屋迭床”之举了。在此种种架屋迭床之解释脉络中，阳明加入的良知概念，又将造成诚意之定义的误解。

次者，就“意”而言，刘宗周认为，整个阳明《大学》诠释的核心问题，最终将要回到对于“诚意”概念的错误理解，然而刘宗周所谓的错误理解，其实对峙着大多数宋明儒“诚意”之基本诠释，如黄敏浩言：“根据宋明儒的主流，无论是程、朱或陆、王的传统，通常都是把意解释为心之所发的。朱子在其《大学章句》中即以心之所发训意，而诚意即是实其心之所发。阳明的‘有善有恶意之动’中的意当然也是心之所发的意思。言发便有发动之意，所以阳明有时即以发字动字连言，而以‘心之发动’说‘意’。这样看来，作为心之所发的意，其实就是一般所说的意念。”② 刘宗周不以意念理解诚意之“意”，在后期思想的诠释中心很大的一部分，即是对《大学》诚意之说的重新建构，在此基础上，其当然认同王阳明《大学古本序》中开头“大学之要，诚意而已矣”的立旨之说，但实际上看，刘宗周还是很清楚阳明之说与其的差异，其云：

> 阳明子曰：“大学之道，诚意而已矣。”而解“诚意”仍作第二义，以迁就其“致良知”之旨，无乃自相矛盾！③

王阳明《大学古本序》中开头立《大学》之旨以诚意，但阳明实则仍以诚意为第二义，致良知之教仍是核心，此种操作，就是起始于“将意字认坏”的问题，亦即将意视为已发的问题，其云：

> 先生又曰：“工夫难处全在格物致知上，此即诚意之事，意既诚，大段心亦自正，身亦自修。但正心修身工夫，亦各有用力处，修身是已发边，正心是未发边，心正则中，身修则和”云云。先生

---

① 问：文成良知之说如何？曰：孟子言“不虑而知”为良知，大学言“知而能虑”，是学而知之也。学知之知，即良知之知而至焉者。专以良知言大学，落文成之见。（吴光主编：《大学杂言》，《刘宗周全集》第 2 册，浙江古籍出版社 2012 年版，第 618—619 页）

② 黄敏浩：《刘宗周及其慎独哲学》，台湾学生书局 2001 年版，第 128—129 页。

③ 吴光主编：《大学古文参疑》，《刘宗周全集》第 2 册，浙江古籍出版社 2012 年版，第 579 页。

既以良知二字冒天下之道，安得又另有正修功夫？止因将意字看作已发了，故工夫不尽，又要正心，又要修身；意是已发，心是未发，身又是已发。先生每讥宋学支离，而躬自蹈之，千载而下，每欲起先生于九原质之而无从也。噫！①

刘宗周指出《传习录》中虽以诚意为主体落实格致工夫，且上溯正心、修身，但却又分判了正心与修身工夫的各自用力处，以修身为已发、正心为未发，未发为中，已发为和，此种建构，似乎是在良知工夫外另立不同工夫径路，此便很容易引起疑问，良知工夫是否有所不足？而此不足又何在？刘宗周指出，此种种问题即在于，工夫过程中将意视为已发，导致工夫仅在已发之意上诚之的明显不足，缺乏未发一边工夫，或是工夫就整体而言的不完整，因此阳明就着其立场又将正心定为未发工夫，修身定为已发工夫，在《大学》应该是一贯的工夫次第序列上摇摆不定，导致“支离”。所以，格致诚正此四者，就主体自身修身工夫的内在层面言，必须具有一体性，宗周云：

然区区“诚意”之说，窃亦偶窥圣经而及此。一则不欲说坏“意”字，谓心、意、知、物只是一串事，不应心与知合作一事，而独置意于膜外。若意是有善有恶之意，则心亦是有善有恶之心，知亦是有善有恶之知，并物亦是有善有恶之物，却又如何一一反之无？窃以自附于龙溪先生之旨，非敢为倡也。一则不欲说粗“意”字，谓大学之教只是知本，不应致知之后首入粗根，先泄此一点灵光于末梢一着，而且云“欲正其心之本，先诚其意之末”，终属颠倒。②

意若是有善有恶的，放在阳明四句教的脉络中，指的是已发意念的有善有恶，刘宗周指的则是能“好好色，恶恶臭”的此心最初之几，此好善恶恶并非已发，而是“言自中之好恶一于善而不二于恶。一于善而不二于恶，正见此心之存主有善而无恶也，恶得以所发言乎？”③ 因此必须就

① 吴光、钱明、董平、姚延福编校：《阳明传信录三・传习录・徐爱记》，《王阳明全集》，第 7 册，浙江古籍出版社 2014 年版，第 55 页。

② 吴光主编：《书・答史子虚》，《刘宗周全集》第 5 册，浙江古籍出版社 2012 年版，第 335—336 页。

③ 吴光主编：《学言上》，《刘宗周全集》第 3 册，浙江古籍出版社 2012 年版，第 352 页。

未发之心之所存训意，才能一贯心意知物四者，如此，若就阳明的四句教对《大学》的诠释，则是大有问题的。首先，在于不能以无善无恶言心体，次者，不能以有善有恶为心之所发的意念言“意”，否则将造成“今欲求无善无恶之体，而必先之于有善有恶之意而诚之，是即用以求体也。即用求体，将必欲诚其意者先修其身，欲修其身者先齐其家，又先之治国平天下，种种都该倒说也”[①]的困境，只在用上做工夫，且将《大学》的工夫次第序列颠倒了。再次，就已发意念言诚意，则后续的知善知恶的良知，则落为第二义，即“且所谓知善知恶，盖从有善有恶而言者也。因有善有恶，而后知善知恶，是知为意奴也。良在何处？又反无善无恶而言者也，本无善无恶，而又知善知恶，是知为心祟也。良在何处？”[②]一方面使得知仅能跟随着已发意念，不符阳明良知本义，另一方面心之本体无善无恶，此知之知善知恶是无根的，当然，此知也就不在是《大学》文本中所述的知止、知本之知。最后，格物亦非为善去恶的革除意念之不正，而在于“格其有善无恶之物”，此物是要回到《大学》物有本末之物上言。

总之，就着意与知两概念为主轴，刘宗周一方面将阳明在此脉络上以《大学》为文本所进行的概念建构与诠释，包括四句教之内涵，逐一指出问题所在；另一方面，又可见其对阳明之说基本的肯认，在此立场上为阳明“辩难不遗余力”的企图。

四、对其他宋明儒者《大学》诠释之反思

刘宗周对《大学》诠释的反思主轴放在朱熹与阳明身上，对其他宋明儒者，主要以阳明后学为对象。不过，若以“慎独”概念言，刘宗周认为周濂溪的主静立人极为“慎独”的最佳诠释。只是在脉络上此主要呈现的是就《中庸》面向而论的“慎独”。处于其他在57岁时所作的《圣学宗要》中曾其言：“愚按孔门之学，其精者见于中庸一书，而‘慎独’二字最为居要，即太极图说

① 吴光主编：《学言中》，《刘宗周全集》第3册，浙江古籍出版社2012年版，第381页。

② 吴光主编：《良知说》，《刘宗周全集》第3册，浙江古籍出版社2012年版，第286页。

之张本也。”① 从中可见此联结。② 刘宗周对周濂溪的认同，从其思想早期以来便始终维持一贯，如其云：

及观学、问、思、辨、笃行五者一齐胪列，分明知行并进，而大学又以诚意先致知，致知外更无诚意之功，何与？弟谓圣学要旨摄入在克己，即大、中之旨摄入在慎独，更不说知说行。周子“学圣有要”一段亦是简截，与克己慎独相印证。③

“主静立人极”，只是诚意好消息。④

以上两则引文，下一则以“主静立人极”即为诚意能得以展现的理想状态，但实际上刘宗周对“主静立人极”与“诚意”的关联如何呈现，并没有更多论述，大抵只是在后期诚意说思路的观点上，提出了此想法。再看上一则其思想早期的书信中可见，刘宗周认为《大学》与《中庸》中的“慎独”由克己工夫摄入，且以周濂溪“学圣有要”之说最能相印证，在此时期刘宗周对“慎独”还未形成为其学术宗旨的最高概念范畴，但就着《大学》与《中庸》文本脉络而言，其仍是肯定周濂溪思想于此之贴合，虽然实际上濂溪思想并非由《大学》抑或《中庸》为经典依据而建构者。

回到刘宗周对王学流弊的思考上，除了上述就阳明本人思想的深刻讨论，对阳明后学，最受瞩目者，即刘宗周晚年一段评论，其云：

今天下争言良知矣，及其弊也，猖狂者参之以情识，而一是皆良；超洁者荡之以玄虚，而夷良于贼，亦用知者之过也。夫阳明之“良知”，本以救晚近之支离，姑借大学以明之，未必尽大学之旨也。而后人专以言大学，使大学之旨晦；又藉以通佛氏之玄觉，使阳明之旨复晦。⑤

---

① 吴光主编：《圣学宗要》，《刘宗周全集》第 3 册，浙江古籍出版社 2012 年版，第 22 页。

② 在《圣学宗要》中刘宗周除了以“慎独”为周濂溪《太极图说》的张本之说，周濂溪“主静立人极”的思想宗旨甚至形成了其于此对张载、程明道、朱熹、王阳明等人进行诠释与疏理的基准。（相关汇整与讨论可参见高海波：《慎独与诚意——刘蕺山哲学思想研究》，生活·读书·新知三联书店 2016 年版，第 275—282 页）

③ 吴光主编：《书·与陆以建二》，《刘宗周全集》第 5 册，浙江古籍出版社 2012 年版，第 267 页。

④ 吴光主编：《学言下》，《刘宗周全集》第 3 册，浙江古籍出版社 2012 年版，第 402 页。

⑤ 吴光主编：《证学杂解·解二十五》，《刘宗周全集》第 3 册，浙江古籍出版社 2012 年版，第 248 页。

牟宗三以“情识而肆，玄虚而荡”为王学流弊问题的主旨，即来自于此。回到此段的文本脉络上看，此针对泰州与浙中王学之批判的论述内涵又与《大学》文本之诠释有绝对关系，因此，《大学》即在此传述的解构与建构过程中，不显其旨。然而，刘宗周在阳明后学的批判上，最具有针对性的，主要则在对王龙溪的批判，可以以下两段为代表，宗周云：

> 龙溪四无之说，心是无善无恶之心，是为无心；意是无善无恶之意，是谓无意；知是无善无恶之知，是谓无知；物是无善无恶之物，是谓无物。并无格致诚正，无修齐治平，无先后，无本末，无终始，毕竟如何是大学的义？①
>
> ……
>
> 王门矫朱子之说，言良知复以四事立教，言无、言有、言致、言格，自谓尽可无弊。然宗旨本定于无，已是一了百当，故龙溪直说出意中事。但恐无之一字不足以起教也，故就有善有恶以穷之。仍恐一无一有对待而不相谋也，故又指知善知恶以统之。终病其为虚知虚见也，又即为善去恶以合之，可谓费尽苦心。然其如言心而心病，言意而意伤，言知而知岐，言物而物庬。四事不相为谋，动成矛盾。本欲易简，反涉支离。盖阳明先生偶一言之，而实未尝笔之于书为教人定本，龙溪辄欲以己说笼罩前人，遂有天泉一段话柄。甚矣！阳明之不幸也。②

王龙溪四无说“心意知物”皆以无论之，刘宗周则以“无心、无意、无知、无物”评价，最后，便是将本末、先后一律消解，在主体自身上无格物、致知、诚意、正心，由自身往外推扩亦无修身、齐家、治国、平天下之道，因此绝非《大学》本旨，《大学》的成书对治当时的异端曲学，而就着《大学》诠释而立的四无之说，大抵又成了另一种的异端曲学。在立场上，刘宗周对阳明本人是深为肯定的，但如前段所言，就阳明天泉证道的四句教宗旨，其颇有质疑，因此在此，宗周虽以较低的姿态言四句教本身“仅可无弊”，仅是阳明“偶一言之”，但绝非“教人定本”，因为四句教之说无法避免以“无”

① 吴光主编：《学言上》，《刘宗周全集》第3册，浙江古籍出版社2012年版，第328页。

② 参见吴光主编：《学言下》，《刘宗周全集》第3册，浙江古籍出版社2012年版，第405页。

开端言“无善无恶心之体”之困难，以及容易与佛学混淆的可能，所以接着以意的有善有恶将有与无相互对待，使无不致空泛无应，但仅以有无相对待又恐缺乏对治的主体，因此又举知善知恶的良知主体统合之，继而又担忧此良知主体所对治之对象沦于空泛，再以为善去恶是格物规范之，此不可说不是“费尽苦心”，但最终导致“心意知物”四者在诠释上的矛盾与难解，因此由四句教到四无说，实则均为“本欲易简”而“反涉支离”之说。所以，一方面在对阳明学的认识上，不可以四句教为理解途径，另一方面对阳明后学的认识上，要理解王龙溪的四无说绝对有失于阳明学宗旨，当然，亦绝对不合《大学》本旨。

“支离”，为刘宗周对过往宋明儒者《大学》诠释的批判主轴。导致支离的原因，一方面在于对《大学》文本整体性与一致性的忽略，而有多余的增加或援引，譬如朱熹的《格致补传》或阳明的援孟子良知入《大学》；另一方面则因着前述的失误而导致在概念确立与定义上的错误，如朱熹格物穷理的容易偏离知本之旨、朱熹与阳明对意为已发的定义导致的种种问题。为了解决此种种支离之弊与各执己见之争，使得刘宗周学术思为的立场与见解，其实已不仅是在于当时时代背景下的王学流弊问题而已，阳明学的兴盛与流弊，或许是当时大多知识分子共同的学术课题，甚至是共同的基源问题，但在理学与心学（道问学与尊德性）各有立场的设定下，理学的反动兴起了心学，心学的反动似乎又鼓动了理学，由此可见清初理学或说是朱子学再次兴起的契机。但若回到本文刘宗周的反思脉络中，可发现我们不能直接的以各有立场的设定，如此简要直接地分判明清之际在宋明理学发展脉络下的学术主轴转变。刘宗周就着《大学》文本诠释脉络对于朱熹与阳明论述的反思，可见得其不仅是立基于心学或理学仅此一边的立场。虽然阳明学对其之影响与其对阳明思想之肯认立场是明确的，但回到学术思辨的历程中，刘宗周仍公平且细腻的处理了其所见的朱熹与阳明在《大学》诠释上的各种支离之弊到底为何，立基于此，其自身对于《大学》诠释的理论建构与调整，才得以建构。而此建构的基本立场，则在于对《大学》文本的回归与收摄，但此种回归与收摄，又并非只将《大学》文本高举而丢弃其他经典，而是清楚判别了各经典的基本定位后，再进行整体义理间架的建构与联结，以及就着个别经典延伸的诠释与发展。

因篇幅限制，本文尚未涉及刘宗周自身对于《大学》诠释的方法意识与操作层面的正面建构论述。但由于本文以《大学》文本为例之解析已知，刘宗周作为宋明理学殿军，其对于程朱理学与陆王心学两大脉络所进行的体系反思与调整重构的立场与企图。

（作者单位：兰州大学哲学社会学院）

王船山对朱熹《四书章句集注》“理气论”的反思与修正

——以《读四书大全说》为论

陈福滨　简慧贞

“理气论”是宋明儒者最主要的形上理论，由周敦颐的《太极图书》展开其对于宇宙构成万物的理论，且承继《易传》思想。而后张横渠、朱熹在其思想体系建构中，“理气论”皆占有相当重要的位置。在《易传》之“道器论”是以解释形上与形下世界之区别，所谓“道器论”基本上原是指称所有占有空间据有时间的具体存在物：“器”之背后的皆有一套可探讨之原理原则：“道”，此原理原则不仅是其生成原因，亦包含着发展原因以及成就目的。人类借由觉察其原理原则进而了解其中运用技巧。因此，朱熹言“道”是“日用事物当行之理”。朱熹在讨论道器关系之上增加理气概念。道的运作在于气化流行，气是构作具体事物的主要元素，但如何在气化万物之中，成就了是人而非马的独特性？朱熹提出了“理”具有主宰且独立自存的实体意涵。完成了其独特之“理气论”学说。

船山承继着宋明儒学以来探讨之概念范畴与问题，其学说对于朱熹《四书章句集注》中“理气论”的论点有发展、有反省、有修正。如：朱熹讨论“理气论”时，是从形上实体的角度来制订理气关系，船山却是从变动历程以及具体事物的角度来制订理气关系。二者对理气之“体用”关系上多所著墨，但两者对于“体用论”的发挥不尽然皆是从“本体论”的脉络下立论。朱熹将“理”视为万物存在之根本，理不仅作为气运行之主宰，更可独立存在，故尝言“理在气先”。曾春海先生认为朱熹言“体用”概念其“体”与“用”意味着本体与现象，恒常与变易之间的张力。其言：“朱熹透过体用的范畴来解释万物的构成源于理气的结合，理为气之本，气为理之用。”① 船山对于理气、道器等诸问题的探讨则不将“理”或“道”视为超越“气”或“气”的形上根据，而是将“理”视为“气”之属性，“理”即是气之理，是气化成物之规律、条理。可知，船山是从具体事物的角度讨论其事物之内在规律与律则，强调各种具体存在事物皆有其理。可言船山对于理气关系的界定是着重在将气优先于理存在，言理是气的属性而非具有超越之形上本体意义。

笔者在《晚明思想通论》中曾有如下论述：

> 宋儒横渠以迄晚明学者之重气论思想；及至蕺山弟子黎洲之学，亦以气为理之本，“天地之间，只是气，更无理。所谓理者，以气自有条理，故立此名耳。”是则宇宙唯一气，以气有条理，乃立理名。
>
> “天地间只有一气充周，生人生物。人禀是气以生，心即气之灵处。理不可见，见之于气；性不可见，见之于心；心即气也。”故气未有不灵者，气之行处皆心也。由此发展的气论思想至清初船山之学而大张；船山亦以气为宇宙之根本，以无气则无理为论而将横渠之气论思想发展到极致。②

由以上可知，朱熹与船山论理、气关系其论点有根本上的差异，本论文试图就朱熹与船山对于“理气”之概念论述，寻找出二者之关联性。

一、朱熹《四书章句集注》中的“理气论”

“理气论”是朱熹哲学体系中的核心理论。当代学者在理解朱熹之理气论时，因认为朱熹所着重之“理”，实为一独立之存在实体，视“理”为形而上之范畴核心，在作系统归纳之际，将朱熹思想体系视为“理学”之承继且发扬者，有别于“心学”、“气学”体系。若就其思想脉络来讨论，朱熹的理气论，实深受周濂溪、张载、二程思想之影响，同时在佛道学说流行的背景环境之下，建构起理论脉络。无论是以概念范畴或学派分判来解析朱熹理

① 曾春海主编：《中国哲学概论》，台湾五南图书出版公司 2005 年版，第 36—38 页。

② 陈福滨：《晚明思想通论》，台湾环球书局 1983 年版，第 66 页。

论，皆可显现其学说中最主要的核心概念即是对于“理”的阐发。

朱熹集结《大学》、《中庸》、《论语》、《孟子》而成四书，且在以二程“性即理”的“理”论基础上，将其“理”之概念范畴、“理气论”的论点一致地贯穿批注此四部经典。而在二程与朱熹特将“理”概念视为最高哲学范畴前，“理”概念在儒学体系中，多释为文理、条理之义。在《说文解字》中释为“治玉也”；《易经》以及《春秋经》和《仪礼》，皆尚未见“理”字。《乐记》中言：“乐者，通伦理者也。”所言“伦理”所指为人伦事物之条理。《乐记》中另有言“礼也者，理之不可易者也”，及“天理灭矣”此二处言“理”，是为十三经中最早以“理”作为一独立之抽象概念，并凭借之说明礼乐之文者。①

《中庸》：“文理密察，足以有别也。”其言“文理”亦着重于条理之意，其意为详细明辨事物之条理，方能区分事物之间不同特质。《孟子》言“理”有二：“心之所同然者何也？谓理也，义也。圣人先得我心之所同然耳。故理义之悦我心，犹刍豢之悦我口。”（《孟子·告子下》）“孔子之谓集大成，集大成也者，金声而玉振之也。金声也者，始条理也。玉振之也者，终条理也。始条理者，智之事也。终条理者，圣之事也。”（《孟子·万章下》）孟子言“理”应主要指称人伦日用中对事应物之准则与规律，故言“条理”。制订且归纳出日用应事之规范即是“始条理”，“终条理”则是能实践其规范者。孟子肯定孔子为既智且圣之集大成者，即是在赞扬孔子既能制订规范亦能勠力实践。而规范制订之标准即是“心之所同然”，当人人皆能欣然同感同意之人伦规范即是“义理”。可谓孟子言“理”包含着“义理”与“情理”之意。

东汉末刘劭《人物志》整理自先秦至汉以来对于“理”概念运用可区分四种涵义：道理、事理、义理、情理。

> 夫建事立义，莫不须理而定。……夫理有四部，……若夫天地气化，盈虚损益，道之理也。法制正事，事之理也。礼教宜适，义之理也。人情枢机，情之理也。②

牟宗三先生解释此四理：一、道理。即是阴阳变化之理，所谓“气化”之理。

---

① 参见唐君毅：《中国哲学原论·导论篇》，台湾学生书局1986年版，第25页。

② （汉）刘劭：《材理第四》，《人物志》卷上，中华书局2009年版，第51页。

二、事理。刘劭言"法制正事"，即是政事之理。政事可包括政治的制度与政治的措施两面，因此可谓"事"理及政治制度与政治措施之理。三、义理。"礼教适宜"，就是人伦教化方面的问题。《人物志》中所用的"义"字是狭义的，即指"礼教"之适宜问题的义，属于道德方面。四、情理。"人情枢机"就是情理，此即客观的人群活动之理。① 先秦至汉末的典籍中，所讨论之"理"概念基本上不脱离此四种意涵。

唐君毅先生将中国哲学之义理分判为主要六种意涵：物理、名理（或玄理）、空理、性理、文理与事理。② 其认为宋明哲学家讨论"理"概念时，特重"性理"之"理"。而所谓"性理之理"则是"人生行为之内在当然之理，有形上之意义，并通于天理者。"③

将"理"以"性理"言主要是由二程哲学中始见。二程言："理者，实也，本也。""性即理也。所谓理，性是也。"虽周敦颐、张载之学说建构了一套完整宇宙图式，试图取代佛学对于整体存在界构作模式，并且透过《周易》经典为儒学体系建立起对于形而上的理论基础，作为日用人伦之准则与依据。但二程的学说对于宇宙图式建构并无太多着墨，而是提出了"天理"概念，以及"理一分殊"与"体用一源"等命题，作为儒学之形上理论。此言"天理"已有别于以道理、条理、物理、事理、名理言理，而是特别着重在"性理"层面，即是将"理"视为万物的超越形上的本根。"气"的活动是依从"理"为法则，"理"亦是人"性"的根源。陈来先生言：

> 伊川认为："性即理也。所谓理，性是也。"（《二程集》）在中国哲学中，"性"本来是指人的族类本性或事物的本质属性，"理"是指事物的必然法则和社会的道德原则。其所言"性即理"，是以社会的道德原则为人类永恒不变的本性。在他看来，先验的道德理

① 参见牟宗三：《宋明儒学的问题与发展》，华东师范大学出版社 2004 年版，第 6—7 页。

② "中国哲学史中所谓理，主要有六义。一是文理之理，此大体是先秦思想家所重之理。二是名理之理，此亦可指魏晋玄学中所重之玄理。三是空理之理，此可指隋唐佛学家所重之理。四是性理之理，此是宋明理学家所重之理。五是事理之理，此是王船山以至清代一般儒者所重之理。六是物理之理，此为现代中国人受西方思想影响后特重之理。"（唐君毅：《中国哲学原论·导论篇》，台湾学生书局 1936 年版，第 24 页）

③ 唐君毅：《中国哲学原论·导论篇》，台湾学生书局 1936 年版，第 24 页。

性决定道德法则，而且是宇宙的根本规律。①

朱熹承继了周濂溪与张载对于宇宙图式的建构，特别将周濂溪之太极图说、张载之气化宇宙论，继以结合而成“性即理”论，发展出“理气论”即是以“气”作为构造整体存在界的基本元素，亦同时认为此一宇宙图式建构是整体存在界现象的表现，此一表现必然来自一本体之发用，因此每一个表现与作用必定内在隐含着本体存在，而此存在本体即是：天理，亦为整体存在界变化流行之必然规律。

船山对于朱熹之“理气论”有所反省与发展，肯定的是船山与朱熹皆推崇且承继张载气化流行的宇宙图像，但实际其对于“理”概念的定位与理解确实有所不同。以至于船山在诠解朱熹之《四书集注章句》时，同样地，将其对理气之概念分析重新注入其对朱熹理论的诠解当中。从概念范畴分析而言船山否定“理”可作为本体论上先存于气且优越于气之自存物。唐君毅先生认为船山所言之“理”着重于“事理之理”而非宋明儒者所着重之“性理之理”。在牟宗三先生的分系系统中，并无讨论到船山思想。但从船山《读四书大全说》中，可见其主要讨论之概念范畴与命题延续着朱熹理气论之特点，再加以进行分析与扬弃。吾认为可从对理的界定、体用、形上与形下之分来讨论。

朱熹于《四书章句集注》中，对于“理”的界定与解释分别为：一、性即理，理为气化成物之规律，赋予万物特性，亦是万物成就自身的准则。亦可言：理是成就事物之前“所以然”之故，亦是事物成就之后“所当然”之则。二、理为一形上本体。三、理一分殊。

（一）性即理

朱熹于《中庸章句》首揭《中庸》大旨，在于讨论一整体存在界存在着一共通之理可言乎“天理”，其言：“《中庸》其书始言一理，中散为万事，末复合为一理。”解“中庸”之“中”谓之不偏不倚，无过于不及，解“庸”之意为平常之理。其言：“子程子曰：‘不偏之谓中，不易之谓庸。中者，天下之正道，庸者，天下之定理。’”“庸”者为整体存在界之不易之理，具有恒常性；“中”者则为实践遵守此不易之则，是为正道，使本身行为不偏不

① 陈来：《宋明理学》，台湾洪叶文化 1993 年版，第 83 页。

倚。可知“庸”是为整体存在界变化流行之本体，是万物化生之既定规律、理序，而此理序经由化生律则内在于万物之中成为其内在规律，因此，若能因循着万物自身之内在规律即使遵守正道。可知程、朱此解“中庸”二字，展现出“中庸”涵摄着本体与工夫两者关系。

《中庸》首章即言：“天命之谓性，率性之谓道，修道之谓教”；朱熹将天命之“命”释为“命令”，直指“性”即理，“道”则为“日用事物当行之理”。言：

> 命，犹令也。性，即理也。天以阴阳五行化生万物，气以成形，而理亦赋焉，犹命令也。于是人物之生，因各得其所赋之理，以为健顺五常之德，所谓性也。率，循也。道，犹路也。人物各循其性之自然，则其日用事物之间，莫不各有当行之路，是则所谓道也。①

就朱熹而言，“天”应为一广义词，“天”的具体内容为“阴阳五行”，天体运行规律为“理”。天自然以阴阳五行化生万物，此整体过程是必然，故言“命”。当整体存在界之存在物因气化之必然规律具体呈现之后，各物各自有所秉受不同，因此各物存在有其特殊性与异质性。可谓整体存在界中存在一共同化生之理，而此化生之理是以阴阳五行成就具体万物，此万殊中各得其理。此理内在于各物之中表现出健顺五常之德则是“性”，故可知健顺、五常之德得自于天，内存于各物之中，若人物各因循着天理本然，即能体认出日用事物当然之理，更是成就自身本然之理。日用事物当然之理即是在日用人伦中对事应物之准则与方法，“道”所指称的是此准则与方法之当然性与普遍性，是故朱熹又言：“道者，天理之当然，中而已矣。”② 又言：“‘性’者，人生所禀之天理也。”③

朱熹评判《中庸》首章为“首明道之本原出于天而不可易，其实体备于己而不可离。次言存养省察之要，终言圣神功化之极。”主要是认为《中庸》篇章中许多文义着重于天道与人道相通贯，即言天道成物成人，人则就借由明

---

① （宋）朱熹撰，朱杰人等编：《中庸章句》，《四书章句集注》，《朱子全书》第 6 册，上海古籍出版社、安徽教育出版社 2002 年版，第 32 页。本文有关朱熹原典系依此版本为据。

② （宋）朱熹撰，朱杰人等编：《中庸章句》，《四书章句集注》，《朱子全书》第 6 册，上海古籍出版社、安徽教育出版社 2002 年版，第 34 页。

③ （宋）朱熹撰，朱杰人等编：《告子章句上》，《孟子集注》卷 11，《四书章句集注》，《朱子全书》第 6 册，上海古籍出版社、安徽教育出版社 2002 年版，第 395 页。

天道、体认天道进而达到天人合一之境界。宋明儒者们亦将天道与人道之“道”视为同一，人可以借由反躬自省理解天道本原，进而运用于日用人伦之间。

朱熹在诠解《中庸》首章三句，在天、命、性、道概念之外，加上了“理”与“气”概念，其曾言：“‘天命之谓性’，是专言理，虽气亦包在其中，然说理意较多。”① 其以“理”言天道运行之律则，以“性”言事物承继天理之内在禀赋，以“气”为化生万物之元素。若从具体存在物的角度而言，天“命”成物有其所以然之理；具体存在物各有其特殊禀赋。在对事应物之际皆有其应然之作为，故物各皆有所当然之理。此所以然之理即是“天以阴阳五行化生万物之理”，此所当然之理即是“健顺五常之德”。而健顺五常之理，在人物之中即为人之所以为人，物之所以为物之特殊属性，即可言为“健顺五常之性”，朱熹解释为，马之性健，牛之性顺，五常则为仁、义、礼、智、信是属于德性。朱熹以所以然之理与所当然之理联结了人性得自于天之自然化生，天道又内在于人作为行为处事之准则。

朱熹言：“至于天下物，则必各有所以然之故，与其所当然之则，所谓理也。”② 此处之“理”着重的是万事万物之普遍性原理，此普遍性原理说明了万物之所以存在，以及存在之目的，故言“性即理”。在存在与所以存在之间，活动着的是“气”。气作为化生万物之元素具备着生命力与活动力。

就朱熹言“性即理”可知，天理与本性对朱熹而言有一绝对真理之意涵，相对的“气”之变动性说明了在恒常之中有特殊性的存在，也成为循道或不循道的关键。

（二）“理”为形上本体

在检视朱熹哲学相关文本当中，可见其将“理”视为本原。其言：“理气本无先后之可言，然必欲推其所从来，则须说先有是理。”③ 其所言“必欲

① （宋）朱熹撰，朱杰人等编：《朱子语类》卷62，《朱子全书》第16册，上海古籍出版社、安徽教育出版社2002年版，第2016页。

② （宋）朱熹撰，朱杰人等编：《大学或问上》，《四书或问》，《朱子全书》第6册，上海古籍出版社、安徽教育出版社2002年版，第512页。

③ （宋）朱熹撰，朱杰人等编：《朱子语类》卷1，《朱子全书》第14册，上海古籍出版社、安徽教育出版社2002年版，第115页。

推其所从来"即在凸显"理"是万物所由来之本原。又言：

> 所疑理气之偏，若论本原，即有理然后有气，故理不可以偏全论。若论禀赋，则有是气而后理随以具，故有是气则有是理，无是气则无是理，是气多则理多，是气少则是理少，又岂不可以偏全论耶？①

若从存在物之所以然之本原角度看来，有此理才能化成此物。但若从存在物禀受之特性而言，在形成此具体存在之际，同时赋予其理。因此，有气之具体存在才有理之显现。

若理以"本原"而言之，是否亦为独立自存的实体？当代许多学者认为朱熹所言"理"是一创生性的实体。主要也是因为朱熹曾言：

> 未有天地之先，毕竟也只是理。有此理便有此天地，若无此理，便亦无天地，无人无物，都无该载了。有理便有气，流行发育万物。②
>
> 宇宙之间一理而已。天得之而为天，地得之而为地，而凡生于天地之间者，又各得之以为性；其张之为三纲，其纪之为五常，盖皆此理之流行，无所适而不在。若其消息盈虚，循环不已，则自未始有物之前，以至人消物尽之后，终则复始，始复有终，又未尝有顷刻之或停也。③

此两段文本中"理"是可离气而独立自存，故言未有天地之先，理已存在。《读大纪》中言"理"于"自未始有物之前，以至人消物尽之后"皆存在于宇宙之中，循环反复流行活动着。更可显示出朱熹在此所言之"理"所具备之独立自存性。

朱熹于《四书章句集注》并无明确出现"理先气后"之文意，亦无显现出"理"为一独立自存之创生实体，但有"本原"之意，也提出"道体"之概念。其言：

---

① （宋）朱熹撰，朱杰人等编：《答赵致道》，《晦庵先生朱文公文集》卷59，《朱子全书》第23册，上海古籍出版社、安徽教育出版社2002年版，第2863页。

② （宋）朱熹撰，朱杰人等编：《朱子语类》卷1，《朱子全书》第14册，上海古籍出版社、安徽教育出版社2002年版，第114页。

③ （宋）朱熹撰，朱杰人等编：《读大纪》，《晦庵先生朱文公文集》卷70，《朱子全书》第23册，上海古籍出版社、安徽教育出版社2002年版，第3376页。

> 大本者，天命之性，天下之理皆由此出，道之体也。达道者，循性之谓，天下古今之所共由，道之用也。此言性情之德，以明道不可离之意。①

天所命令成物，于物本身而言即是“性”，天下之理皆从一“本体”而出，此“大本者”即是道体。而此“道体”可言“天理”。朱熹言：“道者，天理之自然。”②朱熹以理释天而言“天理”，其言：“天即理也。”（《四书章句集注》，《论语·八佾》）又言：

> 天者，理而已矣。大之字小，小之事大，皆理之当然也。自然合理，故曰乐天。不敢违理，故曰畏天。③

朱熹在诠解《孟子》中所言，“以大事小者，乐天者也；以小事大者，畏天者也。乐天者保天下，畏天者保其国”④，是以“天理”言当然之理。以大事小或以小事大皆是循理之当然，所不同的是，以大事小是乐于遵循所当然之理，而以小事大则事出于敬畏之心而遵循其理。

朱熹所言：“人物各循其性之自然，则其日用事物之间，莫不各有当行之路，是则所谓道也。”此处所言之“道”，是从日用人伦上言⑤，天理之自然造

---

① （宋）朱熹撰，朱杰人等编：《中庸章句》，《四书章句集注》，《朱子全书》第6册，上海古籍出版社、安徽教育出版社2002年版，第33页。

② （宋）朱熹撰，朱杰人等编：《中庸章句》，《四书章句集注》，《朱子全书》第6册，上海古籍出版社、安徽教育出版社2002年版，第19页。

③ （宋）朱熹撰，朱杰人等编：《梁惠王章句下》，《孟子集注》卷2，《四书章句集注》，《朱子全书》第6册，上海古籍出版社、安徽教育出版社2002年版，第262页。

④ （宋）朱熹撰，朱杰人等编：《梁惠王章句下》，《孟子集注》卷2，《四书章句集注》，《朱子全书》第6册，上海古籍出版社、安徽教育出版社2002年版，第262页。

⑤ 朱熹言“道体”、“道之体”、“道之用”，“道”等语词皆有不同之意涵，“道体”所指称的是整体存在界运作变化的整体存在；“道之体”专指整体存在界之终极实有；“道之用”专指整体存在界运动变化之各种现象、规律；而“道”则专指日用人伦之当然之则。姜真硕先生认为：“（朱熹的）道体包含各种不同的含义。道体有时指一般意义之道，即道理、所以然等含义，而大体上与一般意义之道有所区别。道体通常由体用的方式所表达，其表达过程中，道体有时指体用之体，及超越意义之形上本体，这表现为‘道之体’；有时指隐微之本体发见为用，这又表现为‘道体流行’、‘道体发见’等用词。朱熹在另一处表述兼该体用的全体意义之道体，这可谓是广义之道体。”（姜真硕：《由体用再考察朱子道体思想的含义》，祝平次、杨儒宾编：《天体、身体与国体——回向世界的汉学》，台湾台大出版社2005年版，第231页）

作，即是“道”；因此，可知朱熹所言之“天理”一词，同时具备着本原之意与应然之则。亦可言朱熹所言之“道体”确实必须与“道用”概念相结合，此道体便非是一个创生义实体，而是一具形而上超越意义的本体存在。

（三）理一分殊

朱熹所言：“天以阴阳五行化生万物，气以成形，而理亦赋焉，……”① 可知在朱熹对于整体存在界之化生运行是以“理”、“气”这两个概念来解释。理作为一形上实体存在，是万物的本原，但构作有形有象之万物则必得有“气”此一基本元素。朱熹同时将阴阳、五行纳入气的内涵中，对后来的发展的理气论皆产生了十分深厚的影响。山井涌先生认为：

> 朱熹使传统观念做为生命力、活动力的气，增加了是构成万物形质的物质根源这样的新意义，提出了新的气概念。还把阴阳、五行也作为构成物质的要素而纳入新的气概念中。……以后，气、质、阴阳、五行的观念直到清末，几乎都未变动。②

朱熹言：“天下未有无理之气，亦未有无气之理。气以成形，而理亦赋焉。”（《朱子语类》卷一）就既成之存在界而言，万事万物之生成必定理气兼备，理气关系是不离不杂，不可独立自存。对于在天道流行变化之际，必先有理后有气，但必须借由“气”聚散之特性构作成一具体存在物进而作为“理”之载体。

> 天道流行，发育万物。其所以为造化者，阴阳五行而已。而所谓阴阳五行者、又必有是理而后有是气。及其生物，则又必因是气之聚而后有是形。故人物之生，必得是理，然后有以为健顺仁义礼智之性；必得是气，然后有以为魂魄五脏百骸之身。③

虽朱熹言理气不离不杂，或是在其他文本当中曾言，理只是逻辑上的在先，

---

① （宋）朱熹撰，朱杰人等编：《中庸章句》，《四书章句集注》，《朱子全书》第6册，上海古籍出版社、安徽教育出版社2002年版，第32页。

② ［日］山井涌：《朱熹思想中的气》，《气的思想：中国自然观与人的观念的发展》，李庆译，上海人民出版社2007年版，第412页。

③ （宋）朱熹撰，朱杰人等编：《大学或问上》，《四书或问》，《朱子全书》第6册，上海古籍出版社、安徽教育出版社2002年版，第507页。

言“理先气后”是从“必欲推其所从来”中言，就既成之存在界而言无离理之气，亦无离气之理。但实际上，朱熹所言无离气之理，并非将“理”视之为气之属性[①]，而依然是就气化之本原与规律性言“气化之理”。人物必由气化有魂魄五脏百骸之身，且气化之际由于理即赋予各不同属性，造就形色万物之不同特性。由此可知整体存在界的运行、万物之化生，皆由阴阳五行造化，此所以然之必然律则是共理，气化而成不同事物各自禀赋不同因而有殊性；就此朱熹言：“理一分殊”。

> 问理与气。曰：“伊川说得好，曰：‘理一分殊。’合天地万物而言，只是一个理；及在人，则又各自有一个理。”[②]

陈来先生认为：“‘理一分殊’在朱熹哲学中的一个重要意义即指作为宇宙本体的太极与万物之性的关系。”[③] 又言此“分”之意是“禀受”之意。

从“理一分殊”此一范型对于朱熹之理气论的探讨，更是朱学学者讨论之重点之一，但在朱熹所著之《四书章句集注》中，明确见“理一分殊”之词仅于朱熹对《孟子·尽心章句下》：“君子之于物也，爱之而弗仁；于民也，仁之而弗亲。亲亲而仁民，仁民而爱物。”此段之诠解为：“杨氏曰：‘其分不同，故所施不能无差等，所谓理一而分殊者也。’”朱熹引杨时之言所提出之“理一分殊”，主要表达的是伦理关系，此处所言“理一”是指普遍的道德原则：如君子对物（禽兽草木）取用有节之爱皆含有仁这一普遍道德原则；而从仁爱的普遍性而言君子对民与对至亲是相同的。但从“亲亲而仁民，仁民而爱物”中可知“仁爱”的具体实践必须按照社会伦理位阶关系而有等差之别，此种伦理差异即是“分殊”。如此地从伦理学角度而言“理一分殊”是伊川主要论述重点。但实际上朱熹“理一分殊”理论的特点在于整体存在界普遍性与个体性之关系。

---

① 杨儒宾先生认为朱熹对于“理”在本体论意义上的自存以及强调理具优越位置，是确定的。其认为“朱子之‘理’不得视为逻辑意义的共相，不得视为‘气’的属性，而是自本自根，可做为宇宙本体的太极，这点是可以确认无疑的。”（杨儒宾：《检证气学——理学史脉络下的观点》，《汉学研究》第25卷，2005年第1期）

② （宋）朱熹撰，朱杰人等编：《朱子语类》卷1，《朱子全书》第14册，上海古籍出版社、安徽教育出版社2002年版，第114页。

③ 陈来：《朱子哲学研究》，华东师范大学出版社2000年版，第116页。

陈荣捷先生认为虽“理一分殊”此一范型导源于二程，但朱熹则是将此说扩充至形而上学之领域。[①]其中一显著的差异则是在此一范型当中纳入“太极”概念。朱熹言“本只是一太极。而万物各有禀受，又自各全具一太极尔”[②]，又言：“天地之间，人物之众，其理本一，而分未尝不殊也。”[③]朱熹于《论语集注》中，则是以“万殊一本”诠说“理一分殊”中形上本体论意涵。

至诚无息者，道之体也，万殊之所以一本也；万物各得其所者，道之用也，一本之所以万殊也。以此观之，一以贯之之实可见矣。[④]

朱熹言：“诚者，真实无妄之谓，天理之本然也。”[⑤]天道最真实无妄的本然状态即是天理，即是道体。此天道气化流行之本然，即是万物之所以然之理。言“一本”在于强调其普遍规律性。万物虽各有特殊属性，但实际上皆是普遍规律的表现，故言“道之用”。

如此可知朱熹言“理一分殊”有二重性，其一是继承伊川从伦理学的角度来讨论道德原则之普遍与特殊关系，统一与差异之关系。换言之，即是认为在各种不同的伦理的亲疏关系之中，虽父子有父子之理，夫妇有夫妇之理，但各种不同的道德范畴皆来自于一个基本且普遍的道德原则就是“理”[⑥]其二是天道气化成物有一天理主宰气化，此天理是人物共通且普遍之理，当气化成物，物物则各有所禀受以成就其个体性。

李志林先生言：

在理气观上，南宋的朱熹与北宋的二程虽然同属一系，不过二

---

① 参见陈荣捷：《朱学论集》，台湾学生书局1988年版，第74—75页。

② （宋）朱熹撰，朱杰人等编：《朱子语类》卷94，《朱子全书》第17册，上海古籍出版社、安徽教育出版社2002年版，第3167页。

③ （宋）朱熹撰，朱杰人等编：《孟子或问》卷1，《四书或问》，《朱子全书》第6册，上海古籍出版社、安徽教育出版社2002年版，第925页。

④ （宋）朱熹撰，朱杰人等编：《里仁第四》，《论语集注》卷2，《四书章句集注》，《朱子全书》第6册，上海古籍出版社、安徽教育出版社2002年版，第96页。

⑤ （宋）朱熹撰，朱杰人等编：《中庸章句》，《四书章句集注》，《朱子全书》第6册，上海古籍出版社、安徽教育出版社2002年版，第48页。

⑥ 陈来先生言：“程朱理一分殊学说包含了伦理学上的一般原则与具体规范的关系。普遍原理表现为具体原则，具体原则中又贯穿着普遍原理。……换言之，基本原则体现为具体不同的行为规范，这就是理一而分殊”（陈来：《朱子哲学研究》，华东师范大学出版社2000年版，第120页）

程紧紧区分了“理一（本体之理）”与“分殊（气化之理）”，而未对二者的关系，以及气化之理作详尽的探讨。而理学的集大成者朱熹，却以二程学说为基架，改造了周敦颐的“太极图说”，吸收了张载的气化思想，融合了邵雍的象数易学，并撮入了道释各家的有关思想，建立了“理一分殊”的体系。①

李志林先生虽以“理学的集大成者”言朱熹之学术地位，未能全面地显现朱熹此思想体系的独特性。但他所持的“吸纳了二程、周、张等理论，结合了本体论与整体存在界如何生成变化的理论，完成其形上理论体系②”的观点，却十分精粹。

朱熹言“理一分殊”其主要言诠之重点仍在于伦理学的讨论上，就朱熹哲学思想的脉络看来，“理”作为一普遍的道德原则成为各种不同道德范畴的判准，其所表现的即是理之所当然之故的层面；而从形上本体的讨论上，则是仍要推导出之所以有其道德律则、原则的存在之所以然之理。而此所以然之理则是天道运行之本然。因此虽朱熹认为在既成之具体存在界中，存在着万殊之理，使得理于事上有其事理，于物上有其物理，于文章脉络上有其文理，但此殊理皆来自于同一本原之理。因此当我们透过认识、推究事物之万殊之理，最终可体认天理存在。若从此推论，朱熹之“理一分殊”理论，实是为伦理学的普遍道德原则寻找出形上根源，作为可依循之依据；同时也为知识建构理论提出一套从个别认知到理解普遍真理的格物穷理工夫。

二、王船山对《四书章句集注》中“理气论”之修正

（一）从“理为气理”之意义下言“性即理”

朱熹所言之天道、天理为化生万物之本根，此点毋庸置疑。船山认为朱熹所言“天以阴阳五行化生万物”之意，是为天之本然内涵即是阴阳五行，天与阴阳五行并非二物，而是一个整体。故言：

① 李志林：《气论与传统思维方式》，上海学林出版社 1990 年版，第 157 页。

② 李志林先生言：“朱熹的‘理一分殊’说超过前人之处就在于，他并不局限于伦理学意义，而是通过本体论和宇宙论的结合，将其扩展为普遍的哲学意义。”（李志林：《气论与传统思维方式》，上海学林出版社 1990 年版，第 158 页）

"天以阴阳五行化生万物"，以者用也，即用此阴阳五行之体也。……天运而不息，只此是体，只此是用。①

拆着便叫做阴阳五行，有二殊，又有五位；合着便叫作天。……则岂阴阳五行之外，别有用阴阳五行者乎？②

天并非在阴阳五行之外另有一主宰阴阳五行之实体存在，而是天之实体即是阴阳五行。天道气化运行实为一体非二，其言："天者，固积气者也。"③

在天者，命也；在人者，性也。命以气而理即寓焉，天也。④

天之实体即阴阳五行之气，天体运行即是必然律则曰命，自然且必然之气化成人即是性。气化成物，理则寓于物中，此整体运行即是天。朱熹言："气以成形，而理亦赋焉，犹命令也。"所言之"理"是气化的同时具有赋予、命令气化成物之主宰义。但船山所言"命以气而理即寓焉，天也"其所言"理"是气化成物之后物所具备之内在理则。可知朱熹认为理"赋予"了气如合成物之规律，而船山则是认为理必"寓于"气中，无离气之理。船山所言之"理"，是气之理。其言：

理即是气之理，气当得如此便是理，理不先而气不后。⑤

一动一静，皆气任之。气之妙者，斯即为理。气以成形，而理即在焉。⑥

船山直言理即是气之理，气之当然规律即是理，理气的关系并非理先气后，但船山言"气之理"其理气关系是否为气先理后？其又言："气化之动静皆由气所派任。"此点说明所谓气化之前并无另有天理主宰，所谓理在于气化成物之奥妙，当气化成物之同时，理即寓于其中，可知船山之将理视为气之理着重的是气与理是相互依存，同时具存的关系。

理只是以象二仪之妙，气方是二仪之实。健者，气之健也；顺者，气之顺也。天人之蕴，一气而已。从乎气之善而谓之理，气外

① （明）王夫之：《中庸》，《读四书大全说》卷2，中华书局1975年版，第68—69页。
② （明）王夫之：《中庸》，《读四书大全说》卷2，中华书局1975年版，第69页。
③ （明）王夫之：《孟子·尽心上》，《读四书大全说》卷10，中华书局1975年版，第719页。
④ （明）王夫之：《孟子·告子上》，《读四书大全说》卷10，中华书局1975年版，第681页。
⑤ （明）王夫之：《孟子·告子上》，《读四书大全说》卷10，中华书局1975年版，第660页。
⑥ （明）王夫之：《论语·泰伯》，《读四书大全说》卷5，中华书局1975年版，第325页。

更无虚托孤立之理也。①

船山视“理”为彰显阴阳二气精微深奥之内在规律与性质，而一阴一阳之实体除了气别无他物。故朱熹所言之健顺五常之理，船山认为皆是气理的表现，故言：“健者，气之健；顺者，气之顺。”更可以说，顺乎气之本然与所当然即是理。其言：

凡言理者有二：一则天地万物已然之条理，一则健顺五常、天以命人而人受为性之至理。二者皆全乎天之事。②

可知船山认为“理”有二种意涵：一是“天地万物已然之条理”，其二是“人受性之至理”。两者皆可为是禀受天道气化而来，所重视的皆是气化之既定规律以及气化成物的内在性质。

蒙培元先生认为船山所提出理有相当于朱熹学说中“物理”与“性理”此两种意义，但是在朱熹学说系统中并没被明确区分清楚，蒙先生认为船山明确分析“理”涵有此二义，对理学范畴探析方法是一个重要发展。③ 陈来先生言船山分将理分为二：一、“已然之条理”为天地万物之理；二、“受性之至理”为人之性。陈来先生认为用理学的语言来说，前者是“物理”，后者是“性理”。并且此观点是受到理学的影响，尤其是程朱理学主张性即是理，是来源于天之所命的。④ 但实际上船山所言之“受性之至理”与朱熹所言之性理并非全然相通。朱熹所言之“性理”，认为整体存在界在天理流行之下，成为整体存在界与存有物之外在规律与内在属性。此“理”之所以“天理”言，强调的是共通之理之意，此共通之理内在人物之中则成为一套具有超越意义的行为准则，作为整体存在界人物共有的应然法则。故言：“于是人物之生，因各得其所赋之理，以为健顺五常之德，所谓性也。”船山言“天下万物已然之条理”所着重的是理于天下万物上言是事理、物理、条理、纹

① （明）王夫之：《孟子·告子上》，《读四书大全说》卷10，中华书局1975年版，第660页。

② （明）王夫之：《论语·泰伯》，《读四书大全说》卷5，中华书局1975年版，第324页。

③ 参见蒙培元：《理学范畴系统》，人民出版社1989年版，第29页。

④ 陈来：“（船山）他把理分为‘已然之条理’和‘受性之至理’，前者是天地万物之理，后者是人之性，用理学的语言来说，前者是物理，后者是性理。这个观点当然是受理学的影响，因为程朱理学主张性即是理，是来源于天之所命。”（陈来：《诠释与重建——王船山的哲学精神》，北京大学出版社2004年版，第107页）

理；“人受性之至理”在所谓“仁、义、礼、智、信”此五常之性、五常之理是专就人而言。笔者认为，船山在此区分“理”为二，其一“天地万物已然之条理”是指“物之理”；其二“健顺五常、天以命人而人受为性之至理”是“人之理”亦即“人性”。可以说是船山将朱熹所言“性即理”加以限制在针对于人与他物之别的特殊属性上，而此特殊属性同样是来自天命，故其言:“性、道者，专言人而不及乎物。”①

道者，天与人所同也，天所与立而人必繇之者也。得者，己所有也，天授之人而人用以行也。然人所得者，亦成其为条理，而各有其径术，各达德而艺人到也。②

船山认为所谓天即阴阳五行，气化的过程以及成物之后才有“理”之显现。“理”可谓是气化过程的规律义，所以此“理”是“天地万物如何而成之条理”，故不可将天与理画上等号。在此共同的气化规律之下，气化成人则有人特殊属性，称之为“性”，此性也可说是人之所以然之理。人物既成之后，必须要依循所以然之理，体认天地万物之条理规律，以及人之特殊属性为何，进而寻此“理”而行，此即所谓“道”。因此，此“道”即是所当然之则。

太极最初一，浑沦齐一，固不得名之为理。殆其继之者善，为二仪，为四象，为八卦，同异彰而条理现，而后理之名以起焉。气之化而人生焉，人生而性成焉。繇气化而后理之实着，则道之名亦因以立。是理唯可以言性，而不可加诸天也，审矣。③

就气化之流行于天壤，各有其当然者，曰道。就气化之成于人身，实有其当然者，则曰性。性与道，本于天者合，合之以理也；其既有内外之别者分，分则各成其理也。故以气之理即于化而为化之理者，正之以性之名，而不即以气为性，此君子之所反求而自得者也。所以张子云“合虚与气，有性之名”，虚者理之所涵，气者理之所凝也。④

① （明）王夫之:《中庸》，《读四书大全说》卷2，中华书局1975年版，第65页。

② （明）王夫之:《中庸》，《读四书大全说》卷2，中华书局1975年版，第128页。

③ （明）王夫之:《孟子·尽心上》，《读四书大全说》卷10，中华书局1975年版，第720页。

④ （明）王夫之:《孟子·尽心上》，《读四书大全说》卷10，中华书局1975年版，第720页。

船山不断着重言说天之命，与朱熹相同的是此点在于肯定天体运行之必然规律性，非人所能掌控。若非人所能掌控，是否有一人格神、意志天的存在，要求着整体存在界的运行历程？要知，在朱熹的思想理论当中，天并非一人格天、意志天，其所言“命”者，强调的是道体的运行规律的强制性，而此强制性是以“天理”一词表述。同样的，船山在在揭示天之外无另有一物存在，但有别于朱熹的是，船山更加强调此受强制规律实际运行的是阴阳二气，所言“命”者，必须要强调其规律是气之规律，其理是气之理，其言：“凡气皆有理在，则凡命皆气而凡命皆理矣。”

> 天之命人物也，以理以气，然理不是一物，与气为两，而天之命人一半用理以为健顺五常，一半用气以为穷通寿夭。理只在气上见，一阴一阳，多少分合，主持调剂者即理也。凡气皆有理在，则凡命皆气而凡命皆理矣。故朱子曰“命只是一个命”，只此为健顺五常、元亨利贞之命，只此为穷通得失寿夭吉凶之命。①

此段文本中，船山言“理只在气上见，一阴一阳，多少分合，主持调剂即理也”，其以“主持调剂”言理，所强调着是规律对于气化成万物各殊之分剂作用。②

船山言：“天地间只是理与气，气载理而理以秩叙乎气。”③“理治夫气，为气之条理。”④更明白显示了理气之间的关系，气是理之载体，而理非静态之成物后方才寄寓于气，而是动态的在气化成物的同时所展现之秩序、规律之意。但在气化成物之后各个存有物健顺五常、元亨利贞之殊性已然确立，也因此必须穷究其确立之特性方能理解其中精微深奥之理。

---

① （明）王夫之：《论语·子罕》，《读四书大全说》卷5，中华书局1975年版，第335页。

② 蒙培元先生认为“王夫之的气以理为体，虽然采用了朱熹的说法，但由于他进行了唯物主义改造，赋予不同意义，因而与朱熹有根本区别：第一，他坚持理气不离的观点而反对理气为二的说法。第二，他所说的体是指规律而不是精神本体。他重视规律对于事物的‘主持调剂’作用，认为一切事物的运动变化都是受规律支配的，但规律绝不能离开事物而存在。”（参见蒙培元：《理学的演变：从朱熹到王夫之戴震》，福建人民出版社1984年版，第401页）

③ （明）王夫之：《中庸》，《读四书大全说》卷2，中华书局1975年版，第158页。

④ （明）王夫之：《孟子·公孙丑上》，《读四书大全说》卷8，中华书局1975年版，第532页。

（二）从“万物皆由气化而成”此一共同气化之理言“理一分殊”

朱熹所言“理一分殊”主要是讨论普遍与特殊之间的关系。此普遍不仅具有规律性更重要的是具备着超越形上本体之意。因此，朱熹言“理一分殊”不仅是天道气化成物有一共同的气化规律，而化生成万物。其更着重在于“理”作为一普遍的道德原则成为各种不同道德范畴的判准，其所表现的即是理之所当然之故的层面。船山着重了朱熹以气化为万物共同化生的规律，但船山所寻问的并非整体存在界的终极本体为何？就整体存在界的视野来看，船山对于宇宙是如何生成的问题只着重在其气化之生成规律，此规律即为“理一”。其言：

> 乃其为之一本者何也？天也。此则张子西铭之旨也。然同之于天者，自其未有万物者言也；抑自夫万物之各为一物，而理之一能为分之殊者言也。非同之于天，则一而不能殊也。夫天，未有命而固有天矣。理者天之所自出，命者天之所与。天有命，而非命即天矣。故万物之同乎一本者，以天言也。①

整体宇宙之运动变化，乃至于生成万物皆来自于天道气化，因此对船山而言，“一本”意味着万物“生成”的根源皆来自天。整体存在界生息循环，四时更迭、消长皆来自于天道气化之运行规律。此规律是气化之律则，必伴随着气化，此气化必有一规律，因此对于船山而言此所以“理一”是因为宇宙化成皆由气化，而万物化成之后，每一事、物皆有其特殊本质、属性则为分殊。

> 天之所以生此一物者，则命是已，夫命也而同乎哉？此一物之所以生之理者，则性也，性也而同乎哉？异端之说曰“天地与我同根，万物与我共命”，故狗子皆有佛性，而异类中可行也。使命而同矣，则天之命草木也，胡不命之为禽兽；其命禽兽也，胡不一命之为人哉？使性而同矣，则犬之性犹牛之性，牛之性犹人之性矣！②

可知船山认为宇宙生成之普遍规律即是气化规律，而非有如朱熹所言有一

① （明）王夫之：《孟子·尽心上》，《读四书大全说》卷 10，中华书局 1975 年版，第 726 页。
② （明）王夫之：《孟子·尽心上》，《读四书大全说》卷 10，中华书局 1975 年版，第 727 页。

"终极本体"之存在。除了气化成物此一普遍规律之外，当万物既成，则整体存在界的各种存在便有其特殊规律即是该物之特性。船山是从这个角度推导出"性即理"此一命题。船山反对有一"终极本体"——"天理"之存在，也反对"共性"之意。

> 夫在天则同，而在命则异，故曰"理一而分殊"。"分"云者，理之分也。迨其分殊，而理岂复一哉！夫不复一，则成乎殊矣。其同者知觉运动之生，而异以性；其同者絪缊化醇之气，而异以理。乃生成性，而性亦主生，则性不同而生亦异；理别气，而气必有理，则理既殊而气亦不同。程氏乃曰"一物之中莫不有万物之理"，则生同而性即同，气同而理皆同矣。有者无不同，同而后皆能以相有。异端之说曰"若见相非相，是为见如来"；唯相非相，乃如两镜相参，同异互摄，而还相为有也。将此物之中有彼物，则附子有大黄之理，虎狼有虾蚓之理乎？抑蠢物之中有灵物，则枭獍有麟凤之理，犬牛有尧、舜之理乎？且灵物之中有蠢物，则龟鹤有菌耳之理，周、孔有豺虎之理乎？①

朱熹是将宇宙生成之气化运动视为本体之作用，而本体才是促使着气化与气化之规律之终极原因。此一终极本体是一、是独立于时空之外的永恒存有，而宇宙万物借由气化而禀受此终极本体作为自己的性理，可知朱熹言"理一分殊"之"分"是"禀受"之意，万物之生成皆是阴阳五行气化而成，而此气化是终极本体的作用，万物内在便同时禀受了此本体而作为成就自我的内在根据与目的。朱熹之"理一分殊"论最主要发挥之处，实是于人伦关系上的发挥，认为当超越普遍之理内在于人成为人之成就自我之根据与目的，此普遍之理便成为普遍之道德原则，作为各项不同层次的人伦关系，彼此之间共同的道德原理原则。

朱熹所强调的是如何从分殊中探寻共同且普遍之理，进而可以此通贯之理运用在各种层面，此处所讨论的必为伦理议题而非具体器具如何使用之议题，因就物理现象而言，无法借由理解电视的原理而可全面应用在开飞机上。但朱熹并无未确做此区分，进而产生了"理一分殊"如何从讨论存在发

---

① （明）王夫之：《孟子·尽心上》，《读四书大全说》卷10，中华书局1975年版，第727页。

生之问题过渡到讨论存在价值之问题。

但船山所言“理一分殊”之“分”是“分别”之意，认为气化之规律即是气之理，即是气之循环迭至、聚散相荡有其一定之律则。在此律则之下，所造就万物分殊是命，由天化成万物，万物各有其内在条理，及各有本质特性。有气便有理，气化之理，是天下万物同一理，但万物化成之后，各有其理，即是“分殊”之意。船山强调一旦气化成万物之后，万物各有其特殊本质、本性，物有物之理，而有人之性，各种关系皆有其当然之则。船山认为需辨明物理与性理所讨论之范畴实存在着差异。从物之理而言，各物各有其理可由其是什么的本质条件，各物之本质、理序不能相互为用如人以植物入药，附子与大黄之特性不同，功效不一则需根据不同症状使用，动物之间虎狼与蚯蚓不能归于一类，其特性不同，生存环境与人如何面对之态度也不同。但若从人伦议题而言，各人际关系之理最后制订出共同之仁义礼智之理，但此性理只专就于人而不及物，因此船山认为不能从整体存在界共同气化之理下讨论人伦价值议题，“理一”所显现的是整体存在界共同气化之理，气化而成万物之后各有分殊，分殊之中因相同之本质属性而可将人、物归类，进而制订出各类事物内在规律，故人有人之性，物有物之理，不可混淆。可知船山若就具体事物存在如何存在之议题讨论“理一分殊”，其所展现的是具体存在界中万有有共生之理，此为理一，而化生之后各有其本质、特性，故言“分殊”。虽船山反对从整体存在界共同气化之理下讨论人伦价值议题，反对将存有原则与价值原则相混淆，但船山亦从伦理价值问题谈“理一分殊”，其言：

> 且大学之教，理一分殊。本理之一，则众善同源明德，故曰“明德为本”。因分之殊，则身自有身之事，家自有家范，国自有其国政，天下自有天下之经。①

船山认为“大学一书，自始至终，其次第节目，统以理一分殊为经纬”（《读四书大全说》卷一，《大学》）其认为《大学》中言三纲领、八条目，等于日用人伦中需实践之工夫其善皆出于“明德”，此明德是为人所独有之仁义礼智之性，是人之所以为人之本质。以明德为本，处于各种关系当中，则自身

① （明）王夫之：《大学》，《读四书大全说》卷1，中华书局1975年版，第48页。

有自身之事，持家与治国各有不同方法，面对五伦亦各有当行之理。此为从伦理价值问题中讨论“理一分殊”。可知船山并非不从伦理价值议题讨论“理一分殊”，而是不能将其与存有原则相混为一谈。值得注意的是，朱熹在讨论“理一分殊”此一议题时，其所着重的是“理一”的部分，着重个体如何实践内在共同之理，回复天理本然，此本然之理，是存在本体亦是价值根源；而船山诠解“理一分殊”时则着重于“分殊”的部分，着重从共同生理而成的个别具体事物，如何完成其内在本质，又如何借由其内在本质之特殊作用与功能于实际事物上具体操作。

（三）“理”为人伦日用之理

船山坚信着“理”既是“气之理”，是气化成物之条理与既定规律。既是言气化之际与化成具体事物之条理，理必在事中方得显现，万事万物皆有其特殊属性。船山认为朱熹于《四书章句集注》中使用“性”、“道”之语词通用于人与他物，而在《四书或问》中，则有明白区分：

> 《章句》于性、道，具兼人物说，《或问》则具为分疏：于命则兼言“赋与万物”，于性则曰“吾之得乎是命以生”；于命则曰“庶万物化繇是以出”，于性则曰“万物万事之理”。与事类言而曰理，则固以人所知而所处者言之。其于道也，则虽旁及鸟兽草木、虎狼蜂蚁之类，而终之曰“可以见天命之本然，而道亦未尝不在是”，则显以类通而证吾所应之事物，其理本一，而非槩统人物而一之也。①

船山认为万事万物皆有其理，而之所以成就万物皆是来自天命之赋予，仍要强调的是此天命所言的是天道运行气化成物之既定性与强制性。船山在此将“命”视为万物之所以成就之所以然之因，而所谓“性”则强调万物各有其属性与特质。但船山强调当我们在讨论万事万物有其属性、特质的时候，实际上是我们人类经由认知、理解并在实际使用当中所判断出的各种事物有其种类与使用方法的不同。职是之故，船山认为朱熹所言理本一即是整体存在界气化运行且化生万物，但就既成之具体存在而言，事类不

---

① （明）王夫之：《中庸》，《读四书大全说》卷2，中华书局1975年版，第64页。

仅是在内容上，在于语词使用上皆不可混为一谈。万物的本然状态皆可以言命，万物之所以然之因亦可言天命所致，但是若言性与道仅能专言人而不及物。

朱熹言：“人物各循其性之自然，则其日用事物之间，莫不各有当行之路，是则所谓道也。”（《中庸章句》）其视“道”为“日用事物之间，各有当行之路”强调事物各有其规律性与目的性即所谓所当然之责。船山更强调道是“事物”之当，即是人如何合理的处理日用事物。船山言：

> 盖言“事物”，则人所应之事、所接之物。以物与人并言，则人行人道，而物亦行物道矣。即可云物有物性，终不可云物有物道，故经传无有言物道。此事不可紊之人纪。①

船山强调所谓物之道，皆是人所制订出应事接物之道，牛适合耕种、马适合骑乘，皆是人“用物之道”。所以船山言：“是故道者，专以人而言也。”其又言：

> 圣贤之所谓道，原丽乎事物而有，而事物之所接于耳目与耳目之得被于事物者，则有限矣。……夫事物之交于吾者，或有睹而不闻者矣，或有闻而不睹者矣，且非必有一刻焉为睹闻两不至之地，而又岂目之槩无所睹，耳之槩无所闻之谓哉？……盖有多历年所不睹不闻者矣。唯其如是，是以不可须臾离也。②

船山明白揭示所谓“道”必定是依附于事物而有。其所言“事物”是人所应之事，所接之物。因此是言人作为一个认知主体、道德主体在面对日用人伦之际所接触的万事万物有一个应事接物的当然法则，此一法则即是“道”。而此道的制订则必得是当自我处于借由道德情境抑或是使用物时根据自我之感通能力，进而理解事物之当然之则。因此若不睹或不闻于事物时，则无法理解与制订出“道”，因此必得时时戒慎恐惧，使自身的觉察能够完整，故以此言“道不可须臾离”。

船山在诠解《中庸章句》中，所言之道，主要是从人伦日用的角度诠解。朱熹释“中庸”之意，是以“不偏不倚，无过不及”言中，以“平常不易”言庸，

① （明）王夫之：《中庸》，《读四书大全说》卷 2，中华书局 1975 年版，第 69—70 页。

② （明）王夫之：《中庸》，《读四书大全说》卷 2，中华书局 1975 年版，第 72 页。

但船山认为，“中者，体也，庸者，用也”①，其言：

> 天下之理统于一中：合仁、义、礼、知而一中也，析仁、义、礼、知而一中也。合着不杂，犹两仪五行、乾男坤女统于一太极而不乱也。离者不孤，犹五行男女之各为一〇，而时与太极之〇无有异也。②

所谓“中”即是天下之理之统一，即可言天下之理内含有仁、义、理、知合而言则为中，从不同伦理范畴而言，可分为仁、义、礼、知四理，合而言之则为中。如同气化流行内含阴阳五行，合而言则为气化，但阴阳五行却又各自独立。而所谓“庸”，船山以为，在朱熹之前此“庸”字并未曾解释为“平常”之意。从《说文解字》中可得：“庸：用也。从用从庚。庚，更事也。《易》曰：‘先庚三日。’”③ 船山认为“庸”字之义为：“言用之而更新不穷……盖以庸为日用则可，日用亦更新意。”又言：“道之见于事物者日用而不穷，在常而常，在变而变，总此吾性所得之中以为之体而见乎用，但非以平常无奇而言审矣。”④ 此言更明白显现，道必显现于事物之中，不同的事物所呈显出事理各不同，因此道之显现是随着所用之事物更新，变化而有增益，甚或是制订出常理。船山诠解“中庸”之意，即在于“中之用”，其言：“‘中庸’者，中之用也。”⑤ 其意为，个人在日用人伦中皆应“用”仁、义、礼、知来接事应物且因时合宜，“仁、义、礼、知”合而言之则是为“中”，亦为“天以命人而人受为性之至理”，其言：

> 盖所谓中庸者，天下事物之理而措诸日用者也。若然，则君子亦将于事物求中，而日用自可施行。然而有不能者，则以教沿修道而设，而道则一因之性命，固不容不于一动一静之间，审其诚几，(静存诚，动研几。)而反乎天则。是行乎事物而皆以洗心于密者，本吾藏密之地，天受吾以大中之用也。审乎此，则所谓性、道者，专言人而不及乎物，亦明矣。⑥

---

① （明）王夫之：《中庸》，《读四书大全说》卷 2，中华书局 1975 年版，第 61 页。
② （明）王夫之：《中庸》，《读四书大全说》卷 2，中华书局 1975 年版，第 59—60 页。
③ （汉）许慎撰，（清）段玉裁注：《说文解字注》，上海古籍出版社 1981 年版，第 128 页。
④ （明）王夫之：《中庸》，《读四书大全说》卷 2，中华书局 1975 年版，第 62 页。
⑤ （明）王夫之：《中庸》，《读四书大全说》卷 2，中华书局 1975 年版，第 63 页。
⑥ （明）王夫之：《中庸》，《读四书大全说》卷 2，中华书局 1975 年版，第 65 页。

个人如何能够不偏不倚的使用天所命所授于人之“中”则仍必得回到事物中审慎审查，于日用实际施行。若有因环境限制而无法经由日用经验而于事物上求道，则可以经由习修圣贤之教，以及圣贤所言之道而得。

就朱熹而言，天理是一，是万事万物所以然之故，所当然之则，因此万事万物中无论是人或物之中皆可见普遍共通之理，如此更可借由万殊所显现之各理，体认普遍天理存在。事实上，易传中所言“生生之谓易”①，又言：“夫乾，其静也专，其动也直，是以大生焉。夫坤，其静也翕，其动也辟，是以广生焉。”② 其所揭示的普遍天理在于“生生之理”。此生生之理不论是依靠生物本能生活的各种动物，或是建构起文明社会的人类而言，其所作所为都可以说是为了延续生命，遵守着生生之道。但就人类的发展中可见其非被动的动物本能能力，而是人自我之主动能力不反在于关怀自身的生存，不仅在于关怀至亲的生存，也关怀了他人与他物的生存。于是此生生之理、生生之道于人身上显现并为生生之德。此生生之德是为人与他物最主要的区别。但由于儒家系统的发展，此生生之德于人伦关系上因着不同的伦理范畴表现而有可分为四德即：仁、义、礼、知。朱熹承继儒家系统，特别是伊川之“性即理”、“天理”理论，直接将“仁、义、礼、知”与天理画上等号，也因此必须言人与物内在皆有“仁义礼知”之理，人与物的区别，皆是由于气化之形躯构作不同。

船山反对不言“气”之“天理”概念，而认为天之实体即是气“天者，固积气者也”，气之实体即是六阴六阳。此处所言之“实体”之意，是其内在充满之实际存在物体。而非言事物必有其本质为实体，以功能为用。职是之故，船山认为不可离气而言天，更不可舍气而言理，因所谓理即是气之理，是气化之规律，是化成之物的内在规律与本质。可知船山否认天即理，认为天是阴阳五行化生万物的整体过程，而在具体事物生成之后，才有条理显现。其言：“故可云‘天者理之自出’，而不可云‘天一理也’，又言：“天固为理之自出，不可正名之为理矣。”③

① 黄寿祺、张善文：《系辞上传》，《周易译注》，上海古籍出版社 2018 年版，第 700 页。

② 黄寿祺、张善文：《系辞上传》，《周易译注》，上海古籍出版社 2018 年版，第 703 页。

③ （明）王夫之：《孟子·尽心上》，《读四书大全说》卷 10，中华书局 1975 年版，第 719 页。

船山从日用人伦之面向言理，理必从事上显现，所谓事理必为人之应事接物之则。所谓“性”、“道”皆应专就人而言是严格的区分了人与它物之别。“则物之有道，固人应事接物之道而已。是故道者，专以人而言也。”①

换言之，气化成物各有内在规律与条理。而人之内在规律与条理内涵于仁、义、礼、知，是跟其他事物最大的区别，此即为人性。唯有人可以制订仪文，使用器具，并发明器具，此即为知“道”。而人虽本性有仁、义、礼、知，但受限于环境条件无法体察全体事物，便无法借由应事接物来理解当然之理，因此仍须时时研习、受教于圣贤所言之道，进而求理解人伦事理。

朱文与船山基本上对“气”的理解是相同的，皆以“气”作为宇宙生成之根本元素，皆承继张载是“气”为一实有，以对治佛教形上论的“缘起性空”之说。朱熹不仅将“气”作为万物生成的根本物质，更纳入阴阳、五行作为气的内涵，此一论点在朱熹之后的以“气”作为最高概念范畴之气学学者的论述中皆有所承继。虽朱熹继承张载以气化来解释宇宙生成，但其着重则是继承伊川之天理概念，认为“理”是事物之所以然之故与所当然之则。由于“理”是事物的所以然之故，因此理对于事物的形成具有根源意义，气化成牛或马之前有一化成牛或化成马之理。“理”同时具有目的义，当气化成物之后，天理内在于具体存在物之中，成为行为准则以及价值目的，必须符合此标准与价值能完成自己的存在，更能使得天命于存在物身上完全展现。如此便可知朱熹的“理”具有形上价值意义，不仅是整体存在界变化生成之最终实在，更是日用人伦的终极价值。如此便产生朱熹理论的内在矛盾：理与气是否为两本体存在？引发明代儒者曹端②之批判，其言：

> 遂谓“理之乘气，犹人之乘马，马之一出一入，而人亦与之一出一入”，以喻气之一动一静，而理亦与之一动一静。若然，则人

① （明）王夫之：《中庸》，《读四书大全说》卷2，中华书局1975年版，第70页。

② 曹端（1376—1434），字正夫，号月川，河南渑池人。为明代初期发展朱学学者，在承继朱熹学说之际，更有反省与批判。主要著作为：《太极图说述解》、《通书述解》、《西铭述解》。

为死人，而不足以为万物之灵；理为死理，而不足以为万物之原。①

其主要批判朱熹之论述将理气关系视为人乘马之挂搭关系如此明显是将理与气划分成两实体，且实际活动的是“气”，“理”则为活动方向之“主宰”。因此牟宗三先生以“只存有不活动”来指称朱熹之“理”之定位。但实际上，在朱熹的理论中，仍是以“理”作为形上本体，唯一终极实在，朱熹纳入“太极”概念来说明，在太极之中，理与气同时作用，但是最终仍有一浑全之整体，无臆度、无造作的冲漠无朕的道体存在即是“太极”。在“太极”之中，“理”主宰着“气”，“气”是从“理”所发，如此又会遇到另一个问题：理如何生气？此问题成为朱熹“理气论”之内在矛盾。

基本上朱熹所言之理气关系，必须从形而上与形而下两层面来讨论。首先，从形而上的层面所讨论之理气关系，其论述之主旨在于整体存在界之存在根源以及存在之形成方式。朱熹以“理”做为万物存在之根源，是超越形上之实体，因此普遍性、共同性与超越性将其定名为“天理”，朱熹于此处纳入了二程“理一分殊”之论点，以且以“太极”凸显出其“天理”之自存性与优越性，气则实为其中变化流行之之化生元素。其次，从形而下的层面来讨论，则理气关系便需回到具体生活世界探讨经验具体事物以及寻求其背后之规律、条理。从形而上的层面而言，理先气后；但从形而下之层面而言，则理不先气不后。从形而上而言，“理”是本体，“气”是“本体”之发用，因此必须体立而后用行；从形而下的层面而言，则具体事物与其本质、属性不可分，气聚而成具体事物，以及此物背后之内在规律与条理，其体用关系不定，彼此相摄相涵。而船山所讨论之理气关系则全然属于朱熹以形而下层面所论述之理气关系，进而提出其“理气互体”之理气论。

蒙培元先生认为：

王夫之的气以理为体，虽然采用了朱熹的说法，但由于他进行了唯物主义的改造，赋予不同意义，因而于朱熹有根本区别。第一，他坚持理气不离的观点而反对理气为二的说法。第二，他所说的体是指规律而不是精神本体。他重视规律对于事物的“主持调剂”作用，认为一切事物的运动变化都是受规律支配的，但规律绝不能

① （明）曹端：《太极图说述解》，《曹端集》卷1，中华书局2003年版，第23—24页。

> 离开事物而存在。规律不可见，由事物表现出来，规律是事务所固有的，因此规律与事物不可分离。……王夫之“天无体，以用为体”的思想是对朱熹理本论的否定。①

虽船山否定了以“理”作为超越之形上本体，认为“理”必为“气之理”。但并非全面的否定朱熹之“理气论”，而将理气关系的讨论专就于生活世界的层面，对于形而上之原理原则以及价值层面等讨论虽不可偏废，但同样不可偏离生活世界的范畴。可知船山对于形上原则与价值的讨论中有一个界线，在讨论万物之基始、存在之根源时，最终可以讨论到的便是整体存在界是以气化流行化生万物，而此气化过程有一既定之规律。因此整体存在界之存在本体，必为气。“气”为本体同时作用着。如此一来解消了朱熹理气论中“理如何生气”等问题。朱熹以“理”作为存在本体以及万物基始时，此“理”实际上并不具有创生意涵，因此在朱熹的理论当中，不应该产生“理如何生气”之问题，但由于朱熹在“气”之上又别立一个可独立自存的实理存在，即产生了其理论之内在矛盾。船山设立了对形上原则与价值层面讨论的界线，可以将对于整体存在界的探究锁定于从经验观察获得的材料，探循其中隐含之原理原则，进而作为接事应物之行为指导。如此便可将“理”锁定在人伦日用之中之应然之理，此应然与实然之间并无存在严重断裂且无法跨越的鸿沟，而是以事物之实然状态，判断其本质与内在规律，进而当人在使用之际可以依循其特质而做最佳的使用方式此即为应然之则。从中可显现出船山企图将朱熹所建构之理气论更贴近生活世界之真实存在，凸显朱熹理气论中原本就颇为着重的气理部分之论点。

（作者单位：陈福滨，台湾辅仁大学哲学系；简慧贞，湖北黄冈师范学院）

① 蒙培元：《理学的演变：从朱熹到王夫之戴震》，人民出版社1984年版，第401页。

中和·仁说·道统

——朱熹与张栻之义理辨析与学脉建构

陈逢源

朱熹（1130—1200）、张栻（1133—1180）、吕祖谦（1137—1181）为南宋学术领袖，三人为友乃是儒林佳话，也是南宋理学得以成立的关键，推究缘由，主要因为朱熹积极的交往，隆兴元年（1163）十月李侗（1193—1163）卒于福州①，可以引领学术的导师，遽然而逝，茫无所依的危机，学术有待突破，促使朱熹积极寻求友朋。②《朱子文集》中收录朱熹寄于两人书信最多，与吕祖谦一百零二封，与张栻四十九封，张栻卒于淳熙七年（1180），吕祖谦卒于淳熙八年（1181），将近十七年之间，朱熹与两人书信不断，于时局之变革、学术之究竟，乃至于建构二程学术体系，甚至家庭之间，彼此商量，可以证明广求学术，乃是终生信念，期许会通更是朱熹念兹在兹的工作。朱熹遣长子朱塾向吕祖谦求学，与张栻之间更是亲密无间。《宋史·道学传》、《宋元学案》当中朱熹与张栻本传、学案相续。黄宗羲（1610—1695）《宋元学案·南轩学案》更直指："朱子生平相与切磋得力者，东莱、象山、南轩数人而已。东莱则言其杂，象山则言其禅，惟于南轩，为所佩服，一则曰：'敬夫见识，卓然不可及。从游之久，反复开益为

① 束景南：《朱熹年谱长编》，华东师范大学出版社 2001 年版，第 305—312 页。

② 来年张栻父亲张浚病逝，朱熹前往吊唁，与谈更为深入，刘述先《朱子哲学思想的发展与完成》（台湾学生书局 1995 年版）认为此时场合不对，不可能有深度的学术讨论。第 79 页。然而束景南撰《朱熹年谱长编》（华东师范大学出版社 2001 年版）于隆兴二年（1164）载"九月，赴豫章哭祭张浚，与张栻面论湖湘学中和之说，得胡宏《知言》，结识胡宏弟子吴翌。"第 330 页。可以了解朱熹于李侗卒后，急于突破学术困境的心情。

多。’一则曰：‘敬夫学问愈高，所见卓然，议论出人表。近读其语，不觉胸中洒然，诚可叹服。’然南轩非与朱子反复辩难，亦焉取斯哉！”[①] 朱熹与张栻的关系，较之吕祖谦显然更为亲密，朱熹与张栻相互欣赏，既是朱熹后学普偏的看法，也是理学史中人所共见的事情。事实上，朱熹与张栻分别代表“道南”与“湖湘”学脉，学术各有渊源，但两人求其一贯，和洽无嫌隙，乃是因为豁然无私，兼融并取的胸襟。朱熹《祭张敬夫殿撰文》言及两人情谊，云：“我昔求道，未获其友，蔽莫予开，吝莫予剖。盖自从公，而观于大业之规模，察彼群言之纷纠，于是相与切磋以究之，而又相厉以死守也。”[②] 切磋学问，相知相惜的感动，朱熹如此，张栻应该亦然。可以推想“道南”与“湖湘”两系各走一端，二程之学恐怕更为模糊，所幸两人剔除疑义，往复商量，思以再现圣人精神，为二程学术流而不返的困境寻求出路，贡献所在，才有如今理学之面目。只是理解有偏，不免陷于诠释困境，全祖望（1705—1755）于此已有发觉，云：“南轩似明道，晦翁似伊川。向使南轩得永其年，所造更不知如何也。北溪诸子必欲谓南轩从晦翁转手，是犹谓横渠之学于程氏者。欲尊其师，而反诬之，斯之谓矣。”[③] 陈淳（1159—1223）等人欲尊其师，固然出于人情，但过度高扬一方的结果，无法得见两人心念纯粹，相携相守的情形，因此或是以学术社群概念，道南与湖湘学是相互竞逐的关系，将朱熹思想的发展视为湖湘学没落的原因，不免见其异，不见其同[④]，或是标举存有，认为张栻不能发其师之精蕴，只能顺从朱熹说法，不免见其偏，不见其全[⑤]，甚至认为朱熹裒集张栻文集，

---

① （清）黄宗羲著，全祖望补：《南轩学案附录》，《宋元学案》卷 50，中华书局 1986 年版，第 1635 页。

② （宋）朱熹撰，陈俊民校编：《朱子文集》，台湾德富文教基金会 2000 年版，第 4293 页。

③ （清）黄宗羲著，全祖望补：《南轩学案序录》，《宋元学案》卷 50，中华书局 1986 年版，第 1609 页。

④ 田浩：《朱熹的思维世界》，台湾允晨文化公司 2008 年版，第 97 页。

⑤ 牟宗三：《心体与性体》（二）（台湾正中书局 1968 年版）云：“张南轩师事胡五峰，然‘受教之日浅’，固不能发其师之精蕴。又其天资明敏，心思活泼，看似通达柔和，而实禀性清弱，故其与朱子往复辩难，率多以朱子为主动，顺从朱子之格局，其所言说大都尾随其后而弥缝之。……此见其力弱才短，故软塌而被吞没也。其学无传，亦非偶然。朱子乐与之谈，而又深致赞佩之辞，亦只喜其明敏而随和耳。”第 432 页。

有掩没张栻思想，以从己见的嫌疑。① 所论另辟蹊径，反而让人质疑朱熹与张栻学术与人格，说法令人疑惑？推究原因，恐是诠释偏于一边的结果，为求厘清，笔者检视朱熹学术渊源，撰成《“道南”与“湖湘”——朱熹义理进程之检讨》一文，对于朱熹学术脉络已有大要的掌握②，进而梳理两人义理讨论，回归于经典诠释观察，撰成《从“中和”到“仁说”——朱熹〈四书章句集注〉“爱之理，心之德”义理进程考察》③，两人交往，已有初步了解，至于朱熹与张栻化解义理分歧，建构儒学脉络思考，则有待进一步检讨，学人恢宏无私，努力追寻圣道，期许有更深入的观察。

二、“中和”与“仁说”

朱熹从李侗获致道南心法，又从张栻习得湖湘学术。湖湘学术强调日用间操存辨察，本末一致，直接明快，成为朱熹迷茫无依中的明灯，人生于世，应对进退之间，皆为已发，在心思万起万灭当中，进行操存辨察的工夫，事事皆为学问，时时皆可做工夫，此一阶段，正是理学史“中和旧说”阶段，也就是乾道二年（1166），“丙戌之悟”④，《朱子文集》当中《与

---

① 田浩：《旁观朱子学：略论宋代与现代的经济、教育、文化、哲学》（华东师范大学出版社 2011 年版，第 194—197 页）言“张栻在朱熹 1185 年写这封信的五年之前已经过世，因此朱熹这时无须被迫承认张栻的贡献。而朱熹在为了刊刻而编辑张栻书信时，省略了张栻提出这一点的那封信，所以朱熹承认这一短语原本来自张栻就更令人惊讶了。”又“刘述先教授甚至抱怨，张栻著作里没有任何胡宏异见的踪影，但事实上张栻文集是朱熹所编辑的。”又“朱熹毫无疑问在选择性地保存张栻作品之际，简化了道学传统的多样性。”

② 陈逢源：《“道南”与“湖湘”——朱熹义理进程之检讨》，《“融铸”与“进程”：朱熹〈四书章句集注〉之历史思维》，台湾政大出版社 2013 年版，第 179—220 页。

③ 陈逢源：《从“中和”到“仁说”——朱熹〈四书章句集注〉“爱之理，心之德”义理进程考察》，台湾《东吴中文学报》第 29 期。

④ 刘述先：《朱子哲学思想的发展与完成》（台湾学生书局 1995 年版），第 79—81 页。陈来：《朱熹哲学研究》（中国社会科学出版社 1993 年版），第 110 页。刘述先认为丙戌年朱熹还在追求的过程中，应是到过潭州访问张栻之后，才有思索的成果，所以中和旧说四函应系于戊子，乾道四年（1168）朱熹三十九岁时。第 89 页。然依束景南《朱熹年谱长编》核以何镐来访，讨论中和之说，中和旧说四札应系于乾道二年（1166），朱熹三十七岁，第 355—359 页，朱熹与张栻讨论已发未发，与湖湘交流时间可以推更之前，配合朱熹以源头活水诗，咏其“主敬”思想，朱熹思想转折，已可概见。

张钦夫三》、《与张钦夫四》、《答张敬夫三》、《答张敬夫四》①，保留朱熹斟酌儒学义理所在，试行湖湘学术心得。然而朱熹学术日进，修养操持，观点渐有不同，原因来自于乾道五年（1169）朱熹与蔡元定（1135—1198）讲论时顿悟的结果，所谓“中和新说”阶段，即是“己丑之悟”，朱熹将此体会写成《已发未发说》云：“向来讲论思索，直以心为已发，而所论致知格物，亦以察识端倪为初下手处，以故缺却平日涵养一段功夫，其日用意趣，常偏于动，无复深潜纯一之味，而其发之言语事为之间，亦常躁迫浮露，无古圣贤气象，由所见之偏而然尔。”②并将心得寄与湖湘学者，云：

> 按《文集》、《遗书》诸说，似皆以思虑未萌、事物未至之时，为喜怒哀乐之未发，当此之时，即是此心寂然不动之体，而天命之性，当体具焉，以其无过不及，不偏不倚，故谓之“中”；及其感而遂通天下之故，则喜怒哀乐之性发焉，而心之用可见，以其无不中节，无所乖戾，故谓之“和”，此则人心之正，而情性之德然也。然未发之前，不可寻觅，已觉之后，不容安排，……此是日用本领工夫，至于随事省察，即物推明，亦必以是为本，而于已发之际观之，则其具于未发之前者，固可嘿识。③

可惜湖湘学者固守樊篱，无法接受朱熹观点，但往复之间，朱熹与张栻意见渐趋一致。所谓“未发”是指思虑未萌，心体流行寂然不动之时；所谓“已发”是指思虑已萌，心体流行感而遂通的阶段。“心”具众理，兼有“已发”、“未发”，“已发”、“未发”不是“心”、“性”之别，而是“情”、“性”之分，性无所偏便是“中”，情若中节便是“和”。厘清之后，朱熹终于确立心统性情的义理

---

① （宋）朱熹撰，陈俊民校编：《朱子文集》第3册，卷30，《答张钦夫三》、《答张钦夫四》，第1157—1159页，及卷32《答张敬夫三》、《答张敬夫四》，第1241—1244页。此四书即论中和旧说四札，束景南撰《朱熹年谱长编》系于乾道二年（1166），第355—358页。陈来撰《朱熹哲学研究》考其语脉顺序，应是第一书、第四书、第二书、第三书。第103—104页。

② （宋）朱熹撰，陈俊民校编：《朱子文集》，《朱子文集》，台湾德富文教基金会2000年版，第3373页。

③ （宋）朱熹撰，陈俊民校编：《朱子文集》，台湾德富文教基金会2000年版，第3329—3330页。

架构。[①] 湖湘学者主张“先察识后涵养”，即物推明的工夫，必须以此为根本，否则性无根源，情无依归，毕竟于已发时下工夫，对于思虑未萌的“未发”阶段“阙却平日涵养一段工夫”，此一欠缺，也就少了雍容深厚气度，临事之际，无可掌握，日用之间流于急迫，不仅工夫仅有一半，人欲不免入之于心，而自以为是。朱熹能够化解动静之纷扰，究察日用的功效，张栻学术的引介与启发，居功厥伟，同样道理，朱熹转折而进，兼融并蓄，张栻能够体会朱熹更臻于密的成就，学术取得共识，代表张栻思考也已达其境。两人书信不断，工夫既无私藏，意见充分交流，唯求真理，正是学人应有之态度，道南与湖湘终于在同中有异，异中有同之中，获得共识，在动静语默之间，确立工夫所在，两人求道之公，心念之平，无疑是理学得以传续的关键。朱熹“中和”新旧说，乃是从“道南”学脉进入“湖湘”学脉，又从“湖湘”超越而出，融“静”于“敬”，绾合两系修养心法的结果，心体明朗，既是个人学术的跃升，也是理学史极为重要的发展。[②] 两人经过中和之辨后，见识已有不同，厘清体用关系，尝试掌握核心要义，进而及于求仁讨论，时间持续将近二年[③]，朱熹与张栻两人皆有《仁说》，观点相近甚至让人产生混淆[④]，张栻《仁说》云：

---

① 参见［日］藤井伦明：《朱熹思想结构探索——以“理”为考察中心》，台湾大学出版中心 2011 年版，第 163 页。

② 参见陈逢源：《“道南”与“湖湘”——朱熹义理进程之检讨》，《“融铸”与“进程”：朱熹〈四书章句集注〉之历史思维》，台湾政大出版社 2013 年版，第 207 页。

③ 束景南指出，乾道二年（1173）“继续与张栻讨论《洙泗言仁录》与《仁说》，修改《仁说》”，“长达二年之《洙泗言仁录》与《仁说》论辩至此结束，二人仁说思想取得大体一致。”（束景南：《朱熹年谱等编》，华东师范大学出版社 2001 年版，第 506 页）往返书信，前人讨论已多参见尚清撰《朱子与张栻“《仁说》之辨”书信序次详考》，《厦门大学学报（哲学社会科学版）》2014 年第 4 期）

④ 例如陈淳撰《答陈伯澡》第五书：“文公有《仁说》二篇，莫须已曾见否。一篇误在《南轩文集》；一篇近方得温陵卓丈传来。”（《北溪大全集》卷 26，文渊阁《四库全书》，第 1168 册，台湾商务印书馆 1986 年版，第 706 页）。甚至刊刻《朱子文集》误以张栻《仁说》为朱熹的《仁说》，《朱子文集》卷 67“校勘记”云：“浙本误以南轩先生《仁说》为先生《仁说》，而以先生《仁说》为《序仁说》。又注：‘此篇疑是《仁说序》姑附此’十字，今悉删正之。”［（宋）宋熹撰，陈俊民校编：《朱子文集》第 7 册，第 3400 页］两人说法相近，产生混淆，后人甚至提出质疑，认为朱熹以编辑《南轩文集》之便，将自己心得附入。对此说法，陈荣捷列举四点回应，认为“自私用知”有违朱熹性格，说法并不可信。（参见陈荣捷：《朱子新探索》，台湾学生书局 1988 年版，第 397—381 页）

爱之理无所蔽，则与天地万物血脉贯通，而其用亦无不周矣。故指爱以名仁则迷其体，（程子所谓爱是情，仁是性，谓此。）而爱之理则仁也；指公以为仁则失其真，（程子所谓仁道难名，惟公近之，不可便指公为仁，谓此。）而公者人之所以能仁也。①

仁德之通贯，乃天地生物之心的说法，保有湖湘学术的精神，动、静之间的观察，乃是融合“道南”与“湖湘”的结果，至于体用之说，则已是“中和”之辨的体会心得，从而判断以“爱”言“仁”失其体，指“公”为仁也失其真，两者并非“仁”之确诂，进而发展出“克己”的工夫，此一主张，不仅可以切己操持，也是化解义理分歧之后的心得，检视朱熹《仁说》，也有相近之说法，判析更详，云：

程子之所诃，以爱之发而名“仁”者也；吾之所论，以爱之理而名“仁”者也。盖所谓“情性”者，虽其分域之不同，然其脉络之通，各有攸属者，则曷尝判然离绝而不相管哉！吾方病夫学者诵程子之言而不求其意，遂至于判然离爱而言“仁”，故特论此以发明其遗意，而子顾以为异乎程子之说，不亦误哉！或曰：“程氏之徒，言仁多矣。盖有谓爱非仁而以‘万物与我为一’为仁之体者矣；亦有谓爱非仁而以‘心有知觉’释仁之名者矣。今子之言若是，然则彼皆非欤？”曰：彼谓“物我为一”者，可以见仁之无不爱矣，而非仁之所以为体之真也；彼谓“心有知觉”者，可以见仁之包乎智乎，而非仁之所以得名之实也。②

朱熹并且强调仁为“生物之心”、“众善之源”，说法一如张栻，并且以“克去己私，复乎天理”来补充张栻主张效用的说明，至于“心之体无不在”、“心之用无不行”则是心体澄朗之境的说明，言“仁”要廓除言公、言觉之偏，回归于性、情之间，掌握心体样态，不论是“含胡昏缓”，或是“张皇迫躁”，皆是偏离中道的结果，心体既失，其失弥远，“仁”必须回归于儒学义理检讨，两人虽有所重，但立场一致，则无可疑。朱熹《又论仁说十四》云：

---

① 杨世文、王蓉贵校点：《仁说》，《南轩集》卷18，《张栻全集》，长春出版社1999年版，第803页。

② （宋）朱熹撰，陈俊民校编：《朱子文集》，台湾德富文教基金会2000年版，第3391—3392页。

仁，本吾心之德，又将谁使知之而觉之耶？……上蔡所谓“知觉”，正谓知寒暖饱饥之类尔，推而至于酬酢佑神，亦只是此。知觉无别物也，但所谓有小大尔。然此亦只是智之发用处，但惟仁者，为能兼之。故谓“仁者心有知觉”则可，谓“心有知觉谓之仁”则不可。……至于伯逢又谓：“上蔡之意自有精神，得其精神，则天地之用皆我之用矣。”此说甚高妙，然既未尝识其名义，又不论其实下功处，而欲骤语其精神，此所以立意愈高，为说愈妙，而反之于身，愈无根本可据之地也。①

“爱”固然不能直接等同于“仁”，但离“爱”无法见“仁”，朱熹认为必须从“爱”寻其道理，方能得见“仁”的真实存在，否则寻错门径，愈走愈差，所以“仁”必归于之心，言之于德，“仁”方能获得掌握，也才有操持的根据，至于以“觉”言“仁”，以“察识”为工夫毕竟属“知”，与“仁”内涵不同，因觉而得仁，要求高远神妙的结果，缺乏确实可以掌握的内涵，于道德本体反而隔了一层，为求落实，朱熹于乾道八年（1172），作《敬斋箴》，于序言“读张敬夫《主一箴》，掇其遗意，作《敬斋箴》，书斋壁以自警云”②，两人从儒学内涵的分析，分享学脉心法，发展出修养工夫的印证心得。张栻《答朱元晦秘书（十三)》云：

来书披玩再四，所以开益甚多。所谓“爱之理”发明甚有力，前书亦略及之矣。区区并见别纸，嗣有以见告是幸。……《克斋铭》读之无可疑者，但以欠数句说克己下工处如何。《敬斋箴》皆当书之坐右也。《洙泗言仁》中“当仁不让于师”之义，旧已改，“孝悌为仁之本”、“巧言令色鲜仁”之义，今亦已正，并序中后来亦多换，却纳一册去上呈。③

《敬斋箴》当书之为座右铭，做法一如朱熹，更可见以道相期的友谊，张栻既提醒朱熹注意之处，也调整自己主张，修改之后，也寄呈朱熹参考，意见

① （宋）朱熹撰，陈俊民校编：《朱子文集》，台湾德富文教基金会 2000 年版，第 1265—1266 页。

② （宋）朱熹撰，陈俊民校编：《朱子文集》，台湾德富文教基金会 2000 年版，第 4202 页。

③ 杨世文、王蓉贵校点：《答朱元晦秘书》，《南轩集》卷 20，《张栻全集》，长春出版社 1999 年版，第 840—841 页。

交流，无嫌隙，无猜疑，对于朱熹发挥“爱之理”的说法，极为赞赏，朱熹撰《克斋记》云：

> 性情之德无所不备，而一言足以尽其妙，曰“仁”而已；所以求仁者盖亦多术，而一言足以举其要，曰“克己复礼”而已。盖仁也者，天地所以生物之心，而人物之所得以为心者也。惟其得夫天地生物之心以为心，是以未发之前，四德具焉，曰仁、义、礼、智，而仁无不统；已发之际，四端着焉，曰恻隐、羞恶、辞让、是非，而恻隐之心无所不通。此仁之体用，所以涵育浑全，周流贯彻，专一心之妙，而为众善之长也。①

人得天地生物之心为心，未发之前，已具其性，已发之际，四端存焉，心体之妙，涵育浑融，周流贯澈，通贯天人。“仁”之为性，统有四德，因此由仁可以见天地之德，而仁着于心，说法一如张栻，朱熹特别强调人有是身，则难免有欲，欲之既盛，则有碍于仁体，所以修养在求仁，方式则是去其不仁，如何去其不仁，克己复礼，则是对治既盛之欲，一旦欲尽理纯，则粹然天地生物之心，得以全然朗现，欲与仁相对存在，“天理”、“人欲”互为消长，所以存天理与去人欲，人欲消则天理盛，乃是一体之功。儒学工夫在于“克”之一字，主张也一如张栻，唯有克己复礼，才能得见心体朗现，“仁”要以“爱”而言，已经成为两人共识，《朱子语类》保留其中思考，云：

> 问：“程门以知觉言仁，《克斋记》乃不取，何也？”曰：“仁离爱不得。上蔡诸公不把爱做仁，他见得伊川言：‘博爱非仁也，仁是性，爱是情。’伊川也不是道爱不是仁。若当初有人会问，必说道‘爱是仁之情，仁是爱之性’，如此方分晓。惜门人只领会那意，便专以知觉言之，于爱之说，若将浼焉，遂蹉过仁地位去说，将仁更无安顿处。‘见孺子匍匐将入井，皆有怵惕恻隐之心’，这处见得亲切。圣贤言仁，皆从这处说。”又问：“知觉亦有生意。”曰：“固是。将知觉说来冷了。觉在知上却多，只些小搭在仁边。仁是和底意。然添一句，又成一重。须自看得，便都理

① （宋）朱熹撰，陈俊民校编：《朱子文集》，台湾德富文教基金会2000年版，第3867—3868页。

会得。”①

《克斋记》不取知觉之说，乃是朱熹对于以“爱”言“仁”进路的坚持，二程的提醒“性”与“情”有别，层次不同，然而一如“心体”兼有“已发”、“未发”，“性”、“情”并不是截然两分，由情见性，由“爱”见“仁”，如果扭曲诠释，离爱言仁，不论是强调“同体”之德，抑或强调“知觉”为用，都会产生偏差，朱熹追究本体渊源，掌握仁体的样态，也才能厘清湖湘学术的偏差，因为离“爱”言“仁”的结果，强加把抓，别有一物为“仁”，往往张遑奇怪，使得儒学支离而怪异。朱熹从“中和”新解之后，由“已发”而“未发”，“仁体”既明，湖湘“察识”工夫过偏的问题，也就清楚明朗，孔子罕言仁，正是在于行事与体察之间，并无别出之物，摆脱私欲障蔽，去蔽则明，直接明快，所以朱熹特别强调“仁”之为本，标举“克己复礼”，前者确立其本体，后者强调其工夫，朱熹从湖湘学而得心体的观察，又从“克己复礼”确立工夫与本体融通的了解，爱归于理，全心之德，方可称“仁”，体用之间，已发、未发之际，充分周备，朱熹从张栻进入湖湘之学，又与张栻共同超越而出，回归儒学内涵，思考操持法门，“爱之理，心之德”方能呈现“仁”的周全样态，张栻《论语解》于“其为仁之本与！”云：“孝弟乃为仁之本，盖仁者无不爱也，而莫先于事亲从兄。”②《孟子说》于“亦有仁义而已矣”云：“仁莫大于爱亲，义莫先于尊君。”③已经是以“爱”言“仁”的说法；至于朱熹《论语集注》于“其为仁之本与！”注云：“仁者，爱之理，心之德也。”④《孟子集注》于“亦有仁义而已矣”注云：“仁者，心之德，爱之理。”⑤更是由“爱”深入，标举心德之理，自此仁有清楚的了解，两人思

---

① （宋）朱熹撰，朱杰人等编：《朱子语类》卷6，《朱子全书》第十四册，上海古籍出版社、安徽教育出版社2002年版，第261页。

② 杨世文、王蓉贵校点：《学而篇》，《论语解》卷1，《张栻全集》，长春出版社1999年版，第68—69页。

③ 杨世文、王蓉贵校点：《梁惠王上》，《孟子说》卷1，《张栻全集》，长春出版社1999年版，第242页。

④ （宋）朱熹撰，朱杰人等编：《学而第一》，《论语集注》卷1，《四书章句集注》，《朱子全书》第6册，上海古籍出版社、安徽教育出版社2002年版，第68页。

⑤ （宋）朱熹撰，朱杰人等编：《梁惠王章句上》，《孟子集注》卷1，《四书章句集注》，《朱子全书》第6册，上海古籍出版社、安徽教育出版社2002年版，第246页。

考进程亦由此得见。

三、“学脉”与“道统”

朱熹与张栻厘清学术内涵，分享工夫心法，不仅形成共识，更成为检讨学脉歧出的依据，“中和”涉及心体的厘清，“仁说”则是核心要义的掌握，于义理推究更为深入，工夫分析更为细密，朱熹从“道南”学脉到“湖湘”学脉，学脉因而汇流，从旧说到新说，学术更上一层，思想转折发展，张栻支持具有关键作用，两人互相欣赏，进而推动学脉重建工作，乃南宋伊洛之学的一大进展①，道南与湖湘进路虽有不同，但其实并非截然两分，两系原有肌理贯通之处，“二程”为彼此学术的共同根源，只是几经转折，遂有歧出，门人所传，未必真如原本，如今终于有分判依据，《四书或问》载有朱熹的反省，云：

> 然尝窃揣之，则其宽平正大者，或失于未精；整峻严格者，或苦于未畅；通达奇伟者，或有过高之病；酝藉敷腴者，或有柔缓之失；而清和靡密者，又未免牵合支离之患也。……谢氏之书，今本出于胡氏，盖其所裁定者，比旧为差约，然语脉亦有不贯处，顾无大害，不复追正尔。杨氏书乃其所自笔削，前后三本，今此乃其中本，然亦有改之而反不如旧者。②

谢良佐开启湖湘学脉，杨时发展道南一系，同为二程门人，但是个性不同，所传有异，如何综纳其中，得其英华，乾道七年（1171）朱熹撰成《记谢上蔡论语疑义》，云：“上蔡语中，诸如此类甚多，……近看诸说，惟伊川所解语意含蓄，旨味无穷。其次，尹氏守得定，不走作，所少者精神耳。

---

① 《答张钦夫十八》云：“来教又谓熹言以静为本，不若遂言以敬为本，此固然也。然‘敬’字工夫，通贯动静，而必以静为本，故熹向来辄有是语，今若遂易为敬，虽若完全，然却不见敬之所施有先有后，则亦未得为谛当也。”[（宋）朱熹撰，陈俊民校编：《朱子文集》第3册，台湾德富文教基金会2000年版，第1275页；参见陈逢源：《从“理一分殊”到“格物穷理”：朱熹〈四书章句集注〉之义理思惟》，《朱熹与〈四书章句集注〉》，第331—409页]

② （宋）朱熹撰，朱杰人等编：《论语或问》卷1，《四书或问》，《朱子全书》第6册，上海古籍出版社、安徽教育出版社2002年版，第612页。

夫以上蔡高明之见，在程门盖鲜俪焉，而其立言不满人意处尚如此，况其余哉！然则吾属于此，亦可以深自警矣。”[①]深切反省，由此可见。朱熹并且与张栻、吕祖谦共同商订，完成《胡子知言疑义》，对于“性无善恶”、“心为已发”，以及“察识此心，而后操存”三项主张，多有反省[②]，其云：“大抵自谢子以来，虽说以洒扫应对为学，然实有不屑卑近之意，故才说洒扫应对，便须急作精义入神意思，想象主张，惟恐其滞于小也。”又言：“所谓心者，乃夫虚灵知觉之性，犹耳目之有见闻耳。在天地，则通古今而无成坏；在人物，则随形气而有始终。知其理一而分殊，则亦又何必为是心无死生之说，以骇学者之听乎？”又“心性体用之云，恐自上蔡谢子失之。”[③]《知言》乃湖湘学术圣经，朱熹分判疑义，厘清偏差，对于湖湘学术以察识为工夫，然而心体领会一偏，为求精义朗现，不免张皇走作，有违常道，此一思考，正是朱熹与张栻的共识，如何精确了解二程学术，成为二人信守的原则，而进一步梳理二程学术渊源，也就成为后续重点工作。朱熹乾道五年（1169）在建安出版周敦颐（1017—1073）《太极通书》，对此内容，朱熹云：

> 盖先生之学，其妙具于《太极》一图。《通书》之言，皆发此《图》之蕴。……故潘清逸志先生之墓，叙所著书，特以作《太极图》为称首，然则此《图》当为书首不疑也。然先生既手以授二程，本因附书后，传者见其如此，遂误以《图》为书之卒章，不复厘清。……熹又尝读朱内翰震《进易说表》，谓此《图》之传，自陈抟、种放、

① （宋）朱熹撰，陈俊民校编：《朱子文集》，《朱子文集》，台湾德富文教基金会2000年版，第3523页。

② 《五峰学案》按语云：“朱子谓《知言》可疑者，大端有八：性无善恶，心为已发，仁以用言，心以用尽，不事涵养，先务知识，气象迫狭，语论过高。然会而言之，三端而已：性无善恶，一也。心为已发，故不得不从用处求尽；‘仁，人心也。’已发言心，故不得不从用处言仁；三者同条，二也。察识此心，而后操存，三也。其下二句，则不过辞气之间。”[（清）黄宗羲著，全祖望补《宋元学案》卷32，中华书局1986年版，第1377页]所引见（宋）朱熹撰，朱杰人等编：《朱子语类》卷101，《朱子全书》第十七册，上海古籍出版社、安徽教育出版社2002年版，第3389页。

③ （宋）朱熹撰，陈俊民校编：《朱子文集》，《朱子文集》，台湾德富文教基金会2000年版，第3700—3701、3705页。

> 穆修而来，而五峰胡公仁仲作《通书序》，又谓先生非止为种、穆之学者，此特其学之一师耳，非其至者也。①

朱熹以湖湘所获得新的版本，梳理学术传授以及心法操持，进而及于考订文献，特别将《图》移为篇首，安排由图见书的架构，《图》乃是《通书》纲领，《通书》所言乃是从《图》而出，此一调动，乃是义理思考后的结构判断，朱熹用心深微，甚至补充胡宏说法，举出潘兴嗣（1023—1100）所撰《墓志铭》为证，周敦颐转益多师，并非仅有师从种放、穆修而已，澄清《太极图》非出于道教之传，自出机杼的层面为多②，朱熹于此剔除疑义，道学系谱更为清晰，书成寄予张栻参考，共同商量。二人对于北宋儒学活动，特别留意周敦颐对于二程的影响，从而确定周敦颐寻求儒学要义所在的地位，道德固然出于心体的掌握，然其源出于天，阴阳变化，由静及动，又由动而涵静，动静一如，进而确立性命之际，寻求妙化之源，得见天地化生之德，朱熹标举周敦颐儒学形上之建构，以兹为二程究析性命学术的来源，朱熹于乾道九年（1173）撰成《后记》云：

> 某既为此说，尝录以寄广陵张敬夫。敬夫以书来曰："二先生所与门人讲论问答之言，见于书者详矣。其于《西铭》，盖屡言之，至此《图》，则未尝一言及也。谓其必有微意，是则固然。然所谓微意者，果何谓耶？"某窃以为此《图》立象尽意，剖析幽微，周子盖不得已而作也。观其手授之意，盖以为惟程子为能当之。至程子而不言，则疑其未有能受之者尔。夫既未能默识于言意之表，则驰心空妙，入耳出口，其弊必有不胜言者。③

朱熹尝试回答张栻的提问，《西铭》的重要性，程门已有共识，因为二程

---

① （宋）朱熹撰，陈俊民校编：《朱子文集》，《朱子文集》，台湾德富文教基金会 2000 年版，第 3378—3380 页。

② （清）毛奇龄撰《太极图说遗议》言"太极无所为图也，况其所为图者，虽出自周子濂溪为赵宋儒门之首，而实本之二氏之所传"，认为一传自陈抟，一传自僧寿涯，皆非儒学。（《毛西河先生全集》卷 1，嘉庆元年刊本，第 1 页）旨在于辨证宋学渊源不正，参见钱穆撰：《近三百年学术史》，台湾商务印书馆 1996 年版，第 254 页。然朱熹建构《太极图》之义理，特别申明周敦颐转益多师，出于创发为多。

③ （宋）朱熹撰，朱杰人等编：《太极图说解后记》，《朱子全书》第 13 册，上海古籍出版社、安徽教育出版社 2002 年版，第 79 页。

屡屡提及，至于周敦颐《太极图》，二程少有言及，乃是因为剖析幽微，必须所传得人，否则驰心空妙，后患无穷，朱熹从而判定，周敦颐传《太极图》乃是因为二程颖悟，所以手授心法，至于二程言《西铭》而不言《太极图》，乃是因为《西铭》推人而及天，于日用之间可以印证，至于《太极图》究析性命之原，精微之处，无法一蹴可及，二程罕言，乃是因为机缘未足。朱熹建构二程与周敦颐的师承关系，更留意其中要义的传承，虽然事涉神秘，但所谓“微意”，乃是关乎传道线索的厘清，朱熹认为周敦颐手授二程之说，一如孔门心法之传，因为未能得其传人，所以二程鲜少言及，一如孔子教以《诗》、《书》，而罕言于《易》的道理一样，既是回答张栻的问题，也指出二程学术中性命之原，隐微难言，门人未必有相应的体会，学脉分歧于此也可以得到说明，至于所谓“默识”、“且只道敬”，置于朱熹与张栻会通道南与湖湘脉络当中，更显得亲切无比。朱熹于《太极图说》“无极而太极”云：“上天之载，无声无臭，而实造化之枢纽、品汇之根柢也。故曰：‘无极而太极。’非太极之外，复有无极也。”① 太极即是造化之源，太极之外，别无存在，所谓无极只是形容太极未有之形态，一如心统性情，理着其中，并无别出“仁”体的存在，朱熹于《太极图说》“五行，一阴阳也”，云：

> 至于所以为太极者，又初无声臭之可言，是性之本体然也。天下岂有性外之物哉！然五行之生，随其气质而所禀不同，所谓“各一其性”也。各一其性，则浑然太极之全体，无不各具于一物之中，而性之无所不在，又可见矣。②

理一而分殊，分殊皆具其理，浑然太极之全体，无不具于一物之中，同理可证，性无所不在，太极成为解释性体样态的依据，朱熹于《太极图说》“无极之真，二五之精，妙合而凝”，云：

> 自万物而观之，则万物各一其性，而万物一太极也。盖合而言之，万物统体一太极也；分而言之，一物各具一太极也。所谓天下

---

① （宋）朱熹撰，朱杰人等编：《太极图说解》，《朱子全书》第13册，上海古籍出版社、安徽教育出版社2002年版，第72页。

② （宋）朱熹撰，朱杰人等编：《太极图说解》，《朱子全书》第13册，上海古籍出版社、安徽教育出版社2002年版，第73页。

> 无性外之物，而性无不在者，于此尤可以见其全矣。①

太极存在总体与分殊身上，成为朱熹诠释“无性外之物”最好的例证，也是理一与分殊之间，最佳的说明，“统体一太极”、“一物一太极”乃是理学极受关注的概念，朱熹结合道德形上与宇宙创生，太极成为理之流行，可以理解的形态。淳熙二年（1175）张栻撰《三先生祠记》，申明周敦颐在东序，二程在西序，标举师道为要，乃是后学进孔孟门墙之先觉。② 淳熙六年（1179）朱熹于南康军立濂溪祠堂，特别商请张栻为记，云：

> 惟先生崛起于千载之后，独得微旨于残编断简之中，推本太极，以及乎阴阳五行之流布，人物之所以生化，于是知人之为至灵，而性之为至善，万理有其宗，万物循其则，举而措之，则可见先生之所以为治者，皆非私知之所出，孔孟之意于以复明。至于二程先生，则又推而极之，凡圣人之所以教人与学者之所用工，本末始终，精粗该备。于是五伯功利之习无以乱其正，异端空虚之说无以申其诬，求道者有其序，而言治者有所本。其有功于圣门而流泽于后世，顾不大矣哉！③

推本太极，以见人物性命之原，成为儒学形上依据，周敦颐与二程赓续努力，孔孟绝学复明，遂有清楚的脉络。朱熹于淳熙十四年（1187）撰《通书序》，直言周敦颐而至二程，乃是孔孟正统所在，周敦颐成为北宋理学系谱重要人物，云：

> 《通书》者，濂溪夫子之所作也。夫子自少即以学行有闻于世，而莫或知其师傅之所自。独以河南两程夫子尝受学焉，而得孔孟不传之正统，则其渊源因可概见。然所以指夫仲尼、颜子之乐，而发其吟风弄月之趣者，亦不可得而悉闻矣。所著之书，又多放失。独此一篇，本号《易通》，与《太极图说》并出，程氏以传于世，而

---

① （宋）朱熹撰，朱杰人等编：《太极图说解》，《朱子全书》第13册，上海古籍出版社、安徽教育出版社2002年版，第74页。

② 杨世文、王蓉贵校点：《三先生祠记》，《南轩集》卷10，《张栻全集》，长春出版社1999年版，第707—708页。

③ 杨世文、王蓉贵校点：《三先生祠记》，《南轩集》卷10，《张栻全集》，长春出版社1999年版，第706页。

其为说，实相表里。……初盖茫然不知其所谓，而甚或不能以句。壮岁获游延平先生之门，然后始得闻其说之一二。比年以来，潜玩既久，乃若粗有得焉。①

距离张栻离世已经七年，然而朱熹历经道南与湖湘学脉，转折发展，其中思考并未改变，儒学隐微难明，体会更深。朱熹与张栻铺排二程师承周敦颐，伊洛之学遂有渊源，太极心体之辨，成为儒学重要内涵，二程继承孔孟绝学之历史地位，遂有更为清楚的轮廓，心法秘授独传的说法，二程学术遂有渊源，周敦颐传道二程，一如孔子、曾子、子思、孟子心法相传，而圣贤心法相传正是朱熹日后建构“道统”重要观念，也是绾合四书，熔铸北宋以来政治、儒学、心性三项要求的核心意象②，朱熹四书学之影响，人所共见，而张栻对于朱熹学术发展之影响，乃至于宋代理学脉络建构之推动，亦可得而见矣。③

朱熹乾道三年丁亥（1167）八月走访张栻，讲学岳麓书院，往游南岳衡山，相与论学，彼此唱和，无私的气魄，共同求道的决心，发为歌咏，裒集诗作为《南岳唱酬集》，朱熹《崖边积雪取食甚清次敬夫韵》云：“落叶疏林射日光，谁分残雪许同尝？平生愿学程夫子，恍忆当年洗俗肠。”④一生志怀由此可见，两人彼此切磋，沟通无碍，融通“静”、“敬”，辨析“中和”、“仁说”，于心体观察更细，于儒学更具自信，完成学脉联结，学术汇流，既是学人无私最佳表征，更是理学成立关键，二程为道南与湖湘学脉的根本，周敦颐为二程学术的来源，由心性而及于太极，建构学术正见，成就孔孟儒学

---

① （宋）朱熹撰，朱杰人等编：《通书注序》，《朱子全书》第十三册，上海古籍出版社、安徽教育出版社 2002 年版，第 95 页。

② 参见陈逢源：《治道·儒学·心性——朱熹道统论之渊源与脉络》，载蔡方鹿主编：《道统思想与中国哲学》，人民出版社 2017 年版，第 356—389 页。

③ 近人对于道统有诸多讨论，苏费翔考据朱熹之前，已有人使用“道统”一词，李流谦《澹斋集》中写与张浚书信，已言“至于承列圣之道统，振千载之绝学”，张浚为张栻父亲，推断“道统”一词于张氏家族已是习用语汇；其次，张栻颇为关注北宋理学家祠堂，并且致力于将周敦颐加入二程为核心的传承系谱当中。（参见苏费翔、田浩撰：《文化权力与政治文化——宋金元时期的〈中庸〉与道统问题》，中华书局 2018 年版，第 86—88 页）

④ （宋）朱熹撰，陈俊民校编：《朱子文集》，台湾德富文教基金会 2000 年版，第 163 页。

体系，完成道统论述理论基础，朱熹与张栻深有自觉，因此张栻过世，家人请求朱熹整理遗稿，情谊由此可见，朱熹费心思量，残稿当中，思以彰显张栻思想之精彩，期以无负于故人，其心天地明鉴，日月可昭①，此于《四库全书总目》言之详矣，直言“醇儒心术光明洞达，无一毫党同伐异之私”②，然而后人角度一偏，质疑朱熹掩没张栻学术，致使湖湘学术不传③，其实以朱熹当时所见，湖湘学术不传另有原因，云：

今永嘉又自说一种学问，更没头没尾，又不及金溪。大抵只说一截话，终不说破是个甚么，然皆以道义先觉自处，以此传授。君

① 《张南轩文集序》云：“敬夫既没，其弟定叟裒其故稿，得四巨编，以授予曰：‘先兄不幸蚤世，而其同志之友，亦少存者，今欲次其文以行于世，非子之属而谁？’予受书愀然，……遽取观之，盖多向所讲焉而未定之论，而凡近岁以来，谈经论事、发明道要之精语，反不与焉。予因慨念敬夫天资甚高，闻道甚蚤，其学之成就，既足以名于一世，然察其心，盖未尝一日以是而自足也。……于是乃复亟取前所搜辑，参伍相校，断以敬夫晚岁之意。”［(宋) 朱熹撰，陈俊民校编：《朱子文集》第 8 册，第 3813—3814 页］按核内容，朱熹搜辑张栻晚岁的材料，相互补校，以证明张栻学术之精彩，但是否删除早岁文字，并未清楚交代，朱熹本身尚且保留中和旧说材料，《延平答问》搜辑与李侗书信，未因感受未深而剔除，文献失收，未必可以归责朱熹，补充张栻晚岁成熟意见，才是朱熹重点所在。

② 纪昀撰《四库全书总目》卷 161“《南轩集》四十四卷”提要云：“栻殁之后，其弟杓裒其故稾四巨编，属朱子论定，朱子又访得四方学者所传数十篇，益以平日往还书疏，编次缮写，未及蒇事，而已有刻其别本流传者，朱子以所刻之本多早年未定之论，而末年谈经论事，发明道要之语，反多所佚遗，乃取前所搜辑，参互相校，断以栻晚岁之学，定为四十四卷，并详述所以改编之，弁于书首，即今所传淳熙甲辰本也。栻与朱子交最善，集中与朱子书，凡七十有三首，又有答问四篇，其间论辨断断，不少假借，如第二札则致疑于辞受之间，第三札辨墓祭中元祭，第四札辨太极图说注，第五六七札辨《中庸注》，第八札辨游酢祠记，第十札规朱子言语少和平，第十一札论社仓之弊，责以偏袒王安石，第十五札辨胡氏所传二程集，不必追改，戒以平心易气，第二十一札辨论仁之说有流弊，第四十四札论山中诸诗吾未和平，第四十九札论《易》说未安，是从来许意思，未能放下，第四十五札规以信阴阳家言择葬地，与胡季随第五札，又论朱子所编名臣言行录未精细，朱子并录之集中，不以为忤，又栻学问渊源，本出胡宏，而与朱子第二十八札，谓胡寅《读史管见》，病败不可言，其中有好处，亦无完篇。又第五十三札，谓胡安国《春秋传》其间多有合商量处，朱子亦并录之集中，不以为嫌，起以见醇儒心术，光明洞达，无一毫党同伐异之私，后人执门户之见，一字一句，无不回护，殊失朱子本意。”［(清) 纪昀：《四库全书总目》，台湾商务印书馆 1986 年版，第 3378—3379 页］

③ 参见刘述先撰：《朱子哲学思想的发展与完成》，第 171 页，田浩撰：《旁观朱子学：略论宋代与现代的经济、教育、文化、哲学》，华东师范大学出版社 2011 年版，第 176 页。

举到湘中一收，收尽南轩门人，胡季随亦从之问学。某向见季随，固知其不能自立，其胸中自空空无主人，所以才闻他人之说，便动。季随在湖南颇自尊大，诸人之多宗之。凡有议论，季随便为之判断孰是孰非。此正犹张天师，不问长少贤否？只是世袭做大。正淳曰："湖南之从南轩者甚众且久，何故都无一个得其学？"曰："钦夫言自有弊。诸公只去学他说话，凡说道理，先大拍下。然钦夫后面却自有说，诸公却只学得那大拍头。"①

陈傅良（1141—1203）永嘉学派既起，以道义先觉自居，"收尽南轩门人"，学者纷纷转而追求事功，湖湘学脉最终掩没，朱熹此一观察，正可澄清后人疑惑。事实上，时势变化，门户消长，乃属正常，唯有突破个人偏见，剔除歧义，存学术之纯粹，发扬学脉的精神，才是学者应有之信念，也才有学术传承的可能，宋明理学的成立，朱熹与张栻堪为典范，有此了解，方能有助于理学正确的观察。笔者浅见所及，不敢自是，尚祈博雅君子有以教之。

附记：本文乃执行科技部计划"衍绎与变易——明代四书学著作分系与断限考察"，计划编号：MOST106—2410—H—004—153—MY3，所获致的部分成果，匿名审查惠赐意见，助理李松骏、吴凯雯同学协助搜辑资料，在此一并致谢。

（作者单位：台湾政治大学中文系）

---

①（宋）朱熹撰，朱杰人等编：《朱子语类》卷123，《朱子全书》第18册，上海古籍出版社、安徽教育出版社2002年版，第3865—3866页。

张栻的仁观及其对儒家道统传承的贡献

毛丽娅

张栻（1133—1180），字敬夫，又字钦夫，号南轩，汉州绵竹（今四川绵竹县）人，迁衡阳（今湖南衡阳），南宋名相张浚之子。南宋著名理学家、教育家。早年师事胡宏，问河南程氏学。张栻不仅是宋代理学的重要人物，而且是湖湘学派的集大成者，与朱熹、吕祖谦并称“东南三贤”。去世后三十余年，追谥曰宣，因称张宣公。道德文章事功政绩炳于史册，朱熹评论说：“惟公家传忠孝，学造精微，外为军民之所属望，内为学者之所依归。治民以宽，事君以敬，正大光明，表里辉映。自我观之，非惟十驾之弗及，盖未必终日言而可尽也。”① 张栻一生主要从事学术研究和教育活动，在中国思想史和教育史上具有重要影响。目前有关张栻对儒家道统传承的贡献关注不够，本文拟对张栻的仁观及其对儒家道统传承的贡献进行探讨。

一、张栻的仁观

“仁”是儒家思想的基本范畴，仁义之道构成了儒家道统思想的核心内涵。孔子提倡仁，孟子主张仁政。到两宋时期，仁说也是儒家道统的核心。黄宗羲在评论程颢之学时说：“明道之学，以识仁为主。”② 程门弟子也都重

---

① （宋）朱熹撰，朱杰人等编：《祭张敬夫殿撰文》，《晦庵先生朱文公文集》卷 87，《朱子全书》第 24 册，上海古籍出版社、安徽教育出版社 2002 年版，第 4075 页。

② （清）黄宗羲：《黄宗羲全集》，浙江古籍出版社 1994 年版，第 223 页。

视求仁，龟山就曾说："学者须当以求仁为要。"① 梁启超也认为："儒家言道言政，皆植本于仁。"②

关于张栻的仁观，从学术源流来看，无论是同时代的朱熹，还是元代《宋史》的编纂者以及明末清初的黄宗羲，都认为胡宏（1105—1161）对张栻思想的影响深远。

张栻的仁观直接受其业师胡宏的影响。根据胡宗楙《张宣公年谱》记载，乾道元年，张栻 33 岁，为胡宏的《知言》作序，即"序胡子知言"③。张栻《胡子知言序》认为："今先生是书于论性特详焉，无乃与圣贤之意异乎?"又认为："若乃不得其意而徒诵其言，不知求仁而坐谈性命，则几何其不流于异端之归乎!"强调求仁的重要。乾道六年成书的《洙泗言仁录》显然也受到胡宏思想的影响。胡宏极力提倡知圣人之言而悟圣人之道，言与道不可分离。胡宏赞赏张栻编著《希颜录》，认为："敬夫著《希颜录》，有志于道。大哉志乎!"并且认为"圣学之所以鲜传，异端之所以横流"的原因是"患在人由之而不知，或少知之而遂"。胡宏在《求仁说》一文中也说："《论语》一书，大抵皆求仁之方也，审取其可以药己病。病去则仁，仁则日新，日新则乐矣。"④ 这和《与张敬夫书》所表达的是一致的："仁岂易言哉！须会于言意之表，而的然有见焉，可也。"⑤

张栻的仁观不仅散见其众多著述，而且，张栻专门编著有《洙泗言仁》，根据《张宣公年谱》，该书成书于乾道六年，乾道七年，张栻作《洙泗言仁序》。乾道九年，"朱公元晦作《仁说》，公连与书诘难释疑。"同年，张栻"改定自撰《仁说》"，并"改易《言仁》诸说"。期间围绕"仁"说，张栻与朱熹之间、朱熹与范伯崇、吴晦叔之间多有书论往复，从中也不难看到张栻仁观的发展变化。

张栻的《洙泗言仁序》，述及孔子、孟子圣人之道，认为二程始得孔孟

---

① （宋）朱熹撰，朱杰人等编：《朱子语类》卷 101，《朱子全书》第 17 册，上海古籍出版社、安徽教育出版社 2002 年版，第 3372 页。

② 梁启超：《先秦政治思想史》，天津古籍出版社 2004 年版，第 67 页。

③ 胡宗楙：《张宣公年谱》，见邓洪波辑校：《张栻年谱》，科学出版社 2017 年版，第 40 页。

④ （宋）胡宏：《五峰集》，中华书局 1987 年版，第 196 页。

⑤ （宋）胡宏：《五峰集》，中华书局 1987 年版，第 130 页。

道统之传，认为二程“其论仁亦异乎秦汉以下诸儒之说矣”，并强调不仅要“言仁”，而且要“求仁”。认为“仁虽难言，然圣人教人求仁，具有本末。譬如饮食乃能知味，故先其难而后其获，所以为仁。而难莫难于克己也，学者要当立志尚友，讲论问辩于其所谓难者，勉而勿舍。及其久也，私欲浸消，天理益明，则其所造将有不可胜穷者。若不惟躬行实践之务，而怀蕲获之心，起速成之意，徒欲以聪明揣度于语言求解，则失其传为愈甚矣。”①这里既谈及编纂《洙泗言仁》的原因，又从儒家道统传承的角度溯及圣人言仁、求仁，认为本朝伊洛二程始得其孔孟圣人之传，认为天地之心存乎人即是“仁”，认为学者贵在当尽心“求仁”，而要“求仁”，最难莫过于“克己”，并指出躬行仁义道德的重要性。

乾道九年，朱熹作《仁说》，张栻一连两封书信与朱熹，在《答朱元晦秘书》中进一步阐述其仁观，爱无所不至，以爱言仁，“仁之说，前日之意盖以为推原其本，人与天地万物一体也，是以其爱无所不至，犹人之身无分寸之肤而不贯通，则无分寸之肤不爱也。故以‘惟公近之’之语形容仁体，最为亲切。欲人体夫所以爱者，《言仁》中盖言之矣，而以所言爱字只是明得其用耳”。用“爱”论“仁”的体用一源、内外一致，“故探其本则未发之前，爱之理存乎性，是乃仁之体者也；察其动则已发之际，爱之施被乎物，是乃仁之用者也。体用一源，内外一致，此仁之所以为妙也。”②认为自汉以来，言仁者未尝不是以爱言说，他在《答朱元晦秘书》中说：“由汉以来，言仁者盖未尝不以爱为言也，固与元晦推本其理者异。然元晦之言，传之亦恐未免有流弊耳，幸更深思，却以见教。”③认为朱熹的仁说也有不足之处。

对此，朱熹进行了回应，他在《答胡广仲》中说：“至于仁之为说，昨两得钦夫书，诘难甚密，皆已报之。近得报云，却已皆无疑矣。”④经过这

① 杨世文、王蓉贵校点：《洙泗言仁序》，《南轩集》卷14，《张栻全集》，长春出版社1999年版，第752—753页。

② 杨世文、王蓉贵校点：《答朱元晦秘书》，《南轩集》卷20，《张栻全集》，长春出版社1999年版，第836页。

③ 杨世文、王蓉贵校点：《答朱元晦秘书》，《南轩集》卷21，《张栻全集》，长春出版社1999年版，第847页。

④ （宋）朱熹撰，朱杰人等编：《答胡广仲》，《晦庵先生朱文公文集》卷42，《朱子全书》第22册，上海古籍出版社、安徽教育出版社2002年版，第1903页。

样的往复论议“仁”后，同年（乾道九年），张栻改定自撰《仁说》。据张栻《寄吕伯恭》中说：“《仁说》所题数段极有开警，别纸奉报，并后来改正处亦录去。”①由此可见，张栻仁说也受到了朱熹的影响。其书（张栻《寄吕伯恭书》）属于壬辰，则乾道八年已往复论仁，至九年始用中间反复之意改定，有朱熹《答吕伯恭》二书可证（朱熹《答吕伯恭》：“言仁诸说录呈，渠别寄《仁说》来，比亦答之，并录去。有未安处，幸指诲也。”②朱熹《答吕伯恭》：“仁说亦用中间反覆之意改定矣。”③），盖此二书咸属癸巳也。”④癸巳为乾道九年。

（一）仁为四德之长，以心性言仁

朱熹《答胡广仲》认为：“大抵理会‘仁’字，须并‘义’、‘礼’、‘智’三字通看，方见界分分明，血脉通贯。近世学者贪说‘仁’字而忽略三者，所以无所据依，卒并与‘仁’字而不识也。”⑤张栻《仁说》将仁与义、礼、智并论，“人之性，仁、义、礼、智四德具焉：其爱之理则仁也，宜之理则义也，让之理则礼也，知之理则智也。是四者虽未形见，而其理固根于此，则体实具于此矣。性之中只有是四者，万善皆管乎是焉。”⑥仁为人性四德之一，“爱之理则仁”，而且，论及四德之间的关系时，张栻认为，仁是基础，他说：“所谓爱之理者，是乃天地生物之心，而其所由生者也。故仁为四德之长，而又可以兼能焉。惟性之中有是四者，故其发见于情，则为恻隐、羞恶、是非、辞让之端，而所谓恻隐者亦未尝不贯通焉，此性情之所以为体

---

① 杨世文、王蓉贵校点：《寄吕伯恭》，《南轩集》卷25，《张栻全集》，长春出版社1999年版，第892页。

② （宋）朱熹撰，朱杰人等编：《答吕伯恭》，《晦庵先生朱文公文集》卷33，《朱子全书》第21册，上海古籍出版社、安徽教育出版社2002年版，第1442页。

③ （宋）朱熹撰，朱杰人等编：《答吕伯恭》，《晦庵先生朱文公文集》卷33，《朱子全书》第21册，上海古籍出版社、安徽教育出版社2002年版，第1446页。

④ 胡宗楙：《张宣公年谱》，见邓洪波辑校：《张栻年谱》，科学出版社2017年版，第71页。

⑤ （宋）朱熹撰，朱杰人等编：《答胡广仲》，《晦庵先生朱文公文集》卷42，《朱子全书》第22册，上海古籍出版社、安徽教育出版社2002年版，第1904页。

⑥ 杨世文、王蓉贵校点：《仁说》，《南轩集》卷18，《张栻全集》，长春出版社1999年版，第803页。

用，而心之道则主乎性情者也。人惟己私蔽之，以失其性之理而为不仁，甚至于为忮为忍，岂人之情也哉？其陷溺者深矣。”认为为仁的关键是“克己”，“是以为仁莫要乎克己，己私既克，则廓然大公，而其爱之理素具于性者无所蔽矣。爱之理无所蔽，则与天地万物血脉贯通，而其用亦无不周矣。”认为仁、义、礼、智四德是由仁来推动的，“夫静而仁、义、礼、智之体具，动而恻隐、羞恶、辞让、是非之端达，其名义位置固不容相夺伦，然而惟仁者为能推之而得其宜，是义之所存者也；惟仁者为能恭让而有节，是礼之所存者也；惟仁者为能知觉而不昧，是智之所存者也。此可见其兼能而贯通者矣。是以孟子于仁，统言之曰‘仁，人心也’，亦犹在《易》乾坤四德而统言乾元、坤元也。然则学者其可不以求仁为要，而为仁其可不以克己为道乎！”① 阐述了“求仁”的重要和“克己”的关键。张栻在孟子的“人心”基础上引出克己求仁之方。

张栻的《仁说》得到了朱熹的肯定，朱熹《答钦夫〈仁说〉》云：“仁说明白简当，非浅陋所及。但言性而不及情，又不言心贯性、情之意，似只以性对心。若只以性对心，即下文所引《孟子》‘仁，人心也’，与上文许多说话似若相戾。更乞详之。”② 但同时也认为张栻“言性而不及情，又不言心贯性、情之意。”这也正是张栻仁观与朱熹仁观不同之处。朱熹《答钦夫〈仁说〉》对张栻的《仁说》提出了一些疑义，如认为张栻“视天下无一物之非仁”，此亦可疑。认为：“盖谓视天下无一物不在吾仁中则可，谓物皆吾仁则不可。盖物自是物，仁自是心，如何视物为心耶？”③ 朱熹并不认同张栻的心与仁一和类聚言仁的观点，认为：“其流复不免有弊者，盖专务说仁，而于操存涵泳之功，不免有所忽略。”④ 不过，朱熹在此基础上也论及以爱推仁的必要性。

---

① 杨世文、王蓉贵校点：《仁说》，《南轩集》卷 18，《张栻全集》，长春出版社 1999 年版，第 804 页。

② （宋）朱熹撰，朱杰人等编：《答钦夫〈仁说〉》，《晦庵先生朱文公文集》卷 32，《朱子全书》第 21 册，上海古籍出版社、安徽教育出版社 2002 年版，第 1417 页。

③ （宋）朱熹撰，朱杰人等编：《答钦夫〈仁说〉》，《晦庵先生朱文公文集》卷 32，《朱子全书》第 21 册，上海古籍出版社、安徽教育出版社 2002 年版，第 1418 页。

④ （宋）朱熹撰，朱杰人等编：《答张敬夫》，《晦庵先生朱文公文集》卷 31，《朱子全书》第 21 册，上海古籍出版社、安徽教育出版社 2002 年版，第 1335 页。

乾道九年，张栻“改易《言仁》诸说”[①]。张栻《寄吕伯恭》云：“《学而篇》数段甚有滋益，三段已改过，别录去。‘巧言令色’章前已曾改。今送《言仁》一册去。”[②]《答朱元晦秘书》说：“《洙泗言仁》中‘当仁不让于师’之义，旧已改，‘孝悌为仁之本’、‘巧言令色鲜仁’之义，今亦已正，并序中后来亦多换，却纳一册去上呈。”[③]

朱熹《答吕伯恭》说：“若《洙泗言仁》，则固多未合，当时亦不当便令尽版行也。”[④]看得出朱熹对《洙泗言仁》的出版并不满意。朱熹《答吕伯恭别纸》云：“言仁诸说，钦夫近亦答来，于旧文颇有所改易，然于鄙意亦尚有未安处。大率此书当时自不必作，今既为之，则须句句字字安顿得有下落始得。”[⑤]《答吕伯恭》说：“钦夫近得书，别寄《言仁录》来，修改得稍胜前本。仁说亦用中间反覆之意改定矣。”[⑥]由此可知，张栻吸收了与朱熹书论的意见对《洙泗言仁》进行了一些修改，朱熹对修改后的本子在肯定其胜过前本的同时，也流露出他对《洙泗言仁》仍有不合其意之处。这从某种意义上表明张栻也不盲从，对朱熹的意见有吸纳也有保留，张栻的仁观以心性言仁，其仁观不同于其他学派，呈现出自己的特点。张栻把仁与性相联系。他说：“人之性，仁义礼智四德具焉……性之中只有是四者，万善皆管乎是焉。”在这里，张栻以性言仁，认为仁义礼智等是人性本来就具有的，是性之体，从而论证了封建伦理纲常存在的必然性。张栻强调“兼能而贯通”，他将以爱言仁、以公言仁和知觉言仁统一了起来，以人心来融会朱熹和胡宏的仁说，同时又体现出湖湘学派性本体论的特色。[⑦]

---

① 胡宗楙：《张宣公年谱》，见邓洪波辑校：《张栻年谱》，科学出版社 2017 年版，第 72 页。

② 杨世文、王蓉贵校点：《寄吕伯恭》，《南轩集》卷 25，《张栻全集》，长春出版社 1999 年版，第 894 页。

③ 杨世文、王蓉贵校点：《答朱元晦秘书》，《南轩集》卷 21，《张栻全集》，长春出版社 1999 年版，第 840—841 页。

④ （宋）朱熹撰，朱杰人等编：《答吕伯恭》，《晦庵先生朱文公文集》卷 33，《朱子全书》第 21 册，上海古籍出版社、安徽教育出版社 2002 年版，第 1440 页。

⑤ （宋）朱熹撰，朱杰人等编：《答吕伯恭别纸》，《晦庵先生朱文公文集》卷 35，《朱子全书》第 21 册，上海古籍出版社、安徽教育出版社 2002 年版，第 1526 页。

⑥ （宋）朱熹撰，朱杰人等编：《答吕伯恭》，《晦庵先生朱文公文集》卷 33，《朱子全书》第 21 册，上海古籍出版社、安徽教育出版社 2002 年版，第 1446 页。

⑦ 参见曾小明、肖永明：《张栻仁学的发展》，《湖湘论坛》2008 年第 1 期。

（二）知仁义礼智以明人伦

张栻强调明人伦的重要性，淳熙五年八月，张栻（46岁）作《袁州学记》认为：“人伦之在天下，不可一日废，废则国随之。然则有国者之于学，其可一日而忽哉！”“先王所以建学造士之意，亦尝考之乎？惟民之生，其典有五，君臣、父子、兄弟、夫妇、朋友是也；而其德有四，仁、义、礼、智是也。人能充其德之所固有，以率夫典之所当然，则必无力不足之患。惟人之不能是也，故圣人使之学焉。”[①] 所以，认为建学造士的本意正是在于明人伦。

在张栻看来，“明理”是尽性、复性的前提。只有充分认识到仁、义、礼、智等儒家伦理纲常是天理的体现，才能养成符合天理的道德品行。也只有使人做到“尽性”、“明理”，才能“化其偏而复其善”，才能实现修身养性、培养传道济民人才的目的。张栻在《静江府学记》、《袁州学记》、《桂阳军学记》诸篇中反复强调“明人伦”。这里所谓人伦，即指人与人之间应该遵循的父子有亲、君臣有义、夫妇有别、长幼有序、朋友有信的行为准则[②]。虽然张栻是把封建的人伦道德准则和社会等级秩序作为道德教育的内容，但却强调道德修为的重要。淳熙元年三月，张栻作《邵州复旧学记》说：“然尝考先王所以建学造士之本意，盖将使士者讲夫仁义礼智之彝，以明夫君臣、父子、兄弟、夫妇、朋友之伦，以之修身、齐家、治国、平天下，其事盖甚大矣。”“至于物格知至，而仁义礼智之彝得于其性，君臣、父子、兄弟、夫妇、朋友之伦皆以不乱，而修身、齐家、治国、平天下无不宜者。”[③] 在张栻看来，讲仁义礼智，目的是明君臣、父子、兄弟、夫妇、朋友之人伦，而且认为这事关重大，事关修身、齐家、治国、平天下的问题。张栻在《静江府学记》中亦说：“凡天下之事皆人之所当为，君臣、父子、兄弟、夫妇、朋友之际，人事之大者也”，“而其朝夕所接，君臣、父子、兄弟、夫妇、朋友之际，视听言动之间，必有不得而遁者，庶乎可以

---

① 杨世文、王蓉贵校点：《袁州学记》，《南轩集》卷9，《张栻全集》，长春出版社1999年版，第679—680页。

② 蔡方鹿：《张栻与岳麓书院》，《社会科学研究》1991年第4期。

③ 杨世文、王蓉贵校点：《邵州复旧学记》，《南轩集》卷9，《张栻全集》，长春出版社1999年版，第681页。

知入德之门矣。”①

（三）知仁而求仁

张栻认为首先要知仁，张栻在《答朱元晦》中说：“《论语》仁说，区区之意，见学者多将仁字做活络揣度，了无干涉，如未尝下博学笃志、切问近思工夫，便做仁在其中矣。想象此等极害事，故编程子之说，与同志者讲之，庶几不错路头。”这正是张栻编著《洙泗言仁》的原因。不过张栻更强调实践仁。张栻认为：“惟四德之在人，各具于其性，人病不能求之耳。求之之方，载于孔孟之书，备有科级，惟致其知而后可以有明，惟力其行而后可以有至。孝弟之行，始乎闺门而形于乡党；忠爱之实，见于事君而推以泽民。是则无负于国家之教养，而三代之士风亦不越是而已。”②其仁观不仅强调“致其知”，而且强调“力其行”。

张栻在《论语解·序》中说：“始则据其所知而行之，行之力则知愈进，知之深则行愈达，行有始终，必自始以及终。”这种“知行互发”的思想反映在教学上即是主张学以致用。张栻主教岳麓书院后，重视践履务实以得道致知。既强调知识的学习，又重视知识在实际中的运用。吕祖谦评价张栻说：“张荆州教人以圣贤语言见之行事，因行事复求圣贤之言语。”③明末清初思想家黄宗羲称张栻“见处高，践履又实也”④。

由此可见，张栻的仁观呈现出如下特点：

一是张栻的仁观传圣人之道，“仁，人心也”⑤。并强调知仁，进而求仁，以爱言仁，以爱求仁。仁是人性四德之长，知仁义礼智，在于明人伦。不仅

---

① 杨世文、王蓉贵校点：《静江府学记》，《南轩集》卷 9，《张栻全集》，长春出版社 1999 年版，第 678—679 页。

② 杨世文、王蓉贵校点：《袁州学记》，《南轩集》卷 9，《张栻全集》，长春出版社 1999 年版，第 680 页。

③ （宋）黄震：《读本朝诸儒理学书·东莱先生文集》，《黄氏日抄》卷 40，文渊阁《四库全书》第 707 册，台湾商务印书馆 1986 年版，第 174 页。

④ （清）黄宗羲著，全祖望补：《南轩学案附录》，《宋元学案》卷 50，中华书局 1986 年版，第 1635 页。

⑤ 杨世文、王蓉贵校点：《潭州重修岳麓书院记》，《南轩集》卷 10，《张栻全集》，长春出版社 1999 年版，第 694 页。

强调“致其知”，更强调“力其行”，通过建学造就传道济民、经世致用的人才。张栻在《潭州重修岳麓书院记》中说：“盖欲成就人才，以传斯道而济斯民也。惟民之生，厥有常性，而不能以自达，故有赖于圣贤者出而开之。是以二帝三王之政，莫不以教学为先务。至于孔子，述作大备，遂启万世无穷之传。其传果何与？曰仁也。仁，人心也，率性立命，知天下而宰万物者也。”他在《孟子说》中说：“所谓善者，盖以其仁义礼知之所存，由是而发，无人欲之私乱之，则无非恻隐、羞恶、辞让、是非之心矣。”①显然，在张栻看来，人之善在于仁、义、礼、智的存有、生发。张栻进一步解释说：“立人之道曰仁与义。仁义者，性之所有，而万善之宗也。人之为仁义，乃其性之本然……而非外取之也。若违乎仁义，则为失其性矣。”②正因为张栻认为，立人之道在于仁义，为此，张栻毕生的教育实践都致力于传儒家圣人之道。

二是张栻的仁观前后有变化，早期主要受胡宏的影响，编著《洙泗言仁》并作《洙泗言仁序》后，受朱熹的影响较大，不过，张栻的仁观也体现了张栻思想自成一派（湖湘学派）的特色，即使乾道九年改易过的《洙泗言仁》，在朱熹看来，“然于鄙意亦尚有未安处”，不过，对张栻而言，这也是对自己学术观点的坚持。

三是张栻的仁观是在与朱熹等学者往复的论辩中发展的。束景南在朱子年谱中说：“是年（1173）朱熹与张栻进一步展开仁学论辩，张栻在秋间亦写成《仁学》，至年底论辩以张栻修改《言仁录》与《仁说》，朱熹亦修改《仁说》结束。”③张栻与朱熹之间这种开放的辩学，彼此能畅所欲言，促进了彼此仁观的成熟、完善，其治学态度与方法直到今天依然是值得借鉴的。如据《张宣公年谱》，乾道九年（张栻 41 岁）张栻不仅改定自撰《仁说》，改易《洙泗言仁》，而且重订《希颜录》，《论语说》、《孟子说》成稿于乾道九年，淳熙元年（张栻 42 岁），“夏，改正《论语说》”。他在《与吴晦叔》中说：“某

---

① 杨世文、王蓉贵校点：《滕文公上》，《孟子说》卷 3，《张栻全集》，长春出版社 1999 年版，第 311 页。

② 杨世文、王蓉贵校点：《告子上》，《孟子说》卷 6，《张栻全集》，长春出版社 1999 年版，第 425 页。

③ 束景南：《朱熹年谱长编》，华东师范大学出版社 2001 年版，第 506 页。

今夏以来，时时再看《语（说）》、《孟说》，又多欲改处。缘医者见戒，未欲多作文字，近日方下笔改正《语说》，次当及《孟子》。恐因见其间未安处，不惜一一疏示，相助开发也。”① 淳熙三年（张栻 44 岁），“删改《孟子说》”，淳熙四年（张栻 45 岁），“改正《论语说》”。朱熹自己也说与张栻仁说论辩最后仅“一二处未合”。从中也可见张栻与朱熹对彼此仁说的重视。

朱熹在祭张敬夫时说：

> 自孔孟之云远，圣学绝而莫继。得周翁与程子，道乃抗而不坠。然微言之辍响，今未及乎百岁，士各私其所闻，已不胜其乖异。嗟惟我之与兄，胳志同而心契，或面讲而未穷，又书传而不置。盖有我之所是，而兄以为非，亦有兄之所然，而我之所议。又有始所共乡，而终悟其偏，亦有早所同挤，而晚得其味。盖缴纷往反者几十余年，末乃同归而一致。由是上而天道之微，远而圣言之秘，近则进修之方，大则行藏之义，以兄之明，固已洞照而无遗；若我之愚，亦幸窃窥其一二。②

张栻与朱熹之间围绕心性论、本体论、道德修养论所进行的一系列辩学，虽然观点不一，但通过会讲、书传交流，相互生发，促进了宋代学术的发展。

二、张栻对儒家道统传承的贡献

中国道统思想古已有之，自孔孟始，儒家思想中便有了道统意识，后世列为儒家道统之传道谱系中的“尧、舜、禹、汤、文、武、周公”，孔子也大都以崇敬的语言提到，孟子认为孔子的学说是上接尧、舜、汤、周文王，并自命是继承孔子的正统。而且道统意识在儒家思想中一直存在，只是唐代的韩愈明确提出了一个具体的传承谱系。这个谱系即是尧—舜—禹—商汤—文王—武王—周公—孔子—孟子，这个传承儒家之“道”的谱系也即是朱熹所说的“道统”。

---

① 杨世文、王蓉贵校点:《与吴晦叔》，《南轩集》卷 28，《张栻全集》，长春出版社 1999 年版，第 945 页。

② （宋）朱熹撰，朱杰人等编:《又祭张敬夫殿撰文》，《晦庵先生朱文公文集》卷 87，《朱子全书》第 24 册，上海古籍出版社、安徽教育出版社 2002 年版，第 4075—4076 页。

自从唐代韩愈提出道统说以来，历来论说道统者都从“道”与“统”两个方面来理解。从儒家道统之道而言，韩愈所说的儒者之道，即是“博爱之谓仁，行而宜之之谓义，由是而之焉之谓道，足乎己无待于外之谓德。仁与义为定名，道与德为虚位”①。张栻传圣人之道，主张从儒家经典学习日用伦常，他说：“学者潜心孔孟，必得其门而入。”张栻《袁州学记》亦说：“惟民之生，其典有五，君臣、父子、兄弟、夫妇、朋友是也；而其德有四，仁、义、礼、智是也。人能充其德之所固有，以率夫典之所当然，则必无力不足之患。惟人之不能是也，故圣人使之学焉。”强调从孔孟之书中去学习仁、义、礼、智四德，“惟四德之在人，各具于其性，人病不能求之耳。求之之方，载于孔孟之书，备有科级，惟致其知而后可以有明，惟力其行而后可以有至。孝弟之行，始乎闺门而形于乡党；忠爱之实，见于事君而推以泽民。是则无负于国家之教养，而三代之士风亦不越是而已”②。张栻《桂阳军学记》说：“而微言著于简编，理义存乎人心者，不可泯也。善学者求诸此而已。”“圣贤教人以求仁，使之致知格物之功，亲切于动静语默之中，而有发乎此也。有发乎此，则进德有地矣。故其于是心也，治其乱，收其放，明其蔽，安其危，而其广大无疆之体可得而存矣。”③然后以之为指导，践履儒家仁义道德、经世致用。

张栻不仅传圣人之道，而且也论及道统之传。从儒家道统统绪上说，由朱熹建构的儒家道统传承谱系，张栻属于正传。张栻绍兴三十一年（1161）于衡山拜二程的再传弟子、著名理学家胡宏为师，问河南程氏学。朱熹《中和旧说序》云：“闻张钦夫得衡山胡氏学，则往从而问焉。钦夫告余以所闻，余亦未之省也。退而沉思，殆忘寝食。”④张栻与朱熹是同时代的著名学者，张栻对朱熹以兄相称，其思想互有生发，互有影响。张

① （唐）韩愈著，马其昶校注，马茂元整理：《原道》，《韩昌黎文集校注》卷1，上海古籍出版社1986年版，第13页。

② 杨世文、王蓉贵校点：《袁州学记》，《南轩集》卷9，《张栻全集》，长春出版社1999年版，第680页。

③ 杨世文、王蓉贵校点：《桂阳军学记》，《南轩集》卷9，《张栻全集》，长春出版社1999年版，第685页。

④ （宋）朱熹撰，朱杰人等编：《中和旧说序》，《晦庵先生朱文公文集》卷75，《朱子全书》第24册，上海古籍出版社、安徽教育出版社2002年版，第3634页。

栻对朱熹的影响可从朱熹《与曹晋叔》可知，“熹此月（九月）八日抵长沙，今半月矣。敬夫爱予甚笃，相与讲明其所未闻，日有问学之益，至幸至幸。敬夫学问愈高，所见卓然，议论出人意表。近读其《语说》，不觉胸中洒然，诚可叹服”①。朱熹在答张栻《诗送元晦尊兄》中说：“昔我抱冰炭，从君识乾坤。始知太极蕴，要渺难名论。”朱熹在《祭张敬夫殿撰文》中述及他与张栻之间的学术交流，“我昔求道，未获其友，蔽莫予开，吝莫予剖。盖自从公，而观于大业之规模，察彼群言之纷纠，于是相与切磋以究之，而又相励以死守也”②。彼此为志同道合，通过辩学，促进了彼此学术的发展。

朱熹《伊洛渊源录》定周敦颐为道学开山，认为儒家道统是以周敦颐、二程（程颢、程颐）上承孟子的，而自己又继周、程为儒家正统，但又认为“本朝道学之盛”，“亦有其渐，自范文正以来已有好议论，如山东有孙明复，徂徕有石守道，湖州有胡安定。到后来遂有周子、程子、张子出。故程子平生不敢忘此数公，依旧尊他。”淳熙六年四月，朱熹《南康牒》亦云：“濂溪先生虞部周公心传道统，为世先觉。”③朱熹《答陆子静》说：“子贡虽未得承道统，然其所知似亦不在今人之后，但未有禅学可改换耳。周、程之生，时世虽在孟子之下，然其道则有不约而合者。”④《伊洛渊源录》成书于乾道九年（1173）。张栻在乾道九年八月，重订《希颜录》，不过，早在乾道元年（1165）八月，张栻《跋希颜录》中已言及道统传承谱系，“盖颜子之事，独载于《论语》、《易》、《中庸》、《孟子》之书，其间颜子之所自言，与夫见于问答者抑鲜矣，特圣人之所称及，曾子、孟子之所推述者，其详盖可以究知也。自孟子之后，儒者亦知所尊仰矣，而识其然者则或寡焉。逮夫本朝，濂溪周先生、横渠张先生出，始能明其心，而二程先生则

---

① 参见（宋）朱熹撰，朱杰人等编：《与曹晋叔书》，《晦庵先生朱文公文集》卷 24，《朱子全书》第 21 册，上海古籍出版社、安徽教育出版社 2002 年版，第 1089 页。

② 参见（宋）朱熹撰，朱杰人等编：《祭张敬夫殿撰文》，《晦庵先生朱文公文集》卷 87，《朱子全书》第 24 册，上海古籍出版社、安徽教育出版社 2002 年版，第 4074 页。

③ （宋）朱熹撰，朱杰人等编：《南康牒》，《晦庵先生朱文公文集》卷 99，《朱子全书》第 25 册，上海古籍出版社、安徽教育出版社 2002 年版，第 4582 页。

④ （宋）朱熹撰，朱杰人等编：《答陆子静》，《晦庵先生朱文公文集》卷 36，《朱子全书》第 21 册，上海古籍出版社、安徽教育出版社 2002 年版，第 1576 页。

又尽发其大全，于是孔子之所以授于颜子、颜子之所以学乎孔子，与学者之所当从事乎颜子者，深切著明，而无隐于来世者矣。”①“故予愿与同志之士以颜子为准的，致知力行，趋实务本，不忽于卑近，不遗于细微，持以缜密，而养以悠久，庶乎有以自进于圣人之门墙，是录之所为作也。乾道元年八月九日谨书。”②张栻《答陈平甫》也说：“欲请足下本六经、《语》、《孟》遗意，将前所举十四圣人概为作传，系以道统之传，而以国朝濂溪、河南、横渠诸先生附焉。洙泗门人至两汉以下及国朝程门诸贤凡有见于道、有功于圣门者，各随所得，表出其人，附置传末，著成一书。”③主张将本朝周敦颐、二程、张载等诸先生，凡有功于圣门者，均置传。根据日本学者高畑常信《张南轩年谱》，认为张栻《答陈平甫》是40岁（乾道八年）时的书信④，如此看来，定周敦颐为宋朝道学开山在当时似已是共识，朱熹《伊洛渊源录》是集其大成。

乾道九年，张栻《论语说》、《孟子说》稿成。乾道九年五月《论语说序》云：“学者，学乎孔子者也。《论语》之书，孔子之言行莫详焉，所当终身尽心者，宜莫先乎此也。……故自始学则有致知力行之地，而极其终则有非思勉之所能及者，亦贵于行著习察，尽其道而已矣。……秦汉以来，学者失其传，其间虽或有志于力行，而其知不明，擿埴索途，莫适所依，以卒背于中庸。本朝河南君子始以穷理居敬之方开示学者，使之有所循求，以入尧舜之道。于是道学之传，复明于千载之下。然近岁以来，学者又失其旨，曰吾惟求所谓知而已，而于躬行则忽焉。故其所知特出于臆度之见，而无以有诸其躬，识者盖忧之。此特未知致知力行互相发之故也。”⑤这里，张栻言及道学

① 杨世文、王蓉贵校点：《跋希颜录》，《南轩集》卷33，《张栻全集》，长春出版社1999年版，第1012页。

② 杨世文、王蓉贵校点：《跋希颜录》，《南轩集》卷33，《张栻全集》，长春出版社1999年版，第1012—1013页。

③ 杨世文、王蓉贵校点：《答陈平甫》，《南轩集》卷30，《张栻全集》，长春出版社1999年版，第970—971页。

④ 参见高畑常信：《张南轩年谱》，见邓洪波辑校：《张栻年谱》，科学出版社2017年版，长春出版社1999年版，第130页。

⑤ 杨世文、王蓉贵校点：《论语说序》，《南轩集》卷14，《张栻全集》，长春出版社1999年版，第751页。

之传，认为二程（河南君子）传尧舜之道。不过，张栻《周子太极图解序》又云："二程先生道学之传，发于濂溪周子，而《太极图》乃濂溪自得之妙，盖以手授二程先生者。其言约，其义微，自孟氏以来未之有也。"这里肯定了周敦颐在儒家道统传承上的地位，道学之传由周敦颐传二程。淳熙五年，"道州重建濂溪周先生祠成，公为之记"①。张栻作《道州重建濂溪周先生祠堂记》也说："然世之学者考论师友渊源，以孔孟之遗意复明于千载之下，实自先生发其端。由是推之，则先生之泽，其何有穷哉！"②

张栻对儒家道统传承的贡献除了以心性言仁，还在于：

一是强调义理解经。张栻著《南轩易说》、《论语说》、《孟子说》、《书说》、《诗说》、《中庸解》、《太极解义》等，重视对儒家圣人之道的义理阐释。张栻在《道州重建濂溪周先生祠堂记》中认为："盖自孔孟没，而其微言仅存于简编，更秦火之余，汉世儒者号为穷经学古，不过求于训诂章句之间，其于文义不能无时有所益。然大本之不究，圣贤之心郁而不章，而又有颛从事于文辞者，其去古益以远，经生、文士自岐为二途。及夫措之当世，施于事为，则又出于功利之末，智力之所营，若无所与于书者。于是有异端者乘间而入，横流于中国。"③肯定了周敦颐在宋代道学史上的作用，"及吾先生起于远方，乃超然有所自得于其心。本乎《易》之太极、《中庸》之诚，以极乎天地万物之变化。其教人使之志伊尹之志，学颜子之学，推之于治，先王之礼乐刑政可举而行，如指诸掌。于是河南二程先生兄弟从而得其说，推明究极之，广大精微，殆无余蕴，学者始知夫孔孟之所以教，盖在此而不在乎他，学可以至于圣，治不可以不本于学，而道德性命初不外乎日用之实。其于致知力行，具有条理，而诐淫邪遁之说皆无以自隐，可谓盛矣。然则先生发端之功，顾不大哉！"④

---

① 胡宗楙：《张宣公年谱》，见邓洪波辑校：《张栻年谱》，科学出版社 2017 年版，第 87 页。

② 杨世文、王蓉贵校点：《道州重建濂溪周先生祠堂记》，《南轩集》卷 10，《张栻全集》，长春出版社 1999 年版，第 699 页。

③ 杨世文、王蓉贵校点：《道州重建濂溪周先生祠堂记》，《南轩集》卷 10，《张栻全集》，长春出版社 1999 年版，第 699 页。

④ 杨世文、王蓉贵校点：《道州重建濂溪周先生祠堂记》，《南轩集》卷 10，《张栻全集》，长春出版社 1999 年版，第 699 页。

二是开义利之辨。乾道二年“十一月，潭州故有岳麓书院成，公时往讲学，示学者以公私义利之辨。”朱集《观文殿学士刘公行状》(后称《刘公行状》)云：“潭州故有岳麓书院，公一新之，养士数十人，属张侯栻时往游焉。与论《大学》次第，以开其学者于公私义利之辨，闻者风动。”张栻在《孟子讲义序》中亦云：“学者潜心孔孟，必得其门而入，愚以为莫先于义利之辩。盖圣学无所为而然也。无所为而然者，命之所以不已，性之所以不偏，而教之所以无穷也。自非卓然先审乎义利霄壤之判，审思力行，不舍昼夜，其能真有得乎？盖自未尝省察者言之，终日之间鲜不为利矣，非特名位货殖之慕而后为利也。此其流之甚著者也。”张栻认为“义利之说大矣，岂特学者之所当务，为国家者而不明乎是，则足以召乱衅而启祸源。王者之所以建立邦本，垂裕无疆，以义故也，而霸者所以陷溺人心，流毒后世，以利故也。孟子生于变乱之世，发挥天理，遏止人欲，深切著明，拨乱反正之大纲也。”①淳熙元年三月，张栻作《邵州复旧学记》亦云：“于是而相与讲明，以析夫义利之分，循古人小学、大学之序如前所云者，勉之而勿舍，则庶几为不负先生经始期望之意，而有以仰称上之人教养成就之泽。今日之复是学，斯不为虚设矣。”②

从张栻传儒家之道的途径来看，以下两方面是重要的：

一是著书立说传道。张栻虽然英年早逝，但著述宏富，现存著作主要有《南轩易说》、《论语说》十卷（又称《论语解》、《癸巳论语解》)、《孟子说》七卷、《汉丞相诸葛忠武侯传》一卷、《南轩先生文集》四十四卷、《二程粹言》、《南岳倡酬集》等。失传的著作主要有《希颜录》、《经世纪年》、《洙泗言仁录》、《书说》、《诗说》、《中庸解》、《通鉴论笃》、《太极解义》、《南轩先生问答》、《南轩语录》、《四家礼范》、《南轩奏议》等。张栻通过著书立说，传播理学，传承发展儒家道统，强调传道济民。

二是以书院为基地讲学授徒传道。张栻创办城南书院，主教岳麓书院后。来往于城南、岳麓二书院讲学授徒，传道授业，开展学术交流与研究。

① 杨世文、王蓉贵校点：《孟子讲义序》，《南轩集》卷 15，《张栻全集》，长春出版社 1999 年版，第 754—755 页。

② 杨世文、王蓉贵校点：《邵州复旧学记》，《南轩集》卷 9，《张栻全集》，长春出版社 1999 年版，第 682 页。

黄宗羲评价说："湖南一派，在当时为最盛。"① 主教岳麓书院前后八年，以书院为基地，传播理学，培养了一批经世致用之才。乾道三年（1167），朱熹到岳麓书院会讲时感慨说："岳麓学者渐多。其间亦有气质醇粹、志趣确实者。"② 不仅如此，张栻还到广东、江西及广西等地授业讲论，张栻以书院为基地传播理学，在与朱熹的辩学中发展了理学，张栻主教岳麓书院期间，把教学与学术研究有机地结合起来，其读书笔记、编写的讲义和授课记录成为其学术著作，真正使教学与学术相得益彰。据魏了翁《鹤山集·张晞颜墓志铭》所说："宣公辟岳麓书院，教授后学。尝读《书》遇解释，属君笔之，题曰《南轩书说》。君亦记南轩语题曰《诚敬心法》。"③ 岳麓书院成传习理学，教学方法多样，教学与学术研究相结合，成为全国四大书院之一，对促进南宋学术、教育的发展、儒家道统传承作出了重大贡献。

总之，仁说在张栻理学思想中占有重要地位。认为"仁"为四德之长，强调知仁义礼智以明人伦、知仁而求仁，其仁观前后有变化，《仁说》一文集中呈现了张栻以心性言仁的仁观。在《仁说》中，张栻沟通了仁与性之间的关系，以心性言仁，并以爱言仁，以爱求仁。张栻著书立说、以书院为基地讲学授徒传儒家道统，重视义理解经、开义利之辨，强调传道济民、经世致用，从而对儒家道统传承作出了重要贡献。

（作者单位：四川师范大学历史文化与旅游学院）

---

① （清）黄宗羲著，全祖望补：《南轩学案》，《宋元学案》卷 50，中华书局 1986 年版，第 1611 页。

② （宋）朱熹撰，朱杰人等编：《与曹晋叔书》，《晦庵先生朱文公文集》卷 24，《朱子全书》第 21 册，上海古籍出版社、安徽教育出版社 2002 年版，第 1089 页。

③ （宋）魏了翁：《张晞颜墓志铭》，《鹤山集》卷 79，文渊阁《四库全书》第 1173 册，台湾商务印书馆 1986 年版，第 224 页。

张栻与朱熹相互关系之研究

胡 杰

张栻是南宋时期著名哲学家、理学家与教育家，湖湘学派的代表人物与集大成者，也是中华道统思想的积极传承人。据拙文考证，张栻在与陈平甫交流时提出“道统”的时间1172年[①]早于朱熹提出“道统”一词（1179年），这一点对道统思想的接续与传承研究具有重要意义。在这一时期，以张栻、朱熹等道学名儒为代表的湖湘学派、闽学派等学术团体的角立并起，互相争鸣。朱熹、张栻学术交往最为密切，他们互相就道学理论的有关问题，彼此质疑问难，相得益彰，特别是朱熹在同张栻在学术讨论过程中，吸取接受了张栻的一些道学思想，认识其存在的错误观点；同时，张栻开拓了思路，有机会进一步反思其观点与方法上的不足，也使得其道学思想更为丰富和周密，觉察到圣学之无穷，并最终使其道统思想趋于成熟，这必然有利于道学理论的日趋精密、体系的日益完备，在中国道统思想史上占有重要地位。

一、《答陈平甫》比《知南康牒》较早提出“道统”一词

乾道九年，《南轩论语解》和《南轩孟子说》等著作的完成，彰显了张栻明圣人之道，承圣贤之学的目标，同时，也印证了《南轩集》卷三十《答陈平甫》中，张栻曾与弟子陈平甫对“道统”以及“裒类圣贤之言行”作过交流。陈概，字平甫，四川普城人，是经常与张栻学问交流的朋友，也是张

① 胡杰：《陈概对“道统”的传承倡导及其“道统”思想探析》，《四川师范大学（社会科学版）》，2021年第4期。

栻之门人。在张栻众多门人中，陈平甫是一位勤于请教的学者。在《南轩集》中，张栻《答陈平甫》的书信就有数篇。在书信往来中，张栻与陈平甫问答往复，讲析精微。对礼、仁、天理、人欲、《语》、《孟》、胡宏、二程之学，理欲之辨、义利之分以及道统之传等问题，张栻皆曾给予回答与讨论。《南轩集》卷三十《答陈平甫》中，二人的书信往来曾谈及“道统”，张栻引陈平甫之语，云：

> 欲请足下本六经、《语》、《孟》遗意，将前所举十四圣人概为作传，系以道统之传，而以国朝濂溪、河南、横渠诸先生附焉。洙泗门人至两汉以下及国朝程门诸贤凡有见于道、有功于圣门者，各随所得，表出其人，附置传末，著成一书。①

又答曰：

> 某晚学，惧不克堪也。若曰裒类圣贤之言行，聚而观之，斯可矣。②

这段话中，张栻概述了陈平甫请其著书“系以道统之传”的建议，然后予以答复。陈平甫建议老师张栻以六经、《论语》、《孟子》圣人旨意为本，为十四位圣人作传，系以道统之传，将周敦颐、二程兄弟、张载等附在后面，并上继“道统之传”，把“洙泗门人至两汉以下及国朝程门诸贤”附置传末。张栻虽自谦表示“惧不克堪”，但同时张栻也认可了陈平甫“系以道统之传”的建议，并说：“若曰裒类圣贤之言行，聚而观之，斯可矣。”所谓做一些“裒类圣贤之言行”的工作，也就是张栻一生不断增删改易撰写的《南轩易说》、《孟子说》、《论语解》等论著了。这篇书信问答是现存文献中最早将“道统”二字连用的一篇师生问答文章，内容意义皆很明确。这说明，至迟在张栻《答陈平甫》信写出之时，张栻和陈平甫的相关交流问答已经涉及到如何接续圣人之道、传承儒家道统思想等方面的问题。

张栻《答陈平甫》提出“道统”一词的时间在公元1172年，“而陈平甫

① （宋）张栻：《答陈平甫》，《南轩集》卷30，《张栻全集》，长春出版社1999年版，第970—971页。

② （宋）张栻：《答陈平甫》，《南轩集》卷30，《张栻全集》，长春出版社1999年版，第971页。

与张栻交流过程中提到请张栻‘系以道统之传’的时间则更早。”① 在这一时期，张栻、陈平甫二人，不仅已经具有将“道统”二字连用探讨的事实，而且他们对“道统之传”也有了比较务实的思考，反映出在南宋儒学面临佛教威胁与挑战时，张栻及其门人已自觉具有振兴儒学、接续圣人之道的责任与担当。

道统思想集大成者朱熹在《中庸章句序》中，有三处把“道”“统”二字连用，用以表明圣人之道是一套完整的统绪。篇中第一处“道统”连用，是在朱熹阐释子思著《中庸》的原因时出现的：

> 《中庸》何为而作也？子思子忧道学之失其传而作也。盖自上古圣神继天立极，而道统之传有自来矣。其见于经，则“允执厥中”者，尧之所以授舜也；“人心惟危，道心惟微，惟精惟一，允执厥中”者，舜之所以授禹也。尧之一言，至矣，尽矣！而舜复益之以三言者，则所以明夫尧之一言，必如是而后可庶几也。②

朱熹认为子思著《中庸》是“子思子忧道学之失其传而作”，并连用“道统”提出了接续儒家道统之统绪，把“道统”这一名词概念与“道统”所指的实际内涵结合起来：“盖自上古圣神继天立极，而道统之传有自来矣”之后，朱熹《中庸章句序》又有两次提到“道统”二字，曰：

> 自是以来，圣圣相承，若成汤、文、武之为君，皋陶、伊、傅、周、召之为臣，既皆以此而接夫道统之传，若吾夫子，则虽不得其位，而所以继往圣、开来学，其功反有贤于尧、舜者。③
>
> 熹自蚤岁即尝受读而窃疑之，沉潜反复，盖亦有年，一旦恍然似有以得其要领者，然后乃敢会众说而折其中，既为定著章句一篇，以竢后之君子。而一二同志复取石氏书，删其繁乱，名以《辑略》，且记所尝论辩取舍之意，别为《或问》，以附其后。然后此书之旨，支分节解，脉络贯通，详略相因，巨细毕举，而凡诸说之同异得失，亦得以曲畅旁通，而各极其趣。虽于道统之

① 蔡方鹿主编：《道统思想与中国哲学》，人民出版社 2017 年版，第 467 页。
② （宋）朱熹：《中庸章句序》，《四书章句集注》，中华书局 2012 年版，第 14 页。
③ （宋）朱熹：《中庸章句序》，《四书章句集注》，中华书局 2012 年版，第 14—15 页。

传，不敢妄议，然初学之士，或有取焉，则亦庶乎行远升高之一助云尔。[①]

朱熹《中庸章句序》最后的落款是“淳熙己酉春三月戊申”[②]，淳熙十六年，即公元1189年，那么，是否可以这样理解：淳熙十六年《中庸章句序》定稿且首次提出“道统”？一般情况下，可这样理解。陈荣捷先生《西方对朱熹的研究》持此观点：“朱熹于淳熙十六年己酉（1189）序《中庸章句》，将道统连词，首次采用‘道统’。”[③] 苏费翔先生《宋人道统论》也肯定《中庸章句序》公元1189年定稿并提及“道统”一词，但同时认为：“淳熙六年（1179）朱熹撰写《知南康牒》云：‘濂溪先生虞部周公，心传道统，为世先觉。’此可证明朱熹运用‘道统’一词比余先生所提出的1181年的例子早两年。”[④]“余先生所提出的1181年的例子”即余英时先生《朱熹的历史世界：宋代士大夫政治文化的研究》所论述的朱熹最早用“道统”一词的例子是公元1181年《书濂溪光风霁月亭》中朱熹提到的“惟先生承天畀，系道统，所以建端垂绪，启佑于我后之人者”句，并认为朱熹在此处用“道统”二字的意义尚不明确，道统观念尚未完全确定。[⑤]

上述论述引出了一个问题，即张栻《答陈平甫》和朱熹是谁最先提出“道统”一词？对于这个问题，著者已在拙文《陈平甫与张栻交流提出“道统”时间考》经过考证得出：“苏费翔先生《宋人道统论》的观点，将淳熙六年（1179）朱熹《知南康牒》提出‘道统’作为朱熹首次提出“道统”一词的时间。陈平甫与张栻交流提出‘道统’的时间比朱熹《知南康牒》提出“道统”的时间要早六七年。”[⑥] 这也从侧面反映出，以张栻为代表的湖湘学派较早表现出对从伏羲、神农、黄帝、尧舜禹到孔孟道统的传承意识，注意挖掘道统、道学资源；张栻作为湖湘学派的确立者，为“道学”

① （宋）朱熹：《中庸章句序》，《四书章句集注》，中华书局2012年版，第15—16页。

② （宋）朱熹：《中庸章句序》，《四书章句集注》，中华书局2012年版，第16页。

③ 陈荣捷：《西方对朱熹的研究》，《中国哲学》第五辑，生活·读书·新知三联书店1981年版，第208页。

④ 苏费翔：《宋人道统论——以朱熹为中心》，《厦门大学学报》2015年第1期。

⑤ 参见余英时：《朱熹的历史世界：宋代士大夫政治文化的研究》，生活·读书·新知三联书店2004年版，第14页。

⑥ 蔡方鹿主编：《道统思想与中国哲学》，人民出版社2017年版，第470页。

的理论构建和“道”的传承作出了重大贡献，在南宋儒学界拥有崇高的威望与重大影响，成为晚唐至南宋时期“柳宗元—周敦颐—胡（宏）、张（栻）的湘学构成的学术脉络”[①]中的后起之秀，“为一世道学之宗主”[②]。师从张栻并最终回到巴蜀的陈平甫等川蜀后学“讲学蜀东门外，非洙泗伊洛之道不言，著《易》、《诗》、《书》、《论语》说，以发明其义，由是蜀士尽知周、程、张、朱传授之旨”[③]，“沟通了湘蜀两地的学术联系”[④]。南轩之学因之在巴蜀得以传习，并被确立为孔孟学统的嫡传，甚至影响后来的“洛蜀会同”。

二、张栻“以颜子为准的”与朱熹“未及颜子圣人固不得而轻许”

张栻为代表的湖湘学派较早表现出对从伏羲、神农、黄帝、尧舜禹到孔孟道统的传承意识，也体现在这一团体对圣学人物的褒扬与力行至圣的学习方面。一代宗师张栻，幼承庭训、问学拜师，十四岁便脱然可语圣人之道。

张栻认为，道不远人，为之在己，“圣可学而至”[⑤]。那位做足涵养工夫、道能自得于心的代表人物就是颜子：“夫闻一知十，岂特颜子天资之绝人哉？盖学问涵养至此也。”[⑥]在《寄周子充尚书》信中，张栻也说：“然有所谓知之至者，则其行自不能已，然须致知力行工夫至到，而后及此，如颜子是也。”[⑦]张栻推崇颜子之好学，“以颜子为准的”[⑧]，认为圣人可学而至。张

---

① 朱汉民：《湘学的渊流与学统》，《湖南大学学报》2013 年第 1 期。

② （宋）方回：《南轩集钞》，（明）周敏政编：《新安文献志》卷 35，文渊阁《四库全书》第 1375 册，台湾商务印书馆 1986 年版，第 451 页。

③ （元）赵汸：《邵庵先生虞公行状》，《东山存稿》卷 6，文渊阁《四库全书》第 1221 册，台湾商务印书馆 1986 年版，第 322 页。

④ 蔡方鹿：《宋代四川理学研究》，线装书局 2003 年版，第 190 页。

⑤ （宋）张栻：《论语解》卷 1，《张栻全集》，长春出版社 1999 年版，第 75 页。

⑥ （宋）张栻：《论语解》卷 3，《张栻全集》，长春出版社 1999 年版，第 101 页。

⑦ （宋）张栻：《寄周子充尚书》，《南轩集》卷 19，《张栻全集》，长春出版社 1999 年版，第 817 页。

⑧ （宋）张栻：《答胡季随》（又），《南轩集》卷 25，《张栻全集》，长春出版社 1999 年版，第 901 页。

栻年谱有：张栻二十七岁时，便与同志之士辑录孔子弟子颜渊的言行作《希颜录》，尽管张栻谦称己作“去取伦次多所未善”，但此书一出，依然是“往往为朋友所传写”①。乾道九年（1173）八月，张栻又补编《希颜录》等作品，《跋希颜录》曰：“某己卯之岁，尝裒集颜子言行为《希颜录》上下篇，今十有四年矣。回视旧篇，……于是复加考究，定著为一卷，又附录一卷。”②历时十四年的不断考究，正是张栻“以颜子为准的”的体现。后来作《道州重建濂溪周先生祠堂记》，张栻盛赞周敦颐明孔孟之意发端之功时，又引用周敦颐“学颜子之学”，曰：“及吾先生起于远方，……其教人使之志伊尹之志，学颜子之学。”③颜子好学为何？张栻推崇颜子的缘由是什么？一言以蔽之：传续圣道。

如北宋理学家周敦颐曾说，孔门弟子中，只有颜渊的德行足以与圣人媲美，只有颜渊对孔子圣人之道体会至深并能够与圣心契合无间，故能将“圣人之道”推广以至于“万世无穷”的，只有颜渊能够做到。张载也曾认为颜子已俨然具有圣人体段，对圣人之道体悟至深，“与圣人同”，是“具体圣人”④，可以为禹稷之事⑤，故孔子对颜子讲道，不需要多说什么，颜子听夫子之言，便能心解力行。程颐《颜子所好何学论》也认为，孔门弟子三千，只有颜渊跟其他人不一样：“圣人之门，其徒三千，独称颜子为好学。夫《诗》、《书》六艺，三千子非不习而通也。然则颜子所独好者，何学也？学以至圣人之道也。”⑥在程颐看来，颜渊在孔门三千弟子中之所以能够脱颖而出，关键处就在于他要学的是怎样成为圣人，怎样将孔子之道、圣人之道传承发扬下去。而张栻从胡宏那里学的主要就是“程氏学”和“孔门论仁亲

① （宋）张栻：《跋希颜录》，《南轩集》卷33，《张栻全集》，长春出版社1999年版，第1012页。

② （宋）张栻：《跋希颜录》，《南轩集》卷33，《张栻全集》，长春出版社1999年版，第1012页。

③ （宋）张栻：《道州重建濂溪周先生祠堂记》，《南轩集》卷10，《张栻全集》，长春出版社1999年版，第699页。

④ （宋）张载：《正蒙·中正》，《张载集》，中华书局1978年版，第27页。

⑤ （宋）张载：《张子语录·语录中》，《张载集》，中华书局1978年版，第318页。

⑥ （宋）程颐：《颜子所好何学论》，《河南程氏文集》卷8，《二程集》，中华书局2004年版，第577页。

切之旨”[①]，所以他常常以承二程学自居，认为：“惟二程先生唱明道学，论仁义忠信之实，著天理时中之妙，述帝王治化之原，以续孟子千载不传之道。”[②]“某也学乎程子之门者也，岂得尽窥宫墙之美哉？”[③]故张栻以颜子准的，道统之传续在其中矣。

朱熹也偏爱颜渊，评论圣贤，往往以颜渊为准的，曾云：“如颜子亚圣，犹不能无违于三月之后；况仲弓虽贤，未及颜子，圣人固不得而轻许之也。”[④]他盛赞颜子为“王佐之才”，云：“颜子王佐之才，故问治天下之道。曰为邦者，谦辞。”[⑤]甚至将颜子与禹稷相比较，认为，颜子如果居于禹稷之任，也必为禹稷：“故使禹稷居颜子之地，则亦能乐颜子之乐；使颜子居禹稷之任，亦能忧禹稷之忧也。”[⑥]同时，在《朱子语类》中，朱熹也指出，颜子有不及圣人之处，而且因为早逝，事功未显，未能担起传道的重任：

> 曰：“颜子去圣人不争多，止隔一膜，所谓‘于吾言无所不说’，其所以不及圣人者，只是须待圣人之言触其机，乃能通晓尔。”又问：“所以如此者，莫只是渣滓化未尽否？”曰：“圣人所至处，颜子都见得，只是未到。‘仰之弥高，钻之弥坚，瞻之在前，忽焉在后’。这便颜子不及圣人处。这便见得未达一间处。且如于道理上才着紧，又蹉过；才放缓，又不及。又如圣人平日只是理会一个大经大

---

① “(栻)既长，又命往从胡公仁仲先生问河南程氏学，先生一见，知其大器，即以所闻孔门论仁亲切之指告之。公退而思，若有得也，以书质焉。而先生报之曰：‘圣门有人，吾道幸矣。’公以是益自奋厉，直以古之圣贤自期，作《希颜录》一篇，蚤夜观省，以自警策，所造既深远矣，而犹未敢自以为足，则又取友四方，益务求其学之所未至。”[参见(宋)朱熹：《右文殿修撰张公神道碑》，《朱熹集》卷89，四川教育出版社1996年版，第4545页]

② (宋)张栻：《永州州学周先生祠堂记》，《张栻全集》，长春出版社1999年版，第704页。

③ (宋)张栻：《送曾裘父序》，《南轩集》卷15，《张栻全集》，长春出版社1999年版，第768页。

④ (宋)朱熹：《公冶长第五》，《论语集注》卷3，《四书章句集注》，中华书局2012年版，第76页。

⑤ (宋)朱熹：《卫灵公第十五》，《论语集注》卷8，《四书章句集注》，中华书局2012年版，第164页。

⑥ (宋)朱熹：《离娄章句下》，《孟子集注》卷8，《四书章句集注》，中华书局2012年版，第304页。

法，又却有时而应变达权；才去应变达权处看他，又却不曾离了大经大法。可仕而仕，学他仕时，又却有时而止；可止而止，学他止时，又却有时而仕。'无可无不可'，学他不可，又却有时而可；学他可，又却有时而不可。终不似圣人事事做到恰好处。"①

夫尧、舜、禹，天下之大圣也……自是以来，圣圣相承：若成汤、文、武之为君，皋陶、伊、傅、周、召之为臣，既皆以此而接夫道统之传，若吾夫子，则虽不得其位，而所以继往圣、开来学，其功反有贤于尧舜者。然当是时，见而知之者，惟颜氏、曾氏之传得其宗。及曾氏之再传，而复得夫子之孙子思，则去圣远而异端起矣。②

颜渊接近圣人，但尚未成为圣人，颜氏见孔子之道，却未能担起传道重任，颜渊早逝，故传道之任让位于曾子。由此，朱熹得出自己心中的圣贤相传的谱系：伏羲、神农、黄帝、尧、舜、禹，成汤、文、武，皋陶、伊、傅、周、召，夫子，颜氏、曾氏，子思，圣圣相承，开启宋学直究圣人的学术主张。

三、张栻易学与朱熹"从君识乾坤，始知太极蕴"

张栻对传续道统的具体实践，首先在于易学的发挥。宋明理学时期，"五经"体系逐渐被"四书"系统取代，但尊崇"五经"的风气并没有改变。《周易》、《诗经》、《春秋》、《尚书》、《礼》等经典依然都是宋代许多经学家、政治家、理学家关注的重点，尤其是对《易经》的研究更是风靡一时。作为南宋著名的理学家，一代宗师，张栻深攻于易学。因家学之故，张栻十四岁时，便得其父亲授易学，"脱然可与语圣人之道。"③乾道四年（1168），张栻考释《易》、《大学》，并作《艮斋铭》；乾道九年（1173）前后，张栻又裒集程颐、张载、杨时《易》说，并断以自己的心得，成《系辞说》；此后，张

① （宋）朱熹撰，朱杰人等编：《朱子语类》卷24，《朱子全书》第14册，上海古籍出版社、安徽教育出版社2002年版，第834页。

② （宋）朱熹：《中庸章句序》，《四书章句集注》，中华书局2012年版，第14—15页。

③ （宋）罗大经：《高宗卷紫岩》，《鹤林玉露》丙编卷1，中华书局1983年版，第242—243页。

栻对《易说》进行不断的思考与修正，渐成《南轩易说》之稿。

在《南轩易说》中，张栻理想的圣人形象从“尧”“舜”拓展到“伏羲”“神农”“黄帝”，张栻认为“包犧、神农、黄帝、尧、舜，皆制器以利天下者也。……神农创业于前，知万世之下必有得《易》之道如黄帝、尧、舜者，穷而能变，变而能通，通而能久者也。”① 张栻易学继承和发挥二程“经所以载道”及张浚“圣人作《易》将以载道”思想，并将“载道”的载体具体到了《易》。张栻认为，先圣后圣以心相传，所以无简册可传，后来圣人作《易》，是为了载道，曰：

> 《易》者，道也。②
>
> 《易》之书所以载道，以其载道，故不可远。如居则观其象而玩其辞，动则观其变而玩其占，譬之日月之于人，水火之养生，人虽欲远之，有不可得者。……大抵《易》之辞，其告人也各指其所之，有上有下，有内有外，循其辞而揆其所指之方，则不迷其所向。其道虽不可为典要，与其书则有典可循，有常可道也。凡此者皆以其书之不可远者欤！呜呼！人能弘道，非道弘人，虽载道而不可远道，虽屡迁而未始有常，神而明之，存乎其人者也，苟非其人，则道安能虚行乎？③

张栻认为儒家经典《易》是载“道”的工具，既然《易》书是载道的工具，道不远人，人而弘道，那么道与人也就有了密切的联系。“圣人之道存乎《易》”④，故人可以通过“观其象”、“玩其辞”、“观其变”、“玩其占”，也即通过探究《易》而了解圣人之道，弘扬圣人之道。张栻认为，在孔子未赞《易》之前，《易》书是淆乱的，传《易》者往往失其本旨。及至孔子赞《易》，使《易》道得以完备，遂影响了后世。然而后来的学者却又拘泥于象数，使得本已完备之《易》道，又陷于晦而不明的境地：

---

① （宋）张栻：《南轩易说》卷 2，《张栻全集》，长春出版社 1999 年版，第 22—23 页。

② （宋）张栻：《南轩易说》卷 2，《张栻全集》，长春出版社 1999 年版，第 26 页。

③ （宋）张栻：《南轩易说》卷 2，《张栻全集》，长春出版社 1999 年版，第 36—37 页。

④ 张栻曾谈及圣人之道存乎《易》说：“《易》者，无形之圣人，而圣人者有形之《易》。故《易》乃圣人之道。而圣人者乃尽《易》之道者也。”［（宋）张栻：《南轩易说》卷 1，《张栻全集》，长春出版社 1999 年版，第 5 页］

> 夫子未赞《易》之前，《易》书淆乱，传者失其旨。五十以学《易》者，夫子之意，谓今有所未暇，加数年而后可修也。程子曰："如八索之类，皆过也。云学、云大过者，皆谦辞也。"虽然，自夫子赞《易》而易道始备，垂于万世而不过也。而后之学者或泥于象数，而其义复以不明。善乎程子之言曰：推辞考卦，可以知变，象与占在其中矣。由辞以求《易》，而明夫所谓体用一源、显微无间者，则庶几圣人学《易》之旨可得而求也。①

由此，张栻发挥二程的义理易学，并把象数研究纳入义理的研究，希望能通过象、占、辞、卦四者求《易》之义，掌握《易》"体用一源、显微无间"的道理，张栻认为，做到这样，圣人学《易》之旨便可求而得，《易》旨也会因此得以显明。

相比较而言，朱熹著有《周易本义》，日常说易于《朱子语类》约十三卷，对《本义》有较多引申和发挥。朱熹曾就易学与张栻交流往来，两人的易学有相近之处，又有所不同。

首先，朱熹接受心传之说，会通《中庸》"孔门传授心法"与《古文尚书》"人心惟危，道心惟微，惟精惟一，允执厥中"的"十六字传心诀"，认为圣人之道能够超越时代心心相传，由此确立起自己的儒家道统授受谱系，在朱熹的理想圣人形象中，文王、孔子其次，尧舜其上，伏羲、神农、黄帝更在尧舜之上，这与张栻将伏羲、神农、黄帝纳入道统的观点是一致的。淳熙三年下半年，朱熹完成《论孟集注》、《孟子或问》、《周易本义》、《诗传集注》，这标志着集孔孟思想之大成的朱子理学体系开始形成。朱熹主张把象数与义理结合起来，认为三圣作《易》具有传达"圣人本意""偏旁带来道理"的意义，即"圣人之精"与"圣人之蕴"：

> 《通书》言：圣人之精，画卦以示。圣人之蕴，因卦以发。精是圣人本意，蕴是偏旁带来道理。如《春秋》，圣人本意只是载那事，要见世变。礼乐征伐自诸侯出，臣弑其君，子弑其父，如此而已。就那事上见得是非美恶曲折，便是因以发底。如"《易》有太极，是生两仪，两仪生四象，四象生八卦。"这"四象生八卦"以上便

① （宋）张栻：《论语解》卷4，《张栻全集》，长春出版社1999年版，第121—122页。

是圣人本意底。①

同时，朱熹基于对圣人作《易》本意的探讨，又主张用《周易》卜筮的本义阐发义理，提出“《易》因卜筮而作”的观点，这与张栻的“圣人作《易》将以载道”的观点不同。朱熹认为，先圣作《易》的目的与意义是有区别的：“孔子之《易》，非文王之《易》，文王之《易》，非伏羲之《易》，《伊川易传》又自是程氏之《易》也。”② 张栻质疑：

(朱熹)《易》说未免有疑。盖《易》有圣人之道四，恐非为卜筮专为此书。当此爻象，如此处之则吉，如此处之则凶，圣人所以示后世。若筮得之者，固当如此处。盖其理不可违，而卜筮固在其中矣。③

张栻认为，自己的认识与朱熹的《易说》有所不同，他质疑朱熹将《易》作为圣人为卜筮而作的观点，认为《易》有圣人之道四，恐非为卜筮专为此书；比如爻象，吉凶是变化的，圣人要告知后人的就在于这种变化。同时，张栻认为虽然义理不可违，是主要的，但卜筮固在其中，《易》也有占卜之用，只是它存于理之中而已。

朱熹也很看重易学、太极说，他不仅也将“太极”“理”“道”等作为宇宙本体范畴，也将“太极”“理”“道”作为派生宇宙万事万物的本原的特征，并接受邵雍先天学为伏羲学的说法，逐渐确立“伏羲先天学为易学纲领”的思想。

朱熹《易传》撰写后来还经过数年删改，这期间也与张栻有较多书信往来，譬如关于“观过”“太极”之说等，张栻答其书信云：

近伯逢方送所论“观过”之说来，某前日《洙泗言仁》中亦有此说。不知如何？大抵以此自观，则可以察天理人欲之浅深。……《太极说》中，体用先后之论，要之须是辨析分明，方真见所谓一源者。不然，其所谓一源，只是臆度想象耳。……如云仁所以生，殊觉未安。生生之体即仁也，而曰仁所以生，如何？周子此图固是

---

① (宋)朱熹撰，朱杰人等编：《朱子语类》卷66，《朱子全书》第16册，上海古籍出版社、安徽教育出版社2002年版，第2184—2185页。

② (宋)朱熹撰，朱杰人等编：《朱子语类》卷67，《朱子全书》第16册，上海古籍出版社、安徽教育出版社2002年版，第2214页。

③ (宋)张栻：《答朱元晦》，《南轩集》卷23，《张栻全集》，长春出版社1999年版，第868页。

毫分缕析，首尾洞贯，但此句似不必如此分。①

张栻易学，继承《易传》、周敦颐、张载、邵雍、二程、张浚诸人的关于太极的思想，对太极作出了自己的诠释，并作有《太极解义》。张栻认为，世界统一于“太极”，曰：“世有古今，太极一而已矣，太极立则通万古于一息，会中国为一人。”② 张栻上承周敦颐《太极图说》的思想，进一步肯定“太极”是“生化之根”③。张栻认为“太极”生生不穷，是“太极之道”使然，太极，不仅存在于万物之中，又是万物生化之大本，不仅具有宇宙本体论的意义，同时也兼有宇宙生成论的价值。

朱熹与张栻在重视“太极”方面达到一致。朱熹认为：“无极而太极，只是说无形而有理。所谓太极者，只二气五行之理，非别有物为太极也。”④ 故关于无极、太极的分歧与认识，实为前贤之累，进而将道统心传之源推至太极。这是二人的相似之处。⑤

另外关于物与理、太极的关系。二程曾指出：“理则天下只是一个理”⑥，“一物之理即万物之理”⑦。张栻继承并发挥二程的观念提出天理论，认为天就是理，“所谓天者，理而已”，“有是理则有是事，有是物”⑧。把理放到事物之先。朱熹继承并发挥二程的说法并采用“理一分殊”论述其对理的认识，提出“有是理，方有这物事。”⑨ 认为理为事物之本。这与张栻的观点也基本相同。

---

① （宋）张栻：《答朱元晦秘书》，《南轩集》卷 20，《张栻全集》，长春出版社 1999 年版，第 832 页。

② （宋）张栻：《经世纪年序》，《南轩集》卷 14，《张栻全集》，长春出版社 1999 年版，第 749 页。

③ “太极混沦，生化之根，阖辟二气，枢纽群动，惟物由乎其间而莫之知，惟人则能知之矣。”[参见（宋）张栻：《扩斋记》，《南轩集》卷 11，《张栻全集》，长春出版社 1999 年版，第 722 页]

④ （宋）朱熹撰，朱杰人等编：《朱子语类》卷 94，《朱子全书》第 17 册，上海古籍出版社、安徽教育出版社 2002 年版，第 3116 页。

⑤ 朱熹在讨论太极时曾提及张栻的这一观念，说：“无极而太极，……非谓别有一物也。（向见钦夫有此说，尝疑其赘，今乃正使得著，方知钦夫之虑远也）”[（宋）朱熹《答陆子静》，《朱熹集》卷 36，四川教育出版社 1996 年版，第 1582 页]

⑥ （宋）程颢、程颐：《河南程氏遗书》卷 2 上，《二程集》，中华书局 2004 年版，第 38 页。

⑦ （宋）程颢、程颐：《河南程氏遗书》卷 2 上，《二程集》，中华书局 2004 年版，第 13 页。

⑧ （宋）张栻：《孟子说》卷 4，《张栻全集》，长春出版社 1999 年版，第 384 页。

⑨ （宋）朱熹撰，朱杰人等编：《朱子语类》卷 13，《朱子全书》第 14 册，上海古籍出版社、安徽教育出版社 2002 年版，第 403 页。

四、张栻与朱熹"中和之辩"

北宋中叶以来，二程表彰《大学》、《中庸》二篇，与《语》、《孟》并行，认为"学者当以《论语》、《孟子》为本"①。以《大学》、《语》、《孟》、《中庸》为标指，而达于"六经"。将"四书"抬高到与"六经"相同的地位，"四书"的地位显得越来越重要。

张栻对"四书"非常关注。乾道九年（1173），张栻先后完成改定《南轩论语解》和《南轩孟子说》。张栻将《论语》、《孟子》作为治学之本，认为：孟子之后，圣学失传，此后寥寥千年，学者士大夫虽然四出求道，但最终求道不得其本；原因在于秦火之后，汉代儒者虽然号称能穷经学古，但其实不过是沉溺于训诂章句之间，尽管这对于经书文义也有所补益，但终究是不能考察圣学之大本，这也就使得圣贤之心郁而不章，没而不传；所以今人需以兴儒学为己任，大辨异端、力斥俗学，以求续圣人之道，承圣贤之学。至于其方法，张栻提出治经兴发义理，认为圣人出言为经，其心与天心相通，虽然现在与圣人之时相去已远，但毕竟经书还在，所以学者在读经治经时，应该把治经与穷理结合，以探寻圣人所以出言为经的意旨。张栻对"四书"的义理诠释倾注了很多的心血，无数次的讨论、删改与修正。在与朱熹的信中，张栻就曾数次表达他"删改不亭，恐误学者"②的治经观念，说：

> 《论语》日夕玩味，觉得消磨病痛，变移气质，须是潜心此书，久久愈见其味。旧说多所改正，它日首以求教。向来下十章《癸巳解》，望便中疏其缪见示。③
>
> 《中庸》集解已成，……《孟子》欲再改过，终缘公务断续，盖虽退食，其于庶事又有当考究思虑者，不敢放下耳。④

① （宋）程颢、程颐：《河南程氏遗书》卷25，《二程集》，中华书局2004年版，第322页。

② （宋）张栻：《答朱元晦》，《南轩集》卷24，《张栻全集》，长春出版社1999年版，第881页。

③ （宋）张栻：《答朱元晦》，《南轩集》卷23，《张栻全集》，长春出版社1999年版，第871页。

④ （宋）张栻：《答朱元晦》，《南轩集》卷24，《张栻全集》，长春出版社1999年版，第880页。

张栻对“四书”之《中庸》也十分重视，他说：“德合于《中庸》，则至当而无以加矣。中者，言其理无过不及也；庸者，言其可常而不易也。”① 解读《中庸》过程中，张栻曾与朱熹展开中和之辩，在辩难论学中提出了一系列重要理论与观点，促进了理学的丰富与完善，在当时具有重要的学术价值和意义。

关于已发与未发之关系，是张栻论《中庸》中和说的重要内容。乾道三年，朱熹专程访张栻于潭州，求教张栻。两人相与讨论了已发、未发等问题。这时，张栻曾将“性为未发，心为已发”的观点告诉朱熹。朱熹经过一番思索，最终接受了张栻的观点。朱熹说：

> 《中庸》未发已发之义，前此认得此心流行之体，又因程子‘凡言心者，皆指已发而言’，遂目心为已发，性为未发。②

朱熹接受张栻的观点后，曾舍去李侗于未发时涵养体认大本之教，而以天理即性为未发之本体，以良心为已发之作用，否定了未发时有修养的工夫。朱熹说：

> 天理本真，随处发见，不少停息者，其体用固如是，而岂物欲之私所能壅遏而梏亡之哉？故虽汩于物欲流荡之中，而其良心萌蘖，亦未尝不因事而发见。学者于是致察而操存之，则庶乎可以贯乎大本达道之全体而复其初矣。③（朱熹自注）此书非是，但存之以见议论本末耳。④

朱熹承认张栻对自己“反复开益为多”，同时也认为张栻的观点“失之太高”，于是朱熹拜访张栻归来的第二年，又通过书信往来继续与张栻展开辩论。乾道五年，朱熹由疑到悟，纠正了张栻以至胡宏关于已发、未发的观点。这就是所谓被理学家看重的“己丑中和之悟”。朱熹记述到：“予之所自信者，其无乃反自误乎？”⑤ 朱熹因此曾自我检讨最终修正了以性为未发，心为已发的

① （宋）张栻：《论语解》卷 3，《张栻全集》，长春出版社 1999 年版，第 115 页。

② （宋）朱熹：《与湖南诸公论中和第一书》，《朱熹集》卷 64，四川教育出版社 1996 年版，第 3383 页。

③ （宋）朱熹：《与张钦夫》，《朱熹集》卷 3，四川教育出版社 1996 年版，第 1290 页。

④ （宋）朱熹：《与张钦夫》，《朱熹集》卷 30，四川教育出版社 1996 年版，第 1289 页。

⑤ （宋）朱熹：《中和旧说序》，《朱熹集》卷 75，四川教育出版社 1996 年版，第 3950 页。

观点，提出性为未发，情为已发，心统性情的思想。张栻心主性情，强调了心的主宰性，心不仅主宰性情，贯乎动静，而且还贯万事统万理。张栻心主性情的思想影响了朱熹，尽管朱熹未接受张栻心本论思想，但他还是将张栻心主性情的思想作为自己“心统性情”说的重要组成部分。

此外，察识与涵养问题也是张栻论《中庸》之中和说的重要内容。张栻继承了胡宏先察识后涵养的思想，他在所作的《艮斋铭》中表达了这一观点：

> 天心粹然，道义俱全。是曰至善，万化之源。人所固存，曷自违之！求之有道，夫何远而。四端之著，我则察之。岂惟虑思，躬以达之。工深力到，大体可明。匪自外铄，如春发生。知既至矣，必由其知。造次克念，战兢自持。事物虽众，各循其则。其则匪它，吾性之德。动静以时，光明笃实。艮止之妙，于斯为得。①

张栻在这里结合《孟子》性善论，认为性善即指人生来就具有的仁、义、礼、智四德，由四德而发，则表现为恻隐、羞恶、辞让、是非之心之四端。张栻认为：“四端之著，我则察之。岂惟虑思，躬以达之。工深力到，大体可明。”这也就是说，欲要求之，要做到两点，一曰察之，二曰工深力到。我们只要善于体察恻隐、羞恶、辞让、是非之心等四端之著，工深力到，就会犹如春之发生，自然而然“大体可明”。

朱熹很赞赏并接受了张栻通过察心，再求工深力到的修养方法。他认为，先察其良心发见之微，从此下手，便是做工夫的本领。他说：“如《艮斋铭》便是做工夫底节次。”② 对张栻的学问，朱熹也是深深表示钦佩，认为张栻的心性之学和修养方法“不为言句所桎梏”，“非吾辈所及”③。朱熹本人在《答程允夫（五）》中所说的在日用处先有见然后从此操存的观点就是受到张栻的影响。

张栻和朱熹中和之辩，开始由朱熹接受张栻先察识后涵养的观点，不久又悟前说之非，而主先涵养后察识的观点，张栻经朱熹批评，也提出涵养省察相兼并进，以涵养为本的思想。后来朱熹亦说“无时不涵养，无时不省

---

① （宋）张栻：《艮斋铭》，《南轩集》卷36，《张栻全集》，长春出版社1999年版，第1039页。
② （宋）朱熹：《答程允夫》，《朱熹集》卷41，四川教育出版社1996年版，第1921页。
③ （宋）朱熹：《答何叔京》，《朱熹集》卷40，四川教育出版社1996年版，第1865页。

察”①认为既要涵养，又要省察，打破了涵养与察识的先后之分而主涵养与察识交相助，与张栻涵养、省察相兼并进的思想基本相似。

张栻与朱熹同为南宋著名的理学家，他们在中国理学史上都具有十分重要的地位，而他们的学术成就与他们在学术上互相辩难，互相影响，切磋琢磨，相得益彰是分不开的。张栻与朱熹同宗二程，虽然二人博约观点不同，但在“交须而共济”②、相互补充的过程中发展了二程的学说。他们对《中庸》的中和之已发未发、涵养与省察，以及心性、仁说等重大学术问题展开了深入的辩论。对宋代理学的发展以及朱熹张栻各自博大精深的理学体系的最终确立起到极大的促进作用。对此，《宋史》曰：“张栻之学，亦出程氏，既见朱熹，相与博约又大进焉。”③

五、朱熹对张栻哲学地位的赞誉与肯定

张栻是南宋时期著名哲学家、理学家与教育家，湖湘学派的代表人物与集大成者。在当时，便获得极高的声誉。朱熹《南轩文集序》云：“（张栻）天资甚高，闻道甚蚤，其学之所就，既足以名于一世。”④《宋元学案·南轩学案·附录》云：五峰之门，亦因“得南轩而有耀”⑤，当是时，“从游南轩者甚众”⑥，“（南轩）论道于家而四方学者争乡往之”⑦。这时期，朱熹也曾欣然问学于张栻：“闻张钦夫得衡山胡氏学，则往从而问焉。”⑧正因为此，才有

① “已发未发，不必大泥。只是既涵养，又省察，无时不涵养省察。……（必大录云：存养省察，是通贯乎已发未发功夫。未发时固要存养，已发时亦要存养。未发时固要省察，已发时亦要省察。只是要无时不做功夫）……未发已发，只是一件工夫，无时不涵养，无时不省察耳。……要知二者可以交相助，不可交相待。”（《朱子语类》卷62，《朱子全书》第16册，上海古籍出版社、安徽教育出版社2002年版，第2045—2046页）

② （宋）朱熹：《又祭张敬夫殿撰文》，《朱熹集》卷87，四川教育出版社1996年版，第4477页。

③ （元）脱脱等：《道学一》，《宋史》卷427，中华书局1977年版，第12710页。

④ （宋）张栻：《张南轩文集序》，《张栻全集·附录》，长春出版社1999年版，第1234页。

⑤ （清）黄宗羲：《南轩学案附录》，《宋元学案》卷50，中华书局1986年版，第1635页。

⑥ （清）黄宗羲：《南轩学案附录》，《宋元学案》卷50，中华书局1986年版，第1635页。

⑦ （宋）张栻：《张南轩文集序》，《张栻全集·附录》，长春出版社1999年版，第1233页。

⑧ （宋）朱熹：《中和旧说序》，《朱熹集》卷75，四川教育出版社1996年版，第3949页。

了理学史上著名的“岳麓衡山之旅”、“中和之辩”。在朱熹与张栻两个月的交流之后，朱熹曾自认为“昔我抱冰炭，从君（张栻）识乾坤，始知太极蕴，要眇难名论”①，对张栻之学极为钦佩。

在与张栻及其他同道通信中，朱熹还一再的称引张栻为“醇儒”②，赞誉张栻：“学问愈高，所见卓然，议论出人意表。”③“己之学乃铢积寸累而成，如敬夫，则于大本卓然先有见者也。”④ 又曰：“钦夫之学所以超脱自在，见得分明，不为言句所桎梏，只为合下入处亲切。今日说话虽未能绝无渗漏，终是本领是当，非吾辈所及。”⑤“东莱则言其杂，象山则言其禅，惟于南轩，为所佩服。”⑥ 后来因为张栻早逝，朱熹曾极为遗憾的感叹说：“使敬夫而不死，则其学之所至、言之所及，又岂予之所得而知哉！”⑦

（作者单位：湘潭大学碧泉书院）

① （宋）朱熹：《二诗奉酬敬夫赠言并以为别》，《朱熹集》卷 5，四川教育出版社 1996 年版，第 211 页。

② （宋）朱熹：《跋张敬夫所书城南书院诗》，《朱熹集》卷 81，四川教育出版社 1996 年版，第 4163 页。

③ （宋）朱熹：《与曹晋叔书》，《朱熹集》卷 24，四川教育出版社 1996 年版，第 1027 页。

④ （元）脱脱等：《张栻传》，《宋史》卷 429，长春出版社 1999 年版，第 12775 页。

⑤ （宋）朱熹：《答何叔京》，《朱熹集》卷 40，四川教育出版社 1996 年版，第 1865 页。

⑥ （清）黄宗羲：《南轩学案附录》，《宋元学案》卷 50，中华书局 1986 年版，第 1635 页。

⑦ （宋）张栻：《张南轩文集序》，《张栻全集 · 附录》，长春出版社 1999 年版，第 1234 页。

张栻教育思想的逻辑系统

陈 军　陈玉琴

前文论及张栻教育宣言时，谈到张栻教育思想的严密建构，形成了“张栻系统”。

这个“系统”是怎样的呢？我们通过相关资料的检索，对张栻教育主张进行了初步的梳理，同时大量参读张栻思想研究者的论著，尽量汲取丰富的思想见解，在此基础上试勾勒出张栻教育思想的逻辑系统，图示如下：

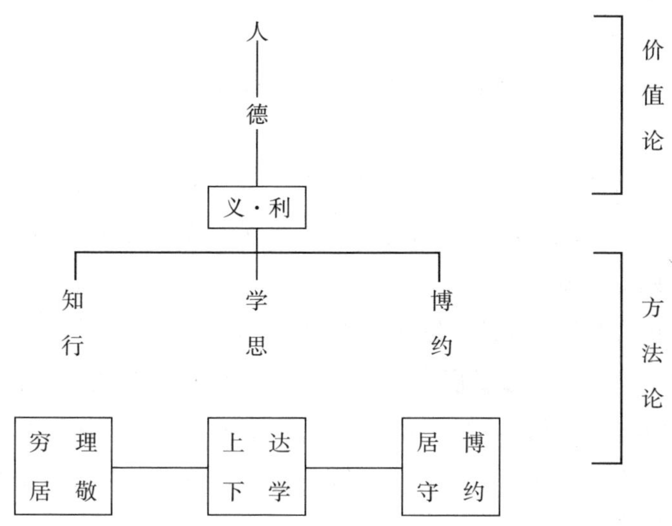

概括说来就是，“人”，是张栻教育思想的思考对象又是其教育目的；“人”的培育核心是什么呢？就是“仁心”，就是德性。仁心与德性教育的关键又在哪里呢？在于义利之明辨，在于弃利而归义。一个“人”的成长过程又该如何做到“义利”的明辨与抉择呢？换言之，在日常的学习与生活中，怎样辨义利、成德性呢？具体策略就是“知行”“学思”“博约”的“相须”。

而“相须”的操作模式或方法又是怎样的呢？在于穷理居敬，在于下学上达，在于居博守约。所有这些方法的具体实施都是“循序渐进”的，这个“序”，即身心长进之“序”、日常生活之“序”和教育方法协同之“序”。张栻之序与朱熹之序同出一理。

由此可见，张栻教育思想自然呈现出“教育目的”“教育原则”“教育策略”“教育方法”以及“教育过程”这样一个“五位一体”的逻辑系统。如果这些方面的历史事实能够得到更加充分的挖掘，那么，我们的学者完全可以写出一部《张栻教育学》。深感遗憾的是，张栻的材料研究与文献开发目前都十分有限。我们只能依据朱汉民、邓洪波的《岳麓书院史》等重要文献，作一些思想线索的爬梳和理论意向的窥测，以下从三方面试加申论。

一、在以孔子为基点的思想逻辑下，崇尚思考的自我性

张栻的理学思想与教育思想是互摄共生的。作为理学的一代宗师，他把二程洛学发展到一个新阶段；他发展理学，又是在教育实践过程中得以完成和强化的。而这样的耦合发展，都是用哲学方式和教育方式对孔孟儒学的当代化探索。

所谓哲学方式，就是他主张“理”与“性”有机统一，“理具诸其性”。而“性”，又“存乎人者也”①。因此，张栻用理学指导教育，目标放在立“人”上，也就是确立了立人之“德”、育人之“性”的教育主旨，尤其注重于把德性培养放在“人”的日常生活与学习之中，注重“实”行。所谓教育方式，就是他确立了“人”的成长层次，确立了下学而上达的程序，尤其是注重践履的“实”“行”之教。这样，就开通了由日常下学而上达到醇儒君子的必由之路。从这方面看，张栻的思想实际上是对陆象山、张载、朱熹等儒家思想的折中和兼容。

兼容的凝聚力就是他的“人仁则太极立”的逻辑，而这个逻辑的源头就在于孔孟的“仁”说“性”说。所以张栻在发表他的教育宣言时，首先开宗

---

① 杨世文、王蓉贵校点：《答胡伯逢》，《南轩集》卷 29，《张栻全集》，长春出版社 1999 年版，第 956 页。

明义，提出自己的教育思想内核："仁，人心也，率性立命，位天地而宰万物者也"，因此，所谓育人就是育"仁"之"人"。什么是"仁人"呢？张栻有具体说明："尝考先王所以建学造士之本意，盖将使士者讲夫仁义礼智之彝，以明夫君臣、父子、兄弟、夫妇、朋友之伦，以之修身、齐家、治国、平天下，其事盖甚大矣。"① 这实际上也就是张栻"传道济民"教育目的的内涵主旨。

自中国教育开山以来，一直存在"器人之辩"。"器"即孔子所指的某一具体的工具；"人"即孔子所指的"不器"之"君子"。科举兴作以后，孔子所倡导的君子之教，日益被挤兑、扼杀、消灭，历代统治者外儒内法，始终强化的都是工具之教。科举教育固然也培养了极少数"君子"，但整个体制的价值取向外现的是功名利禄，实质上则是获得统治工具。张栻对此看得十分清楚，他在《邵州复旧学记》中指出："后世之学校，朝夕所讲，不过缀缉文辞，以为规取利禄之计。"② 这就是中国各个历史时期的科举体制大势。在这样强大势力面前，张栻要坚守孔子的君子之教，多么难能可贵！

在继承和发展孔子君子之教的思想上，有一个瓶颈问题始终摆在我们面前，即儒学与政治一体化所产生的思想冲突。儒学是积极于政治的，积极于社会管理的，积极于全民教化的。儒家所倡导的这一学说与学术的传统始终是儒学教育思想的主体精神。当政的统治阶级，抓住了儒家这一基本精神，以之为华丽的外衣，时时专于把这样的儒家传统当作了自己最为得心应手的工具——以儒学而行工具之教。真儒崇尚的是"君子之教"；而作为工具的儒学又成了反君子之教的工具之教。这样的教育煎熬，张栻想必是体会得尤为深刻的。张栻在继承孔子之教的基础上有没有自己的思想建设呢？回答是肯定的。

张栻无力于打破当时的教育体制，但有心于建立儒学传承的独立精神。在张栻的遗留文字中，我们看到这方面的思想表达时，有着无比的欢欣！张栻赞曰：

---

① 杨世文、王蓉贵校点：《邵州复旧学记》，《南轩集》卷 9，《张栻全集》，长春出版社 1999 年版，第 681 页。

② 杨世文、王蓉贵校点：《邵州复旧学记》，《南轩集》卷 9，《张栻全集》，长春出版社 1999 年版，第 681 页。

> 所谓观书当虚心平气，以徐观义理之所在。如其可取，虽庸人之言有所不废；如其可疑，虽或传以圣贤之言，亦须更加审择。①

文字虽简，内涵极深，由观书之理而讲为学之道。“虚心平气”，指独立客观的状态。“义理”，指思想主旨，“徐观”，指对“义理”的意脉源流的追索与明辨。接下来是明辨前提下的抉择，如果自己认为“可取”，则“庸人”之言也不废；如果自己认为“可疑”，则即使是圣贤之言，也要“审择”。这样的为学之道，其实也就是“为人之路”了；这样的人，其实也就具有了独立之精神、自由之思想的人格风骨了！例如张栻强调“学思结合”在“思”的认识上就与前人不同。前人之“思”，思考也，领悟也，侧重于对所读所做的认识与理解。而张栻认为，“思者，研究其理之所以然也”，这就把“思”的重点放在对所读内容所做之事本身是否成立的考辨上面，而考辨的方式就是“疑”。我们知道，科举之学，做得相当好的也不过是“代圣人而立言”，而张栻这里显然是破除“代言”之桎梏，力求奋力开辟“可疑”之天地。罪恶的教育体制固然难以推倒，而从“人”的自我体制上由“疑”破起，则教育之深功同样令人崇敬不已！评价张栻的教育思想之源，这一独立精神的斑斓之色不可不察。

二、在以“义利之辨”为主导的道德逻辑中，设计人格成长的关键点

张栻理学思想的突出贡献之一就在于明确提出“义利之辨”的层次论。也正是分出了“层次”，所以在教育序列设计上特别注重于基础性工作，把日常生活看作是道德建设的关键点。

所谓“义利之辨”，是儒家人格教育中的基本内容，通常是指道德行为与物质利益及功利关系问题的争辩、辨析与选择。“义”，指思想行为符合一定的道德准则；“利”，指物质利益以及其他功利。后儒认为，明义利之辨是学习儒学的门径。在“义利之辨”的传统精神发展中，孔子首提以“义”为重，

---

① （清）黄宗羲著，全祖望补：《南轩学案》，《宋元学案》卷50，中华书局1986年版，第1626页。

视“义”为人之安身立命之本，他说：“君子义以为质，礼以行之，孙以出之，信以成之。”① 孟子进一步发挥，认为“何必曰利，亦有仁义而已矣”②，把义与利完全对立起来，同于水火而不相容。荀子折中调和，说“义与利者，人之所两有也”③，但强调“利”必须受“义”的制约。宋儒更加重视“义利”的明辨，程颢就说“天下之事，惟义利而已”④；程颐则以“义”兼“利”，说“圣人以义为利，义安处便为利”⑤。以上都是从道德内容和哲学意义上来讲“义利之辨”的。在此基础上，张栻在教育意义上有重要突破，他说：“学者潜心孔孟，必得其门而入，愚以为莫先于义利之辨。”⑥ 这个教育学意义有三点：其一，学是有门径的；其二，入门是有先后的；其三，“义利之辨”是最“先”的。张栻为什么要突出这个“先”呢？

要认识这个“先”，就要先认识张栻传承中为什么更加突出“义利”内涵的层次性。我们知道，把“利”局限于“名位货殖”，还是一种传统观念。张栻跳出这个范畴，从“无所为而然”和“有所为而然”两个层面提出了新的明辨标准。所谓“无所为而然”，是指纯粹的无功利之“义”；所谓“有所为而然”，是指人们常说的有个人私愿的有功利之“义”，实质上在张栻看来也还是“利”。张栻为什么要作出这样的细分呢？他是从人的真实存在出发的。张栻认为，“形而上”的性，是仁义礼智的道德准则；“形而下”的性，则包含着人的感性欲望。支撑人的成长的唯一能量必须是“形而上”之性，也即“无所为而然”之“义”。如果认同或包含有“人的感情欲望”，即“有所为而然”，那么，就会牵扯和破坏“形而上”之性的达成。我们认为，这是一个非常了不起的教育学意义上的哲学认识。从教育学意义上讲，“欲望

① （宋）朱熹：《卫灵公第十五》，《论语集注》卷 8，《四书章句集注》，中华书局 2012 年版，第 166 页。

② （宋）朱熹：《梁惠王章句上》，《孟子集注》卷 1，《四书章句集注》，中华书局 2012 年版，第 201 页。

③ （清）王先谦撰，沈啸寰、王星贤整理：《大略篇第二十七》，《荀子集解》卷 19，中华书局 2012 年版，第 485 页。

④ （宋）程颢、程颐：《河南程氏遗书》卷 11，《二程集》，中华书局 2004 年版，第 124 页。

⑤ （宋）程颢、程颐：《河南程氏遗书》卷 16，《二程集》，中华书局 2004 年版，第 173 页。

⑥ 杨世文、王蓉贵校点：《孟子讲义序》，《南轩集》卷 14，《张栻全集》，长春出版社 1999 年版，第 753 页。

情感”是介乎“义利”之间的有待抉择的区域。将它引向“义”，一个人就能真正形成“义”；反之，如果把它包容在“义”中，甚至有所放纵，那么引导教育就要落空。因此说，张栻的“义利之辨”，实际上就是一位教育家的教育策略与选择，这也就是他为什么格外强调这是“得其门而入”的最“先”一步的原因。这个“先”字，孔孟及二程都没有提出来，应该看作是张栻的智慧。张栻在《弗措斋记》中指出：“故善言学者，必以洒扫应对进退为先也，惟夫弗措之为贵也”。这里再提“先”与“弗措”，讲的同样是循序渐进和坚持不懈，而“先”的落脚之处就是充满感情欲望的日常学习与生活。总之，张栻特别指出所谓的“有所为而然”的“义”其实是“利”，旨在强调“义利之辨”的教育要从日常生活做起，而不是空言虚蹈。

这里要指出的是，重视日常生活的感情欲望不仅是“义利之辨”的起点，也是“义利之辨”改造的内容，同时还要特别认识到，改造之后的日常生活的感情欲望依然以纯粹的风貌存在而不是走向消亡。否则就是对张栻的曲解。张栻在《答周允升》中说：“下学工夫浸密，则所为上达者愈深。”①“下学”，日常生活之学，是指向“上达”的；“上达”，“仁”也“义”也，浸润体现于“下学”之中。张栻鲜明指斥的是“舍实理而驾虚说，忽下学骤言上达”②。这些，都是我们体会张栻“义利之辨”思想不能不慎的地方。后人批评宋儒把“道”推进到失去人性的干枯的境地，曲解也。

三、在以“知行”“学思”“博约”的一般认识逻辑中，突出“相须”的高境界。

所致，虽有一些道理，但强制性逻辑切分，反而宋儒辨析“知行”、“学思”、“博约”时有二元的曲解，如先知后行，或先行后知；又如学思结合，以学促思；再如由博返约，先博学而后能行……这些解说与争论，都是固守一见局限僵化。张栻的洞见在于“相须”。

---

① 杨世文、王蓉贵校点：《答周允升》，《南轩集》卷26，《张栻全集》，长春出版社1999年版，第909页。

② （清）黄宗羲：《南轩学案》，《宋元学案》卷50，中华书局1986年版，第1629页。

著名的“鹅湖之会”上，朱熹与陆九渊围绕“博”、“约”展开激辩，闹得不欢而散。后来，朱陆分别告知张栻其中原委，各自申明观点。张栻在写给陆九渊信中说：“故夫专于考索，则有遗本溺心之患；而骛于高远，则有躐等凭虚之忧。二者皆其弊也。”后来在《约斋记》中又着重加以论述：

> 然而博与约实相须，非博无以致其约，而非约无以居其博。故约我以礼，必先博我以文。盖天下之事众矣，非一一而穷之，则无以极其理之著。……博文而约礼，圣人之所以教人与！学者之所当从事焉者，亦无越乎此矣。①

所谓“相须”，就是“居其博”，“守其约”，“博”“约”互通。

关于“学”与“思”，张栻在《论语解》中指出——

> 学源于思，思固所以为学。然而至于忘寝与食，而不以学济之，则亦为无益者也。学者所以而行之也，习而行之，则其思为益矣。②

学与思本是一回事，学源于思，思本于学，互济之功存焉。

关于“知”与“行”，张栻的主张更为鲜明，提出了“并发”的观点。他在《论语解》中指出：“始则据其所知而行之，行之力则知愈进，知之深则行愈达，行有始终，必自始以及终。”“行”以“知”为据，“行”就可以“力”；“行之力则知愈进”，又促进了“知”的深化与丰富。这样的“并发”，不仅说明了“统一”，更强调了“促进”，同时也揭示了良性循环的特点。

以上所介绍的还只是张栻“相须”的一般观点。更加值得体味的是张栻的“相须”境界。试以三图表示：

并发 知行	独立 学思	求是 博约

① 杨世文、王蓉贵校点：《约斋记》，《南轩集》卷12，《张栻全集》，长春出版社1999年版，第729页。

② 杨世文、王蓉贵校点：《卫灵公篇》，《论语解》卷8，《张栻全集》，长春出版社1999年版，第204页。

“并发”不仅仅是相互依赖，彼此促进，而且其中有一个“发酵”过程，呈现跨越与质变的可能与条件。“行”促进“知愈进”，这个“进”就是新的成长；“知之深则行愈达”，这个“达”，就是有目标的达成与实现，“必自始以及终”，就是指“达”的可持续与跨越。

“独立”从过程上讲，不是指一个人的学与思，而是指学与思的个人创新，也就是对“圣贤之言”的“慎思审择”，用我们今天的话说就是批判与扬弃。为什么要经历这样的过程呢？目的在于“君子不器”，要明白的是，在封建专制时代，一个学者要坚守“学与思”的独立性，本身就是对专制的反抗与蔑视，就是对“君子”人格的现实建构。而这，也正是“学与思”难能可贵的风骨所在。

“求是”是岳麓书院的精神实质。张栻在《答湖守薛士龙寺正》中说：“今日一种士子，将先觉言语耳剽口诵，用为进取之资，转趋于薄，此极害事”，对于当时言必称儒，口头上挂着的全是一番名人名言，用全世界最华美的词句包装自己，标榜为师等等盗儒行径，这是多么辛辣的讽刺！而“并发”的“知行”，“独立”的“学思”，恰恰就是“求是”的“博约”，三者各有制高点，三者又合成为“求是”的高峰。面向事物规律和人的成长规律的这样的思想逻辑建构，就是张栻教育境界的全面概括。

（作者单位：张浚张栻思想研究会）

张栻朱熹易学对魏了翁易学思想的影响

冯和一

在探讨《易》是一本什么样的书的同时，学者对《易》也就有了“载道”“卜筮”等不同的解读方式。至宋代，周敦颐出于舂陵，“绝学是继，穷原大极”①，乃得圣贤不传之学，成为南宋理学之开山。他以“太极”为中心，明天理之根源，究万物之终始，作《太极图说》，又著《通书》四十篇，发明太极之蕴，最终确立了其以“道”为基本范畴、以“易说”为理论架构的理学体系。又有邵雍著以“易”为本，发伏羲之秘，提出先天后天之说，并以禅道入儒，用象数解《易》衍《易》，“《易》数甚精”②。二程则将周邵诸人的思想融会贯通，提出其“经所以载道”③等命题，认为象数和义理“体用一源，显微无间”④，反对义本起于数。张栻一生宣扬和表彰周、二程功绩，对之以师相待，“私淑诸人，使学者知夫儒学之真，求之有道，进之有序。”并积极号召学者士子学习三先生。朱熹更重邵雍先天学为伏羲学的说法，将伏羲先天学作为易学纲领。至于后学者魏了翁，则又是张栻、朱熹私淑弟子中的佼佼者。本篇从张栻、朱熹的易学分歧入手，结合魏了翁对南轩、朱子学的自觉学习，探讨魏了翁易学对张栻、朱熹易学的传承与发展，因学力有限，不足之处，望得指教。

---

① （宋）张栻：《三先生画像赞》，《南轩集》卷36，《张栻全集》，长春出版社1999年版，第1050页。

② （宋）谢良佐：《上蔡语录》卷3，文渊阁《四库全书》第698册，台湾商务印书馆1986年版，第588页。

③ （宋）程颢、程颐：《河南程氏遗书》卷6，《二程集》，中华书局2004年版，第95页。

④ （宋）程颐：《易传序》，（宋）程颐、郑汝谐：《伊川易传易翼传》，上海古籍出版社1989年版，第3页。

一、张栻、朱熹易学观的分歧

张栻易学上承二程，并受到家学重义理的影响，将二程“经所以载道”所谈及的圣人传道的载体具体到《易》，曰：“《易》之书所以载道，以其载道，故不可远。”① 张栻认为，尽管时虽世移，但“道”却一直存在于《易》，代代相传，“虽欲远之，有不可得者。”② 同时，张栻通过引入“太极”范畴，把《易》书所载的“道”一分为三，即天道、地道、人道，天、地、人“三材之道”，将“太极”作为“生化之根”③，涵盖天、地、人三才的本体范畴，作为宇宙万物之根本，故无论于自然之天地，还是于社会之人事，“三才皆得其中”④，都有“太极”作为主宰，存在其中。张栻又将《易》与“道”、《易》与圣人联系起来，认为圣人之道存乎《易》：“《易》者，无形之圣人，而圣人者有形之《易》，故《易》乃圣人之道。而圣人者乃尽《易》之道者也。”⑤ 张栻认为，《易》之道，始于伏羲、神农、黄帝以至于尧舜，认同道统的传续始于伏羲，《易》之作源于伏羲神农“言语相授”，张栻说，先圣后圣原本以心相传，并无简册，后来圣人作《易》以载道，心传之道、自然之道、圣人之道，所以《易》之作，本重在于“觉之于心，悟之于性”，故也在于“义理”。云：

包牺、神农、黄帝、尧、舜，皆制器以利天下者也，独至于黄帝、尧、舜乃曰通其变使民不倦，神而化之使民宜之，何也？盖伏羲、神农制为网罟以教之佃渔，耒耜以教之耕耨，……况伏羲、神农至黄帝、尧、舜之时，上下数千百年，无一简册之可传，言语之相授。所谓易，穷则变，变则通，通则久者，皆先圣后圣以心相传故也。故在黄帝、尧、舜之时，不得不通其变也。惟通易之变，则从之者无斁，使民不倦也；惟神而化之，则由之而不失，故使民宜之也。此无他，以伏羲、神农创业于前，知万世之不必有得《易》

① （宋）张栻：《南轩易说》卷 2，《张栻全集》，长春出版社 1999 年版，第 36 页。
② （宋）张栻：《南轩易说》卷 2，《张栻全集》，长春出版社 1999 年版，第 36 页。
③ （宋）张栻：《扩斋记》，《南轩集》卷 11，《张栻全集》，长春出版社 1999 年版，第 722 页。
④ （宋）张栻：《南轩易说》卷 1，《张栻全集》，长春出版社 1999 年版，第 12 页。
⑤ （宋）张栻：《南轩易说》卷 1，《张栻全集》，长春出版社 1999 年版，第 5 页。

之道如黄帝、尧、舜者，穷而能变，变而能通，通而能久者也。[①]

圣人之于《易》，觉之于心，悟之于性，神而明之，默然而成之，见天下之赜，见天下之动，抑何待于俯仰以观、远近以取哉？盖圣人以作《易》之法，以传诸天下后世，示其有循而体自然乎？[②]

此“道”难以言传，所以用“象”。“《易》者，道也。夫道也者，臣不能告之于君，父不能告之于子。以其不可告之于人，故象以像之，乃所以尽其意也。是以《易》者象也，言其无适而非象也。谓之象者，乃所以象此以告人者与?”[③]所以把握《易》之道，研究《易》“象”就是重要途径，需要对《易》象之外的爻位，互体与卦变等有所探究。但穷“象数”之隐微，以“数”言《易》，舍义理取象数，却是舍本逐末，是术数家用的方法：

有理而后有象，有象而后有数。《易》因象以明理，由象而知数。得其义，则象数在其中矣。必欲穷象之隐微，尽数之毫忽，乃寻流逐末，术家之所尚，非儒者之所务也。[④]

《易》之创作为载道之体，有载道之用，可以通过探究《易》“象”“辞”“卦”“占”，了解圣人之道，弘扬圣人之道；但又不能舍本逐末，拘泥于象数。张栻说：“夫子未赞《易》之前，《易》书淆乱，传者失其旨。”[⑤]直到孔子赞《易》，《易》道才得以完备，“自夫子赞《易》而易道始备，垂于万世而不过也。”[⑥]然而后来的学者往往又拘泥于象数，使本已完备之《易》道又陷于晦而不明的境地。所以张栻发挥二程等人的义理易学，盛赞程子对“义理”“象数”的先后观，曰：“善乎程子之言曰：推辞考卦，可以知变，象与占在其中矣。由辞以求《易》，而明夫所谓体用一源、显微无间者，则庶几圣人学《易》之旨可得而求也。”[⑦]张栻认为，通过“象”“辞”“卦”“占”四者求《易》之义，掌握《易》“体用一原、显微无间”的道理，做到这样，

① （宋）张栻：《南轩易说》卷2，《张栻全集》，长春出版社1999年版，第22—23页。
② （宋）张栻：《南轩易说》卷2，《张栻全集》，长春出版社1999年版，第21页。
③ （宋）张栻：《南轩易说》卷2，《张栻全集》，长春出版社1999年版，第26页。
④ （宋）程颐：《答张闳中书》，《河南程氏文集》卷9，《二程集》，中华书局2004年版，第615页。
⑤ （宋）张栻：《论语解》卷4，《张栻全集》，长春出版社1999年版，第121页。
⑥ （宋）张栻：《论语解》卷4，《张栻全集》，长春出版社1999年版，第122页。
⑦ （宋）张栻：《论语解》卷4，《张栻全集》，第长春出版社1999年版，第122页。

圣人学《易》之旨便可求而得，《易》旨也会因此得以显明。

作为南宋理学的集大成者，朱熹亦对《易》有许多新见。朱熹解读《易》过程中，曾就易学的某些观点与张栻交流往来，两人的易学思想有一定相近之处，又有所不同。譬如朱熹不认同《易》以载道为本，“圣人作《易》，本为欲定天下之志，断天下之疑而已。不是要因此说道理也”①。“非是圣人作《易》专为说道理以教人也。”② 他认为，三圣作《易》具有因时因地变异而传达“圣人本意”“偏旁带来道理”的意义：

> 《通书》言：“圣人之精，画卦以示。圣人之蕴，因卦以发。”精是圣人本意，蕴是偏旁带来道理。如《春秋》，圣人本意只是载那事，要见世变。礼乐征伐自诸侯出，臣弑其君，子弑其父，如此而已。就那事上见得是非美恶曲折，便是因以发底。如“《易》有太极，是生两仪，两仪生四象，四象生八卦。”这“四象生八卦”以上便是圣人本意底。③

传达自然之“道”与圣人“本意”之差，也就有了“载道”“载事”之别。故朱熹认为“圣人本意只是载那事”，《易》之作也因人因时有别，羲画、周经，各不相同：“有天地自然之《易》，有伏羲之《易》，有文王、周公之《易》，有孔子之《易》。”④ 又云：“孔子之《易》非文王之《易》，文王之《易》非伏羲之《易》，伊川《易传》又自是程氏之《易》也。”⑤ 至于《易》之本，朱熹认为：“自伏羲以上，皆无文字，只有图、画，最宜深玩，可见作《易》本原精微之意。”⑥“此圣人所以作《易》，教人卜筮而可以开物成务之精

① （宋）朱熹撰，朱杰人等编：《朱子语类》卷 66，《朱子全书》第 16 册，上海古籍出版社、安徽教育出版社 2002 年版，第 2193 页。

② （宋）朱熹撰，朱杰人等编：《朱子语类》卷 70，《朱子全书》第 16 册，上海古籍出版社、安徽教育出版社 2002 年版，第 2362 页。

③ （宋）朱熹撰，朱杰人等编：《朱子语类》卷 66，《朱子全书》第 16 册，上海古籍出版社、安徽教育出版社 2002 年版，第 2184—2185 页。

④ （宋）朱熹撰，朱杰人等编：《周易本义 · 易图》，《朱子全书》第 1 册，上海古籍出版社、安徽教育出版社 2002 年版，第 28 页。

⑤ （宋）朱熹撰，朱杰人等编：《朱子语类》卷 67，《朱子全书》第 16 册，上海古籍出版社、安徽教育出版社 2002 年版，第 2214 页。

⑥ （宋）朱熹撰，朱杰人等编：《周易本义 · 易图》，《朱子全书》第 1 册，上海古籍出版社、安徽教育出版社 2002 年版，第 28 页。

意。”①“本意只是要作卜筮用”②，所以《周易本义序》说朱熹的观点与二程有别：“程子以义理为之传，朱子以象占本其义。”③ 也即是说，朱熹的观念里，先圣作《易》是以载卜筮之事惟其本意，卜筮是最接近《易》本义，而《易》之作已经其次了。故对《易》的把握，要从卜筮开始，即“须见圣人本意，方可学《易》”④。同时，朱熹借助邵雍先天学为伏羲学的说法，将伏羲先天学作为易学纲领。朱熹认为伏羲《易》为卜筮之用，同时圣人之心又与理相合，所以“理”在其中。后来诸圣之《易》，虽表现形式不同，但万理终归一源。所以朱熹将伏羲作《易》视为道统之始，神农黄帝继天立极，至尧舜、文王、周公等圣圣相传授，每个时代的《易》，世随时移，均有所增补，有所发挥，云：

> 盖自上古圣神继天立极，而道统之传有自来矣。其见于经，则“允执厥中”者，尧之所以授舜也；“人心惟危，道心惟微，惟精惟一，允执厥中”者，舜之所以授禹也。尧之一言，至矣，尽矣！而舜复益之以三言者，则所以明夫尧之一言，必如是而后可庶几也。⑤

所以到了孔子集其大成，专注于义理，《易》也已经不再专于“卜筮”了，云：“伏牺画卦，文王系彖，周公系爻，皆以象与占决，吉凶悔吝，各指其所之，孔子《十翼》，专以义理发挥经言，岂有异旨哉？”⑥ 由此，朱熹也就认可了《易》具有“教”的价值与“教”的传承，具有“传道”的价值了，云：“若庖羲氏之象，文王之辞，皆依卜筮以为教，而其法则异。至于孔子之赞，则

① （宋）朱熹撰，朱杰人等编：《周易本义》，《周易上经第一》，《朱子全书》第1册，上海古籍出版社、安徽教育出版社2002年版，第30—31页。

② （宋）朱熹撰，朱杰人等编：《朱子语类》卷66，《朱子全书》第16册，上海古籍出版社、安徽教育出版社2002年版，第2190页。

③ 《周易本义·宋吴革刊十二卷本序》（即《原本周易本义序》），《朱子全书》第1册，上海古籍出版社、安徽教育出版社2002年版，第171页。

④ （宋）朱熹撰，朱杰人等编：《朱子语类》卷70，《朱子全书》第16册，上海古籍出版社、安徽教育出版社2002年版，第2362页。

⑤ （宋）朱熹：《中庸章句序》，《四书章句集注》，中华书局2012年版，第14页。

⑥ （宋）朱熹撰，朱杰人等编：《周易本义·宋吴革刊十二卷本序》（即《原本周易本义序》），《朱子全书》第1册，上海古籍出版社、安徽教育出版社2002年版，第171页。

又一以义理为教，而不专于卜筮也。”① 对传统的象数义理之学，朱熹也趋向于综合，他认为秦汉以来，考象数者，泥于求数而不得其弘通简易之法；谈义理者，沦于空寂而不适乎仁义中正之归：

> 《易》之取象，固必有所自来，而其为说必已具于太卜之官，顾今不可复考，则姑阙之。而直据辞中之象以求象中之意，使足以为训戒而决吉凶。如王氏、程子与吾《本义》之云者，其亦可矣。故不必深求其象之所自来，然亦不可直谓假设而遽欲忘之也。②

所以朱伯崑认为：“朱熹的易学，对筮法的解释，虽然吸收了河洛、图式和邵雍的先天易学，但仍属于义理派；或者说，站在义理学派的立场，吸收象数学派的某些观点，以补其不足。”③ 也就是说，朱熹的易主要是虽然吸收了象数学派的某些观点，但本身却并非象数学派，而是象数与义理融会贯通后的义理学派。④

二、魏了翁，私淑朱、张之学者

魏了翁（1178—1237），字华父，成都蒲江人，称鹤山先生。庆元五年（1199）进士，官至端明殿学士，同签书枢密院事。曾在四川为官多年，卒谥文靖。著有《九经要义》263 卷、《鹤山全集》109 卷，别有《经外杂钞》、《古今考》等，是继“东南三贤”之后，南宋最为重要的理学人物。魏了翁重视对《易》的研究，治学积极主动而且问学广泛，是张栻、朱熹私淑弟子中“尊其统而接其传”的佼佼者：

> 嘉定而后，私淑朱、张之学者，曰鹤山魏文靖公。兼有永嘉经制之粹，而去其驳。世之称之者，以并之西山，有如温公、蜀公，不敢轩轾。梨洲则曰：“鹤山之卓荦，非西山之依门傍户

---

① （宋）朱熹撰，朱杰人等编：《书伊川先生易传板本后》，《晦庵先生朱文公文集》卷 81，《朱子全书》第 24 册，上海古籍出版社、安徽教育出版社 2002 年版，第 3842 页。

② （宋）朱熹撰，朱杰人等编：《易象说》，《晦庵先生朱文公文集》卷 67，《朱子全书》第 23 册，上海古籍出版社、安徽教育出版社 2002 年版，第 3255—3256 页。

③ 朱伯崑：《易学哲学史》第 2 卷，华夏出版社 1995 年版，第 415 页。

④ 胡杰等：《张栻经学与理学探析》，巴蜀书社 2015 年版，第 115 页。

所能及。”①

> 蜀之临邛有魏华父氏，起于白鹤山之下，奋然有以倡其(朱熹)说于摧废之余，拯其弊于口耳之末，故其立朝倦倦焉，以周、程、张四君子易名为请，尊其统而接其传，非直为之名也。②

张栻居于岳麓讲学时，“其学未甚通于蜀”③。但有一批蜀士如范仲黼、宇文绍节、陈平甫等，前往岳麓问学。范仲黼等后来返蜀，在沧江书院等地传播南轩学。作为后学之辈，魏了翁少时即受蜀中学问和义理之学影响，初志于学又得二江九先生之传，在张栻弟子范氏兄弟以及薛绂等人的引导下，得以入南轩学门户。故《二江诸儒学案》有“先生（范子长）兄弟及薛符溪以得门户”④之语。二十岁左右，魏了翁又受到范荪“敛华就实”的指导，《二江诸儒学案》云：“鹤山魏文靖公初为考索记问之学，先生（范荪）以敛华就实语之。故鹤山之称先生有曰：‘学本诚一，论不籧篨，自浩气养心以求道腴，不茹刚吐柔而求声利，了翁敢不勉希前辈，益励后图，或可代诸老先生之对，庶不贻吾党小子之羞者也。’”⑤在南轩门人之中，宇文绍节从南轩最久，“以学行著西南”⑥。魏了翁亦曾受知于宇文绍节，并与之同朝为官，互为激赏：“某昔以诸生受知于公（宇文绍节），他日又得侍同朝，甚喜。”⑦宇文绍节死后，魏了翁还为之作《宇文枢密挽诗》。另有范仲黼从南轩学，“剖析精微，罗络隐遁，直接五峰之传”⑧，虞刚简“由博致

---

① （清）黄宗羲：《鹤山学案》全祖望按语，《增补宋元学案·鹤山学案》，中华书局 1984 年版，第 954 页。

② （元）虞集：《鹤山书院记》，《道园学古录》卷 7，文渊阁《四库全书》第 1207 册，台湾商务印书馆 1986 年版，第 111—112 页。

③ （清）黄宗羲：《知州范月舟先生仲黼》，《增补宋元学案·二江诸儒学案》，第 861 页。

④ （清）黄宗羲：《知州范双流先生子长范先生子该合传》，《增补宋元学案·二江诸儒学案》，第 862 页。

⑤ （清）黄宗羲：《知州范华阳先生荪》，《增补宋元学案·二江诸儒学案》，第 862 页。

⑥ （宋）程公许：《春秋分记》卷首序，程公说：《春秋分记》，文渊阁《四库全书》，第 154 册，台湾商务印书馆 1986 年版，第 5 页。

⑦ （宋）魏了翁：《哭宇文枢密绍节文》，《鹤山集》卷 91，文渊阁《四库全书》第 1173 册，台湾商务印书馆 1986 年版，第 355 页。

⑧ （清）黄宗羲：《知州范月舟先生仲黼》，《增补宋元学案·二江诸儒学案》，中华书局 1984 年版，第 861 页。

约，浩然独得”①，诸子讲学蜀东门外，“南轩之教遂大行于蜀中”②。魏了翁在这一时期，与诸儒往来频繁，相互切磋，并最终舍弃过去专注于记诵词章之学，转而一起追究圣贤要旨，发挥张栻经学与理学。故有云：“先生兄弟自相师友，而渊源出自南轩。”③“于兄弟各有所成，皆南轩之瓣香也，而鹤山益旁搜诸家以大之，盛矣。”④ 魏了翁亦云：“魏忠献张公以精忠大义为中兴名相，其子宣公则我之所自出也，又以问学为世儒宗，流风蔚如，实启来哲，而无以致高山仰止之思也。”⑤ 后来，魏了翁筑鹤山书院，开门授徒，通过讲学与学术研讨，薪火相承。魏了翁不仅为南轩之学在蜀地传习起到积极促进作用，也为南轩学最终被确立为孔孟嫡传起到至关重要的作用。又云：“吾蜀之士尽知伊洛之渊源，则我曾大父（虞刚简）与文靖公实发挥之也。”⑥

魏了翁对朱子学也无缘面授，但他在临安期间，结识了朱熹高弟辅广、李方子。魏了翁《朱文公年谱序》云：“予谓朱子之功不在孟子下，予生也后，虽不及事先生，而与公晦及辅汉卿广昔者尝共学焉。”⑦《朱文公五书问答序》又云：“某之生也后，不及从游于朱文公先生之门。而获交其高弟，尽得其书以诒同志，凡今蜀本所传是也。”⑧“开禧中，余始识辅汉卿于都城。汉卿从朱文公最久，尽得公平生语言文字。每过余，相与熟复诵味，辄移晷

① （清）黄宗羲：《提刑虞沧江先生刚简》，《增补宋元学案·二江诸儒学案》，中华书局1984年版，第863页。

② （清）黄宗羲：《知州范月舟先生仲黼》，《增补宋元学案·二江诸儒学案》，中华书局1984年版，第861页。

③ （清）黄宗羲：《鹤山学侣·知州高先生崇》，《增补宋元学案·鹤山学案》，中华书局1984年版，第954页。

④ （清）黄宗羲：《鹤山学侣·知县高先生载》，《增补宋元学案·鹤山学案》，中华书局1984年版，第954页。

⑤ （宋）魏了翁：《绵竹县湖桥记》，《鹤山集》卷44，文渊阁《四库全书》第1172册，台湾商务印书馆1986年版，第501页。

⑥ （元）虞集：《魏氏请建鹤山书院序》，《道园学古录》卷6，文渊阁《四库全书》第1207册，台湾商务印书馆1986年版，第74页。

⑦ （宋）魏了翁：《朱文公年谱序》，《鹤山集》卷54，文渊阁《四库全书》第1172册，台湾商务印书馆1986年版，第609页。

⑧ （宋）魏了翁：《朱文公语类序》，《鹤山集》卷53，文渊阁《四库全书》第1172册，台湾商务印书馆1986年版，第622页。

弗去，余既补外，汉卿悉举以相畀。”[①]辅广，朱熹弟子，他虚怀问业，学以传道，尽管当时的社会地位、学术地位一般，但对魏了翁却产生了一定的影响。

魏了翁曾说：“某少时只喜记问词章，所以无书不记。甲子、乙丑年间，与辅汉卿、李公晦邂逅于都城，即招二公子时时同看朱子诸书，只数月间，便觉记览词章皆不足以为学。”[②]魏了翁与辅广、李公晦的交往，不仅促使魏了翁“胸次愈觉开豁”[③]，也最终促进了朱子学在蜀地的传播。魏了翁归蜀之前，由于书籍的缺乏，加之庆元党禁的打击，朱熹的理学思想尚未在蜀地得到广泛流传，影响有限。魏了翁从临安归蜀，不仅将辅广、李公晦赠予的朱熹著述、从皇室书库眷录的儒学秘本、禁中书籍等带回广为刊印，并收集寻访公家、私人所刊行之书，共得十万卷，创办鹤山书院，开门授徒，影响很大。《宋史》云：“（鹤山）筑室白鹤山下，以所闻于辅广、李燔者开门授徒，士争负笈从之。由是蜀人尽知义理之学。”[④]魏了翁的努力，最终为融会洛蜀，理学道统地位的取得奠定了基础：

> 元祐有洛、蜀之争，二百年中，其学终莫能合，及后溪与先生兄弟出，鹤山继之，遂合其统焉。[⑤]

作为张栻、朱熹的私淑弟子，魏了翁也深悉《易》学研究的重要性，而且深受张栻、朱熹思想的影响，用功于诸经的同时，尤其倾心于《易》学。魏了翁自幼好学，曾受程颐《易传》熏陶，研习蜀地学问，后来得范氏、薛氏，入南轩之学门户，又接受南轩诸弟子所传易学。在沧江书院时期，魏了翁曾与诸先生一起研《易》，当时有张栻弟子薛符溪，讲明易学，魏了翁叹服不

---

① （宋）魏了翁：《朱文公语类序》，《鹤山集》卷53，文渊阁《四库全书》第1172册，台湾商务印书馆1986年版，第593页。

② （宋）魏了翁：《答朱择善》，《鹤山集》卷35，文渊阁《四库全书》第1172册，台湾商务印书馆1986年版，第414页。

③ （宋）魏了翁：《答朱择善》，《鹤山集》卷35，文渊阁《四库全书》第1172册，台湾商务印书馆1986年版，第414页。

④ （元）脱脱等：《魏了翁传》，《宋史》卷437，中华书局1977年版，第12966页。

⑤ （清）黄宗羲：《文肃李悦斋先生埴》，《岳麓诸儒学案》，《宋元学案》卷71，中华书局1986年版，第2392页。

逮，“(薛符溪）所著有《则书》十卷，皆谈《易》理，鹤山自以为不及。”① 鹤山即魏了翁，后来魏了翁曾题薛绂“则堂”诗，曾极力赞誉薛绂的卓越见识以及对自己的教诲之功。又虞刚简也是掌握南轩学者，为《易》尤为精研，曾集十六年功夫，将周敦颐、二程、邵雍、朱震等各家之说融会贯通，随文申义，著为《易说》。魏了翁曾作诗歌《次韵虞永康读〈易〉有作》赞誉之，云：“室中万象本宽闲，门户何曾顷刻关。未始有时观太极，不终止处认兼山。人文自昔先牺昊，天赋云谁不孔颜。有志未能今得友，从今迷路傥知还。”② 魏了翁在蒲江鹤山书院任教时，“方与诸生讲《易》。”③ 如魏了翁弟子史绳祖当时在鹤山书院就读，“从鹤山授《易》”④。谪居靖州期间，更是魏了翁集中研《易》的时段，“《先天图说》旧虽留意，比入山重读诸经，头绪正多，《仪礼》尤烦，其间要言精义亦多先儒所未发，既费目力于此，则俟读毕诸经，粗知大义，然后温寻《易》学。”⑤ 这一时期，魏了翁“取诸经注疏，摘为《要义》，又取濂洛以来诸大儒《易》说，为《周易集义》。”⑥

三、魏了翁“合统”努力下的易学思想

象数与义理是构成易学的两大要素，由此也形成了研究《周易》的两大学派。孔颖达时曾以象为体，理为用，将象数与义理统一。至周敦颐、二程等人，则又趋向于义理。张栻、朱熹虽然对“载道”、“载事”之说，“圣人之道”“象占本其义”等仍有分歧，但最终不脱义理。魏了翁接受张栻、朱熹易

① （清）黄宗羲：《祕书薛符谿先生绂通判邓先生谏从合传》，《增补宋元学案·二江诸儒学案》，中华书局 1984 年版，第 863 页。

② （宋）魏了翁：《次韵虞永康读〈易〉有作》，《鹤山集》卷 7，文渊阁《四库全书》第 1172 册，台湾商务印书馆 1986 年版，第 127 页。

③ （宋）史绳祖：《易系卑高义》，《学斋占毕》卷 1，文渊阁《四库全书》第 854 册，台湾商务印书馆 1986 年版，第 10 页。

④ （宋）史绳祖：《禹直鼎卦》，《学斋占毕》卷 4，文渊阁《四库全书》第 854 册，台湾商务印书馆 1986 年版，第 52 页。

⑤ （宋）魏了翁：《答真侍郎》，《鹤山集》卷 36，文渊阁《四库全书》第 1172 册，台湾商务印书馆 1986 年版，第 419 页。

⑥ （元）方回：《周易集义跋》，《周易要义·提要》，文渊阁《四库全书》第 18 册，台湾商务印书馆 1986 年版，第 124 页。

学的影响，但魏了翁并未因此因循止步，而是将自己的考察内容加以拓展。他关注到孔颖达《周易正义》中“先儒皆以上经明天道，下经明人事”之说，并提出了自己对于《易》与“道”“事”关系的看法。魏了翁认为，《易》的上经、下经，具有“言天道人事之异”，“义理、象数则学者之自异也”①，体现出折中汉学与宋学以象数求义理的特点。魏了翁提醒后来者，在义理与象数两个方面都应该留意，并力图融合程、邵易学：“易学则义理、象数俱当留意，合程、邵而贯之，乃为尽善。”②其实这也是魏了翁对张栻“《易》之说所以载道”、朱熹“圣人本意只是载那事”以及“象占为《易》本义”的观点重新思考、部分接受与发展。正因为魏了翁对《易》学思想有容纳贯通的观念、相应的知识传承与学养，也就有了他对《周易集义》和《周易要义》的编纂：

> 去年方读《易》，偶曾裒萃周、程、张、邵、杨、游、胡、二朱、二吕诸儒《易》说成编，日诵数爻，宾主俱觉有得。③
>
> 华父师敬子（李燔），其学传紫阳，紫阳注《周易》，独称卜筮，方举占意，有谓恐人涉荒唐（朱子作《本义》首列筮仪，每卦明著象占，使人知观象玩辞，而不涉于谶纬）。魏乃宗《正义》，删繁取其臧，释文考陆氏，兼引马（融）郑（康成）王（肃），简以得其要，约而颇致详。④

据董真卿《周易会通》，魏了翁《周易集义》共摘录了宋代十七家《易》著，包括“自周子、邵子、二程子、张子、吕氏、谢氏、杨氏、尹氏、游氏、胡五峰、朱汉上、刘屏山、至朱子、张宣公、吕成公、李隆山子心传，凡十七家。”⑤《周易要义》“《九经要义》此其中之第一部也”，则是以宗孔颖达《周

① （宋）魏了翁：《问六经疑》，《鹤山集》卷102，文渊阁《四库全书》第1173册，台湾商务印书馆1986年版，第466页。

② （宋）魏了翁：《答杨次房少张》，《鹤山集》卷36，文渊阁《四库全书》第1172册，台湾商务印书馆1986年版，第415页。

③ （宋）魏了翁：《答澧州徐教授复》，《鹤山集》卷35，文渊阁《四库全书》第1172册，台湾商务印书馆1986年版，第405页。

④ 《御题魏了翁周易要义》，（宋）魏了翁：《周易要义》，文渊阁《四库全书》第18册，台湾商务印书馆1986年版，第123页。

⑤ （元）董真卿：《周易会通》，（清）朱彝尊：《经义考》卷33，文渊阁《四库全书》第677册，台湾商务印书馆1986年版，第358页。

易正义》为主，又摘取《周易正义》、王弼《周易注》、《周易略例》等，《易》著菁华，删繁取简、别裁精审、注疏释文、阐发义理。由此，魏了翁不仅将古今易学作为一个整体进行了一次大规模的梳理考察的，立言垂训以私淑后人，同时也通过这一次整理著述，表达了《周易要义》提要所判断的“主于以象数求义理，折中于汉学、宋学之间”的易学观。相比较于张栻对汉学重文辞训诂而忽视阐发义理的流弊针砭，魏了翁从一开始的“考索记问之学”走向训诂与义理结合，云：“某自迁渠阳，山深日永，自《易》与《诗》、《三礼》、《语》、《孟》重下顿工夫，名物度数、音训偏旁字字看过，益知义理无穷。”①

在《答丁大监》书信中，魏了翁认同朱熹《周易本义》为精密之作，称“某每以此看《本义》，诚是精密。”② 同时也否定了《易》为专主于占筮而作，认为“辞、(卦) 变、象、占”四者，均为“《易》之纲领”，云：

> 朱氏《易》则大概本诸邵子，……曾亲闻辅汉卿广之说，《易》须是识得辞、变、象、占四字，如“初九潜龙”云云，此辞也；有九则有六，此变也；“潜龙”即象，“勿用”即占。人谓《本义》专主占筮者，此未识先生之意。③

关于《易》有三名，魏了翁认为，“三《易》所以明三代正朔之殊”④。三代正朔，主要针对被取代的前朝，即《易》有三代变异而并非改变其道。如《周易正义》云：“昔者圣人之兴，因时而作，随其事宜，不必皆相因袭，当有损益之意也，故《归藏》名卦之次，亦多异于时。”⑤ 圣人创作，因时而作，随其事宜，不需要步步因袭，里面可以有所增益变异。但有一点是不变的，这就是《易》道传承。魏了翁认为，对于伏羲画卦、文王演易、孔子做传之类，

---

① (宋) 魏了翁：《师友雅言上》，《鹤山集》卷 108，文渊阁《四库全书》第 1173 册，台湾商务印书馆 1986 年版，第 587 页。

② (宋) 魏了翁：《答丁大监》，《鹤山集》卷 36，文渊阁《四库全书》第 1172 册，台湾商务印书馆 1986 年版，第 423 页。

③ (宋) 魏了翁：《答丁大监》，《鹤山集》卷 36，文渊阁《四库全书》第 1172 册，台湾商务印书馆 1986 年版，第 423 页。

④ (宋) 魏了翁：《问六经疑》，《鹤山集》卷 102，文渊阁《四库全书》第 1173 册，台湾商务印书馆 1986 年版，第 466 页。

⑤ 李学勤主编：《周易正义》卷 9，北京大学出版社 1999 年版，第 339 页。

是具有传承意义的。首先，圣人伏羲作《易》，“作”为创作、创造之意，且圣人作《易》用蓍，当在六爻之后而并非三画之时，三画六爻之后，伏羲幽赞用蓍而作《易》，故《易》之作并非专为占筮而作；之后神农诸人之《易》，则是“述修”之作：

> 昔者圣人之作《易》也，幽赞于神明而生蓍。凡言“作”者，创造之谓也。神农以后，便是述修，不可谓之作也。则幽赞用蓍，谓伏牺矣。……既言圣人作《易》，十八变成卦，明用蓍在六爻之后，非三画之时，伏牺用蓍，即伏牺已重卦矣。①

由此，魏了翁将《易》的创作归之于伏羲，是伏羲因循自然之易作八卦，“八卦既画，又重之以极其变”②，因之而作《易》。《易》之作，是圣人“观察变化之道，象于天地阴阳而立乾坤”③的结果，《易》道周备，用之者为圣。其后诸圣皆有对《易》之用，如文王系《彖》、周公系《爻》、孔子传《十翼》等，其用《易》各有所得，皆“述修”之作，即朱熹所谓“文王之易”“孔子之易”“伊川之易”之类，所以要想理解伏羲《易》，就需要将各种“述修”之《易》一并拿来。

> 今言作《易》，明是伏牺，非文王等。凡言作者，皆本其事之所由。故云：昔者圣人之作《易》也，圣人作《易》，其作如何，以此圣知深明，神明之道而生用蓍求卦之法，故曰：幽赞于神明而生蓍也。……言其作《易》，圣人本观察变化之道，象于天地阴阳而立乾坤等卦，故曰：观变于阴阳而立卦也，既观象立卦又就卦发动挥散于刚柔两画而生变动之爻，故曰：发挥于刚柔而生爻也。蓍数既生，爻卦又立，《易》道周备，无理不尽，圣人用之，上以和协，顺成圣人。④

---

① （宋）魏了翁：《周易要义·纲领》，文渊阁《四库全书》第18册，台湾商务印书馆1986年版，第128页。

② （宋）魏了翁：《绵州教授承奉郎致仕唐君季乙墓志铭》，《鹤山集》卷72，文渊阁《四库全书》第1173册，台湾商务印书馆1986年版，第131页。

③ （宋）魏了翁：《周易要义》卷9，文渊阁《四库全书》第18册，台湾商务印书馆1986年版，第283页。

④ （宋）魏了翁：《周易要义》卷9，文渊阁《四库全书》第18册，台湾商务印书馆1986年版，第283页。

关于《易》与圣人之道的关系，魏了翁继承并发展了张栻"《易》之书所以载道"的说法，认为"圣人作《易》，所谓六爻者乃三极之道，故三才皆得其中，是乃顺性命之理也"①。朱熹："昔者圣人之作《易》也，将以顺性命之理。"他重申圣人作《易》以立天道、地道、人道的观点，提出《周易》乃圣人"开物济民"之著，旨在阐明性命之理，其中包含圣人之道者有四，此四者之事，皆在六爻之后：

> 夫《易》，圣人所以开物济民者也。……而终之曰："圣人之作《易》也，将以顺性命之理。"是则《易》之为书，其大本要道顾有先于此者乎。②
>
> 昔者圣人之作《易》也，将以顺性命之理，是以立天之道，曰阴与阳，立地之道，曰柔与刚，立人之道，曰仁与义，兼三才而两之，故《易》六画而成卦，既言圣人作《易》，兼三才而两之，又非神农始重卦矣，又上《系》云：《易》有圣人之道四焉，以言者尚其辞，以动者尚其变，以制器者尚其象，以卜筮者尚其占，此四者之事，皆在六爻之后。③

这一观点，与张栻把《易》书所载的"道"一分为三，即天道、地道、人道，天、地、人"三材之道"与六爻的关系有一定差异，同时也将朱熹"《易》为专主于占筮而作"的观点做了修正，认为"以卜筮者尚其占"为圣人之道之一，与张栻"盖《易》有圣人之道四，恐非为卜筮专为此书"④是一致的。同时魏了翁将《易》的创作权归之于伏羲，后来用《易》，皆被视为"述修"之作，各有千秋，但又能因伏羲之易而融为一体，所以魏了翁认为要想理解伏羲《易》，就需要将各种"述修"之《易》拿来为我所用，融会贯通，从各个角度理解《易》所传之"道"；这大概也是魏了翁历时六年有余，专心

---

① （宋）张栻：《南轩易说》卷1，《张栻全集》，长春出版社1999年版，第11—12页。

② （宋）魏了翁：《全州清湘书院率性堂记》，《鹤山集》卷48，文渊阁《四库全书》第1172册，台湾商务印书馆1986年版，第538页。

③ （宋）魏了翁：《周易要义·纲领》，文渊阁《四库全书》第18册，台湾商务印书馆1986年版，第128页。

④ （宋）张栻：《答朱元晦》，《南轩集》卷23，《张栻全集》，长春出版社1999年版，第868页。

于《周易要义》、《周易集义》的重要原因。

当然，魏了翁的易学思想还远不止这些，他对张栻、朱熹易学的认识、接受、融汇、吸纳、合统与突破，还有更多的内容值得我们进一步研究，而这些对于宋代易学、理学道统地位的发展研究也有重要价值。作为张栻、朱熹的私淑弟子，魏了翁在易学方面不仅留下了《周易要义》、《周易集义》这样重要的著作，也以其锲而不舍、倾力博学、慎思慎用的治《易》态度，在我国易学发展史上也树起魏氏易学之一帜。

（作者单位：成都大学文学与新闻传播学院）

钱穆《朱子新学案》的思想特征[①]

杨 松　刘兴淑

毕生弘扬中国传统文化的钱穆（1895—1990）先生，著述颇丰，专著多达 80 种以上，还有结集出版的论文集多种。就学案体裁而言，主要有两部：一部是受抗战时期的重庆国立编译馆之托编写的《清儒学案》，一部是 20 世纪 70 年代所著的《朱子新学案》。前者于 20 世纪 40 年代初撰成，"尤（钱穆）先生半生精力所萃，堪与黄太冲、全鲒琦颉颃媲美"[②]。遗憾的是，因稿沉长江，仅存《序目》一篇。后者乃其晚年撰著的一部以"尊朱"为一生学术归宿的巨著，是还朱子学本来面目、集多年朱子研究的心得之作。下面将探讨其《朱子新学案》一书的思想特征。

钱穆撰述《朱子新学案》发意于 1964 年夏新亚书院谢事[③]之后。自阅读《朱子文集》（100 卷）、《朱子语类》（140 卷）并随摘其要旨，粗加类别，共得三千余条；再就所摘类别要旨分别属草，并陆续参读其他各籍；至完成全稿历时近六年，中间自开始落笔迄于完稿亦达四年。该书分类虽与《朱子

---

① 本文为国家社科基金课题"历代学案的思想研究"的阶段性成果。项目批准号：13BZX036。

② 谢启明：《重刊清儒学案序目序》，1937 年版。

③ 作为中国学术界的"一代宗师"，钱穆一生以教育为业。1949 年，钱穆只身来到香港，在极端困难的情况下，与唐君毅、张丕介等同仁创办了新亚书院，以"上溯宋明书院讲学精神，旁采西欧大学导师制度，以人文主义之教育宗旨，沟通世界中西文化，为人类和平社会幸福谋前途"为书院宗旨，继承并弘扬中国传统文化的价值，同时为学生培养个人的生活理想，"希望在南国传播中国文化之一脉"。1964 年，新亚、联合、崇基三个私立书院，合并成香港中文大学。由此，新亚书院成为中文大学的一部分，但仍有相对的独立性。1964 年夏，钱穆以使命完成为由向新亚董事会提出辞呈。次年，他正式离职，结束了此生最重要的一段办学生涯。见"钱穆与新亚书院"。

语类》卷目大体相似，但更为详细，所取材料亦更加周全，据所附《朱子新学案小目要旨索引》，列论理气、论无极太极、论格物、论心杂摄、格物之学、自然科学之研究等近 80 条小目。在篇幅上，全书超过百万言，为方便读者深入理解朱熹整个思想或某一方面的思想言论，按类循篇，钱穆于次年（即 1970 年）又撰“提纲”一篇置于 57 篇之首，冠于书端，撮述要旨，使读者“窥此一篇，亦可约略得其宗趣”①。（1975 年 4 月排印完毕。）“学案”求详，重在记叙；“提纲”求简，稍加发挥。钱氏主张先读“提纲”，再进读“学案”，继而更由“学案”进读朱子原书。这样的话，将于朱子学术思想自多启悟，再各自有所发挥，才可谓之自得之学，乃为可贵。即便不治朱子之书，不修朱子之业，读此“提纲”和“学案”，能对朱子的邃密思想，以及其博大的学术体系，有较为深入的理解和认识，亦足以助其博学知服。

钱穆为何为朱熹立“学案”？主要是鉴于朱子在中国学术思想史及中国文化史上举足轻重之地位，怀有西学东传中朱学复兴的深切期望。在他看来，在中国学术思想史及中国文化史上产生莫大影响的，只有近古之朱熹堪与前古之孔子比拟。孔子之地位自不待言，朱熹集孔子以下学术思想之大成，使孔子以下之儒学重获新生机而迄于今日。但孔、朱先后矗立中道，成为百家众流共同的批评对象与抨击目标，两人不仅为儒学传统之中心，亦为中国学术思想史上正反两方面共同集向的中心。故治儒学者及治百家之学者，皆当留心此二人，“乃能如网在纲，如裘在领。不仅正反之兼尽，亦得全体之通贯。”然而，孔子因距今已远，难于详索，惟以仰观敬仰而止；朱子距今八百多年，可按图索骥，分年历述，“学者潜心于此，可识儒学进修之阶梯，虽不能举一以概全，要之是典型之尚在，其所裨益，决非浅小。”尽管研究朱子之学意义重大，但前人或述朱阐朱未尽，或多出于儒学同门的反朱攻朱。于是，群言淆乱，难获定论。钱穆认为，尊孔崇孔乃朱子以后中国学术上一大趋势，而述朱阐朱存争议。主张居今日而言朱子学，当于朱子

---

① 钱穆：《朱子学提纲 · 弁言》，生活 · 读书 · 新知三联书店 2002 年版，第 1 页。《朱子学提纲》初为《朱子新学案》之序，后因篇幅较长，而单独刊印。该书乃钱穆于 20 世纪 70 年代初夏所撰，撮述《朱子新学案》书中要旨，并推广及于全部中国学术史。由孔子迄清末，于两千五百年的儒学流变中，旁及百家众说之杂出，以见朱子学术承先启后之意义价值所在，是研究和阅读朱子学的入门书。

原书悉心寻求，详加发明，“先泯门户之见，而务以发现真相为主”，以之为治中国八百余年之学术思想史者一大课题，亦为治中国两千年来之儒学史者一大课题，期以“凡属关心中国文化大传统中此一主干之精神所在，大旨所寄者，对于此一课题，皆当注意”①。“今则西学东传，国内学术思想界又引起一激动，或者朱子学转有复兴重光之机，此则为本书著者所深望。”②这就是钱穆为朱子再立“学案”的主要意义。

该书谓之“新学案”，是就学案这种体例而言。钱穆认为，传统学案体，仅散摘诸条语录著述，略加评案，读者易视为格言集、相驳书，冲淡了学术气味，亦难体究去思想条理，对理学诸家易生厌倦，尤其值理学已衰之今日。他倡议改进此体例。故所撰《朱子新学案》多分篇章，各成条贯，不轻为教训，亦非专务辩诘。读者分而读之，可各见其有然；合而读之，又可尽见其所以然。从而了知一家学术的根底所在及其精神所寄。其实，钱氏《学案》之“新”，不光体现在体例的改进，也体现在对朱子思想的理解把握方面。他试图纯粹地以朱子解朱子，并将朱子置于整个中国学术史的大背景之下，探析朱子思想之价值。其突出宋学的立场，是有别于其他朱子学案的。

以下通过《朱子学提纲》，梳理《朱子新学案》一书的思想特征。

其一，注重研究朱子学之方法。朱子著述广博，所涉问题众多，古今诸儒多不及。因此，研治朱子学，当依朱子教学之方，以读朱子之书，方能尽其条理，得其会通。

（1）将朱子置于中国历史长河中，以彰显其在思想文化史上之地位。钱穆说：“治一家之学，必当于其大传统处求，又必当于其大背景中求。”③故《朱子学提纲》在介绍著《朱子新学案》的主要意义后，先述（第二——五部分）孔子以下迄于朱子一千七百年之儒学传统与其流变，以及百家众说之杂出，指出北宋诸儒实已为自汉以下儒统中之新儒，而北宋之理学家，则尤当目为新儒中之新儒；次述朱子集儒学之大成，包括集理学之大成、集宋学之大成、集汉唐儒大成之所在；再述朱子本人学术思想之大概，略分作朱子

① 以上四处引文皆出自钱穆：《朱子学提纲》（一），《朱子新学案》，巴蜀书社 1986 年版，第 2 页。

② 钱穆：《朱子学提纲》（三二），《朱子新学案》巴蜀书社 1986 年版，第 159 页。

③ 钱穆：《朱子学提纲》（三二），《朱子新学案》巴蜀书社 1986 年版，第 160 页。

论本体工夫，论为学、立志、读书，朱子论格物、论禅宗，朱陆之异同，等等；续述朱子个人在学术上之实际成就及其具体表现，包括经学、“四书”学、史学、文学、杂学等方面，这是全书的主体；最后述朱子学之流衍及研究朱子学之方法。

（2）注意知人论世。钱穆说：“知人论世，自古所贵。治朱子学，则必求明朱子其人及其时代。”① 朱子门人李果斋、明儒李默古冲、清儒洪璟去芜、王白田所作《朱子年谱》，以经二十余年四易其稿而后定的王本为最著。王氏好友朱止泉曾贻书力辨，而王未能接受。后来夏炘撰《述朱质疑》，对王书颇多纠正。钱穆认为，王书用力虽勤，但识解仍有未透，又不脱门户之见，未能窥朱子学之深邃。王、夏两氏，暂不论其于朱子学术大体未能深窥，即就考订事迹言，亦尚不免各有疏失。因此，钱穆《朱子新学案》对王书亦多驳正，而兼及夏书。钱著所采录朱子之言，兼及朱子所著与其《文集》、《语类》，效法朱子教人解经著书之遗意，不作过多阐述申发。即便偶有仰止赞叹之情，亦情不自禁；有所发挥则全在大传统处、大背景中稍作指点，使读者于传统中见朱子之创辟，于背景中见朱子之孤往，以彰显朱子对传统学术的继承总结和创造发挥。

其二，力主破除门户之见，主张“一本朱子原书称述朱子”，据朱子原书及朱子解经著书之法以呈现朱子学术思想之本来面貌。“学者又有经学理学乃及汉学宋学之辨，此等皆不免陷入门户。朱子学，广大精深，无所不包，亦无所不透，断非陷入门户者所能窥究。本书意在破门户，读者幸勿以护门户视之。”②“惟有一事最当提及者，门户之见，实为治朱学者一绝大之障蔽。”③ 除此之外，尚有三大障蔽，既包括学术之外的两类人——专务科学的学识浅陋之儒生和因清帝表扬而遭祸，以及承望恩泽的一辈伪学者，前者志在名位，不在学术，后者旨在邀宠；也包括理学内部的诤朱反朱者——朱子起，理学大盛，道、释氏禅宗皆不能与之相抗衡。理学这一大传统内，亦无以超出，致使朱子学无法大发明。可见，儒学（理学）系统内部的朱陆之

① 钱穆：《朱子学提纲》（三二），《朱子新学案》，巴蜀书社 1986 年版，第 160 页。

② 钱穆：《朱子新学案》（例言），巴蜀书社 1986 年版，第 2 页。

③ 钱穆：《朱子学提纲》（三二），《朱子新学案》，巴蜀书社 1986 年版，第 158 页。

争、汉宋之辨（经学理学之辨）和释道的衰微，皆为朱子学大发展之障碍。

然而，钱氏据原书述朱子之学时，并未停留在这些“障蔽”上。他提到治理学者必治的黄、全两《学案》，说黎洲《明儒学案》虽主王学门户，“然不为病。因属明儒，固当奉王学为宗主”，说谢山《宋元学案》：“考核有功，而识断多差。上承黎洲父子，见解已多为门户所蔽。又谢山与李穆堂相交，受其濡染，门户意气，未能尽脱。”因此，“本《学案》多引朱子原书，颇少牵引他说。惟黄、全《学案》乃学者所必治，虽不能一一加以驳正，然于紧要处亦偶有提及。读者举一反三，可知本书与黄、全《学案》着眼不同，持论有别。然亦并不专在朱陆异同一问题上立意，则深望读者之加察”①。“本书（《朱子新学案》）随宜驳正谢山《学案》处甚多。因《宋元学案》，学者必多窥涉，加以指驳，亦不得已。”②

其三，重思想学术之演变，强调见朱子之精神。《朱子新学案》一书分思想、学术及行事三大部分。行事部分，主要援用王白田《朱子年谱》、夏炘（心伯）《述朱质疑》，但王书“勤于考核而拙于体会，并亦为门户所蔽。必欲申朱抑陆，遇朱子近似象山处，即讳避不迭，遂失朱子精神。学思未透深处，考事乃亦多误”③，夏书虽对王书有较多补证，对朱学亦未深透，故《朱子新学案》对王、夏二书皆有所驳正。思想之部，分理气与心性两部分；学术之部，分经、史、文学为三部分。经学中并分《易》、《诗》、《书》、《春秋》、《礼》、“四书”诸题。并于三部外添附校勘、考据辨伪诸篇，并游艺格物之学一篇。介乎思想、学术两部分之间者，分朱子评述濂溪、横渠、二程诸篇，下及评程门，评五峰，评浙学，又别著朱陆异同三篇，辟禅学两篇等，专以发明朱子在当时理学界中之地位。“本书叙述朱子，尤重在指出其思想学术之与年转进处。在每一分题下，并不专重其最后所归之结论，而必追溯其前后首尾往复之演变。前人治朱子，每过分重视其与象山之异同。但鹅湖之会，已在朱子成学之后。朱陆相争，更是后事。固是两家显有异同，但若专就此方面研治朱子，则范围已狭，又漫失渊源，决不足以见朱子之精

① 钱穆：《朱子学提纲》（三二），《朱子新学案》，巴蜀书社 1986 年版，第 159 页。
② 钱穆：《朱子新学案》（例言），巴蜀书社 1986 年版，第 2—3 页。
③ 钱穆：《朱子新学案》（例言），巴蜀书社 1986 年版，第 3 页。

神。”①“惟朱子，一面固最能创新义，一面又最能守传统。……经学之与理学，贵在相济，不在独申。合则两美，分则两损。朱子学之着精神处正在此。”②“道理二字，自理学家说来，本可无分别。然则此处乃是朱子会通了庄老道家之自然义而创出此说。……在此，只可谓在宋代理学家思想中，实已包进了道家言，而加之以融化。周张二程皆如此，到朱子而益臻于圆通无碍。若仅就某一部分认为理学思想即是道家思想，则仍把握不到理学思想主要精神之所在。”③

其四，主张反求诸己，明朱子之途辙，就自性而求自立。学贵自得。钱穆指出，对朱子的学术思想，《学案》与《提纲》皆分途叙述。思想方面，虽片言只辞，皆朱子躬行亲证，读者当反求诸己，得一善而拳拳服膺。学术方面，在朱子成就而止，学者当从朱子经学、史学、文学及其他诸端成就中求得矩范，明其途辙，不受朱子本身所局限。朱子气魄宏大，故能四通六辟，成此一家，兼尊德性而道问学，致广大而尽精微，极高明而道中庸。学人当各就才性所近，各自求有其成。“若徒务博涉，不知反己，此恐不为能善学朱子，并亦将为朱子所不许。”④

其五，重思想学术之演变，注意揭示各代之特征。钱穆指出，理学兴起以前的宋儒，已具先秦儒的风气与魄力。似乎还脱不了一番拨乱世心情的宋初诸儒与总体上似怀有处于升平世心情的汉唐诸儒已然不同。钱氏认为，分析宋儒学术，当分三方面加以叙述：首先为政事治平之学（宋儒多能议政，又能从大处着眼。最著名者，如范仲淹之《十事疏》、王安石之《万言书》，引起了庆历熙宁两番大变法）。其次为经史博古之学，此与政事治平之学相表里，就一般而论，宋儒史学，显较汉唐儒为盛。而宋儒之于史学，亦好创立议论，不专于纂辑叙述考订而止。于著史考史之外，特长论史，此亦宋代学术一新风气之特征。再次为文章子集之学，此乃承唐韩愈之古文运动而来。五代之时，已有僧人在寺院内教佛教徒读韩集。专就文学论，汉代文学在辞赋，唐代文学在文选，皆在儒学范围之外。惟宋儒始绾文学与儒术而一

① 钱穆：《朱子新学案》（例言），巴蜀书社 1986 年版，第 2 页。
② 钱穆：《朱子学提纲》（六），《朱子新学案》，巴蜀书社 1986 年版，第 25 页。
③ 钱穆：《朱子学提纲》（七），《朱子新学案》，巴蜀书社 1986 年版，第 31 页。
④ 钱穆：《朱子学提纲》（三二），《朱子学提纲》，巴蜀书社 1986 年版，第 162 页。

之，此亦是宋儒一大贡献。尤当注意的是，北宋诸儒之多泛滥及于先秦之子部。在自汉而下的儒学道统中，宋儒实已成为新儒。因此，不可说新儒在理学产生后才出现。

钱氏进一步揭示了宋学与理学的关系。他说，北宋学术三途，会诸途而并进，同异趋于一归，是为北宋诸儒之学风。及理学家出而其风丕变。其转变精微处，固是仅可心知其意，不当强指曲说。北宋诸儒实已为自汉以下儒统中之新儒，而北宋之理学家，则尤当视为新儒中之新儒。因此，“（宋儒学术之三途）政事治道、经史博古、文章子集之学比较皆在外，皆可向外求之，而心性义理之学，则一本于内，惟当向内求，不当向外求。昔汉儒以谶纬之学为内学，后人又以佛学为内学。然则于宋学中，是否亦可称理学为内学，似乎无妨，然在理学家中则决不认此称”①。

（作者单位：杨松：成都理工大学马克思主义学院；
刘兴淑：四川省社科院哲文所）

① 钱穆：《朱子学提纲》（五），《朱子学提纲》，巴蜀书社 1986 年版，第 13 页。

退溪“礼缘仁情”中的易学思想

——兼与朱熹思想比较

彭彦华

退溪学《易》讲《易》述《易》，完全是为了进修践履。退溪既继承朱子，又与朱子有所不同。他认为“《易》乃理数渊源之书”，而不赞成朱子“《易》本为卜筮之书”的观点。退溪体悟《易》的时中之义至精，且身体力行之。他主张礼有因有革，有常有变，礼在践履中从俗、从宜、从权，其基点是“缘仁情”。

退溪李滉（1501—1570）先生是有世界意义的文化名人，其影响之大之深，非同凡响。退溪被岭南人誉为“东方朱夫子”，李栗谷被畿湖人称为“东方圣人”，两人成为了李朝性理学的“双璧”、“两贤”。退溪是朝鲜李朝朱子学大家，他主张礼有因有革，有常有变。礼在践履中从俗、从宜、从权，而逐渐民族化，也即创新的过程，其基点是“缘仁情”而制礼。这一观点显然得益于退溪的易学思想。仔细阅读启明汉文学研究会编印刊行的《退溪学文献全集》之后，感受良深，深知退溪的易学是深刻的、高明的、全面的。

一

退溪看待一切学问都从是否有利于进修践履这一角度出发，所以他说论切于学者日用工夫，退溪学《易》讲《易》述《易》，完全是为了进修践履，按圣贤标准磨炼自己，绝不停留在音义句读的表面工夫上，也不做术数占卜之事。从未想以《易》成名，然而实际上他是没有易学专家之名的真正易学大家。退溪既继承朱子，又与朱子有所不同。

退溪学问以朱子为宗，自己曾明确宣称：“朱子吾之师表也，非朱子之言不敢言，非朱子之行不敢行，而动静云为出处行藏唯晦庵是循。晦庵虽不得见，而晦庵之道在兹焉。”① 在易学上大抵亦如此。朱子重视《太极图说》，退溪也重视。朱子尊重邵康节，退溪也尊重。朱子相信圣人据河图洛书画八卦，退溪也相信。朱子作《启蒙》，退溪潜心研究《启蒙》，作《启蒙传疑》。退溪易学得自朱子，继承朱子。

但是，退溪学贵自得，对《易》有自己的体悟，实际上对朱子的易学思想并未百分之百地继承过来，而是有所取舍，有所不同。

我们知道，朱子对伊川程子的《易传》持批评态度，因此才有《本义》之作。朱子尝言：“《伊川易传》，又自是程氏之易也。”② 又言：“某看康节易了，却看别人的不得。”③ 显然不满意程子《易传》。退溪二十岁读《易》，讲究其义，至于废寝忘食。究竟是读谁的《易》，退溪本人从未交代过，我们不知道。可以肯定当时退溪读的不是朱子的《本义》，因为退溪后来说：“读《易》欲以《本义》为先，此亦从来所见如此。世儒虑及此者自少，虽或有之，皆牵于讲业而未果去取。则方其读时同于世儒之牵，及见得此意后，昏病不能读。主《本义》兼《程传》以还洁净精微之旧，正有望于高明之今日也。”④ 意谓他当年未曾读《本义》，现在昏病不能读，大有抱憾终生之意。至于对《程传》的态度，这里他既说“主《本义》兼《程传》”，就说明他很重视《程传》。有一次国王问：“《程传》、《本义》何为先？”退溪竟如此回答：“《易》之道明消长盈虚之理、进退语默之机不失乎时中也。占侯，《易》之末也。《程传》宜先。”⑤ 认为《易》，理是本，占是末，学《易》主要应当学《易》之理，以把握时中，占是极次要的。《程传》正是如此，所以主张学《易》宜以《程传》为先。这就与朱子不同。我们因此推测，退溪二十岁开始读的《周易》，可能是《程传》。

---

① ［韩］《溪山记善录》（下），《退溪学文献全集》（十八），《启明汉文学研究会研究资料丛书》，韩国学民文化社 1991 年版，第 472 页。

② 钱穆：《朱子语类》卷 67，《朱子新学案》第四册，台湾三民书局 1989 年版，第 45 页。

③ 钱穆：《朱子语类》卷 67，《朱子新学案》第四册，台湾三民书局 1989 年版，第 47 页。

④ ［韩］《退溪先生书节要》卷 6，《退溪学文献全集》（六），《启明汉文学研究会研究资料丛书》，韩国学民文化社 1991 年版，第 642 页。

⑤ ［韩］《陶山及门诸贤录》卷 3，《退溪学文献全集》（二十），《启明汉文学研究会研究资料丛书》，韩国学民文化社 1991 年版，第 280 页。

朱子不止一次地强调说：“《易》本卜筮之书，后人以为止于卜筮，至王弼用老庄解后，人便只为理，而不以为卜筮，亦非。……今人不看卦爻而看系辞，是犹不看刑统，而看刑统之序例也，安能晓。须以卜筮之书看之。”① 又说：“近世言《易》者，直弃卜筮而虚谈义理，致文义牵强而无归宿，此弊久矣。要须先以卜筮占决之意，求经文本意，而复以传释之。”② 又说：“《易》本为卜筮而作，其言皆依象数，以断吉凶。今其法已不传，诸儒之言象数者，例皆穿凿。言义理者又太汗漫，故其书为难读。此《本义》、《启蒙》所以作也。”③ 又说：“读《易》之法，窃疑卦爻之词，本为卜筮者断吉凶，而因以训诫。至《彖》、《象》、《文言》之作，始因其吉凶训诫之意而推说其义理而明之。后人但见孔子所说义理，而不复推求文王、周公之本意，因鄙卜筮为不足言。”④ 又说：“象数乃作《易》根本，卜筮乃其用处之实。”⑤ 又说：“大抵《易》之书，本为卜筮而作，故其词必根于象数，而非圣人己意之所为。其所劝诫，亦以施诸筮得此卦此爻之人。近世言《易》者殊不知此，所以其说虽有义理而无情理。虽大儒先生在所不免。”⑥ 很明显，朱子的意思有三，第一，《易》本为卜筮而作，本为卜筮之书。第二，象数是作《易》之根本，《易》之实际用处是卜筮。鄙薄卜筮为不足言，是不对的。第三，卦爻辞本为卜筮者断吉凶而作。孔子《易传》因卦爻辞吉凶训诫之意而推说义理以明之。

今翻检《退溪学文献全集》，绝不见退溪有《易》本为卜筮而作、《易》本为卜筮之书的言论。退溪倒是非常肯定地说“《易》乃理数渊源之书”⑦。说《易》为理数渊源之书，与说《易》本为卜筮之书，有很大的差异。退溪是这样说的：“《易》乃理数渊源之书，诚不可不读，但不如《语》、《孟》、

---

① 钱穆：《朱子语类》卷 66，《朱子新学案》第 4 册，台湾三民书局 1989 年版，第 20 页。

② 钱穆：《朱子文集·别集》卷 2，《朱子新学案》第 4 册，台湾三民书局 1989 年版，第 21 页。

③ 钱穆：《朱子文集》卷 60，《朱子新学案》第 4 册，台湾三民书局 1989 年版，第 22 页。

④ 钱穆：《朱子文集》卷 33，《朱子新学案》第 4 册，台湾三民书局 1989 年版，第 28 页。

⑤ 钱穆：《朱子文集》卷 45，《朱子新学案》第 4 册，台湾三民书局 1989 年版，第 35 页。

⑥ 钱穆：《朱子文集》卷 38，《朱子新学案》第 4 册，台湾三民书局 1989 年版，第 35 页。

⑦ [韩]《退溪先生书节要》卷 6，《退溪学文献全集》（六），《启明汉文学研究会研究资料丛书》，韩国学民文化社 1991 年版，第 618 页。

《庸》、《学》之切于学者日用工夫。故先生或以为‘非学之急其实莫及于究理尽性之学也。’所喻学不践履，虽有所知，奚贵？此真切至之言。读《易》时苟忽此意，浸与义理不相交涉而日远矣，甚可惧也。”① 退溪不仅在理论中如此，在实践上也是明确反对卜筮的。请看退溪先生关于卜筮的具体言行：

> 于占筮则曰今也筮草不生，占室难立，不可以亵妄交神明，虽知其说、究其道，而一切不为。②
>
> 先生于卜筮之事，虽知其说，亦不喜为之。③
>
> 问巫觋邪妄岂可信哉！先生曰此言甚善，但不能穷理未必能保其不惑耳。④
>
> 巫觋祈祷之事，一切严禁不接门庭。⑤

可见退溪先生虽知卜筮之法，但是坚决不信卜筮，更不为卜筮。而且对于民间流行的用生辰八字测命之事亦深致质疑。他说：“人之在母十月，形质心性靡不该具而后生出，是岂初受胞胎时五行未备，清浊粹驳寿命通塞之兆都未有定，至于生出日时俄顷之间方始来植袭人，都变换了他前所禀得底，以今所袭换者为此人贤愚贵贱修短之所定乎？似无此理。”⑥ 这就根本否定了以人出生之年、月、日、时之八字测人一生之命运的可信性。

退溪没有说过朱子“《易》本为卜筮之书”一说不对的话，但是从他只说“《易》是理数渊源之书”，强调《易》本有象数也有义理来看，他是不赞成朱子“《易》本为卜筮之书”这一论断的。

---

① ［韩］《退溪先生书节要》卷6，《退溪学文献全集》（六），《启明汉文学研究会研究资料丛书》，韩国学民文化社1991年版，第618页。

② ［韩］《溪山记善录》，《退溪学文献全集》（十八），《启明汉文学研究会研究资料丛书》，韩国学民文化社1991年版，第479页。

③ ［韩］《溪山记善录》，《退溪学文献全集》（十八），《启明汉文学研究会研究资料丛书》，韩国学民文化社1991年版，第420页。

④ ［韩］《溪山记善录》，《退溪学文献全集》（十八），《启明汉文学研究会研究资料丛书》，韩国学民文化社1991年版，第421页。

⑤ ［韩］《退溪先生言行录》卷5，《退溪学文献全集》（十八），《启明汉文学研究会研究资料丛书》，韩国学民文化社1991年版，第287页。

⑥ ［韩］《李子粹语》卷1，《退溪学文献全集》（七），《启明汉文学研究会研究资料丛书》，韩国学民文化社1991年版，第142页。

二

《周易》讲变化，变化必表现为过程；既是过程则必有时，时通过卦爻表现。六十四卦是个大过程，一卦即此大过程之一时。只一卦无所谓时。六爻成一卦，一卦是个小过程，一爻即此小过程之一时，只一爻也无所谓时，时在六十四卦和六爻的流行变动中显。故有“六位时成，时乘六龙”[①] 和“卦者时也，爻者适时之变者也”[②] 之说。客观世界的运动变化以“时”的形式表现出来，反映到人的头脑就是“时”的观念，所以《周易》很重“时”。《周易》是讲变化的书，讲变化就是讲时。六十四卦三百八十四爻其实是把客观世界做时间上的划分。一卦即一时，乾是乾之时，坤是坤之时，屯是屯之时，蒙是蒙之时。一时之中又有变动，故有初、二、三、四、五、上六爻，各为一时之中的一个点。时是世界变化的客观形式，也是人的意识，人的关于变化的观念。毋宁说“时”是《周易》赖以产生的认识论基础。《周易》贵中贵正更贵时。中与正说到底都可以归到时上。可以说，时的观念是《周易》哲学的中心观念。《周易》六爻当位为好，居二五之中为最好。这是因为当位居中恰是变而通之时。表现在自然界是阴阳调谐，刚柔和顺，一切全无窒碍。推及人事，是关系顺遂，行为合宜，处处不见抵牾。就人事而言，行为合乎时宜是中，故孔子时、中连言，讲“君子而时中”[③]。时中，究其极，就是中。中是《周易》哲学精神的一大特色。它源自尧舜。尧禅位与舜，舜与禹，皆交代“允执其中”一句话。[④] 至孔子、孟子而发扬光大。

孟子以权喻中，最为明通。他说：“可以速而速，可以久而久，可以处而处，可以仕而仕，孔子也。”[⑤] 这话等于说，孔子这个人最大的特点是一个时字。孟子接着说：“伯夷，圣之清者也。伊尹，圣之任者也。柳下惠，圣

---

① 黄寿祺、张善文：《乾·彖传》，《周易译注》，上海古籍出版社 2007 年版，第 74 页。

② （魏）王弼：《周易略例》，楼宇烈：《王弼集校释》，中华书局 1980 年版，第 604 页。

③ （宋）朱熹著：《中庸》，《四书章句集注》，中华书局 2012 年版，第 19 页。

④ （宋）朱熹著：《尧曰第二十》，《论语集注》卷 10，《四书章句集注》，中华书局 2012 年版，第 194 页。

⑤ （宋）朱熹：《万章章句下》，《孟子集注》卷 10，《四书章句集注》，中华书局 2012 年版，第 320 页。

之和者也。孔子，圣之时者也。”[①]这话等于说，在诸多圣人中，他人的长处皆在一偏，唯孔子适时而变，不拘一偏。作为一个圣人，孔子之高明处也是与别的圣人不同处就在一个“时”字。孟子在答弟子问伯夷、伊尹、孔子之同的时候说：“得百里之地而君之，皆能以朝诸侯，有天下。行一不义，杀一不辜，而得天下，皆不为也，是则同。”[②]伯夷、伊尹、孔子三人“行一不义，杀一不辜，皆不为也”，意谓仁义是三人共同之处。孔子之伟大、高明之处不在仁义而在时。仁义，伯夷、伊尹都能做到，而时则唯孔子能行。孔子讲“无可无不可”[③]和“过犹不及”[④]，是中之确解。前句指示做事要因时制宜，把握时机。后句指示因时制宜之后，行动起来还要把握分寸，使无不及亦无过。

《周易》强调积极的人生应该既不逃避现实也不做现实中的被动者，要认识并把握客观世界，像孔子那样做到“知天命”，“耳顺”，“从心所欲不逾矩”，实现主客观统一的目标。所以《周易》贵时，贵时的用意显然是指示人们把握、适应变化中的客观世界，以便在大自然和社会的制约中获得尽可能多的自由。孔子懂辩证法，善于用变化的眼光看世界，因而极重时的问题，因时制宜是他说话做事看人的重要标准。孔子总是根据时变，根据客观世界的现实状况决定自己行动的方向，最善于使自己的主观世界同客观世界统一起来。子思作《中庸》，发挥《周易》中哲学，创中和概念，以喜怒哀乐之未发喻中，发而皆中节喻和，谓中为天下之大本，和为天下之达道，尤具理论意义。这等于中概念被施用于本体和现象界，未发而真实存有的中称中，犹如本体。已发亦真实存有的中称和，犹如现象界。中与和其实是一，不是二。由此可见《周易》和《中庸》不把本体与现象分开对待。退溪体悟《易》理至深至精，融贯胸中，随时拈来便用。在为学之法上，退溪一重读书，二

① （宋）朱熹：《万章章句下》，《孟子集注》卷10，《四书章句集注》，中华书局2012年版，第320页。

② （宋）朱熹：《公孙丑章句上》，《孟子集注》卷3，《四书章句集注》，中华书局2012年版，第235页。

③ （宋）朱熹：《微子第十八》，《论语集注》卷9，《四书章句集注》，中华书局2012年版，第187页。

④ （宋）朱熹：《先进第十一》，《论语集注》卷6，《四书章句集注》，中华书局2012年版，第127页。

重践履。读书为践履，践履本于读书，两者决不偏废。他读《周易》当然也落实到日用践履上。即占卜邪妄之术一切不为，则于《易》必钻研体究、融会贯通义理以用于德行进修、日用践履无疑。

《易》贵时中，退溪对《易》时中之义体会至深。其答闵判书箕书曰：“可进而进，以进为恭；可不进而不进，以不进为恭。可之所在即恭之所在。”丁若镛《陶山私淑录》评论说：“此如孟子所云‘莫如我敬主也，可之所在即恭之所在’一语。此正君子时中之义，秤量至精，移易不得，一生当念念不忘者也。”①

退溪总结自己一生进退的经验说：“凡所以求合于古人之道者，恒由于退身而辄乖于致身。正如鲁男子所谓以吾之不可学柳下惠之可，岂不然哉！盖义之所在，随时随人变动不居。在诸公则进为义，欲使之为我所为，不可也。在我则退为义，欲使之为诸公所为，亦不可也。”②

退溪就特殊情况下处理问题的办法说：“凡事到无可奈何处，无恰好道理，则不得已择其次者而从之，乃所为权，亦此时所当止之处也。”③

退溪又说：“凡吾这显晦语默不可不随时消息以善身也。”④ 又说：“尧舜君民虽君子之志，岂有不度时不量力而可以有为者乎！”⑤ 又对大王殿下问说：“《易》之道明消长盈虚之理，进退语默之机，不失乎时中也。”⑥

《系辞下》：“不可为典要，唯变所适。”《论语·微子》：“无可无不可。”《孟子·离娄下》：“唯义所在。”都是《易》的时中之义，退溪体悟可谓至精，且身体力行之。这集中体现在退溪礼缘仁情的思想中。

---

① ［韩］《丁若镛、陶山私淑录》，《退溪学文献全集》（二十三），《启明汉文学研究会研究资料丛书》，韩国学民文化社 1991 年版，第 109 页。

② ［韩］《退溪先生书节要》卷 4，《退溪学文献全集》（五），《启明汉文学研究会研究资料丛书》，韩国学民文化社 1991 年版，第 408 页。

③ ［韩］《李子粹语》卷 3，《退溪学文献全集》（七），《启明汉文学研究会研究资料丛书》，韩国学民文化社 1991 年版，第 336 页。

④ ［韩］《李子粹语》卷 3，《退溪学文献全集》（七），《启明汉文学研究会研究资料丛书》，韩国学民文化社 1991 年版，第 338 页。

⑤ ［韩］《李子粹语》卷 3，《退溪学文献全集》（七），《启明汉文学研究会研究资料丛书》，韩国学民文化社 1991 年版，第 33 页。

⑥ ［韩］《陶山及门诸贤录》卷 3，《退溪学文献全集》（二十），《启明汉文学研究会研究资料丛书》，韩国学民文化社 1991 年版，第 280 页。

三

退溪承继朱学，而又有所创新。他主张礼有因有革，有常有变。“昏礼颓废，世无行之者。丁卯因朴欐之来。始仿古礼为婿妇礼见仪，然恐其有骇于闻见，不能尽从古礼。不数年京乡士大夫昏嫁之时，不独行此礼见之仪，往往直行古礼，究其所以则盖权舆于此也。”① 婚礼尽从与不尽从古礼，因时因习而变，若不变而守常因循，则不合时宜和习俗。这是因为“《周礼》恐其太繁密，难施行也”② 的缘故。既不能施行，就需要改革，这也是基于“《仪礼》经传犹有所未备，不可备信而断事，世间杂书亦不可不看，以相参验去取也”③。退溪继承朱熹等两宋理学家“六经注我”义理解经思想的影响，打破汉唐以来“疏不破注”思想的束缚，提出不可偏信《仪礼》经传断事，而应该参验世间杂书来去取，充分体现他因时而变而革的思想。

退溪认为，对礼的因与革、常与变、取与舍，既要慎重，不要任意而变，也不一定“今制”就是合理的，“国制”就是合宜的；又要重视变革，在变革中使古礼与韩民族的社会习惯礼俗、生活方式相结合，适合于韩民族的需要，换言之即韩化。他指出，礼是符合于现实社会需要的，具有现代价值，应遵循古礼。“闻蒙儿（安道小字阿蒙）尚居宿于内。《礼》云：‘男子十年出就外传，居宿于外’。今此儿已十三四岁，尚未出外可乎！闻巫女出入，此事甚害家法。”④ 礼之内外之分，是与当时社会伦理、生活方式相关联的，是相因的常礼，不可违背。尽管退溪注重礼在当时社会的变化和运用，但也并不认为“今制”都是合理的。“问改葬服缌麻三月古礼也，七日今制也。今之改葬父母而为之服者以古乎？以今乎？曰：‘以今似非’。”⑤ 应该根据古礼，改葬服缌麻三月。不仅“今制”，即使“国制”，也不一定合理。譬如“问《家礼》不论公卿、大夫、士而并许祭四代，但国制则六品以上祭三代，七品以下祭二代，如此之礼何以处之？”先生曰：“国制如此，虽曰不敢违，然孝子慈孙依

① 《增补退溪全书》（四），韩国成均馆大学校大东文化研究院 1985 年版，第 218 页。
② 《增补退溪全书》（四），韩国成均馆大学校大东文化研究院 1985 年版，第 270 页。
③ 《增补退溪全书》（四），韩国成均馆大学校大东文化研究院 1985 年版，第 270 页。
④ 《增补退溪全书》（四），韩国成均馆大学校大东文化研究院 1985 年版，第 222 页。
⑤ 《增补退溪全书》（四），韩国成均馆大学校大东文化研究院 1985 年版，第 222 页。

古礼，断然行之，则岂有不可。……至于国制七品以下祭二代之说，尤所难行，在七品以下时虽祭二代，而秩跻六品则应祭三代，此时固可追造神主乎？且六品以上得祭三代，而或因罪削官，则并与曾祖神主而毁之乎？一造一毁，一视子孙爵秩之高下，宁有是理，此殊不可晓。”① 国制对《家礼》这种依子孙爵秩高下的规定，给实行《家礼》带来很多困难和“一造一毁”的尴尬局面。

礼的韩民族化，即礼在践履中从俗、从宜、从权。退溪与子寯信中说：“丧主于哀。每事考《家礼》兼问时俗通行之宜，勉力操心，勿取讥议于人，至可至可。”② 所谓“时俗通行之宜”，他举例说：“今京中士大夫丧礼虽未尽合礼，亦多可观。汝等若不及于古而又取讥于今，则其何以立身乎！”③ 从时俗、从行宜，使礼在践履中得到完善和走向民族化。退溪又与子书中说：“汝有非轻之病，不可固执，况疟疾本因脾胃受病而作，今送干脯数脡，令汝从权开素，汝不可违吾闷恳之意。今日即用肉汁，虽开素仍带绖带不妨，但不可对人饮食或与众坐，当有饮食之事则起避之，此非饰伪，讳食而然，乃自贬以示不敢齿人之意也，盖为病开素，不得已从权故耳。”④ 服丧期间应食素，这是礼，但恰遇生病须食肉，只得开素而从权变，可见，易学时中思想在民族化过程中得到灵活运用。

礼的韩民族化过程，亦是其创造的过程。创造就是在以往礼的损益中转化出新的礼如：“‘问葬后考妣合祭。’曰：丧有先后，则吉凶有异，不可更援已吉之主而混祭。今世之俗葬后必合祭，此礼古所未有也。”⑤“礼的创造不是简单地从“今世之俗”或迎合“今世之俗”，而是视其是否具有其现实合理性和合法性。譬如“祭时当立，据礼文无疑。但对国俗生时子弟无侍立之礼，祭时不能尽如古礼，如墓祭、忌祭皆循俗为之，惟于时祭则三献以前，皆立侑食后乃坐，此家间所行之礼也，未知令意如何？”⑥ 韩民族习俗无侍立

---

① 《增补退溪全书》（四），韩国成均馆大学校大东文化研究院 1985 年版，第 223 页。

② 《增补退溪全书》（四），韩国成均馆大学校大东文化研究院 1985 年版，第 220—221 页。

③ 《增补退溪全书》（四），韩国成均馆大学校大东文化研究院 1985 年版，第 220—221 页。

④ 《增补退溪全书》（四），韩国成均馆大学校大东文化研究院 1985 年版，第 221 页。

⑤ 《增补退溪全书》（四），韩国成均馆大学校大东文化研究院 1985 年版，第 222 页。

⑥ [韩]《退溪学文献全集》（九），《启明汉文学研究会研究资料丛书》，韩国学民文化社 1991 年版，第 4560 页。

之礼，可以按习俗来践履，这就是与古礼的不同之处。又如退溪答问："'丧三年不祭礼也，朱子独废此一事，恐有未安之论，尤有以合今之宜，得礼之正，卒哭之后当依朱子之说，行之可也。但我国俗，本不制墨衰出入，只有丧服，著衰入家庙，既云不可，况服所谓丧服而行祭于庙乎？坐此废祭尤未安，其有不悖礼而可以行之者乎？为此俗追制墨衰以为庙祭之服，则既有丧服，又有墨衰事涉繁乱，当如何而可也？'答曰：'今制未有墨衰，恐未易论至此也，或只用白衣，无妨；但对冠带用纯白以祭，亦极未安，权用玉色，未知何如？或令子弟代行亦可。'"① 依"今制"不制墨衰，而用白衣，冠带用玉色，这是可行的，是从时俗、从行宜。改造已有之礼，使之符合民族的国俗；再者把循俗与中国之礼融合起来，也是一种创造的形式。"问：'中国人家皆有正寝，故告请神主，有出就正寝之文，我国之人无正寝而袭称正寝，颇为未安，今俗改称正堂，不知可否？'答：'正寝谓前堂，今人以家间设祭接宾处通谓之正寝。"② 正寝不必改为正堂，正寝就是前堂，使今俗与正寝结合，以前堂设祭接宾处为正寝。

礼的民族化创造的基本点是"缘仁情"，即缘韩民族之人情。"既曰朔望奠，则固当不比于朝夕之略，世俗所为，合于高氏礼，斯为得之。朱子谓如朝奠仪者，谓只一献无其他，三献节文耳。非谓设馔只如朝奠也，但礼缘仁情，设馔有加于朝夕而只献一杯，近于欠略。"③ 退溪认为礼缘仁情，即人的情感。这是制定礼的出发点。朱熹讲朝奠仪只献一杯，近于欠略，在仁情上过不去，所以做了新的变化。这也体现了礼的"与时偕行"。问"华藻之荐，簠簋之用，古人所尚，而朱子之时已不能复，今之时又与朱子时不同，何时？"退溪曰："温公《书仪》已不能尽依古，朱子《家礼》的古礼，《书仪》而又简于《书仪》，今俗又异于朱子时，安得一一依得。"④ 礼依时代的变化

① [韩]《退溪学文献全集》(九)，《启明汉文学研究会研究资料丛书》，韩国学民文化社1991年版，第4352页。

② [韩]《退溪学文献全集》(九)，《启明汉文学研究会研究资料丛书》，韩国学民文化社1991年版，第4565页。

③ [韩]《退溪学文献全集》(九)，《启明汉文学研究会研究资料丛书》，韩国学民文化社1991年版，第4493页。

④ [韩]《退溪学文献全集》(九)，《启明汉文学研究会研究资料丛书》，韩国学民文化社1991年版，第4177页。

而变化，司马光的《书仪》，已不拘泥于古礼，朱熹的《家礼》又酌古礼和《书仪》，比《书仪》又简易，韩国的今俗异于朱子，所以不必都依朱子之礼。这也是礼的民族化创造的依据——“与时偕行”。

退溪先生是醇儒，其贯通礼仪，纵横深究，无可比者。退溪一生所为乃性理之学，圣贤之学，别无旁骛。其为学的规模甚大，“宁学圣人而不至，不欲以一艺一行成名”①，素以“学不践履，虽有所知，奚贵”②自励。学问之重点在“四书”和《心经》，而重点之重点在于持敬进修，反躬践履。然而于易学功夫极深，至熟至精。《荀子·大略》说：“善为《易》者不占。”即是认为真正懂《易》的人是不用卜筮的，直接用《易》的卦和辞认识世界，指导行动，退溪恰是善为《易》的人。

（作者单位：中国孔子基金会学术部，《孔子研究》编辑部）

① ［韩］《李子粹语》卷 1，《退溪学文献全集》（七），《启明汉文学研究会研究资料丛书》，韩国学民文化社 1991 年版，第 181 页。

② ［韩］《李子粹语》卷 1，《退溪学文献全集》（七），《启明汉文学研究会研究资料丛书》，韩国学民文化社 1991 年版，第 201 页。

论栗谷对朱子修养论的传承

解光宇　丁晓慧

朱子是理学修养论的集大成者，他重视“敬”的作用，提出“居敬涵养”论，认为“敬”是“心”集中、专一的体现。栗谷在继承朱子修养论的基础上，更加重视“心”的“已发”状态，并极力寻找“去恶存善”的方法，以达到“内圣”的理想境界。栗谷发挥朱子的“格物穷理”论，提出“即物穷理”，并指出“穷理”的方法是以“居敬”工夫涵养“本心”，以“即物”之理达到“致知”的目的。栗谷以“诚”为立志、格物、变化气质的根本，主张“存诚养心”。这是对朱子“居敬涵养”论的发挥和创新。栗谷的修养论体现了对朱子学说继承和发展的统一，坚持和创新的统一。

朱熹（1130—1200），字元晦，号晦庵，别称紫阳。出生于尤溪（今福建省尤溪县），祖籍徽州婺源。南宋著名的哲学家、思想家、教育家。朱子集理学之大成，其学说对后世产生了重要影响。冯友兰先生说：“朱子之形而上学，系以周濂溪之《太极图说》为骨干，而以康节所讲之数，横渠所说之气，及程氏弟兄所说形上形下及理气之分融合之。故朱子之学，可谓集其以前道学家之大成也。”①

栗谷（1536—1584），名李珥，字叔献，号栗谷，朝鲜京畿丰德府德水人，栗谷学派的创始人。其代表作主要有：《圣学辑要》、《天道策》、《答成浩原书》、《人心道心图说》等。栗谷吸收并发扬了朱子的学说，创立了自己独特的理气观，成为与退溪齐名的儒学大师。正如李甦平教授所说：“在东亚学术发展史上，理学宗师朱熹对理气问题作了周密、完整的论述。韩国性理大师李退溪在继承朱熹理气观的基础上，又有所发展。而栗谷的理气思想

---

① 冯友兰：《中国哲学史》下册，华东师范大学出版社 2003 年版，第 254 页。

则是在继承这两位前辈学者基础上的独特的深化和发展。”①

一

栗谷修养论的核心内容是“诚”，他以“诚”为立志、格物、变化气质的根本，主张“存诚养心”，认为“尽性成圣”的工夫，都由“诚”引发，乃至实现，这是对朱子修养论的继承与发展。

朱子是理学修养论的集大成者。其修养论主要从“主悟”到“主静”，最后以“居敬涵养”为定论，对宋明理学产生了重要影响。朱子重视“敬”的作用，他认为，事物不管是已达到“思虑”的交至状态，还是未达到“思虑”的未萌状态，都需要“敬”的工夫。“敬”是“心之贞”，是“专一”，是达到中和状态的途径。它包含两层含义：一是“未发时”心处于“收敛存养”的寂然状态，这种状态使心“不驰乱想”；二是“已发时”心的“专一集中”状态，专意思考、省察已发对象，使其“卓然通贯动静”。朱子注重“知敬双修”：

> 只敬，则心便一。敬，只是此心自做主宰处。人常恭敬，则心常光明。敬则天理常明，自然人欲惩窒消治。人能存得敬，则吾心湛然，天理粲然，无一分着力处，亦无一分不着力处。②

朱子认为“敬”是“心”集中、专一的体现，人常怀“恭敬之心”就能心地湛然、常明天理。朱子的修养论以达到“圣人”的境界为目标，以“知敬双修”为工夫，从“主悟”到“主静”，最后以“主敬”为定论，体现了儒家“体认实理”的修养工夫。

栗谷继承了朱子“敬”的修养工夫，并在此基础上提出“诚”的学问之法和修己之方。朱子以“敬”为圣学的纲领，栗谷则由“敬”至“诚”，“以“诚”为立志、格物、变化气质的根本。“敬”既是修养方法，也是“格物致知”和“诚意正心”的根本。“诚”不仅是修养方法，也是修养目的。《中庸》云：“诚者，物之始终，不诚无物。”③“诚”蕴含于万事万物的始终，一切学问都是由“诚”

---

① 李甦平：《试论李栗谷的理气观》，《东疆学刊》2005 年第 1 期。

② （宋）黎靖德编：《朱子语类》卷 12，中华书局 1986 年版，第 210 页。

③ 王文锦：《大学中庸译注》，中华书局 2008 年版，第 31 页。

引起的。栗谷认为:“格致诚正固学者事，亦不可舍此而求圣人也。……愚则以为物极其格，知极其至，意极其诚，心极其正者，圣人也。”①

也就是说“格致”和“诚正”都是修学以达圣人的途径，“诚”在这一过程中起着重要的作用。他在《圣学辑要》中说:“诚意为修己治人之根本。今虽别为一章，陈其大概，而诚之之意实贯上下诸章。如志无诚则不立，理无诚则不格，气质无诚则不能变化。”②栗谷非常重视“诚”的作用，认为“诚”是为学修己的根本和目的。

栗谷的修养论以“诚”为核心，大致可分为三层含义:格致、诚意、正心。

“格致”就是格物致知，是通过“格物”的工夫达到对“知”、“理”的体认。“格物”的方式不拘一格，如读书、行事、讲论等，但“格物”的“心”要“诚”，这样才能达到“致知”、“穷理”。栗谷在《东湖问答》中说:

> 如欲格物致知，则或读书而思其义理，或临事而思其是非或讲论人物而辩其邪正，或历览古史而求其得失;至于一言一动，皆当思其合理与否?必使方寸之地，虚明动彻，……出于至诚。③

栗谷以读书为例，认为要达到“格物致知”，就必须思其义理，明辨是非，洞彻历史得失，体察自己的言行举止，以达到“心”这个“方寸之地”的“虚明动彻”。这样才可以“穷理”，从而达到“致知”的目的。栗谷强调“格物知至”和“诚心”的重要性。这里“至”和“致”是有区别的，“至”可理解为“到达”;“致”是一种方式，是达到某种境界的途径。“格物知至”是“格物致知”后所达到的“豁然贯通”的境界。栗谷强调“格物知至”，其目的是为了彰显“诚心”的重要性。

《大学》言:“物格而后知至，知至而后意诚。”栗谷对“诚意”的解释与《大学》中的极为相似，他说:“所谓真诚意者，格物致知，理明心开，而诚其意之谓也。”④他认为，“诚意”就是格物致知，理明心开而达到“诚”的本意。他在《东湖问答》中又说:

> 如欲诚意，则好善如好好色而必得之，恶恶如恶恶臭而决去

---

① [韩] 李珥:《圣学辑要》,《栗谷全书》卷9，韩国成均馆大学出版部1975年版，第189页。

② [韩] 李珥:《圣学辑要》,《栗谷全书》卷21，韩国成均馆大学出版部1975年版，第465页。

③ [韩] 李珥:《东湖答问》,《栗谷全书》卷15，韩国成均馆大学出版部1975年版，第320页。

④ [韩] 李珥:《语录下》,《栗谷全书》卷32，韩国成均馆大学出版部1975年版，第263页。

之。幽独隐微之中，敬畏无怠，不睹不闻之时，戒惧不忘，必使念虑之发，莫不一出于至诚，以尽其诚意之实。①

栗谷以人的好恶为例，认为“诚意”具有可以使“意”产生决断性的功用，对于自己喜爱的东西就想拥有它，对于自己厌恶的东西就想去除它。去恶存好，就是“诚意”之发。这里“意”包含“念”、“虑”、“思”。“念”、“虑”、“思”可以看作“心”的“未发”状态，必须由“诚”来主宰，以“诚”诚其意，以“意”主宰“善恶”。他还认为，当人独处于幽室隐微之中的时候，要时刻怀有“敬畏”之心；在眼睛看不到、耳朵听不到的时候，也不能忘记“戒惧”之心，使意念不偏倚，使思虑不邪曲。

关于“正心”，栗谷认为“正心”就是立大本，就是“心无偏系、期待、留滞，且不起浮念。”② 栗谷非常赞同朱子的“心正之极功”的论述。他在给成浩原的信中说：

朱子有言曰：“人心私欲者，非若众人所谓私欲也。但微有一毫把捉底意思，则虽云本是道心之发，然终未离人心之境，所谓动以人则有妄，颜子之有不善，正在此间者也。既曰有妄，则非私欲而何？须是都无比意思，自然从容中道，方纯是道心也”。深味此言，则可见心正之极功。③

栗谷深信朱子的话，他引用朱子原话回答成浩原，认为人的私欲是人心不正使然。正因为人心有妄，所以才要去“人心”以达“道心”。“去妄”的方法主要有两种：存诚和去昏乱。

一、存诚。栗谷认为“思无邪”是至诚的主要方法。栗谷以《论语》为理论依据，并引用孔子原话：“子曰：闲邪存其诚。”、“子曰：诗三百，一言以蔽之，曰：‘思无邪’。”④ 栗谷认为，“思无邪”就是“诚”。他在评论孔子的这两句话时说：“诚者，天之实理，心之本体。人不能复其本心者，由有私邪为之蔽也。”⑤ 他认为，“诚”是“天之实理，心之本体”，由于“私邪”的遮蔽，

---

① ［韩］李珥：《东湖答问》，《栗谷全书》卷 15，韩国成均馆大学出版部 1975 年版，第 320 页。

② ［韩］李珥：《语录下》，《栗谷全书》卷 32，韩国成均馆大学出版部 1975 年版，第 263 页。

③ ［韩］李珥：《答成浩原》，《栗谷全书》卷 9，韩国成均馆大学出版部 1975 年版，第 189 页。

④ 杨伯峻：《论语译注》，中华书局 2009 年版、韩国成均馆大学出版部 1975 年版，第 11 页。

⑤ ［韩］李珥：《圣学辑要》，《栗谷全书》卷 31，韩国成均馆大学出版部 1975 年版，第 479 页。

使人不能复其本心。所以，要去除“私邪”以正“本心”，这就是“存诚”。

二、去昏乱。栗谷认为,“心不正”的原因就在于“昏”和“乱”。他说：

> 心之本体，湛然虚明，如鉴之空，如衡之平。而感物而动，七情应焉者，此是心之用也。惟其气拘而欲蔽，本体不能立，故其用或失其正，其病在于昏与乱而已。昏之病有二：一曰智昏，谓不能穷理，昧乎是非也。二曰气昏，谓怠惰放倒，每有睡思也。乱之病有二：一曰恶念，谓诱于外物，计较私欲也。二曰浮念，谓掉举散乱，相续不断也。常人困于二病，未感物时，非昏则乱，既失未发之中矣。其感物也，非过则不及，岂得其已发之和乎。君子是以为忧，故穷理以明善，笃志以帅气，涵养以存诚，省察以去伪，以治其昏乱。①

栗谷认为“本心”就像“鉴之空”、“衡之平”，是湛然虚明的，由于受外物的刺激而产生喜、怒、哀、惧、爱、恶、欲。如果“气拘而欲蔽”，“本心”就会“失其正”，从而产生“昏”和“乱”两种病态。“昏”分为“智昏”和“气昏”，“智昏”就是“心”被蒙昧而不能穷理；“气昏”就是懒惰散漫，昏沉欲睡。“乱”分为“恶念”和“浮念”。“恶念”就是“心”被外物所诱惑而计较私欲；“浮念”就是行为散乱而不能持之以恒。他认为平常人受这两种病的困惑，“心”未发时，没有感受外物，所表现出来的不是“昏”就是“乱”；当“心”已发，所感受的外物不是“过”就是“不及”，这样就失去了“已发之和”。基于此，栗谷给出了去昏除乱的方法：穷理明善，笃志帅气，涵养存诚，省察去伪，其中心就是以“诚”达到去昏除乱的目的。

“诚”是栗谷修养论的核心思想，他以“诚”格物致知，以“诚”诚意，以“诚”正心，其目的在于达到其性理学的目标“致中和”。

二

栗谷在格物论上主张“即物穷理”，这是对朱子“格物穷理”论的发挥。他说：

---

① ［韩］李珥：《圣学辑要》，《栗谷全书》卷 31，韩国成均馆大学出版部 1975 年版，第 480 页。

大学之道，在明明德，在亲民，在止于至善。知止而后有定，定而后能静，静而后能安，安而后能虑，虑而后能得。物有本末，事有终始，知所先后，则近道矣。古之欲明明德于天下者，先治其国，欲治其国者先齐其家，欲齐其家者先修其身，欲修其身者先正其心，欲正其心者先诚其意，欲诚其意者先致其知，致知在格物。物格而后知至，知至而后意诚，意诚而后心正，心正而后身修，身修而后家齐，家齐而后国治，国治而后天下平。自天子以至于庶人，壹是皆以修身为本。其本乱而末治者，否矣。其所厚者薄，而其所薄者厚，未之有也①。

朱子把《大学》视为儒家修己治人、治学成圣的根本，认为为学要以《大学》为先，以《大学》定其规模，然后再读《论语》、《孟子》、《中庸》。他说：

学问须以《大学》为先，次《论语》，次《孟子》，次《中庸》。……某要人先读《大学》，以定其规模；次读《论语》，以立其根本；次读《孟子》，以观其发越；次读《中庸》，以求古人之微妙处。《大学》一篇有等级次第，总作一处，易晓，宜先看。②

朱子把《大学》的为学之道总结为“三纲领”和“八条目”：“三纲领”即明明德、亲民、止于至善。“八条目”即修身、齐家、治国、平天下、正心、诚意、致知、格物。朱子特别推崇二程的格物论，在格物方法上，二程认为要“格物”就要有持续性和连续性，要不断地积累，“今日格一件，明日又格一件”，积累得多了，对事物之理就“脱然贯通”了。朱子赞同二程的观点，并在此基础上通过积累、贯通，达到“格物穷理”的目的。他说：

人性本明，如珠宝沉溷水中，明不可见，去了溷水，则宝珠依旧自明。自家若得知是人欲蔽了，便是明处。只是这上便紧紧着力主定，一面格物。今日格一物，明日格一物，正如游兵攻围拔守，人欲自消铄去。③

在朱子看来，“人性”就如同宝珠一样，本身就是发光的，只是有时像沾上

---

① 来可泓：《大学直解中庸自解》，复旦大学出版社 1998 年版，第 11—24 页。

② （宋）黎靖德编：《朱子语类》卷 14，中华书局 1986 年版，第 249 页。

③ （宋）黎靖德编：《朱子语类》卷 12，中华书局 1986 年版，第 207 页。

了溷水而被欲望所蒙蔽。所以，“今日格一物，明日格一物”，溷水自会消去而彰显出“心”的本性。那么，“格物”具体是指什么呢？朱子说：

> 格物者，格，尽也，须是穷尽事物之理。若是穷得三两分，便未是格物。须是穷尽得到十分，方是格物。①

也就是说，“格物”就要穷尽事物之理，这个“穷尽”必须是穷尽十分，否则就不能说是完全的“格物”。

栗谷继承了朱子的“格物穷理”论，主要从格物对象和格物方法上对朱子格物论进行诠释。在“格物”方法上，栗谷继承朱子“用力积累”和“豁然贯通”的方法，他把“格物”解释为“穷”和“至”，主张“即物穷理”。“即物”就是对客观事物的考察。他认为，若要“穷理”，就必须对事物进行考察、了解，以达“穷究”事物之理的目的。在“格物”内容上，栗谷与朱子主张相同，即读书、评论古今人物是非和接触事物。但与朱子相比，栗谷更重视读书和评论古今人物是非。

栗谷和朱子一样强调“读书”的重要性。他认为“穷理”的首要工夫就是“读书”。他说：

> 学者常存此心，不被事物所胜，而必须穷理明善，然后当行之道晓然在前，可以进步。故入道莫先于穷理，穷理莫先乎读书。以圣贤用心之迹，及善恶之可效可戒者，皆在于书故也。②

栗谷认为“读书”是圣贤“即物穷理”、“去恶存善”的有效途径。对于阅读对象，除四书五经之外，他还列举了一些性理学书籍，如：《近思录》、《朱子家礼》、《心经》、《二程全书》、《朱子大全》、《朱子语类》等。在读书的顺序上，栗谷和朱子的观点不同，朱子强调要先读《大学》，栗谷则主张先读《小学》，他说：

> 先读《小学》，于事亲敬兄忠君弟长隆师亲友之道一一详玩而力行之。次读《大学》及或问于穷理正心修己治人之道一一真知而实践之……无时间断而余力，亦读史书，通古今达事变以长识见。③

---

① （宋）黎靖德编：《朱子语类》卷 15，中华书局 1986 年版，第 283 页。

② ［韩］李珥：《击蒙要诀》，《栗谷全书》卷 27，韩国成均馆大学出版部 1975 年版，第 84 页。

③ ［韩］李珥：《击蒙要诀》，《栗谷全书》卷 27，韩国成均馆大学出版部 1975 年版，第 84—85 页。

栗谷认为，为学之道，要先读《小学》，明白君臣、父兄、师友之道，并身体力行，然后再读《大学》。栗谷认为“读书”是“穷理”的首要工夫，但并不是“格物”的全部，也不是“格物”的最终目的。栗谷认为读书要专一，而且还要实践，如果不去实践，就如同鹦鹉学舌。

在栗谷的格物论中，他把“格物”的“格”解释为“穷”，他认为“穷理”要掌握适当的方法，第一，以“居敬”工夫涵养“本体”之心。栗谷认为，“诚”能够使人产生严恭敬畏之心，经常保存这样的“本心”，就不会被外界的物欲侵扰。以这样的“心”读书、观理，就会畅通无阻，以这样的“心”接物，就不会举止失当。所以，常存此心，以“居敬”的工夫格物穷理，就能达到“豁然贯通”的境界。第二，以“即物”之理达到“致知”的目的。栗谷说：“如或思而未得，则专心致志，抵死血战，至忘寝室，方有所悟。”① 栗谷继承了朱子穷究其理的方法，认为“格物”必须专心致志，废寝忘食。第三，若一理穷思不得，可以穷究其他事物之理。对于一个事物的思考，我们未必都能完全理解其内在的道理，如果对一事物“思之久，终未融释”，可以暂时放弃，转而去穷究其他事物之理。栗谷认为“穷理”时应该思虑周全，如果在一处“穷理”不得，就要暂时放下，而去“别穷他事”。经过仔细思考，事物之理渐渐明晰，之前没有“穷”的“理”，此时也会豁然开朗。在这一点上，朱子也认为，在某一处穷理不得，还在那里钻研，就会头脑发昏而不得其理。这时候就需要转向别处，去“穷”别的事物。

栗谷不但继承了朱子“穷理”的方法，还继承了朱子对“知”的分类。朱子把“知”划分为“真知”和“不真知”。朱子说：

> 问：“知有闻见之知否？”曰：“知只是一样知，但有真不真，争这些子，不是后来又别有一项知。所知亦只是这个事，如君止于仁，臣止于敬之类。人都知得此，只后来便是真知。”②

朱子认为，“知”的内容都是一样的，之所以有“真”与“不真”，是由认识机能的差异造成的。栗谷对“知”的认识，重点是放在对“致知”的过程的分析，他把“致知”分为上、中、下三个阶段，他认为下层是听闻之

① ［韩］李珥：《圣学辑要》，《栗谷全书》卷 20，韩国成均馆大学出版部 1975 年版，第 452 页。
② （宋）黎靖德编：《朱子语类》卷 34，中华书局 1986 年版，第 899 页。

知；中层是见闻之知；上层是践行之知。栗谷在回答成浩原时说："最下一层，闻人言而从之者也。中一层，望见者也。上一层，履其地而亲见者也。"① 栗谷对这三个阶段作了详细的划分和叙述。第一阶段：即下一层。主要通过读书、评论人物等格物工夫，以获得事物之理。通过读书所看到的，是仁者见仁，智者见智，要择其善者而从。栗谷以"观山"为喻，认为"致知"犹如登山，只听到别人介绍关于山体的形貌，自己没有亲眼见到，很难判定别人介绍的真实与否，这时候就只能相信圣人所说的了。第二阶段：即中一层。通过穷究事物逐渐通晓事物之理。他说："但此一层煞有层级。有悟其一端者，有悟其全体者，全体之中其悟亦不浅深，要非口读目览之比，而心有所悟，故俱归一层也。"② 栗谷认为，在这一阶段，"致知"已经接触事物了，但是对事物的理解有深有浅，有偏有全。在第一阶段的"观山"中，人已经亲眼见到了山，但因为眼光和角度的局限，对"山"的整体认识会有偏有全，这时就需要深思精察。第三阶段：即上层。通过实践行动，达到"致知"的目的。栗谷认为认识只停留在听和看的层次，是远远不够的，要想得到"真知"，必须付诸于具体实践。栗谷进一步对"观山"作了详细的分析，他认为，要想获得对"山"的全貌的认识，不能拘泥于眼前，而应该亲自登上山顶。栗谷把"致知"的过程比喻成"登山"，一方面说明"致知"需要听、看和实践，另一方面还隐含着"诚意正心"的意思。在栗谷的修养论中，"诚意正心"和"格物致知"是成圣工夫不可或缺的两个方面。

栗谷的格致之说是在朱子学的基础上进行发挥的，他和朱子一样，都主张"随事以观理"、"即理以应事"，但在具体的穷理方法上，栗谷主张"即物穷理"，把"致知"的过程比喻成"观山"的三个阶段，认为要达到"真知"，就必须亲自登上山顶。栗谷强调在"穷理"过程中"实践"的重要性，他认为认识事物的过程从晓其名目到潜思精察，最后亲身实践，达到"真知"的境界，这个过程就是"格物知至"的过程。这是对朱子"格物穷理"的发挥。

---

① ［韩］李珥：《答成浩原》，《栗谷全书》卷 10，韩国成均馆大学出版部 1975 年版，第 203 页。

② ［韩］李珥：《答成浩原》，《栗谷全书》卷 10，韩国成均馆大学出版部 1975 年版，第 204 页。

三

“居敬涵养”是朱子修养论的基本方法。朱子继承了二程的“主敬”思想，认为“敬”是修身、为学的核心，并把“敬”看作是“圣门第一义”。他说：

> 人之为学，千头万绪，岂可无本领？此程先生所以有“持敬”之语。……“敬”字工夫，乃圣门第一义。彻头彻尾，不可顷刻间断。“敬”之一字，真圣门之纲领，存养之要法。一主乎此，更无内外精粗之间。①

朱子认为，在千头万绪的为学之中，要掌握行之有效的方法，他赞同二程“持敬”的方法，指出“敬”是“圣门第一义”，是“存养之要法”。在朱子“居敬涵养”思想中，“敬”包含以下几层含义：第一，敬畏。朱子认为，“敬”就是“畏”，是“敬畏”，是一种严肃恭敬的态度。朱子说：“敬不是万事休置之谓，只是随事专一，谨畏，不放逸耳。敬，只是一个‘畏’字。”② 朱子把“敬”解释为“畏”，强调“敬”是源自于内心的对“天理”的敬畏。朱子认为“居敬”就是常含“敬畏”之心，这种“敬畏之心”不是外界强加的，而是来自内心对性情和欲望的克制，是一种人性的自觉。它要求为学要精一，要“战战兢兢”；做事要谨慎，要“如临深渊，如履薄冰”。第二，收敛。“收敛”是指内心存有敬畏之情而使身心收敛，做到心中虚无一物、专一持守。朱子认为只有“收敛”身心，不存妄念，心中不容一物，纯粹专一，才能达到“居敬”的状态，第三，惺惺。“惺惺”就是“心”的不昏昧状态，也就是“敬”。第四，主一。“主一”就是“专一”，即做事要心无旁骛，精一执中。第五，整齐严肃。朱子认为，保持“居敬”的状态不仅内心要专一持守，外表也要整齐、严肃，表里如一。

栗谷继承了朱子以“敬”为中心的“居敬涵养”论，并在此基础上提出“存诚养心”论。“存诚”就是存“诚意”；“养心”就是保养“正气”。栗谷以“诚”为中心，主要从“居敬”、“存诚”、“养心”三个方面继承和发挥了朱子的修养论。

---

① （宋）黎靖德编：《朱子语类》卷 12，中华书局 1986 年版，第 209—210 页。

② （宋）黎靖德编：《朱子语类》卷 12，中华书局 1986 年版，第 211 页。

第一，居敬。栗谷特别强调“敬”的工夫，认为“敬”是“圣门第一义”，是“圣学之始终”。栗谷曾和退溪讨论过关于“敬”的问题，退溪问栗谷：“敬者，主一无适，如或事物气头来，则如何应接？”栗谷并没有立即回答退溪的问题，而是经过反复思考之后，回答说：

> 主一无适，敬之要法；酬酢万变，敬之或法。若于事物上一一穷理，而各知其当然之则，则临时应接，如镜照物，不动其中，东应西答，而心体自如，因其平者断置事理分明故也。不先穷理，而每事临时商量，则商量一事时，他事已蹉过，安得齐头应接？……盖静中主一无适，敬之体也。动中酬酢万变，而不失其主宰者，敬之用也。①

在这段回复中，栗谷认为“敬”是一种心有存主、专心一意的精神状态，这种精神状态通过动、静两个方面体现出来，“主一无适”是“静”的体现，“酬酢万变”是“动”的体现。栗谷所说的“敬”并不是刻板僵硬的，而是把“格物穷理”的效果和“持敬”工夫结合在一起，提出“敬之活法”的主张，这和朱子的格物致知论是一致的。朱子说：“敬有死敬，有活敬。若只守着主一之敬，遇事不济之以义，辨其是非，则不活。”② 栗谷赞成朱子“活敬”的观点，认为穷究事物之理时，应该通晓其义，明辨是非，与事物交至时洞悉其辩，这样才能达到“活敬”的目的。栗谷依据朱子的学说，把“敬”分为“体”和“用”，并把“静中无适”看作“敬之体”，把“动中应事”称作“敬之用”。这是对朱子之意的发挥。

在栗谷的修养论中，“敬”是修养工夫的“圣门第一义”。他说：

> 学者须是恒主于敬，顷刻不忘，遇事主一，各止于当止。无事静坐时，若有念头之发，则必即省察所念何事，若是恶念，则即勇猛断绝，不留毫末。③

当静坐沉思时，一旦有恶念萌发，就应该立即斩断，毫不留情。这里栗谷重点强调的是通过“敬”的工夫，去除恶念和私欲，从而达到其修养工夫的最

---

① ［韩］李珥：《圣学辑要》，《栗谷全书》卷 21，韩国成均馆大学出版部 1975 年版，第 474 页。

② （宋）黎靖德编：《朱子语类》卷 12，中华书局 1986 年版，第 216 页。

③ ［韩］李珥：《圣学辑要》，《栗谷全书》卷 2，韩国成均馆大学出版部 1975 年版，第 480 页。

终目的：恢复本心之诚。他说："敬，主一之谓，从事于敬，则可以寡欲至于诚矣。"① 这里栗谷所说的"寡欲"和朱子的"寡欲"意思是相近的，"寡欲"并不是"无欲"，也不是说要完全去除"人欲"，而是强调对"私欲"的合理节制。

第二，存诚。"存诚"是栗谷修养工夫的主要内容，他把"存诚"看作一种"治心"的重要工夫。在栗谷的修养论中，"诚"和"敬"并不是同一个概念，它们既相互联系，又有所区别。栗谷认为"诚"和"敬"都是修养工夫的表现，都是要达到"天理"、"天道"。但是，就"诚"自身而言，它更侧重于"天理"。从这个意义上说，"诚"和"敬"的关系就是"体"和"用"的关系。栗谷说：

> 诚者，敬之原也；敬者，反乎诚之功也。理则仁之在乎天者也，仁则理之赋于人者也。敬以复礼以全天理，则此非至诚之道乎？②

栗谷突出了"诚"的地位，认为"诚"是"敬之原"，"敬"是达到"诚"的途径。因此，栗谷主张"由敬入诚"，他说：

> 诚者，天之实理，心之本体。人不能复其本心者，由有私邪为之蔽也。以敬为主，尽去私邪，则本体乃全。敬是用功之要，诚是收功之地。由敬而至于诚矣。③

栗谷把"诚"看作是"天之实理，心之本体"，认为，人被"私欲"、"邪念"所蒙蔽，以至不能恢复其"本心"。所以，栗谷主张用"敬"的工夫去除"私欲"、"邪念"，从而达到"诚"的境界。栗谷说：

> 天有实理，故气化流行而不息；人有实心，故工夫辑熙而无间。人无实心，则悖乎天理矣。……一心不实，万事皆假，何往而可行？一心当苟实，万事皆真，何为而不成？故周子曰："诚者，圣人之本"。④

---

① ［韩］李珥：《语录》，《栗谷全书》卷 31，韩国成均馆大学出版部 1975 年版，第 511 页。

② ［韩］李珥：《拾遗》，《栗谷全书》卷 6，韩国成均馆大学出版部 1975 年版，第 102 页。

③ ［韩］李珥：《圣学辑要》，《栗谷全书》卷 21，韩国成均馆大学出版部 1975 年版，第 489 页。

④ ［韩］李珥：《圣学辑要》《栗谷全书》卷 21，韩国成均馆大学出版部 1975 年版，第 464—465 页。

栗谷引用周子的话，认为“诚”是“圣人之本”，“存诚”是重要的修养工夫。栗谷继承并发挥了朱子的“居敬”修养工夫，认为“敬”与“诚”的关系是“由敬入诚”。

第三，养心。栗谷强调“保养正气”的养心工夫，他认为，“养气”包含两个方面：养志气和养血气。“养志气”方面，一是要涵养“仁义之心”，去除欲望，恢复本心；二是要养“浩然之气”，达到“天理”与“真气”的合一。“养血气”就是涵养“真元之气”，即“真气”。“志气”和“血气”之于人，二者缺一不可。栗谷说：

> 仁义之心，人所同受，而资禀有开蔽；真元之气，人所同有，而血气有虚实。善养仁义之心，则蔽可开而全其天矣；善养真元之气，则虚可实而保其命矣。①

栗谷认为“志气”和“血气”对人本身而言，都是非常重要的。“养志气”可以使“血气”得到保全，“养血气”可以使“志气”有“挂搭”之处。栗谷“保养正气”的养心工夫论在朱子理气论的基础上有所发挥，他所主张的“养气”，实际上也是通过“养心”来实现的，他所主张的“养心”主要是指养“仁义之心”，养“仁义之心”的过程就是“集义而生浩然之气”的过程。所以，栗谷“养气”论的重心还是“养志气”。但是，在道德实践中，栗谷还是强调要把二者结合起来，同时并进。

朱子修养论以“敬”为圣学之要，其修养方法注重动静结合，提出静养动察，敬贯动静的“居敬涵养”工夫论。栗谷发挥了朱子的“格物穷理”论，提出“即物穷理”，并指出“穷理”的方法是以“居敬”工夫涵养“本心”，以“即物”之理达到“致知”的目的。其修养论由“敬”入“诚”，以“诚”为立志、格物、变化气质的根本，提出“存诚养心”说，并指出“养心”的重要工夫是“养气”，即“保养正气”、善养“浩然之气”，体现了栗谷对朱子学说继承和发展的统一，坚持和创新的统一。

（作者单位：安徽大学哲学系）

① ［韩］李珥：《圣学辑要》《栗谷全书》卷21，韩国成均馆大学出版部1975年版，第471页。

程颢、程颐的妇女观

杨　琳

二程即程颢、程颐二兄弟，家世历代仕宦，因居洛阳世称其学为“洛学”。兄程颢（1032—1085）字伯淳，世称明道先生；弟程颐（1033—1107）字正叔，世称伊川先生。二程的著作经后人辑录为《河南二程全书》，其中包括杨时编辑的《粹言》两卷，朱熹编辑的《遗书》二十五卷和《外书》十二卷，程颢的《文集》五卷，程颐的《文集》八卷和《易传》四卷、《经说》八卷。二程作为宋代理学的重要奠基者，他们的思想在当时及后世都产生了重大的影响。后世也因其在妇女观上的“饿死事小，失节事大”一语而褒贬不一。这句话是程颐回答学生问题时被提及的，从逻辑上讲一方面将妇女的贞节提升到了比生命还要重要的位置，另一方面对于当时妇女的地位转变也有着十分重要的意义。客观上，也为朱熹提出“存天理，灭人欲”的主张奠定了理论基础。

据此，我们是不是就可以理所当然的给二程扣上封建落后、荼毒妇女的标签，就如新文化运动时对孔家店的全面打倒？我们是不是就可以据此认为，二程的全部思想都是为封建落后的封建礼教服务的，应该全面的否定？非也。对于古人的思想，孟子提倡“知人论世”①、伽达默尔提倡视域重合，都是要求我们对于历史文本要保持“同情”的态度去理解，即尽可能去体会作者所处的生命观、宇宙观及价值观等精神世界，及所处的社会背景和现实的针对性，这样全面的了解才有可能理解作者之意。对于当时社会背景及现实问题，一般学人都会论及一二，但对于作者所处的精神世界及同情的态度很多人则抱着是今非古的批判态度。批判是允许的，但批判的前提是真正的

① 杨伯峻：《万章章句下》，《孟子译注》，中华书局 2008 年版，第 193 页。

了解，对于二程的妇女观及其他哲学思想也是如此，不能道听途说、断章取义地简单批判，任何语言都是有语境的，不能在断章取义的情况下理解文字本身。“饿死事小，失节事大”等观点，是在什么情况下提出的？有没有现实针对性？在当时有没有意义？在后世的流传过程中有没有被曲解？这些观点在当代社会中还有没有借鉴的意义？……这些问题都需要建立在实事求是的态度上具体地去辨析。我们当然也可以为今所用的批判，但不能苛求古人超越他所处的时代。

学界一般认为二程的哲学以天理论为根基，“理”是核心范畴之一，在其著作中对“理”的阐发和论述俯拾皆是。二程的妇女观自然也与“理”直接相关，尤其体现在其论述的理欲关系中，下文中笔者将从存天理，“灭私欲”的理欲观、“男尊女卑”，妇人“当终守于从一”的夫妇观、“饿死事小，失节事大”的贞节观及墓志铭中体现的妇女观等四部分展开论述，尽可能地还原、呈现二程关于妇女的基本观点。

一、存天理，“灭私欲”① 的理欲观

在二程的世界中，天理和人欲是两个相对的部分，“理”处于至高无上的本体地位，“物物皆有理”②“无物无理”③，天理产生、支配一切且是一切事物的根据，不仅统摄着天地自然，也贯穿在社会现实的方方面面，“所以为万物一体者，皆有此理。”④ 正是由于天理的作用，天地万物得以生根发芽、生老病死，四时交替，生命不息；儒家社会得以正常运行，君臣、夫妇、父子、兄弟、朋友等关系得以联系互动，运行不悖，共同构成社会生活的和谐统一。要言之，二程认为天理是天地万物产生的根源，也是社会生活、儒家价值原则的根基。程颐认为私欲是与天理相对的，存天理就要

① “人心私欲，故危殆。道心天理，故精微。灭私欲则天理明矣。”[（宋）程颢、程颐：《河南程氏遗书》卷 24，《二程集》，中华书局 2004 年版，第 312 页]

② （宋）程颢、程颐：《河南程氏遗书》卷 19，《二程集》，中华书局 2004 年版，第 247 页。

③ （宋）程颢、程颐：《人物篇》，《河南程氏粹言》卷 2，《二程集》，中华书局 2004 年版，第 1267 页。

④ （宋）程颢、程颐：《河南程氏遗书》卷 2 上，《二程集》，中华书局 2004 年版，第 33 页。

灭私欲，并认为存天理是人与禽兽的区别。① 灭私欲，是不是意味着，完全否定人的欲望？非也。需要注意的是，在理欲观中对于正常的男女之欲，二程是持肯定态度的，并不是一味的简单否定，比如“阴阳之配合，男女之交媾，理之常也。”② 认为男女之间的交媾是正常的，也体现了天地阴阳相配合的道理。“天地不交，则万物何从而生？女之归男，乃生生相续之道。男女交而后有生息，有生息而后其终不穷。前者有终，而后者有始，相续不穷，是人之终始也。”③ 二程认为男女交媾而生子女，生命才能够得以延续，正如天地阴阳相合才能生万物。由此看来，二程不仅没有否定男女之欲，而且将男女之事与阴阳之道并列同时上升到了生成论的高度。这是符合儒家的一贯主张的，禁欲主义是佛教的主张。那么二程所谓“灭私欲”，到底灭的是什么呢？

其实，二程否定乃至极力贬斥的是放荡私欲现象：“然从欲而流放，不由义理，则淫邪无所不至，伤身败德，岂人理哉？”④ 也就是说，正常的男女之欲是正常的，也是应该的，但如果是“不由义理”的邪淫，不仅伤身而且败德，就不是“人理”了，就是超过正常欲望的“私欲”了。在这个层面上，二程指出必须以天理节制私欲，将人欲控制在正常的范围之内，所谓：“视听言动，非理不为，即是礼，礼即是理也。不是天理，便是私欲。人虽有意于为善，亦是非礼。无人欲即皆天理。”⑤ 凡是正常、合理的人欲就是天理，如果过度了就是私欲。我们可以看到，天理与私欲的这种对立关系，是具有合理性的。在具体的存天理，“灭私欲”方式上，二程认为可以通过“克己复礼”、“居敬集义”的具体道德修养方法来得以实现。

---

① “人之所以为人者，以有天理也。天理之不存，则与禽兽何异矣？”[（宋）程颢、程颐：《河南程氏粹言》卷 2，《二程集》，第 1272 页]

② （宋）程颢、程颐：《归妹卦》，《周易程氏传》卷 4，《二程集》，中华书局 2004 年版，第 979 页。

③ （宋）程颢、程颐：《归妹卦》，《周易程氏传》卷 4，《二程集》，中华书局 2004 年版，第 979 页。

④ （宋）程颢、程颐：《归妹卦》，《周易程氏传》卷 4，《二程集》，中华书局 2004 年版，第 979 页。

⑤ （宋）程颢、程颐：《河南程氏遗书》卷 15，《二程集》，中华书局 2004 年版，第 144 页。

由此我们可以看到，二程的存天理，“灭私欲”的理欲观，虽然具有崇理抑欲的倾向，但是在承认、认同男女基本欲望的前提下提倡的，所存的天理从根本上说是儒家伦理道德，所灭的私欲，是“从欲而流放，不由义理”的邪淫之欲，二程看到男女欲望对于延续生命合理性的基础上，又察觉到了纵欲有伤身败德的危害性，因此让人心“存天理”，行为“灭私欲”，体现了儒家的不偏不倚的中道精神，也可以看到当代唯物辩证法中“度”的影子。显而易见，存天理，“灭私欲”的理欲观，对于二程的妇女观有着十分重要的指导意义，其对于正常男女人欲的肯定，在二程的妇女观中体现出其灿烂的人性光辉，表现出对于妇女的可贵的人文关怀。

二、“男尊女卑”，妇人“当终守于从一”的夫妇观

在以宗法血脉为基本纽带的中国封建社会，家庭是最基本的单位，因此儒家特别重视家庭的稳定和教化。家庭关系中，最为核心的关系之一即是夫妇关系。从古至今，无论是先秦的大夫之家，还是后世的宗族之家，抑或是一般的数口之家，都要处理好夫妇关系，二程对此问题也十分重视，提出了“男尊女卑”，妇人“当终守于从一”的夫妇观。

儒家素有重视夫妇之道的传统，在《周易・系辞》中提道：“有天地然后有万物，有万物然后有男女，有男女然后有夫妇，有夫妇然后有父子，有父子然后有君臣，有君臣然后有上下，有上下然后礼义有所错。”①基本阐述了儒家人伦的演化过程及其夫妇关系的重要性。《礼记・哀公问》载，“公（鲁哀公）曰：‘敢问为政如之何？’孔子对曰：‘夫妇别，父子亲，君臣严。三者正，则庶物从之矣。’”②即孔子认为夫妇、父子、君臣三层关系处理好了，天下的事也就可以处理好了。又明言“君子之道，造端乎夫妇，③”要想成为儒家的理想人格“君子”是要先处理好夫妇的关系开始的。孟子也强调“男女居室，人之大伦也”④。二程也自然承续了儒家一贯重视夫妇关系的基本主

① 黄寿祺、张善文：《序卦传》，《周易译注》，上海古籍出版社 2007 年版，第 450 页。
② 杨天宇：《哀公问第二十七》，《礼记译注》，上海古籍出版社 2004 年版，第 657 页。
③ 杨天宇：《中庸第三十一》，《礼记译注》，上海古籍出版社 2004 年版，第 694 页。
④ 杨伯峻：《万章章句上》，《孟子译注》，中华书局 2008 年版，第 162 页。

张，他们认为“天地万物之本，夫妇人伦之始”①。“有天下国家者，未有不自齐家始。”② 即明言夫妇关系是人伦的开始，也是万物的开始，治理好天下的根本前提是能够管理好自己的家庭。

到汉代提出“三纲五常”的学说后，夫妻之间的关系开始有了明显的尊卑差等性，尤其是董仲舒起了重要的推动作用③，奠定了中国两千多年封建社会男尊女卑的基调，这体现在夫妇关系中，即是夫尊妇卑；体现在三纲中，即是夫为妇纲。二程对于夫妇观的表述，也难以逃出汉代人所奠定的男尊女卑的窠臼。如二程认为：“五典谓父子有亲，君臣有义，夫妇有别，长幼有序，朋友有信也。五者人伦也，言长幼则兄弟尊卑备矣，言朋友则乡党宾客备矣。”④ 由此可以明确的看出，二程所述的五伦关系已有了鲜明的尊卑性，与汉代人所倡导一脉相承。又言：“推一家之道，可以及天下，故家正则天下定矣。”⑤ 其基本理路，与《大学》所奠定的修齐治平的次第相合。那么，在这样以三纲五伦为基本的社会秩序中，二程对于夫妇关系又是如何看待的呢？

首先，对男婚女嫁持肯定态度，认为：“一阴一阳之谓道。阴阳交感，男女配合，天地之常理也。”⑥，嫁娶是天地之常理，男女相配是天地之大义。又说：“天下只有一个理”⑦“万物皆只是一个天理”⑧，将男婚女嫁的正当性、合理性提升到了理本体论的高度。

---

① （宋）程颢、程颐：《咸卦》，《周易程氏传》卷 4，《二程集》，中华书局 2004 年版，第 854 页。

② （宋）程颢、程颐：《河南程氏遗书》卷 4，《二程集》，中华书局 2004 年版，第 72 页。

③ 董仲舒认为：“王道之三纲，可求于天。”又说：“君臣、父子、夫妇之义，皆取诸阴阳之道：君为阳，臣为阴，父为阳，子为阴，夫为阳，妻为阴。”从此而推论出“三纲五常”的基本结论。（参见董仲舒：《春秋繁露》，《基义第五十三》，《董仲舒集》，学苑出版社 2003 年版，第 278、277 页）

④ （宋）程颢、程颐：《舜典》，《河南程氏经说》卷 2，《二程集》，中华书局 2004 年版，第 1040 页。

⑤ （宋）程颢、程颐：《家人卦》，《周易程氏传》卷 3，《二程集》，中华书局 2004 年版，第 885 页。

⑥ （宋）程颢、程颐：《归妹卦》，《周易程氏传》卷 4，《二程集》，中华书局 2004 年版，第 978 页。

⑦ （宋）程颢、程颐：《河南程氏遗书》卷 18，《二程集》，中华书局 2004 年版，第 196 页。

⑧ （宋）程颢、程颐：《河南程氏遗书》卷 2 上，《二程集》，中华书局 2004 年版，第 30 页。

其次，认为“男女有尊卑之序，夫妇有倡随之礼，此常理也”①。二程继承了传统中对三纲的说法，尤其强调男尊女卑的家庭关系，认为夫妻关系是人伦的基础。

另外，对于夫妻关系，二程还强调男女各得其位，初步明确了男主外女主内的家庭模式。在家庭关系中，二程主张男女各自履行自己的职责，安处于自己的位置，“家人之道，利在女正……夫正者身正也，女正者家正也，女正则男正可知矣”②。在这里二程明确强调女正则家正，家正则男正，凸显了对于女性严格要求的同时也认可妇女对于家庭中的重要作用。《彖》曰：“家人，女正位乎内，男正位乎外，男女正，天地之大义也。”“男动于外，女顺于内，人理之常，故为恒也。”③对于家庭，二程认为男女双方都要履行责任，认为男主要处理家庭外部的社会性事务，包括读书致仕、务农、经商等，而妇女则主要处理好家庭内部的事务，相夫教子、侍奉姑舅、主持家事等。这种将家庭职责截然二分的办法，为男女划定明确范围的思路，有僵化、教条化的倾向，但在客观上，是利于家庭稳定与发展的，尤其是对男女双方都提出了义务。如果家庭不稳定，男女不守其职就会导致家庭的混乱，乃至造成的严重后果：“失长幼之序，乱男女之别，伤恩义，害伦理，无所不至。”④不仅恩断义绝，而且伦常扫地。又说：“以柔顺处中正，妇人之道也。”⑤对于妇道中柔顺，是对于夫妻关系中夫妻倡随之礼的发展，同时妇人“处中正”，这也是对于男女各正其位的进一步要求，二者结合起来，说明了二程对于男女正位的重视，这是二程对于男女之分的强调，也是其通过正人伦以正纲常的必然方式。

---

① （宋）程颢、程颐：《归妹卦》，《周易程氏传》卷4，《二程集》，中华书局2004年版，第979页。

② （宋）程颢、程颐：《家人卦》，《周易程氏传》卷3，《二程集》，中华书局2004年版，第884页。

③ （宋）程颢、程颐：《恒卦》，《周易程氏传》卷3，《二程集》，中华书局2004年版，第860页。

④ （宋）程颢、程颐：《家人卦》，《周易程氏传》卷3，《二程集》，中华书局2004年版，第885页。

⑤ （宋）程颢、程颐：《家人卦》，《周易程氏传》卷3，《二程集》，中华书局2004年版，第886页。

由于对男女正位的强调，二程还特别强调“凡嫁女，各量其才而求配。或兄之子不甚美，必择其相称者为之配；己之子美，必择其才美者为之配。岂更避嫌耶？若孔子事，或是年不相若，或时有先后，皆不可知。以孔子为避嫌，则大不是。如避嫌事，虽贤者且不为，况圣人乎？”①二程在论及孔子将自己女儿嫁给公冶长，将哥哥的女儿嫁给南容，是从才貌相配或年龄大小来考虑，而非是故意避嫌，将自己的女儿嫁给差的（公冶长曾受过刑），将哥哥的女儿嫁给好的（南容却是治世有为，乱世能自保），以求虚名。这其中也暗合了父母或监护人在为子女或被监护人处理婚姻问题时，考量问题的标准，如：年龄、相貌，这就暗含了“门当户对”的意味。此外，程颐也注意到了择妇的重要性，“世人多慎于择婿，而忽于择妇。其实婿易见，妇难知，所系甚重，岂可忽哉！”②提醒人们妇女在夫妻关系中的重要性，以及在家庭中不可取代的关键作用。强调择妇是男女各正其位的必然要求。由此可以看出，在家庭关系中，二程对于男女的位置及作用是有着相当深刻的认识的，而且对男女双方都提出了要求。这在当时是具有进步意义的，在今天也是不过时的。

再次，二程认为，合理的家庭夫妻关系应该是夫唱妇随，“男尊女卑，夫妇居室之常道也”③。论证了家庭生活中男尊女卑现象的合理性和必然性。“二程认为夫妻关系应该遵守男尊女卑的次序，并对妇女提出从一而终的要求，“妇人以从为正，以顺为德，当终守于从一。”④认为妇德以顺从为美，妇人以从夫为正理。在解《易》的过程中，二程相对集中表达了妇对夫的顺从⑤，通过男女相配的《咸》、《恒》、《渐》、《归妹》四卦的分析，二程主张

---

① （宋）程颢、程颐：《河南程氏遗书》卷18，《二程集》，中华书局2004年版，第234页。

② （宋）程颢、程颐：《河南程氏遗书》卷1，《二程集》，中华书局2004年版，第7页。

③ （宋）程颢、程颐：《恒卦》，《周易程氏传》卷3，《二程集》，中华书局2004年版，第860页。

④ （宋）程颢、程颐：《恒卦》，《周易程氏传》卷3，《二程集》，中华书局2004年版，第864页。

⑤ “卦有男女配合之义者四：《咸》，《恒》，《渐》，《归妹》也。《咸》，男女之相感，男下女，二气感应，止而说，男女之情相感之象。《恒》，常也，男上女下，巽顺而动，阴阳皆相应，是男女居室夫妇倡随之常道。《渐》，女归之得其正也，男下女而各得其位，止静而巽顺，其进有渐，男女配合得其道也。《归妹》，女之嫁，归也，男上女下，女从男也，

妇顺于男子，以顺从为德。《咸》、《恒》两卦讲述男女相处之理、“倡随之常道”，《渐》、《归妹》两卦讲述男子对于妇人“各得其位”，“男上女下”，“女从男”的要求。《归妹》卦中有这样的表述：“王假有家，交相爱也。”“夫爱其内助，妇爱其刑家，交相爱也。能如是者，文王之妃乎？”①在夫妻关系中提到了“交相爱”的重要性，男女相互关爱，相互理解对方，在男尊女卑、夫主妇从的前提下，也强调了夫妇感情的重要性。

不仅夫妻双方在生活中，妇人要做到顺从，在婚后要一切以丈夫为重，生儿育女、相夫教子、侍奉舅姑，而且女子在婚姻上也不能自作主张。“女子之义，从于人也，必待父母之命，兄弟之议，媒妁之言，男先下之，然后从焉。”②女子需要谦卑，哪怕是对自己的婚姻大事也无法做主，必须听从父母的安排，兄弟的建议，并且等待男方的聘礼至，才能够出嫁。“婚姻，男女之交也。人虽有欲，当有信而知义，故言其大无信不知命为可恶也。苟惟欲之从，则人道废而入于禽兽矣，女子以不自失为信，所谓贞信之教，违背其父母，可谓无信矣。命，正理也。以道制欲则顺命。”③此处也强调了，女子婚姻对于父母遵从，女人婚嫁相对今天而言确实缺少自主权，并将这种“遵从”提升到了“以道制欲”的本体论高度。

同时，二程尤其强调夫妻关系应该保持长久，“夫妇之道，不可以不久也，故受之以恒，恒，久也”④。同时用天理去论证夫妻关系，将三纲五常、

而有说少之义。以说而动，动以说则不得其正矣，故位皆不当。初與上虽当阴阳之位，而阳在下，阴在上，亦不当位也，与《渐》正相对。《咸》、《恒》夫妇之道，《渐》、《归妹》女妇之义。《咸》与《归妹》，男女之情也，咸止而说，归妹动于说，皆以说也。《恒》与《渐》，夫妇之义也，恒巽而动，渐止而巽，皆以巽顺也。男女之道，夫妇之义，备于是矣。”[（宋）程颢、程颐：《归妹卦》，《周易程氏传》卷4，《二程集》，中华书局2004年版，第977—978页]

① （宋）程颢、程颐：《家人卦》，《周易程氏传》卷4，《二程集》，中华书局2004年版，第887—888页。

② （宋）程颢、程颐：《蝃蝀》，《河南程氏经说》卷3，《二程集》，中华书局2004年版，第1053页。

③ （宋）程颢、程颐：《蝃蝀》，《河南程氏经说》卷3，《二程集》，中华书局2004年版，第1053页。

④ （宋）程颢、程颐：《恒卦》，《周易程氏传》卷3，《二程集》，中华书局2004年版，第860页。

男尊女卑的秩序天理化。“天地之所以不已，盖有恒久之道。人能恒于可恒之道，则合天地之理也。”① 如果夫妻间能自觉遵守这种人伦秩序，将夫妻关系保持长久，就能够合乎天地之理。这一方面是对于婚姻嫁娶的重视，另一方面也体现出二程自身思想在生活中的实践中，夫妇之伦的长久、稳定对于社会的安定、国家的统治具有积极的意义。

最后，二程强调男女之别在祭祀活动中也有体现。在祭祀时，夫妻双方要分开坐，“如合祭之时，考妣当各异位。盖人情亦无舅妇同坐之礼”②，并且不可以杂作，得男女完全分成两部分来坐，“祭祀须别男女之分。生既不可杂坐，祭岂可杂坐？”③《左传》曰，“国之大事，在祀与戎”④，儒家向来重视祭祀，在祭祀中所显示的男女之别、不可杂坐等，显示了二程及所处社会基本的男尊女卑思想。之所以如此是二程对“男女不授受之类皆然”⑤ 的儒家理念的认同。

综上所述，二程虽然对夫妇关系持肯定态度，基本明确了男主外女主内的家庭模式，但在夫妇关系中认为是男尊女卑的，并特别强调妇对夫的顺从、遵从，在祭祀等礼节问题上体现得尤为明显。同时，也提倡夫妇关系的长久性，乃至提升到了“以道制欲”的本体论高度，虽然在客观上体现了当时的社会中男性成员处于社会运转机制的显要位置，对于社会发展有更大的推动作用，但在今天看来这种观点存在着不合理性。是将女性的地位、结婚及离婚的自主性等都在理论和道德上给予了程度不同的限制，不难预料到，在后世程朱理学被尊为官方哲学之后，诸多弊端必然会一一出现。虽然如此，二程妇女观也强调了夫妻感情的重要性，这是针对前朝佛道盛行、儒纲不振的现实及相对混乱的皇亲关系而提出的，其主张具有明显的现实针对性，在当时也是具有积极意义。

---

① （宋）程颢、程颐：《恒卦》，《周易程氏传》卷 3，《二程集》，中华书局 2004 年版，第 862 页。

② （宋）程颢、程颐：《河南程氏遗书》卷 15，《二程集》，中华书局 2004 年版，第 168 页。

③ （宋）程颢、程颐：《河南程氏遗书》卷 17，《二程集》，中华书局 2004 年版，第 180 页。

④ 李梦生：《春秋左传》卷 13，《成公下》，《左传译注》，上海古籍出版社 2004 年版，第 578 页。

⑤ （宋）程颢、程颐：《河南程氏遗书》卷 18，《二程集》，中华书局 2004 年版，第 214 页。

三、“饿死事小，失节事大”的贞节观

在男尊女卑为基本的社会背景下，二程明确了男主外女主内的家庭模式，并为夫妻双方都规定职分和义务。目的之一就是以儒家伦理规范、教化家庭，利于夫妇关系长久稳定，同时进一步促进社会的稳定发展。即便如此，也不能保证所有夫妇都能善始善终，有生老病死等客观不可抗因素导致夫妻分离，也有男女损德等主观原因而使夫妇关系终止。对于不能稳定、长久的夫妇关系，二程提出了“饿死事小，失节事大”这一在新文化运动中被反复责骂、诟病的观点。

后世有些学者站在男女平等的立场来批评：“宋儒谓失节事大，饿死事小。噫！古今来多少名公卿贤大夫，尚多愧此言，乃责之茕茕少妇耶?”①阮葵生认为失节问题，应该对男女应该是一视同仁，不仅应该要求妇女，从古至今又有多少“公卿贤大夫”能做到“不失节”，凭什么单独去要求妇女？俞正燮也说：“男子理义无涯涘，而深文以罔妇人，是无耻之论也。”②这种单方面对妇女节气的要求是男权社会对妇女的欺压，是“无耻之论也”，对此观点的责骂、愤慨非常激烈，认识贞节应该是男女共同的责任而不是片面要求。

现当代的民众，对于此话也多望文生义，认为二程不允许寡妇再嫁，即便饿死也不能失节，是真正的封建糟粕观念。其实，这是对二程的误解。如果我们了解了二程提出的这个观点的语境、社会背景及现实针对性等问题，对这个观点的误会及误解就会消除。

“饿死事小，失节事大”观点的提出，确实将妇女的“贞节”重要性提升到了比生命本身还要重要的地步，不仅规定寡妇不得再嫁，还要求其为亡夫终身守节。那么二程是在怎样的情况下提出这句话的呢？这句话中能够完整表达二程对于妇女再嫁问题的看法吗?

在《河南程氏遗书》卷二十二中记载了程颐与弟子关于孀妇能否改嫁的问题：“问：‘孀妇于理似不可取，如何?’曰：‘然。凡取，以配身也。若取

① （清）阮葵生：《茶余客话》，中华书局 1959 年版，第 124 页。

② （清）俞正燮：《癸巳类稿》，辽宁教育出版社 2001 年版，第 440 页。

失节者以配身，是已失节也。’又问：‘或有孤孀贫穷无所托者，可再嫁否?’曰：‘只是后世怕寒饿死，故有是说。然饿死事极小，失节事极大。’”①

小程认为丧偶的妇女不可再嫁，因为这不合乎天理的规定。并直呼寡妇再嫁“失节者”，如果有男子娶了寡妇，也是失节的行为。单从此处来看，小程确实是反对寡妇再嫁、也是反对男人娶寡妇的，并将这种行为提升到了“于理似不可”的高度。由孀妇再嫁问题，引出了二程对于妇女“饿死事虽小，失节事极大”的极端贞节要求。从整个语境来看，这个观点程颐在回答学生时提出的，并非在其学术观点中提出并详细加论证的，没有程颐对于女性其他的系统的一系列要求，其对再嫁问题的整体看法，还需要参考其他相关文献。程颐说：“只是后世怕寒死，故有是说。”证明他其实是理解在现实生活中，孀妇携孤幼、家境贫寒而无以为生的艰难现状的。个人认为，程颐将因饥寒而再嫁的妇女视为失节，确有一定的局限性。但从另一方面讲，如果用在不因贫穷的生活环境而失节，则是应该提倡的。程颐对贞节道德感的强调，在今天看来，似乎并不太合适，但在儒家文化影响下的宋代却是很正常的。另一方面，需要指出的是，由于元代开始程朱理学成为官方意识形态，他们的思想影响的范围、力度大大增强，借助了政治的推动，成为官方统治思想。小程的“饿死事小，失节事大”的观点本来是一种建议，但后世却逐渐演变成了对所有寡妇的要求，以至于寡妇守节就可以立贞节牌坊，如果不能守节就要被社会所不耻。后世的影响，实不是程颐所能够预见和主宰的。

近现代以来，有很多学者，也为程颐鸣不平，贺麟先生曾说：“他所提出的‘饿死事小，失节事大'这个有普遍性的原则，并不只限于贞操一事，若单就其为伦理原则论，恐怕是四海皆准、百世不惑的原则，我们似乎仍不能根本否认，因为人人都有其立身处世而不可夺的大节，大节一亏，人格扫地。”②贺麟先生认为，小观点不限在寡妇一事，在所有事情上都具有普遍性，并提倡所有的人都应该有不可夺的大节，比生死更重要，贺先生未细论寡妇的贞节观，而是直接上升为每个人都应该有气节的论断。陈荣捷先生也指出：“伊川对孀妇再嫁之问，不答以传统制度，而答以失节问题，且妇

① （宋）程颢、程颐：《河南程氏遗书》卷22下，《二程集》，中华书局2004年版，第301页。

② 贺麟：《文化与人生》，商务印书馆1988年版，第192页。

之失节亦即丈夫之失节。可知节之问题，乃伊川之中心问题。”[①]章太炎先生认为：“程叔子又有嫠妇失节事大，饿死事小之说，为近人所讥。其言诚过，然妇人不践二廷，旧有是说，亦因缘礼俗而为言耳。……其言盖谓夫妇皆当坚守契约，又未尝偏抑妇人也。”[②]章先生认为，寡妇不允许再嫁的提倡并不始于二程，“旧有是说”。并认为，强调“失节事大”是为了使夫妇双方都遵守“契约”，也不是有意“偏抑妇人”。陈荣捷先生认为，寡妇失节的根本，是因为丈夫失节，将原因归结到了丈夫身上，并认为“节制问题”是程颐的中心问题之一。晚清学者徐继畬认为：“宋承五季之后，世风靡靡，夫妇一伦轻亵已甚，故伊川立此严峻之防，使士大夫有所矜式，非为愚夫愚妇言也。”[③]徐继畬指出，程颐所处的年代由于世风不正、士人松散，因当时夫妇一伦“轻亵已甚”在正纲常规范人伦的过程中，欲用女子的贞节来劝勉士人的节操。虽然这个观点的提出是直接针对妇女的，但更是用来提醒、要求男人更应该注意自己的名节。丈夫去世而丧偶，可能是病、兵等不可抗因素导致的，也可能是因为男人无德、纵欲、不正业等主观原因引起的，所以徐继畬认为名节问题是借女人失节而去讽刺男人失节、要求男人守节，是符合儒家基本精神，也是符合儒家宗法逻辑的。我们也可以看到，程颐不仅反对妇女再嫁，也反对男子再娶：“又问：‘再娶皆不合礼否？’曰：‘大夫以上无再娶礼。凡人为夫妇时，岂有一人先死，一人再娶，一人再嫁之约？只约终身夫妇也。但自大夫以下，有不得已再娶者，盖缘奉公姑，或主内事尔。如大夫以上，至诸侯天子，自有嫔妃可以供祀礼，所以不许再娶也。’”[④]

程颐明确指出士大夫以上再娶是不合礼数的，提出了“终身夫妇”的说法，认为夫妇之间没有一人先死，另一人再嫁或再娶之礼，但这个要求不是针对所有人的，而只是针对“士大夫以上”的，是主要针对统治阶层而不是所有人的。大夫以下的男子，因侍奉父母、主内事等原因可以再娶。而士大夫以上至诸侯天子之中，有供祭祀的嫔妃，所以不许再娶。程颐站在宗族内

① 陈荣捷：《朱熹新探索》，台湾学生书局1988年版，第124页。

② 章太炎：《章太炎全集》，上海人民出版社1984年版，第454页。

③ （清）徐继畬：《书王印川广文诗注后》，《松龛文集》卷4，《山石丛书初编》，山西省文献委员会辑，第210页。

④ （宋）程颢、程颐：《河南程氏遗书》卷22下，《二程集》，中华书局2004年版，第303页。

部男女分工的角度上，尊古崇礼，对于妇女再娶问题，他虽不赞成，但其肯定妇女在婚姻中有侍奉姑舅、主内事、供祭祀、延续宗祠等方面的家庭责任，某种程度上也是对于妇女家庭地位的一种肯定。

妇人丧偶而成寡妇是不得已，但也有丈夫在而出妻的。对于出妻问题，二程基本持肯定态度："妇者，所以承先祖、奉祭祀。不能奉祭祀，则不可以为妇矣。……妇不能奉祭祀，则当离绝矣。"[①] 可以看出，二程对于出妻的原因是主要从延续宗祠、敬奉祖先的角度出发的。敬天法祖、延续子嗣是儒家的根本传统之一，至少在孟子时代就将其提高到了与对父母之孝相关的地位，放到当时儒家基本精神视角上。因这两个因素而休妻也是无可厚非的。同时，如果妻不贤良，出现道德、节操的问题，也可以出妻："问：'妻可出乎？'曰：'妻不贤，出之何害？如子思亦尝出妻。……古人不如此。妻有不善，便当出也。'"[②] 说明在妻子不贤不善的情况下，应该选择出妻，而"今世俗乃以出妻为丑行，遂不敢为"，但世人一般却顾忌太多而"隐忍不敢发"，"以至纵恣，养成不善"，出现不良后果。这种对不贤之妻的包容也是因为"古之人绝交不出恶声，君子不忍以大恶出其妻，而以微罪去之，以此见其忠厚之至也"[③]。即便是不得不出妻，也一般不扬人之恶。"如必待彰暴其妻之不善，使他人知之，是亦浅丈夫而已。"如果如实曝光妻子之恶而出，反而被认为是没有修养的"浅丈夫"。根据前文可知，妻子不贤不善是为"大恶"，但是世间出妻的人仍然不多，在出妻时需要考虑"忠厚""含容"；即便出妻，通常也不去张扬、宣说妻子之恶，所谓"出妻令其可嫁，绝友令其可交"[④]。从此处我们也可以反证：二程并不太可能反对孀妇再嫁，对于休妻也要尽力保护她的名声，使其可以再嫁。传统夫妇以义和，义绝则离。离婚改嫁也许在宋代出现的比例并不高，但二程还是尽可能站在妇女的立场上进行考虑。一方面体现了二程对于婚姻关系中对于夫妇感情的重视，另一方面体现了在男权社会中对女性的难能可贵的保护。当然也侧面看出女性在当时

① （宋）程颢、程颐：《归妹卦》，《周易程氏传》卷 4，《二程集》，中华书局 2004 年版，第 982 页。

② （宋）程颢、程颐：《河南程氏遗书》卷 18，《二程集》，中华书局 2004 年版，第 243 页。

③ （宋）程颢、程颐：《河南程氏遗书》卷 18，《二程集》，中华书局 2004 年版，第 243 页。

④ （宋）程颢、程颐：《河南程氏遗书》卷 18，《二程集》，中华书局 2004 年版，第 243 页。

的弱势地位。

二程不仅在理论层面对妇女再嫁留出了空间，在现实生活中，程家曾有两位妇女再嫁。“伯母刘氏寡居，公奉养甚至。其女之夫死，公迎从女兄以归，教养其子，均于子侄。既而女兄之女又寡，公惧女兄之悲思，又取甥女以归，嫁之。时小官禄薄，克己为义，人以为难。”① 程颐之父因为姐姐刘氏寡居，尽心力供养照顾，而刘氏女婿死后，程颐之父将伯母之女接回家，令其母女团聚。后来堂姐家的姐姐又守寡，程颐之父担心她悲伤思念过度，又亲自把她接回家，后来嫁给他人。通过程家的两位孀妇案例，我们可以清晰地看到：程颐并不是一味反对再嫁，对于伯母刘氏，程颐之父的态度是为了“敬宗收族”，而对于甥女再嫁，其父也是“惧其悲思”，这也是儒家纲常与复杂现实相作用的一种权变。朱熹对此的回答是：“大纲恁地，但人亦有不能尽者。”② 将其收入到《近思录·家道》一篇中，可见在程朱看来，孀妇再嫁并非不能容忍，甚至都给予了认可，再次可以反证“饿死事小，失节事大”的观点不太可能只是针对孀妇提出的要求。

另一次再嫁，“章氏之子与明道之子，王氏婿也。明道子死，章纳其妇。先生曰：‘岂有生为亲友，死娶其妇者？’他日，王氏来馈送，一皆谢遣。章来欲见其子，先生曰：‘母子无绝道，然君乃其父之罪人也’”③。程颐并不满意这一次的再嫁。因为章子与程子同为王氏女婿，但王氏竟在程子死后，娶了程子之遗孀。这混乱的辈分关系，使得程氏之媳变成章氏之妇，使得后代不知该如何称呼。但此事也可以再次看出：程颐并不是针对孀妇再嫁这件事不满意，而是谴责这种再嫁造成了混乱的伦理关系。当然，我们今天看来，程颐的想法可能显得略显迂腐，但在儒家宗法为基础的社会里，有这样的顾虑是很正常的。

通过以上论述，我们可以看到，二程在理论上对寡妇再嫁持否定态度，但在现实生活中并非如此，之所以有“饿死事小，失节事大”的提倡，更多的是二程对于士人节操的劝勉。二程对于人的基本欲望都是持肯定态度

---

① （宋）程颢、程颐：《先公太中家传》，《河南程氏文集》卷 12，《二程集》，中华书局 2004 年版，第 651 页。

② （宋）黎靖德编：《朱子语类》卷 96，中华书局 1986 年版，第 2473 页。

③ （宋）程颢、程颐：《河南程氏外书》卷 11，《二程集》，中华书局 2004 年版，第 413 页。

的，但相对于寡妇担心饥寒饿死而改嫁的行为，“节”显得更为重要。在出妻问题上，二程认为如果因为祭祀、无后及妻不贤良等情况下可以选择终止婚姻，但出妻时也尽可能不扬人之恶，使“出妻令其可嫁”；如果直言其恶，则会被世人笑为没有涵养的“浅丈夫”。显而易见，在出妻问题上，二程充分考虑到如何保护妇女的名节，也未否认出妻者再嫁。

由于各个时代对于礼制和风俗的要求不同、标准不一，儒家的礼法是随着时代的变化而有所损益的。我们今人，可以站在理性的角度去批判古人；但前提是对古人的相关提法有了客观、真实的理解。其实，二程所宣扬的贞节观是在儒家礼法的前提下，对于当时社会伦理纲常不正的一种积极反馈，对于儒家追求“杀身成仁，舍生取义”气节的提倡和复兴。

四、墓志铭中的妇女观

墓志铭是通过对墓主人生平事略进行赞颂评价的方式进行悼念追忆的一种文体，表现出对于逝者的怀念与哀思，通常语言温和，主要形式为散文和韵文，以歌功颂德为主。墓志铭的撰写者通常为男性，常为逝者亲属或为邻里之间德高望重、文辞优美者。作为当时洛学的创造者，二程闻名远近，也留下一些墓志铭。其为女性家人、亲戚撰写的墓志铭中，也能够作为一些视角考量二程妇女观。因墓志铭往往对人有一种“盖棺定论”的色彩，其文一般是扬善隐恶、歌颂功德，也同时能够反映出对逝者的一些基本的看法。二程与妇女相关的墓志铭仅存三篇，程颢存《澶娘墓志铭》① 一篇，程颐存《上谷郡君家传》②、《孝女程氏墓志》③ 两篇。二程墓志铭中的妇女观主要体现在程颐两篇中。明道先生的墓志铭是写给因病早逝的幼女的，程颐的两篇墓志铭一篇是写给自己母亲的，另外一篇是写给程颢的女儿的。从这三篇墓志铭

① （宋）程颢、程颐：《澶娘墓志铭》，《河南程氏文集》卷 4，《二程集》，中华书局 2004 年版，第 501 页。

② （宋）程颢、程颐：《上谷郡君家传》，《河南程氏文集》卷 12，《二程集》，中华书局 2004 年版，第 653 页。

③ （宋）程颢、程颐：《孝女程氏墓志》，《河南程氏文集》卷 11，《二程集》，中华书局 2004 年版，第 640 页。

中，我们可以看到二程对于自己女性家人和亲人的评价，有利于更完整地了解二程对妇女的看法。

程颢的《澶娘墓志铭》篇幅很小，全文约250余字，在程颢留下的为数不多的墓志铭中，字数是最少的，但其评价却是极有深意的。澶娘广平，“其质端而厚，其气温而良，其举动知思，安静沉远，殆如老成，众皆意其福且寿。事固有莫可计者，命矣夫！”① 是对自己幼女德行的介绍，不幸因患痘疮而早死，程颢感叹：“噫！是亦命欤，人理之未至，吾容当责命于天，言之以为世戒云耳，悲夫！澶娘既死七十五日，而葬于河南伊阳县神阴乡先茔之东，与其姊娇儿同兆。铭曰：合而生，非来；尽而死，非往，然而精气本于天，形魄归于地，谓之往亦可矣。”② 这其中既体现了对自己女儿因病早逝的悲痛之情，也表达了大程的生死观、生命观，针对妇女的评价倒并不明显。

程颐留下的两篇墓志铭中，《上谷郡君家传》③ 一文是写自己的母亲的，全文近1400字，篇目较大，可以看出程颐对于母亲的深厚感情及真情追思。

程母自幼好学，从小家教严明，好学上进。曾习“女功之事，不所不能”，亦即：程母专门接受过女德女能的基本训练而且学得很好，也从侧面看出，宋代时家庭对女性已经提出特别的要求，“女工”就是基本要求之一。又言“好读书史，博知古今”，即接受了较好的教育。外公候道济十分喜爱这个女儿，“每以政事问之，所言雅合其意”，稍感遗憾的是：当时的社会环境不允许妇女参加仕途，否则程母之类的女子应也有一番作为。在其七八岁时，教以“女人不夜出，夜出禀明烛”的古诗，亦是传统的女德观的基本要求，从此夫人“日暮不复出房阁”。比较遗憾的是程母自幼多病，一直吃药。

十九岁嫁入程家后，不仅“事姑舅以孝谨称，与先公相待如宾客”，上

① （宋）程颢、程颐：《澶娘墓志铭》，《河南程氏文集》卷4，《二程集》，中华书局2004年版，第501页。

② （宋）程颢、程颐：《澶娘墓志铭》，《河南程氏文集》卷4，《二程集》，中华书局2004年版，第501—502页。

③ （宋）程颢、程颐：《上谷郡君家传》，《河南程氏文集》卷12，《二程集》，中华书局2004年版，第653—655页。下文对于程母墓志铭的说明，引文皆出自本处，因引用较频繁，故不再注明。

孝下教，善于处理家人关系，“所居之处，邻妇里姥皆愿为之用，虽劳不怨。”同时，对于下人也待其如子女，可见程母淳厚的德性和涵养。“笞扑奴婢，视小臧获如儿女”，认为身为奴仆，也有其独立的人格，“贵贱虽殊，人则一也”，虽然承认人有贵贱，在人格却都是一样的。程母为人宽厚，常告家人要与人为善，他人之物“必加爱之”。

程母治家有法，“不严而整”。家内家外，治理有序：事夫谦顺自律，“虽小事未尝专，必禀而后行。”举案齐眉，时时为夫宽解不快，“先公凡有所怒，必为之宽解。”“先公赖其内助，礼敬尤至”。夫人教子严明，“唯诸儿有过，则不掩也”。并认为子女的品行不端，德才不出众，是“由母蔽其过而父不知也。”夫人不易，六子女皆亡。只有程颢程颐与二女长大成人，故慈爱子女，但对子女教育十分严格。“幼求称欲，长当如何?”同时对于程氏兄弟的一举一动都严格规范着：“颐兄弟平生于饮食衣服无所择”，“虽使令辈，不得已恶言骂之。即使差使年少的下人做事，也不能‘恶言骂人’”，“非性然也，教之使然也。”“及稍长，常使从善师友游。”在潜移默化中，对二程的性格进行塑造。同时也重视两位女儿的教育，常以《女诫》精神为指导。尤其需要注意教导女儿用的是《女诫》一书，《女诫》是东汉史学家班固的妹妹班昭所作，用来教导班家女性成员的一部私书。正文由卑弱、夫妇、敬顺、妇行、专心、曲从与和叔妹等七篇组成，主要讲述女子在“夫家”需要处理好对丈夫的敬顺，对舅姑的曲从和对叔妹的和顺等三组重大关系。《女诫》一书被争相抄送，被认为是教育女子的典范，广泛流行于各家之中，至二程时还有重大影响。其书已将男尊女卑、男主外女主内等不平等的原则用儒家伦理论证后写入。但在当时，儒家伦理作为纲常规范存在，这样的提倡是无可厚非的，我们不能站在今天的角度上去要求，乃至责骂程母对女儿的教育等问题。

程母善于持家，虽生活节俭，却安贫若素。程氏家族人口众多，当遭遇丈夫与小叔同时解除官职，且丈夫离家听候调遣。面对家庭开销困难，收入骤减的情况：“夫人经营转易，得不困乏。”成功地化解了这次家庭危机。程珦归家时赞叹道：“良转运使才也”。夫人安于贫约，服用俭素。“观亲族间纷华相尚，如无所见。”对于家族间亲戚中相互攀比，崇尚奢华的现象，往往视而不见。夫人不仅持家有方，而且遇事冷静沉着。一次几岁的幼女走失，夫人责骂制止哭号的乳母及婢女："在，当求得，苟亡失矣，汝如是，将何为?"临危不乱，遇事不慌的冷静态度，为人称赞。"夫人好文，而不为辞章。见世之妇女以文章笔札传于人者，深以为非。"程母生平所作之诗不过30篇，但都未保存，今已失。但夫人"其识虑高远，有英雄之气"见识颇深、思虑高远。

程母十分孝顺，其母刁氏患有风厥之疾，常在夜间发作。常言：久病床前无孝子，但程母每次都"涕泣服侍"，哭泣哽咽着在床边服侍，看着母亲发病时疼痛不已，"常连夕不寐"。足可见程母是十分孝顺的。不但如此，程母去世前嘱托程颐，"今日百五，为我祀父母，明年不复祀矣。"古代寒食节素有扫墓的传统，烧香祭祀父母，即使身体已染恶疾，弥留之际还惦念祭祀之事，足见夫人之孝，也可见当时之人对于祭祀重视，体现了孔子慎终追远的礼仪精神。中年跟随丈夫外出做官，夫人自小多病，途中"偶印凉露寝，遂中瘴疠。"在北归之时，病情加重，终不治而亡。

程颐对于母亲生平的描写细致入微，列举了很多事例。让我们看到程母作为女儿、妻子、媳妇、母亲等角色间成功地进行转换，也看到了儒家的妇女观并不是今天一些一知半解的人所驳斥、批评的那样尽是糟粕。

《孝女程氏墓志》①一文，是程颐写给哥哥程颢的女儿的，全篇近400字，篇幅上明显小于墓志铭。侄女去世时仅25岁，文中程颐对其德行进行了赞扬。

侄女自幼端庄娴静，"幼而庄静，不妄言笑"，"风格潇洒，趣向高洁"。在谈吐中虑事间，"远出人意。"并且"终日安坐，俨然如齐"。她聪慧伶俐，"未尝教之读书，而自通文义。"整个家族都十分疼爱和看中她。随着年龄的增长，"择配欲得称者"，虽然"有识者皆愿出其门"，但访求七八年，"未见可者。"不得已而下求，"尝有所议，不忍使之闻知，盖度其不屑"，是因为猜到了侄女在等待才德相配之人。从侧面看出当时"才德相配"也是择偶标准之一。

---

① （宋）程颢、程颐：《孝女程氏墓志》，《河南程氏文集》卷11，《二程集》，中华书局2004年版，第640页。下文中对于孝女程氏墓志铭的说明，引文皆出自本处，因引用较频繁，故不再说明。

不久侄女母亡，她日夜悲痛，“持丧尽哀”，过度伤心竟然身亡，直至“毁死”。程颐写到：“虽古笃孝之士，无以过也。”她的孝顺，虽然是古代的笃孝之士，也比不过。后文中程颐说道：“呜呼！是虽女子，亦天地中一异人也。如其高识卓行，使之享年，足以名世励俗，并前古贤妇，垂光简册。不幸短命，何痛如之。”如果侄女能够享年，必定并列前古贤妇之中，留名史册之列，传播千载万世。其侄女因母亲去世而忧思离世，是和儒家所宣扬的“身体发肤受之父母”的孝观念直接相关的。

程颐接着说：“众人皆以未得所归为恨，颐独不然。”“颐恨其死，不恨其未嫁也。”同时还说：“苟未遇贤者而以配世俗常人，是使之抱羞辱以没世。”可以看出程颐对于侄女的高度赞赏的态度，正是因为对于侄女才华德性的认可，使得他想要为侄女寻找一个德才相配之人。他所悔恨遗憾的是侄女的早死，而不是侄女的未嫁，这里可以看出程颐较为开放的婚姻观，以及对于这位侄女的真心疼爱。在侄女逝世之前，程颐才同意为其言道义，传义理。

通过三篇墓志铭，我们也可以侧面看出二程在现实生活中是如何看待女性的。这对于我们全面理解二程的妇女观有着重要的意义。

对于二程妇女观的考量是与其理欲观紧密相连，二程存天理，“灭私欲”的理欲观是其妇女观的统摄。在二程的哲学体系中，“天理”是最高的哲学范畴，并有意将天理和人欲对立起来，认为要想存天理，只能先灭人欲。但二程的“灭人欲”不是灭除所有欲望的禁欲主义，而是合理节制欲望、把握分寸的节欲主义，节制或把握的关键点就在于：儒家精神。二程对男女欲望、婚姻都持肯定的态度，并将男女之欲望和阴阳之道结合起来，将合理的男女欲望及婚姻提升到了理学本体论的高度。二程只是否定过度欲望，这样于己会伤身败德，也会直接影响家庭、社会的稳定。在夫妇观上，二程主张男女都应该承担一定的义务，并呈现了男主外女主内的家庭模式，提倡男女结婚的长久性和稳定性，并用儒家伦理论证合理性。二程的贞节观历来被人诟病，尤其“饿死事小，失节事大”的观点在新文化运动时被严厉驳斥，乃至责骂。通过本文的梳理和研究，可以明显地看到，程颐之所以有这样的主张，是借妇女的贞节之名，劝勉士大夫注重气节，讽喻当时严重失节的社会风气。尤其是男人要有节气，这个要求主要是对士阶层提出的。通过二程的文献及生活中案例可以发现，二程并不反对寡妇再嫁。对于出妻问题，二程认为在妻子有悖祭祀、不生子嗣及不贤良等情况下可以出妻，但其文献中没有涉及到妇女休男的言论，可以显示出当时男尊女卑的基本社会伦理底色。二程所写的墓志铭中与妇女相关的仅存三篇，尤其是程颐为母亲写的墓志铭洋洋洒洒一千四百余言，不仅可以体会到程颐对于其母的追思和怀念，也为我们展示一个女人的各种家庭角色，如女儿、媳妇儿、妻子、母亲、主人、邻居、亲戚等。在各种角色中，妇女应该秉承怎样的原则、具有怎样的基本道德，该文对这些问题都有涉及，对于全面理解、认识二程的妇女观也具有重要作用。

简而言之，二程的妇女观以男尊女卑的社会现状为基本人文底色，以儒家肯定男女之欲、肯定婚姻家庭但同时节制欲望为基本原则，以儒家伦理的根本精神去认识、建构妇女观。虽然引经据典对孀妻再嫁持基本否定态度，但在现实中还是给予了宽容。对于出妻、再嫁等问题无论是在理论和现实中二程都是持较为灵活的态度，“饿死事小，失节事大”的观念存在着流弊和值得批判之处，也不应完全否定，应该看到二程对于士大夫气节的劝勉之处。总而言之，通过客观的梳理二程对于妇女的相关论述可以看出：二程关于妇女观相关问题的提出，或有承于儒家基本精神，或针对于现实社会的伦理纲常的弊端。是二程在妇女问题上作出的符合儒家精神的思辨性论证，二程的妇女观是言之有物的，具有家庭、社会的人文担当。其中的一些主张，在今天仍具有借鉴意义。

（作者单位：四川大学宗教所）

时代学风与宋儒通经致用的经典诠释取向

——以“三礼”诠释为中心的考察

潘　斌

赵宋王朝建立之初所面对的是五代“礼废乐坏”之残局。鉴于道德陵夷、世风坏乱之社会现实，一些宋儒利用“三礼”来阐发人格理想、修身齐家、移风易俗。北宋庆历以后的社会问题日益严重，不少宋儒积极著书立说，从“三礼”等古老的经典中寻找理论依据和制度资源，从而推行改革或议政论政。宋儒还据“三礼”议礼制礼，涉及学术、政治、伦理等各个方面。宋儒据“三礼”议礼制礼的例子，最典型的莫过于濮议和郊礼之争。宋代宽松的氛围、自由的学风、士大夫的担当精神使宋儒的“三礼”诠释有着鲜明的通经致用取向，而宋儒“三礼”诠释的价值取向，也反过来印证了宋代的学风和士人精神。

“三礼”是《周礼》、《仪礼》和《礼记》三部古典文献的统称，属于儒家“十三经”，在中国思想文化史上占有重要地位。“三礼”所记之内容，涉及先秦时期的社会、历史、伦理、价值观念等各个方面的内容。由于“三礼”本身所具有的丰富的思想文化内涵，所以其从汉代开始便陆续成为官方所认定的经典，并成为科考的重要科目。“三礼”亦受到宋代统治者和学人的普遍重视，相关著述宏富。据笔者统计，尚可考见的宋代《周礼》类文献有一百零六种，《仪礼》类文献有六十六种，《礼记》类文献有二百七十余种。①

---

① 在宋代，“三礼”不仅受到士人的重视，还受到最高统治者的青睐。据《宋史·选举志》、《宋会要辑稿·选举》和《续资治通鉴长编》等史书记载，可知北宋开宝年间到嘉祐年间，殿试赐进士及第、赐进士出身以及赐学究出身者，“三礼”所占的比例很大。比如开宝六年（973）殿试进士及第，其中“三礼”及第者达三十六人，为诸经中最多。开宝八

若加上文集中关于“三礼”之篇章，宋代“三礼”学文献的数量会更大，由此可见宋代“三礼”学之盛。今人结合宋代学风探讨宋儒于“三礼”诠释的方法和价值取向，对于认识“三礼”在宋代文化中的地位、扮演的角色以及发挥的作用等都有重要意义，对于研究宋代理学、经学等亦有参考价值。本文拟重点结合宋代学风探讨宋儒“三礼”诠释与通经致用之间的关系，至于宋儒利用“三礼”从事理学思想体系建构的内容与方法，笔者将另辟专文述之。①

一、宋儒“三礼”诠释与修身齐家、移风易俗

赵宋王朝建立之初，所面对的是五代“礼废乐坏”之残局，不少人“忘君臣之分，废父子之亲，失夫妇之道，绝兄弟之好”②，以至于“以众暴寡，以智欺愚，以勇威怯，以强陵弱，……昏冠丧祭，宫室器用，家殊俗异，人自为制，无复纲纪”③。鉴于道德陵夷、世风坏乱之社会现实，不少人希望在

年（975）“三礼”及第者甚至达三十四人。通过比较，可知宋代习“三礼”者众多，出现这种状况的根本原因，是“三礼”之学受到了宋代科举考试的重视。此外，宋代有些皇帝还以“三礼”中的部分篇卷赐进士和文臣。如据《宋会要辑稿·选举》之记载，可知淳化三年（992）三月初九日，宋太宗赐新及第进士御制诗、《儒行箴》各一首，十五日，诏新及第进士及诸科贡举人《儒行篇》各一轴。又据《宋史·职官八》记载，大中祥符年间，宋真宗以《礼记·儒行篇》赐亲民厘务文臣。

① “三礼”与宋代理学思想体系之建构有密切的关系。如有些宋儒据《周礼》、《仪礼》之记载，从而抑道辟佛，弘扬儒家伦理。如张载通据《周礼》天官职掌，认为《周礼》天官布局与佛教所言天地之“大”不相涉，二者不具有可比性。在此基础上，张载扬儒批佛。（参见张载著，章锡琛点校：《经学理窟·周礼》，见《张载集》，中华书局1978年版，第248—249页）又如魏了翁认为，士人若致力于《仪礼》之研读，则有益于“变化气质”、“复性情之正”。[参见（宋）魏了翁：《横渠礼记说序》，《鹤山集》卷52，文渊阁《四库全书》第1172册，台湾商务印书馆1986年版，第585页] 此外，《礼记》中的《大学》、《中庸》、《乐记》中的概念、命题，为宋儒构建理学思想体系提供了资源，故受到宋儒的高度重视。朱熹的《四书章句集注》是理学的代表作，其中的《大学章句》和《中庸章句》的文本依据就是《礼记》的《大学》和《中庸》。

② （宋）郑居中等撰：《政和五礼新仪序》，《政和五礼新仪》卷首，文渊阁《四库全书》第647册，台湾商务印书馆1986年版，第2页。

③ （宋）郑居中等撰：《政和五礼新仪序》，《政和五礼新仪》卷首，文渊阁《四库全书》第647册，台湾商务印书馆1986年版，第2页。

古老的经典中获得资源，从而解决时代所面临的问题。由于“三礼”关乎伦理纲常，故受到宋儒的青睐。宋儒利用“三礼”来修身齐家、移风易俗，可以从以下三个方面来看。

第一，宋儒以《礼记·大学》为据阐发内圣外王的人格理想。

宋儒对天人关系的论述，对伦理道德的设定，落脚点皆在理想人格之塑造上。所谓理想人格，是指“一个社会、一个民族文化中人们最推崇的人格范型，这种人格范型最典型地体现了该社会文化的基本特征和价值标准”①。笼统地说，儒家的理想人格就是“内圣外王”。内圣是指人通过心性修养，从而达到高尚的境界；外王是指高尚的境界在现实社会的外化和彰显。这种理想人格，集中地反映于《礼记·大学》“修齐治平”之论述上。

宋儒重视《大学》所倡导的内圣外王之道，并做了新的诠释。如司马光据《大学》“大学之道在明明德，在亲民，在止于至善”，认为君子应具备“修身”和“治天下”之志，才能至于“尽善”。他说：“明明德所以修身也，亲民所以治天下国家也。君子学斯二者，必至于尽善然后止，不然不足谓之大学也。定者能固执于至善也，静者不为纷华盛丽之所移夺也，安者悦而时习之也，虑者专精致思以求之也，得者入于圣人之道也。”②司马光于此言君子应“修身”、“治天下”兼备，实际上是“内圣外王”的另一种说法。宋人邵甲亦据《大学》此语曰：“夫始于明明德，已而新其民，复继之曰在止于至善，何也？盖至善即明德新民极致之地，明德而未极于至善，则其明为未周，新民而未极于至善，则其化为尚浅。”③邵氏认为，明明德乃自身道德修养之事，德为本心所有，非外在所能增益，自己当做的就是使此德外化；新民乃成就他物者，具体地说，就是以方导民、以渐化民；明德、新民有程度深浅之不同，只有当明德、新民达到“极致”，方可称为至善。邵氏于此所言，亦是对《大学》所言内圣外王之道所作之阐释。

---

① 朱义禄：《儒家理想人格与中国文化》，辽宁教育出版社 1991 年版，“绪论”第 7 页。

② （宋）卫湜：《礼记集说》卷 149，文渊阁《四库全书》第 120 册，台湾商务印书馆 1986 年版，第 575 页。

③ （宋）卫湜：《礼记集说》卷 149，文渊阁《四库全书》第 120 册，台湾商务印书馆 1986 年版，第 579 页。

《礼记·大学》又言“自天子以至于庶人，壹是皆以修身为本”。叶适认为，《大学》此章极体用而言之。他说：“天下之人悦其外而忘其内，安其末而不思其本，莫知其所以致知者，何也？故敛其用以反其本，收其远而归于近，则明明德于天下者，必先治其国，治其国者，必先齐其家，以至于正心诚意，敛之无余力，用之无余功。”① 在叶适看来，人应该从格物致知开始，以见大道之本，再到齐家、治国，以至于明明德于天下。张载亦据《大学》此语云：“一国一家一身皆在处其身，能处一身则能处一家，能处一家则能处一国，能处一国则能处天下。心为身本，家为国本，国为天下本。心能运身，心所不欲，身能行乎？”② 在张载看来，“处其身”是齐家、治国之前提，能处一身则能齐家，能齐家则可治国、平天下。

《大学》“三纲领”、“八条目”所讲的内圣外王之道，实际上有着本末先后的关系，修身为本，齐家、治国、平天下为末。司马光、邵甲、叶适、张载等人从事《大学》诠释时强调内圣，认为外王只不过是内圣的自然外化，这与儒家传统的人格理想是一致的。

至于儒家理想人格之要素，“三礼”亦有记载，义、敬、中庸等皆此类也。宋儒还以“三礼”为据，对理想人格的构成要素作了阐释。如宋儒讲礼、崇礼，认为礼乃圣贤必备的要素。《礼记·曲礼》言“礼不踰节，不侵侮，不好狎”，宋人周行己据此认为：“礼者，分而已矣。居下而犯上，则踰上之节，不知下之分也。居上而偪下，则踰下之节，不知上之分也。侵侮者失人，不知人之分也。好狎者失已，不知已之分也。君子明礼而知分，故居上不骄，为下不乱，与人不争，处已必敬。此所以作事可法，容止可观，而为万夫之望者也。”③ 周氏认为《曲礼》“不踰节”、“不侵侮”、“不好狎”，意在使人明上下之分，与人不争，处已必敬。又如《礼运》言“礼，先王以承天之道，以治人之情，故失之者死，得之者生”，宋人刘执中据此曰：“先王正

① （宋）卫湜：《礼记集说》卷150，文渊阁《四库全书》第120册，台湾商务印书馆1986年版，第596—597页。

② （宋）卫湜：《礼记集说》卷149，文渊阁《四库全书》第120册，台湾商务印书馆1986年版，第582页。

③ （宋）周行己：《经解》，《全宋文》第137册，上海辞书出版社、安徽教育出版社2006年版，第123页。

心诚意，动必如礼者，欲盛厥德，以配天地也，不曰承天之道乎?"[①]刘氏认为"失之者死"即失礼则悖于中道，灾祸及身；"得之者生"即有礼则行动协调，合符中道；"天下国家可得而正"即天地得礼则阴阳和顺，鬼神得礼则生以时，诸仪得礼则君臣、父子、兄弟、夫妇、朋友各有职分而不及乱。

宋儒重视义利之辨，故义亦是宋儒理想人格之要素。如《大学》主张"国不以利为利，以义为利也"，宋人叶梦得释之曰："聚人者财，理财者义。务财用，求所以聚人也；不务财用，求所以为义也。小人不知所以聚人，而务在于聚财，此灾害所以并至也。"[②]叶氏认为，聚敛财富之根本目的是聚人，不聚敛财富之目的是求义；小人专事聚财而不知求义，遂招致灾害；专事聚敛财富者不义，是小人之事；以义为目标，不专事聚敛财富者则是君子之事。朱熹引陆贽和吕希哲之语，亦认为聚敛财富乃小人之事，伤民心，伤国本；人主敛财，令智昏而不知害。朱熹曰："怨已结于民心，则非一朝一夕之可解矣。圣贤深探其实，而极言之，欲人有以审于未然，而不为无及于事之悔也。以此为防人，犹有用桑弘羊、孔仅、宇文融、杨慎矜、陈京、裴延龄之徒，以败其国者。"[③]朱熹认为君子不应以聚财为务，如此方能利国利民。

第二，宋儒以"三礼"为据从事家庭伦理道德建设。

中国古人认为家庭家族是社会稳定、人民福祉的基础，而伦理道德建设又是家庭家族兴旺繁荣、长盛不衰的前提。由于五代的战乱和破坏，北宋时期的家庭家族礼仪，以及与之相关的婚、葬、祭诸礼皆存在很大问题。如司马光批评当时的婚俗曰："今世俗之贪鄙者将娶妇，先问资装之厚薄，将嫁女，先问聘财之多少。至于立契约，云某物若干某物若干，以求售某女者。亦有既嫁而复欺绐负约者，是乃驵侩鬻奴卖婢之法，岂得谓之士大夫婚姻哉。"[④]据司马光所言，可知北宋中前期的婚姻普遍看重物质利益，而忽视

① （宋）卫湜：《礼记集说》卷 54，文渊阁《四库全书》第 118 册，台湾商务印书馆 1986 年版，第 127 页。

② （宋）卫湜：《礼记集说》卷 153，文渊阁《四库全书》第 120 册，台湾商务印书馆 1986 年版，第 668 页。

③ （宋）卫湜：《礼记集说》卷 153，文渊阁《四库全书》第 120 册，台湾商务印书馆 1986 年版，第 668—669 页。

④ （宋）司马光：《书仪》卷 3，文渊阁《四库全书》第 142 册，台湾商务印书馆 1986 年版，第 475—476 页。

婚礼神圣之本义。鉴于社会风俗坏乱的现实，有些宋儒希望通过编撰礼书，从而为家庭家族的伦理道德建设提供支持。众多的礼书中，司马光的《书仪》和朱熹的《家礼》最具有代表性，二者是在结合当时的社会风俗，并参考《仪礼》和《礼记》所记冠、婚、丧、祭诸礼的基础之上从而制定的士庶人通礼。

司马光《书仪》所记诸礼仪节之展开，是以《仪礼》为依据，并以《周礼》、《礼记》之记载为佐证。如《书仪》所记冠仪的筮日、筮宾、戒宾、宿宾、三加、宾字冠者、冠者见诸父诸兄、拜赞者、见诸母姑姊诸仪节，与《仪礼·士冠礼》所记冠礼仪节皆相合。南宋朱熹认为《书仪》"大概本《仪礼》"[①]，准确道出了《书仪》与《仪礼》的密切关系。不过也应看到，司马光并非照搬《仪礼》之记载，他以变通的眼光，结合历代礼仪和当时的社会风俗，对《仪礼》所记诸礼加以改造，从而更好地满足当时社会之需要。如关于男女的嫁娶年龄，《周礼·地官·媒氏》认为"男三十而娶，女二十而嫁"，《礼记·内则》认为"(男子）三十而有室，始理男事"，"(女子）十有五而笄，二十而嫁"。司马光认为，古书所言男女嫁娶年龄仅是理想之记载，而非事实之反映。他结合宋代的风俗，认为顺天地之道、合人情之宜的嫁娶年龄，"男子年十六至三十，女子十四至二十"[②]，而不必男子三十、女子二十。

司马光还以宋代熟悉的事物代替《仪礼》所记之礼器和行礼场地，于《仪礼》所记仪节亦有变通。如冠礼筮日，《仪礼》必决于卜筮，灼龟曰卜，揲着曰筮。司马光则认为"卜筮在诚敬，不在蓍龟，或不能晓卜筮之术者，止用杯珓亦可也"[③]，甚至"取大竹根判之，或止用两钱掷于盘，以一仰一俯为吉，皆仰为平，皆俯为凶"[④]。又如《仪礼》所记冠礼有醴礼，而宋代私家无醴，司马光遂主张"以酒代之，但改醴辞'甘醴惟厚'为'旨酒既清'耳，

---

① (清）永瑢:《四库全书总目》卷 22,《经部·礼类四》，中华书局 1965 年影印本，第 180 页。

② (宋）司马光:《书仪》卷 3，文渊阁《四库全书》第 142 册，台湾商务印书馆 1986 年版，第 473 页。

③ (宋）司马光:《书仪》卷 2，文渊阁《四库全书》第 142 册，台湾商务印书馆 1986 年版，第 467—468 页。

④ (宋）司马光:《书仪》卷 2，文渊阁《四库全书》第 142 册，台湾商务印书馆 1986 年版，第 467—468 页。

所以从简”[①]。又如《仪礼》所记丧礼有为尸沐浴仪节，司马光则认为古今堂室建置有异，古人沐浴和饭含皆在牖下，今则可在所卧之床前，“以从宜也”[②]；古人沐浴设床袒箦，袒箦者去席，盖水便也，今籍以簟，不设毡褥，“亦于沐浴便”[③]。《书仪》对《仪礼》所记诸礼所作之变通，意在守礼之意的同时，方便今人之实施。

朱熹认为司马光《书仪》“无所折衷”、“遗其本而务其末”、“缓于实而急于文”，遂损益《书仪》而成《家礼》。在冠、婚、丧、祭礼仪框架方面，《家礼》与《书仪》大致相同。不过在礼仪操作方面，《家礼》对《书仪》作了很多简化。比如《书仪》引经据典者颇多，朱熹认为正文太繁使礼之实施者难得其要，遂将《书仪》的不少正文变为注文。《书仪》的注释繁冗，《家礼》则大量简化。此外，《家礼》对《书仪》的部分仪节亦有剪裁，如《书仪》于公文、表奏、家书的撰写格式有详尽之说明，《家礼》则略而不言。《书仪》所记冠礼有筮宾仪节，朱熹认为筮宾仪节“今不能然，但择朋友贤而有礼者一人可也”[④]。《书仪》所记婚礼有问名和纳吉仪节，朱熹认为这两种仪节已为宋代所不尽用，遂主张“止用纳采、纳币，以从简便”[⑤]。由于朱熹《家礼》更简练和更具有操作性，因此对宋代以及宋代以后的家庭家族礼仪建设远较《书仪》深远。

第三，宋儒还通过“三礼”诠释，从而移风易俗。

北宋建立后，民生凋敝，礼乐不兴。鉴于民风凋敝之社会现实，不少士人从各个角度对移风易俗提出了自己的主张。其中不少士人试图通过“三礼”之诠释，从而移风易俗。

---

① （宋）司马光：《书仪》卷 2，文渊阁《四库全书》第 142 册，台湾商务印书馆 1986 年版，第 469 页。

② （宋）司马光：《书仪》卷 5，文渊阁《四库全书》第 142 册，台湾商务印书馆 1986 年版，第 485 页。

③ （宋）司马光：《书仪》卷 5，文渊阁《四库全书》第 142 册，台湾商务印书馆 1986 年版，第 485 页。

④ （宋）朱熹撰，朱杰人等编：《冠礼》，《家礼》卷 2，《朱子全书》第七册，上海古籍出版社、安徽教育出版社 2002 年版，第 890 页。

⑤ （宋）朱熹撰，朱杰人等编：《昏礼》，《家礼》卷 3，《朱子全书》第七册，上海古籍出版社、安徽教育出版社 2002 年版，第 897 页。

如程颐撰《婚礼说》，对婚礼中的“六礼”有简要之解释。如于“纳吉”，程颐曰：“纳吉，谓壻氏既得女名，以告神而卜之，得吉兆，又往告女氏，犹今之言定。使辞曰：‘吾子有贶命，某加诸卜，占曰吉，使某也敢告。’”①“六礼”的最后一个仪式是“亲迎”，程颐称之为“成婚”。其曰：“期日，壻氏告迎于庙。初昏，壻受命于所尊，出乘，前引妇车。”程颐自注曰：“受命而出，乘马前引妇车，迎妇之车也。今或用担子。”②程颐用宋代常用的仪节或事物与《仪礼》相比况，如其用宋代的“言定”以释《仪礼》的“纳吉”，用宋代的“担子”以释《仪礼》亲迎婿引妇车所乘之马。透过程颐对《仪礼》所记婚礼六礼之诠释内容，可知程颐对《仪礼》所记礼仪之尊崇态度，还可见其与时俱进的变通精神。

至于移风易俗之具体举措，宋儒积极从《仪礼》等书中获取资源，并加以阐释。如不少宋儒主张恢复乡饮酒礼，希望借此淳化风俗，有益教化。孙何上真宗书，希望推行《仪礼》所记乡饮酒礼。孙何曰：“孝悌立而人伦厚，教化行而邦本固。古先哲王知宇宙之广，不可家督而户劝也，故率之以仁义；知亿兆之众，不可丁诲而口授也，故示之以礼乐。……盖乡饮酒之礼，由是而行于天下，欲其观尊卑之叙而孝慈其父子，见长幼之节而友恭其兄弟，见宾主之仪而肃其宗族邻里。自乡而率邑，自邑而率都，自都而率国，而达四海，薰然而大和，巍然而至治，因此术也。”③孙何认为，仁、义、礼、乐乃不可斯须去身者，若乡饮酒之礼行，那么家庭宗族由此而知礼；乡饮酒礼之推行，可由乡到邑，由邑到都，以至于国家、四海，从而实现天下之大治。

在士人们的推动下，宋代有乡饮酒礼之实践。如据蒋汝通于绍定五年（1232）所撰《乡饮酒记》，可窥当时地方行乡饮酒礼之概况。蒋氏记载道：“礼废乐缺，迨今百年，往往视为迂阔，而念不到此也。郡侯史榷院寯之笃

① （宋）程颐：《婚礼说》，《全宋文》第80册，上海辞书出版社、安徽教育出版社2006年版，第316页。

② （宋）程颐：《婚礼说》，《全宋文》第80册，上海辞书出版社、安徽教育出版社2006年版，第317页。

③ （宋）孙何：《上真宗请复乡饮礼》，《全宋文》第9册，上海辞书出版社、安徽教育出版社2006年版，第182页。

意举行，遣辞喻指，命乡之耆秀参订异同，润色绵蕝，修废典而新之。……是日也，冠带班列，豆笾有楚，主宾之揖逊逾再，歌笙之升间以三。济济跄跄，雍容和乐，献酬交错，情文粲然，燕席序登，爵乐无算，纯音缛礼，皆畴昔耳目之所未接，礼义之心，油然以生。”① 据蒋氏所言“礼废乐缺，……往往视为迂阔”，可知乡饮酒礼之实践在宋代并不普遍；“遣辞喻指，……修废典而新之”，可知绍定所行乡饮酒礼并非完全恪守《仪礼》所记之仪节，而是根据社会实际需求有所变通。对于宋人来说，乡饮酒礼已算是古董，然而宋人怀着“好古”心态去探寻、阐释、实践之，希望借此使宋代社会拥有良善美俗。

二、宋儒“三礼”诠释与议政论政

北宋庆历以后，土地兼并日益严重，官僚和地主占有大片土地，而贫者无地可耕作。此外，冗员、冗兵也给政府带来很大的财政压力。鉴于当时社会存在的各种问题，不少士人希望通过改革从而缓解社会矛盾。在中国古代，社会改革的前提无疑是要得到统治者的支持。这种支持之获得，除了改革的主张要符合社会实际以外，还要有经典依据。在中国古人的意识中，经典具有神圣意义，经典之记载是学说或治国理政措施合理性与合法性最基本的依据。为了获得宋代统治者的支持，不少士人积极著书立说，从古老的经典中寻找理论依据和制度资源，从而议政论政。② 如李觏以《周礼》为主、兼取《礼记》等儒家经典，从而阐发致太平思想。熙宁变法期间，王安石从《周礼》等经典中寻找制度和思想思源，为变法的合理性和合法

① （宋）蒋汝通：《乡饮酒记》，《全宋文》第341册，上海辞书出版社、安徽教育出版社2006年版，第203—204页。

② 在中国，利用经典议政论政是古老的传统，中国古人“以《禹贡》治河，以《洪范》察变，以《春秋》决狱，以三百五篇当谏书，治一经得一经之益”。（见皮锡瑞：《经学历史》，中华书局2012年版，第56页）由于“三礼”所记载的礼仪制度和蕴含的礼学思想对于人的道德提升以及社会秩序整合有积极意义，所以受到历代统治者的高度重视。如王莽效法《周礼》推行改制，北周宇文泰命苏绰、卢辩仿《周礼》置六卿官。虽然王莽、宇文泰据《周礼》从事社会改革都走向失败，但是这并没有影响宋人采用《周礼》从事政治经济制度改革的热情。

性提供依据。张载、叶时、郑伯谦等人亦据《周礼》从而阐发自己的经略思想。此外，不少士人还通过“三礼”之诠释，从而阐发社会理想、规劝当政者。

第一，宋儒据“三礼”之记载从而阐发社会政治理想。

中国古代的“理想国”思想，集中地体现于《礼记·礼运》。《礼运》认为，大同社会尽善尽美，天下为全体人民所公有，选举有贤德有才能的人来管理；讲求诚信，致力友爱；人们不只是爱自己的双亲，不只是疼爱自己的子女，而且能博爱世人。宋儒在从事《礼运》之诠释时，将他们的社会理想表达了出来。如宋人刘执中认为，五帝时代世风质朴、人民纯洁，“是以选贤与能，讲信修睦，不必自于朝廷，而族党人人公共推让，不敢以为己私也。虽以天下让于人，而人不以为德；虽以天下外于子，而人不以为疏。故不谨于礼而人无作伪以逾于中，不由于乐而人无纵精以失其和”①。宋人陈祥道认为，尧、舜之世为大同，而禹、汤、文、武、成王、周公之世为小康，“大道之行为大同，大道之隐为小康，以道之污隆升降系乎时之不同而已。盖大道者，礼义之本，礼义者，大道之末。……此尧舜所以为大同，而禹、汤、文、武、成王、周公所以为小康也”②。

此外，《礼记·王制》有不少理想化的政治制度之记述。有些宋儒对《王制》所记政治制度的评价甚高，如永嘉徐自明认为“《王制》一书，叙次三王四代之制度，盖圣王所以经纶天下之大经，而为万世法程者也”③，高文虎认为“《王制》一篇皆先王治天下之规模，而本末先后未尝无定序也”④。不少宋儒还据《王制》所记之政治制度，从而阐发自己的社会政治理想。如徐自明曰：“《王制》……推明班爵制禄之法、祭祀养老之义，其立国之纪纲制度，讲若画一而不相逾越。三代所以享国长久，虽有辟王而维持者不乱，盖

① （宋）卫湜：《礼记集说》卷54，文渊阁《四库全书》第118册，台湾商务印书馆1986年版，第119页。

② （宋）卫湜：《礼记集说》卷54，文渊阁《四库全书》第118册，台湾商务印书馆1986年版，第119页。

③ （宋）卫湜：《礼记集说》卷24，文渊阁《四库全书》第117册，台湾商务印书馆1986年版，第479页。

④ （宋）卫湜：《礼记集说》卷24，文渊阁《四库全书》第117册，台湾商务印书馆1986年版，第476页。

得其道矣。周衰，上无道揆，下无法守，诸侯坏乱法纪，以隳先王之制多矣。”[①] 在徐氏看来，三代能行《王制》所记先王之道，故能享国长久；周代以来，由于上无道为准，下无成法可守，先王制度坏乱，诸侯恣意妄为，周遂走向衰微。又如高文虎认为，王者之制莫重于设官分职、班爵制禄、分地建国，因为这些制度“为斯民之极，故必使内外相维，上下相制，井然有不可逾越之法，是诚立国之本也。……虽然欲使人君尽行古制，天下尽从王者之制，其本又在于人伦天理之不失，此所以终之以六礼七教八政欤”[②]。

宋儒通过《礼运》和《王制》之诠释，从而描绘了自己心中的理想社会。宋儒心中的理想社会是“三代”盛世，最好的社会治理途径是“法先王”。这些理想体现了宋儒企图改变积弊颇深的社会现实之强烈愿望，是理想主义与现实批判相结合的政治学说。

第二，宋儒还通过“三礼”之诠释，从而提出治国的方略和政策。

针对北宋时期土地兼并之社会现实，北宋李觏、张载，以及南宋叶时等人通过《周礼》之诠释，从而为土地制度改革提供依据，并提出了改革的具体方案。

北宋李觏以《周礼》为据，兼取其他儒家经典的相关内容，成《周礼致太平论》一书。在该书的《国用》十六篇中，李觏根据《周礼·大司徒》、《遂人》、《载师》之记载，主张土地的分配应该多元化。他说：“载师‘以宅田、士田、贾田任近郊之地；以官田、牛田、赏田、牧田任远郊之地’。宅田，致仕者之家所受田也。士田，仕者亦受田。……若余夫、致仕者、仕者、贾人、庶人在官者、畜牧者之家，皆受田，则是人无不耕。无不耕，则力岂有遗哉？一易再易，莱皆颁之，则是地无不稼。无不稼，则利岂有遗哉？”[③] 李觏认为，《周礼》所记宅田、士田、贾田、官田、牛田、赏田、牧田等，皆可为宋代统治者划分土地时所效法。此外，余夫、致仕者、仕者、贾人、庶人在官者、畜牧者之家，也应分得土地，由此人人有其田之愿景就不难

① （宋）卫湜：《礼记集说》卷24，文渊阁《四库全书》第117册，台湾商务印书馆1986年版，第479页。

② （宋）卫湜：《礼记集说》卷24，文渊阁《四库全书》第117册，台湾商务印书馆1986年版，第476页。

③ （宋）李觏：《周礼致太平论·国用第四》，《李觏集》卷6，中华书局2011年版，第82页。

实现。

北宋张载在《经学理窟·周礼》中主张恢复周代之井田制。在张载看来，“仁政必自经界始。贫富不均，教养无法，虽欲言治，皆苟而已。世之病难行者，未始不以亟夺富人之田为辞，然兹法之行，悦之者众，苟处之有术，期以数年，不刑一人而可复，所病者特上未之行尔”①。张载认为，北宋社会的主要问题是土地分配不均，时下紧要的是推行西周井田制，从而改变土地分配不均的现状。张载还据《周礼》，对井田制推行之具体措施有所阐述。如他说：“百五十亩，田百亩，莱五十亩。《遂人职》曰：‘夫廛，余夫亦如之。’廛者，统百亩之名也。又有莱五十亩，可薪者也。野曰莱，乡曰牧，犹民与氓之别。”②“二百亩，田百亩，莱百亩，此在二十而三与十二之征之间，必更有法。”③ 张载于此所言“廛”、“莱”、“牧”，皆源自《周礼》。

宋儒还据《周礼》，从而提出财税制度改革方案。如李觏以《周礼》、《礼记》为据，对国家收入以及获得收入的途径作了阐述，所论及的有农业、手工业、器用、赋税、财贿、燕私之物、水旱灾之防御、任民、钩考等各个方面。如李觏据《周礼·天官·大府》记大府所掌有关市、邦中、四郊、家削之赋、邦甸、邦县、邦都、山泽、币余之赋，认为《周礼》赋税种类划分如此之细有特定的意义。他说：“凡其一赋之出，则给一事之费。费之多少，一以式法。如是而国安财阜，非偶然也。”④ 在李觏看来，一种赋税是为了应对某类事件之花费，赋税的征收要据花费而定，如此才能实现国泰民安。

北宋儒学功利派的代表人物王安石亦是通过对《周礼》等儒家经典加以诠释，从而阐发自己的经略思想。熙宁变法时期，王安石所撰《周官新义》乃变法的经典依据之一。在此书中，王安石以《周礼》的《泉府》、《膳宰》等职官之职掌为据，从而阐发自己的财税改革思想。如王安石以《周礼·地

① （宋）吕大临著，章锡琛点校：《横渠先生行状》，《张载集》附录，中华书局 1978 年版，第 384 页。

② （宋）张载著，章锡琛点校：《经学理窟·周礼》，《张载集》，中华书局 1978 年版，第 252 页。

③ （宋）张载著，章锡琛点校：《经学理窟·周礼》，《张载集》，中华书局 1978 年版，第 252 页。

④ （宋）李觏：《周礼致太平论·国用第一》，《李觏集》卷 6，中华书局 2011 年版，第 80 页。

官》泉府职掌为据推行青苗法，希望借此改变北宋农民和手工业者遭受富商大贾高利贷盘剥之现实，从而增加政府的收入。《泉府》言："敛市之不售货之滞于民用者，以其贾买之，物楬而书之，以待不时而买者"，王安石据此认为，"善为国者，不取于民而财用足"，[①]"泉府所言国之财用，凡以赊贷之息供之"[②]，"周人国事之财用，取具于息钱"[③]。凡此诸言，皆是为青苗法抑豪强、平物价、广积蓄诸主张提供经典依据。

王安石还以《周礼》为据陈述变法的合理性、反击反对派。如有官员上书宋仁宗指斥安石所推青苗法、市易法"言补助则为虚名，言敛散则为徒扰"[④]，"上以欺罔圣听，下以愚弄天下之人"[⑤]，有人甚至指斥青苗法、市易法"非圣人之意"[⑥]。针对这些指责和攻击，王安石屡次称引《周礼》泉府之记载以驳之。王安石认为，与《周礼》泉府所记借贷利率相比，青苗法的二分息已经很低。王安石还以《周礼》为据力陈推行青苗法、市易法之合理性，他说："政事所以理财，理财乃所谓义也。一部《周礼》理财居其半，周公岂为利哉？奸人者，因名实之近而欲乱之，以眩上下，其如民心之愿何？"[⑦]既然出自圣人周公的《周礼》是如此重视理财，那么重视理财的青苗法、市易法不可能不合圣人之意。

第三，宋儒据"三礼"之记载议政、规劝当政者。

宋儒喜据"三礼"议政。如有人据《礼记》，认为当政者应以礼治国。

---

① （宋）程元敏：《三经新义辑考汇评（三）——〈周礼〉》上编，《地官司徒二》，台湾编译馆 1987 年版，第 213 页。

② （宋）程元敏：《三经新义辑考汇评（三）——〈周礼〉》上编，《地官司徒二》，台湾编译馆 1987 年版，第 212 页。

③ （宋）程元敏：《三经新义辑考汇评（三）——〈周礼〉》上编，《地官司徒二》，台湾编译馆 1987 年版，第 212 页。

④ （清）徐松辑，舒大刚等点校：《宋会要辑稿》第 10 册，上海古籍出版社 2014 年版，第 6058 页。

⑤ （宋）韩琦：《上神宗论条例司画一申明青苗事》，赵汝愚编：《宋名臣奏议》卷 112，文渊阁《四库全书》第 432 册，台湾商务印书馆 1986 年版，第 385 页。

⑥ （宋）刘颁：《彭城集》卷 27，《与王介甫书》，文渊阁《四库全书》第 1096 册，台湾商务印书馆 1986 年版，第 272 页。

⑦ （宋）王安石：《临川文集》卷 73，《答曾公立书》，文渊阁《四库全书》第 1105 册，台湾商务印书馆 1986 年版，第 608 页。

《礼运》云“治国不以礼，犹无耜而耕也”，宋人蒋渊据此，认为圣人制礼以教天下，繁文缛节，意义详备，功用周遍，就如人进太仓，饮食随取，从而“使人相安相养于其中，而不知若服田足食之喻，其亦本于养人之意与”①。宋人叶时据《礼运》此语，认为圣人于人情深有体察，故有以礼治国之主张；受人情之影响，性之本善可变为恶，以礼治国可防人情对人性的负面影响，以臻“人情治，人性明，而人道立矣”②。

又如有人据《礼记》，力主官员七十而致仕。《礼记·曲礼》云“大夫七十而致仕”，然而北宋时期，年满七十仍在位的官员不在少数。曹修古于天圣四年（1026）上奏，力主七十当致仕。在此上奏中，曹氏据《礼记》以论七十致仕之必要性。其理有三，一是“七十致仕载在礼经”③，二是年老者体力、心力渐衰，不能胜任职务，三是年老者多作身后之计，易导致腐败。包拯于皇祐三年（1051）上奏亦认为“七十致仕著在礼经，卓为明训”④，年老而不致仕，既不符合朝廷待士大夫之本意，亦不符合士大夫之礼。在曹修古等人的努力下，真宗年间，七十而致仕者较前代稍多。

宋儒还以“三礼”之记载为据，规劝当政者勤于朝政、懂得节俭、重视礼教。如宋真宗信“天书封禅”，他大兴土木，建玉清昭应宫以供奉“天书”。对于真宗此举，群臣无人敢言，只有王曾上《乞罢营玉清昭应宫疏》，极力劝说真宗以邦国大计为重，不要大兴土木、伤民力。王曾曰：“臣谨按：《月令》：‘夏无发大众，无起土工，无伐大木。’今肇基卜筑，冲冒郁蒸，俶扰厚坤，乖违前训。矧复旱暵卒痒，雷电迅风，拔木飘瓦，温沴之气，比屋罹灾，得非似未承天地之明効欤？”⑤王曾据《礼记·月令》，认为建玉清昭应

---

① （宋）卫湜：《礼记集说》卷 58，文渊阁《四库全书》第 118 册，台湾商务印书馆 1986 年版，第 231—232 页。

② （宋）卫湜：《礼记集说》卷 58，文渊阁《四库全书》第 118 册，台湾商务印书馆 1986 年版，第 232 页。

③ （宋）曹修古：《内外官七十并令致仕奏》，《全宋文》第 16 册，上海辞书出版社、安徽教育出版社 2006 年版，第 192 页。

④ （宋）包拯：《论百官致仕奏》，《全宋文》第 25 册，上海辞书出版社、安徽教育出版社 2006 年版，第 321 页。

⑤ （宋）王曾：《乞罢营玉清诏应宫疏》，《全宋文》第 15 册，上海辞书出版社、安徽教育出版社 2006 年版，第 382—383 页。

宫是不遵时令、失于物宜之举。

又如英宗时，禁中遣使泛至诸臣之家为颍王择妃。韩维据《礼记·坊记》“诸侯不下渔色，故君子远色以为民纪”，认为颍王家室之择取，首先“宜历选勋望之家”，“不宜苟取华色而已”①。其次应注意“矫世励俗”之效应，因为“近世简弃礼教，不以为务。婚娶之法，自朝廷以达民庶，荡然无制，故风俗流靡，犯礼者众”，所以英宗应“考古纳采问名之义，以礼成之”②。韩维认为英宗应据古代纳采、问名之仪式，遵从《仪礼》婚礼之程序，从而劝民向善、有益风化。

综上所述，可知宋儒据“三礼”议政论政，有着现实主义与理想主义的双重特质。对于王安石、曹修古、包拯等统治阶层的实权派来说，他们据“三礼”议政论政的现实主义成分要多些，而对于李觏、张载、叶时等士人来说，理想主义的成分则更明显。王安石、曹修古、包拯等人藉经典以推行自己的改革主张，获得了统治者的支持，并获得了一定的成效。而李觏、张载、叶时等人藉经典提出的改革主张，没有得到当权者的重视。不过从士人理想的文化价值角度来看，李觏、张载、叶时等人所提出的带有复古色彩的改革主张并非毫无其价值，比如他们倡导的井田制就是如此。《周礼》所记井田制，是夏、商、周时期的土地国有制度，是夏、商、周时期社会结构稳定的经济保障。但是宋代主要实行土地私有制，土地国有制只占很小比例。面对土地兼并成风的社会现实，土地均平的主张看似有其合理性，实际上却行不通。然而我们不能简单地否定李觏、张载、叶时等人所提出的井田制主张之意义。在中国古代，士人理想除了修身、齐家，还要治国、平天下，张载甚至主张“为天地立心，为生民立命，为往圣继绝学，为万世开太平”③。中国古代的士人往往带有理想主义气质，他们所绘的理想蓝图往往与社会现实有一定的张力，甚至是难以实现的梦

① （宋）韩维：《上英宗乞不泛于诸臣家为颍王择妃》，《全宋文》第 49 册，上海辞书出版社、安徽教育出版社 2006 年版，第 137 页。

② （宋）韩维：《上英宗乞不泛于诸臣家为颍王择妃》，《全宋文》第 49 册，上海辞书出版社、安徽教育出版社 2006 年版，第 137 页。

③ （清）黄宗羲著，全祖望补：《横渠学案上》，《宋元学案》卷 17，中华书局 1986 年版，第 664 页。

想。不过他们的出发点却是善意的，他们的用心是良苦的。李觏、张载、叶时等人的井田梦想，有着古典理想主义的特质，是中国古代士人价值追求之体现。

三、宋儒“三礼”诠释与议礼制礼

宋人对“三礼”所记之礼制颇为重视，他们依据“三礼”议礼制礼，涉及学术、政治、伦理等各个方面。宋儒议礼制礼的内容，或以专著、文章、笔记的形式予以表达，或以奏疏的形式予以陈述。宋儒据“三礼”议礼制礼的例子，最典型的莫过于濮议和郊礼之争。今拟通过对濮议和郊礼之争的探讨，以见宋儒据“三礼”议礼制礼之一般特点。

北宋仁宗无嗣，濮安懿王允让之子赵曙继位，是为宋英宗。英宗即位的第二年，诏议崇奉生父濮王典礼。侍御史吕诲、范纯仁、吕大防、司马光、王珪等人力主称仁宗为皇考，称濮安懿王为皇伯。中书韩琦、欧阳修等人则主张称濮安懿王为皇考。围绕英宗生父濮王之称谓，以司马光、王珪为首的台谏派与欧阳修为首的中书派发生了激烈的争论。论辩双方皆引经据典，力证自己的观点符合经义、不违古制。

司马光、王珪等人据《丧服》认为，既然为人后者为所后者服斩衰三年，为本生父服齐衰期，那么濮王于英宗是亲生父亲而非所后者，故英宗对于濮王的称谓要体现降服之义，不得称父，而应以“皇伯”代之。如王珪曰：“先王制礼，尊无二上，若恭爱之心分于彼，则不得专于此故也。”① 程颐亦认为，台谏派以英宗称亲，此“亲”字的涵义模糊，然而不管是确指父，还是不确指父，皆与降服之义不符，徒乱大伦。

欧阳修则力主英宗称亲，他说：“为人后者所承重，故加其服以斩，而所生之亲恩有屈于义，故降其服以期。”② 欧阳修认为，圣人制礼，情义兼尽，符合人之常情，乃礼仪之要义；英宗于濮王称亲符合人情，不称亲则有

---

① （元）脱脱等：《列传第四》，《宋史》卷 245，中华书局 1977 年版，第 8709 页。

② （宋）欧阳修著，李逸安点校：《濮议卷二》，《欧阳修全集》卷 121，中华书局 2001 年版，第 1858 页。

悖于人情。与欧阳修立场相同的韩琦亦认为，古礼固然重要，却需“以义制事”、“因时适宜”①，英宗对其生父称亲，既是对古礼之尊崇，又是“因宜称情”②。

司马光、程颐对《仪礼·丧服》本义之关注，与其一贯的政治文化立场是相同的。针对王安石提出的“天命不足畏，祖宗不足法，人言不足恤”③，司马光认为“祖宗之法不可变”④，程颐亦主张“复先代明王之治”⑤，司马光、程颐所持的是趋于保守的文化政治立场，他们主张恪守《丧服》之义，正是他们所持政治文化立场之反映。以欧阳修为首的中书派之关注点，更多是现实需要。欧阳修认为，自己主张英宗于濮王称亲，意在“追崇以彰圣君之孝而示天下也”⑥，韩琦上奏亦曰“庶几上以彰孝治，下以厚民风”⑦。欧阳修、韩琦的深层动机，是他们对当政者动机之省察。英宗被立为太子之前多年在濮王府生活，其对生父濮王的感情要比对仁宗的感情深厚得多。英宗继位后，其对濮王之感念需要藉尊号得以表达。欧阳修等人看到了英宗的真实需要，他们从现实人情的角度出发，力辩英宗称亲的合法性。在论辩过程中，欧阳修等人对于《丧服》并非视而不见，然其诠释并非恪守经义，而是变通甚至不惜曲解经义，从而满足当朝皇帝之需要。欧阳修的主张与其政治文化立场亦是密切相关的。庆历前后，不少士人以救时行道的价值追求代替了以往固陋守旧的价值取向，而在由古典理想主义向现实主义学风转变的过程中，欧阳修起到了关键性的作用。欧阳修在《丧服》诠释中表现出的变通精神，体现了其现实主义的政治文化立场。

---

① （宋）欧阳修著，李逸安点校：《濮议卷三》，《欧阳修全集》卷122，中华书局2001年版，第1861页。

② （宋）欧阳修著，李逸安点校：《濮议卷三》，《欧阳修全集》卷122，中华书局2001年版，第1861页。

③ （元）脱脱等：《本纪第四十二》，《宋史》卷42，中华书局2001年版，第822页。

④ （元）脱脱等：《列传第九十五》，《宋史》卷336，中华书局2001年版，第10764页。

⑤ （宋）程颐著：《周易下经上》，《周易程氏传》卷3，《二程集》，中华书局2004年版，第901页。

⑥ （宋）欧阳修著，李逸安点校：《濮议卷二》，《欧阳修全集》卷121，中华书局2001年版，第1854页。

⑦ （宋）韩琦：《濮安懿王合行典礼议》，《司马光集》卷33，中华书局2001年版，第784页。

郊礼之争亦是宋代礼制史和政治史上的大事，许多士人都曾参与讨论。据《周礼·春官·大司乐》、《周礼·春官·典瑞》之记载，可知郊礼是天子祭天地的大礼。历代统治者皆重视郊祭，宋代亦如此。宋人曰："国莫重于祭，所以作民恭之先。礼无大于郊，所以报物生之始。"①赵宋开国以后，关于郊祭之内涵一直有争议。宋初的皇帝实行天地合祭，然而元丰年间有人提出合祭有违古制。宋神宗遂罢合祭而分皇地祇于方泽北郊，南郊只祭昊天上帝。不过到了元祐年间，合祭又得以恢复。祭天祀地，争议不断，分分合合，贯穿了整个宋代历史。

不少宋儒参与了郊祭之争，如北宋苏轼等人主张天地合祭。苏轼撰《上圆丘合祭六议札子》、《请诘难圆丘六议札子》，向当朝皇帝陈述合祭之理由。苏轼认为，天地合祭是有经典依据的，他说："《书》曰：'肆类于上帝，禋于六宗，望于山川，遍于群神。'……《诗》之序曰：'昊天有成命，郊祀天地也。'……《春秋》书：'不郊，犹三望。'……臣以《诗》、《书》、《春秋》考之，则天地合祭久矣。"②苏轼主张合祭天神、地祇，故其征引持合祭之说的《书》、《诗》和《春秋》，而不取持分祀之说的《周礼》。苏轼还认为，合祭天地更符合现实需要，因为分祭程序过于复杂，仪节过于繁多，对于行礼之天子以及辅助之百官皆带来极大不便。除了苏轼，权户部侍郎李琮亦主张天地合祭，他认为"乘舆出郊，而暑雨不常，理难预度，六军仪卫、百官车服势难减损，三代典礼或难全复，则合祭权宜，亦难轻罢"③。李琮所言，亦是出于现实之考虑。

刘安世、王子韶、朱熹等人则主张天地分祀。如王子韶曰："《周礼》，夏日至祭地于方泽。圣人制礼，垂训万世，不易之典。元丰六年修定皇帝亲祠北郊祭皇帝祇于方丘，并上公摄事等仪，已在有司，望举而行之。"④王子

① （宋）宋绶子孙编：《熙宁十年南郊赦天下制》，《典礼六·南郊四》，《宋大诏令集》卷121，中华书局1962年版，第415页。

② （宋）苏轼著，曾枣庄、舒大刚编：《上圆丘合祭六议札子》，《苏轼文集》卷34，《三苏全书》第12册，语文出版社2001年版，第188—189页。

③ （清）徐松辑，刘琳等校点：《宋会要辑稿·礼三》，上海古籍出版社2014年版，第549页。

④ （清）徐松辑，刘琳等校点：《宋会要辑稿·礼三》，上海古籍出版社2014年版，第548—549页。

韶以《周礼》为据，认为冬至应祭昊天上帝，夏至应祭皇帝祇。朱熹据《周礼》、《仪礼》和《书》，认为古代天地并不合祭。他说："《礼》'郊特牲而社稷太牢'，《书》'用牲于郊，牛二'及'社于新邑'，此明验也。本朝初分南北郊，后复合而为一。《周礼》亦只说祀昊天上帝，不说祀后土，故先儒言无北郊，祭社即是祭地。古者天地未必合祭，日月、山川、百神亦无一时合祭共享之礼。古之时，礼数简而仪从省，必是天子躬亲行事，岂有祭天却将上下百神重沓累积并作一祭耶？"① 在朱熹看来，既然天子是通过郊祭向天神表达敬意，那么就不可能将所有神合在一起祭祀。

礼部郎中崔公度希望借经典之记载平息各家之争议，他说："《周颂》合祭，礼之情也。《周礼》特祀，礼之文也。文必有情，情必有文，然则祭祀天地，或合或特，系于时君，而礼则一也。今特祀难行，即当依旧合祭，并依祖宗旧仪，为圣朝万世不刊之典。"② 崔公度认为，《诗》之记载乃合祭天地之礼，为礼之情，《周礼》之记载乃分祀天地之礼，为礼之文；时下当行合祭，天地分祀难行。崔氏试图通过调和经典之记载，从而平息分祭与合祭之争议。

从郊祭论辩各方所作之论证，可知论辩双方皆重视经典依据，都试图证明自己的观点符合古礼古制，如苏轼认为自己的观点是"上合三代六经"③，孔武仲认为冬至祀天、夏至祭地乃"先王之制"④。在论证过程中，论辩双方亦皆引经据典，如苏轼以《书》、《诗》、《春秋》为据，刘安世、王子韶、朱熹、崔公度等人则以《周礼》为据。苏轼于《周礼》祭天祀地之内容不可能不知，然而其在论证时舍之，是因为《周礼》主张分祀，与《书》、《诗》、《春秋》所记合祭的观点相反。由此可见，苏轼有先入为主之见，若经典之记载与自己观点相合则取之，不符则去之。苏轼等人所列合祭之理由，更多的是出于现实之考量，如分祀天地可能导致人、财、物的消耗。现实之需要，使苏轼等人考虑更多的是如何简化礼仪，方便天子和

---

① （元）脱脱等：《志第五十三·礼三》，《宋史》卷 100，中华书局 1977 年版，第 2456 页。

② （清）徐松辑，刘琳等校点：《宋会要辑稿·礼三》，上海古籍出版社 2014 年版，第 540 页。

③ （宋）苏轼著，曾枣庄、舒大刚编：《请诘难圆丘六议札子》，《苏轼文集》卷 34，《三苏全书》第 12 册，语文出版社 2001 年版，第 194 页。

④ （清）徐松辑，刘琳等校点：《宋会要辑稿·礼三》，上海古籍出版社 2014 年版，第 542 页。

百官。为了论证合祭乃正确的选择，苏轼甚至断言“今所行皆非周礼”①。“周礼”在中国历代儒者的心目中有着崇高的地位，苏轼主张后世所行并非要尽合于周礼，其现实主义精神体现得再明显不过了。王子韶、朱熹等人以苏轼未曾征引的《周礼》为据，得出了与苏轼截然相反的观点。王氏和朱氏现实成分的考虑要少一些，他们更多的是关注郊祭与经典记载之吻合程度，至于现实行礼之繁文缛节，在他们看来正是郊祭的应有内容。平心而论，关于郊祭中的分合问题，《周礼》的记载较为翔实和准确，而《诗》、《书》、《春秋》的记载既零散，又模糊不清。苏轼与王子韶、朱熹等人的郊祭之争，皆反映了宋代士人通经致用的经典诠释取向，只不过在现实的面前，苏轼等人选择了游离于经义之外，而王子韶、朱熹等人选择了恪守经之本义。

北宋建立以后，统治者采取了偃武修文的政策，政府重视并大量选用文人治国理政。此外，宋代的政治氛围也比较宽松，臣民上书言事、民间自由讲学蔚然成风。在这样的社会文化背景下，宋代实现了文化的高度繁荣。而自汉代提倡儒学以来，包括宋代在内的历代统治者皆是以儒学为官方哲学，儒家经典俨然成为立身行事之依据、判断是非之法典。在学风较为自由、学术高度发达的宋代，通经致用更是当时士人从事经典诠释的学术价值诉求。苏轼曾说：“宋兴七十余年，民不知兵，富而教之，至天圣、景祐极矣；而斯文终有愧于古。士亦因陋守旧，论卑气弱。自欧阳子出，天下争自濯磨，以通经学古为高，以救时行道为贤，以犯颜纳说为忠。长育成就，至嘉祐末，号称多士。”②据苏轼所言，可知北宋庆历以后，以往固陋的价值观被士人抛弃，通经致用逐渐成为士人的主流观念。宋儒的“三礼”诠释，正好印证了这一经典诠释观念之演变。北宋欧阳修、司马光、李觏、王安石、张载、二程，南宋朱熹、叶时、郑伯谦，以及其他很多的两宋士人，都积极从事“三礼”之诠释。他们从事“三礼”诠释之初衷是解决现实社会所存在的各种问

---

① （宋）苏轼著，曾枣庄、舒大刚编：《上圆丘合祭六议札子》，《苏轼文集》卷34，《三苏全书》第12册，第194页。

② （宋）苏轼著，曾枣庄、舒大刚编：《六一居士集叙》，《苏轼文集》卷83，《三苏全书》第13册，语文出版社2001年版，第466页。

题，这些问题涉及社会制度层面，也涉及社会教化层面，还有人的伦理道德和心灵归宿层面，即使是实学色彩较浓的《仪礼》诠释，也不乏通经致用取向。① 如朱熹编撰的《仪礼经传通解》所言冠、婚、丧、祭诸礼部分皆是关乎修身，所言王朝礼部分皆是关乎社会秩序的整合。总而言之，宋代宽松的氛围、自由的学风、士大夫的担当精神使宋儒的“三礼”诠释有着鲜明的通经致用取向，而宋儒“三礼”诠释的价值取向，也反过来印证了宋代的学风和士人精神。

（作者单位：西南财经大学社会发展研究院）

① 从“三礼”诠释的体式，亦可窥宋儒经典诠释的方法和旨趣。据笔者统计，可知的宋代“三礼”学文献总数的三分之二是解体、义体、疏体和说体等诠释体式，这几种经典诠释体式皆重在阐发经文大义和经典思想。

儒家的核心价值与道统之传

申圣超

儒家学说自孔子建立以仁、礼为核心的价值体系后，以下诸儒不断变迁、各有所建。其中，孟子和荀子分别对孔子的仁学和礼学进行阐发，构建了以“仁义”和“礼义”为核心的价值结构。至董仲舒，将仁义礼智信结合成为“五常”，完成了儒家核心价值观的理论构建，影响中国社会长达两千余年。

中国传统社会的核心价值观是不断发展变化的，每一时期的核心价值观都是为适应当时社会需要而构建的。然而，它一旦形成，便具有相对的稳定性。中华传统核心价值观，自虞舜时代开始，形成了父义、母慈、兄友、弟恭、子孝的“五教”结构。春秋战国时期，儒、墨、道、法等学派都为中国传统社会核心价值观的构建作出了贡献，其中儒家的贡献尤为突出。儒家“祖述尧舜”，儒家学说自孔子建立以仁、礼为核心的价值体系后，孟子和荀子分别对孔子的仁学和礼学进行阐发，构建了以“仁义”和“礼义”为核心的价值结构。至董仲舒，将仁义礼智信结合成为“五常”，完成了儒家核心价值观的理论构建，影响中国社会长达两千余年。

一、虞舜时代：儒家核心价值观的萌芽与酝酿时期

在中国历史上，核心价值观最初被称为“明德”。司马迁说：“天下明德皆自虞帝始。”① 因此可以说，中国传统社会核心价值观的形成肇始于虞舜。虞舜受尧禅让继位后，针对当时社会上出现的“百姓不亲，五品不逊”的现

① （汉）司马迁：《五帝本纪第一》，《史记》卷 1，线装书局 2006 年版，第 4 页。

象，大力推行“五教”。《尚书·舜典》载：“帝曰：‘契，百姓不亲，五品不逊，汝作司徒，敬敷五教，在宽。’”① 那么，“五教”具体指什么呢？《左传》文公十八年载：“使布五教于四方，父义、母慈、兄友、弟共、子孝。”② 可见，“五教”就是父义、母慈、兄友、弟恭、子孝五种伦理道德的教育，是处理家庭伦理关系的道德准则。“五教”的产生，意味着虞舜时代中国社会组织由氏族演变为家族乃至家庭的事实。家庭一旦产生，便成为稳定的社会细胞，其价值也得到了普遍肯定和推崇。虞舜开创的“天下明德”，除“五教”外，还有温、和、恭、宽、让、直等，“明德”作为一个道德体系，以“五教”为核心。这实际上揭示了“五教”是虞舜时代的核心价值观，也是中国历史上最早形成的核心价值观。孔子“祖述尧舜”，虞帝时代构建的以“五教”为核心的价值观，对孔子乃至后世儒家学派的发展演变都有重要的影响。

二、春秋战国时期：儒家核心价值观的整合与形成时期

虞舜之后，“五教”为夏、商、周三代所承袭。到了春秋战国时期，中国社会处于大变革时期。这一时期，百家争鸣，中国历史上出现了第一次文化发展的高峰。《吕氏春秋·不二》总结说：“老耽贵柔，孔子贵仁，墨翟贵廉，关尹贵清，子列子贵虚，陈骈贵齐，阳生贵己，孙膑贵势，王廖贵先，兒良贵后。”③ 可见，诸子学术都有自己的核心价值和主体精神。作为中国传统社会的主流，儒家学说亦不例外。

（一）儒家学派创始人孔子倡导的“仁礼之学”：仁、礼

儒家学派创始人孔子在继承夏、商、周三代文化遗产的基础上，提出了以“仁”、“礼”为核心的一整套主张，意味着商、周以来价值观的一次重要整合。在集中反映孔子思想的《论语》一书中，曾经出现过多个德目，如孝、

---

① （汉）孔安国传，（唐）孔颖达疏：《舜典第二》，《尚书正义》卷 3，北京大学出版社 1999 年版，第 75 页。

② 冀昀主编：《文公十八年》，《左传》卷 9，线装书局 2007 年版，第 190 页。

③ （汉）高诱注：《审分览第五·不二》，《吕氏春秋》卷 17，上海书店出版社 1986 年版，第 213 页。

悌、忠、恕、勤、温、良、恭、俭、让、恭、宽、信、敏、惠、仁、义、礼、智，等等，但孔子并没有对这些德目进行重点提取。孔子之后，《中庸》根据孔子所说的“知者不惑，仁者不忧，勇者不惧”① 提出了智、仁、勇“三达德”的概念：“知，仁，勇，三者天下之达德也……子曰：好学近乎知，力行近乎仁，知耻近乎勇。”三者之中，“仁”为要，“知者利仁”②、“仁者必有勇”③。此外，据统计，相比其它德目，“仁”在《论语》一书中出现的次数最多，也可见其在孔子思想中的重要地位。因此，《吕氏春秋》说“孔子贵仁”，不无道理。

那么，如何才能达到“仁”呢？《论语·颜渊》载：“颜渊问仁。子曰：‘克己复礼为仁。一日克己复礼，天下归仁焉。为仁由己，而由人乎哉？’颜渊曰：‘请问其目。’子曰：‘非礼勿视，非礼勿听，非礼勿言，非礼勿动。’”④ 人若能约束自己，使自己的视、听、言、动都合乎“礼”的要求，便达到了“仁”的境界。相对于仁来说，礼是一种外在的形式；只有与仁结合，礼才有现实意义⑤，“人而不仁，如礼何”？⑥ 可以说，仁是礼的内在本质，礼是仁的外在表现，仁和礼共同构成了孔子思想的核心内容。《韩非子·显学》曰：孔子之后，“儒分为八。”⑦ 从实质上看，“儒学的分化主要表现为‘仁’和‘礼’的分离以及两者的单向展开”⑧。在先秦时期，孟子和荀子分别对孔子的仁学和礼学进行发挥和引申，形成了以“仁义”和“礼义”为核心的价值观，就体

---

① （宋）朱熹：《子罕第九》，《论语集注》卷5，《四书章句集注》，中华书局2012年版，第116页。

② （宋）朱熹：《里仁第四》，《论语集注》卷2，《四书章句集注》，中华书局2012年版，第69页。

③ （宋）朱熹：《宪问第十四》，《论语集注》卷7，《四书章句集注》，中华书局2012年版，第150页。

④ （宋）朱熹：《颜渊第十二》，《论语集注》卷6，《四书章句集注》，中华书局2012年版，第132—133页。

⑤ 杨国荣：《善的历程：儒家价值体系研究》，上海人民出版社2006年版，第74页。

⑥ （宋）朱熹：《八佾第三》，《论语集注》卷2，《四书章句集注》，中华书局2012年版，第61页。

⑦ 陈奇猷校注：《显学第五十》，《韩非子集释》卷19，上海人民出版社1974年版，第1080页。

⑧ 杨国荣：《儒学：回归“仁”与“礼”的统一》，《中国儒学》第十一辑（2016年）。

现了以上分化。儒家“祖述尧舜，宪章文武，宗师仲尼”①，孔子所构建的以仁、礼为核心的价值观，对后世儒家学派的发展演变具有重要的定型作用。

（二）儒家思孟学派提出的“五行”：仁、义、礼、智、圣

孟子充分发挥了孔子的仁学思想，构建了以“仁义”为核心的“仁义礼智”结构。他从人的本心出发，认为人生来就有恻隐之心、羞恶之心、辞让（恭敬）之心和是非之心，并将此“四端”加以扩充和完善，构成以“仁义”为核心的仁、义、礼、智“四德”结构（郭店楚简和马王堆帛书皆称“四行”）。“恻隐之心，仁之端也；羞恶之心，义之端也；辞让之心，礼之端也；是非之心，智之端也。”②“恻隐之心，仁也。羞恶之心，义也。恭敬之心，礼也。是非之心，智也。仁、义、礼、智，非由外铄我也，我固有之也，弗思耳矣。”③四者之中，“仁义”为要。《孟子·离娄上》云：“仁之实，事亲是也。义之实，从兄是也。智之实，知斯二者弗去是也。礼之实，节文斯二者是也。”④仁的实质是事亲之孝，义的实质是从兄之悌，仁义之道即孝悌之道，智的实质是知晓这两方面的道理而不背离，礼的实质则是在这两方面制定礼仪、使行之有度。由此可见，礼智是从属于仁义的。孟子又将“圣”与仁、义、礼、智“四德”并提且超越其上。《尽心下》篇有：“仁之于父子也，义之于君臣也，礼之于宾主也，智之于贤者也，圣人之于天道也，命也。有性焉，君子不谓命也。”⑤这段话句式整齐，唯“圣人之于天道也”一句，与前面“（德行）之于……也”的格式不类。于是，宋代朱子注称：“或曰”，“‘人’，衍字”。⑥

---

① （汉）班固撰，（唐）颜师古注：《艺文志第十》，《汉书》卷30，中州古籍出版社1991年版，第289页。

② （宋）朱熹：《公孙丑章句上》，《孟子集注》卷3，《四书章句集注》，中华书局2012年版，第239页。

③ （宋）朱熹：《告子章句上》，《孟子集注》卷11，《四书章句集注》，中华书局2012年版，第334—335页。

④ （宋）朱熹：《离娄章句上》，《孟子集注》卷7，《四书章句集注》，中华书局2012年版，第292—293页。

⑤ （宋）朱熹：《尽心章句下》，《孟子集注》卷14，《四书章句集注》，中华书局2012年版，第378页。

⑥ （宋）朱熹：《尽心章句下》，《孟子集注》卷14，《四书章句集注》，中华书局2012年版，第378页。

清代俞樾《群经平议》赞同此说："《集注》曰：或云，'人'，衍字，其说是也。"① 二者皆将"人"理解为衍字，但都没有说出具体根据。著名历史学家庞朴先生根据马王堆帛书《五行》篇指出："'圣人之于天道也'一句中的'人'字，是衍文，应予削去；原句本为'圣之于天道也'。孟轲在这里所谈的，正是'仁义礼智圣'这'五行'。"② 从文义来看，"圣"与"仁、义、礼、智"皆为德行，如此看来，将"人"理解为衍字，不是没有道理，况且相传为子思所作的《中庸》中也有五德并称的说法。《中庸》曰："唯天下至圣为能聪明睿知，足以有临也；宽裕温柔，足以有容也；发强刚毅，足以有执也；齐庄中正，足以有敬也；文理密察，足以有别也。……凡有血气者，莫不尊亲，故曰配天。"③ 朱子在注"足以有临"之"临"时说："临，谓居上而临下也。其下四者，乃仁义礼知之德"④。朱氏之语正体现了《中庸》中蕴含"圣仁义礼智"的思想。将"圣"理解为知"天道"的最高境界，与代表子思思想的郭店楚简《五行》篇所说一致。

《五行》曰："仁形于内谓之德之行，不形于内谓之行。义形于内谓之德之行，不形于内谓之行。礼形于内谓之德之行，不形于内谓之行。智形于内谓之德之行，不形于内谓之行。圣形于内谓之德之行，不形于内谓之(德之)行。德之行五，和谓之德，四行和谓之善。善，人道也。德，天道也。"⑤(马王堆帛书《五行》与此略同，而以"仁智义礼圣"为序）子思述其圣祖之意，将仁、义、礼、智、圣视为人的品德修养的五个方面，是谓"五行"。"仁义礼智"四行和谓之"善"，是人道的层次，"恩者仁也，理者义也，节者礼也，权者知也。仁、义、礼、知，人道具矣"⑥；"仁义礼智圣"五行和则谓之"德"，是天道的层次，这样就把德行与天道联系起来了。

由此看来，五行说应源于子思，在战国后期曾受到荀子的批判。《荀

① （清）俞樾：《群经平议》，上海古籍出版社 1996 年版，第 550 页。

② 庞朴：《马王堆帛书解开了思孟五行说之谜》，《文物》1977 年第 10 期。

③ （宋）朱熹：《中庸章句》，《四书章句集注》，中华书局 2012 年版，第 38—39 页。

④ （宋）朱熹：《中庸章句》，《四书章句集注》，中华书局 2012 年版，第 39 页。

⑤ 荆门市博物馆编：《五行》，《郭店楚墓竹简》，文物出版社 1998 年版，第 149 页。

⑥ （汉）郑玄注，（唐）孔颖达正义：《丧服四制第四十九》，《礼记正义》卷 70，上海古籍出版社 2008 年版，第 2351 页。

子·非十二子》云："略法先王而不知其统，犹然而材剧志大，闻见杂博。案往旧造说，谓之五行，甚僻违而无类，幽隐而无说，闭约而无解。案饰其辞而祗敬之曰：此真先君子之言也。子思唱之，孟轲和之，世俗之沟犹瞀儒，嚾嚾然不知其所非也，遂受而传之，以为仲尼、子游为兹厚于后世，是则子思、孟轲之罪也。"① 按照荀子的说法，子思和孟子依照旧说构造了一个"五行"说，但荀子所批判的并非单纯指仁义礼智圣五种德行本身，而是其出于人性的性善说。② 荀子极力批判思孟五行，但遗憾的是，他并没有指出这五种德行的具体名目。对此，唐杨倞注《荀子》"谓之五行"曰："五行，五常，仁、义、礼、智、信是也。"③ 杨氏释"五行"为"五常"，即仁义礼智信。他是根据什么来断定"五行"就是"五常"的呢？书中只字未提，这在当时大概是常识。自董仲舒将"木火土金水"配"仁智信义礼"后，在注疏家那里，"五行"与"五常"就常常被交替使用。例如，郑玄注《乐记》"道五常之行"曰："五常，五行也。"④ 他在注解子思《中庸》时，开宗明义便是："木神则仁，金神则义，火神则礼，水神则信，土神则知"⑤，暗示子思"五行"即"五常"。孔颖达注《尚书·甘誓》"有扈氏威侮五行"时说："五行在人为仁、义、礼、智、信，威侮五行，亦为侮慢此五常而不行也。"⑥ 所以到了杨倞这里，自然以"五常"释"五行"。但此观点未必正确，据现存文献记载，仁义礼智信并称"五常"，始于西汉董仲舒。⑦ 早于董仲舒的贾谊就沿用了战国时期思孟学派"仁义礼智圣"的搭配法，"天地有六合之事，人有仁、义、礼、智、圣之行。"⑧

---

① （清）王先谦撰，沈啸寰、王星贤整理：《非十二子篇第六》，《荀子集解》卷3，中华书局2012年版，第93—95页。

② 参见廖名春：《思孟五行说新解》，《哲学研究》1994年第11期。

③ （唐）杨倞注：《非十二子篇第六》，《荀子》卷3，上海古籍出版社2014年版，第53页。

④ （汉）郑玄注，（唐）孔颖达正义：《乐记第十九》，《礼记正义》卷48，上海古籍出版社2008年版，第1502页。

⑤ （汉）郑玄注，（唐）孔颖达正义：《中庸第三十一》，《礼记正义》卷60，上海古籍出版社2008年版，第1987页。

⑥ （汉）孔安国传，（唐）孔颖达疏：《甘誓第二》，《尚书正义》卷7，上海古籍出版社2008年版，第174页。

⑦ 参见李耀仙：《先秦儒学新论》，巴蜀书社1991年版，第96—120页。

⑧ （汉）贾谊撰，阎振益、钟夏校注：《六术》，《新书校注》卷8，中华书局2000年版，第316页。

（三）荀子强调的“礼义之学”：礼、义

荀子创造性地发挥了孔子的礼学思想，形成了以儒学为主、博采众家之长的以“礼义”为核心的价值观。那么，礼义是如何产生的呢？首先，从人的自然性来看，化性起伪的需要。战国末期，诸侯国之间征战频仍，荀子认为人性本恶，需要后天的“化性起伪”。“礼起于何也？曰：人生而有欲，欲而不得，则不能无求，求而无度量分界，则不能不争；争则乱，乱则穷。先王恶其乱也，故制礼义以分之，以养人之欲，给人之求，使欲必不穷乎物，物必不屈于欲，两者相持而长，是礼之所起也。”① 人生来就有各种欲望，但用来满足欲望的资源是有限的，如果资源的分配没有“度量分界”，就会发生争夺。因此，古代君王制定“礼义”来“明分”，在人的欲望和满足这些欲望的资源之间寻求平衡，避免纷争。荀子认为，礼义产生于圣人对人性改造的需要，而非人的本性。“问者曰：‘人之性恶，则礼义恶生？’应之曰：‘凡礼义者，是生于圣人之伪。非故生于人之性也’。”② 伪即人为，圣人创制礼义目的在于改造人性之恶。“圣人化性而起伪，伪起而生礼义。”③ 其次，从人的社会性来看，明分使群的需要。人是社会性的动物，需要集体从事生产劳动、创造美好生活，这就需要“礼”来确定名分和社会分工。“人何以能群？曰：分。分何以能行？曰：以义。故义以分则和，和则一，一则多力，多力则强，强则胜物。故宫室可得而居也。故序四时，裁万物，兼利天下，无它故焉，得之分义也。故人生不能无群，群而无分则争，争则乱，乱则离，离则弱，弱则不能胜物，故宫室不可得而居也，不可少顷舍礼义之谓也。……群道当，则万物皆得其宜，六畜皆得其长，群生皆得其命。”④ 荀子把礼义的社会功能称为“明分使群”，“离居不相待则穷，群而无分则争。穷者患也，争者祸也。救患除祸，则莫若明

---

① （清）王先谦撰，沈啸寰、王星贤整理：《礼论篇第十九》，《荀子集解》卷13，中华书局2012年版，第337页。

② （清）王先谦撰，沈啸寰、王星贤整理：《性恶篇第二十三》，《荀子集解》卷17，中华书局2012年版，第423页。

③ （清）王先谦撰，沈啸寰、王星贤整理：《性恶篇第二十三》，《荀子集解》卷17，中华书局2012年版，第424页。

④ （清）王先谦撰，沈啸寰、王星贤整理：《王制篇第九》，《荀子集解》卷5，中华书局2012年版，第162—163页。

分使群矣”①。“明分使群”是人类社会发展到一定阶段的产物，是为了维护社会秩序、防止争乱而产生的。通过“礼”来“明分使群”，明确人们的职责和社会分工，群体生活才能有序开展，人们才能更好地生活在同一个社会组织中，即“群居合一”。

荀子曾长期生活在齐国稷下，齐国是齐法家学说的盛行之地。他曾经到过秦国，在回答范雎“入秦何见”时，讲到秦国在地理上的有利形势以及法家政治统治下民、吏、士大夫和最高统治者的情况，并说“佚而治，约而详，不烦而功”②是最好的政治，而秦国的政治与之类似。荀子对齐、秦两国的政治都给予了高度肯定，如此他的礼也就有了法的意蕴。他说：“礼者，人主之所以为群臣寸、尺、寻、丈检式也。”③寸、尺、寻、丈、检式都有法度的意思。荀子吸收法家的法治思想，以法入礼，坚持礼法并举，“礼义者，治之始也”④，“法者，治之端也”⑤。但礼、法的适用范围是不同的：“由士以上则必以礼乐节之，众庶百姓则必以法数制之。”⑥礼只适用于士以上的人，对于社会的其他成员则应当用法来约束。荀子指出，法是由礼产生的，“礼义生而制法度”⑦；又说《礼》是法和制度的总纲，“《礼》者，法之大分，类之纲纪也。”⑧可以说，在荀子这里，法治只是礼治的一种补充。

荀子曾在稷下学宫讲学并“三为祭酒”（学宫之长），而在稷下学宫形成

① （清）王先谦撰，沈啸寰、王星贤整理：《富国篇第十》，《荀子集解》卷6，中华书局2012年版，第174页。

② （清）王先谦撰，沈啸寰、王星贤整理：《强国篇第十六》，《荀子集解》卷11，中华书局2012年版，第296页。

③ （清）王先谦撰，沈啸寰、王星贤整理：《儒效篇第八》，《荀子集解》卷4，中华书局2012年版，第144页。

④ （清）王先谦撰，沈啸寰、王星贤整理：《王制篇第九》，《荀子集解》卷5，中华书局2012年版，第161页。

⑤ （清）王先谦撰，沈啸寰、王星贤整理：《君道篇第十二》，《荀子集解》卷8，中华书局2012年版，第226页。

⑥ （清）王先谦撰，沈啸寰、王星贤整理：《富国篇第十》，《荀子集解》卷6，中华书局2012年版，第176页。

⑦ （清）王先谦撰，沈啸寰、王星贤整理：《性恶篇第二十三》，《荀子集解》卷17，中华书局2012年版，第424页。

⑧ （清）王先谦撰，沈啸寰、王星贤整理：《劝学篇第一》，《荀子集解》卷1，中华书局2012年版，第11页。

并有稷下之士参与的《管子》在此形成，由此推测，荀子倡导的礼义，与“礼义廉耻”的形成应该有关系。

荀子充分阐发礼义，认识到其对于治国的重要意义，“礼义者，治之始也”①，“国之命在礼”②，但两千年来空谷足音。直到1934年，国民政府在江西南昌掀起了“新生活运动”，重提“礼义廉耻”并赋予其新的内涵，企图以此收拾人心、整顿社会。荀子倡导的以“礼义”为核心价值观是建立公平合理的社会秩序的基础，也是我们今天重塑“礼义之邦”③的国家形象的思想资源。

（四）郭店楚墓竹简《六德》篇提出的“六德”：圣、智、仁、义、忠、信

与郭店楚简《五行》同时出土的还有《六德》。《六德》曰：“何谓六德？圣、智也，仁、义也，忠、信也。”④又说：“父圣，子仁，夫智，妇信，君义，臣忠。圣生仁，智率信，义使忠。故夫夫，妇妇，父父，子子，君君，臣臣，此六者各行其职。”⑤《六德》篇将圣、智、仁、义、忠、信称为“六德”，分别为父、夫、子、君、臣、妇应当具备的德行，且六德之间有三种对应的关系，即“圣生仁，智率信，义使忠”。也就是说，所谓“父圣，子仁，夫智，妇信，君义，臣忠”，“夫夫，妇妇，父父，子子，君君，臣臣”，是以子、妇、臣的顺从为前提的。六德在后世文献中亦有体现。关于夫智、妇信，如《大戴礼记·本命》：“知可为者，知不可为者；知可言者，知不可言者；知可行者，知不可行者。是故审论而明其别，谓之知。所以正夫德者。……妇人，伏于人也。是故无专制之义，有三从之道，在家从父，适人从夫，夫死从子，无所敢自遂也。……谓之信也。所以正妇

① （清）王先谦撰，沈啸寰、王星贤整理：《王制篇第九》，《荀子集解》卷5，中华书局2012年版，第161页。

② （清）王先谦撰，沈啸寰、王星贤整理：《强国篇第十六》，《荀子集解》卷11，中华书局2012年版，第285页。

③ 尽管“礼仪之邦”在今天更为常见，但“礼义之邦”更符合中国崇礼尚义的传统，因此这里用“礼义之邦”而非“礼仪之邦”。

④ 荆门市博物馆编：《六德》，《郭店楚墓竹简》，文物出版社1998年版，第187页。

⑤ 荆门市博物馆编：《六德》，《郭店楚墓竹简》，文物出版社1998年版，第188页。

德也。”①《礼记·郊特牲》:“信，事人也。信，妇德也。壹与之齐，终身不改，故夫死不嫁。……男帅女，女从男，夫妇之义由此始也。妇人，从人者也;幼从父兄，嫁从夫，夫死从子。夫也者，夫也。夫也者，以知帅人者也。”②关于父圣、子仁、君义、臣忠，如《说苑·建本》:“人之道莫大乎父子之亲，君臣之义。父道圣，子道仁，君道义，臣道忠。……君以臣为本，臣以君为本，父以子为本，子以父为本。”③《六德》篇认为父子、夫妇、君臣之间是对等的，《说苑》则主张君臣、父子互为本。

关于“六德”之说，《周礼·地官·大司徒》曰:“以乡三物教万民而宾兴之，一曰六德，知、仁、圣、义、忠、和;二曰六行，孝、友、睦、姻、任、恤;三曰六艺，礼、乐、射、御、书、数。”④称知、仁、圣、义、忠、和为“六德”。《论语·阳货》载孔子有“六言六蔽”说，其中“六言”指仁、知、信、直、勇、刚，杨伯峻先生注曰,“这个‘言’字……实是指‘德’”⑤,“六言”即为“六德”。《尚书·益稷》有“以出纳五言”，孔传:“以出纳仁义礼智信五德之言，施于民以成化。”⑥以“五德”释“五言”，如此看来，杨氏将孔子所论“六言”作“六德”解，也是有一定道理的。《新书·六术》云:“人有仁、义、礼、智、信之行，行和则乐兴，乐兴则六，此之谓六行。”⑦《新书》所说“六行”为仁、义、礼、智、信、和六种德行。在敦煌文书中，有一件《孝经注》残片，其于“卿大夫章第四”之“非先王之德行不敢行”句下注云:“古者六德之行:仁、义、礼、智、忠、信，是为六德。好生恶死曰仁，临财不欲、有难相济曰义，尊卑慎序曰礼，智深识远曰智，平直不移曰忠，信义可

---

① (清)王聘珍撰:《本命》,《大戴礼记解诂》卷13，中华书局1983年版，第254—255页。

② (汉)郑玄注，(唐)孔颖达正义:《郊特牲第十一》,《礼记正义》卷36，上海古籍出版社2008年版，第1092页。

③ (汉)刘向著，王锳、王天海译注:《建本》,《说苑全译》卷3，贵州人民出版社1992年版，第105—106页。

④ 陈戍国点校:《地官司徒第二·大司徒》,《周礼》，岳麓书社1989年版，第29页。

⑤ 杨伯峻译注:《阳货篇第十七》,《论语译注》，中华书局2006年版，第208页。

⑥ (汉)孔安国传，(唐)孔颖达疏:《益稷第五》,《尚书正义》卷5，上海古籍出版社2008年版，第117页。

⑦ (汉)贾谊撰，阎振益、钟夏校注:《六术》,《新书校注》卷8，中华书局2000年版，第316页。

复曰信。”此“六德之行”，乃“五常”加上“忠”，一方面是为了呼应孔子的“主忠信”，另一方面则是为了适应君主专制制度的需要。相较于《论语》、《新书》,《周礼》、《孝经注》所论“六德”与郭店楚简所说“六德”更为接近。

在诸子百家中，儒家构建的核心价值观成为主流。原因就在于，儒家核心价值观的提出合乎时代需求，凝聚人心，团结社会。它具有普遍性的品格，为全体社会成员所认同和接受，正因为此，适合于各个地区、各个民族，超越时空限制。同时，儒家核心价值观的提出既着眼于当前社会需要，又放眼未来。因此，最终成为主流价值观并对中国社会产生极其深远的影响。

三、两汉时期：儒家核心价值观的构建与定型时期

如前所述，自孔子形成以“仁”、“礼”为核心的修身模式后，以下诸儒不断变迁、各有构建。代表思孟学派的郭店楚简《五行》篇提出“仁义礼智圣”五行，孟子和荀子分别对孔子的仁学和礼学进行阐发，构建了以“仁义”为核心的“仁义礼智”四德和以“礼义”为核心的价值结构。随着列国纷争、纵横盛行的局势漫延，荀子开始注意到“信”的价值，“政令信者强，政令不信者弱”；“制号政令，欲严以威；庆赏刑罚，欲必以信”①。到了西汉，董仲舒更加认识到“信”的重要性，如“《春秋》之义，贵信而贱诈”②，“《春秋》尊礼而重信”③，于是，以“信”代思孟五行之“圣”，构成“仁谊礼知信五常之道”。④仁、义、礼、智、信五种道德范畴，先秦儒家已多有论述，但将其并称“五常”则始于董仲舒。董仲舒认为，此五者可以常行不替，是与天地长久的经常法则，故称“五常”。为了神化“五常”之教，董仲舒将“五

① （清）王先谦撰，沈啸寰、王星贤整理：《议兵篇第十五》，《荀子集解》卷10，中华书局2012年版，第271页。

② （清）苏舆撰，钟哲点校：《对胶西王越大夫不得为仁第三十二》，《春秋繁露义证》，中华书局1992年版，第268页。

③ （清）苏舆撰，钟哲点校：《楚庄王第一》，《春秋繁露义证》，中华书局1992年版，第6页。

④ （汉）班固撰，（唐）颜师古注：《董仲舒传第二十六》，《汉书》卷56，中州古籍出版社1991年版，第414页。

常”与阴阳五行联系起来。在他看来，人类有五常之行，犹天地有五行之理，二者互相照应、相互影响，于是将五常与五行相配：“东方者木，农之本，司农尚仁，进经术之士，道之以帝王之路，将顺其美，匡救其恶。……本朝者火也，故曰木生火。南方者火也，本朝。司马尚智，进贤圣之士，上知天文，其形兆未见，其萌芽未生，昭然独见存亡之机，得失之要，治乱之源。……司营者土也，故曰火生土。中央者土，君官也，司营尚信，卑身贱体，夙兴夜寐，称述往古，以厉主意。……司徒者金也，故曰土生金。西方者金，大理，司徒也，司徒尚义，臣死君，而众人死父，亲有尊卑，位有上下，各死其事。……司寇者，水也，故曰金生水。北方者水，执法，司寇也，司寇尚礼，君臣有位，长幼有序。”[①] 董仲舒以“五行”配“五常”，以“天道”释“人道”，不仅将社会道德规范神秘化，更赋予其绝对权威性，从而完成了思孟学派尚未完成的道德哲学化、伦理终极化的过程。伴随着汉武帝“罢黜百家，表章六经”文化政策的推行，“仁、义、礼、智、信”被确立为儒家的核心价值观而影响中国社会长达两千余年。

值得一提的是，尽管董仲舒首次将仁、义、礼、智、信并称“五常”，但作为整体德目被官方确定并进入统治阶级的意识形态，则是记录白虎观会议的《白虎通义》。《三纲六纪》篇曰：“人皆怀五常之性。”[②] 那么，“五常之性”具体指什么呢？《情性》篇云：“仁义礼智信也。仁者不忍也，施生爱人也；义者宜也，断决得中也；礼者履也，履道成文也；智者知也，独见前闻，不惑于事，见微知著也；信者诚也，专一不移也。故人生而应八卦之体，得五气以为常，仁义礼智信也。”[③] 它们又是如何产生的呢？《情性》篇认为，人禀阴阳二气，情生于阴、性生于阳；由于“阳气者仁，阴气者贪”[④]，故生于阳气的是仁、义、礼、智、信五性，生于阴气的则是喜、怒、哀、乐、爱、

① （清）苏舆撰，钟哲点校：《五行相生第五十八》，《春秋繁露义证》，中华书局 1992 年版，第 362—365 页。

② （汉）班固撰，陈立疏证：《三纲六纪》，《白虎通义》卷 8，商务印书馆 1937 年版，第 312 页。

③ （汉）班固撰，陈立疏证：《情性》，《白虎通义》卷 8，商务印书馆 1937 年版，第 319—320 页。

④ （汉）班固撰，陈立疏证：《情性》，《白虎通义》卷 8，商务印书馆 1937 年版，第 319 页。

恶六情。此次会议不仅将“五常”正式确定为“仁义礼智信”，而且对其产生的原因和每个德目都作了详细的说明，使封建纲常伦理系统化、哲理化、绝对化，将儒家学说进一步神学化。董仲舒之后，程朱重“天理”、陆王倡“良知”，但都不出仁义礼智信的范围。

作为封建社会的道德准则，“五常”的最终确立对封建社会的稳定曾起到过积极的作用。从今天来看，它依然是社会的重要道德原则，可以作为社会主义先进文化的一部分，继续为现代社会所用。

（作者单位：四川大学马克思主义学院）

论孙奇逢道统思想的独特性

唐梵凌　刘俊哲

明中叶后重燃的朱陆之争，使程朱、陆王学派的学者们纷纷编撰道统著述，站在各自的立场对道统传承脉络进行整理，以论证自己学派的正统性；清军入关后，程朱、陆王之争并未随着明王朝的灭亡而偃旗息鼓，亡国之哀所引发的反思，为明末批判心学、推崇程朱理学的思潮注入了新的活力，进而使对儒家道统传承脉络整理的风气在清初集中显现，《清史稿·艺文志》中所记载的二十多部清代道统著述中就有十五部出现在清初的五十年内。这一时期产生的诸多道统思想中，孙奇逢的道统思想显得尤为独特。孙奇逢（1585—1675），字启泰，号钟元，直隶省保定府容城县人，明末清初理学大家，与黄宗羲和李颙并称为“清初三大儒”。孙奇逢跳出儒学内部纷争的藩篱，呈现出难以忽视的独特性，主要体现在其建立了以为儒家圣学“明道”为目的的“圣学本天”道统谱系、更在此基础上构架出“一致而百虑”的道统视野和“代各有人”的道统发展观。

一、“圣学本天”的道统谱系

承载孙奇逢道统谱系的主要著作就是他倾毕生心力所编撰而成的《理学宗传》。对于《理学宗传》，学界一般将之视为是“以史昌学”的理学史著作，但对孙奇逢来讲，其关切的重心和意趣所在并不是“为学作史”，而是倡明道统：“《理学宗传》，叙列从古名儒修德讲学之事，明道统也。”① 为倡明道统，孙奇逢倾注毕生心血，历时三十余载，至于八十岁耄耋之年方得完

① 张显清主编：《孙奇逢集·日谱》卷12，中州古籍出版社2003年版，第462页。

成。康熙四年（1665）九月初八书成定稿之日，孙奇逢喜不自禁，于《寄立儿家书》中言："自端午抵夏峰，四阅月，日夕与博雅料理《宗传》，目前始就，思录一清本，出入携带。此是老夫饥食渴饮第一快事也。"① 十月二十五日又在家信中曰："近年功课，料《理学宗传》一编，共得百四十余人，有主有辅，有内有外，人人有悦心自得之处。日夕玩味，觉无物可以胜此。"② 孙氏一生著述极为繁富，但他本人最为珍视的唯独《理学宗传》，这是因为此书代表了他最后的学术关怀，完成了其"明道统"的时代学术使命。其弟子汤斌在其为《理学宗传》作的序中指出：《理学宗传》是"盖五经四书之后，吾儒传心之要典也。八十年中躬行心得，悉见于此。"③ 张沐之亦为之序曰："盖八十年中，下学上达，有不可以告诸人，人亦终不得而知者，悉著诸此。"④

孙奇逢《理学宗传》有别于宋明以来理学史著作的较为突出的特点有二：

一是不以门户设限，打破门了户之见，以宏阔的整合视野重新审察从汉唐到宋明的儒学发展演变轨迹，从甄别儒释差异入手，纯洁儒学道统。他在《理学宗传叙》中以如此言之凿凿的方式表述了纯化儒家传承统绪的学术关怀："学之有宗，犹国之有统，家之有系也。系之宗有大有小，国之统有正有闰，而学之宗有天有心。今欲稽国之运数，当必分正统焉；溯家之本原，当先定大宗焉；论学之宗传，而不本诸天者，其非善学者也。"⑤

二是立定"圣学本天"观。孙奇逢认为，具有悠久传承历史的儒家是建立在天本论之上的。他在《理学宗传叙》中明确指出，儒家学说本质上是本天之学："程子曰：'圣学本天。'"⑥ 并自道"余学虽有所受同，'天理'二字却是自己体贴出来。"⑦ 孙奇逢认为，天理是儒家"本天之说"的核心，历史

---

① 张显清主编：《孙奇逢集·日谱》卷 24，中州古籍出版社 2003 年版，第 1046 页。

② 张显清主编：《孙奇逢集·日谱》卷 24，中州古籍出版社 2003 年版，第 1049—1050 页。

③ 张显清主编：《孙奇逢集·孙氏著作序·跋·纪事》，中州古籍出版社 2003 年版，第 1299 页。

④ 张显清主编：《孙奇逢集·孙氏著作序·跋·纪事》，中州古籍出版社 2003 年版，第 1295 页。

⑤ 张显清主编：《孙奇逢集·理学宗传·叙一》，中州古籍出版社 2003 年版，第 620 页。

⑥ 张显清主编：《孙奇逢集·理学宗传·叙一》，中州古籍出版社 2003 年版，第 620 页。

⑦ 张显清主编：《孙奇逢集·理学宗传·叙一》，中州古籍出版社 2003 年版，第 620 页。

圣贤传承儒道统绪无不以体认“天理”要旨为使命。因此，孙奇逢《理学宗传》中的“理学”就并不仅指狭义上的“宋明理学”，孙奇逢在《日谱》中写道：

> 《易》以乾坤冠篇，《书》以尧、舜冠篇，《诗》以周文冠篇，《春秋》以尊王于天冠篇。如一身之有冠冕，一家之有大宗。一切上衣下裳，皆不敢出冠冕之上。一切小宗、别宗，皆不敢出大宗之上。……至如舜大圣人而道其心，汤之大圣人而礼其心，孔子大圣人而矩其心，是谓理学。释氏本心之学，不可谓之理学。曾以至善为宗，孟以性善为宗，周以纯粹至善为宗，是谓传宗。释氏无善之宗，不可谓之传宗。皆确乎不可移。①

这段文字表明孙奇逢所言的“理学”并非局限于宋明理学，是对从尧舜至清初的所有儒家学者之学的通称。具体地讲，《理学宗传》超越朱熹《伊洛渊源录》弃汉唐儒学于不顾，只关注两宋二程道学承传源流的狭隘视野，梳理宋明理学发展源流的同时，兼及汉唐诸儒，肯定其“传经之儒”的“存道”之功。孙奇逢以“理学”为儒学通名的立意，在于厘清和正定整个儒学学脉，突出其“明道”之“宗传”：“《理学宗传》，叙列从古名儒修德讲学之事，明道统也。”②“宗传云者，若大宗嫡派，脉脉相承，无以谱之则乱；若继火传薪，灯灯相照，无以续之则灭。”③

孙奇逢以“明道”为旨归，建构起有涵摄汉唐经学和宋明理学的道统谱系。孙奇逢建构如此宏大的道统谱系，有其自定的原则。在《理学宗传·义例》中，他在论及《理学宗传》体例时明确谈及其基本原则：“是编有主有辅，有内有外：十一子其主也，儒之考其辅也；十一子与诸子其内也，补遗诸子其外也。”④孙奇逢建构涵摄汉唐经学和宋明理学的道统谱系所遵循的基本原则有二：一是主辅原则；二是内外原则。

《理学宗传》共收录从汉唐到宋明儒家代表人物 161 人。根据主辅原则和内外原则，按照主辅和内外两条线索，将其被收录进谱系中的众多人物予以分门别类地安排：首先是进行主辅分类：主辅的划分是宋明理学为主体、

---

① 张显清主编：《孙奇逢集·日谱》卷 9，中州古籍出版社 2003 年版，第 331—332 页。

② 张显清主编：《孙奇逢集·日谱》卷 12，中州古籍出版社 2003 年版，第 462 页。

③ 张显清主编：《孙奇逢集·理学宗传》卷 26，中州古籍出版社 2003 年版，第 1261 页。

④ 张显清主编：《孙奇逢集·理学宗传·义例》，中州古籍出版社 2003 年版，第 622 页。

以汉唐经学为拓展。孙奇逢所建构的道统谱系中，其“主”是指道学宗主，以周敦颐为首的宋明理学大家十一人，分十一卷传叙；“辅”是指对道学的辅佐，包括历代诸儒共计一百四十四人；另有补疑六人。在这一百四十四人中，汉隋唐儒者仅十一人，其余皆为宋明诸学派宗主的门人弟子。然后是进行内外安排：《理学宗传》强调内外，所谓“内”，是指道学之内；所谓“外”，是指道学之外。道学之内者，既包括十一“宗主”，也包括“宗主”门人弟子，因为道学之内，也客观地呈现主辅两在序列；而道学之外者，就是“辅”，其也存在主辅两个序列，前者如具有“薪传之功”的汉唐“十一子”；后者即作为“补遗”的宋、明诸儒。

按照主辅和内外原则，二十六卷《理学宗传》首先叙列宋明程朱和陆王两派“宗主”十一子，然后每人单独各为一卷。其次序为周敦颐、程颢、程颐、张载、邵雍、朱熹、陆九渊、薛瑄、王守仁、罗洪先、顾宪成。因为他们直接道统之传，故而获得道统之正，是为理学“大宗”。然后分别传述汉唐迄至于明末的“传经之儒”以及辅翼道统诸儒，前者包括开创出“薪传之功”的董仲舒（西汉）、郑玄（东汉末）、王通（隋）和韩愈（唐）等“十一子”；后者指宋、元、明诸儒中凡具有辅翼道统之功者，均收录其中。这包括《宋儒考》五十四人，上自胡瑗、下迄金履祥；《元儒考》姚枢、刘因、许衡等十八人；《明儒考》著录曹端至于刘宗周共六十四人。而宋代张九成、杨简和明代王畿、罗汝芳、周汝登等学说“近于禅”的六人被列入“补遗”而构成“外”。

在《理学宗传》中，孙奇逢运用主辅内外原则，采取类传体例对人物进行分类立传，建构起融“传记、学术资料选编、评笺三位一体的编纂新格局”① 的“圣学本天”道统谱系。

二、“一致而百虑”的道统视野

孙奇逢“圣学本天”的道统谱系之所以能够兼容程朱、陆王两派于一体，构成自洽的合理体系，是源于其“一致而百虑”的道统视野。“一致而

① 陈祖武：《中国学案史》，东方出版中心 2008 年版，第 93 页。

百虑”语出《易传》:“《易》曰:‘憧憧往来，朋从尔思。’子曰:‘天下何思何虑？天下同归而殊途，一致而百虑。’”① 孙奇逢之前的中国思想家们对它的诠释已呈多元化。因为有“子曰”，后世认为“天下殊途而同归，一致而百虑”是孔子解释咸卦九四爻之爻辞“憧憧往来，朋从尔思”所作的一种发挥性阐释。由于《周易》是古代儒家经典的第一经，其中的每句话都蕴含丰富意蕴，而且后人释此经典时，也将其中每一句赋予特别丰富的义理内容。因为这两个方面的双向互动，自然使“一致而百虑”成为儒家大道思想的构成内容，并构成解释道统承传与发展的认知工具。

要将“一致而百虑”作为儒家道统承传和发展的认知论的有机组成部分，需要深入理解其根本内涵。较早做此功夫的是东晋训诂学家韩康伯，“韩康伯曰:‘夫少则得，多则惑，途虽殊，其归则同；虑虽百，其致不二。苟识其要，不在博求。一以贯之，不虑而尽矣。’”② 今人将“一致而百虑”之“一”和“致”看成是一个词:“一致”，使之与“百虑”相对应。相对“百虑”言，“一致”是人的认识寻求对一致性的达成，所以，“一致”构成认识的目标，具备对认知本身的引导功能，并获得认知寻求“贯通”的内在品质；相对“一致”言，“百虑”被解释成为不同认知主体所达及或者获得的不同见解。由此，在“一致而百虑”中，“一致”强调共性、共识性；“百虑”强调个体性、差异性。基于如此认知取向，冯契将“一致而百虑”解释成“一致”和“百虑”两个环节构成的思维认知循环往复运动，体现思维认知矛盾运动的普遍规律。③

那么，我们来分析一下韩康伯对“一致而百虑”的体认，他所理解的“天下何思何虑？天下同归而殊途，一致而百虑”，其“一致”应该不是一个词，而是“一”与“致”两个词:“一”，相对“多”言，指众多中之“一”，或者众多背后的“一”。因而，“一”与“多”，有本体与现象的意旨。实际上，联系上一句“天下同归而殊途”来看“一致而百虑”，“一”指“天下同归”

---

① (清)阮元校刻:《系辞下》，《周易正义》卷8，《十三经注疏》，中华书局1980年版，第87页。

② (唐)李鼎祚撰，王丰先点校:《系辞下传》，《周易集解》卷15，中华书局2016年版，第461页。

③ 参见冯契:《认识世界与认识自己》，华东师范大学出版社1996年版，第227页。

之"道"。这就将"致"凸显了出来：致，至也。天下同归于"一"（即"道"），自然使"殊途"同达于共守之"一""道"。这应是韩康伯所释的三层语义：第一，"少则得，多则惑"。《易传》讲"天下同归"于"一"，就是少之又少的那最后的、最隐秘的、稳定的、不变的"一"，能够体认、领悟、把握到它，就可从众多的"惑"中突破出来，哪怕是不同的路径，不同的方式，也会终归于唯一之"道"。第二，只要获得了殊途同归的认知和方法，哪怕是百虑千惑，也会致之不二，即也至于其"道"。所以，第三，在现象的层面，认识可以庞杂，见识可以广博，但这仅仅是认知的起步，认知所需要真正达及的却是超越庞杂的思想和广博的见识专"一"，并以此贯之始终。一旦能够如此，所有阻碍认知达于极境的思虑或困惑，都将可能自发消失呈现清澈澄明的"道"境。

朱熹就是在这样的思维认知层面理解"天下同归而殊途，一致而百虑"的，他在《周易本义》中言："言理本无二。而殊途百虑莫非自然。何以思虑为哉。必思而从。则所从者亦狭矣。"[①] 在朱熹看来，"一"所至于的"理"，它是天地自然、世间万物得以自身方式存在的统一性的根据；与此不同，"百虑"乃"理"展开自身的自然状态。王夫之亦如是相近的理解，他认为"借曰'殊途而同归，百虑而一致'，则二本而无份矣。同而一者，所以来也；殊而百者，所以往也。过此以往，为殊为同，为一为百，不容知也。"[②] 在王夫之看来，"一致"即是一本，它构成"万殊"存在的本源和敞开的依据。所以，"一致"产生出"万殊"，它成为生之"来"；"百虑"乃"万殊"，它成为走向灭亡之"往"。

明代理学家蔡清在朱熹和王夫之对"一致而百虑"的抽象生成论诠释基础上，做出进一步理解，将"一致"诠释为"天下感应之理"，他在《易经蒙引》中解释咸卦时说道："天下感应之理，本同归也，但事物则千形万状，而其途各殊异；天下感应之理，本一致也，但所接之事物不一，而所发之虑亦因之有百耳。夫虑有百而其致则一，途虽殊而归则同，是其此感彼应之理，一皆出于自然而然，而不必少容心于其间者。吾之应事接物，一惟顺其

① （宋）朱熹：《系辞下》，《周易本义》，凤凰出版社 2011 年版，第 88 页。

② （清）王夫之：《周易外传·系辞下》，中华书局 1962 年版，第 188 页。

自然之理而已矣，天下何思何虑。”① 自然世界、天下万物皆感应而生。以此观之，“一”所致者，乃自然世界、天下万物均能感应之通“理”，它是自然世界、天下万物自然而然的统一性原理，贯之于自然世界和人类社会，这是天人相通的前提、依据和方式；“百虑”所表达的却是人间境遇，具体地讲，百虑所涵摄的是每个人生存的特殊境遇，突出个体存在的独特性和实际生存处境的特殊性，正是这种存在的独特性和生存处境的特殊性，才生发出千姿百态的思虑，但其个体存在性和生存处境性的思虑，要达于共济共生，则必须达于“生生”之道。

孙奇逢对“一致而百虑”予以形而上学阐发，集中见于其《道一录序》：

> 道原于天，故圣学本天。本天者，愈异而愈同；不本天者，愈同而愈异。夫天大之而元会运世，小之而春夏秋冬，至纷纭矣。然皆天之元气也。诸大圣、诸大贤、诸大儒，各钟一时之元气。时至事起，汤、武自不能为尧、舜之事，孔、孟自不能为汤、武之事，而谓朱必与陆同，王必与朱同耶？天不能以聪明全畀一人。……我辈今日，亦只定我辈今日之议论。使前人言之，而后人再不敢言，则坟典者，乃伏羲、神农、黄帝、颛顼、高辛之书，孔子不敢删矣。有是理耶？道之一，正于至不一处见一，所谓殊途而同归，一致而百虑耳。流水之为物也，万派千溪，总归于海。适邦畿者，由陆、由山、由水，及其成功，一也。②

孙奇逢的《道一录》录什么呢？孙奇逢自己做如是定义：

> 《道一录》者何？录《朱子晚年定论》，并阳明王子《传习录》也。何以录二子也？……王子时有诤论，天下士多疑之，又若疑朱、陆之有异同也。故合刻之，以证夫道之一。夫一，亦难言矣。唐虞三代之时，道统在上。春秋战国而后，道统在下。在上者，禹已不同于尧、舜，汤又不同于禹。文、武父子也，亦迥然其不同。而谓颜、曾、思、孟果同于孔子，周、程、张、朱果同于颜、曾、思、

---

① （明）蔡清：《易经蒙引》，转引自黄寿祺、张善文注译：《周易译注（下）》，上海古籍出版社2007年版，第410页。

② 张显清主编：《孙奇逢集·夏峰先生集》卷4，中州古籍出版社2003年版，第618—619页。

孟耶，又何敢比而同之于尧、舜、禹、汤、文、武？此固天下士所不敢自信者，何怪乎动辄生异同哉？①

孙奇逢做《道一录》，是为比较朱王之学的局限和流弊，进而比较朱王自为传道统绪，或者自为道统正统而排他的流弊。这是因为：

第一，儒学道统，自远古传递于今，总处于变化发展进程之中，从未有停止，从没有完形，即使居于其上的唐虞三代，其所承传的大道统绪，已经是禹不同尧、舜，即使文、武父子相传，也是各有其异。哪怕最为朱王所推崇的思、孟，也与孔子有更大的区别。所以，朱王之学呈相异，实属于正常，完全一致者才是怪异。因为“道之一”，无论是对古代圣人而言，还是当今贤学而言，均属于难事。

第二，对于儒家道学发展的统绪，谁也不敢自专，谁也不敢自任。无论是由外而内道学问的朱熹，还由内而外是尊德性的王阳明，只要是从一个角度、一个方面切入，或者只要是过分强调己所感兴趣的那一点，那种理念、那种自为以是，哪怕是百虑，也必然有其一疏而形成自我遮蔽，甚至自我解构。“内黄令张仲诚，于二子有独契焉。读《传习录》与《晚年定论》，而见其道之一也。二子自当相视而莫逆矣。且于周、程、张、朱，以证之颜、曾、思、孟，无不一也。由颜、曾、思、孟，以证之孔子，无不一也。由孔子以证之文、武、禹、汤、尧、舜，无不一也。仲诚谓余曰：‘眼前地位，也见得有个不让尧、舜处在是。’真知道之一者矣。”②

第三，儒学圣道承传的历史进程中，虽然总有变化，总在发展，甚至总会出现相互兼容，或者相互排斥和争夺的情况，但无论表面何等的完全不同，甚至水火不容，也仅仅是表面现象，是形态、方式、方法、表达的差异。究其实质，儒学统绪在本质上是“一”，是“道之一”，是“一之道”。这个本一之道，本原于天，所以“圣学本天”。圣学本天，是指圣学本源于天。

第四，“圣学本天”，决定了圣道本天道、天理、天性。因而，儒学承传和发展，不以人立法，不以人制则，而是人依法、人遵则。以此来看，朱王之争，只是儒学内部之争，这是自古圣不自专的道理，既然“汤、武自不能

---

① 张显清主编：《孙奇逢集·夏峰先生集》卷4，中州古籍出版社2003年版，第618页。

② 张显清主编：《孙奇逢集·夏峰先生集》卷4，中州古籍出版社2003年版，第619页。

为尧、舜之事，孔、孟自不能为汤、武之事，而谓朱必与陆同，王必与朱同耶？天不能以聪明全畀一人。”① 那么朱王又何敢称“以聪明全畀一人”？因此，无论是程朱学派，还是陆王学派，都须自弃“以聪明全畀一人”的偏执，追求同归本天之道。

第五，由于“圣学本天”，所以，以天为本，以一为道，那就只能是“本天者，愈异而愈同；不本天者，愈同而愈异”②。揭示程朱陆王之学，均有致于同归于本天之道的内在依据、条件和可能性。

概括上述，孙奇逢的“一致而百虑”思想，就是道统谱系得以建构的本天思想和圣道归本思想，这一思想的简单说法，就是理学之“理”来自天理，理学之“道”来自天道。理本原于天，道原自天，但凡人（包括圣人）一己之力是不能穷尽所有“天理”，更不达至“一”天之道，即使孔孟之理也只是天理的一部分，孔孟之道也只是天道某个方面。用一个抽象的方式来比喻：整个天理（道）是一间广阔无边的、其大无外、其小无内的漆黑屋子，尧舜禹等圣王点起篝火照亮了一大片地方，孔孟等圣人就好比强光手电筒，照亮了一大片地方，后来的朱熹、二程等大儒接过孔孟的手电筒，其光线因电池损耗已显得比之前微弱了，只照亮了不算大的一片地方，此外还有各家各派的诸儒也以自己手中简陋的照明工具，星星点点地照亮了更小的一片片零星之地。跟远古的圣人比起来，他们照亮的范围如火把、如蜡烛、甚至只是一根火柴的微弱荧光；但由于没有人能够以一己之力照亮整个屋子，每个人都只是揭示了“道”的一部分。所以，即便是一根火柴照亮的方寸之地也是有意义和价值的，更与孔孟程朱同样重要。以此来看，王阳明的心学和致良知说，本身具有合法性，王阳明、陆九渊进入圣学承传的道统谱系构成儒家脉络也体现合法性。潘志锋认为孙奇逢的“一致而百虑”是为王阳明之学正名③，当然“一致而百虑”也让孙奇逢的道表现出较大的包容性、兼容性，不仅在当时（明末清初）包容了程朱陆王等诸子各家，亦留下可持续发展的空间，让未来的儒者们也有了跻身道脉宗传的可能，体现了道统承传的生生不息。

---

① 张显清主编：《孙奇逢集·夏峰先生集》卷4，中州古籍出版社2003年版，第618页。

② 张显清主编：《孙奇逢集·夏峰先生集》卷4，中州古籍出版社2003年版，第618页。

③ 参见潘志峰：《清初道统观研究》，社会科学文献出版社2016年版，第99页。

三、“代各有人”的道统发展观

孙奇逢“一致而百虑”的道统视野于“圣学本天”道统谱系中落实的体现，就是其“代各有人”① 的道统发展观。

“道统”思想，古时早已有之，它的产生可追溯到《诗》《书》中的相关记载:《书》载唐尧、虞舜、夏禹、商汤,《诗》颂文王、武王、周公,《易》言伏羲、神农、黄帝，其言乃道统思想之滥觞。先秦时期，尧、舜、禹、汤、文、武已成为诸子各家共崇之圣王序列。如“若昔三代圣王，尧、舜、禹、汤、文、武者是也。”②“唯无得之，尧舜禹汤文武孝已，斯待以成，天下必待以生。”③“故名分未定，尧、舜、禹、汤且皆如物而逐之。”④“成其道德而扬功名于后世者，尧、舜、禹、汤、周文王是也。”⑤“得贤师而事之，则所闻者尧、舜、禹、汤之道也”⑥ 等。

其实就儒家言，比荀子更早的是曾子。“曾子曰:‘士不可以不弘毅，任重而道远。仁以为己任，不亦重乎？死而后已，不亦远乎？’”⑦ 曾子以孔子思想正宗传人而居之的这种角色意识及其奋斗努力，为孟子所继之并发扬光大。

> 五百年必有王者兴，其间必有名世者。由周而来，七百有余岁矣。以其数，则过矣；以其时考之，则可矣。夫天未欲平治天下也；如欲平治天下，当今之世，舍我其谁也？⑧
>
> 由尧、舜至于汤，五百有余岁；若禹、皋陶，则见而知之；若汤，则闻而知之。由汤至于文王，五百有余岁……若孔子，则闻而知之。由孔子而来至于今，百有余岁，去圣人之世若此其未远也，

---

① 张显清主编:《孙奇逢集・理学宗传》卷 15，中州古籍出版社 2003 年版，第 966 页。

② 曹海英译注:《墨子・天志》(中)，北方文艺出版社 2014 年版，第 128 页。

③ 梁运华点校:《管子・枢言》，辽宁教育出版社 1997 年版，第 38 页。

④ 张文治编，陈恕重校:《商子・定分》,《诸子治要》,《国学治要》第 3 册，南海出版公司 2015 年版，第 111 页。

⑤ (汉) 刘向集录:《齐策》,《战国策》卷 11，上海古籍出版社 2015 年版，第 410 页。

⑥ (清) 王先谦撰，沈啸寰、王星贤整理:《性恶篇第二十三》,《荀子集解》卷 17，中华书局 2012 年版，第 434 页。

⑦ 杨伯峻译注:《泰伯》,《论语译注》，中华书局 2004 年版，第 80 页。

⑧ 杨伯峻译注:《公孙丑下》,《孟子译注》(上)，中华书局 2000 年版，第 109 页。

> 近圣人之居若此其甚也，然而无有乎尔，则亦无有乎尔。①

孟子勾勒出了一个先秦儒家传道的脉络和系统：尧、舜、禹、汤、文、武、孔子。而孟子则以圣人之道承传者自居。汉代经学家同样以此而自觉如是。

唐代韩愈为了重建并强化当时被弱化的儒家学说，以对抗盛行于世的佛老思想，因此尤为强调儒家之“道”与佛老之道的区别：“斯道也，何道也？曰：斯吾所谓道也，非向所谓老与佛之道也。尧以是传之舜，舜以是传之禹，禹以是传之汤，汤以是传之文、武、周公，文、武、周公传之孔子，孔子传之孟轲，柯之死，不得其传焉。”②但在那个思想相对自由的唐代，韩愈的道统思想并没有引来特别的重视。至于宋，道统兴起。首先是程颐率先称其兄程颢为真正的“道统”传人：

> 周公没，圣人之道不行。孟轲死，圣人之学不传。道不行，百世无善治；学不传，千载无真儒。无善治，士犹得以明夫善治之道，以淑诸人，以传诸后；无真儒，天下贸贸焉莫知所之，人欲肆而天理灭矣。先生生千四百年之后，得不传之学于遗经，志将以斯道觉斯民。……道之不明也久矣。先生出，倡圣学以示人，辩异端，辟邪说，开历古之沉迷。圣人之道得先生而后明，为功大矣。③

韩愈倡道统，认为孟轲之后，儒家传道统绪中断，自己率先有意识地续接之而往下传递。但程颐却不这样看，他认为韩愈虽然提出了道统说，但根本没有资质和能力成为续接孟轲的道统传人，能够有资格和能力续接孟轲而传递圣道统绪的，只有其兄程颢，接下来就是他自己；哪怕宋朝的张载、周敦颐，也不具备这个资质和能力。

进入南宋后，宗二程的朱熹心领神会程颐的意欲，于是专作《伊洛渊源录》，为二程争“正统”的圣道传人。不仅如此，朱熹还在《中庸章句序》中做了系统地梳理和阐发：

> 《中庸》何为而作也？子思子忧道学之失其传而作也。盖自上

① 杨伯峻译注：《尽心下》，《孟子译注》（下），中华书局2000年版，第344页。

② （唐）韩愈著，马其昶校注，马茂元整理：《原道》，《韩昌黎文集校注》卷1，上海古籍出版社1986年版，第18页。

③ （宋）程颢、程颐著，王孝鱼点校：《明道先生墓表》，《河南程氏文集》卷11，《二程集》，中华书局2004年版，第640页。

> 古圣神继天立极，而道统之传有自来矣。其见于经，则“允执厥中”者，尧之所以授舜也。“人心惟危，道心惟微，惟精惟一，允执厥中”者，舜之所以授禹也。……夫尧、舜、禹，天下之大圣也。……自是以来，圣圣相承，若成汤、文、武之为君，皋陶、伊、傅、周、召之为臣，既皆以此而接夫道统之传。若吾夫子，则虽不得其位，而所以继往圣、开来学，其功反有贤于尧、舜者。然当是时，见而知之者，惟颜氏、曾氏之传得其宗。及曾氏之再传，而复得夫子之孙子思，则去圣远而异端起矣。子思惧夫愈久而愈失其真也，于是推本尧、舜以来相传之意，……作为此书，以诏后之学者。……自是而又再传，以得孟氏，为能推明是书，以承先圣之统。及其没，而遂失其传焉。……故程夫子兄弟者出，得有所考，以续夫千载不传之绪。①

朱熹不仅承继二程的“道统”论，还予以进一步发展：首先，朱熹指出，在源头阶段，道统与政统合一。至于春秋，“天子失官，学在四夷”②，道统与政统开始分离：政统由血缘宗法世袭罔替；道统则由君子（包括有位的君子和无位的君子）承传。孔子是第一位，其虽无君位，但其贤堪比尧、舜。而且朱熹将其传道者清单做了拉长，增加了皋陶、伊、傅、召等人，并突出从孔子到孟子之间的颜子、曾子、子思的道统地位。主要是为了揭示真正续接起道统承传的源头。其次，受二程思想的影响，朱熹把传心与传道结合起来，明确提出“人心惟危，道心惟微，惟精惟一，允执厥中”这“十六字心传”。

程朱提出的道统论，未能得到所有人的认可，首先起而否定的人是陆九渊，他认为自己才是直接接续孟子的传道人。同为心学一脉的王阳明自然认同陆九渊的主张，王阳明后学周汝登在其《圣学宗传》中直言陆王二人才是续接“心心相传”的“道统”传人。

孙奇逢在程朱学派和陆王学派争道统地位的大背景下，基于“明道”之

---

① （宋）朱熹著，郭齐、尹波点校：《中庸章句序》，《朱熹集》卷 76，四川教育出版社 1996 年版，第 3994—3995 页。

② （清）阮元校刻：《昭公十七年》，《春秋左传正义》卷 48，《十三经注疏》，中华书局 1980 年版，第 2084 页。

目的，提出道统承传“代各有人”的道统发展观思想。他在《理学宗传》中首先阐述了程朱陆王都是“道统”的正宗承传者，并在《日谱》中进一步指出：“《理学宗传》，叙列从古名儒修德讲学之事，明道统也。”① 明确提出：“七十子之服孔子，人谓其穷于道途，而不知其达于师弟，乐莫有大焉者矣。千百年后，续此脉者代各有人。”②

孙奇逢运用“代各有人”的道统发展观，不仅论述了程朱陆王都是道脉正宗传人，而且下大功夫阐述“汉唐三子”（即：董仲舒、王通、韩愈），亦推崇他们也是正宗的圣学道脉的正宗传人，从而实现了“代各有人”的道统发展观思想的完满性和逻辑的无漏洞性。

固执于程朱或陆王一家之言道统观念的儒者，往往认为将“汉唐三子”列入正宗道统谱系，是为不合法则，致使《理学宗传》出现“体例不纯”的缺陷。但孙奇逢本人却不这样认为，恰恰相反，惟有将“汉唐三子”纳入道统的正宗传人谱系，圣道承传的道脉链条才得以贯通，圣道承传的谱系才完整。孙奇逢在顺治十三年（1656）四月初四寄给张凤翔的信中写道：“三十年来，辑有《宗传》一编，……及谒先生渥领指示，觉人繁淆殊，非传宗之旨，故止存周、张、二程、朱、陆、王七子。标曰《宗传录》。”③ 孙奇逢虽然意识到“人繁淆殊”的体例缺陷，但在定稿《理学宗传》时仍然将“汉唐三子”列入其中，其根本理由，孙奇逢自己做了如下解释：

> 予从来喜读儒书，因家贫生长北方，不能多购诸家文集，积二十余年，始成一选。曰《诸儒宗旨》。自董江都至鹿江村，计五十人，继而病其太繁，于五十人中，自周濂溪至王阳明，得十一人。曰《理学宗传》。（顺治十二年六月二十三日）④
>
> 孟氏没，而孔子之道不传。董子明乎天性一语，最得头脑。此程子所以云度越诸子也。虽又曰，见道未甚分明。然草昧已久，谁能得圣贤之意者，河汾得阳明之论而定，无复置议。昌黎当邪说横流，独能明目张胆□推其本末，权其祸富轻重，以救其惑，使三纲

① 张显清主编：《孙奇逢集·日谱》卷 12，中州古籍出版社 2003 年版，第 462 页。

② 张显清主编：《孙奇逢集·理学宗传》卷 15，中州古籍出版社 2003 年版，第 966 页。

③ 张显清主编：《孙奇逢集·日谱》卷 8，中州古籍出版社 2003 年版，第 306 页。

④ 张显清主编：《孙奇逢集·日谱》卷 7，中州古籍出版社 2003 年版，第 234 页。

五常未尽泯乱，其所谓儒而豪者哉。虽有曰见道不甚分明，三子创辟之功，未可与承流者同日论也。予叙宗传，不得不推三子开山之功。（顺治十二年七月十六日）①

由此不难看出，孙奇逢从开始所选的五十人中删去了董仲舒、鹿江村等人，只取周敦颐至于王阳明十一人，他当时如此裁削的考虑是解决"病其太繁"。但其后不到一个月，孙奇逢又推翻了自己的做法，仍然觉得"予叙宗传，不能不推三子开山之功。"孙奇逢收录"汉唐三子"于《理学宗传》，其根本目的也是为了"明道统"，立"代各有人"的道统发展观。因为"代各有人"的道统发展观思想，并不只是一种认知、观念和思想，它首先是一种事实，一种历史事实，一种思想史、学术史、传道史事实。尊重事实本身，就是最好的思想，最精辟的思想。

为了阐述和确立以事实为基础的"代各有人"的道统发展观，孙奇逢更是详细阐述了完全不同于二程和朱熹对汉唐诸儒的评价。在朱熹眼中，"汉儒董仲舒较稳，刘向虽博洽而浅，然皆不见圣人大道。"②"且如王通这人，于世务变故、人情物态，施为作用处，极见得分晓，只是于这作用晓得处却有病。韩退之则于大体处见得，而于作用施为处却不晓。如《原道》一篇，自孟子后无人，似它见得。……只是空见得个本原如此，下面工夫都空疏，更无物事撑住衬簟，所以于用处不甚可人意。"③ 孙奇逢却对此予以反驳。

孙奇逢认为："宋儒固大有功于吾道，但开口便说汉儒驳杂。夫经书传注，未尝不资汉儒。亦有不及汉儒者，乃讥其训诂，谓汉无人。恐不足服汉儒之心、以服天下后世之心。此宋儒议汉儒太过。圣人之全体大用及门诸贤，有具体而微者，有各具一体者，宋儒亦不过各分一节一目。"④ 同时孙奇逢指出，董仲舒"暴秦焚坑之后，汉高继之，……素轻儒术，圣学不绝如线矣。江都崛起，制策三篇，洋洋乎天人古今之统也。匠心独诣，无所蹈袭，醇儒也哉！"⑤ 而且董氏所生活的时代，"天子、皇后多尚黄老，而特立始终

① 张显清主编：《孙奇逢集·日谱》卷7，中州古籍出版社2003年版，第243页。
② （宋）黎靖德编：《朱子语类》卷135，中华书局1986年版，第3227页。
③ （宋）黎靖德编：《朱子语类》卷137，中华书局1986年版，第3255页。
④ 张显清主编：《孙奇逢集·日谱》卷7，中州古籍出版社2003年版，第251页。
⑤ 张显清主编：《孙奇逢集·理学宗传》卷12，中州古籍出版社2003年版，第907页。

不变，以儒术著称者，盖亦难矣。薪传之功，岂容易视之耶!”① 在孙奇逢看来，黄老盛行的汉代，董仲舒以儒术立世，对“道统”立有“薪传之功”。至于唐代韩愈，能够“推其本末，权其祸福轻重，以救其惑，使三纲五常未尽泯乱”，在圣道承传中更是殊不可泯没。

（作者单位：四川师范大学哲学研究所）

① 张显清主编：《孙奇逢集·理学宗传》卷 12，中州古籍出版社 2003 年版，第 909 页。

戴震论性气才

高国良

戴震言“性”首先指的是类之区别意义上的属性。继而，认“血气心知”为性之实在内容。性善之性即血气心知之性。心知扩而充之以为仁义礼智。心知才是仁义礼智以及性善的根据。戴震论“气”是将气化流行作为道之实质性内容的一种气本论。戴震论“才”可以归结为两点：一是“性”“才”一本非二本；二是“才”之病非因于“才”自身。

以考据起家的戴震，最为注重的却是自己的义理之学。考据的目的在于明道，而恢复圣人之道的真意必须首先清除对于道的误解。戴震认为程朱等宋儒对于圣人之道的理解由于掺杂佛老之学而变得不纯粹了，他一方面正面阐述其理论主张，另一方面激烈批驳宋儒的主要观点。戴震性论是其义理之学的核心内容，在其代表性著作《孟子字义疏证》（以下简称《疏证》）中获得最为完整的表达，可以涵括早期著作《绪言》、《原善》中的相关论述，因此本文将着重研究《疏证》中戴震对“性”、“气”、“才”的论述，以此来展现戴震之学的独特性，并对其理论后果加以衡判。

一、戴震论“性”

（一）戴震对“性”的定义

戴震在《疏证·性》篇首即对“性”作了规定：“性者，分于阴阳五行以为血气、心知、品物，区以别焉……”① 万物由于分有阴阳五行之化而成其类，“性”在此指的是一类事物区别于他类事物的本质属性，也即类之区别意

① （清）戴震：《性》，《孟子字义疏证》，中华书局1982年版，第25页。

义上的本性。一类事物之所以为这一类事物全在于其“性”。“一言乎分，则其限之于始，有偏全、厚薄、清浊、昏明之不齐，各随所分而形于一，各成其性也。然性虽不同，大致以类为之区别。”① 由于初始的禀受不同，不同类的物具有了不同的性。“天道，阴阳五行而已矣；人物之性，咸分于道，成其各殊者而已矣。”② 万物类别的不同皆因其性之不同，人之性不同于牛之性，亦不同于犬之性。戴震曰：“性者，飞潜动植之通名；性善者，论人之性也。如飞潜动植，举凡品物之性，皆就其气类别之。人物分于阴阳五行以成性，舍气类，更无性之名。”③ 性就其根源来讲皆源于阴阳五行之气，作为通名的性不为人所专有，飞潜动植皆有其性，如果专以性善规定人性，那么人之性与物之性的区别究竟来自于何处？既然“舍气类，更无性之名”，则人性与物性的差异只能从气禀的差异上获得解释。戴震曰：“天道，五行阴阳而已矣，分而有之以成性。由其所分，限于一曲，惟人得之也全。曲与全之数，判之于生初。人虽得乎全，其间则有明暗厚薄，亦往往陷于一曲，而其曲可全。此人性之与物性异也。”④ 戴震在阴阳五行之气的禀受的意义上言“曲”与“全”，也即是说相较于物，人禀得了更为完整的阴阳五行之气。这种禀受上的差别指的究竟是物禀受了五行的某一部分，还是指物所禀受的五行在分量上与人有差别，这一点戴震并未明言。虽然人与物都是从阴阳五行之运化也即天道那里分有其性，但人性与物性的差别在人与物产生之初就已经奠定了。不惟如此，人与人之间同样存在差别，只不过这种禀受上的差异并不构成绝对的缺陷，戴震曰“其曲可全”，意指人有一种超出气禀、本能之限制的能力。

戴震论性的范围比较宽泛，基本涵括本能的全部内容。戴震云：“人之血气心知，本乎阴阳五行者，性也。”⑤ 血气心知乃人性的实质性内容。又云：“人与物同有欲，欲也者，性之事也；人与物同有觉，觉也者，性之能也。欲不失之私，则仁；觉不失之蔽，则智。仁且智，……性之德也。”⑥ 由

① （清）戴震：《性》，《孟子字义疏证》，中华书局1982年版，第25页。
② （清）戴震：《性》，《孟子字义疏证》，中华书局1982年版，第25页。
③ （清）戴震：《性》，《孟子字义疏证》，中华书局1982年版，第34—35页。
④ （清）戴震：《原善》卷上，《孟子字义疏证》，中华书局1982年版，第65页。
⑤ （清）戴震：《理》，《孟子字义疏证》，中华书局1982年版，第8页。
⑥ （清）戴震：《原善》卷上，《孟子字义疏证》，中华书局1982年版，第62—63页。

于人与物同具“血气之伦”，因此在某些能力方面必然享有共同性。欲与觉不独为人所专有，不过人之超出于物只在于其欲与觉可以做到不失，“不失”意指一种节制的力量。与程朱直接将仁义礼智当作性不同，戴震将仁与智看作“性之德”，心知经过扩充方能达致的完整道德状态，仁智的获得对于戴震来说并非现成之事。

戴震没有回答的是这种使得人之欲与觉不失的能力究竟从何而来，是来源于欲与觉自身呢，还是来源于欲与觉之外的其他能力，是否可以将这种能力归之为性？仁与智只是性事、性能不流于偏私和固蔽的结果，是全其性之德所成就的，戴震反对将仁智作为性中先天本具之物的观点。在戴震的道德观中，人的道德努力的方向不在于回复到人性的初始状态，而是通过学问的修习来达到完善的境界：“德性始乎蒙昧，终乎圣智。……德性资于学问，进而圣智，非‘复其初’，明矣。”① 德性的获得是心知得其养的结果，而非返回到本性的自足状态。

戴震还借用对《中庸》“天命之谓性”和《大戴礼记》“分于道谓之命，形于一谓之性”这两句话的诠释强化自己对于“性”的理解，驳斥宋儒尤其是朱子对于性的诠释。对《中庸》“天命之谓性”的传统注解认为此句话意指“性”乃得自于超越性的“天”。朱子在《中庸章句》中就是如此解释的：“命，犹令也。性，即理也。天以阴阳五行化生万物，气以成形，而理亦赋焉，犹命令也。于是人物之生，因各得其所赋之理，以为健顺五常之德，所谓性也。”② 戴震不赞同析理气为二的做法，基于气一本论的立场，他认为把理义之性归为天之所予，即是把理看作了某种可以在天与人之间进行传递、转运的物。戴震始终反对在气禀之外言性。戴震曰：“以生而限于天，故曰天命。”③ 在戴震看来，“命”主要是限定、制约的意思，天命即生而禀受的限制。天的形上义、超越义以及道德价值皆被取消掉了。戴震曰：“《中庸》‘天命之谓性’，谓气禀之不齐，各限于生初，非以理为在天在人异其名也”。④ 戴震不赞同程朱“性即理”的主张，他只在生之谓性、气禀的意义

① （清）戴震：《理》，《孟子字义疏证》，中华书局 1982 年版，第 15 页。
② （宋）朱熹：《中庸章句》，《四书章句集注》，中华书局 2012 年版，第 17 页。
③ （清）戴震：《性》，《孟子字义疏证》，中华书局 1982 年版，第 25 页。
④ （清）戴震：《性》，《孟子字义疏证》，中华书局 1982 年版，第 34 页。

上说性，反对在性之外别寻一个超越的根源。戴震谨守在气禀意义上言性的“一本”立场。

（二）戴震论性善

仅仅在殊别的意义上言性而不对性的实质性内容有所断定，就无法将人性与物性区分开，也无法构建完整的人性论，因此戴震必须处理自己的人性论与原始儒学尤其是孔孟人性论的关系。戴震批判宋儒的人性论，指斥宋儒对于性善的解说已误入歧途，力证自己的人性论与孔孟的立场是一致的。

戴震否定宋儒对于《论语》“性相近之性”以及孟子“性善之性”的理解。朱子《论语集注》在注释“性相近”时明确说：“此所谓性，兼气质而言者也。气质之性，固有美恶之不同矣。然以其初而言，则皆不甚相远也。但习于善则善，习于恶则恶，于是始相远耳。”朱子还引程子之说：“此言气质之性。非言性之本也。若言其本，则性即是理，理无不善，孟子之言性善是也。何相近之有哉？”①尽管朱子、程子对于气质之性的理解并不完全相同，但他们都认为这两处的性的所指并不同。他们处理孔子的性相近之说与孟子的性善论之间所存在的表面上的不相协调的办法，就是认为二者非指同一个“性”，前者乃气禀之性，后者乃性之本即理。“性即理”之说乃程朱理学的核心观点，戴震自然也看到了此一观点对于程朱理学的极端重要意义，因此也成为了他力图攻破的一个重点“堡垒”。

戴震曰：“孟子道性善，言必称尧舜”，非谓尽人生而尧舜也。自尧舜而下，其等差凡几？则其气禀固不齐，岂得谓非性有不同？然人之心知，于人伦日用，随在而知恻隐，知羞恶，知恭敬辞让，知是非，端绪可举，此之谓性善。”②按照戴震的理解，孟子所言之性善并非断言人人禀得一个普遍的现成的善性，相反人与人之间的气禀差异不容忽视，“岂得谓非性有不同”其意正是指气质之性确有不同，戴震似乎没有意识到此一说法有将性之普遍性瓦解的危险。按戴震之意，气禀之不齐并不影响心知之能，因此性善之普遍

---

① （宋）朱熹：《阳货第十七》，《论语集注》卷9，《四书章句集注》，中华书局2012年版，第177页。

② （清）戴震：《性》，《孟子字义疏证》，中华书局1982年版，第28—29页。

义可以在心知随在而发用呈现的功能、作用意义上建立。

在戴震的义理系统中，“性”只能是一个“性”，也就是气质之性，而不存在外于气质之性的所谓“极本穷源之性”。“极本穷源之性”即程朱的“本然之性”“义理之性”。但令人颇为困惑之处在于戴震又不反对将理义归于性，在诠释孟子“心之所同然”时说：“盖孟子道性善，非言性于同也；人之性相近，胥善也。明理义之为性，所以正不知理义之为性者也；是故理义，性也。由孟子而后，求其说而不得，则举性之名而曰理义也，是又不可。”[①]戴震肯定“理义，性也”，但又反对“举性之名而曰理义”，这一表面的矛盾实乃由于戴震取性的宽泛定义而来，戴震在气禀意义上言性，将所有的本能皆归之于性，因此必不能说性即是理义，亦无法说理义乃性唯一的内容，但他又必须克服理气的二分，断定理义不能离于气性，上升为性之外的某种超越之物，因此理义又属于性的一部分。此一做法给其理论的系统性和一贯性带来了巨大困难。

戴震反对“性”与“理”之超越义，他只承认经验世界之性——血气心知及其自然之理，指责宋儒理气、理欲二分的做法，使得气质之性沦为了纯然消极、被动的等待理义去凑泊的东西，曰：“古圣贤所谓仁义礼智，不求于所谓欲之外，不离乎血气心知，而后儒以为别如有物凑泊附著以为性”[②]。戴震认为程朱将性二分然后将义理之性理判定为善，表面上遵循孟子的性善论，实质上却背离了圣人旨意。

戴震不承认“性即理”，也即否认仁义礼智是得于天、具于心的天赋之性，必欲从其气一本论之立场出发引出道德价值，也即从血气心知引出仁义礼智。在诠释《礼记·乐记》“人生而静”一段时，戴震云：“人之得于天也一本，既曰‘血气心知之性’，又曰‘天之性’，何也？本阴阳五行以为血气心知，方其未感，湛然无失，是谓天之性，非有殊于血气心知也。”[③]天性与血气心知之性乃一回事，前者指其静时，后者指其动时。戴震曰：“性者，血气心知本乎阴阳五行，人物莫不区以别焉是也，而理义

① （清）戴震：《读孟子论性》，《孟子字义疏证》，中华书局1982年版，第182页。

② （清）戴震：《性》，《孟子字义疏证》，中华书局1982年版，第29页。

③ （清）戴震：《原善》卷上，《孟子字义疏证》，中华书局1982年版，第64页。

者，人之心知，有思辄通，能不惑乎所行也。”① 理义并非别如一物般存于心知之中，而是指心知显发其明智的辨别和判断能力时所呈现出的状态，诚如劳思光先生所言戴氏“所谓‘善’、‘理义’等亦皆成为事实意义之描述语”②。

心知属于性的内容，在戴震性论中占有极其重要的地位，这不仅是由于心承担着沟通气性与理义的桥梁，而且心的功能还为戴震所理解的性善提供了根基。由于只存在一个血气心知之性，阐明血气心知与人之性善的关系就成为了戴震性论的核心话题。戴震曰：“孟子言‘人无有不善’，以人之心知异于禽兽，能不惑乎所行之为善。”③ 又曰：“合于人之所谓仁义者矣，而各由性成。人则能扩充其知至于神明，仁义礼智无不全也。仁义礼智非他，心之明之所止也，知之极其量也。”④ 从以上所引两句可以明见，戴震所谓性善立足于心知之能而言。心知由于其所包含的辨别与选择能力而能成善。既然同为血气之伦，人之心知又何以能够具此种超出庶物之能力？戴震以“怀生畏死、趋利避害”来概括血气心知之属性，并从人之生物本能的角度来推究心知所具之能的形成原因。戴震曰：“凡血气之属，皆知怀生畏死，因而趋利避害；虽明暗不同，不出乎怀生畏死者同也。人之异于禽兽不在是。”⑤ 怀生畏死、趋利避害乃生命之自然本能，人与动物皆同具者。既然人与动物的差异不在于此，又如何能将道德价值建立在此种自然本能与利害关系上呢？又曰“怀生畏死，血气之伦尽然，故人莫大乎智足以择善也”⑥，戴震不欲放弃从自然本能出发解释善，只能又将心知之智虑与选择归结为利害的计算，并以此来论性之善。

戴震的血气心知是包含知、情、欲三个部分或三种功能的，其中“知”占据最为独特的地位。心知扩而充之以为仁义礼智。心知才是仁义礼智以及性善的根据。但由于戴震只在生物本能的意义上言性，云“惟据才质为言，

① （清）戴震：《性》，《孟子字义疏证》，中华书局 1982 年版，第 28 页。

② 劳思光：《新编中国哲学史》卷 3 下，广西师范大学出版社 2005 年版，第 629 页。

③ （清）戴震：《性》，《孟子字义疏证》，中华书局 1982 年版，第 29 页。

④ （清）戴震：《性》，《孟子字义疏证》，中华书局 1982 年版，第 28 页。

⑤ （清）戴震：《性》，《孟子字义疏证》，中华书局 1982 年版，第 26—27 页。

⑥ （清）戴震：《原善》卷中，《孟子字义疏证》，中华书局 1982 年版，第 68 页。

始确然可以断人之性善"①，其道德价值论说面临着极大的困难。既然认为人之道德行为皆出于血气心知之自然属性，脱离开血气心知之自然属性，无以言仁义礼智，更无以言性善，如此一来其性论似已接近"性即理"说。此非戴震之本意，故又返回至血气心知以挖掘更深层次的根据，将性善归根于"怀生畏死"之生物性倾向。在言气性的同时如何安设道德价值，这对于戴震来说始终是一个难题。

二、戴震论"气"

戴震论"气"与其道论密不可分，始终贯彻其反对理气二分的立场。因此需要先行简略介绍其道论。《易》曰："形而上者谓之道，形而下者谓之器"，程子和朱子都认为前一句话明确提出了形上形下之区分，《易·系辞》又曰："一阴一阳之谓道"，据此而出发，程朱认为"道""理"乃形而上者，"器""阴阳"乃形而下者。戴震反对程朱对道的形上化解释："道，犹行也；气化流行，生生不息，是故谓之道。"②阴阳的往复变化在程朱看来是形而下者，在戴震那里则恰是道的内容。

戴震发挥其考据的工夫，宣称："气化之于品物，则形而上下之分也。形乃品物之谓，非气化之谓。"③也即形而上非气化之前而是品物形成之前，形而下非气化之后而是品物形成之后。"形谓已成形质，形而上犹曰形以前，形而下犹曰形以后。"④道与器不再是辨别形上与形下的异名。戴震试图解构程朱建立在形上形下对峙基础上的本体论预设，将形上形下的二分性架构扭转为未成形质已成形质意义上的一元性架构，道器、理气之间的悬隔被消解了。通过对"形"的巧妙的解释和"之谓""谓之"的分别⑤，戴震把程朱的理气二本论化归为气的一本论。戴震以细密的考证力证阴阳不离于道的观点，确有其不可移之处。

---

① （清）戴震：《原善》卷中，《孟子字义疏证》，中华书局 1982 年版，第 69 页。
② （清）戴震：《天道》，《孟子字义疏证》，中华书局 1982 年版，第 21 页。
③ （清）戴震：《天道》，《孟子字义疏证》，中华书局 1982 年版，第 22 页。
④ （清）戴震：《天道》，《孟子字义疏证》，中华书局 1982 年版，第 22 页。
⑤ 参见（清）戴震：《天道》，《孟子字义疏证》，中华书局 1982 年版，第 22 页。

在道与气的关系上，戴震曰，“阴阳五行，道之实体也；血气心知，性之实体也”①，反对程朱以形上形下来割截道、气，主张将气化流行作为道之实质内容。在理气关系上，戴震力破宋儒理气二分、理生气之说，曰：“在老、庄、释氏就以身分言之，有形体，有神识，而以神识为本。推而上之，遂求诸无形无迹者为实有，而视有形有迹为幻。在宋儒以形气神识同为己之私，而理得于天，推而上之，于理气截之分明，以理当其无形无迹之实有，而视有形有迹为粗。益就彼之言而转之，因视气曰‘空气’，视心曰‘性之郛郭’，是彼别形神为二本，而宅于空气、宅于郛郭者为天地之神与人之神。此别理气为二本，而宅于空气、宅于郛郭者，为天地之理与人之理。”②戴震以为理不能离气而自存，因此不能在气外求理，要在气之中求理，因为理不是别的，正是气有条不紊地有序运动状态。气的积极的构成性作用生成了整个世界，怎能以“虚”以“粗”视之？

在戴震哲学中，“气”乃构建其宇宙论的基源性概念。戴震论“气”，也称“血气”“气禀”“精气”，概皆指“气”的不同形态，以“血气”“气禀”论“性”，以“精气”论“气”之纯粹状态。戴震引子产、曾子、孟子之语曰：

> 子产言“人生始化曰魄，既生魄，阳曰魂”；曾子言“阳之精气曰神，阴之精气曰灵，神灵者，品物之本也”。盖耳之能听，目之能视，鼻之能嗅，口之知味，魄之为也，所谓灵也，阴主受者也；心之精爽，有思辄通，魂之为也，所谓神也，阳主施者也。主施者断，主受者听，故孟子曰：“耳目之官不思，心之官则思。”是思者，心之能也。③

朱子也曾有“心者，气之精爽”，“所觉者心之理也，能觉者气之灵也”④的说法。“精爽”是气纯粹明朗的存在状态，因此可以解释为气之灵妙，十分符合心“出入无时，莫知其乡”的运作过程。“有思辄通”的“气”对于戴震来说，并非一等待理去凑泊、附着的消极存在，不仅在其本体论中具有更为根本的构成性意义，在其认识论上的作用亦不可或缺。前述对戴震所理解

① （清）戴震：《天道》，《孟子字义疏证》，中华书局1982年版，第21页。

② （清）戴震：《天道》，《孟子字义疏证》，中华书局1982年版，第24页。

③ （清）戴震：《理》，《孟子字义疏证》，中华书局1982年版，第5页。

④ （宋）黎靖德编：《朱子语类》卷5，中华书局1986年版，第85页。

的性善加以解说时已经对心知之能论之详复，此处不赘述。

总之，“气本论”是指一种把“气”作为化生宇宙万物的本源的本体论思想，戴震关于“气”的论说即是建立在这样的“气本论”的立场上的，因此戴震所言之性皆是气禀意义上的气性，即便是心知之能亦可以从气的角度予以说明。

三、戴震论“才”

主张性善论者必须回答恶之根源这一问题，孟子在论性善时曾明言：“乃若其情，则可以为善矣，乃所谓善也。若夫为不善，非才之罪也。”[①] 戴震继承孟子此意，拒绝将才视为恶之根源，认为不能尽其才才是恶之原因。以下就戴震论性与才之关系申说此点。

戴震曰：“才者，人与百物各如其性以为形质，而知能遂区以别焉，孟子所谓‘天之降才’是也。气化生人生物，据其限于所分而言谓之命，据其为人物之本始而言谓之性，据其体质而言谓之才。由成性各殊，故才质亦殊。才质者，性之所呈也；舍才质安睹所谓性哉！”[②]“才”是“性”以为形质之后所显现的结果。“性”是“才”的本始，“才”是“性”的呈现，有什么样的“性”就有什么样的“才”，“才”之不同取决于“性”之不同。在此意义上，戴震认为舍“才质”无以言“性”，我们必须透过“才质”来了解“性”，因为“性”只有通过“才质”才能显现出来。戴震举冶金与锡的例子来比喻“性”与“才”的关系：

> 以人物譬之器，才则其器之质也；分于阴阳五行而成性各殊，则才质因之而殊。犹金锡之在冶，冶金以为器，则其器金也；冶锡以为器，则其器锡也；品物之不同如是矣。从而察之，金锡之精良与否，其器之为质，一如乎所冶之金锡，一类之中又复不同如是矣。为金为锡，及其金锡之精良与否，性之喻也；其分于五金之中，而

---

① （宋）朱熹：《尽心章句上》，《孟子集注》卷11，《四书章句集注》，中华书局2012年版，第334页。

② （清）戴震：《才》，《孟子字义疏证》，中华书局1982年版，第39页。

> 器之所以为器即于是乎限，命之喻也；就器而别之，孰金孰锡，孰精良与孰否，才之喻也。故才之美恶，于性无所增，亦无所损。夫金锡之为器，一成而不变者也；人又进乎是。自圣人而下，其等差凡几？或疑人之才非尽精良矣；而不然也。犹金之五品，而黄金为贵，虽其不美者，莫与之比贵也，况乎人皆可以为贤为圣也！①

在冶金与冶锡以为金器与锡器的活动中，作为材料的金与锡就好比性，而具体的金器与锡器就好比才。我们只能通过现成可感的金器与锡器来了解金锡之性，作为器的金器与锡器是否精良取决于其构成性材料金与锡是否精良，但不能说金与锡是否精良是由所制成的金器与锡器决定的。才不可能倒过来决定性之内容，因为才是被决定者，性是决定者，此之谓“才之美恶，于性无所增，亦无所损。”凡人与圣人之间的道德成就不知差了多少等级，但这种差异不是由于凡人之性和圣人之性不同，也不是由于二者的才本身有着显著差异，而是是否尽其才的结果。

戴震还举桃、杏的例子以明性与才的关系：

> 如桃杏之性，全于核中之白，形色臭味，无一弗具，而无可见，及萌芽甲坼，根干枝叶，桃与杏各殊；由是为华为实，形色臭味无不区以别者，虽性则然，皆据才见之耳。②

桃杏之性咸具于桃仁杏仁之中，但桃杏之殊异只有待桃仁杏仁发而为桃树杏树，我们才可以从桃杏的枝干树叶上发现桃杏之性的区别。桃杏之性在桃仁杏仁之中只是潜在的，待桃杏长成树木后，它们的差异才变为现实的。但桃长成为桃，杏长成为杏，是由各自的性决定好了的。戴震云：“成是性，斯为是才。别而言之，曰命，曰性，曰才；合而言之，是谓天性。”③命、性、才不过是从不同角度对天性的界说，就其实质而言都是气禀。

戴震对“才”与“性”之关系的进一步论述认为，“才”于“性”无所增损。“人之性善，故才亦美，其往往不美，未有非陷溺其心使然，故曰非天之降才而殊。才可以始美而终于不美，由才失其才也，不可谓性始善而终

① （清）戴震：《才》，《孟子字义疏证》，中华书局1982年版，第39页。

② （清）戴震：《才》，《孟子字义疏证》，中华书局1982年版，第39—40页。

③ （清）戴震：《才》，《孟子字义疏证》，中华书局1982年版，第40页。

于不善。性以本始言，才以体质言也。体质戕坏，究非体质之罪，又安可究其本始哉！”①性是普遍的、恒定的、一贯的，才则是可变的、不固定的，能由美而转为不美，但这不能归咎于才，而是陷溺其心的结果。“才失其才”，其根源在于心而非才自身。戴震反对伊川将恶之根源归为气禀的观点。伊川在追究恶之根源时曾说：“孟子言人性善，是也。虽荀、扬亦不知性。孟子所以独出诸儒者，以能明性也。性无不善，而有不善者，才也。性即是理。理则自尧、舜至于途人，一也。”② 又曰：“性出于天，才出于气。气清则才清，气浊则才浊……才则有善与不善，性则无不善。”③伊川将不善归于“才”源于其“性即理”说，但在戴震看来，恶乃私蔽之害，不能归咎于才质。戴震曰：

> 人之不尽其才，患二：曰私，曰蔽。私也者，生于其心为溺，发于政为党，成于行为慝，见于事为悖为欺，其究为私己；蔽也者，其生于心也为惑，发于政为偏，成于行为谬，见于事为凿为愚，其究为蔽之以己。④

又曰：

> 生而下愚，其人难与言理义，由自绝于学，是以不移。然苟畏威怀惠，一旦触于所畏所怀之人，启其心而憬然觉悟，往往有之。苟悔而从善，则非下愚矣；加之以学，则日进于智矣。以不移定为下愚，又往往在知善而不为，知不善而为之者，故曰不移，不曰不可移。虽古今不乏下愚，而其精爽几与物等者，亦究异于物，无不可移也。⑤

可见，才质并不构成人之成善的绝对限制，即便生而禀赋下愚之人，亦可通过意志努力与从善问学来迁移其气质。人在心之精爽的知觉与实践能力方面终究超出于物，这也使人能够克服气质的限制而日进于善。

戴震曰：“人之于圣人也，其材非如物之与人异。物不足以知天地之中

① （清）戴震：《才》，《孟子字义疏证》，中华书局1982年版，第41页。
② （宋）程颢、程颐：《河南程氏遗书》卷18，《二程集》上，中华书局2004年版，第204页。
③ （宋）程颢、程颐：《河南程氏遗书》卷19，《二程集》上，中华书局2004年版，第252页。
④ （清）戴震：《原善》下，《孟子字义疏证》，中华书局1982年版，第72页。
⑤ （清）戴震：《性》，《孟子字义疏证》，中华书局1982年版，第30页。

正，是故无节于内，各遂其自然，斯已矣。人有天德之知，能践乎中正，其自然则协天地之顺，其必然则协天地之常，莫非自然也，物之自然不足语于此。”① 庶人与圣人相比，其才自然有其不同，但此种不同绝不等于人物之间的不同，恶并非才质使然。人之心知乃人之自然，包含了扩充与引导行为以归于中正之道的力量，这种力量是物所不具备的。尽管才出于气禀，却并非一成不变，后天的问学与修身实践可以变化其“才”，才之得养失养才是造成道德成就最终差异的根本原因。

总结起来，戴震论“才”可以归结为两点：一是“性”、“才”一本非二本；二是“才”之病非因于“才”自身，而是不尽其才导致的。

戴震论性气才，认“血气心知”为“性”，将人的自然本能与认知能力皆包括于“性”中，肯定人的自然生命的价值，其对明末刘蕺山、清初颜习斋重气质之性的“性论”有所承续，又因标举“血气心知”的性一元论以反对程朱的性二元论而能自成一派。戴震对程朱理学的批评固然有其合理之处，但他也终究未能完备、融贯地将其建立在气论基础上的义理学系统构造完成。因此，戴震之学虽以抵达圣人之道、孔孟之学的真意为最高追求，终不免因其对于人之道德生命的隔膜而未尽精微。

（作者单位：西南石油大学马克思主义学院）

① （清）戴震：《读孟子论性》，《孟子字义疏证》，中华书局 1982 年版，第 182 页。

“朱熹思想的当代价值”国际学术研讨会综述

姜 雪

由四川师范大学、中华朱子研究会、中国人民大学孔子研究院、张浚张栻思想研究会、中国朱子学会、张栻思想与蜀学研究中心联合主办，西藏宁算科技集团有限公司、深圳前海润禾投资管理有限公司赞助的“‘朱熹思想的当代价值’国际学术研讨会”暨朱熹诞辰888周年、张栻诞辰885周年纪念会于2018年11月3—4日在四川师范大学召开。来自美国、德国、韩国、马来西亚、中国大陆和台湾地区的90余位专家学者出席了会议并就朱熹思想及其当代价值展开了热烈的讨论。现将会议讨论的主要问题综述如下：

一、关于朱熹思想的当代价值

四川师范大学蔡方鹿教授探讨了朱熹思想的当代价值，指出朱熹思想中的求实求理精神、重视经世致用的思想、“理一分殊”思想、兼容并包思想、道统思想、“心统性情”说、知行关系的重行说等具有重要的当代价值和现实意义，值得挖掘和整理，以为建设具有中国特色的社会主义新文化提供借鉴。他认为朱熹讲实学、求实理、致实用，并以此回应外来文明、宗教思想、理论形态转型的挑战，针砭时弊，为解决当时社会重大问题、重建社会价值体系作出重大努力，不仅创新发展了儒家学说，也把儒学治国平天下理论发展到一个新的阶段。蔡方鹿教授指出，朱熹“理一分殊”的思想可引申为强调全体人类人人应得到同等对待的权利，这就是“理一”，而“分殊”就是存在差异的不同的人，“理一”存在于“分殊”之中，世界的进步与发展，不能离开各个民族、个人的发展与进步。朱熹兼容并包、容纳各家的精神对当代社会华夏文明与世界文明交流，构建和谐世界具有重要意义，中华文明之所以历久弥新，而不像其他古文明那样中断失传，就是因为中华文明除认同自身的价值外，还不断把世界文明中有价值的内容吸收到自身中来，从而使中华文明随时代发展而不断更新，这与朱熹兼容并包、容纳各家的精神关系密切。张栻与朱熹的“中和之辨”开自由讲学、不同学术观点相互诘难又相互促进的风气之先，对推动当时文化教育以及理学自身的发展都十分有益，这对加强当代社会伦理道德建设，树立良风美俗也具有启示和重要价值；朱熹重农务谷、赈灾济民、重视道德实践等重行思想也值得今人肯定和借鉴。蔡方鹿教授并对朱熹思想与社会主义核心价值观的关系做了深度阐释，认为社会主义核心价值观 12 个词与朱熹思想存在某种关联，更反映出朱熹思想超越时代的普遍价值，其仁说和仁爱观念至今对当代中国文化具有重要影响力与渗透力，也需要给予重视。

台湾中国文化大学曾春海教授由朱熹理欲之辨讲到对环保思潮的意义，认为朱熹是一位深切关注历史开展和时代课题的人文知识大儒。而古文《尚书·大禹谟》的“十六字心传”是理欲之辨、是循理制欲的实践功夫。其人心道心之辨、理欲之辨，对当今人类情欲生命的泛滥、地球资源渐匮乏生态危机及环保伦理的议题，具有启迪人心、引领人们走出困境、迈向天人合德、共存共荣的智慧作用。他指出，朱熹的理欲之辨有助于人类警觉当前的生态破坏、资源短缺、环境污染等问题，人欲的过度膨胀、失去节制，是造成生态破坏的重要祸根；朱子以道心统御人心之盲动，以超越之天理来克制贪婪的人欲，是将心灵环保与地球环保两者合内外之道，对当今的环保问题可谓是治标治本双摄并行；从理欲之辨的视角探讨朱子哲学、朱子理欲之辨的当代环保伦理意义，不仅可以培养理性消费来节制人欲膨胀，还能激化出对环保伦理的责任感，对启迪解决时代问题具有重要意义。

钟邦定研究员由朱子学讲到了优秀传统文化在道德建构中的基础作用，认为在坚定文化自信与文化自觉的今天，迫切需要深入挖掘传统文化的价值内涵，激发优秀文化的活力，朱子学中的“天下为公”、“修齐治平”的爱国思想，“仁义礼智”的仁爱思想以及“博学慎思明辨笃行”的教育思想具有重要的借鉴意义。而面对整个社会的道德建设上存在着的诸多问题，传统文化工作者不仅应该匡扶优秀的道德规范与准则，在社会生活中，我们也能够运用包括朱子学等中国传统文化中的经典理念来提升我们的伦理道德素养。

二、关于对朱熹思想研究的创新

美国夏威夷大学成中英教授认为，朱熹和阳明对“仁”的理解有方向性的差别，认为朱熹“仁”的核心在于生命的和谐持续发展，但其中也包含着人对生命体的亲切关系，强调的是心的本源；阳明则把“仁”看作一个亲切关怀的对待万物的一个表达，强调的是道德情感。

朱熹的“仁”包含了生命体的发展和延续，提出“理一分殊”，已然具有包含的涵义；而阳明则是从人的情感出发包含万物，这很重要但未突出持续发展的意义。由此，朱熹与阳明思想的特点和差异也得以体现。朱子和阳明之分，也显示和形成了一个朱子和阳明的整合之体。

陕西师范大学林乐昌教授认为朱熹“继天”是对孔子“则天”的传承，在此意义上，林乐昌教授提出了具有启发性的论点：朱熹道统的最高范畴是“天”，核心命题是“继天立极”，朱熹基于“继天立极”对新道统进行阐发，为儒家建构了具有重要意义的思想义理纲维和多层次的政教文化蓝图。

台湾辅仁大学陈福滨教授分析比较了朱熹和王夫之的“理气论”，认为朱熹与王夫之对于“气”的概念的理解是相同的，都将“气”作为宇宙生成的根本元素；但朱熹将“理”作为万物存在的根源，是超越的形而上的本体，将普遍性、共同性、超越性定名为“天理”；船山则否定了“理”作为超越形上之本体，认为“理”必为“气之理”；然也并非否定了朱熹的“理气论”，而是将理气关系的讨论转到生活世界的层面，企图将朱熹所建构的理气更贴近生活世界之真实存在，凸显朱熹理气论中原本就颇为着重的气理部分。

厦门大学朱人求教授提出朱熹“家哲学”的概念，认为朱熹是中国家文化和家哲学的集大成者，他建构了一个系统而缜密的家哲学思想体系。“天理”构成朱熹家哲学的本体论，仁礼智为家本位主义伦理学的核心理念，读书穷理、居敬涵养、修身正己、勤俭治家则是家哲学的力行实践，也即“居家四本”，而家国同构、万物一体、宇宙一家是家哲学的最高境界。

台湾师范大学黄莹暖教授以心性论出发，分析了朱子思想中的“心”即是道德主体又是宇宙主体，是理气二元一体无间的体现。朱子从“易体”的阴阳开合、屈伸往来出发，将人之心比附于“天地生物之心”，为“易体”。还以“仁”为宇宙本体，而人乃得自天地生物之心以为心，两者均是“天地生物之心”，并认为天心之德的元亨利贞与人心之德的仁义礼智互相类比，相互运行，天心与人心是一，同为生生之道。他从“天人同机而德目相互对应”的“智藏”思想阐述了朱子“心”的道德动能问题，包含了“分别是非”、“收敛含藏”“贞固葆任”与“终而复始”四环节。最后他还谈到了心之虚灵知觉与道德善恶问题，认为这是朱子之“心”的重要特质。

四川大学郭齐教授结合对《朱熹文集编年评注》的整理，论述了该《评注》的主要特色与建树，突出了诗文系年、注释、汇评、辑佚、辨伪等方面的内容，完成了历史上首次对朱熹文集的深度整理，其内容完备，代表了对朱熹文集整理的最新水平，研究方法上也突破了传统学术的窠臼，引入现代技术方法，体现时代精神，渴望满足社会急需，对于推进朱子学研究以及传播传统文化具有重要意义。

三、关于朱熹的经典诠释与理学义理研究

河南理工大学刘刚副教授从多个方面解读了朱子对《论语》“洒扫应对”的经典诠释，一是从历史诠释思想资源入手，主要通过整和程颢、程颐对此章的不同义理阐释，以集注的方式，疏释了本章在理事、本末、精粗、形上形下、教人之序诸关系范畴下产生的义理冲突；二是从自身理本论、心性论与工夫论三者有机统一与结合的理学思想体系，对本章义理诠释进行了新的理论转化，以“须贯动静做工夫始得”的工夫论视阈，对本章“洒扫应对进退”、小学与大学、本末内外进行了新的义理诠释；三是从当时的治学之方的现状流弊出发，结合当时学者“等”、浮躁、自大的轻浮学风，发挥本章“洒扫应对”的工夫义理价值，做了具有现实针对性的经典诠释与时代性转化。

西南石油大学张培高副教授分析了朱熹与郑玄、孔颖达在对《中庸》的诠释上的差异，实质上就是宋学背景下和汉唐经学背景下的解释差异，从四个方面进行了分析。其一，理论建构模式的不同。郑玄、孔颖达的理论建构模式是宇宙生成论，而朱子的则是本体宇宙论。其二，对“性”的解释不同。既存性有善有恶论、性三品论与性二元论的差异，且在对人性与物性看法有异。其三，对内圣外王的解释不同。郑玄、孔颖达侧重强调外王的一面，且强调了内圣外王的主体主要为君主。朱子则侧重强调内圣的一面，且认为内圣外王的主体主要是士人。其四，对道统的强调不同。郑玄、孔颖达的道统概念不是很明显。朱子则明确建构了一个由尧舜禹开始直至二程的道统谱序，并认为道统的内容是“人心惟危，道心惟微；惟精惟一，允执厥中”且一道统能够对抗佛老。

西南石油大学赵聃从朱熹的《诗经》学进行分析，不仅确定了朱熹“淫诗”的篇目及数量，还指出朱熹的“淫诗说”的理学实质是为了阐释自己的“仁学精神”与伦理道德思想，指出朱熹以自己的心性论哲学中心、性、情的关系来解释诗歌和“淫诗”的产生，诗歌“感物道情”而作，即是人所具有的未发之性受到外物刺激而变成已发的情感；而“淫诗”是作者在“感物而动”，人心有所惑，最终造成情的“邪正是非之不齐”的状态之下完成的，还从伦理的角度指出其判断标准。他认为朱熹的《诗经》研究虽仍以经学、理学为主导，但也促进了其理学与文学的结合。

德国学者施维礼以“文”与“质”的概念为主线，透过朱熹的《论语集注》探讨文化传承的问题。他通过探究“文”与“质”在《论语》中的三种说法，即孔子的“文质彬彬”，棘子成的“君子质而已”以及子贡的“文犹质也，质犹文也”，指出朱熹对“文质彬彬”的赞同，并谈到“文”如何表现“质”比较恰当，而恰当的标准并不落在“文”“质”之间，而表现在两者的“损”与“补”的关系上。而“文”、“质”、“损”、“益”的概念扩大到整个社会的文化传承上，朱熹认为“三纲五常”就是属于文化意蕴上的“质”，是文化者必须保留的，而可以有所损益的则是个别性的德行表现以及属于制度层面的“文质三统”，即作为“文”的外在展现的“礼”必须以“三纲五常”为“质”。

四、关于对朱熹和张栻的思想互动研究

台湾政治大学陈逢源教授认为朱熹、张栻一生于学术分歧之际，剔除异议，纠举偏失，进而于日用之间察识，化解动静纷扰，梳理儒学系谱。二程歧异得以厘清，张栻的引介与启发，具有关键作用。朱熹通过与张栻的中和之辨，建立了“心统性情”架构；厘清由《太极图》而《通书》关系，绾合天道与道德；展开仁说辨论，最终以“仁者，爱之理，心之德也”确立经典诠释内容。理学得以成立，有赖朱张二人无私分享，学术为公，可为典型，意义所在，固不可以门户论之。

胡杰先生也探讨了张栻与朱熹二人的相互关系，指出张栻《答陈平甫》一文中，其弟子陈平甫提出“系以道统之传”，直接把“道统”二字连用，反映出以张栻为代表的湖湘学派对道统传承的自觉意识，过了六七年之后，朱熹的《知南康牒》才有“道统”一词的连用，由此，朱熹对道统的论述与自觉传承也日益明显；对于圣人观念，张栻“以颜子为准的”，朱熹“未及颜子，圣人固不得而轻许”，都表现出对颜子为准的特点，并由此形成圣贤相传的道统谱系；在易学方面，张栻自幼得自家学之传，对《易》颇有发挥，朱熹则云“从君（张栻）识乾坤，始知太极蕴”，其易学思想受到张栻的影响但又有自己的独特认识，比如朱熹并未认同张栻“《易》之书所以载道”，而是认为“《易》因卜筮而作”等。另外，中和之辨，张栻、朱熹相与博约，各有促进，二人处于一种相互欣赏、相互促进的关系中，故朱熹曾大赞张栻“醇儒”，对南轩之学甚为钦佩。朱张二人的互动，促进了理学的发展。

湖南大学岳麓书院赖尚清先生从“《洙泗言仁录》辨”的书信开始探究二人的义理思想交流，指出张栻在一开始作《洙泗言仁录》“论仁”的过程中，就受到了朱子己丑中和新说的影响，认为求仁应先存养后省察，并在之后已经同意了朱熹的“先存养后省察”的中和新说。而在之后朱熹在两封信中都认为张栻《论语》仁说缺少了践履的为仁工夫，倾向于心体的作用，对经典诠释不符合圣人之意。他认为朱熹或许受到了张栻的影响，作《仁说》来达到明辨“仁”字字义的目的，朱熹在他的《仁说》中肯定了张栻类聚孔孟言仁之说以求仁，但也认为不可专一如此用功，应该主敬致知交相为助；而且

朱熹还因《洙泗言仁录》不够周密，作《巧言令色说》以足之，用以强调养仁应“敬以直内、义以方外”，如是内外夹持，正为为己求仁的要诀。而在之后，张栻也根据朱熹的建议对《洙泗言仁录》作了修改，朱熹在张栻去世之后为其编辑《文集》，因为张栻说仁体似是而非而删去此篇，但也从中可见朱张的友好往来以及朱熹对学术的严格。

（作者单位：四川师范大学哲学研究所）

策划编辑：方国根
责任编辑：崔秀军
封面设计：汪　阳

图书在版编目（CIP）数据

朱熹思想及其当代价值／蔡方鹿 主编．—北京：人民出版社，2021.10
ISBN 978－7－01－023036－8

I. ①朱…　II. ①蔡…　III. ①朱熹（1130–1200）－哲学思想－研究
IV. ① B244.75

中国版本图书馆 CIP 数据核字（2021）第 010505 号

朱熹思想及其当代价值
ZHUXI SIXIANG JIQI DANGDAI JIAZHI

蔡方鹿　主编

人民出版社 出版发行
（100706　北京市东城区隆福寺街 99 号）

北京汇林印务有限公司印刷　新华书店经销

2021 年 10 月第 1 版　2021 年 10 月北京第 1 次印刷
开本：710 毫米 ×1000 毫米 1/16　印张：33.25
字数：510 千字

ISBN 978－7－01－023036－8　定价：99.00 元

邮购地址 100706　北京市东城区隆福寺街 99 号
人民东方图书销售中心　电话（010）65250042　65289539